行走 思考 记录

XINGZOU SIKAO JILU

HUANANSHIFANDAXUE SIXIANG ZHENGZHI LILUNKE SHEHUI SHIJIAN YOUXIU DIAOYAN BAOGAOXUAN

华南师范大学思想政治理论课社会实践优秀调研报告选

周建伟　胡国胜　主编

华南理工大学出版社
SOUTH CHINA UNIVERSITY OF TECHNOLOGY PRESS
·广州·

图书在版编目（CIP）数据

行走·思考·记录：华南师范大学思想政治理论课社会实践优秀调研报告选/周建伟，胡国胜主编. —广州：华南理工大学出版社，2019. 12
ISBN 978-7-5623-6241-8

Ⅰ. ①行… Ⅱ. ①周… ②胡… Ⅲ. ①高等学校-思想政治教育-社会实践-调查报告-广州 Ⅳ. ①G641

中国版本图书馆 CIP 数据核字（2019）第 290615 号

行走·思考·记录——华南师范大学思想政治理论课社会实践优秀调研报告选
周建伟　胡国胜　主编

出 版 人：卢家明
出版发行：华南理工大学出版社
（广州五山华南理工大学 17 号楼　邮编：510640）
http://www.scutpress.com.cn　E-mail: scutc13@scut.edu.cn
营销部电话：020-87113487　87111048（传真）
策划编辑：王　磊
责任编辑：付爱萍
责任校对：詹伟文
印 刷 者：广州市人杰彩印厂
开　本：787mm×1092mm　1/16　印张：31.25　字数：787 千
版　次：2019 年 12 月第 1 版　2019 年 12 月第 1 次印刷
定　价：98.00 元

思政小课堂同社会大课堂的有机结合

（代序）

陈金龙

2019 年 1 月，我在《人民日报》刊发了一篇文章，标题是《提高教学实效须坚持“内容为王”》。我在文章中写道：

提高思政课教学实效，基础在教学内容，关键在以理服人。

近年来，高校思政课教师开动脑筋、大胆探索，想了不少办法、出了不少实招，努力活跃教学氛围，不断提升教学质量。但也要看到，一些教师对教学形式的改革创新关注较多，对教学内容的创新拓展关注不够。有的课堂看起来形式多样、气氛活跃，却往往“雨过地皮湿”，大学生的思想困惑并没有真正得到解决。

教学形式的改革创新固然重要，但“内容为王”的教学定律仍是改革创新之本。提高思政课教学实效，基础在教学内容，关键在以理服人。思政课教师应在增强理论的解释力、说服力上下功夫，否则就容易变成舍本逐末。

坚持“内容为王”，这是我对思想政治理论课教学的基本看法。

这部本科生思想政治理论课社会实践优秀报告选，可以说是华南师范大学马克思主义学院在教学中坚持“内容为王”的一大成果。

与“内容为王”密切相关的一个问题，是如何最终检验学生思想政治理论课的实际学习效果，或者说，如何最终检验思政课老师们的教学效果。这里指的不是考试的卷面成绩，而是学生们用马克思主义的立场来看待世界和中国的历史、当下和未来发展，用马克思主义理论来分析世界和中国纷繁复杂的社会现象，得出科学合理的结论，进而达到树立和强化“四个自信”的效果。考试对教学的作用是毋庸置疑的，但这个结果不是仅仅依靠期末考试就能够实现的，而需要用理论与实际相结合的方法。社会调查无疑是其中一个切实可行的方法。

正因如此，教育部要求在思想政治理论课中加入社会实践的内容，各个高校也在积极探索。2010 年，在调研和学习借鉴的基础上，根据我校实际，我们将分散在各个思政课程中的实践环节独立出来，单独设立一门思想政治理论课实践课程，成为全校本科生 2 个学分的必修课。同时，马克思主义学院成立了社会实践教研室，统筹负责课程教学。单独设立思想政治理论课实践课的初衷，一是拓展思想政治理论课的内容，丰富思想政治理论课的形式；二是通过学生对社会问题的分析，检验思想政治理论课教与学的实际效果。正因如此，我们将课程开设在四门思政课（思想品德修养和法律基础、中国近现代史纲要、马克思主义基本原理、毛泽东思想和中国特色社会主义理论体系概论）结束之后的第五个学期，作为思想政治理论课教学的最后总结。

以何种模式来设计和开展课程，颇费思量。我们当时走访了国内一些高校，发现还没有成熟的模式可以“搬用”，我们必须自己探索。在多方调研和听取意见的基础上，最终形成了具有自身特色的思想政治理论课社会实践模式。我们的团队制定了思想政治理论实践课教师手册和学生手册，完整地呈现课程的目的、要求和各个环节，尽量避免在操作中走弯路。从 2010 年算起，课程的开设已经有 10 年时间，课程的基本框架仍然保持。不过，也根据教学的实际情况，对课程进行了多次微调，务求使课程教学与时俱进，取得更好的效果。

总结起来，华南师范大学思想政治理论社会实践课程模式主要有三方面的特点：

一是以实地调研为基本方式，以调研报告为考核依据。社会实践的形式是丰富多彩的，以什么样的形式来开展实践，既能够达到检验思想政治理论课教学效果的目的，同时具有比较强的可操作性，是必须关注的问题。经过比较权衡，我们选择了以实地调研为基本方式、以调研报告为考核依据的模式，要求学生选择课题，开展实地调研，撰写调研报告，指导老师综合考量调研过程和报告质量给分。为了方便学生开展实地调研，我们将开课时间提前到第四个学期期末，五个学生组成一个调研小组，老师指导调研小组进行选题，撰写开题报告；同时，与“三下乡”等学生实践活动相结合，让实践小组在暑期深入社会，开展实地调研，充分保证调研时间，为调研报告的撰写打下基础。

二是以普惠为原则，所有本科生必须修读这门课程。据了解，个别学校采取了集中组织参观访问革命历史遗迹、爱国主义教育基地等方式开展思想政治理论社会实践，由于条件限制，只能选择少部分同学参加，限制了参与面，也给组织活动的老师带来了比较大的压力（特别是安全压力）。我们注重普惠原则，将社会实践课设置为本科思想政治理论必修课，每个同学必须参与，拿出自己的成果。

三是以老师个别指导为主要途径，突出针对性和具体性。社会实践的教学采用的是“分班集中辅导 + 分组个别指导”的方式，分班集中辅导主要是向学生讲清楚社会实践的目的、方式、要求、环节等，讲授调研的基本方法和注意事项。在实地调查和实践报告的撰写过程中，更重要的是分组个别指导，实践小组通过微信群、QQ群、电邮、电话等直接与指导老师沟通，汇报工作进展，提出遇到的困难和问题，听取老师的意见和建议。实践证明，这种指导方式是可行的，其优点在于，老师的指导更加具体，更具针对性。

总的来说，这种课程模式不仅是思想政治理论课形式的创新，更是思想政治理论课内容的拓展，是思想政治理论课教学改革的全面呈现。

社会实践课是马克思主义学院工作量最大的一门课，我们采取学院全员参与的形式。10年来，每位教师都参与了社会实践指导工作，教学过程中的酸甜苦辣，他们最清楚。

这本优秀社会实践报告选编共收录了46篇优秀实践报告，这些报告是马克思主义学院的老师们和他们指导的学生实践小组的集体成果。虽然这些报告不能代表该课程所有的实践成果，但也能够展现我校思想政治理论课社会实践报告的一些特点：其一，问题意识突出，能够根据社会发展和自身兴趣选择有意义的问题开展研究；其二，研究方法掌握较好，资料收集丰富全面，运用第一手数据资料说话；其三，能够运用马克思主义的立场和理论，实事求是地分析问题，提出解决问题的方案。在专家们看来，学生的分析可能还显得生硬和稚嫩，说理未必透彻，所提对策的可行性不够，但这恰好能够体现出“初生牛犊不怕虎”、敢于提出意见和方案的胆量。

华南师范大学是一所以师范为特色的综合性大学，不同专业的学生，对政治理论的掌握和运用是有差别的，开展社会调查的能力差别更大一些，实事求是地讲，不同专业的学生在社会实践上齐头并进是不可能的。相对来讲，文科专业开展社会调查的能力更强，这本优秀社会实践报告选编的作者也是以文科生为主。我们的看法是，第一，不否认差别的存在，客观对待差别，对不同专业的学生，更加突出指导的针对性。同时，突出思想政治理论课的特质，将评定学生社会实践效果的重点放在以马克思主义的立场方法分析社会问题上。第二，社会调查是一项非常重要的能力，我们也希望利用社会实践课，帮助学生提高社会调查资料收集、资料分析、观点提炼、文字表达等多方面的能力，促进学生综合素质的提升。

对参与指导的老师们来讲，思想政治理论实践课既是一个自我提升的机会，也是对自身的一个挑战。思想政治理论教育是理论性与实践性的统一，不深入了解纷繁复杂的社会现象，很难成为一个好的思政课教师。老师们平时忙于理论研究和课堂教学，能够通过指导学生的社会实践，了解来自田野的第一手资料，深化对中国社会的认识，并将其运用到教学中，对老师们来讲是有益的。不过，客观地讲，有部分思政课教师擅长的是文本研究，对实证研究不太熟悉，指导学生的社会实践有一定难度，需要面对不少挑战。一些社会实践报告质量一般，既有学生能力不足的因素，也与指导老师对实证研究了解不够、指导不力有关。我们期望，通过指导学生社会实践，思政课教师能够提升自己的调研能力和指导能力，不断提升社会实践调研报告的质量。

2019 年 3 月 18 日，我参加了学校思想政治理论课教师座谈会，有幸现场聆听了习近平总书记的重要讲话。习近平总书记指出，思想政治理论课是落实立德树人根本任务的关键课程，青少年阶段是人生的“拔节孕穗期”，最需要精心引导和栽培。要不断推动思想政治理论课改革创新，重视思政课的实践性，把思政小课堂同社会大课堂结合起来，教育引导学生立鸿鹄志、做奋斗者。社会实践是思政小课堂同社会大课堂结合的重要方式和途径，这 46 篇报告是华南师范大学思政小课堂同社会大课堂结合的重要成果，我们期待进一步探索完善思想政治理论课社会实践模式，引导学生发现问题、分析问题、思考问题，让学生水到渠成得出结论，让思想政治教育更具亲和力、针对性、实效性。

（作者系华南师范大学马克思主义学院院长、教育部“长江学者”特聘教授）

目 录

珠三角建筑业农民工“五险一金”制度落实情况调查

陶诗颖　钟燕　王晓宁　招远恒　周康彬　吴俊明[①]

一、调研背景和过程

（一）调研背景和目的

农民工权益保护问题是我国经济社会发展的一个重要问题。“五险一金”（养老保险、医疗保险、失业保险、工伤保险、生育保险、住房公积金）是国家法定的社会保障项目，为职工缴纳“五险一金”是用人单位必须履行的法定义务。“五险一金”的落实情况如何，可视为衡量农民工权益是否得到保障的基本指标。

珠三角地区为保持其区域内经济快速发展，兴建多项建筑工程，工程涉及社会、政治、经济、文化等多个方面，承办工程的单位性质有国企也有私企。珠三角地区经济发展成就显著，但经济发展的速度远远超过法治建设的进程，也远远超过社会建设的步伐，社会弱势群体的权益保护始终是珠三角地区的一大问题，受到多方关注，也引发了很多争议。建筑行业的农民工作为弱势群体的代表之一，他们从事高强度的体力劳动，自身维权意识不足，同时其职业又具有流动性强的特点，这为部分企业钻法律空子，拒绝承担工人的“五险一金”提供了可能。总体而言，不少用人单位为了节约成本及追求利润最大化，少缴甚至不为农民工缴纳“五险一金”；而执法监管部门的执法力度不够。这种社会大环境极易引发各种社会不公。建筑行业农民工“五险一金”落实情况不佳，使得这一课题研究具有重要的意义。

本调研的目的在于，通过第一手的实证资料，较为全面地了解珠三角地区建筑行业农民工“五险一金”制度的落实情况、制度落实过程中存在的问题，提出改进的对策建议；同时以珠三角地区农民工“五险一金”的落实情况，为我国农民工权益保护提供参照。

（二）调查对象和内容

调研组选择了广州、深圳、佛山、珠海、揭阳、中山、茂名等地区的建筑行业农民工作为研究对象，通过抽查的方式，确定问卷调查对象。

本研究的内容为珠三角地区建筑行业农民工“五险一金”的落实情况。具体又分为几个方面：①我国企业职工“五险一金”制度；②珠三角地区建筑行业农民工“五险一金”制度落实总体情况；③珠三角地区建筑行业农民工对“五险一金”制度落实的看法；④珠三角地区建筑行业农民工“五险一金”制度落实存在的问题和对策。

（三）调查方法和过程

调研采用的资料收集方法有文献法、问卷法和访谈法。文献法方面，调研组通过图书

---

①作者为华南师范大学经济与管理学院2012级本科生，指导老师周建伟。

馆、知网等途径，查阅和收集了我国“五险一金”的制度规定和有关农民工权益保护的研究成果；问卷法方面，调研组设计了调查问卷，问卷调查是这次资料收集的主要方法；访谈法方面，调研组访谈了在深圳市某建筑公司任职的刘伟先生。

调研先后经历了前期准备阶段、文献资料收集阶段、问卷和访谈提纲设计阶段、实地调查阶段和资料分析与报告写作阶段。调研于2014年7月上旬启动，到11月下旬结束，整个调研过程耗时5个月。

调研组成员都是涉世未深的大学生，调研是一个充满挑战的过程，是我们了解社会、认识社会的过程。调研的对象是建筑行业的农民工，这个群体具有一定的特殊性。建筑行业的农民工学历相对较低，识字率不高，生活也相对封闭，对相关的问题不是很了解，这给我们在实地调查对象的选择、走访等方面带来了不少困难。调研课题虽然关系到农民工的切身权益，但由于话题敏感，一些农民工不愿意回答，这也在一定程度上给调研带来了挑战。

（四）问卷调查样本概况

调研资料收集的方法主要是问卷调查。调研组共发放搜集了384份问卷，问卷调查样本情况如下：

从样本的地域看，深圳的比例为10.94%，广州占12.5%，中山占14.06%，珠海占17.19%，揭阳占18.75%，茂名占7.81%，佛山占15.63%。样本采集基本覆盖珠三角地区，样本来源广泛，且比例相对比较均匀，具有较好的代表性。

从样本的工龄看，31.25%的农民工的工龄处于1～5年，占比最大；工龄处于5～10年的农民工，占26.56%；工龄介于10～20年以及工龄超过20年以上的分别占了15.63%和14.06%；占比最小的是工龄在1年以内的，比例为12.5%。

从样本的学历看，建筑行业的农民工的学历比较低，其中初中及以下学历的比例高达78.13%，远远超过了高中学历的7.81%以及大专学历的14.06%，本科以上学历为0。农民工的学历比较低也是他们成为廉价劳动力的主要原因。

从样本的个人收入情况看，绝大多数农民工月收入在2001～3000元，比例为53.13%，超过一半；月收入在2000元以下的，占了25%；月收入3001～5000元的比例为17.19%；只有极少数月收入超过5000元，占4.69%。

从样本所在企业的性质看，54%的样本来自民营企业，29%的样本来自个体企业，15%的样本来自国企，这三种性质的企业占了样本的绝大部分。通过调查发现，许多政府工程都会承包给民营或者个体企业，这些样本一定程度上反映了珠三角地区建筑行业承包公司性质的比例分布，具有参考意义。

二、建筑行业农民工“五险一金”落实状况

（一）农民工对“五险一金”制度的了解情况

数据显示，近八成的受访者对养老保险、医疗保险、工伤保险比较了解，而近四成的受访者知道失业保险。因为建筑行业工人的职业危险性高，所以农民工对工伤保险、医疗保险的关注度较高（见图1）。我们发现，农民工对失业保险的了解较少，由于建筑行业

的工人流动性很大，许多人从事的是短期工作，工期结束后便去另一个城市从事相关行业或者回了老家，因为这个原因，许多农民工缺乏足够的意识去购买“五险一金”；另外还有5%的受访者对以上保险都不了解，这从侧面反映出企业没有很好地主动为农民工承担相关的保险费用，政府需要加强“五险一金”的宣传力度，以免农民工对自己的权益不了解，继而影响他们争取和维护自己的合法权益。

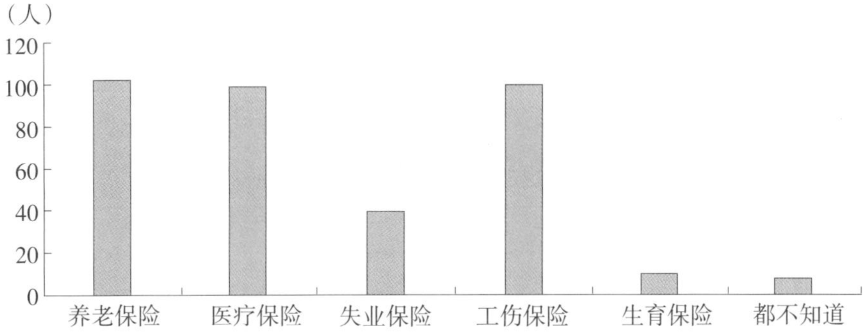

图1　珠三角地区建筑行业农民工对“五险一金”的了解情况（可多选）

（二）农民工了解“五险一金”的途径

数据显示，受访者了解“五险一金”的渠道主要以“朋友告诉的”和看“宣传栏”了解居多（超过60%），由“原先所在单位告知”则紧随其后，而从网络得知的比例则最少，这与大部分农民工文化水平较低有一定的关系（见图2）。受经济能力限制，获知的范围略显狭窄且通过多媒体方式了解的比重不算高，这一方面反映了政府应该拓宽、加强多媒体宣传渠道及宣传力度；另一方面，也反映了企业在一定程度上落实了政府的相关政策，但执行力度不够。

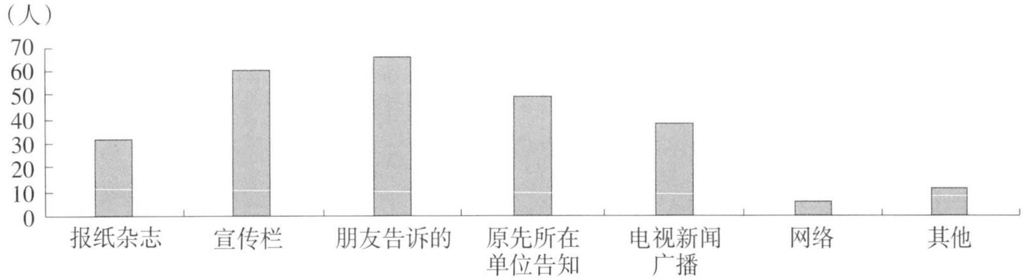

图2　珠三角地区建筑行业农民工对“五险一金”的了解途径

（三）“五险一金”的缴纳情况

《中华人民共和国劳动法》第九章第七十三条规定“劳动者在下列情形下，依法享受社会保险待遇：1. 退休；2. 患病、负伤；3. 因工伤残或者患职业病；4. 失业；5. 生育”。“五险”包括养老保险、医疗保险、工伤保险、失业保险和生育保险，其中养老保险、医疗保险和失业保险，这三种险是由用人单位和个人共同缴纳保费，工伤保险和生育保险完全是由用人单位承担的，个人不需要缴纳。“一金”指住房公积金。《国务院关于修改〈住房公积金管理条例〉的决定》第一条中将住房公积金定义为“国家机关、国有企业、城镇集体企业、外商投资企业、城镇私营企业及其他城镇企业、事业单位、民办非企业单位、社会团体及其在职职工缴存的长期住房储金”，住房公积金由用人单位和个人共同缴纳。

调查数据显示，珠三角地区建筑行业农民工的“五险一金”落实情况不佳，为农民工承担养老保险的企业只有22%，医疗保险有50%，失业保险只有13%，工伤保险21%，生育保险5%，住房公积金11%，说明目前珠三角地区建筑行业农民工的“五险一金”制度并没有落实到位，距离国家规定仍有很大差距。珠三角作为经济发达地区，建筑行业农民工的“五险一金”的实施情况仍然未容乐观，“五险一金”全都“没有买”的比例远远超过“共同承担”“自己完全承担”以及“单位完全承担”，这反映了该制度的实施还有很大的改善空间（见表1）。

表1　珠三角地区建筑行业农民工“五险一金”的基本实施情况

调查内容	选项			
	没有买（%）	单位完全承担（%）	自己完全承担（%）	共同承担（%）
养老保险	44	8	34	14
医疗保险	34	22	16	28
失业保险	87	5	0	8
工伤保险	49	21	0	30
生育保险	89	5	0	6
住房公积金	87	5	2	6

（四）单位性质与“五险一金”落实情况

在“五险一金”当中，养老保险、医疗保险、失业保险是由用人单位和个人按不同城市的具体比例共同承担。把我们所调查的公司的性质与这些险种的承担情况相结合，可以发现，在养老保险和医疗保险的问题上，国企基本都会为农民工完全承担，也有部分国企没有按国家规定完全承担，但仍然会与农民工共同承担；而民营的用工单位在养老保险上，大部分倾向于做出“不购买”或者由“个人完全承担”这两种选择，只有一小部分的民营单位会与农民工共同承担。医疗保险的情况则相对比较理想，虽然仍有不少民营单位没有为农民工购买医保，但是“由单位完全承担”的比例明显比较高；而个体单位则倾向于不为农民工购买医保，同样的，也只有少数农民工自己完全承担相关的保险。按规定须由用工单位与个人共同承担的失业保险的购买情况则非常不乐观，无论是什么性质的企业，绝大多数企业都没有为农民工购买失业保险，这反映了养老保险、医疗保险、失业保险在承担问题上的巨大差异。住房公积金虽然也是由单位和个人共同承担，但是绝大多数农民工没有住房公积金。

工伤保险和生育保险是由用人单位完全承担的，但是在建筑业这一高强度、极具危险性的行业当中，企业为职工购买工伤保险的情况未如理想，用人单位没有购买的比例高于单位完全承担的比例，甚至一部分国企也没有为工人购买。总体上看，虽然工伤保险落实的情况好于养老保险、医疗保险、失业保险和住房公积金，但是没有购买的比例超过了四成，也远远高于双方共同承担的比例。生育保险没有购买的比例是众多保险之中最高的，这是因为建筑行业以男性从业者居多，当中只有极少数工种有女性参与（如捆扎钢筋）。

从我们获得的数据来看，“五险一金”的实施情况基本呈现为国企最优，其次为民营企业，再次为个体企业，但总体而言，“五险一金”的落实情况还有待改善。

（五）用人单位主动购买“五险一金”的情况

《中华人民共和国劳动法》第七十二条规定，“社会保险基金按照保险类型确定资金来源，逐步实行社会统筹。用人单位和劳动者必须依法参加社会保险，缴纳社会保险费”，用人单位必须主动帮农民工购买保险，但采访结果显示，近六成的用人单位并没有给农民工主动购买保险，这说明“五险一金”制度并没有完全落实到位，仍有很大一部分的农民工的合法权益没有得到应有的保障，也有部分用人单位虽然主动承担“五险一金”的费用，但是承担的比例没有完全到位——一方面由于用人单位自身的经济能力难以承担这笔费用，另一方面有些用人单位为农民工购买“五险一金”仅仅是为了应付上级部门的检查，应付一部分农民工的诉求。这需要执法机关严格执法，也需要农民工积极主动地争取自身应有的权益。

调查数据显示，国企单位基本上都会主动给农民工购买“五险一金”，民营企业也有过半的用人单位会主动给农民工购买，但是个体经营的只有不到三成的单位给农民工购买了“五险一金”，混合所有制的则基本都没有主动给农民工购买。“五险一金”的实施情况与企业的规模大小、政府管理监督难易程度相关，而根据企业的规模大小、政府管理难易程度对“五险一金”实施情况的影响，用人单位主动给农民工购买保险的情况大概如下：国有企业最符合国家要求，民营企业次之，个体经营单位再次之，而做得最差的是混合所有制企业。

（六）劳动合同签订情况

数据显示，在单位主动帮助承担“五险一金”的样本人群中，63.16%的农民工和单位签订了相关劳动合同。但是从前面的数据可知，用人单位在与农民工签订合同的时候，农民工并没有切实去关注自身的“五险一金”状况，合同并非他们维护自身权益的工具，更像是形式化的事物，他们关注的往往只是薪酬。有34.21%的农民工甚至没有与用人单位签订相关合同，这反映了他们严重缺乏权益保护意识，在没有签订相关合同的情况下，用人单位与农民工一旦发生争执，便缺乏行之有效的工具来维护自身权益。

根据用人单位的性质进一步分析，国有企业都会和农民工签订劳动合同，民营企业中有65%的用人单位会跟农民工签订合同，只有30%的个体单位会和农民工签订合同。

结合企业是否主动承担“五险一金”的情况可以看出，国有企业“五险一金”落实情况最好，既和农民工签订合同，也给农民工购买“五险一金”，而民营企业次之，个体经营的落实情况最糟。这反映出政府的监督不力，国有企业规模比较大，管理监督比较容易，所以其“五险一金”落实情况最好；民营企业的管理监督较国有企业难，所以落实情况也相对差一些；至于个体经营，由于规模小，流动性大，管理和监督最难，其落实情况做得最不好。

（七）农民工对“五险一金”的需求与期待

数据显示，建筑行业农民工对“五险一金”有较高的需求，但对不同的保险的具体需求情况也存在差异。超过五成受访者认为工伤保险最重要，但只有两成受访者得到基本的保障，这远远低于国家对“五险一金”的相关规定与要求（图3）。而建筑工人是世界十大最危险的职业之一，美国钢铁工人工会称，由于业主和管理者试图削减成本，从事结构施工的工人死亡数越来越多，由此可见工伤保险的必要性。排在第二位的是养老保险，近50%的受访者希望得到养老保险。排在第三位的是失业保险，希望得到失业保险的农民工占40%。结合珠三角农民工“五险一金”的实际缴纳情况可以看出，“五险一金”制度的实施与农民工的期待还有很大差距。

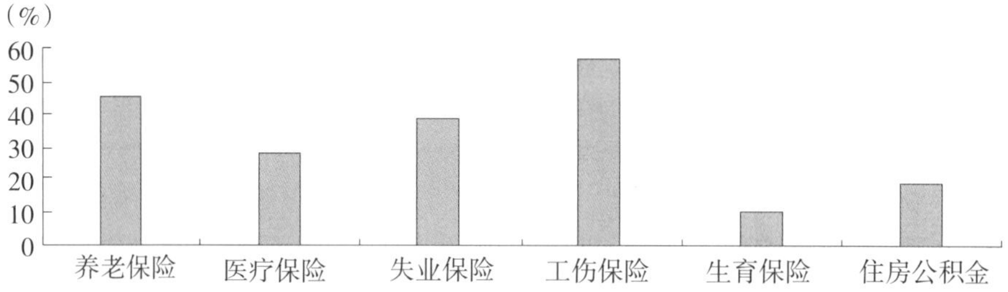

图3　珠三角地区建筑行业农民工“五险一金”的需求与期待

三、珠三角地区建筑行业农民工“五险一金”争取状况

（一）是否争取“五险一金”

数据显示，在所调查的珠三角地区建筑行业农民工中，21.9%的农民工会在工期中主动争取“五险一金”，而78.1%的人则没有主动争取。在此次调查中，课题组发现大多数农民工对“五险一金”并不特别重视，有些人甚至抱着“能有工作就好，有没有权益保障并不重要”的态度。由调研数据可见，绝大多数建筑行业的农民工对“五险一金”所持的态度相对还是比较被动的。而这个数据也同时反映出珠三角地区建筑行业农民工权益保障政策与现实还是有一定的差距，珠三角地区虽然保持着高速的经济增长率，但是法制进程还有待完善。当然，对自身权益是否抱着积极争取的态度也和农民工的生存状态与自身对政策的理解不同有关。

（二）争取“五险一金”的方式

调查数据显示，在积极争取“五险一金”的农民工中，22.2%的工人会在工作前谈好保险，谈妥后才开始工作，这部分人对于维护自身的权益有一定的认识，将个人权益放在重要位置，以合理、合法的方式，维护自身权益；77.8%的工人则会在工作期间和老板协商，一边工作，一边争取。由于农民工对于“五险一金”的制度规定了解不多，“五险一金”在一定程度上成为用人单位（老板）与农民工之间的力量博弈。农民工一般不会采取集体罢工或暴力方式争取，不过，值得注意的是，调查样本中没有人会通过法律方式争取，由此可见农民工的法律意识及权利意识较为淡薄，对法律这一维权武器的认识还不够；另外，担心打官司聘请律师的费用高，许多农民工不愿意为了争取“五险一金”额外增加花费。

（三）争取“五险一金”的结果

尽管部分农民工主动为自己争取“五险一金”，但没有单位会完全承担这笔费用。其实“五险一金”并非所有的项目都由单位完全承担，有一部分是由单位与个人共同承担，但同时也有约16.7%的用人单位完全拒绝为农民工承担“五险一金”，不愿为保障农民工的权益出一分力。16.7%的单位拒绝承担，这说明社会上的确存在一些逃避社会责任、无视法律政策的企业。当农民工遭遇侵权时，政府有关部门应加强监管，将“五险一金”政策落实到位；建筑行业的单位也应遵纪守法，确保农民工的权益得到真正的保障。“五险一金”由单位和个人共同承担的占样本数据的83.3%，这符合“五险一金”政策中企业与个人所承担的分配比例，说明农民工争取自身权益的努力还是得到了部分单位的重视的，部分单位已开始逐步落实“五险一金”政策，注重用人单位与个人劳动关系的合法化，并尊重农民工的劳动成果与合法权益。

（四）不争取“五险一金”的原因

在没有主动争取“五险一金”的农民工中，52.8%的人是因为工期短而不争取。课题组成员多方查阅资料了解到，流动性是农民工的一大特征，一般的建筑业农民工工期较短，因此他们不想在有限的时间里购买保险，以免本来不多的工资变得更少；另外由于其中一部分保险是有时间限制的，如医疗保险中断三个月就失效，所以农民工不想在工期短且工作不稳定的情况下购买保险；19.4%的农民工不了解自身权益，这反映出有关部门的工作不到位，对相关政策的宣传力度仍不够，普及范围不广，另外也说明农民工对自身权益关心较少，关注了解比较多的只是薪酬；11.1%的农民工没有明确的维权意识，对维权途径一无所知，说明农民工的法律意识与维权意识仍需提高；另有16.7%的农民工选择“其他”原因导致自己不主动争取，其中包括打算“晚些时间再争取”、觉得“费时费力”等，这也反映出农民工生存状态与政策规定之间的矛盾，需要政府部门完善“五险一金”政策，充分考虑农民工的生存状态，更好地保障他们的权益。

四、思考和建议

（一）农民工“五险一金”制度落实面临的问题

地方政府、执法监督机构存在的主要问题是没能将制度措施落到实处，部分工作人员缺乏责任感，执行力不够。部分用人单位没有按规定的比例给农民工购买“五险一金”，执法监督机构没有对相关人员做出相应处罚。政府许多部门都与社会保障相关，但令人遗憾的是，各部门对企业的违法违规行为缺乏统一的查处标准和规范，加大了执法的难度。关于社保转移问题，也缺乏统一有效的机制保障农民工的权益。一些地方为了营造“亲商”的氛围，漠视农民工等弱势群休的权益，个别政府监管部门的工作人员甚至与用人单位串通，对其违法行为睁一只眼闭一只眼。

用人单位存在的主要问题是没有严格遵守国家法律法律制度，损害牺牲农民工合法权益，甚至不惜违法。这种情况在私营企业中最为常见。

就农民工自身而言，虽然维权的意识不断高涨，但由于其文化水平较低，法律意识淡薄，运用法律武器保护自身权益的能力存在很大的不足，加之维权的成本比较高，对于需要养家糊口的农民工来讲难以承受，种种原因导致农民工不愿意采取法律手段维权。

（二）对策建议

第一，执法监督机构要尽快完善相关的法律法规，扩大社保制度的保障范围。对用人单位拒绝承担“五险一金”或承担比例不符合规定的要严格查处、整治。同时，要注重相关执法人员的执法能力和素质的培养。各部门要建立统一的社会保障标准与规范，以便执行，避免用人单位钻法律空子，侵害农民工的权益。政府还需要建立统一的社会保障网络信息平台，尽快解决因农民工的流动性而造成的保险关系转移困难等问题。除此之外，一些用人单位无力承担“五险一金”，政府部门可以在一定的条件、标准下，为其提供资金或政策上的帮助。

第二，“五险一金”包括养老保险、医疗保险、工伤保险、生育保险、失业保险和住房公积金，其中法律规定，企业必须承担工人的医疗保险和养老保险，而工伤保险、失业保险和生育保险则是企业和个人按照一定的比例共同承担。企业是现代社会的产物，它不仅要对股东负责，还要对社会负责，对自己的员工负责。企业家应摆正姿态，加强自身的道德修养和法律素养，以信立企，以德服人。在赚取利润的同时也要保护好工人的权益。

第三，“五险一金”是用人单位必须给予劳动者的保障性待遇。然而，许多农民工却知之甚少，从而严重影响了自身的权益。据本次调研结果得知，大部分农民工根本就不知道有“五险一金”这一制度；另外，也有很多农民工尽管知道却没有主动去争取，其中有很大一部分人是不知道怎么争取，也有一些人不想去争取，甚至还有一小部分人没有和公司签订劳动合同。这些都表明了建筑行业农民工的法律意识和权益意识很薄弱，很多人无力保障自身的权益不受侵害。在国家大力宣传工人的合法权益时，建筑行业的农民工也应加强自身的学习，多关注时事，提高自己的法律意识，以便了解自身的合法权益有哪些以及如何争取和维护自身的合法权益。

参考文献

[1] 黎建飞，欧阳晓娴. 什么是“五险一金”[J]. 中国大学生就业，2007（1）.
[2] 柏淑芬，王鸿. 浅析我国“五险一金”的社会保障制度[J]. 中小企业管理与科技（上旬刊），2014（1）.
[3] 张云超. 浅议农民工保险问题[J]. 现代企业教育，2011（16）.
[4] 顾叶. 浅谈农民工社会养老保险问题[J]. 前沿，2013（14）.
[5] 中国建设报. 农民工保险：想说爱你不容易[N]. 中国建设报，2006－03－07（003）.
[6] 程莉莉. 对五险一金“敬而远之”，农民工“短视”还是政策不到位[N]. 工人日报. 2012.
[7] 李玲. “五险一金”如何计缴[N]. 中国财经报，2008.
[8] 李爽. 我国养老保险改革面临的选择[J]. 中小企业管理与科技（上旬刊），2010（5）.
[9] 汤金洲，侯晓丽. 我国医疗保险制度存在的问题及对策研究[J]. 价值工程，2012（27）.
[10] 陈加旭，张力. 社会保险与社会救助协同机制探讨[J]. 四川行政学院学报，2010（2）.
[11] 李静萍. 社会保险改革下统筹商业保险的发展研究[J]. 理论月刊，2013（6）.
[12] 孙冬梅. 浅谈社会保险的内部控制制度[J]. 劳动保障世界（理论版），2011（8）.

农民工的生存、期待与维权

——打工妹唐万琼的工伤维权故事

余洁纯　罗彬　钟雨杰　何捷　邝健豪①

农民工群体的产生和壮大是改革开放以来我国城市化、工业化进程中特有的社会现象。传统的户籍管理制度阻碍着农村劳动力的自由流动，并使农民工的合法权益处于边缘化状态，无法得到及时有效的保护。尤其是在发生工伤事故时，农民工工伤维权难度较大，合法权益难以得到有力保障，切实解决农民工工伤维权问题刻不容缓。

作为我国经济社会发展的巨大推动力量，农民工通过自己的辛勤劳动为所在城市的发展和建设做出了重要贡献。但是，由于农民工所从事的行业和工种往往处于社会职业结构的底层，其从业范围多集中于建筑业、制造业、采矿业等领域，工伤事故发生率很高，维权现状不容乐观。频发的工伤事故造成大量农民工生命健康安全受到严重损害。据国家安全生产监督管理总局统计：2003 年全国各类生产事故死亡人数为 149 226 人，2004 年为 147 379 人，2005 年为 127 089 人，其中以农民工居多。然而，农民工工伤案件发生率大幅增长的背后却是结案率的不断下降。据统计，2006 年 10 月到 2007 年 1 月这三个月的时间里，工伤案件发生率相比 2005 年同期增长 181%，结案率却由 2005 年的 38.3% 下降到 29.6%。

农民工是社会的弱势群体。面对工伤问题给自身造成的严重伤害，农民工的维权行动一直没有停止。本社会实践小组对农民工工伤问题极为关注，结合在中山市的专业实习，对该课题进行了调研。调研小组走访了广东省一家为打工者维权的非政府组织（NGO）的中山分区办公室，从服务部金石长干事那里听到了四川女工唐万琼的工伤维权故事。在金石长干事的介绍下，调研小组走访了唐万琼。唐万琼毫无保留地给小组成员讲述了她的故事，她的质朴让人感动。对中国庞大的农民工群体来说，生命的沉重、生活的期待不言而喻，维权的故事让人心酸。本文以四川女工唐万琼工伤维权个案为例，采取描述性的个案分析方法，以工伤维权为中心，叙述打工妹唐万琼的故事，对农民工维权的有关问题进行简要分析。

以下是唐万琼的自述。

一、外出广东打工

我的家乡在四川省宜宾县，家里有父亲、母亲、妹妹和我，一家四口过着简单的生活。我的父亲和母亲都是农民，平日里都在务农，农闲季节便出去打点小零工，家里的日

①余洁纯、罗彬为华南师范大学经济与管理学院 2008 级本科生，钟雨杰、何捷、邝健豪为华南师范大学信息光电子科技学院 2008 级本科生；指导老师周建伟。

子算不上太好。妹妹要读书，我初中毕业后就迫于家里的经济负担外出打工了。

2002 年初中毕业后，我暂时在家里帮忙务农，后来亲戚帮我介绍了对象，我认识了爱人柳胜洪。第二年，我们有了第一个宝宝，是个可爱的女儿。2004 年，我独身一人来广东打工，爱人则留在了家乡工作。

广东是很多我们那边的人外出打工的首选省份，这边的工资比较高。广东的气候比较暖和，也不怎么吃辣，于是我慢慢适应了。我在广州的白云区和番禺区呆过，也去过佛山和中山，干过很多工作，制衣、毛纺、装配零件、制造皮具等，这些都是不大需要技术的活，也遇到过形形色色的老板。我不停地换地方，期望找到环境更好、工资更高的工作，慢慢地我就养成了比较乐观的生活态度。

2004 年，我在广州白云区的一家制作手机套的工厂工作，老板是个潮州人。这是我的第二份工作。工作中有一道工序是要用清洁剂清洗手机套。那些清洁剂中有各种化学成分，会腐蚀皮肤。清洗的时候，厂里也没有给我配备手套。有一次，我一不小心，右手中指就被清洁剂溅到了，表层皮肤被腐蚀了一小部分。这算是我受的第一次工伤。可是那时我也不懂什么法律，没有人告诉我，我不知道这些可以让厂方支付药费的，就自己去看了医生承担了医药费。只身一人没有人帮忙，手指碰到水很痛，平时还是要自己洗衣服什么的。虽然也算不上什么大的伤害，但那次的经历让我心里很是委屈。

后来，又换了多份工作，2010 年 1 月 3 日，我来到中山市台隆毛纺织有限公司做毛纺工作。我是看到超市门前的招聘广告后找到这家工厂的。这家工厂的规模一般，大概有两三百名员工。我与这家企业签订了劳动合同，而且企业是可以帮正式员工买社保的。厂方曾经发过通知，说购买社保根据自愿原则。但是在成为正式员工之前有三个月的试用期，试用期间企业并没有为员工买社保。这家厂发工资时会发工资条给我们，但是工资条上的金额却不是实际发的工资（数），比如我 2 月份的工资是 1800 多元，工厂就只发了 1542 元，扣了 300 多元的生活费，而劳动合同上工资写的是 770 元，其他的工资都被安上了福利等的收入项目。厂方比较懂法律，知道怎么去规避高额的工伤补助金。

工作初期，我是自己在外面租房子住，一个月房租 220 元。伙食是吃厂里的，一个月交给厂里的伙食费是 340 元。和厂里的其他工人也没有太多的来往，感觉不亲近。这是我第一次做毛纺的工作，工厂里长时间飘着碎毛，让我难受，做过一阵子后，各方面都不是太顺心，我有了离厂的念头。

开始时想着过年留在中山工作能多赚点钱，我就没有回老家。厂里是农历正月初四，也就是 2 月 17 日开的班，因为正值过年的时候，工厂里面管得很严，比如说你迟到一分钟就要扣你两块钱。请假的话，像现在很多工厂一样，你平时请假就要扣你星期六星期天的加班费（就是用周末的时间来补上你请假的时间，没有算双倍工资）。这个厂实行的是计时工资制，一小时的工资按 4 元算（用月工资 770 元除以 22 天再除以 8 小时，取整数），加夜班、周末加班和节假日加班都有按法律规定给加班费。我 2 月份的时候工卡丢了，工厂给我补工卡就又罚款扣了 30 块钱。这边扣扣、那边扣扣，每个月就扣去了很多（钱），这让我不想再做下去了，打算跟厂方说要辞职，一个月后就可以走人了。谁知道，意外却在这时候发生了。

二、工伤，让我害怕了一下

那是2010年2月24号的晚上，我在上夜班，纺织工线出了点问题，有A、B两股线，原本A、B是要纺织在一起的，我搞成A和A在一起，B和B在一起去了，这样工厂又罚了我20块钱。我那时倒是无所谓了，因为我已经决定辞工了，想着可以回去写辞工书，不在这里做了。当时，我心里正想着这事，再加上那天我自己没有休息好，离下班就几分钟时间了，心里开始有些浮躁。而刚好我看到皮带上缠了毛线（我的工作位置有两台毛纺机在那里，旁边那台机用铁片遮住了卷动的皮带，比较安全，不容易缠毛线；我那台机子就没有），知道这样一定会卡死机器的，到时又要被罚钱了，于是我就顺手把那个毛线一抓想要把毛线弄掉，没想到手指就这样一下子被卷了进去，右手的食指和中指断去了一截。

一下子我就感觉到刺骨的疼痛，就在那里使劲地叫，看着血一直在流，我心里非常害怕。叫到后来感觉不痛了，因为已经断了，麻木了，不痛了。虽然当时厂里倒是有很多人，都上夜班还没有下班，但是因为我们那边都是机器，一台机器就一个人看着，隔得也挺远的，加上机器的响声，所以就没那么容易被其他人听见，很多人都没有察觉到我受伤了。我继续使劲叫着，叫了很久，终于有人听到了，便过来看，我说我的手指断了。他们一开始只是把我送到保安那里，我后来说我手指断了，他们这才去机器那里捡回我的手指。然后过了很久才把我送到医院，用的是厂里的车。从受伤到被送到医院，总共花了一个小时左右，在医院办手续和验血等，又用了将近一小时，我才开始接受手术。

我总共在医院呆了23天，在源田手外科医院，很庆幸手指被接回去了。但是厂方好像和医院先说好了还是怎么样，我也不是很清楚，可能是跟医院说治疗得差不多就让我出院的样子。所以，第一次住院，伤口一拆线，医院就让我出院了（出不出院由医院决定，不是由我决定）。第一次住院就是这样，后面第二次去医院是做康复运动等，医生说什么时候该去医院我就什么时候去。只住了23天院，手还没有完全恢复好就已经出院了。

住院期间厂里雇了陪护人员来照顾我，我的生活还是可以料理好的。厂里还派了专门的人负责我这件事，偶尔他也来探病（医院离工厂就大概3.5元车费的距离）。医护人员护理得也不错，挺好的，他们都做好了自己的工作。刚做完手术的时候，医生还会每天来了解我的病情。本来说要做植皮手术的，但后来手指自己长肉了就没有做。住院的时候，我很想念四川家中的亲人，但是没有告诉他们我发生了工伤事故。因为我想他们知道了也帮不上什么忙，只会使他们更加担心；等到好得差不多了，我再告诉他们发生了这些事，那时他们便不会太担心了。

手术后手指接回去了，受伤的手指里还插着钢针。打了两支钢针，有三四公分那么长，从手指中间大概第二个关节的地方打进去的。两根手指都要做康复运动，医生当时要求我每天回去做康复运动。刚开始康复锻炼的时候，手指中间的地方是弯的，那根筋并没有接上去。后来食指的筋接上去了，本来是直的手指给带弯了，而中指的筋没有接上，就僵硬着。后来，重新工作后就很少锻炼两根手指了。现在恢复得还算可以，食指比较灵活，中指恢复得差一些，现在的工作是做衣服，也比较少用到中指，（一般）用其他手指代替它干活，所以也就更不灵活了。中指一直感觉冷冰冰的，感觉没那么好，但比起刚开始，已经好很多了，食指的情况要更好一点。

打工这么多年，我也见过很多工伤事故，特别是在医院，看到的更多。我曾看到一个男孩子，好像就十八九岁，他好像不懂什么技术，听他说是裁床机一下子从手臂上切了下去。看到这么多的严重的工伤，我觉得自己还算是幸运的，只是两根手指，心里的负担就没有那么重了。一个女孩子在外打工，首先应该学会的就是坚强。

三、打工服务部帮助我工伤维权

住院期间，医疗需要用到钱时，先把数额跟厂方说一声，厂方便派人送钱过来，然后厂方再从我的工资里面扣，而其他的生活费就是我自己出。住院期间工资照发，就是按每个月 770 元的标准来算。23 天的医疗费、药品费以及其他费用，厂里总共先为我垫付了一万多元。我一直是在医院买的药，也就一直用的厂方的钱，到后来就没再吃药了。

受伤后，我与厂方也都比较关注赔偿金额的问题，但是凭我一个人的能力并不能去争取到我应有的权益。在受伤之前，我对社会保障的了解并不多，只听说过社会保险这词，具体的也不是很清楚，工伤评级和补助的规定这些就更不懂了。

幸好在我手指受伤住院的几天后，我遇到了来自这家打工族服务部中山分区的金石长干事，得到了他的帮助。那一天，我在医院的病房里休息，他走进了病房派发资料。听说他们打工族服务部经常在医院派发资料。第一次见面他们便给我派发了《工伤者权益手册》等一些资料，并且了解了我的受伤情况，发了表格给我填，我就听他们说要怎么维权。

在住院期间他总共来探访我三次，一开始我并没有怎么理他，带来了律师我也没怎么理他们。后来才觉得他们是真心想要帮我的，不像是要来骗人钱财的，而我自己又真的很需要帮助。他给了我一些很重要的资料，我觉得一般人应该拿不到这些资料，所以就信了。一般我们受了工伤以后，厂方肯定不会给我们这些资料的，他们肯定会避免我们拿到这些资料。我想他给了我这么多资料，肯定是有用的。后来便按照他们的话开始进行维权活动。现在想来还真要感谢他们（其间我还去过信访局，也就是拿了一些资料，也没比打工族服务部给的齐全，除了这些就没有从别的地方得到过帮助）。

一开始先要进行工伤认定，要收集较多的资料，还好我在打工族服务部的帮助下都一一收集齐全了，像劳动合同、工资条、工卡、医疗诊断证明、出院证明、厂方的工商注册材料（去工商局打印的）这些都还是能拿得到的。然后填写并递交了工伤认定申请材料。

4 月，工伤认定完以后，我就开始准备劳动能力鉴定了；6 月，劳动保障行政部门受理了我的申请，那时我的爱人已经结束了手边的工作，过来中山和我在一起。那一天是我爱人陪我去的，一切程序都比较顺利。根据上肢十级伤残的评定标准：“1. 一手指除拇指外，任何一指远侧指间关节离断或功能丧失；2. 除拇指外，余 3～4 指末节缺失；3. 指端植皮术后增生性瘢痕 $1cm^2$ 以上；4. 手背植皮面积 $>50cm^2$，并有明显瘢痕。”我右手的食指和中指从中间断了，后来接回去，我评残是十级，自身觉得有一点不公平，但也就这样了。

我受伤后，老板一直都是派专人负责我这件事，自己却从没露过脸。我不知道他清不清楚这件事，我也想亲自跟老板谈赔偿金额的事，就打电话给他，但是他不接，我便直接将评残和工伤认定的一些结果资料传真到他办公室。我只是不清楚他是否了解我受伤的事，想让他看一下工伤认定的结果，问他决定怎么办。他便问我这是什么意思，态度很凶。本来双方都希望通过调解来解决问题，我是有权利享受工伤保险的待遇的，企业应该承担发生工伤事故的工伤赔偿，我在厂工作的时候厂方没有为我买社保，所以我应该享有的工伤保险待遇就得由厂方承担。这些工伤待遇包括了医疗期间所需的各项医疗费用、住院治疗的伙食费、停工留薪期待遇、一次性伤残补偿金、一次性伤残就业补偿金和工伤医疗补助金。服务部的人跟我提到精神赔偿，我觉得如果工人受伤很严重便需要，在医院我看到很多可怜的病人，我这点伤比起别人还算轻的，我就不需要了。而最初厂方他们只肯出 1.2 万元的赔偿金，而且态度强硬，说他们就只出一万二，我要就要，不要就算。由于金额一直谈不拢，僵持了下来，厂方就说要通过法律途径来解决问题。我想他们大概有吓唬我的成分，以为我们打工的人知识少、不懂法律、怕惹官司。于是我就说行，按法律程序走。我就在打工族服务部的帮助下一步一步地走，需要的资料服务部也帮我备齐，我便去申诉了。我想既然谈不拢便只能靠法律，自己想太多也没有用。现在回想起来一个人还真不能做好这些事，（因为）不懂法律。

出院之后，我还继续在原先的厂里工作，但后来由于赔偿金额的问题闹翻了，便在 6 月份的时候离厂。我在中山市找了另一份工作，一心想着赶快处理完申诉的事情以后我便回老家，以后再不来广东了。两个手指也在慢慢恢复，后来恢复得差不多了，没妨碍到我寻找新的工作，也没有受到歧视。

我很早就出来打工，这些年形成了比较乐观的性格，想和爱人多赚点钱让一家老小的日子更好过一些，其他的一切都不再重要了，所以手指工伤这次事故并没有给我带来太过消极的影响。我觉得工伤对男的来说可能影响更大，可能会影响到男的交女朋友或娶不到好媳妇之类的，我都已经嫁人有孩子了，并不需要担心这些事。再者我还能继续工作，我看过受伤比我严重得多的，和别人比起来我这伤又算得了什么。所以我并没有太大的心理负担，睡眠也一直很好。没有整天想着受伤的事，做人就要过得轻松一点。

受伤后我一直牵挂着家里的人。较大的那个孩子今年已经上小学了，在我们老家读书。老人逐渐年老，懂的又不多，不是事事都能处理得好。做父母的都想孩子能在身边可以照顾他们，但是没有这个条件。我去打听过我在中山住的地方附近的小学，听说那里从不招外地人，除非给他们提供所谓的"赞助"，我们难以负担。

2010 年 12 月 21 日，我提起的诉讼终于在中山市开发区法庭进行审理。我和打工族服务部法律援助中心的金石长干事来到法庭后，也看到了厂方老板和律师。打过招呼以后，我们进入庭内开庭。法官一上来便表明自己的态度，希望通过调解解决问题。金干事对此持保留意见。他认为，调解会降低最后厂方支付的赔偿数额。他告诉我，如果按原来的法律程序直接进行，最后的判决结果不会让人失望。当然，打官司会耗费更多的人力物力财力。我想到快过年了，一心想回四川老家，再想想家中两个孩子，太久没见面了，再三思考，还是决定通过调解，尽快解决此事。

我让金干事转告法官，愿意通过调解解决此事。老板和身旁的律师商量了以后，也愿意通过调解解决。我和厂方的分歧主要是在赔偿金额上。上一次和厂方争论赔偿金额时，我的要求是 1.5 万元。那时厂方没有同意，认为数额太高。而这一次，厂方同意支付 1.5

万元，但是金干事告诉我，1.5万元是不能接受的。如果打官司来解决的话，厂方至少要赔偿2万元甚至更高。我回想当时自己没有获得法律援助，没有弄清楚相关法律在这方面的规定，1.5万元确实太低了。我拒绝了厂方提出的1.5万元的赔偿金额，要求上升到1.9万元。这样，调解进入了僵持的阶段。

就在我和厂方争论不下的时候，金干事对老板说道，我们可以马上结束调解，通过打官司解决此事。厂方的态度发生了改变。他们心里也明白，如果打官司，对他们而言是不利的。厂方最后同意了1.9万元的赔偿数额，调解终于完成了。

走出法庭，我对金干事连番感谢。如果没有他，没有打工族服务部的帮助，自己真的会吃很多亏。金干事则谦逊地说，这是自己的本职工作而已，帮助到需要帮助的打工者就是自己最大的心愿。

年底，我查了一下我的银行账户，1.9万元的赔偿金额到账了。

四、新工作，新开始，自己保护自己

此后我来到中山市雅淇防护服装有限公司的车缝部当一名普工，是做车缝的工作。这个厂我在2008年的时候来过一次，因为要回去带孩子就辞工了。我爱人6月份来到中山陪伴我，在这家厂里工作。我离开台隆毛纺织厂后就来这里和他一起工作，住在一起。

每天差不多工作11个小时，想着要多干一点活，多赚一点钱，就下午、晚上都提前半个小时去工作。中午还是可以休息的，休息半个小时到一个小时，然后提前去上班。厂里也有规定说（下午）一点半后才可以去上班，也就是只让你最多提前半小时，因为怕提前太多的话，以后有人会去说，要求多加工资。厂里的工作也不会很赶，平时注意休息，便不会太累。人太闲了不行，太累了也不行啊，现在稍微正规一点的工厂（工作）也不是很累的。从上次工伤后，我就比较注意休息，工作的时候才能精力集中一些，小心一些，要学会自己保护好自己。

现在这个厂没有包吃包住，费用从工资里面扣。你吃他的，他就扣你伙食费；住他的，就扣你的住宿费。工资是不固定的，少的时候1000多元，多的时候就2000元多一点，在赶货的时候和货比较好做的时候，就能拿到比较高的工资。能拿到2000元工资的时候，我就留1000元自己花在生活上，另外1000元就寄回家里，自己留点零花钱就可以了，在这里平时也没有太多需要花钱的活动。

工厂在过节的时候会组织一些活动，像劳动节的时候组织了运动比赛，过年的时候有聚会，中秋节发个月饼，气氛挺不错的。平日里休息的时候都是跟同一地区的人比较亲近，就都是四川的但（来自）不同城市的，一起闲聊，我爱人也跟我来到这边一起工作。工作的时候就跟挨着桌子的人讲讲话，厂里会有一点限制，但不会管得很严。放假的时候想在家里玩就在家里玩，他们也有组织去打篮球，打桌球。我一般都是在家里看电视，每个礼拜六就打电话回家，非常想家里的人。我妹妹也没读书，外出打工了，就剩老人小孩在家，小孩子特别调皮捣蛋，不好管。

遇上赶货的时节，每星期就只放星期天一个晚上的假；不赶货的时候，就放星期天一天的假。晚上加班，星期六、星期天加班的工资法律有规定要高于标准工资，他们都扣到了住宿费和伙食费上面，就抵消了。这个厂没有试用期，也没有签劳动合同，没有帮员工买社保。而没有签订劳动合同，可能会出现乱扣费的现象，如果有，我也没有办法。（如果）去投诉，需要跑很多地方，请了假也照样扣钱。我打听过外面其他的工厂，别人也是扣，工厂一般都这样，这些是没有办法的。外面好的厂就算有加班费，也是住宿费、生活费什么的一扣就都没有了。

原来发工资都有工资条的，计件还是计时都写在上面，我们也签了名。但现在都收回去不给我们了，都是保密的，就是说到厂里找证据这些，都很难有了。单单靠我们几个受过伤、接触过这些法律程序的人说说是没有用的，厂里绝大部分工人都不懂这些，没有人去告诉他们，我们说了他们也不会相信。大家少数服从多数，都一起没有签劳动合同，没有拿到工资条。后来，我就只好自己拿个小本，工资条每次发下来给我们签字，我就记着上面的数据，然后回头自己登记在本子上，想着这样以后万一有事也有点用吧。

五、无奈现状，渴望改变

在我受工伤的那个工厂，我所在的流水线的前后都有人受过伤，但是没有像我这么严重，没有露出骨头。我看到有个男同事操作钢丝机的时候中指被机器卷进去，手指的皮被撕破了，不过没有伤到筋骨。我把打工族服务部的金干事给我的一些名片和资料给了一些受伤的人，跟他们说了一下，但是他们好像都没有去寻求打工族服务部的帮助。他们大都是那种半信半疑的感觉，我能理解他们，觉得（打工族服务部）是要收钱才提供服务的，怕比请律师打官司还贵。我比较容易相信别人，他们不会。

我觉得现在政府还是比较为我们打工者着想的，出台了一系列的法律法规保护我们的正当权益；近些年工资开始上涨，虽然外面说工资少，但是我觉得现在的工资水平还是可以的。像我们现在就是，做多少拿多少，所以还过得去。但是到了打工者身上，就比较少能运用到法律法规来维权。因为大部分打工者的文化水平都不高，（上到）初中受的教育、学到的法律知识只是教你要守法，也不是具体的与劳动行为有关的法律知识，根本接触不到关于打工者的权益的内容。上了班以后，厂方就更加避免员工知道这些内容；并且厂方都会以福利等各类名目把你的工资条上的工资降到最低，远远低于实际工资，签订了劳动合同也是签最低工资标准的那个数字，而不是实际工资。他们可以找到很多的法律漏洞去规避（责任），而我们没有得到社会的帮助，是很难跟他们斗的。所以就算有些人知道了相关的法律法规，他们也较少去运用它。

我的身边没有其他的跟厂里打过官司的人。刚来雅淇这个工厂的时候，遇过一个中年大姐，在厂房门口摔伤了，厂方送她到专科医院去做手术。我就向她了解了一下，问厂方是怎么赔偿的，她说他们有赔偿。然后女工自己辞工了，厂方还是想留住她吧，不想她走，她就自己离厂了。

想要改变工人的法律意识（薄弱）的现状是比较困难的，需要一个比较长的过程，我也会尽自己的力量去告诉我周围的人，希望社会能有更多像打工族服务部这样的非政府组织来帮助我们打工族这个弱势群体，也希望更多人来关注打工族的维权现状。我们老家成都那边也有一个工业区，不知道那里有没有像这边一样的打工族服务部，不知道工人受伤的时候有没有拿到可以帮助他们用法律手段维权、走出困境的资料。

六、为农民工工伤维权营造良好的条件

听完了唐万琼的维权经历，调研小组查阅了相关资料发现，近年来，党和政府高度重视农民工问题，先后出台了一系列政策和法规，对农民工合法权益的保障和就业环境的改善具有重大意义。尽管如此，在当前的劳动法律体系和政策下，农民工工伤维权过程中依然面临许多问题。政府部门需要为农民工工伤维权营造良好的条件，以实际行动促进社会和谐。

第一，针对法律制度不够健全的情况，抓紧修改和完善法律法规。我国当前工伤保险存在覆盖面窄、保障力度不够、制度设计过于复杂等问题。《工伤保险条例》第二条规定，“中华人民共和国境内的各类企业、有雇工的个体工商户（以下称用人单位）应当依照本条例规定参加工伤保险，为本单位全部职工或者雇工（以下称职工）缴纳工伤保险费。”第十八条规定，提出工伤申请需要提交工伤认定申请表、与用人单位存在劳动关系（包括事实劳动关系）的证明材料、医疗诊断证明或者职业病诊断证明书（或者职业病诊断鉴定书）等，但在具体实践中，要取得这些材料以及进行相应的调查取证的过程并不顺利。此外，该条例还规定只有设区的市级劳动保障部门才是工伤认定的法定单位。然而，由于工伤事故日渐增多，市级劳动保障部门因人力物力有限，往往将工伤认定的受理、调查取证工作交由县级劳动保障部门办理，对工伤的认定通常延至法定的最后期限才做，事故处理效率较低。对于工伤案件的处理，工伤认定、劳动伤残等级鉴定和工伤待遇确定等是其必经程序。在具体实践中情况较为复杂，有的工伤索赔还要经过劳动赔偿争议仲裁和民事、行政诉讼等程序，一个程序往往反复多次。繁琐的程序加上漫长的维权周期，带来的必然是高昂的维权成本。这些都成为农民工工伤维权路上的重重阻碍。这些法律制度要抓紧时间进行修改和完善。

第二，针对执法力度不够的情况，要强化执法力度。由于现有条件所限，劳动保障监察部门无论是在执法力量上还是在执法力度上都存在明显不足。据劳动保障部统计，目前全国各级劳动保障监察部门担负着 2700 万户用人单位的监督任务，却仅有 1.9 万名专职监察员，有 22.2% 的地市和 42.2% 的区县没有设立专门的劳动保障监察机构，有的区县甚至只有 1～2 名监察员，人员的缺乏大大影响了执法工作力度。不仅如此，在具体实践中，执法人员的积极性和主动性也有待提高。地方政府应当在行政执法上加大力度，争取做到在第一时间帮助外来务工人员维权。

第三，针对农民工维权意识不强的情况，加强法制宣传和法律援助。这首先表现为劳动合同签订率和工伤参保率较低。有数据显示，北京市农民工法律援助工作站 2005 年 9 月 8 日至 2007 年 3 月 15 日所办理的 152 件农民工工伤案件中，仅有 14 人签订劳动合同，占总数的 9.2%。其中参加工伤保险的有 12 人，参保率只有 7.89%。除此之外，受传统观念影响，人们大多不愿意对一般的权利纠纷付诸法律手段来解决，而是更倾向于顾及情理和社会关系的维系。因此，面对工伤事故中的利益受损，农民工与用人单位之间往往选择“私了”的方式。这种非法律途径的处理方式不利于农民工相应合法权益的有效维护。有关部门应当加大对法律法规的宣传力度，加大法律援助的力度，提高农民工的维权意识。

第四，针对农民工维权效果不佳的情况，充分发挥非政府组织（NGO）在农民工维权中的协调作用。唐万琼能够维权成功，广东的这家为打工者维权提供服务的 NGO 组织功不可没。近年来，各种非政府组织在农民工维权上的作用越来越突出，但正因如此，地方政府认为非政府组织属于“破坏力量”，对它们的压制力度也非常大。事实上，非政府组织并不是破坏力量，而是建设力量，是维护社会公正的力量。应当为非政府组织的成立和运作松绑，充分发挥其作用。这种既能保障劳动者利益，又能为当地产业留住劳动者的机构实现了劳动者和产业之间的“双赢”。

参考文献

[1] 郑功成，黄黎若莲，等. 中国农民工问题与社会保护［M］. 北京：人民出版社，2007.
[2] 李树茁，杜海峰，杨绪松，等. 农民工的社会支持网络［M］. 北京：社会科学文献出版社，2008.
[3] 岳经纶. 农民工公共服务：国际经验、本土实践、政策建议［M］. 广州：中山大学出版社，2012.
[4] 曹志刚. 社会网络与城市化意识：以珠三角农民工为例［M］. 北京：社会科学文献出版社，2011.
[5] 李朝晖. 农民工工伤风险保障问题研究：以湖南湘中五城为例［M］. 北京：中国经济出版社，2011.
[6] 常见纠纷法律手册编写组. 工伤赔偿实用法律手册［M］. 北京：中国法制出版社，2010.
[7] 潘泽泉. 社会、主体性与秩序：农民工研究的空间转向［M］. 北京：社会科学文献出版社，2007.
[8] 杨祥银. 与历史对话：口述史学的理论与实践［M］. 北京：中国社会科学出版社，2004.

大学生信贷消费情况调研

——以华南师范大学为例

陈欣琳　陈倩怡　曹慧瑜　黄嘉进[①]

一、导言

（一）研究背景

“双 11”即将到来，大学生们早已把心仪的商品加进购物车，等待着大型购物狂欢节的“剁手”，堆积如山的校园快递，显示出大学生的消费观念从改革开放以后发生了巨大变化——从生存型消费向个性消费、享受型消费转变，也使得一部分大学生身上出现了攀比消费、盲目消费、超前消费等不良风气，同时也推动了专门针对大学生的信贷消费的兴起。2016 年 1 月，中国高校传媒联盟向 50 余所高校开展问卷调查，结果显示，信贷消费在大学生生活中占有很大的比例，62.77% 的学生使用过网络分期贷款平台；贷款额度上，40.7% 的大学生在 1000 元以下，40.12% 的在 1000 ～ 2000 元，有 5.23% 的超过 5000 元；还款额度上，54.07% 的学生每个月还款 100 ～ 300 元。调查显示，绝大部分学生的经济来源主要是家庭和兼职，并没有固定收入，无法支撑起他们的过度消费；大学生普遍缺乏理财意识，对财务没有长久的规划；不顾自己的实际支付能力进行超前消费，让部分大学生陷入了“裸贷”“套路贷”等陷阱，给自己和家庭带来了严重伤害。

大学生对于信贷消费态度如何，这一群体的信贷消费呈现怎样的特点，如何才能防止和化解大学生信贷消费给他们的生活带来的负面影响，是值得关注的现实问题。本报告以华南师范大学在校大学生为调查对象，通过调查问卷与访谈，分析大学生消费状况与信贷消费使用状况，希望能为大学生合理利用信贷工具、理性消费提供建议与参考。

（二）相关概念

1. 消费信贷

消费信贷是以满足个人即期消费需求进行超前消费，从而刺激生产，提高人们生活水平为目的，消费者以信用、资产抵押、质押担保的形式，获得银行或其他金融机构为消费者提供的贷款，需要在约定时间、以约定方式偿还贷款的消费行为。

2. 大学生信贷消费

大学生信贷消费是指普通高等院校在校本科生和研究生，以其信用为保证，实现分期购物、分期借贷以及综合电商等的行为。

大学生信贷消费有新的特点：一是申请门槛低。仅凭学生证和身份证以及父母、同学

---

①作者为华南师范大学经济与管理学院 2016 级本科生，指导老师周建伟。

等人的电话号码等基本信息，就可以在短短时间内贷款数千元，对于学生的还款能力监管较为宽松。二是以人格信用作为担保。对比普通的个人信贷消费，银行或其他金融机构会以信用、抵押、质押、担保等方式向消费者提供产品；而大学生进行的信贷消费大部分是以大学生个人信用作为担保，无需任何资产抵押或第三人作担保。

大学生使用信贷消费的方式主要有信用卡分期、互联网信贷两种。2004 年 9 月，广发银行和金诚信用在北京联名发行国内第一张大学生信用卡，突破了银行对无工作群体发卡的禁区，办卡时填写申请表，“生活费标准”“生活费供给频率”等项目取代了对普通信用卡申请人的收入状况调查。此后，大学生信用卡逐渐发展起来。互联网信贷是近年来出现的新形式的信贷形式，其申请门槛更低，操作更为便捷，因此在大学生群体中迅速流行开来。以趣分期、分期乐为代表的专为大学生提供电子产品分期付款服务的企业得到迅猛发展；与此同时，先花花、喵贷、We Cash 等互联网金融企业也逐渐推广开来。近一两年来，随着网购日益流行，新兴的网络支付工具向传统银行提出了新的挑战。以蚂蚁金服推出的花呗、京东白条等为代表的互联网金融工具成为消费信贷中的大头。但随着 P2P 金融的快速发展，“校园贷”“套路贷”乱象丛生，扰乱了校园环境和市场环境，甚至危及学生的人身财产安全。

（三）调研情况

调研小组主要通过文献分析、问卷调查等方式开展调研。调研对象为华南师范大学在校本学生、研究生以及部分毕业生，调研小组对他们进行了问卷调查，共发放问卷 203 份，收回有效问卷 203 份。调研对象中，男女比例分别为 28.08% 和 71.92%；城镇户籍的同学约占 63.55%，农村户籍占 36.45%；调查的对象分布在各个年级，其中 2016 级即大三同学居多，占总体的 73.4%。调查问卷包括三个部分的内容，分别为大学生的基本信息和消费收入行为，大学生信贷消费的情况，以及信贷消费对大学生产生的影响。调研小组成员通过问卷调查数据分别归纳了大学生信贷消费的现状、特征、倾向，分析影响大学生信贷消费的主要因素以及信贷消费对大学生产生的影响。

二、调研发现

（一）大学生信贷消费的总体特点

1. 对信贷消费接受程度高，超前消费现象较为普遍

问卷数据显示，曾经使用过或正在使用信贷消费的学生占受访者总数的 56%，比例已超过一半，可见大学生对于信贷消费的接受程度较高，超前消费的行为十分普遍。改革开放以来，传统的“量入为出”的消费观念逐渐演变为“及时消费”，如今又朝着“超前消费”的趋势转变。这种现象产生的原因，首先是改革开放以来物质财富的丰富，社会发展的需要。其次是主流意识形态的改变，中国特色的社会主义建设进入新时代，社会的主要矛盾已经转化为人民日益增长的美好生活需要和不平衡不充分的发展之间的矛盾，从“物质文化需要”到“美好生活需要”，也引导着大众消费观念的转变。最后，大学生消费观念的转变，也与西方文化的冲击有关，随着奢侈品及潮牌的涌入，西方超前消费的观念也对大学生的消费观念产生了非常大的影响。概言之，大学生信贷消费观念的转变，对于信贷消费的接受度越来越高，受到了各种综合因素的影响。

2. 互联网信贷方式占主导地位

在使用过或正在使用信贷消费的同学中，主要的信贷消费工具为互联网信贷，比例高达96.49%；信用卡占10.53%；民间小额借贷公司占0.88%（图1）。互联网信贷消费工具包括蚂蚁花呗、京东白条、天猫分期、分期乐等。其中花呗已经成为不少同学的主要信贷工具。

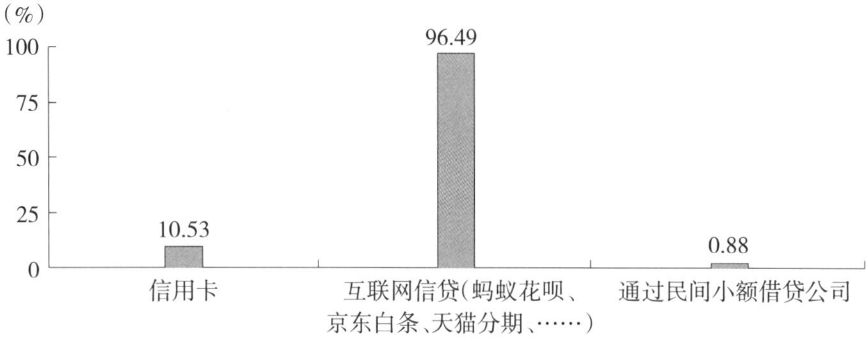

图1　大学生信贷消费工具选择情况（可多选）

在大学生消费信贷中，互联网信贷逐渐超越传统的信贷消费工具，成为大学生信贷消费时的首选工具。究其原因，首先是随着互联网经济的发展，网络购物已成为必要的日常消费渠道之一，一些互联网信贷工具与网络购物平台相结合，其便捷性迎合了大学生追求便利与潮流的心理，使得互联网信贷获得该消费群体的欢迎。其次，网络消费信贷能提供小额信贷，便捷、高效、门槛低、不受地域限制，大学生能据此独立快速消费；而信用卡及民间小额借贷公司等的门槛较高，办理手续较多，且如果忘记还款等情况还可能影响个人信用，对以后的借款造成影响。

问卷发现，使用消费信贷的学生中，每月信贷额度为1000元以下的占60.53%，1000～2000元的占28.07%；每月信贷消费的发生额为500元以下的占77.19%，每月信贷额度与信贷消费发生额都不大，这与互联网信贷消费的特点是比较相符的。因此，大学生在选择信贷消费工具时，首先考虑的是各种互联网信贷。

3. 注重物质消费，精神消费较少

从本次问卷调查的结果来看，大学生消费用途呈现多样化，其中服饰、休闲娱乐与购买化妆品及护肤品几个领域占一半以上（图2）。其中，服装服饰的消费占比最大，表明大学生注重着装，也有部分人追求品牌，把时间和精力用于个人形象的打造上。其次是休闲娱乐，在周末假期，一半的同学会选择以这种方式放松身心，与朋友聚会或是旅游出行，开拓视野，增长见识，丰富自己的业余生活。

化妆品及护肤品也成了一个重要的信贷消费领域，这也与调查对象中女生所占比例较高有很大的关联。上了大学，不再受中学时代学校在服装发型方面的约束，大学生也有了更多的自由去改造、打扮自己。此外，朋友圈、小红书等App的信息也具有一定的影响力。

电子数码产品消费占到了33.33%，这与电子产品更新换代速度快有较大关系。手机、耳机、手表等新产品不断推陈出新，总会引起大学生的广泛关注。大学生紧跟潮流，自然愿意接受新型的电子产品，即便价格昂贵，也愿意通过分期付款或其他方式得到。

总的来说，大学生注重通过信贷的方式提高生活质量，追求高品质的生活，这些往往需要花费更多的金钱，而信贷则为他们提供了这样一种机会和可能。相反，大学生用于学习培训与创业投资的消费所占比例较小，仅占总体的15%左右，说明仅有少数大学生会通过信贷消费用于学习培训、购买书籍等方面，绝大部分信贷消费被用于物质方面，精神信贷消费缺乏，信贷消费总体结构失衡。

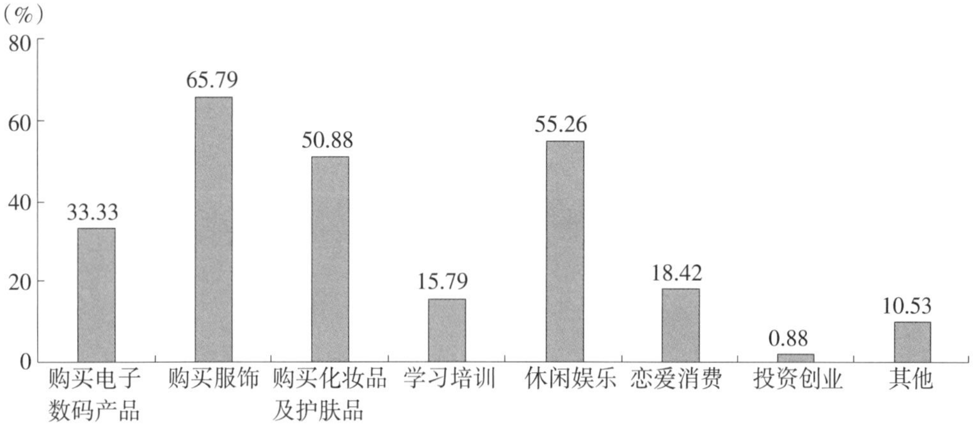

图2　大学生信贷消费购买用途

4. 风险意识薄弱，还款能力较弱

问卷数据显示，有近三成大学生在进行信贷消费时，不会考虑逾期不还的后果，其中94.29%的学生认为自己有足够的资金进行还贷，也有5.71%的学生会考虑向家长寻求资金帮助。这种现象的出现，与信贷开通门槛越来越低直接相关——大学生申请信用卡仅需填写必要的个人信息，无须有稳定的收入。而开通网络信贷也十分便捷，只要开通就可以获得几千元的信贷额度。2016年的“裸贷”事件，以及近两年频频出现的“校园贷”案例中，有个别大学生因借高利贷无力还款而被逼自杀，折射出大学生由于判断能力不足而导致自身落入了“低息还贷”的陷阱。

大学生还款能力弱的情况非常突出。调查显示，生活费来源一项95.07%依靠家人，也有44.83%来自兼职收入，14.78%来自奖学金，投资创业仅有0.49%（此题可多选）。而主要的还款来源中，下月的生活费占71.93%，兼职占15.79%，向父母索取占8.77%，奖学金和存款占3.51%。一旦贷款金额过大，或是陷入高利贷陷阱，大学生的经济状况难以还款，很容易出现严重的后果。

5. 情绪性消费较为明显，消费理性不足

从图3我们可以看出，认为自己容易冲动消费、盲目消费的人数比例均占50%以上，认为自己有攀比消费心理的占20%左右，只有38.42%的学生认为自己大部分的消费行为是理性的，通常不会受到他人影响。

造成冲动、盲目消费行为的影响因素有很多。首先，大学生比较在意身边亲朋好友对商品的评价，评价高的商品会在很大程度上改变他们的购买意向。其次，在社交网站以及商家无孔不入的广告投放下，大学生群体对广告入侵的免疫力差。在每年的“双11”前期，大量的“成为锦鲤”活动让许多同学积极自愿地转发各个商家的推广活动。最后，商家推出的优惠活动，也吸引了不少同学抢购囤货，许多人实质上购买的是自己不需要的商品——仅因为价格低而产生强烈的购买欲望，购买后却普遍出现闲置的状况。

此外，也有近1/5的同学承认自己容易产生攀比消费的心理，自身所处的交际圈对自己的购买选择也容易产生较大的影响。当身边的伙伴拥有了先进的电子产品或设备，款式新颖的潮牌和奢侈品，在虚荣心的驱使下，为保持自身处于潮流之中，并且融入别人的圈子，一些大学生会通过信贷消费满足自己的虚荣心。

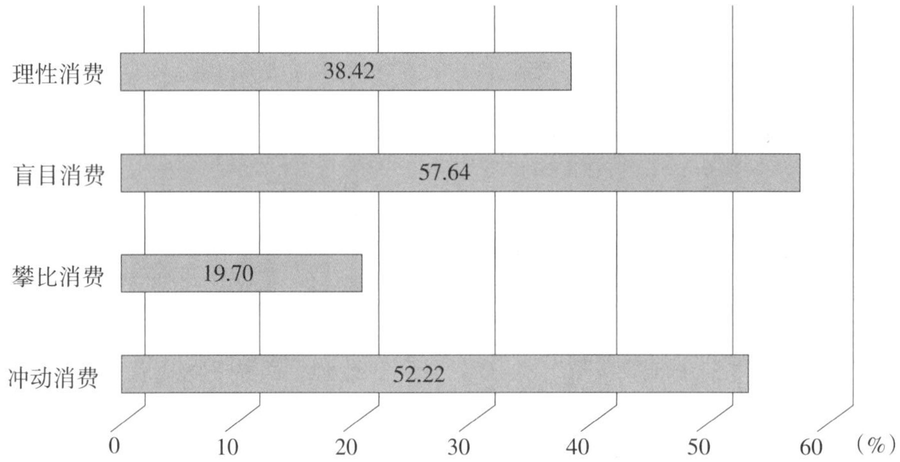

图3　非理性消费行为所占比例

（二）大学生对信贷消费的评价

1. 积极影响

通过对问卷所选答案进行赋值，受访者对信贷消费的积极评价得分平均分为2.38分（满分为4分），可见信贷消费对大学生有一定的积极影响，除了对改善贫困大学生生活不显著外，其他各方面都有一定的促进作用，但大学生对信贷消费的评价一般。

结合问卷和访谈所获资料，受访者认为，信贷消费对大学生的积极方面主要在于：第一，有利于促进经济增长。大学生消费主要集中于服饰、休闲娱乐、化妆品及护肤品、电子产品几个领域，这从侧面体现了当前大学生的消费水平较高，是一个庞大的消费群体。消费信贷促使大学生超前消费，庞大的需求刺激市场的生产，有利于实现经济的增长。第二，有助于转变传统消费观念，提高消费效用。大学生的消费本身就具有很大的弹性，如学习费用的支出是不定时不定额的，购买数码产品的数额大且需要一次付清，还有各种各样的社交方面的支出，每个月的总支出都有较大的波动。但是大学生得到的生活费大都是父母按月给的固定金额，消费信贷使得大学生能突破这个限制，按照自己的需要合理安排，超前消费形成较高的消费效用，提高了大学生的日常生活质量。第三，有助于改善贫困大学生的生活。信贷消费有助于贫困大学生实现日常生活中必需的消费，能够更加松弛有度地调节理财计划。但是这个调节范围是有限度的，信贷消费也会给贫困大学生增加还款压力，并不能从根本上解决生活贫困的问题。第四，提前熟悉信贷工具，积累个人信用。大学生接触并使用信贷工具，培养良好的信贷消费能力，可以在大学期间形成良好的个人信用报告，为毕业以后的车贷、房贷等积累经验，打下基础。第五，有助于激发经济独立意识，鼓励大学生学习理财。考虑到逾期不还的各种后果，使用信贷消费的大学生会更加注重自己的理财规划，在还款的压力下进行合理的消费，有利于大学生形成经济独立意识。第六，有助于培养大学生的诚信意识，促进诚信体系建设。信贷消费实际上考验了借贷学生偿还债务的信誉和能力，按时还款实则是一种守信行为，不守信用会导致因拖欠借款产生罚息等严重后果，能使大学生养成诚实守信的习惯。

2. 消极影响

通过对问卷赋值，受访者对信贷消费的消极评价平均得分为2.6分（满分为4分），可见大学生认为信贷消费对自身的影响中消极影响略大于积极影响，调查显示，大学生使用信贷消费多多少少都会产生某些消极影响。

受访者认为（结合问卷和访谈所获资料），信贷消费对大学生的消极影响主要在于：第一，纵容大学生赤字消费。在访谈过程中我们了解到，绝大部分学生都有过放弃信贷消费的想法，但基于目前的情况来说还不会放弃，可见受访者已经对其产生了一定的依赖性。但大部分大学生还款能力有限，在无法还款的情况下可能会选择向父母寻求帮助，也就是说，信贷消费并没有帮助大学生实现在自己可承受范围内的健康信贷消费，只是换了一个方式进行过度的赤字消费。第二，无力还款可能导致极端事件发生。信贷消费逾期不还的后果，首先是影响大学生自身的学习，其次是罚息，继续增加还款压力，还会影响个人的诚信记录，在以后无法继续使用消费信贷，这对于即将进入社会的大学生来说是一个非常严重的问题，甚至可能导致大学生因恶意透支而负法律责任。第三，助长了冲动消费、攀比消费、盲目消费等风气。问卷调查中可以看出，一部分同学存在不理智的消费行为，而信贷消费有可能成为满足其冲动消费、攀比消费、盲目消费的工具。第四，助长享乐主义、拜金主义的思想。当大学生通过信贷实现不理智的消费以后，过度的超前消费有可能使其沉浸于物质的享乐之中，盲目攀比进而产生享乐主义、拜金主义的思想。

三、对策建议

（一）对大学生的建议

1. 养成良好的理财习惯，增强风险意识

问卷显示，大学生群体对信贷消费的接受程度高，有超前消费行为的接近60%。其中70%的同学对自己每个月生活费的支配情况没有记录或规划，而这容易导致由于缺少规划无法及时还贷的情况。为此，大学生要注重提升自身素质，增强理财及风险意识。对自己有一个准确合理的认知，消费要控制在自己能力范围之内，不可“一刀切”完全抵制信贷消费，但是身为大学生应该认识到，自身的还贷能力不足，还贷的来源有限，不可过度依赖信贷消费。要形成理财的习惯，明确自己每一笔资金大致的用途与去向，提高理财能力，科学利用每一分生活费，不让自己陷入“信贷奴”的窘境。

当前，互联网信贷风生水起，逐渐取代银行借贷，在信贷市场占据主导地位。各类信贷诈骗也随之日益增多，“裸贷”“高利贷”等信贷骗局让“校园贷”逐渐成为一个祸害校园的贬义词。大学生除了树立正确的消费观之外，一定要提高风险防范意识，选择正规合法的信贷渠道，当发现自己陷入信贷骗局时，一定要及时向公安机关寻求帮助，切忌为了一时的消费欲望而搭上自己的终生幸福。

2. 学习并践行理性信贷观、理性消费观

大学生消费群体逐渐成为一支新兴的消费力量，其情绪化的消费行为，追求前卫潮流的消费观念，让不少商家看到了巨大的商机。他们利用大学生群体的消费特点，设计出更符合他们消费特征的互联网信贷产品，采用能够抓住大学生“痛点”的营销策略。问卷显示，半数以上的大学生有盲目消费及冲动消费行为，甚至会有学生受交际圈子的影响而产生攀比心理进行虚荣消费。对此，大学生有必要树立起正确的消费观念。大学生群体现在还是消费者，处于“衣来伸手，饭来张口”的阶段，盲目消费会增加家庭的负担。其次，不理性消费，容易让自己入不敷出，甚至有些同学会因此铤而走险，选择“裸贷”“高利贷”等方式满足自己的消费欲望，害人害己。大学生要努力提高自己的素质修养，克服攀比消费、盲目消费、冲动消费的心理，减少购买不必要的物品，培养理性消费的习惯。

3. 合理规划信贷消费，平衡物质消费与精神消费

调查显示，大学生群体最主要的信贷消费都用于购买服饰、电子产品、休闲娱乐、护肤品和化妆品等，用于学习培训与创业投资的不足20%。信贷消费可以帮助我们提升生活的品质，但是这种品质，不应局限于物质层面，也可以体现在精神层面。而信贷消费完全可以在这方面发挥其优势，在资金允许的情况下，合理规划和充分利用其借贷优势，为自己投资，进行自我学习和教育。大学生们也可以在保证学业的前提下利用课余时间出去兼职创收，一是可以锻炼自己；二也能够获得自己的生活费，提高生活质量和还款能力。

（二）对高校的建议

对高校来讲，要定时开展信贷消费教育，帮助学生树立理性的消费信贷观，帮助学生正确认识消费贷的利弊，及时发现学生消费上出现的问题，积极加以教育引导。大学生的消费观念，也会受到大学校园氛围的影响，学校可以通过开展一些课程或是比赛活动，增强学生的责任意识，增强大学生对不理性的消费行为的抵抗力。适时开展关于理财的相关专题讲座，开展理财技能比拼，帮助同学们掌握理财知识。在培育科学消费观念上，学校也应承担起思想教育、引导成长的责任。例如，年级辅导员也曾经在同学们刚入学的时候，强调过信贷消费的风险性，通过案例来提醒同学们理性消费，避免卷入“高利贷”等不良网络信贷的漩涡。教师可以将信贷消费的知识融入课堂。比如，思政教育内容可以在课堂中增加关于信贷消费的教学内容，引导大学生理性对待信贷消费；经管学院的金融学、经济学原理等课程，老师可以在介绍专业知识的同时，把科学理性的消费观念传达给学生。

（三）对家庭的建议

1. 重视隐性教育，引导科学信贷消费

父母的行为，总会在潜移默化之中，形成一种家庭氛围，影响着子女的思想和道德的形成。即便孩子进入了大学，孩子自身已经具有了一定的判断力，但是仍不能松懈对孩子

的教育。父母要以身作则，理性使用信贷，为孩子形成示范和榜样作用。让孩子传承勤俭节约的优良作风，鼓励孩子提高精神文化层面的信贷消费。

2. 加强对子女消费观念的家庭指导

父母需要时常与孩子进行沟通和交流，大致了解其信贷消费的情况。当发现孩子使用信贷消费时，不可一味禁止，这种做法容易激起孩子的逆反心理。父母应该循循善诱，客观分析信贷消费的积极影响与风险隐患，以更容易让人接受的方式教育孩子。平日除了让孩子了解有关信贷消费的基本常识并分析利弊以外，也要及时指出并纠正孩子的不良消费行为，逐渐培养孩子自己的判断能力。当孩子过多地向家人索要超出日常额度的费用时，应该意识到其中可能存在问题，家长要及时干预了解，进行教育引导，不可放纵和溺爱。

参考文献

[1] 徐瑾晨. 西方消费理论的演进及启示［D］. 昆明：云南财经大学，2016.
[2] 李辉. 论西方文化消费理论研究的范式与主题［J］. 山东师范大学学报（人文社会科学版），2018，63（3）.
[3] 张静. 大学生信贷消费现状及对策研究［D］. 武汉：湖北工业大学，2017.
[4] 王瑜，范伟源. 大学生消费信贷现状分析［J］. 河北软件职业技术学院学报，2016，18（2）.
[5] 刘喜怀. 当代大学生消费行为特征及市场开发［J］. 学术交流，2013（3）.
[6] 蒋勇. 当代大学生信贷消费探析［J］. 陕西青年职业学院学报，2009（1）.
[7] 刘涤源. 凯恩斯消费倾向理论剖析［J］. 经济科学，1981（1）.
[8] 林江鹏，雷鸣，华良晨. 大学生网贷需求及其影响因素分析：基于湖北省6所高校的微观调查数据［J］. 金融理论与实践，2017（3）.
[9] 中国青年报. 超六成大学生使用网络分期贷款平台，购物等是主因［N/OL］. http://news. youth. cn/jsxw/201602/t2016020_7591402. htm.
[10] 刘根. 大学生信贷消费影响因素实证研究［J］. 金融理论与实践，2018（5）.
[11] 陈芳益. 我国互联网金融SWOT分析［J］. 合作经济与科技，2018（10）.
[12] 李思夏，蔡芳娜，李清水. 大学生信贷消费现状、问题及对策研究［J］. 科技经济市场，2018（3）.
[13] 涂洁玉. 马克思个人消费理论及其当代价值［D］. 广州：广州大学，2016.
[14] 徐瑾晨. 西方消费理论的演进及启示［D］. 昆明：云南财经大学，2016.

广州市民对2017年广州《财富》论坛社会影响的感知

许少娴　李晓群　王舒娇　区钰盈　徐婧[①]

一、导言

（一）研究背景

举办重大体育比赛、召开重大国际会议、举办重大展览等对一个城市有十分重要的影响，能够给城市带来知名度、经济利益，在给市民带来心理上的自豪感的同时，也会给他们的出行等带来各种不便，引发市民的抱怨。广州以国际大都市作为发展目标，举办重大社会活动的机会越来越多，了解、研究广州市民对举办重大社会活动的感知和看法，十分必要。

《财富》全球论坛是目前世界上影响最大的会议之一，创办于1995年，经过20多年的发展，目前已经成为“把握世界经济走向最清晰和最直接的窗口”。该论坛每16至18个月举办一次，邀请全球跨国公司的主席、总裁、首席执行官以及世界知名的政治家和经济学者参加，共同探讨全球经济所面临的问题。2017广州《财富》全球论坛（以下简称“《财富》论坛”）的举办，有力证明了广州完全具备承办重大国际性活动的能力和资源，而通过与《财富》论坛举办方的碰撞，也进一步提升了广州举办国际化活动的能力和水平，更好地把广州打造成“国际会议之都”。

近年来，会展活动的社会影响研究成为学术界的热点问题。会展业的发展依赖于城市居民的认可和支持，同时会展业也会对城市居民产生重大影响。有学者总结指出：一方面，大型社会活动不仅能够提升举办地的形象和吸引力，还能提高当地居民的自豪感和文化认同感；另一方面，社会活动也给主办城市带来了负面效应和问题，甚至影响到当地居民的生活质量，让他们产生排斥心理。居民的感知问题与经济效应同等重要，甚至更为重要。城市居民作为城市举办重大活动的重要利益相关者，对城市活动的成功举办具有关键性影响。

（二）研究目的

（1）了解感知现状，提供一手资料。以2017广州《财富》全球论坛为例，通过派发问卷和访谈来收集数据，了解城市居民对当地举办重大会议的社会影响感知维度和感知程度，为城市重大会议的影响研究（居民感知方面）提供第一手资料。

（2）深入剖析现象，指出可行措施。从居民感知情况研究重大会议的社会影响，并从政府的角度对城市举办重大会议提出建设性建议。

---

①作者为华南师范大学旅游管理学院2016级本科生，指导老师周建伟。

（3）撰写调研报告，提出借鉴意义。整理数据，得出结论，提出建议，汇总成一篇有理论根据、有数据基础的调研报告，提出能够加强居民对重大活动的涉入感和参与感的措施，增加居民的城市自豪感。

（三）研究内容

选择2017广州《财富》论坛作为研究案例，通过问卷调查和访谈的方式获取广州市居民对广州举办该论坛的社会影响的感知的相关数据，利用因子分析法探讨广州市居民对2017《财富》论坛带来的社会影响的感知，并研究了社会人口特征对居民感知的影响，归纳出广州市居民对2017年广州《财富》论坛的社会影响的感知特点。

（四）研究方法

（1）文献研究法。查阅广州市政府网站、《财富》全球论坛官方网站等，搜集有关2017《财富》论坛相关信息资料；通过在国家图书馆官网、知网、万方、维普等权威论文网站查阅与《财富》、会议、居民、感知等关键词有关的具有代表性的学术论文和期刊文章，搜索关于城市居民对重大会议影响感知的国内研究现状，全面地了解和掌握课题，充分借鉴和吸收国内外学者相关研究成果，形成本次研究的调研思路，同时为我们本次调研作理论支撑。

（2）问卷调查法。问卷调查法是通过文本进行实证研究最重要和最基础的方法，是本论文数据的基本来源。本次问卷调查对象为广州市居民，通过线上线下同时派发进行随机抽样，调查广州市居民对2017广州《财富》全球论坛的社会影响的感知维度和感知程度，获取感知情况和感知程度的基本数据，得出数据后，对数据进行分析，得出结论，提出具有数据支持的可行性建议。

（3）访谈法。访谈研究法对问卷前期设计和后期调查数据的补充具有重要作用。首先，通过对部分广州市居民进行访谈，依据居民对会议影响的感知方面，形成问卷感知维度，组成调查问卷的问题。在问卷调查后，针对部分现象，通过访谈法深入了解城市居民对重大会议活动举办的感知特点和具体情况。

（五）问卷设计

本研究采用问卷调查法，并结合访谈法进行局部调整。在设计调查问卷前，阅读相关材料借鉴专家问卷并对5名广州市居民进行访谈，通过开放式问答的形式获取他们对《财富》全球论坛的感知情况。通过统计访谈结果，总结出“城市形象”“交通”“成本”“经济”“投资”等高频词，参考罗秋菊的《居民对2010年广州亚运会影响的感知变化研究——基于事件举办前视角》，庄晓平、李明珠的《广州市居民对亚运会影响感知的调查与分析》等文中的问卷设计，总结出6个维度：环境利益、经济利益、社会利益、环境成本、经济成本、社会成本，形成了广州市居民对2017广州《财富》全球论坛社会影响的感知研究问卷。

本文问卷分为两部分：第一部分为广州市居民对2017广州《财富》全球论坛社会利益、经济利益、环境利益、社会成本、经济成本、环境成本6个方面的感知程度；第二部分为被调查样本的背景情况，包括性别、教育程度、收入水平、居住地点等。

二、调研发现

（一）样本情况

本次调查采用问卷调查的方法收集数据，共发放153份问卷，实际回收有效问卷148份。为保障样本的广泛性及有效性，本次调查对样本进行了控制：（1）以广州市各个行政区为基础，以居民小区为问卷派发点，问卷调查覆盖到了广州市的各个区；（2）线上和线下同时派发问卷，线上采用“问卷星”软件编辑好问卷后，再将其转发到社区群以及相关群中；线下则进行一对一现场派发及访谈的方式，填写完毕当场回收。

分析调查获得的样本，可以看出，随机样本在人口统计学上并不存在明显的差异。总体上来看，被调查者来自广州市10个区，其中最多的是天河区、黄埔区、番禺区3个区。样本中女性偏多，占58.38%。20～30岁的偏多，占39.19%；20岁以下占18.92%；31～40岁占17.57%；41～60岁占24.32%。从居住时间看，1～5年的最多，占44.59%；10～20年的占20.27%；20年以上的占23.65%。从学历上看，大部分为本科，占68.24%。受访者中，89.19%的人并没有直接为《财富》论坛工作过；79.73%的人的家人或者亲朋好友未为《财富》论坛工作过；被调查者包括学生、公务员、经商人员、公司职员、家庭主妇等。总体上看，调查样本比较广泛，符合本次研究要求。

（二）城市居民对《财富》论坛社会影响的具体感知

1. 经济利益

41.22%的人对“《财富》论坛增加了居民的就业机会”持中立态度，44.59%的人同意论坛“吸引了更多外来投资”，45.95%的人对“提升了居民的收入”持中立态度，说明了人们认为《财富》论坛作为国际论坛是能够吸引更多的外来投资的，但是在短期内的感知是较少的、作用不明显的。45.27%的人对“增加了广州的休闲娱乐设施”持中立态度，分别有38.51%和37.16%的人对“完善了广州的城市卫生设施”持中立和同意态度，40.54%的人同意“增加了广州的旅游接待设施”，40.54%和31.76%的人对“完善了广州的交通公共设施”持同意和中立态度，说明广州在《财富》论坛举办之前和举办期间增加了公共设施，但对休闲娱乐、卫生、交通设施的完善，持中立态度的人还是比较多的，说明政府对公共设施的增加是有的但力度不够大，所以整体上对城市公共设施的增加的效果不明显。

2. 社会利益

48.65%的人同意“《财富》论坛展示了广州的美好形象”，50.68%的人同意“提高了广州的国际知名度”，46.62%的人同意“提升了广州的国际地位”，46.62%的人同意“增强了广州的自豪感”，说明了人们对举办《财富》全球论坛有助于展现广州并且提高知名度和国际地位是持积极和肯定态度的，居民的感应也比较强。

3. 环境利益和环境成本

42.57%的人同意举办《财富》论坛有助于“美化广州的城市环境”，43.24%的人对“增加了城市的垃圾污染”持中立态度，41.22%的人对“增加了城市的噪音污染”持中立态度，38.51%和33.1%的人对“破坏了自然环境和景观”持中立和反对态度，

40.54%和31.76%对“破坏了城市的生态系统”持中立和反对态度。说明举办《财富》论坛，不但不会对城市产生环境污染，并且会在一定程度上美化城市环境。

4. 经济成本

49.32%的人对举办《财富》论坛“导致房价上涨”的说法持中立态度，52.03%的人对“导致商品价格上涨”持中立态度，45.27%和24.32%的人分别对“过度使用了社会财力”持中立和同意态度，说明举办《财富》论坛，是会耗损当地的一部分财力，但这不会影响当地的经济状况，对当地的物价等没有影响。

5. 社会成本

43.24%和25%的人分别对举办《财富》论坛“减轻了市区的交通拥挤程度”持中立和同意态度，说明论坛举办期间的交通疏导工作做得还是不错的，绿色通道也起到了作用。40.54%和30.41%的人分别对“增加了违法犯罪活动”持中立和反对态度，说明在论坛举办期间城市治安工作做得很好，对原本的治安环境没有影响。

三、思考和建议

（一）提高居民对活动的参与度

不断提升重大社会活动的趣味性与吸引力，积极协调好居民与居民、居民与企业、居民与政府之间的利益关系，让居民能在参与活动的过程中，分享合理收益，激发居民支持和参与会议活动的热情。可以让居民参与到重大会议活动的筹备、举办中，例如，招募当地志愿者为活动做线上宣传，举办“说说你最喜欢的活动瞬间”“我为会展提建议”等活动。提高居民的感知程度，打造出与会者满意、当地市民受益、影响力大的会议活动。

（二）科学合理规划，完善会议活动地的基础设施建设

重大活动的成功举办离不开居民的支持与参与，举办地政府与主办机构应给予居民足够的关注和重视，并适度放权，保障居民参与重大活动的合理权益，提升居民作为事件利益相关者的存在感。同时，政府部门和主办机构还应转变观念，积极动员和吸引最广大的居民参与到活动运营、管理和服务中来，吸取居民意见，这既是赢得居民支持的重要前提，也是重大会议或活动成功举办的重要保障。政府各部门要加强市场监管，完善相关法律法规，平衡好活动与城市的环境保护，避免出现以会议活动为幌子，破坏当地城市卫生及经济环境的现象出现。例如，活动噪音太大影响居民生活，活动地遗留大量垃圾破坏城市环境，借机哄抬商品价格，等等。

（三）提高居民对活动的了解程度

通过各种宣传渠道跟进会议活动的进程，把会上收获的经济成果告知公众。居民对重大事件的感知具有动态性，为了减少或消除居民对重大事件举办过程中的感知落差，让居民对其形成一个客观和理性的认知，需要举办地政府和主办机构在进行重大会议筹备和举办过程中合理宣传、正确引导，积极利用现代移动互联网技术逐步建立一个常态化的重大事件居民意见反馈系统，实现重大事件举办前、中、后各阶段对居民感知与态度变化的密切关注和动态监测，及时调整应对措施，尽量降低举办活动给居民造成的冲击或不便，赢得居民对活动的认可、支持和参与，为重大活动的成功举办奠定基础。

参考文献

[1] 罗秋菊. 居民对2010年广州亚运会影响的感知变化研究——基于事件举办前视角［J］. 地理科学，2010（5）.

[2] 李忠臻. 大型会议活动安保应急指挥系统研究［D］. 上海：上海交通大学，2011.

[3] TURCO D. M. Host residents'perceived social costs and benefits toward a staged tourist attraction［J］. Journal of Travel and Tourism Marketing. 1998，7（1）.

[4] RITCHIE，AITKEN. Assessing the impacts of the 1988 Olympic Winter Games：the research program and initial results［J］. Journal of Travel Research，1984，22（3）.

[5] 任海. 2008年奥运会及其社会影响［J］. 体育科学，2008，28（9）.

[6] 熊艳芳. 奥运会对举办城市的负面影响［J］. 体育文化导刊，2008（2）.

[7] TURNER. The structure of sociological theory［M］. Chicago：The Dorsey press. 1986.

[8] 马明. 2008年青岛奥帆赛的社会影响研究——基于目的地居民感知的视角［J］. 中国体育科技，2009（5）.

广州市西关大屋保护的调查与思考

陈泽漫　余冬　刘国歌　陈丹妮　余佩茹　蔡岱琳[①]

西关大屋是广州市荔湾区西关一带兴建的富有岭南特色的传统民居，多兴建于清同治、光绪年间，是近代广州繁华商贸的见证。目前，多数西关大屋面临拆迁困境，具有典型中式风格的更是所剩无几。西关大屋是连结新旧广州变迁的纽带，其改造工作顺应了城市现代化发展，延续城市的文化脉络，激发居民的本土文化认同，对广州的城市发展具有重大意义。故笔者立足于广州西关大屋，从西关大屋拆迁现象反映广州旧城区改造情况，放眼广州市区的历史建筑区改造并展开调查研究，致力于寻找实现新旧和谐、推动城市科学高效发展的办法。

一、西关大屋与广州城市文脉

西关为明清时期广州西门外近城墙一带，濒临白鹅潭之北，便于蕃舶装卸货物。西关于明代兴建最早的商业区——十八甫，并于永乐四年（1406 年）设立怀远驿；清康熙二十四年（1685 年），在今沿江西路设有粤海关；康熙二十五年（1686 年）在十八甫南面设有十三行，并指定其为对外贸易的垄断机构；乾隆二十二年（1757 年），清政府规定广州为外商来华贸易的唯一口岸。十三行、十八甫以及粤海关的设立使明清时期的西关地区发展为广州商业经济中心。大批商贾富绅、名门望族利用西关的地域、经济优势，吸纳海内外文化精髓并将其与西关文化交融，在这里建造自己的住屋，供一代代人繁衍生息。

西关大屋在功能布局及艺术形式上融合了民间传统手工艺，具有较高的历史文化艺术价值。秦汉以来，西关大屋在广府民居建筑构造基础上发展而来，受江南为官从商群体的影响，吸收了江南园林、民居建筑的营造艺术；其平面布局采用中原传统的正堂屋形式，典型平面为三间两廊；西关大屋多为砖木结构，建筑立面用青砖石脚砌筑，高大正门用花岗石装嵌，正间上部檐口处用木雕装饰。正门入口采用脚门、趟栊和大门组成的“三件头”形式，具有通风、防盗功能；清末民初，西关大屋使用国外进口的玻璃通花、蚀刻彩色玻璃等材料，并在满洲窗、屏门等处刻有中国传统图案，构成中西结合的室内装饰。西关大屋在保留广府建筑特色基础上体现了多元文化荟萃的特点，其独特的建筑文化同时起到投石击水的效果，对广府地区的城镇建筑模式产生了深远影响。

西关大屋在广州生态文明中发挥着重要作用，其建筑及人居文明与广州生态文明达到了有机契合，营造出广州新旧交替的和谐氛围。这种和谐首先体现在自然方面——受岭南气候影响，西关大屋在建造过程中体现了对通风阴凉的追求：在外部构造上，大屋两侧留有青云巷，起到减少热辐射以及促进空气对流的作用；在内部构造上，利用空气热压原理形成天井风，利用管道流体力学形成穿堂风，利用烟囱原理开设天窗换气排气，利用冷巷

①作者为华南师范大学历史文化学院 2013 级本科生，指导老师周连顺。

的峡谷效应创造有利于自然通风的过道空间，利用减少热辐射及隔热原理创造出冬暖夏凉的居住小气候环境，体现出生态化手法、绿色理念以及可持续发展原则。这种和谐亦体现在人文方面——西关大屋的建筑样式伴随广州现代化进程的推进而发生演变：西关大屋于鸦片战争后有向楼层发展的趋势，并在甲午海战后演变为只有一个开间的竹筒屋；在排列方式上，不断发展的商贸经济功能使西关大屋逐渐演变为线状排列、正门对街、宅居背面相靠、呈条带网状的平面格局。西关大屋顺应城市环境而变，在演变中见证了广州历史。

西关大屋体现了广州文化的传承，在传承中体现了大众所认同的文化意义。首先，西关大屋在发展中逐渐形成浓厚的商业性以及与之相互适应的开放性、兼容性等文化特点；其次，西关文化呈现出浓厚的现代性与国际性；西关大屋对广州文化的传承也体现在一代代广州人的智慧中，“西关小姐”即是此种智慧的体现。西关大屋集广州文化之精华，是当地居民温情记忆的纽带。

二、西关大屋现状分析

（一）西关大屋的数量及保存情况

近年来，许多西关大屋随着城市的改建与发展而遭拆迁，现存数量已从清末民初鼎盛时的800多座变成现存的100多座，且大多破坏严重，被政府认为具有保留价值的仅10座左右。逢源大街8号、逢源北街87号蒋光鼐故居等被列入广州市文物保护单位。在为数甚少的清末中式西关大屋中，多数房屋处于空置状态，少数被改造成其他形式继续发挥其功能。近代建立的西关大屋当前仍有居民居住，然而多数居民对西关大屋进行随意改造，致使其失去原有风貌，甚至沦为仓库或大杂院；同时，居民对连接紧密的西关大屋进行随意拆建，致使相邻大屋地基牢固性及墙体完整性受到影响；多数西关大屋片区电线布局混乱，且出现老化情况，同时多数居民用电不安全，导致该片区时常因线路短路而发生火灾。总之，当前多数西关大屋本体保存情况不容乐观，房屋废置、破损现象严重，且面临公共配套设施严重不足、卫生及消防状况日益恶化等问题。

（二）西关大屋周围环境状况

西关大屋周边交通便利，片区内建有沟通广州新老城区的地铁一号线、铁路及公交线，构成紧密发达的西关交通网。但这也导致该片区交通拥挤，由于西关大屋片区的多数道路十分狭窄只能设置单行道，同时附近缺少指示牌，给游客造成不便；该片区的商业性道路与交通性道路相互混杂，同时道路纵横交错，斑马线数量少，不便行人及车辆通行；西关一带除了建有诸如荔湾湖公园、沙面公园等大众休闲场所，也有以坐落于多宝街的宝庆粤艺文化园为代表的娱乐场所。不断建成的公共休闲场所为当地居民提供娱乐消遣的好去处，但当前此类休闲场所数量仍较少；西关社区在社区环境建设上取得卓著成效，在社区安全问题上，近年来社区制定封闭管理方案、采用“网哨工作法”式的预警方法减少辖区面积盗抢案件，保障居民安全；同时，社区启用党代表工作室维护社区民众基本权益的同时对居民生活设施进行完善。

（三）西关大屋的产权情况

房屋的升值空间是西关大屋治理过程中民众关注的焦点之一，而西关大屋产权不明是其投资和买卖中潜在的障碍。现存的西关大屋产权模糊，存在政府所有、私人所有、公私共有等多种形式。产权模糊化、历史遗留问题多，是西关大屋改造过程中的一大困难。

早期西关大屋多为华侨所有，由于部分华侨出国多年未归，其所拥有的大屋多因年久失修而沦为危房。新中国成立后，原地主所有以及无主的大屋被政府回收，成为公家财产，其中部分经由政府修缮而得到较好保护，另一部分则因破损严重而被拆除重建，如坐落于多宝路的宝庆粤艺文化园的前身建筑。随着经济发展，多数原住民迁出西关大屋，将大屋作为出租房租借给外地人，且进行一屋多租，形成一屋多户的独特景象，也有人将大屋拍卖、转让，这在某种程度上促成西关大屋“炒房热”现象的产生。

产权的完全私人化使西关大屋成为市场中流通的商品，易遭受所有者的随意改造甚至破坏。多数买主在流通过程中未能意识到大屋的价值而忽略了对房屋的保护，甚至随意加以改造或破坏，随后转手给下一位买家，在循环往复中大屋的受损程度不断加深；此外，开发商通过利用与政府的合作关系对老城区进行大规模开发、改造，同样对许多西关大屋造成破坏；而社区管理组织由于缺乏实权，仅能袖手旁观。政府对西关大屋的产权保护不足，是大量西关大屋遭受破坏的重要原因。

（四）西关大屋使用者及社会身份

西关的居民在清末民初时期主要由商贾、政要、外商买办、教师、医生、侨属侨眷组成，他们有稳定的经济来源、较高的个人素质与文化品位。现今部分大屋的居民为原房主的后代，另一部分则是后来的租住户，多系外来人口住户及持有单位公有房的住户。伴随城市化发展，广州城区迅速扩张，许多大屋的原居民因学习、工作、生活等多种原因而搬离旧屋，迁至天河、海珠等新区，腾出不少西关大屋并将其出租给外来工。现今居住于西关大屋的人群主要有干部、普通职员、退休教师、经商人士以及外来打工者。

三、社会各界在西关大屋存废问题上的价值取向和分歧

（一）政府部门对西关大屋的治理方略

政府部门对于西关大屋的治理方略可通过近十年来的报道及政府相关规划文件分析得出。1993 年 8 月广州市人民政府宣布将西关古玩城、荔湾湖公园、泮溪酒家及仁威庙一带划定为西关大屋文物保护区；2000 年 9 月，荔湾博物馆二期工程——西关民俗馆正式对外开放；2001 年 3 月，在荔湾区第十二届人大第四次会议上，多名人大代表发出“采取积极有效的措施，保护现存西关大屋”的呼吁；2003 年 9 月，广州市委书记林树森表示将在两年内完成在册的 18.8 万平方米危房改造任务，抓紧推进全市 65.8 万平方米危房的改造工作。总体而言，2003—2006 年，政府的规划处于调研和摸索阶段；2007 年是政府对西关大屋正式的大型规划和广泛征询民间意见的转折点。这一年政府出台恩宁路改造规划，在遭到不少恩宁路原居民的反对后陆续对规划进行修改；2008 年，政府开展《广州市荔湾区旧城更新规划》，完成老西关危房摸查，“三家巷”景区落于西关大屋；2009 年将计划在荔湾湖公园东侧 1.3 万平方米的范围内打造具有历史怀旧氛围的复合型时尚精品休闲区。恩宁路保护开发规划方案于 2009 年 12 月 21 日正式公布，西关风情最典型的满洲窗等传统的优秀建筑元素按规划全部保留，按历史文化风貌复建连片西关大屋；2011 年 6 月，恩宁路的最新规划在广州市城市规划委员会的会议上获得全票通过。政府对主干道进行修整，以保护用地内具有历史价值的清末民初时西关商贸居住区建筑的整体风貌，走精品开发路线或建每套售价上千万元的西关大屋，但政府在西关大屋规划方面出台的规划

报道往往只提出一些建设性想法与蓝图，未向群众公示规划的具体实施计划和实际实施状况。有居民反映，改造规划并没有考虑原居民的出行路线，其出行时间由于原有捷径被切断而增加；在征求民意和危房摸查方面，相当一部分的居民表示不知情，对于政府不用进屋查看便宣布完成危房摸查这一举动表示不赞同。近年来，广州市规划局取消对“原状维修工程”的规划审批要求，为业主对西关大屋进行自主维修或改造提供了便利，但也存在一定程度上的监管不力导致房屋毁坏的风险。综上所述，政府部门对于西关大屋的治理方略亟待完善。

（二）专业人士对西关大屋的价值定位

笔者围绕专业人士对西关大屋的价值定位展开调查。《羊城晚报》曾于2011年就“羊城新八景中应该包括西关大屋?”对中国艺术研究院博士朱万章进行了采访。朱万章表示，西关大屋是广州传统文化的标志，希望这次能参与“羊城新八景”评选；广州大学岭南建筑研究所所长汤国华认为，分散在宝华路、恩宁路等老西关各处的大屋大部分具有保护意义；老西关文化学者潘广庆在接受《南方都市报》记者采访时曾描述道：“西关大屋大，一间变大厦，一间变工厂，一间变戏院。”可见西关大屋的破坏情况相当严重，而这也与大屋的产权模糊问题密切相关。潘广庆认为，此种情形之下，政府应以危房抢修的名义接管，或交由社会力量处理；对于被改做私人幼儿园的鸿昌大街22号，汤国华认为政府应出面购买；广州市人大代表曾德雄也认为，对包括西关大屋在内的历史文化资源的保护，不能功利，要真正站在文化的立场来进行相关的工作——“那里有我们的精神血脉、文化传承，为什么一定要进行‘经济性’的开发呢?”潘广庆还建议政府应该进行全面的实测，绘制设计图纸作为以后修缮保护的依据；青年收藏家、西关大屋后人梁基永建议，从宝源路到宝华路整个“T”字形区域，是西关大屋集中的区域，应当整片保护。上述言论表明，大多数专业人士主张明确西关大屋的地位并对其进行保护。

（三）民众对西关大屋的复杂情感

调研采用了问卷方式，共发放问卷1000份，回收989份，回收率和有效率均为98.9%。部分问卷存在作答不全的情况，但不影响作答问题的有效性。

大部分受访者赞同将西关大屋作为广州老城区典型建筑的代表，说明西关大屋在大多数当地民众心目中有着较高的地位（图1）。

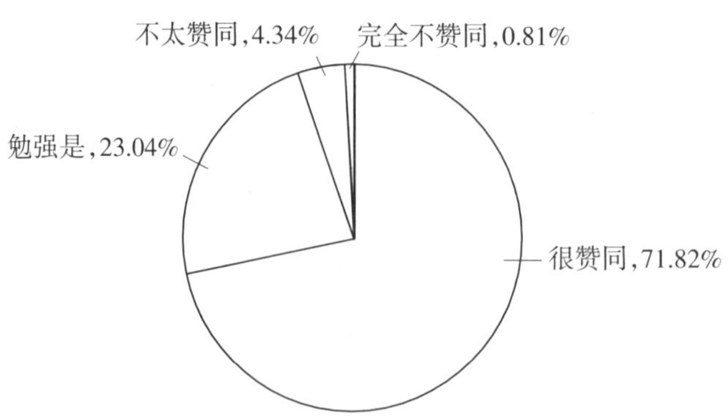

图1 西关大屋是否为广州老城区典型建筑的代表

然而，受访者当中认为自身了解西关大屋改造工作的人数尚不足总人数的四分之一（图2）。

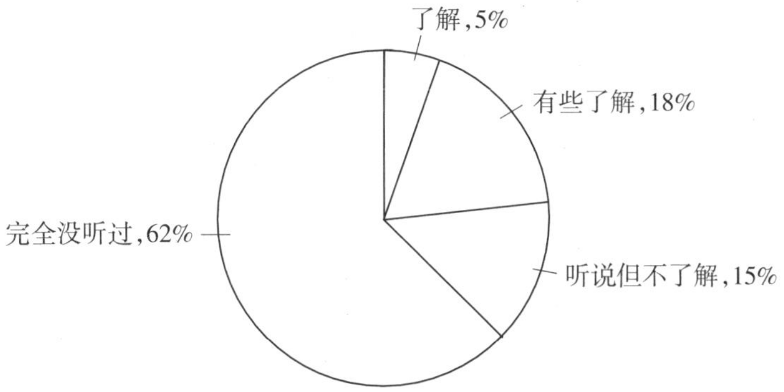

图2　是否了解西关大屋的改造工作

西关大屋社区附近设有广州市城建重点项目拆迁领导小组荔湾区办公室、荔湾区城市房屋拆迁管理办公室等关于拆迁改造工作的政府部门，并且公开了一定的信息，但当地民众对西关大屋的改造工作的了解程度低，侧面反映当地民众没有主动了解和关注改造信息。

同时，当地民众对于西关大屋的产权归属问题不甚明确。在问及当今西关大屋居民应当怎么做时，大多数人选择按照原有方式居住或按自愿原则搬迁，却极少人选择自行改造西关大屋经济以实现经济用途的方式。

由此反映当地居民的主人翁意识不够强烈，对西关大屋的产权保护意识不足；此外，多数当地居民对西关大屋的了解程度与其对西关大屋地位的认同并不同步（表1）。

表1　是否赞同西关大屋是建筑的典型代表以及是否了解拆迁改造工作

（人）

项目		是否了解				合计
		了解	有些了解	听说但不了解	完全没听过	
是否赞同	很赞同	17	53	160	33	283
	勉强是	1	14	56	14	85
	不太赞同	0	0	11	5	16
	完全不赞同	0	0	1	2	3
合计		18	67	228	54	367

从当地民众接受采访的情况来看，民众对改造工作普遍呈现出如下几种主要的心态：①改造工作只要政府做好即可，居民无需过多参与；②担心祸从口出、惹祸上身，“多一事不如少一事”，对政府相关工作不予理会；③政府缺乏对居民意见的重视与互动，对西关大屋的拆迁改造工作信息有失透明、公开、民主；④自身工作比拆迁改造更重要，因自己忙于工作而无法了解相关的改造工作信息是很正常的现象。

面对经济与文化之间的取舍，大多数受访者认为改造工作能促进文化保护与传承以及有效带动老城区翻新改造。

这说明目前对西关大屋的改造工作虽取得一定成效，但在一些地方仍存在问题。对广州老城区的改造而言，西关大屋改造工作利大于弊；其次，超过半数的受访者认为西关大屋的改造可促进文化的传承，但民众在认可改造的同时也呼吁政府对年老失修的西关大屋进行拆迁，保留部分具有民俗特色与历史价值的西关大屋，带动老城区翻新改造，促进当地文化的传承发展；三分之二的受访者认为西关大屋一旦消失，将对广州的新文明建设造成巨大损失（表2、表3）。

表2　西关大屋消失对老城区改造以及广州新文明建设的影响

（人）

项目		西关大屋消失对广州新文明建设的影响				合计
		照常进行	仅失一种特色建筑	无法弥补的影响	其他	
西关大屋对老城区改造的影响	有效带动旧城区	5	24	62	3	94
	促进保护与传承	5	49	139	8	201
	可有可无的措施	2	7	18	2	29
	浪费财政的措施	3	8	19	1	31
	其他	1	4	7	2	14
合计		16	92	245	16	369

表3　西关大屋消失对广州新文明建设的影响以及经济建设和历史建筑的关系

（人）

项目		对为经济建设而牺牲历史建筑的看法				合计
		经济重要	文化重要	两者并重	其他	
西关大屋消失对广州新文明建设的影响	照常进行	7	3	6	0	16
	仅失一种特色建筑	6	21	63	2	92
	无法弥补的影响	4	68	170	3	245
	其他	0	1	11	4	16
合计		17	93	250	9	369

综上所述，多数大部分当地民众对西关大屋不可或缺的地位加以认可；超过三分之二的受访者认为文化建设和经济建设应协调进行，文化与经济建设协调进行较符合民意。西关大屋的保存与否直接关系至广州的文化建设。随着时代的发展，经济水平成为一座城市综合实力的重要组成部分，然而文化底蕴也是城市不可或缺的，经济与文化二者可以也应当协调发展。

（四）对社会各阶层相关价值取向的总体分析

近年来，社会各阶层对西关大屋的保存较为重视，然而由于受多方面因素制约，西关大屋的治理缺乏相对有效的行动。

针对政府在西关大屋保护工作中存在的问题进行调查，受访者普遍认为“商业气息浓厚破坏西关大屋风貌”“缺乏定期维修而导致房屋老化程度大”以及“政府不作为导致西关大屋缺乏管理”；也有一部分受访者认为“法制不完善”“房产所有者不闻不问”；认为道路扩建造成破坏的人数虽然不多但也不容忽视。综上可见，目前西关大屋的保护情况亟待改善（表4）。

表4　西关大屋保护措施做得不够好的原因

项目		响应		个案占比（%）
		N	占比（%）	
保护措施不够好	老化程度大	226	22.9	61.2
	商业气息浓厚	257	26.0	69.6
	房产所有者不闻不问	110	11.1	29.8
	政府不作为	151	15.3	40.9
	法制不完善	121	12.2	32.8
	影响道路扩建	86	8.7	23.3
	其他	38	3.8	10.3
总计		989	100	268.0

而在被问及“希望广州市政府在老城区改造中担任何种角色”时，大部分受访者希望广州市政府主导实施保护；其次希望政府协调纠纷，反映当地民众对改造工作中涉及的民生问题的关注程度较高。总体而言，市民对于老城区改造中加强保护和关注民生的意识高涨；约三分之二的受访者认为政府应带领实施保护，而非只是出台政策，这也充分说民居民对于政府的期望之高。

针对拆迁过程存在的问题，约有六成的受访者认为当地政府“文物建筑保护不当”“与居民协调沟通不佳”“存在滥拆和乱拆现象”，说明拆迁中存在的问题来自多个方面。一方面，多数受访者认为施工中存在乱拆现象和文物保护不当现象，认为有些西关大屋没必要拆；另一方面，受访者认为政府与居民缺乏沟通，导致居民与拆迁队经常发生矛盾，说明当地民众希望政府在拆迁之前能充分了解民情，听取民意（表5）。

表5　西关拆迁改造工作存在的问题

项目		响应		个案占比（%）
		N	占比（%）	
存在问题	滥拆和乱拆现象	210	22.1	57.2
	文物建筑保护不当	238	25.0	64.9
	与居民协调工作不佳	223	23.4	60.8
	对临时迁走居民的安置工作不足	130	13.7	35.4
	施工扰民	103	10.8	28.1
	没有问题	17	1.8	4.6
	其他	30	3.2	8.2
总计		951	100	259.1

针对社会各阶层关于西关大屋价值的看法展开调查，其结果反映了西关大屋的建筑特色深受瞩目。很多本地人对于西关大屋的主要印象源于其别具一格的建筑特色，却仅有少数学者或长期居住于西关大屋的长者对西关大屋自身的文化及历史价值有深入了解。多数人对于西关大屋的了解限于表面。在西关大屋的拆迁与保护工作中，深刻理解西关大屋的历史价值、文化内涵与建筑特色十分重要（图3）

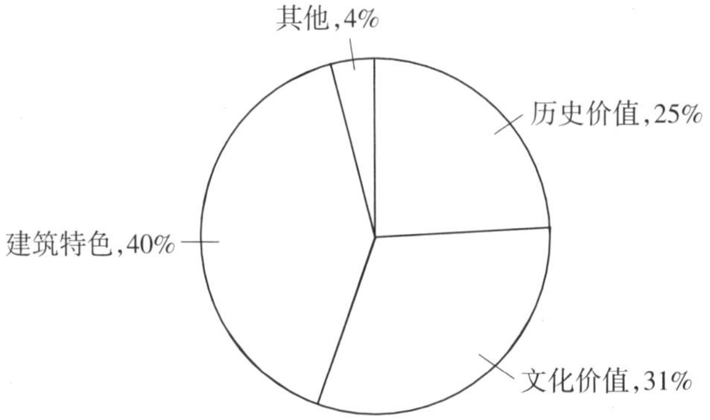

图3　西关大屋的价值

当地居民对西关大屋的前景看法不一。具体分为以下三种类型：第一种观点认为有必要挖掘西关大屋的潜在价值。40%的受访者认为应将拆迁后的西关大屋建成旅游景点供游客观光，20%的受访者认为可将其建成文物保护区，说明大多数的居民渴望保留西关大屋这一历史文化遗产，希望西关大屋能成为广州的城市地标，促进广州的经济、文化协调发展。第二种观点主张将西关大屋另作他用。持该种态度者认为西关大屋的破旧和存在无法很好地展现经济繁荣的广州城风貌，故主张用高楼大厦予以代替。第三种观点是任其自生自灭，持该态度者在总人数中占少数。由此可见，当地居民的看法多从自身利益出发，建成景点、教育基地或文物保护区皆为惠及市民的举措，而拆迁改建成商品房对居民而言也有一定好处。

四、完善西关大屋治理的思考和建议

近年来，广州市政府在文化遗产保护上做了大量工作，同时，社会各界纷纷为保护西关大屋寻找出路。当前社会各界针对西关大屋的治理方案多集中在如何处理新旧建筑的关系上，有人提出了将旧建筑通过“信封式”改造以实现“延年益寿”目的的方案；有人提出应当立足城市发展全局，对西关大屋群进行片区式保护，在保护过程中应当注重对旧建筑历史底蕴的挖掘；也有学者指出，在具体保护工作上，政府应当处理好与居民以及开发商的关系，同时政府应当制定对西关大屋的长期保护规划。

上述治理方案皆体现可持续发展的眼光，同时注重发掘历史建筑的内在价值，促进历史建筑对城市文脉的延续。然而老城区有其自然与文化环境的特殊性，在进行“信封式”保护过程中，应当在新旧环境融洽的关系中进行改造，而非一味引进现代改造方式；历史建筑保护工作可引进更加多元的力量，与政府实现力量互补，在提高治理效率的同时激发城市活力；上述方案多体现为人对建筑的单向改造，在发挥人类主观能动性的同时忽略了建筑自身的自我造血功能；政府部门在针对历史建筑制订长远而详尽的保护规划的基础上，还应当制订协调旧城改造工作中多方力量的规则，以促进保护改造工作的顺利进展。通过实地调研以及对已有改造方案的分析，调研组成员对西关大屋的治理提出以下几点建议：

（一）在整体思路下对西关大屋进行多层次改造

采取整体形式对西关大屋进行改造具有深远意义。邓其生教授在分析广州老城区改造时指出，老城区改造应当遵循点—线—面三者相结合的原则，城市的概念是一个面，对历史文化名城的保护即是将孤立的保护点组织成保护线，进而保护一定范围的历史城区。对历史建筑进行片区保护有助于使保护工作更显全局性与系统性，立足城市全局实现协调发展。当前西关大屋集中分布在十八甫富善地区，逢源、宝源地区等区域，每个区域各有特色，因而可以挖掘各区域的西关大屋的特色进行建设，打造一系列文化丰富的西关大屋特色聚集区。由于每个聚集区中西关大屋的建筑年代、保存状况不尽相同，因而有必要在整体思路下针对建筑的实际情况进行有层次、有重点的保护：针对目前仅存的十余座清代中式西关大屋，应当尽可能通过多方修缮保留其原始风貌；对于损毁程度过大、随时可能发生倒塌的西关大屋可对其进行拆迁，并以博物馆展品的形式加以保存或在原址周边建立复原模型；对于近代损毁较小的空置的西关大屋，则可在保留其原始风貌的基础上完善基础设施，使其发挥新的社会功能。

（二）对西关大屋进行活化改造，使其适应城市发展

对近代建成的、损毁较小的西关大屋进行活化改造，发挥其自我造血功能进而“重获生机”，不失为一种可取的方法。整个活化改造主要包括在基础设施上对其进行生态化改进以及赋予其新的社会功能两个方面。在基础设施修缮过程中应当将现代生活方式与西关大屋传统的生态化构造相结合，在人居与自然的和谐中实现现代化改造；而在社会功能转化上可结合西关大屋的建筑风格与布局特点赋予其新的价值，以适应不同群体的需要。建于1996年的荔湾博物馆便是在传统西关大屋基础上活化而成的，将部分西关大屋建设成科学、历史、民俗等包含多种主题的博物馆，不仅能较大程度地保存西关大屋原有的风貌，而且可建成普及西关文化的窗口；可将规模较小的西关大屋改造为西关特色饰品店或具有西关特色的客栈及餐饮店，在对外传播西关文化的同时获得利润；可发挥社会公益力量，将西关大屋改造为供民间文化保育组织进行交流或举办沙龙、讲座的公益空间，以实现对西关大屋更为系统专业的保护。

（三）在宣传推广中引发群众的文化认同

在新时期应当注重西关大屋的宣传推广工作，令西关大屋在得到重视与保护的同时引发群众的文化认同。可考虑专业性与娱乐性相结合的方式进行宣传，专业性主要体现在文化导赏活动、新闻以及互联网的运用：西关大屋一旦得到活化改造，其原有功能应当如何运作不被后代遗忘，调研组建议由西关文化爱好者或西关本地居民定期举行文化导赏活动，通过导赏活动让游客接触西关大屋变迁的历史，增强对西关文化的了解；而在新的媒介传播环境下，报纸应该牢牢坚守新闻的专业性，把握本土化定位，更好地为西关大屋的规划提供舆论监督、政府部门的最新动态；互联网作为新闻媒体突破传统、适应当代群众

阅读习惯的窗口，应当进一步发挥居民、商家以及政府之间的桥梁作用。

（四）西关大屋的改造宜采用“以政府为主导、共同注入多方力量”的改造模式

将居民、开发商、非营利机构等力量引入西关大屋的改造工程既能减轻政府的负担，又能增加西关大屋改造的活力。例如，在与非营利机构合作的过程中，政府为非营利机构提供少量资金支持，非营利机构通过公益众筹等形式发动公众力量，可在一定程度上缓解资金压力。政府应在改造过程中发挥主导功能，在旧城区改造中引入多方力量，引发各方力量在利益上的博弈——在博弈过程中政府应当在协调各方利益的同时制订相关规则，保障老城区改造过程的健康运作；同时政府应为西关大屋制订长远的建设规划；在产权分配方面，鉴于西关大屋的绝对私有化与公有化均不利于西关大屋的保护工作，政府宜采用产权公共化的形式，收回具有历史文化保存价值的西关大屋的产权，防止此类西关大屋遭受随意改建或破坏，增强对西关大屋的保护；政府可将不具有历史文化保存价值的西关大屋的产权部分转让给居民，在增强居民自主性的同时还可以从中得到租金收益，减免建筑维护费用，以便将省下来的钱应用到其他旧城公共设施改造项目中；政府应当本着促进社会和谐的目的，最大程度地保障各方的利益；政府在协调各方利益的同时应结合利益各方的情况制订管理规则，在此基础上使利益各方合理追求自身的利益，保障社会稳定团结；此外，政府应注重人居与自然生态的有机融合，为西关大屋片区制订科学的管理体制与长期规划，促进广州新旧城区和谐发展。

五、结语

西关大屋是广府建筑文化的缩影，也是近代广州商业发达的见证，其发展过程构成并延续了广州的城市文脉，增强了居民对本土文化的认同感。当前，西关大屋面临保存、产权分配等困境，这一系列问题既反映出历史建筑普遍存在的、与现代城市环境和生活方式难以协调的状况，同时反映了广州历史、地理等因素对历史建筑的影响。保护改造西关大屋应当具备长远目光，在整体改造的思路下根据实际情况分层次改造；应使西关大屋的内在价值在新的环境下得以延续，并做好其宣传工作，增强传播效果；西关大屋的治理既需要多方力量共同参与，也需要政府发挥主导作用对各方利益进行协调，制订规则，做好规划，促进治理工作有序进行。

西关大屋的治理与广州老城区的改造问题对于现代城市的发展具有重大意义，它在宏观上加强了人类对城市历史文化内涵的重视，引发人类对文化遗产保护的深层思考；在微观上促进人与自然和谐共处，提升生活水平。这一问题值得我们在反思与实践中付诸长期努力，共同建设具备人文关怀、文化底蕴与生态活力的文明城市。

参考文献

[1] 杨宏烈，胡文中，潘广庆. 西关大屋与骑楼［M］. 广州：暨南大学出版社，2012.

[2] 广州市荔湾区地方志编纂委员会办公室. 荔湾大事记［M］. 广州：广东人民出版社，1994.

[3] 广州市荔湾区地方志编纂委员会. 广州市荔湾区志（1991—2005）［M］. 广州：广东人民出版社，2011.

[4] 陈穗华，史伟宗. 确保旧城危房改造［N］. 广州日报，2003-09-12（A1）.

[5] 曾卫康. 西关大屋欲造“三家巷”景区 [N]. 广州日报, 2008-03-18 (A21).
[6] 吴璇坚. 荔湾湖边复建西关大屋区 [N]. 新快报, 2009-11-19 (A12).
[7] 魏凯. 恩宁路主干道或让路西关大屋 改造规划今天交专家表决 该地块毛容积率或降低 [N]. 南方都市报, 2011-06-24 (GA01).
[8] 张演钦. 西关大屋被多次忽略 [N]. 羊城晚报, 2011-01-11 (A5).
[9] 郑雨楠, 刘雪, 邝蔚丹, 等. 西关大屋年华老去 谁来坚守 [N]. 南方都市报, 2014-08-18 (GA07).

广州、深圳两地保洁工作者生存状况调查

华婧宇　张婉筠　刘鑫鸣　关泳琪　洪玉鹦[①]

一、导论

（一）问题提出

近年来，随着我国城市化进程的不断加速，大量农村剩余劳动力开始逐步由农村向城市转移。在社会转型阶段，由于城乡二元体制的存在，保洁工作者作为庞大的底层群体仍将继续存在。从社会学角度来看，融入城镇生活就必须经历一个物理适应、社会适应和观念适应，从而与环境相适应的过程。他们作为一个个鲜活的生命，究竟应该如何生存，才能适应并融入城市生活，是一个值得我们深思的问题。

（二）概念界定

（1）保洁工作者。

保洁工作者是指使用保洁养护专用工具，从事街道、广场、大型室内集会场所等地的废弃物清除、垃圾清理、城市环境保护的工作人员。

（2）生存状况。

文化学者陈慧博于2001年提出了生存状态的概念，是指生物体在生存过程中由于自身因素及外界因素的复合影响而形成的综合状态。鉴于此，课题组将本研究涉及的生存现状概念细分成了调查对象的基本情况、工作情况、经济情况、日常生活状况、社会保障和权益保障等方面。

（三）研究目的

（1）通过对广州市、深圳市保洁工作者的走访调查，了解广深两地保洁工作者的生存状况，从而对这一群体有一个清晰而准确的认识。

（2）广州、深圳作为我国经济发达的大都市，保洁工作者承担着繁重的卫生清洁工作，对服务城市建设、促进环境卫生事业健康发展起着不可或缺的作用。通过实地调研、比较分析，探讨不同地域之间保洁工作者的相关现状，以及改善的必要性、可行性策略。

（四）研究意义

随着经济的发展，人民物质生活水平的提高，城市环境建设的工作也趋于大量化和复杂化，保洁工作者的生存现状以及切身利益的实现情况影响着我国城市建设的和谐发展，而目前他们的生存状况存在很多问题。在学术界中，关于保洁工作者群体的研究较少，对他们的生存现状的研究也存在欠缺。为了城市更好地发展，本研究在广州市、深圳市针对

---

①作者为华南师范大学教育科学学院2016级本科生，指导老师周连顺。

保洁工作者的生存现状开展调查与分析。

（五）研究方法

（1）问卷调查法和访谈观察法。本研究采取问卷调查法和访谈观察法对广州市、深圳市的保洁工作者进行调查，对负责道路清洁、公厕保洁、高校宿舍保洁的工作者进行问卷访问，以了解保洁工作者在工作和生活中遇到的具体问题和原因。同时，为了更加深入地了解保洁工作者的生存情况，研究者还进行了观察工作环境、访谈等方式来丰富研究的内容。

（2）文献法。本研究在利用中国知网、万方数据库等搜索工具查阅文献的基础上，对城市劳动工人、保洁环卫工人等相关研究资料进行梳理，了解国内外和保洁工作者有关的政策法规，进而探索有助于改善保洁工作者生存现状的策略。

（六）研究思路

（1）提出问题：通过收集相关文献资料，梳理保洁工作者方面的理论研究成果，弄清楚为什么要研究保洁工作者的生存状况，有什么研究意义。

（2）认识问题：通过实地调研，了解保洁工作者生存的基本现状，构建统计分析框架，通过调查数据和访谈记录，系统真实地了解他们的生存状况到底是什么样的。

（3）分析问题：在对保洁工作者生存现状基本了解的基础上，结合目前的经济社会背景，对其生存现状做出总体评价，并从这种生存现状所带来的影响出发，形成本文的主要观点。

（4）解决问题：根据基本判断和主要结论提出解决问题的方法，找到优化和改善保洁工作者生存现状的途径。

二、广深两地保洁工作者生存现状的实证分析

（一）调查对象的基本情况

1. 数据来源

本份调查实施的时间是 2018 年 8—10 月。本次调查共发放调查问卷 107 份，回收 99 份，问卷回收率为 92.5%；其中有效问卷 99 份，问卷有效率达 100%。调查期间共进行十次访谈，其中广州环卫工人访谈四次、深圳环卫工人访谈六次。因此数据具有一定的统计学意义。

本次调查的对象为广深两地的环卫工人，对象来源包括深圳市玉禾田物业清洁管理有限公司的部分员工、深圳市罗湖区的环卫工人以及华南师范大学的保洁环卫工人，他们大多为农民，以工资为主要收入来源。

2. 性别分布

根据数据显示，广州地区与深圳地区的环卫工人在性别分布上都呈现出女性较男性略多的特点，而在总体上来看，女性工人的数量是男性工人数量的 1.6 倍，见表 1。

表1　广深两地保洁工作者性别分布情况

项目		性别		合计
		男	女	
广州	人数	19	28	47
	占比（%）	19.2	28.3	47.5
深圳	人数	19	33	52
	占比（%）	19.2	33.3	52.5

3. 年龄分布

调查结果显示，广深两地保洁工作者的平均年龄处于46～55岁之间。广州的保洁工作者以46～65岁为主，深圳的保洁工作者以36～55岁为主，说明深圳的保洁工作者群体相对年轻，但广深两地的保洁工作者都以中年群体为主，超过45岁的工人高达76.8%，也反映出保洁工作者的年龄趋于老龄化（表2）。

表2　广深两地保洁工作者年龄情况

项目			年龄分布					合　计
			26～35岁	36～45岁	46～55岁	56～65岁	66岁及以上	
广州	男	人数	0	2	7	10	0	19
		占比（%）	0	2	7	10	0	19.2
	女	人数	0	1	19	8	9	28
		占比（%）	0	1	19.2	8.1	0	28.3
深圳	男	人数	1	3	7	7	1	19
		占比（%）	1	3	7.1	7.1	1	19.2
	女	人数	2	14	12	5	0	33
		占比（%）	2	14.2	12.2	5.1	0	33.3
合计		人数	3	20	45	30	1	99
		占比（%）	3	20.2	45.5	30.3	1	100

4. 学历分布

调查结果显示，在调查对象的受教育程度上，小学文化程度的最多，占47.5%；初中文化程度的位居第二，占26.3%。总体上，小学到初中文化程度的工人占73.8%，这反映了广深两地的保洁工作者总体文化程度普遍较低（表3）。

从表3可以看出，由于这群环卫工人基本都来自农村，文化水平普遍不高，掌握的工作技能少，远远不能达到广州、深圳这类城市对人才的要求，导致他们在城市中的竞争力不强，就业也存在着巨大的压力与困难，这导致他们只能选择从事保洁这类脏、苦、累的体力活，这也是他们处境艰难的主要原因。

表3　广深两地保洁工作者学历分布

地区		学历分布				合计
		未曾上过学	小学	初中	高中或中专	
广州	人数	12	29	6	0	47
	占比（%）	12.1	29.3	6.1	0	47.5
深圳	人数	11	18	20	3	52
	占比（%）	11.1	18.2	20.2	3.0	52.5
合计	人数	23	47	26	3	99
	占比（%）	23.2	47.5	26.3	3.0	100

5. 收入状况

调查结果显示，广州的47位保洁工作者月收入水平都在4000元以下，而深圳保洁工作者的月收入则集中在4000～6000元这一范围，也有极少数人达到了8000元/月（表4）。

表4　广深两地保洁工作者月收入情况

项目		收入状况（元）						合计
		4000以下	4000～5000	5000～6000	6000～7000	7000～8000	8000～9000	
广州	人数	47	0	0	0	0	0	47
	占比（%）	47.5	0	0	0	0	0	47.5
深圳	人数	8	18	13	6	6	1	52
	占比（%）	8.1	18.2	13.1	6.1	6.1	1	52.5
合计	人数	55	18	13	6	6	1	99
	占比（%）	55.6	18.2	13.1	6.1	6.1	1	100

从中我们可以看出，广深地区的保洁工作者目前的工资水平还是存在一定差距的，但调研组猜想，深圳的保洁工作者所填写的月收入也可能包含了加班费以及日常捡废品等所获得的一些额外收入，故两者之间产生较大差距。

（二）工作情况

1. 工作年限

调查结果显示，在保洁工作者工作年限这方面，广州和深圳两地呈现出不同的特点：广州保洁工作者的工作年限都较长，工作10年以上的占30%，这也可能与保洁工人的年龄相关。而在深圳，保洁工人的工作年限多为1～3年，各年龄段呈现平均分布的情况，说明深圳地区的就业市场波动较大，工人由于就业机会多，可能会主动变换工作（表5）。

表5 广深两地保洁工作者工作年限

项目		工作年限					合计
		1年以下	1～3年	4～6年	7～9年	10年以上	
广州	人数	3	6	5	3	30	47
	占比（%）	3.0	6.1	5.1	3.0	30.3	47.5
深圳	人数	7	18	14	6	7	52
	占比（%）	7.1	18.2	14.1	6.1	7.1	52.5
合计	人数	10	24	19	9	37	99
	占比（%）	10.1	24.2	19.2	9.1	37.4	100

2. 每天工作强度

调查结果显示，广深地区一半以上的保洁工作者每日工作时间保持在6～8小时，8小时以上的工作者占比达40%。广深地区保洁工作者的平均日工作时间为8小时，符合法定工作时间，且其中大多数人的工作时间都较自由，具有一定的灵活性；但也有一部分工作者选择加班捡废品等，增加了其工作时间（表6）。

表6 广深两地保洁工作者日工作时间分布

项目		工作时间			合计
		6～8小时	9～11小时	12小时以上	
广州	人数	36	9	2	47
	占比（%）	36.4	9.1	2.0	47.5
深圳	人数	22	30	0	52
	占比（%）	22.2	30.3	0	52.5
合计	人数	58	39	2	99
	占比（%）	58.6	39.4	2	100

3. 工作中是否受到不公正待遇

调查结果显示（表7），有95人表示，自己在工作中没有遭受过不公正的待遇，高达

表7 广深地区保洁工作者遭受不公正待遇情况

项目		是否遭受过不公正待遇	
		否	是
广州	人数	45	1
	占比（%）	45.5	2.0
深圳	人数	50	2
	占比（%）	50.5	2.0
合计	人数	95	4
	占比（%）	96.0	4.0

96%，这说明，在广州、深圳这类一线沿海城市中，人们的思想开放程度较高，近几年全社会呼吁消除歧视也取得了一定的成效，人们大多会对保洁工作者表现出尊重的态度。

（三）经济福利情况

1. 月收入比较

大多数保洁工作者从事这项工作主要是为了能维持日常生活，因此保洁工作者的收入状况是本次调查的一个重要部分。从月工资的收入情况来看，广州地区与深圳地区保洁工作者的月收入差距十分明显。广州地区的保洁工作者月收入都在4000元或以下，通过对他们的访谈得知，实际上他们的工资收入绝大多数在2000元左右。报告显示，2018年广州市平均工资为4811元，广州地区保洁工作者月收入情况显然比平均工资低了一半多，他们的收入处于最低工资水平。深圳地区的保洁工作者月收入大多都在4000～5000元，人数排第二的是5000～6000元，排第三的是4000元或以下，有少数能达到6000元以上的较高收入。通过访谈笔者得知，大部分保洁工作者月收入在4000元左右，有一些在2000元上下，工资较高者十分罕见。数据显示，2018年深圳市平均工资为5199元，深圳地区的保洁工作者月收入情况大多低于平均工资，但亦有部分人的工资达到平均水平或以上。两地保洁人员的收入情况客观反映了社会劳动力市场仍存在着典型的低收入人群，但从总体来看，深圳地区的保洁工作者月收入较广州地区好。之所以有收入差距，可能受年龄、地域、教育、技术等各种因素影响，在本次调查中，深圳地区某些保洁工作者是专做公司企业保洁工作的，需要一定的技术水平，因而月收入就相对较高（表8、图1、图2）。

表8　广州地区与深圳地区保洁工作者的月收入比较

项目		月收入分布					
		4000元以下	4000～5000元	5000～6000元	6000～7000元	7000～8000元	8000元以上
广州	人数	47	0	0	0	0	0
	占比（%）	100.0	0	0	0	0	0
深圳	人数	8	18	13	6	6	1
	占比（%）	15.4	34.6	25	11.5	11.5	1.9

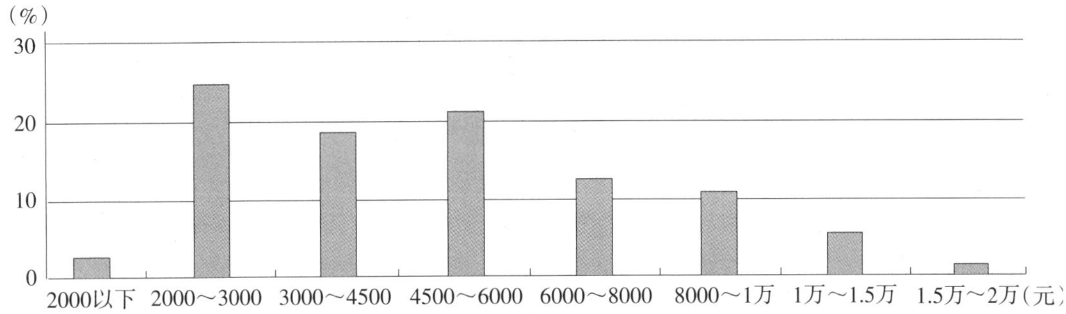

图1　2018年广州市薪资水平报告

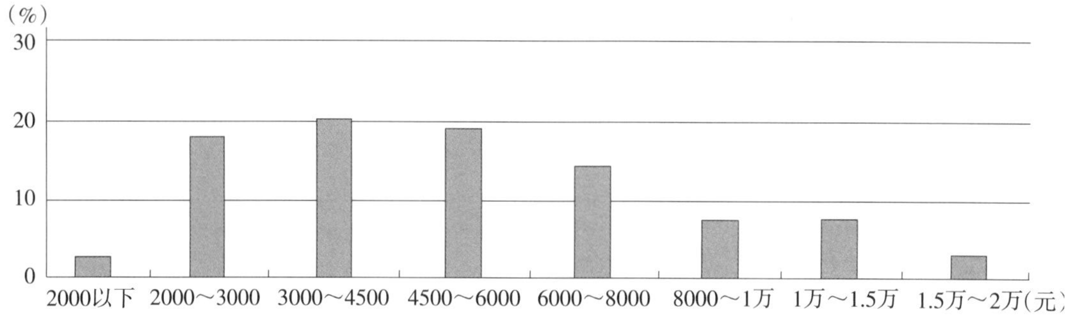

图2　2018年深圳市薪资水平报告

2. 社会福利保障比较

从两地的社会福利保障情况来看，广州地区与深圳地区保洁工作者的社会福利保障都不是很好，整体来看，两地拥有社会福利保障的人数连一半都没有。广州地区的保洁工作者接近50%有加班补贴，36.2%的人有假日休息，享有节日福利和住房补贴的占25.5%。据访谈得知，大多数人的加班补贴是10元/小时，而住房补贴是100元/月，有些住公家宿舍，8人住两房一厅，部分人一个月有四天的假日休息，福利和补贴都不多。深圳地区的保洁工作者有46.2%的人有假日休息，享有节日福利的占38.5%，有意外保险和加班补贴的占36.5%。据访谈得知，他们中的大多数人的加班补贴有14元/小时，每月休假八天，部分保洁工作者享有"五险一金"、凉茶费、加班费、工服免费中的某些福利，与广州地区相比，福利较为多样，但享有福利或补贴的工作者其实很少。两地的保洁工作者享有的社会保障水平均较低，企业为保洁工作者缴纳的医疗保险、意外保险等严重不足，保洁工作者大多没有得到应有的保障（表9）。

表9　广州地区与深圳地区保洁工作者的社会福利保障比较

项目		社会福利保障									
		意外保险	岗位培训	住房补贴	养老保险	医疗保险	加班补贴	节日福利	假日休息	劳动保护措施	其他
广州	人数	5	6	12	1	2	23	12	17	3	5
	占比（%）	10.6	12.8	25.5	2.1	4.3	48.9	25.5	36.2	6.4	10.6
深圳	人数	19	13	4	16	17	19	20	24	1	3
	占比（%）	36.5	25.0	7.7	30.8	32.7	36.5	38.5	46.2	1.9	5.8

广州地区保洁工作者的家庭收入来源少于深圳地区的保洁工作者。广州地区保洁工作者的家庭收入来源的九成以上都依靠劳动所得，其次是子女供养。深圳地区保洁工作者的家庭收入来源的六成依靠劳动所得，其次是捡废品收入，还有少部分家庭收入来源是子女供养、政府养老补贴和集体补助。从总体来看，劳动所得是两地保洁工作者家庭收入的主要来源，而深圳地区的经济补助较广州地区多（表10）。

表10　广州地区与深圳地区保洁工作者的家庭收入主要来源比较

地区		家庭收入主要来源				
		子女供养	劳动所得	政府养老补贴	集体补助	其他
广州	人数	8	46	1	0	3
	占比（%）	17	97.9	2.1	0	6.4
深圳	人数	5	35	4	2	6
	占比（%）	9.6	67.3	7.7	3.8	11.5

3. 家庭主要经济支出比较

从家庭主要经济支出情况来看，广州与深圳保洁工作者的家庭主要经济支出差别较大。广州保洁工作者的经济支出主要是衣食住行方面，占97.9%，其次是供养子女占57.4%，再而是赡养老人占29.8%。据了解，他们觉得广州的生活消费水平高，物价也高，子女在外面读书每月都要消费1000多元。深圳地区保洁工作者的经济支出主要是人情往来占40.4%，其次是赡养老人占34.6%，排在第三的是供养子女，占23.1%。据了解，他们有空会与同事、朋友聚会，一起喝喝酒，聊聊天，而吃住都比较节俭。造成这种差别的原因，可能由于广州的保洁工作者大多在46～55岁和56～65岁这两个年龄段，他们年龄较大，通常只需要照料好自己的衣食住行就好，有些较年轻的则还要供养子女读大学。而深圳地区的保洁工作者大多在36～45岁和46～55岁这两个年龄段，处于中年，因而比较注重礼节和人情往来，同时家中老人已经是高龄，可能需要支付更多的费用在老人的生活需要、医疗等方面。

表11　广州地区与深圳地区保洁工作者的家庭主要经济支出比较

项目		家庭主要经济支出					
		衣食住行	赡养老人	供养子女	医疗保险	人情往来	其他
广州	人数	46	14	27	7	10	1
	占比（%）	97.9	29.8	57.4	14.9	21.3	2.1
深圳	人数	27	18	12	6	21	5
	占比（%）	5.9	34.6	23.1	11.5	40.4	9.6

（四）日常生活情况

从表12可以看出，广深两地的保洁工作者租住房屋的比例占受访者总数的77.6%，居住在单位宿舍的占17%。

从表13可以看出，广深保洁工作者的子女人数为2个的占总数的51.5%，子女人数为一个的占39.2%。

关于广深两地保洁工作者在子女教育方面是否存在困惑，调研小组对相关数据做了测算，广州与深圳的均值分别为1.86与3.12，方差同质性的levene检验达显著差异（$t=-5.744$，$P=0<0.05$），广深地区保洁工作者在子女教育问题方面存在显著差异，数

据显示广州的保洁工作者较深圳的保洁工作者在对子女教育方面存在更大的困惑。

表 12 广深两地保洁工作者居住情况

项目		居住情况				合计
		自有房屋	租住房屋	亲友提供房屋	单位宿舍	
广州	人数	3	32	1	11	47
深圳	人数	1	44	0	6	51
合计	人数	4	76	1	17	98
	占总数比例（%）	4.1	77.6	1	17.3	100

表 13 广深两地保洁工作者子女个数

项目		子女个数				合计
		没有	1 个	2 个	3 个或以上	
广州	人数	4	17	21	5	47
深圳	人数	0	21	29	0	50
合计	人数	4	38	50	5	97
	占总数比例（%）	4.1	39.2	51.5	5.2	100

从调查数据可以看出，广深两地保洁工作者身体较好的占 43.4%，身体状况很好的占 41.4%，可见两地的保洁工作者身体状况较好，对其从事保洁工作有优势。

表 14 广深两地保洁工作者的医疗保险服务

项目		医疗保险服务			合计
		新型农村合作医疗	城镇职工医疗保险	没有社区医疗保险	
广州	人数	18	2	25	45
	占比（%）	40	4.4	55.6	100
深圳	人数	32	13	7	52
	占比（%）	61.5	25	13.5	100
合计	人数	50	15	32	97
	占总数比例（%）	51.5	15.5	33	100

从表 14 可以看出，广州保洁工作者中没有社区医疗保险的占 55.6%，深圳享有农村医疗保险的保洁工作者占 61.5%，远远高于广州地区。

（五）社会交往情况

数据显示，广州的保洁工作者大多数和家人住在一起。其中远离家人且独居一室的保洁工作者只有 4 人，占广州受访人数的 8.5%；和同事或朋友住在一起的有 11 人，占 23.4%；和家人住在一起的最多，有 32 人，占 68.1%。而深圳地区的保洁工作者更多地是和同事或朋友住在一起。和同事或朋友住在一起的有 20 人，占 38.5%；和家人住在一起的有14人，占26.9%。远离家人且独居一室的有14人，占深圳受访人数的26.9%；住处常变动，多和陌生人住在一起的有4人，占7.7%；数据说明，广州地区的保洁工作者的居住方式主要是和家人住在一起，而深圳地区的保洁工作者是以和同事或朋友住在一起为主。深圳外来人口多，本地人较少，很多人都是独自一人在外打拼，所以和同事或朋友住在一起的比例会比较高（表15）。

表15 广深两地保洁工作者近一年的社会交往情况

项目		社会交往情况			
		远离家人，且独居一室	住处常变动，多和陌生人在一起	和同事或朋友住在一起	和家人住在一起
广州	人数	4	0	11	32
	占比（%）	8.5	0	23.4	68.1
深圳	人数	14	4	20	14
	占比（%）	26.9	7.7	38.5	26.9

（六）休闲生活

调查显示，广州地区的保洁工作者闲暇时间大多以看电视/听广播（51.1%）、串门聊天（48.9%）和捡废品（42.6%）三种活动为主；而深圳地区的保洁工作者闲暇时以做家务（36.5%）、看电视/听广播（32.7%）和串门聊天（32.7%）三种活动为主。广深两地的保洁工作者每日的工作时间比较长，而且周末不能休假，因此闲暇时间的活动都较为单一。由于保洁工作者的闲暇时间有限并且收入水平较低，因此他们闲暇时间要以休息为主，其次就是看电视/听广播或串门聊天（表16）。

表16 广深两地保洁工作者闲暇时间的活动

项目		闲暇时间活动									
		看电视/听广播	串门聊天	看书看报	打牌、打麻将、下棋等	做家务	捡废品	做针线活	看孙子/外孙	上网	其他
广州	人数	24	23	2	7	13	20	0	4	2	11
	占比（%）	51.1	48.9	4.3	14.9	27.7	42.6	0	8.5	4.3	23.4
深圳	人数	17	17	4	11	19	14	1	7	2	4
	占比（%）	32.7	32.7	7.7	21.2	36.5	26.9	1.9	13.5	3.8	7.7

广州地区的保洁工作者最关注的信息是法律方面的信息和一般社会新闻；而深圳地区的保洁工作者最关心的则是亲戚朋友的事和政策方面的信息。广州地区的保洁工作者闲暇时大多看电视/听广播，他们对一般社会新闻的关注度比较高。而深圳地区的保洁工作者多为外来人口，远离亲戚朋友，因此对亲戚朋友的关注度比较高；其次可能需要迁移户口，所以多关注政策方面的信息（表17）。

表 17　广深两地保洁工作者日常关注的信息

项目		日常关注的信息									
		招工方面	住房方面	亲戚朋友的事	政策方面	法律方面	健康方面	环境卫生方面	一般社会新闻	娱乐新闻	其他
广州	人数	3	4	12	2	32	3	9	17	2	12
	占比（%）	6.4	8.5	25.5	4.3	68.1	6.4	19.1	36.2	4.3	25.5
深圳	人数	0	6	21	20	6	6	10	13	4	1
	占比（%）	0	11.5	40.4	38.5	11.5	11.5	19.2	25	7.7	1.9

（七）社区参与情况

数据显示，广州地区的保洁工作者从不参加社区活动的有 38 人，占受访人数的 80.9%；而深圳地区的保洁工作者从不参加社区活动有 10 人（占 19.2%），偶尔参加社区活动有 22 人（占 42.3%），主动参加并积极活动有 16 人（占 30.8%）。广深两地的保洁工作者参与社区活动的情况有显著差异，广州的保洁工作者对社区活动参与度不高，而深圳的则相反，他们中的大多数多多少少会参加一些社区活动。

三、结论和建议

（一）结论

从数据情况来看，广州地区与深圳地区的保洁工作者在性别分布上都呈现出女性较男性略多的现象，都以中年群体为主，总体文化程度普遍较低。两地保洁工作者目前工资水平存在一定差异。

在工作情况方面，广州地区的保洁工作者工作年限较长，10 年以上的约占了 30%；而在深圳地区，各年段呈现均分的情况，就业情况波动较大。广深地区保洁工作者的日平均工作时间为 8 小时，符合法定工作时间，且其中大多数的工作时间都较自由，具有一定的灵活性，也有一部分人选择加班捡废品等。

经济福利方面，从收入情况来看，广州地区与深圳地区保洁工作者的月收入差距十分明显，深圳地区保洁工作者月收入较广州地区的高。通过访谈得知，广州地区的保洁工作者工资收入绝大多数在 2000 元左右；深圳地区的保洁工作者大部分月收入在 4000 元左右。从两地的社会福利保障情况来看，广州地区与深圳地区保洁工作者的社会福利保障水平都比较低，大多没有得到应有的保障。

两地工作者的家庭收入主要来源方面，从总体来看，劳动所得是两地保洁工作者家庭收入的主要来源，而深圳地区的经济补助较广州地区多。支出方面，两地也有很大不同：广州地区保洁工作者的经济支出主要是衣食住行方面占 97.9%，其次是供养子女占 57.4%，再次是赡养老人占 29.8%；深圳地区保洁工作者的经济支出主要是人情往来占 40.4%，其次是赡养老人占 34.6%，再次是供养子女占 23.1%。

日常生活方面，广深两地的保洁工作者租住房屋的人数居多，其次是住在单位宿舍；

子女个数多为两个，广州的保洁工作者对子女教育存在更大困惑。两地保洁工作者自身身体状况均较好，对其从事保洁工作有优势。

社会交往方面，广州地区的保洁工作者的居住方式主要是和家人住在一起，而深圳地区的保洁工作者更多地是和同事或朋友住在一起。深圳地区外来人口为多，本地人较少，很多人都是独自一人在外打拼，所以和同事或朋友住在一起的比例会比较高。

休闲生活状况，广深两地的保洁工作者每日的工作时间都比较长，而且周末没有休假，因此闲暇时的活动都较为单一。主要以休息为主，其次就是看电视/听广播或串门聊天。

从社会活动参与情况来看，广深两地的保洁工作者参与社区活动的情况有一定差异，广州地区的保洁工作者的社区活动参与度不高，而深圳地区参与度稍高。

在对保洁工作者的研究过程中，我们深深体会到底层社会群体生活的不易以及他们为生计奔波的艰辛，进一步理解了落后的生产力不能满足人民日益增长的物质文化需求的内涵。虽然社会的阶层分化越来越明显，我们有理由认为，目前整个社会的流动态势良好，底层群体不断缩小，中下层有所扩大，社会地位整体上升。虽然在日常状态下，他们一般比较保守，只关心房子、孩子这类事情，但是一旦利益受到实质性的损害，他们会表现出较强的集体行动能力，将生活压力转化为有组织的群体诉求。

（二）建议

1. 政府应合理调整资源的二次分配

中国走的是一条渐进式的改革道路，决定了社会转型期要经历一个较为漫长的过程。不可避免的是，新旧利益集团将长期存在。要避免贫富差距不断扩大，可行的办法是：其一，政府把国民收入的初次分配交给市场，结合新的分配方式，通过充分发挥统一的劳动力市场这个要素的作用，给社会成员提供尽可能均等的公平劳动与就业机会；其二，发挥税收制度的调节作用。一方面减少对保洁工作者、下岗工人等社会底层群体的税收额度，来调节第一次分配带来的差距悬殊问题。但在具体操作中要有度，不能一味打击高收入者的积极性，要形成一种激励创造和生产的社会氛围，政府要在二次分配领域对市场缺陷加以弥补调节。

2. 积极开发人力资源，运用新技术

人力资源是社会发展的重要资源，国家的发展与人力资源的分配有着密不可分的关系。在社会底层，人力资源的开发最容易被忽视。该阶层中的人力资源的开发与管理应该受到政府关注，处在底层社会的成员并不是一无是处，他们需要有人关注、引导。未来在新的全球化进程与技术革新的推动下，原有社会结构中的社会阶层可能出现新的变化。对于保洁工作者来说，未来中国的产业升级将会压缩低端行业的就业空间，机器人技术的发展也正在逐步取代制造业、仓储业、物流业等行业中一些劳动密集型的岗位，新技术的变革可以为保洁工作者在一些危险领域提供有效服务，对保洁工作中的所有事务进行合理的规划、设计，实现对保洁工作的实时管理，以此减少城市卫生环境工作中的运营成本。

3. 推动社会公平公正，调整相关领域结构

以公平公正的心态去对待底层社会成员。人类社会是一个整体，人们之间有着分工与合作的关系，我们要以公平公正的态度对待他们，尽可能给予他们最大的关心和帮助，以

提高社会的整体发展。同时，要调整教育结构，教育能够使不同社会背景的人互相融合，让底层社会人群接受社会主导规范，接受社会转型的洗礼，达到成熟。当前，底层社会群体的子女教育问题主要集中在教育机会和教育费用上，对此，国家应尽快完善助学贷款制度，免除底层社会群体子女的部分或全部教育费用。为底层社会人群提供更好的就业机会和条件，帮助他们提升自己的竞争力。

参考文献

[1] 余永梅. 余华《兄弟》人物生存状态分析 [J]. 长江丛刊，2016 (11).
[2] 李文琦. 日本《劳动基准法》限制延时工作之借鉴 [J]. 武汉理工大学学报（社会科学版），2014，27 (5).
[3] 赵华. 国外劳动保护用品认证监管措施面面观 [J]. 湖南安全与防灾，2012 (4).
[4] 文军，易臻真. 从矛盾冲突到谈判对话：法国劳资关系理论的演变 [J]. 西北师大学报（社会科学版），2013，50 (5).
[5] 于秀伟. 德国养老保险体制：困境与改革 [D]. 北京：对外经济贸易大学，2005.
[6] 王建冬，姜松，陈昆. 日本劳动安全卫生管理经验 [J]. 劳动保护，2014 (2).
[7] 杨立新. 工伤事故的责任认定和法律适用（下）[J]. 法律适用，2003 (11).
[8] 李丹丹. 我国环卫工人权益保障研究 [D]. 太原：山西大学，2015.
[9] 刘娇，陈克娥. 一线环卫工人生存状况调查——以湖北省某市为例 [J]. 民族论坛，2012 (22).
[10] 谢建社，江晓贤，陈铮伟. 新生代环卫工人生存与发展状况及其对策探究——基于 G 市的调查 [J]. 青年探索，2013 (2).
[11] 牛喜霞，邱靖，谢建社. 环卫工人生存状况及其影响因素——基于广州市的调查 [J]. 人口与发展，2014，20 (3).
[12] 刘红升，闫一凡. 城市环卫工人的作业安全保障问题研究 [J]. 陕西行政学院学报，2007 (4).
[13] 纪云公. 论完善城市环卫工人的安全保障体系 [D]. 长春：吉林大学，2009.
[14] 方金铭. 人工清扫街道的环卫工人作业疲劳研究 [D]. 北京：首都经济贸易大学，2011.
[15] 战弋. 环卫工人权利保护研究 [D]. 大连：东北财经大学，2015.
[16] 彭鑫. 长沙市环卫工劳动保护问题研究 [D]. 长沙：湖南师范大学，2015.
[17] 贾舞阳. 城市环卫工群体的生存困境及应对策略之我见——基于对郑州市二十个环卫工的访谈 [J]. 学理论，2014 (15).
[18] 林美智. 福州市仓山区一线环卫工人社会支持网络介入研究 [D]. 福州：福建师范大学，2015.

大学生短视频 App 使用状况的调查报告

——以抖音 App 为例

陈柏润　黄文杰　王宇灏　马海燕　彭梅婷①

一、导言

近几年来短视频 App 受到众多手机用户的青睐，但与此同时此类 App 也成为传播低俗糟粕文化、负能量的渠道。鉴于此类短视频 App 受众广泛，影响巨大，本文将结合文献、问卷与访谈，以广东在校大学生为主要调查对象，以数据直观地展现年轻用户对抖音类短视频 App 的看法，探讨此类 App 是如何对社会风气产生影响的，并就此探究此类软件积极影响社会、减少传播负能量的策略与方法。

（一）抖音走红的原因与影响

2017 年上半年，短视频一下子进入“抖”时代，音乐社交短视频软件为音乐社交开启了另一种可能。这类应用主要是用户挑选音乐作为背景，通过拍摄短视频，进行富有创意的剪辑或添加特效，在网上发布和分享来实现音乐社交功能。抖音 App 于 2016 年 9 月上线后，在 2017 年上半年短视频类 App 的排行榜上位列第 9，日均视频播放量过亿，日活跃用户数达到数百万量级。

抖音 App 专注建立年轻人音乐短视频社区。在 2017 年 9 月 3 日公布的用户年龄分布中，其 85% 的用户年龄在 24 岁以下，且主要为一二线城市的年轻人群。

1. 抖音走红的原因

作为年轻音乐爱好者的社交软件，抖音的功能较为专一，界面设计简易且操作门槛低，用户在完成 15 秒音乐短视频的录制后，可以通过调节视频拍摄快慢、添加慢镜头、美颜等特效，让短视频整体呈现酷炫“鬼畜”的效果。这类创意音乐短视频的拍摄，迎合了年轻人的猎奇心理和个性化的表达需求。

在 2017 年 3 月之前，抖音的百度指数几乎为零，但是在 3 月中旬，其百度指数陡增，其“爆红”的原因是岳云鹏在微博里分享其模仿者在抖音平台发布的音乐短视频。而后，抖音邀请鹿晗、吴亦凡等流量明星入驻，鹿晗在抖音平台上发布了两则 15 秒的新歌 MV，两天的时间内视频在抖音的播放量近 2000 万，其在抖音的音乐官方账号的粉丝量涨到了 110 万。

短视频作为一个可以集影音、图文等多种形式为一体的表现手法，与音乐社交相结合，一方面有助于拓宽音乐人的传播渠道和宣传形式，促进音乐的传播以及与受众的互动；另一方面有助于提高用户黏度，满足用户对人际关系的需求：这里的人际关系既包括

---

①作者为华南师范大学外文学院 2016 级本科生，指导老师胡国胜。

“拟态”人际关系，即受众与音乐人之间的社交关系，也包括现实的人际关系，例如与其他用户建立兴趣小组、社交圈子等。

用户在抖音上录制短视频时，往往会通过夸张的表情或姿态予以表达，是对平日“客我”的一种舍弃，对真实自我的一种表达和发泄。“主我”是通过个人围绕对象事物从事的行为和反应体现出来的，“客我”是作为社会评价和社会期待体现出来的。在这一过程中，用户能够从生活的压力中暂时解脱了出来，产生心理上的愉悦感，同时作为音乐短视频的受传者，在使用抖音 App 时，一定程度上也满足了自我的窥私欲，窥探其他用户在镜头面前的表现或是明星在台下的形象，从而得到注意力的转移和心绪上的一种转换。

如今生活节奏加快，受众希望在短时间内获得更多资讯，微博、微视频等新产品都是在这一社会背景下产生的，流量的限制被打破，受众不再局限于图文这种静止的内容，视频因其动感、直观、真实的特点更受欢迎，而短视频相较于长视频，更易吸引受众，信息的传播速度被加快。

抖音上的用户多为素人，日常化的服装、场景等都具有草根化的特点，拉近了与观看者之间的距离，更易引起大家的情绪共鸣。在已有音频素材的基础上，大部分用户只需要完成半成品创作，拥有一定的创作思路，即使是创作能力稍差的用户，也可以拍摄出有趣的视频，用户还可以上传自己的原创音乐或有趣创意，只要能创作出有意思的短视频，都能拥有同等的机会获得关注和喜爱。这一模式保证了用户在使用过程中获得满足感和存在感，从而激发用户产生更多的创作欲望和需求，满足用户被尊重的心理，形成良性的循环。

2. 抖音的社会影响

对照之前风靡一时的直播行业，如今的短视频平台和直播平台有着诸多相似之处——同样充斥着低俗信息，同样培育着网红经济，同样引起青少年沉迷，同样需要重拳治理。巨大的用户数量和流量意味着不菲的收益。在看似繁荣的市场背后，缺乏准入门槛、内容低俗化、自我审查机制难以有效规避风险等多重隐患也开始凸显。在抖音、快手等主要短视频平台上，存在大量“未成年妈妈”、制假售假、危险动作模仿等低俗有害内容。

大部分大学生对抖音并不会上瘾，是能够轻易抛开抖音的。对抖音而言，尽管进入了大学生的生活，但却没有在他们的生活中深深扎根。他们中的大部分人认为抖音存在风气不正的内容，但认为抖音可以通过加强监管做得更好。

除了低俗内容，短视频平台其他违规乱象也花样百出。最为人所诟病的，就是各类虚假营销信息。打开一些网络红人的短视频页面，各种品牌的衣服、鞋包、化妆品等就会映入眼帘，假冒伪劣、“三无”产品、价格虚高等问题让很多网友叫苦不迭。

虽然经过重拳治理，短视频平台上的低俗信息大幅减少，但有关未成年人因沉迷抖音等短视频平台而引发各种问题的消息层出不穷：陕西西安一名 8 岁的男童因模仿抖音“胶带粘门”的整人视频，导致 6 岁的弟弟绊倒摔伤；一少年因为沉迷抖音长达 3 个月，学习成绩一落千丈，甚至选择离家出走……日前发布的《中国青少年互联网使用及网络安全情况调研报告》显示，当代中国有 20% 的青少年表示“几乎总是”在看短视频。

抖音有防沉迷装置，开启时间锁功能后，单日使用时间超过 2 小时就会被锁定，但只要花 30 秒左右的时间卸载并重装软件，就能继续使用。这表明，所谓的防沉迷功能能够被轻易破解，实质上并没有太大的意义。游戏平台至少需要实名认证并设置了未成年人保护机制，而大部分短视频平台即使不注册也可随时刷新观看，对未成年人保护来说，无疑是一个漏洞。

如今，对于短视频平台低俗有害信息的监管已见成效。但“显性”的低俗信息容易治理，而“隐性”的易沉迷特性及消极主义、拜金主义倾向却不易甄别和引导。

二、调研发现

下文将结合问卷的各个问题以及受访对象的数据进行分析，以广东在校大学生为主要采访对象，用数据更加直观地展现年轻用户对抖音短视频 App 的看法。

（一）大学生抖音短视频 App 使用的总体特点

1. 抖音短视频的普及度和流行度相对较低

问卷数据显示：受访对象中男女比例分别为 26.89% 和 73.11%，其中 75.42% 的受访对象表示并没有使用抖音短视频 App 的习惯，只有 24.58% 的受访对象表示正在使用或曾经使用。交叉分析可知：受访对象中男性用户少于女性用户，男性用户对抖音 App 的黏着度略高于女性，而女性则略低；但总的来看，抖音 App 对广东在校大学生的吸引力较低。由此可见，抖音短视频在广东的在校大学生中的普及度及流行度相对较低，影响力自然也相对较低（表 1、表 2、表 3）。

表 1　受访对象男女人数及比例

选项	人数	占比（%）
男	128	26.89
女	348	73.11
本题有效填写人次	476	

表 2　受访对象关于抖音短视频 App 的使用情况

选项	人数	占比（%）
是	117	24.58
否	359	75.42
本题有效填写人次	476	

表 3　受访对象中使用（不使用）抖音短视频 App 的男女人数及比例

选项	是	否	合计（人）
男	32（25%）	96（75%）	128
女	85（24.43%）	263（75.57%）	348

2. 网络社交平台在传播抖音短视频的渠道中占据主导地位

从下面表 4 中我们可以看出，使用抖音短视频 App 的受访对象中有 72.65% 的人是通过网络社交平台渠道了解到抖音的，47.01%的人通过同学推荐了解的，少部分受访对象是通过手机应用商店及其他渠道了解的。由此可见，在使用抖音短视频App的受访对象中，网络社交平台是传播抖音短视频产品的主要渠道，而人际交流在此过程中也同样占据重要位置。

表4　受访对象了解抖音短视频App的渠道

选项	人数	占比（%）
网络社交平台（微博、微信等）	85	72.65
同学推荐	55	47.01
手机应用商店	11	9.4
其他	7	5.98
本题有效填写人次	117	

3. 男性用户对抖音短视频的黏性相较于女性用户更大

问卷数据显示：近半数（43.59%）使用抖音短视频App的受访对象日常使用该App的时长在15分钟以内。约42%的受访者使用该App的时长在15分钟至1小时以内。结合性别进行交叉分析，可发现：男性受访者日常使用抖音短视频App的时长较长，多为15分钟以上，而女性受访者使用的时长多在15分钟以内。由此可推断，男性用户使用抖音App的时长较女性用户长，男性用户对抖音短视频App的黏性较大（表5）。

表5　受访对象使用抖音短视频App的时长

选项	人数	占比（%）
15分钟以下	51	43.59
15到30分钟	28	23.93
30分钟到1小时	22	18.8
1小时到2小时	7	5.98
2小时以上	9	7.69
本题有效填写人次	117	

4. 搞笑视频最受欢迎且男女偏爱内容不尽相同

问卷数据显示：近七成（约68%）的受访者对抖音短视频App中的搞笑内容感兴趣，近一半（约40.17%）的受访者对美食内容感兴趣，对母婴和纪录片内容感兴趣的受访者最少。结合性别交叉分析，可发现：男性受访者对音乐和有关美女帅哥的内容更加感兴趣，而女性受访者则偏好美食、萌宠、美妆等内容。由此可发现，抖音短视频App中的搞笑内容最受大学生欢迎，而男女大学生对除搞笑之外的视频内容有不同偏好，男性用户更喜欢观看满足视觉的内容，而女性用户则更喜欢可爱的内容。抖音短视频App中搞笑内容的受欢迎程度最高，不同的视频内容可满足不同性别用户的不同需求（表6）。

表6　不同视频内容受受访者喜爱占比

选项	人数	占比（%）
搞笑	80	68.38
明星	22	18.8
音乐	37	31.62
美食	47	40.17
舞蹈	41	35.04
旅行	34	29.06
美妆时尚	30	25.64
母婴	0	0
萌宠	35	29.91
美女帅哥	43	36.75
科技	16	13.68
游戏动漫	12	10.26
纪录片	8	6.84
其他	9	7.69
本题有效填写人次	117	

5. 娱乐消遣是大学生使用抖音短视频 App 的主要目的

由表7我们可以看出，九成受访者使用抖音短视频 App 的目的是娱乐消遣。同时，大部分用户还希望通过抖音 App 学习技能和开阔眼界。通过交叉分析可发现，男性受访者希望能通过该 App 开阔眼界的期盼较高。由此可见，广东在校大学生使用抖音短视频 App 的主要目的是进行娱乐消遣，放松身心。男女大学生都对该应用的交友功能不感兴趣。

表7　受访对象使用抖音短视频 App 的不同目的占比

选项	人数	占比（%）
娱乐消遣	106	90.6
学习技能（摄影、语言等）	33	28.21
开阔眼界	46	39.32
交友	1	0.85
记录生活	11	9.4
其他	3	2.56
本题有效填写人次	117	

（二）大学生抖音短视频 App 使用的总体现状

1. 受访对象关于视频内容的上传态度及其原因

调查数据显示：大部分受访者（约 82%）不会上传自己拍摄制作的短视频。其原因主要是需要花费较多的精力，且没有这种习惯。在少部分愿意上传自己拍摄的短视频的受访者中，逾六成受访者愿意上传的原因主要是希望通过短视频来记录自身的日常生活，同时希望能得到他人的关注。而通过对受访者的性别进行交叉分析可以发现，女大学生希望通过拍摄短视频来记录生活的兴趣较大，同时少数女大学生对短视频泄露个人隐私的问题心存忧虑。可见，广东在校大学生在使用抖音短视频 App 时，更多的是观看他人拍摄分享的短视频而较少亲自参与分享，主要原因应该是没有分享生活给他人的习惯，且对拍摄的操作技术不熟悉，觉得耗费精力（表 8、表 9、表 10）。

表 8　受访对象关于上传抖音视频内容的态度及占比

选项	人数	占比（%）
会	21	17.95
不会	96	82.05

表 9　受访对象关于上传抖音视频内容的不同原因及占比

选项	人数	占比（%）
跟随潮流	4	19.05
渴望获得关注	6	28.57
记录日常生活	14	66.67
分享知识技能	4	19.05
其他	2	9.52
合计	21	

表 10　受访对象关于不上传抖音视频的不同原因及占比

选项	人数	占比（%）
担心个人隐私问题	13	13.54
需要花费较多精力	51	53.13
不懂技术操作	42	43.75
没有分享给他人的习惯	45	46.88
其他	0	0
合计	96	

2. 受访对象关于抖音短视频 App 对社会风气影响的不同看法

调查数据显示：约 80% 的受访者都认同抖音短视频 App 能反映社会现状。同时，由于抖音短视频 App 中受欢迎的多为娱乐搞笑类短视频，大部分受访者都认为其在传播正能量和弘扬优秀传统文化方面对社会风气产生的影响较小。同时，受访者认为该应用传播低俗文化而对社会风气造成的影响较大，对其负面影响力有较为清晰的认识。由此可见，广东在校大学生认为抖音短视频 App 能通过反映社会现状，从而对社会风气产生影响，但大学生并不看好抖音传播弘扬优秀文化可能发挥的作用。

3. 受访对象不习惯使用抖音短视频 App 的种种原因

从表 11 呈现的数据中我们可以看出，不习惯使用抖音短视频 App 的受访者中有半数左右的人不使用该 App 的原因是认为其内容不够吸引人，而少部分受访者（约 30%）则是因为没有使用视频软件的习惯而不选择使用抖音短视频 App。可见，视频内容的吸睛程度是短视频 App 赢得受众的一大重要影响因素。

表 11　受访对象不习惯使用抖音短视频的不同原因及比例

选项	人数	占比（%）
基本不用视频方面的软件	105	29. 25
用过但感觉操作上不好用	24	6. 69
功能太少无法满足需求	22	6. 13
视频内容不吸引人	179	49. 86
其他	122	33. 98
合计	359	

4. 受访对象对抖音短视频 App 的不同看法

调查数据显示：逾八成受访者都认为抖音短视频 App 里的视频内容质量参差不齐，逾六成受访者同时认为其视频内容容易被模仿和复制，作为一个能够展示自我的平台，其门槛较低。也有近三成受访者认为这一应用是交流载体的创新形式，视频内容有创意。由此可见，大部分在校大学生都认为抖音短视频 App 是一个低门槛、可展示自我的平台，同时又对其内容质量持保留态度，对视频内容会进行筛选与评价。

表 12　受访对象对抖音短视频 App 的不同看法及比例

选项	人数	占比（%）
内容容易被模仿和复制，是一个低门槛的自我展示平台	230	64. 07
内容有趣，有许多新奇的创意视频	53	14. 76
是一个全新的交流载体	35	9. 75
视频内容良莠不齐，一些低俗内容会对社会造成不良影响	306	85. 24
其他	30	8. 36
合计	359	

三、大学生抖音短视频使用的影响及对策建议

本小组访谈五名在校大学生得知，其中有四人正在使用或曾经使用过短视频社交软件，只有一名同学从未使用过，该同学认为平台上的短视频很少是有实际内容的，大多数

都很无聊、浮夸。

在使用这类软件的四名同学中，有三名同学是为了打发时间、缓解压力才选择使用抖音，只有一名同学是被视频内容所吸引；有两位同学基本上每天使用一次抖音，其余两名同学则两三天使用一次。至于喜欢看的视频内容，有两名同学比较倾向于技能类的视频内容，如唱歌技巧、舞蹈、画画和制作美食等，因而在日常生活中，他们也会去模仿视频中的行为，而另外两名同学则比较喜欢看搞笑类的视频。另外，从访谈结果中可以得知，五位同学对于身边人给视频制作者或者主播打赏的行为并无异议，他们都认为打赏与否只是个人的选择，若是非常喜欢的内容，自己可能也会打赏，但打赏多少会视自己的实际能力而定。

受访的五位同学中，除了从未使用过这类软件的一名同学外，目前只有一位至今依然在使用，其他三位都已经不再使用，主要原因是平台上的视频内容普遍雷同，缺乏创新。

（一）短视频使用的社会影响

结合本次访谈的结果分析，本小组认为短视频社交软件的影响主要体现在以下三个方面：

1. 丰富课余生活，减轻自身压力

大学生之所以使用短视频社交软件，无非是想打发时间，排解压力。这类软件的存在给使用者提供了一种休闲方式，也给他们提供了一种分享自己生活的途径。这类平台上的视频内容题材广泛，使用者既可以借其中的笑话来愉悦自我，也可以接触到时事热点，了解到社会上所发生的大大小小的事情，还可以接触到日常生活中被忽略的小而善的事情，以及各种各样无偿传授的技巧。这些内容在娱乐生活的同时，也缓解了学生们的学习压力。加之，观看这类软件的视频内容用时短，随时可以关闭，只要使用者足够自律，并不会影响到正常的学习和生活。

2. 影响睡眠时间，降低学习效率

短视频社交软件上的视频内容题材广泛，但也正是这个特点，使得这类软件对于大学生有着极大的吸引力。由于白天上课时间长，加之有课业负担，大学生课余并没有多少闲暇时间，因而睡前使用这类软件已成为他们的习惯。虽然高校学生已有足够的自制能力，但仍有不少大学生沉迷于其中，他们一旦开始刷视频，就会忘记时间，直到尽兴了才停止。如此下来，大学生的入睡时间被严重延后，睡眠时间大大缩水，从而导致第二天学习时没有精神，学习效率急剧下降。

3. 平台监管不力，使其劣多于优

短视频社交软件在视频内容方面几乎是无门槛可言，什么样的内容都可以上传，平台对其内容审核比较宽松，使用者甚至能在其首页看到一些违法或者违反道德规范的内容。虽然平台上也不缺乏具有正能量的视频内容，但其往往不如一些搞笑视频甚至恶搞视频受欢迎。此外，高校学生的人生阅历并不丰富，人生观和价值观尚未完全树立，大学生明辨是非的能力参差不齐，因而平台对视频监管不力，会导致大学生能够轻易地接触到许多不文明、不健康的短视频，近墨者黑，潜移默化之下受到消极的影响，从而去模仿这些违法或者违反道德规范的行为。更有甚者，会将一些作风不良、三观不正的视频制作者或者主播视为偶像，以其一言一行为标准，继而走上歧途。

（二）大学生短视频使用的对策及建议

1. 避免内容同质化

音乐，是抖音 App 的一大亮点，背景音乐常常伴随着视频内容，起到渲染气氛的效果。然而，一段时间内，抖音用户常常会参加同一挑战，并使用相同的背景音乐，创作内容实际上相差无几，导致内容同质化。久而久之，用户容易产生审美疲劳。从访谈结果来看，许多同学都提到了抖音 App 内容同质化的问题。当某一类短视频的新鲜感过去，千篇一律的内容便乏善可陈，容易使人产生厌倦感，也就毫无价值可言。因此，抖音应当在“推荐”这一功能上做出调整，减少相似内容的推荐，避免内容过多的重复。同时，平台也应鼓励用户减少一味地模仿，多创作有新意、有营养的作品，例如生活技巧类、技能类的作品，既提高自己的动手实践能力，也能增强平台内容的多样性，使用户有所收获。

2. 加强管理与监管力度

从用户的角度看：首先，人们应当具有辨别是非善恶的能力，正确认识、创造、传播抖音中的短视频，坚决抵制不文明、不健康的短视频，积极传递正能量；其次，加强对未成年人观看这类视频的正确引导，树立良好的人生观和价值观。从平台角度来看：短视频平台应当加强监管力度，杜绝打“擦边球”的行为，完善实名制与审核制度；提高审核的门槛，通过多种渠道进行多种审核，避免出现“漏网之鱼”。从政府的角度来看，有关部门应当完善相关法律法规，制定网络监管的相关文件，对传播不良低俗内容等恶性行为要追究其法律责任，营造健康有序的网络环境。

总之，短视频 App 特别是抖音 App 近年来深受手机用户尤其年轻用户群体的青睐。随着抖音的迅速崛起，其受众面迅速扩大，社会影响力不断提高，反映了年轻的手机用户对大众娱乐的需求。然而由于大众娱乐媒体鱼龙混杂，积极文化与消极文化并行，且抖音等短视频平台上传门槛太低，导致平台出现许多格调不高甚至违法的内容，给社会风气造成了不良影响。问卷数据显示，抖音短视频 App 有一定的市场发展潜力，但前提是其能够锐意创新，降低视频内容的相似度，在传播正能量文化方面做出更大努力。抖音短视频 App 的发展潜力较大，发展更符合主流的价值观，满足广大人民群众对优秀文化的需求。大学生对抖音 App 的同质化现象较为反感，且由于平台监管力度不够，导致视频内容单一乏味、消极，需从制度层面对抖音类短视频 App 做出整改，从根本上解决问题。

参考文献

[1] 李慧颖. 抖音 App 的传播依赖研究 [J]. 中国报业，2018 (2).
[2] 李佳倩.“使用与满足”理论视角下对抖音 App 走红的思考 [J]. 新闻传播，2018 (15).
[3] 卢泽华. 短视频不能“短”监管 [N]. 人民日报（海外版），2018 - 06 - 25 (008).
[4] 马海燕. 短视频社交软件的受众心理研究——以抖音 App 为例 [J]. 新闻研究导刊，2018，9 (5).
[5] 戎明杰，刘华林，吴泽杰，等. 关于“抖音”对大学生的现状分析及优化方案研究——基于广东工业大学的实例分析 [J]. 科技风，2018 (26).
[6] 吴佳妮. 音乐社交短视频软件何以走红——以抖音 App 为例 [J]. 新媒体研究，2017，3 (18).

大学生网络暴力行为现状、成因及引导策略

黄梦晓　余思航　李佩瑜　樊伟鸿　谭艳萍[①]

当下正处于第三次科技革命的浪潮中，互联网改变了我们的生活。正如“互联网祖父”、美国卡耐基梅隆大学特聘教授大卫·法伯所说：“随着互联网的迅速发展，社交网络兴起，人们的沟通更加便利，但随之而来的是假新闻、网络暴力等，给公众带来极大的混乱，让很多人身处在一个压抑的虚拟环境中。”网络暴力已经成为公众不可忽视的问题。网络暴力是指行为人对于特定事件在网上发表“暴力”言论，对他人造成严重危害和恶劣影响的暴力形式，其表现形式为网络言语、图片、视频等，该行为可能侵犯他人隐私，侵扰他人及其亲友的正常生活，间接损害他人人身权利等。网络暴力日趋泛化，那么网络暴力的危害到底有多大？从2006年美国梅根事件[②]，到2015年演员、歌手乔任梁遭遇网络暴力事件[③]，再到2018年医生安女士在卷入舆论漩涡后自杀的事件[④]可以看出，网络暴力足以杀人。对比现实中的暴力行为，网络暴力借助网络的传播性，参与范围更广，参与方式更“触手可及”，并且作案人通常“无迹可寻”。

2018年8月20日中国互联网络信息中心（CNNIC）发布的《第42次中国互联网络发展状况统计报告》显示，截至2018年6月，我国网民以青少年、青年和中年群体为主。10～39岁群体占总体网民的70.8%，其中20～29岁年龄段的网民占比最高，达27.9%；10～19岁年龄段的群体占比为18.2%，与2017年末基本保持一致。我国网民以中等教育水平的群体为主。初中、高中/中专/技校学历的网民占比分别为37.7%和25.1%；受过大专、大学本科及以上教育的网民占比分别为10.0%和10.6%。由此可见，大学生是重要的网络社区参与者，所以对大学生网络暴力的研究是不可忽略的。

本报告将以大学生为主要调查对象，调查和大学生有关的网络暴力现状，了解其对网络暴力的认知与态度，探讨大学生网络暴力产生的原因并提出应对网络暴力的有效措施，加强大学生绿色文明上网理念，共建绿色文明网络社区。

---

①作者为华南师范大学外文学院2016级本科生，指导老师胡国胜。

②2006年，美国13岁的少女梅根·梅尔（Megan Meier）因不堪忍受网友的恶毒辱骂在家里自杀身亡。然而，虽然这起事件的罪魁祸首已经基本确定是一位名叫劳丽·德鲁（Lori Drew）的中年妇女，警方却因为无法可依而拒绝对其提出起诉。

③2015年9月，电视剧监制杨文军在微博痛批某演员不敬业，尽管未指名道姓，但不少网友分析认为该演员就是乔任梁。彼时社会舆论几乎一边倒，网民纷纷指责辱骂当时已经身患抑郁症的乔任梁。2016年9月16日，28岁的乔任梁在上海意外身亡。

④2018年8月25日，家在四川德阳的医生安女士在卷入舆论漩涡后自杀。悲剧源于此前她和丈夫在游泳时与一个13岁男孩起了冲突，这场冲突被人以视频的形式传播到了网上。

一、调研概况

（一）调查问卷设计

本次调查所需要的数据采取问卷调查的方法获得，本研究的问卷大体分为三个部分：

第一部分主要是受访者简单的个人资料，包括性别、所在年级。这一部分采用单选的方式，由受访人作答。

第二部分是对网络暴力基本认识的调查，包括对网络暴力发生频率的认识、认为哪些平台或渠道存在网络暴力问题、见过何种网络暴力的形式、认为网络暴力问题是如何产生的、认为自己在何种情况下会产生网络暴力行为、认为什么措施能够抑制网络暴力、是否认为实施/参与网络暴力行为需要承担法律责任。这部分由受访人根据自己的认知作答。

第三部分是本问卷的主体部分，受访者上网行为的基本现状的调查，包括在网上看到新闻或帖子是否评论、发表的评论是否是在认真了解事件经过后做出的、是否遭受过网络暴力、遭受网络暴力时如何应对、是否愿意接受采访以及联系方式。这部分根据受访人的亲身感受作答。本问卷除了设置单选项、多选项，还有填空题供受访者补充作答。

（二）调查对象界定

作为继报纸、广播、电视等传统大众传媒后出现的第四媒介，网络已经成为人们沟通与交往的重要工具。与此同时，网络暴力也逐渐成为新的暴力形式，危害严重，影响恶劣。据中国互联网络信息中心于 2018 年发布的互联网络发展状况统计报告显示，大学生已成为网民最主要的组成部分之一，其对网络暴力是否抱有正确的认知和态度相当重要。同时，了解大学生对网络暴力的认知水平和态度，对于如何遏制当下泛滥的网络暴力具有重要的借鉴意义。大学生使用网络频繁，对于网络暴力接触比较多，且大学生网民人数多，其对于网络暴力的看法和态度对于网络治理有重要意义。因此，为保证样本更全面，更有说服力，调研组将调查对象定为大学生群体。

（三）调查问卷发放与统计分析

1. 调查问卷发放方式

本研究样本来源于部分高校大学生，调查问卷的发放以网络调查及电话采访的形式展开，在问卷中对调查对象进行甄别，让符合条件的对象填写问卷。由于网页的提交功能设定了只有填写完整的问卷才能提交，所以收集到的数据都是完整的，从理论上说都是有效的。样本统计共有 236 份，其中男性 50 份，女性 186 份。

2. 分析方法

问卷星网站提供调查结果的统计图，可形象地展现调查的结果；对每份问卷加以审核，可以保证调查结果的真实性和可靠性。调研组成员利用该网站的统计图，并结合对上网行为的常识性认知，对调查结果加以分析。

二、研究发现

（一）样本描述

1. 受访者个人资料

①受访者的性别：男性50人，占比21.19%；女性186人，占比78.81%。

②受访者的年级：大一19人，占比8.05%；大二68人，占比28.81%；大三114人，占比48.31%；大四28人，占比11.86%；研一4人，占比1.69%；研二1人，占比0.42%；研三2人，占比0.85%。

表1　受访者年级分布

选项	人数	占比（%）
大一	19	8.05
大二	68	28.81
大三	114	48.31
大四	28	11.86
研一	4	1.69
研二	1	0.42
研三	2	0.85

（二）对网络暴力的总体认识

1. 对网络暴力发生频率的认识

236名受访者之中，有128人（54.24%）认为经常发生网络暴力，并对一些具体网络暴力事件有所了解；有105人（44.49%）认为网络暴力时有发生并有所耳闻；有2人（0.85%）认为网络暴力很少发生；仅有1人（0.42%）认为网络暴力从未发生过。

表2　受访者对网络暴力发生频率的认识

选项	人数	占比（%）
经常，并了解一些具体网络暴力事件	128	54.24
有时，有所听闻	105	44.49
很少，几乎没有	2	0.85
从不	1	0.42

2. 哪些平台或渠道存在网络暴力问题

调查结果表明：受访者中共有218人（92.37%）认为微博存在网络暴力问题，占比最大，认为知乎有网络暴力的有94人（39.83%），认为微信朋友圈有网络暴力的有99人（41.95%），认为贴吧有网络暴力的有129人（54.66%），认为其他网络论坛存在问题的有81人（34.32%），豆瓣有33人（13.98%），虎扑有51人（21.61%），除此以外，部分受访者还指出了问卷中没有提到但存在网络暴力的平台，包括公众号留言区、电视新闻、网络直播、推特和Instagram以及哔哩哔哩平台，等等。

3. 网络暴力的形式认知

调查结果证明，大部分受访者都对网络暴力的具体形式有所了解。为更全面地了解受访者的认知水平，此题特设置为多选题。受访者236人中，有222人（94.07%）认为“散播关于他人的不实谣言、舆论”属于网络暴力行为，有197人（83.47%）认为“不明就里，肆意发表评论”属于网络暴力行为，有195人（82.63%）认为“网上交流时言辞粗暴无礼”属于网络暴力行为，有188人（79.66%）人认为“公开他人隐私”属于网络暴力行为，有175人（74.15%）认为“对他人进行人肉搜索”属于网络暴力行为，有166人（70.34%）认为“煽动他人实施网络暴力”属于网络暴力行为，有162人（68.64%）认为“篡改或恶搞他人的照片”属于网络暴力行为。同时，还有3位受访者提出“发布霸凌、侮辱他人的视频和对他人肆意辱骂”也属于网络暴力行为（表3）。

表3　受访者对网络暴力形式认知

选项	人数	占比（%）
散播关于他人的不实谣言、舆论	222	94.07
篡改或恶搞他人的照片	162	68.64
网上交流时言辞粗暴无礼	195	82.63
对他人进行人肉搜索	175	74.15
公开他人隐私	188	79.66
不明就里，肆意发表评论	197	83.47
煽动他人实施网络暴力	166	70.34
我认为这个也算：________	3	1.27

4. 网络暴力产生的原因

造成网络暴力的原因多样，此题设置为多选题。在受访人群中，有212人（89.83%）认为由于网民“自身素质过低”，有198人（80.93%）认为是因为网民“缺少法律、自律意识”，有191人（80.93%）认为网络暴力制造者是“受社会不良风气影响”，有162人（68.64%）认为是网民“现实生活太压抑，在网络中宣泄”，有155人（65.68%）认为是由于网民“受教育水平低”，有116人（49.15%）认为是“心理或精神问题”，另外，有12位受访者提出不同意见，认为原因还有“从众心理”“群体效应”“盲从心理”“媒体带节奏”“犯错成本低”“对事情认知不清”“情商低”“网络用户低龄化”“被人煽动，水军”“看事情太片面”，等等（表4）。

5. 在何种情况下会产生网络暴力行为

因网络暴力诱发因素多，此题为多选题。调查结果显示，共116人认为自己“在任何情况下都不会实施网络暴力”，有100人认为“别人侮辱、辱骂自己时”会产生网络暴力行为，有47人认为在“情绪很差，需要宣泄”时会产生网络暴力行为，有40人认为“盲目跟风，和朋友一起加入骂战”很有可能发生在自己身上，有18人认为没有原因，只是心血来潮，会让自己产生网络暴力行为，有7人提出不同情况：当遭遇有人“侮辱自己的好友亲人”、“他人造谣”、“遇到人渣”、情绪“被煽动”或者自己“喜欢的偶像被骂”时，会产生网络暴力行为（表5）。

表 4　网络暴力造成原因认知

选项	人数	占比（%）
现实生活太压抑，在网络中宣泄	162	68.64
自身素质过低	212	89.83
受教育水平低	155	65.68
缺少法律、自律意识	198	83.9
受社会不良风气影响	191	80.93
心理或精神问题	116	49.15
或者可能是：________	12	5.08

表 5　受访者何种情况下产生网络暴力行为

选项	人数	占比（%）
别人侮辱、辱骂自己时	100	42.37
盲目跟风，和朋友一起加入骂战	40	16.95
情绪很差，需要宣泄	47	19.92
没有原因，心血来潮	18	7.63
任何情况下都不会实施网络暴力	116	49.15
可能还有这种情况：________	7	2.97

6. 抑制网络暴力的措施认知

解决网络暴力问题的措施很多，因而此题设置为多选题（见表 6）。236 位受访者中，有 210 人（88.98%）认为需“提高个人素质，理性发言”，有 171 人（72.46%）认为需要“网站平台加强言论发表的审查”，有 159 人（67.37%）认为需要“政府加强网络管控”，有 139 人（58.9%）提议“政府加强网络相关法律知识宣传”，有 13 人（5.51%）提议“大家都不在网上发表评论”，另有 7 位受访者认为应“对造成恶劣影响的网络暴力进行彻查和惩罚”“加大网络暴力成本”“加大惩罚力度”“限制最低上网年龄，不是所有网络的东西都是适宜所有年龄段的人”“从小教起，加强媒介素养教育，包括家庭媒介素养教育以及学校课堂媒介素养教育课程”，等等。

表 6　抑制网络暴力的措施

选项	人数	占比（%）
提高个人素质，理性发言	210	88.98
政府加强网络管控	159	67.37
网站平台加强言论发表的审查	171	72.46
大家都不在网上发表评论	13	5.51
政府加强网络相关法律知识宣传	139	58.9
或许还可以________	7	2.97

7. 是否认为实施或参与网络暴力行为需要承担法律责任

网络暴力责任方往往并不单一，为细致了解，该题设置为多选题。223 人（94.49%）认为网络暴力的主要实施者需要承担法律责任，有 187 人（79.24%）认为参与网络暴力者也需要承担法律责任，有 12 人（5.08%）认为网络暴力的主要实施者不需要承担法律责任，而有 9 人（3.81%）认为参与网络暴力者不需要承担法律责任（表 7）。

表 7　对实施或参与网络暴力行为需要承担法律责任的认知

选项	人数	占比（%）
主要实施者需要	223	94.49
参与者也需要	187	79.24
主要实施者不需要	12	5.08
参与者不需要	9	3.81

（三）对遭遇网络暴力的反应

本部分对受访者的网上行为进行调查，问题包括：在网上看到新闻或帖子是否评论，发表的评论是否是在认真了解事件经过后做出的，是否遭受过网络暴力，遭受网络暴力时的做法，是否愿意接受采访以及联系方式。题目包括单选以及填空。

1. 在网上看到新闻或帖子是否评论

调查结果表明：在 236 位有效填写该题的受访者中共有 5 人（2.12%）经常评论，占比最小；偶尔评论的有 110 人（46.61%）；从不评论的有 121 人（51.27%），占比最大（表 8）。

表 8　网上看到新闻或帖子是否评论

选项	人数	占比（%）
经常评论	5	2.12
偶尔评论	110	46.61
从不评论	121	51.27
本题有效填写人次	236	

2. 发表的评论是否是在认真了解事件经过后发表的

在 115 位有效填写该题的受访者中共有 21 人（18.26%）是在清楚了解事情经过后发表评论的；有 91 人（79.13%）是在基本了解情况后才发表评论的，占比最高；有 3 人（2.61%）是在不太了解事情经过的情形下便发表评论；没有人在完全不了解事情经过的情况下发表评论。

表9　是否认真了解事件经过后发表评论

选项	人数	占比（%）
清楚了解	21	18.26
基本了解	91	79.13
很少了解	3	2.61
不了解	0	0
本题有效填写人次	115	

3. 是否遭受过网络暴力

调查结果表明：236名受访者中共有15人遭受过网络暴力，占6.36%；221人没有遭受过网络暴力，占93.64%。

4. 遭受网络暴力时的做法

当被问及遭受网络暴力时您会怎么做，236位受访者中共有157人（66.53%）选择直接拉黑对方或举报，占比最大；其次是131人（55.51%）选择不予理会；108人（45.76%）选择礼貌制止，劝导他人，约束自己；有23人（9.75%）选择以牙还牙，针锋相对。除此以外，部分受访者还指出了问卷中没有提到但自己可能会采取的行为，包括点赞持相反观点的评论，反向人肉搜索，采取法律手段，找警察叔叔等。

表10　遭受网络暴力时的做法

选项	人数	占比（%）
以牙还牙，针锋相对	23	9.75
礼貌制止，劝导他人，约束自己	108	45.76
直接拉黑或举报	157	66.53
不予理会	131	55.51
我还可能会：________	5	2.12
本题有效填写人次	236	

5. 是否愿意接受采访以及联系方式

为了更好更全面地了解卷入网络暴力的当事人（在“是否遭受过网络暴力”一题中选择“是”的15人），调研组向他们提出了采访的邀请，其中有5人（33.33%）愿意接受采访并留下了联系方式，另外10人表示不愿意（表11）。

表11　是否愿意接受采访

选项	人数	占比（%）
愿意	5	33.33
不愿意	10	66.67
本题有效填写人次	15	

（四）调查结果小结

经仔细分析，可从236位受访者的调查结果中得出结论，即绝大多数大学生对网络暴力有一定的了解和正确的认知和态度，但是仍有小部分学生对此缺乏正确的认知水平，在某些情况下他们可能实施网络暴力。因此，针对大学生群体对网络暴力现象的反应，调研组认为政府应当积极采取措施，加大对网络的法律监管力度，严惩网络施暴者；另一方面，政府应联合学校，加强对社会和个人的文明上网知识教育，提高公民的素质。每个人都应当积极主动地学习网络知识，加强自律，只有这样，我们的网络社区才能够文明有礼，网络暴力事件不再频发。

三、大学生网络暴力行为的成因

网络暴力为什么屡屡发生，网络施暴者为何总能“逍遥法外”，重复实施网络暴力行为？调查问卷显示，大部分的受访者认为，网络暴力的发生主要原因是网民自身的素质低，以及受到社会不良风气的影响。结合调查问卷结果，调研组认为其成因主要包括以下四个方面。

（一）网民行为的个性化特征

这种个性化在行为制约方面具体表现为：网民行为的整个过程都带有强烈的个人色彩，网民行为的执行者和调控者甚至监督者就是其自身，因此，网民往往根据自己的意愿来决定采取什么样的行为。当其认定一些人的行为与自己的世界观、价值观不相符合的时候，就会毫不犹豫地站出来，采取一切方式发表自己的意见。再者，在网络中，个体常常会被淹没在群体之中。许多网民的行为甚至是在社会无从知晓的情况下完成的，社会也无法对其做出评价，评价网民行为的主体只能是网民自己。弗洛伊德认为，一个人在人格上可分为超我、自我和本我，超我接受社会道德原则和行为规范的约束，本我总按照快乐原则行事，是人的最“真实”的人格，其反映的通常是在社会道德规范压制下隐蔽的层面。但是在网络空间中，网民可以通过匿名行为将自己的本我展现出来。当个体进入网络世界之后，一种融入群体而产生的安全感使得他们倾向于放纵自己的行为，而且固执地认为自己不会受到惩罚。网络匿名的特点恰恰契合了这种大众心理，甚至比现实生活有过之而无不及。一系列的网络暴力事件，其实质体现的是一些人心理方面的不完善和在认知方面的不成熟——“爱起来惊心动魄，恨起来血肉横飞”，“一语不合，兵戎相见”。在法律约束和主流价值观的缺失下，人性的卑劣得到了充分的表现。一支支以隐匿的身份躲在暗处射出的“毒箭”，一滴滴群情激愤的网络口水，在打着护卫道德准则的旗号之下，用一种暴力的方式“理直气壮”地伤害别人。

（二）网民的非理性是网络暴力形成的主观原因

网民的非理性，是指网民在互联网中所表现出来的建立在非理性或非逻辑基础上的心理倾向和具体行为。网民的非理性，与网民的构成结构密切相关。根据中国互联网信息中心发布的互联网调查报告显示，截至2018年6月份，中国网民数量已达8.02亿，手机网民规模已达7.88亿。其中值得注意的是，10～19岁的网民占到网民总数的18.2%%，报告显示，在中国网民中，学生的比例占到了24.8%，无业下岗人员的比例达6.5%。同时，调查报告还显示，网民中，无收入者占到了7.9%，比2017年末提升2.7个百分点；月收入500元以下者占到了10.7%，月收入501～1000元者占到了6.8%。从上面的数据可以得知，中国网民群体表现出了明显的特点：网民整体趋于年轻化，学生和无业下岗人员成为网民的主体，低收入者占比较高。而这些特点，与网民的非理性是密切相关的。网民整体趋于年轻化，会导致互联网的环境整体上易陷入狂热的氛围中；学生和无业下岗人员成为网民的主体，低收入者占比高，这也侧面印证了网友自身素质存在一定的缺陷与不足，势必会导致对现实社会不满的情绪不断泛滥和蔓延，从而造成网民在互联网中更倾向于采取以暴制暴的极端措施。可见，网民的非理性，是网络暴力形成的主观原因。

（三）网络的匿名性是网络暴力形成的客观原因

互联网在为人们提供便捷信息服务的同时，充分体现了其便捷性、时效性和包容性。但不能否认的是，互联网同样具有匿名性，而正是互联网的匿名性，客观上导致了网络暴力的发生。网络的匿名性，是指网民在互联网中可以采取匿名的方式发表言论和活动，也可以采取换名、取昵称等利用非本人真实信息的方式发展言论和活动。网络的匿名性，既能促使网民自由透明地发表见解和言论，也会导致网民肆无忌惮地实施网络暴力。一位受访者告诉笔者，某网络施暴者理直气壮地宣称："微博本来就是骂人的平台。"网民作为无名的大多数中的一员，不必为自己的行为承担任何责任，风险更是趋近于零。在这种背景下，现实生活中的道德底线甚至是法律底线都被匿名性轻易地冲破了，网络暴力便自然而然地产生。

（四）网络传媒把关人的责任缺失是网络暴力形成的重要原因

1947年，社会心理学家卢因（Lewin）在《群体生活的渠道》一文中，明确提出了信息总是沿着包含有检查点即"门区"或关卡的某些渠道传播，传播能否顺利进行总以把关人（或守门人）的意见作为依据的观点，他认为信息传播网络中布满了把关人。1950年，传播学者怀特将社会学中的这个概念引入新闻传播，发现在大众传播的新闻报道中，传媒组织成为实际上的把关人，由他们对新闻信息进行取舍，决定哪些内容最后与受众见面。互联网中，把关人的角色是指网络中形形色色的传播媒介，既包括各大新闻或综合门户网站，也包括天涯、猫扑等草根社区，甚至还包括个人网站和博客。网络传播的时效性决定了各种互联网传播媒介把第一时间发布新闻放到了首要位置，而对新闻的真实性进行审查却被轻视甚至是忽略。"艾滋女"事件所体现出的网络传媒把关人责任缺失尤为明显，一位少女患上艾滋病的信息未经证实，便在天涯社区、西祠胡同等社区中疯狂传播，随后这条消息也出现在了各大门户网站上，最终造成了网络暴力的发生。显然，网络传媒把关人的责任缺失，是造成网络暴力形成的重要原因。

首先，无论是从网络暴力的案例分析出发还是根据现实情况分析，网络的匿名性和虚拟化都在很大程度上弱化了网民的法律意识，同时网民自身素质的不足也让他们在潜意识中认为不需要为自己在网络中的行为负责，从而做出一些在现实中不会做的事情，肆意地伤害他人并引以为荣。其次，网民对网络信息真实度的探究和考虑不足，容易轻信网上的信息，并做出冲动的举动，给自己和他人带来伤害。第三，网民年轻化及其从众心理容易导致情绪化和行为的盲目性。一些网络信息特意凸出事件的所谓"爆点"，误导网民以达到一己利益，损害网络公共环境。最后，法制意识和精神文明建设相对滞后。目前网民的素质尚且不足，也没有相关的健全的法律约束，给追究施暴者法律责任带来了很大的困难。综上，网络的匿名、虚拟属性是导致网络暴力频发的根源，而网络信息的真实度缺失，网民主体的精神道德文明和法律意识缺失，法治建设、精神文明建设的落后，以及社会风气的不良影响，均是造成网络暴力频发的重要原因。

四、应对大学生网络暴力行为的实现路径

网络暴力发生范围广，频率高，甚至有跨国暴力行为，因此解决网络暴力需要全社会乃至全世界的共同努力。通过调查分析，本文认为应该采取以政府部门为主导、以社会力量为主体、网民自主参与的方式治理网络暴力。

（一）依法治理网络

政府及相关部门应该积极行动，制定相应的法律法规，做到有法可依，有法必依，严格执法，对网络暴力的始作俑者进行惩戒，加大普法宣传力度，同时尊重并保护公民的隐私权。

（二）实行网络注册实名制

实行网络实名制，一个身份证对应一个网络 ID，将网络空间里的言论行为纳入法律体系，有效及时地阻止网络暴力的传播，保护每个网民的网络安全及人身安全。

（三）政府及主流媒体加强舆论引导

由于对事件以及热度的追求，一些主流媒体对网络暴力推波助澜。政府应该加强对主流媒体的管制；主流媒体应该端正自己的理念，对舆论进行正确的引导，降低网络暴力事件中人们的不安和不确定性。

（四）培养网民的网络素质

作为互联网的主要受众及主体，大学生应该提高自身的素质，培养正确的公民意识，做到不参与、不传播、不发起网络暴力，并对发现的网络暴力行为及时加以制止并举报，树立正确的人生观与价值观，从而在根本上减少网络暴力的发生。

社会网络背景下大学生获取与分享学术信息行为的调查

张沛康　刘璨　林伟　方铭贤①

一、引言

在互联网高度发达的今天，各种网络工具和社区的繁荣和发展，如微博、微信朋友圈、微信公众号等，已经成为具有共同研究兴趣、专业背景的学者们进行学术探讨、交流或资料共享的重要渠道，帮助他们更迅速地获取和分享学术信息。与此同时，互联网也极大地扩大了人们的社会网络。社会网络是20世纪60年代西方社会学兴起的一种分析视角，它是指一种基于“网络”（节点之间的相互连接）而非“群体”（明确的边界和秩序）的社会组织形式。其类似于我们认知当中的人脉，即我们通过各种渠道所能接触到的人和这些人所掌握的资源，对于人们获取和分享各种资源来说是至关重要的一环。

另一方面，学术信息交流是科学研究活动的重要组成部分，它包括学术信息产生以后的发布、收集、整理和使用的过程。有效的学术信息交流能使科学研究人员快速、高效地交流学术信息，促进科研活动的开展。这种交流互动不仅能促进大学生更好、更快地获取研究所需的相关学术信息，而且能有效促进学术信息的共享和传播。

在现有研究中，衡量社会网络带来的影响力的文献较多。就大学生这个群体而言，王国朕（2014）的研究发现，社会网络影响着大学生的职业生涯规划，大学生的社会网络与网络利益的获取存在显著的相关关系。社会网络规模越大，个体越能从中获取更多的信息资源和职业支持；网络中心性越强，个体越能获得更多的信息资源。同时社会网络也对大学生的创业产生影响，如范明、肖璐（2012）认为，社会网络特征对大学生村官创业意愿作用显著，其中网络差异对创业意愿产生正向影响，而网络规模和网络顶端产生负向影响。但目前较少研究关注在社会网络背景下大学生学术信息的获取与分享行为。

本次调研主要是探究在社会网络背景下，大学生获取和分享学术信息的过程对其自身的学术学习能力是否有影响。研究思路如下：一、在社会网络的背景下，调查大学生获取和分享学术知识的参与度。调研小组将大学生获取与分享学术知识的对象、内容、途径、频率等作为衡量参与度的考核项，通过实地派发问卷收集相关数据，了解大学生学术信息获取与分享行为的现状；二、从学术信息层面、个人能力层面、环境氛围层面和潜在绩效层面探究获取和分享学术信息行为的影响因素；三、从绩点、奖学金、学术竞赛、课题项目和论文发表五方面来探究学术信息的获取与分享给大学生带来的学术绩效；四、通过建立回归模型进行实证分析，根据调研结果从学校、老师及学生三个角度提出可行的建议。

---

①作者为华南师范大学经济管理学院2014级本科生，指导老师许冲。

二、调研结果分析

（一）样本基本情况

本次调研面向华南师范大学（以下简称华师）一校三区的在读学生进行抽样调查，共派发问卷 400 份，收回有效问卷 367 份，有效率达 91.75%。在性别比中，男生占 34.88%，女生占 65.12%，基本符合华师学生的实际性别比例。而在年级中，受本次调查主题所限，大二、大三的学生所占的比例比较大，其中大二占 39.51%，大三占 41.42%，大一、大四和研究生的比例依次递减。在样本的专业分布上，社会科学类学生占的比例较多，为 70.84%，理工科较少，占 29.16%。总体来说，此次问卷派发保证了抽样调查的科学性。

表 1　样本基本情况

项目		占比（%）
性别	男	34.88
	女	65.12
年级	大一	10.90
	大二	39.51
	大三	41.42
	大四	7.63
	研究生	0.54
专业	社会科学类	56.40
	理工类	43.60
绩点排名	前 5	8.45
	前 10	17.17
	前 30	28.07
	前 50	19.89
	其他	26.43

（二）学术信息共享现状

1. 共享学术信息的对象

由图 1 可以看出，在学术信息共享对象方面，331 名被调查者选择了与同学共享学术信息，这与我们的日常经历非常吻合。194 名被调查者选择了“老师”，188 名被调查者选择了“朋友”，这说明学生与老师、朋友在学术信息方面存在一定的交流。另外，仅有 49 名被调查者选择了“家人”，一方面是因为学生在校时间长；另一方面是因为家长受教育程度与专业背景不同，不一定拥有与学生一样的专业知识，加之家长忙于工作，与子女交流学术信息的时间少，实属正常。而与专业人士进行学术信息共享的更少，仅有 17 人，可能是因为学生缺乏与专业人士交流的渠道。

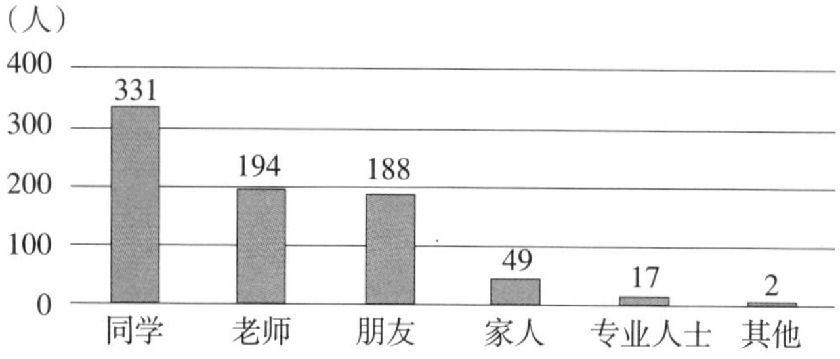

图1　学术信息共享对象

2. 共享学术信息的渠道

根据图2，大学生最常用的信息共享渠道是通过浏览相关学术网站，占66.76%。学术信息网站的信息量大，且搜索引擎的便捷性使学生更倾向于进行网络交流。通过书籍来共享学术信息的人数也较多，占47.14%，毕竟图书馆是学术氛围浓厚的地点，加之学生会在空闲时间浏览课外书籍，从中涉猎有关知识，因此书籍也是常用的信息共享渠道；38.42%的学生选择使用社交工具，如QQ、微信等，因为学术信息通常会以word、ppt等载体形式存在，学生之间在共享资料时也会利用社交工具进行交流以及文件的传输。另外，31.06%的学生选择讲座与分享会。近几个月线上与线下的讲座、分享会广受关注，嘉宾们大都具有丰富的个人经历和学术背景，乐于倾听、乐于交往的同学也会参加类似的活动，希望从中有所收益。由此可见，大学生共享学术信息的途径非常丰富。

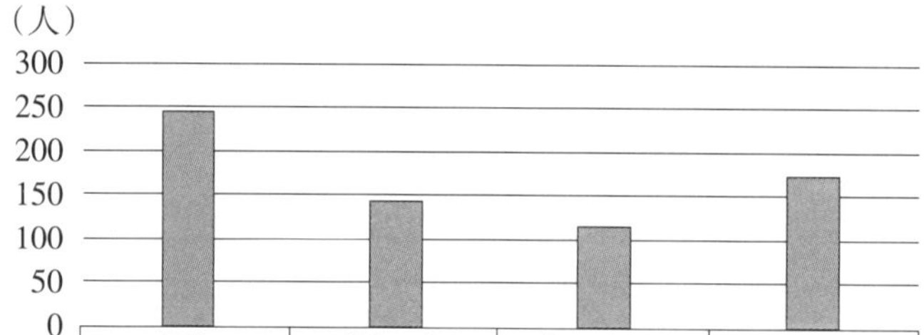

	网站	社交工具	讲座、分享会	书籍
比例	66.76%	38.42%	31.06%	47.14%
人数	245	141	114	173

图2　学术信息共享渠道

3. 共享学术信息的频率

图3的折线图呈现倒U型的趋势，共享学术信息频率在一至三天一次的仅占被调查者人数的8.72%，而一个月一次的比例到达极大值，占26.98%，随后下降至11.99%（两到三个月一次）后由呈现上升的趋势。维持一周一次和半个月一次的比例相当，分别占18.80%和19.07%，这说明同学之间学术信息共享频率较低。大部分是集中在一周至一个月一次。

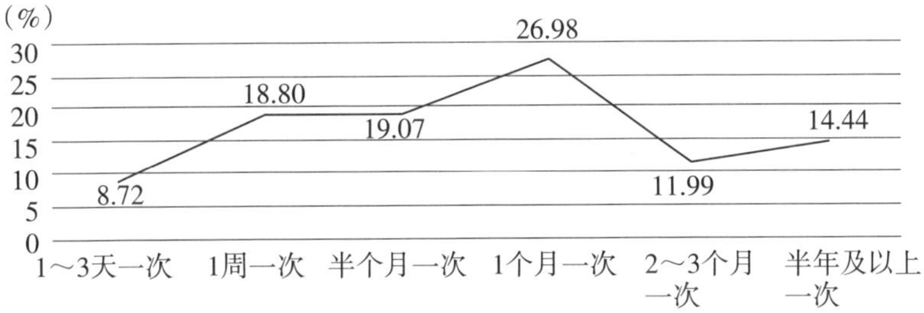

图3　学术信息共享频率

4. 最倾向于共享的学术信息类型

由图4可知，被调查者在共享学术信息时，最喜欢共享的是与自己兴趣爱好相关的或者与专业相关的学术信息，占比分别为43%和40%。对于与社会热点话题相关的或者是老师、同学、家人推荐关注的学术信息，则较少进行共享，其中与社会热点话题相关的学术信息占12%，与老师、同学或家人推荐关注的学术信息仅占5%。

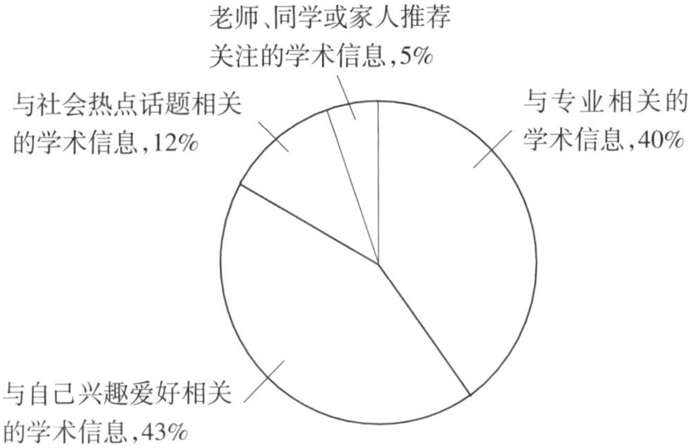

图4　最倾向于共享的学术信息类型

（三）学术信息共享行为的影响因素

本部分将从学术信息特征、个人能力、环境氛围以及潜在成效四种影响因素来分别探究它们对学生的学术信息共享频率的影响。在本部分，笔者先通过图表呈现各影响因素的比例关系，然后用多元回归分析法确定定量关系。

1. 学术信息特征层面

由图5可知，在学术信息特征方面，各种因素的影响程度是基本一致的，比例都在50%左右。那么这是否说明学术信息的易理解性、时效性、与日常学习息息相关以及易获取性均对学术信息的共享有相同的效应呢？

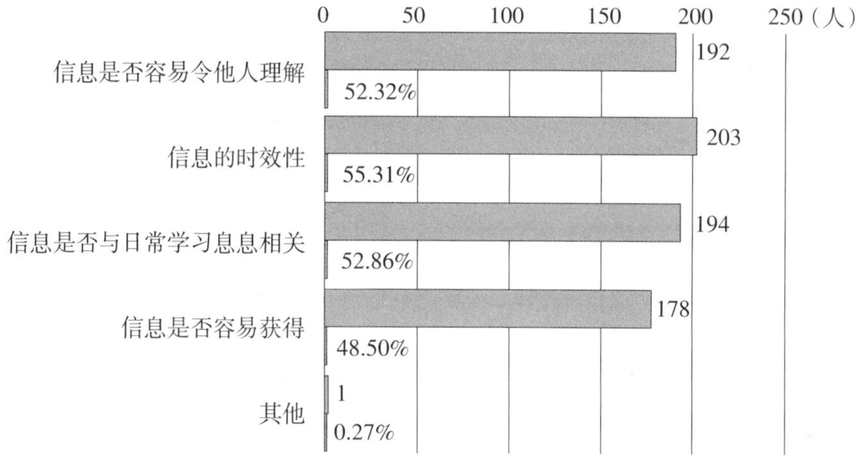

图5　学术信息特征层面

调研小组进行了多元回归分析，结果如下：

表2　共享学术信息的频率与学术信息特征的回归结果

项目		全样本	人文社科类	理工类
控制变量	性别	0.4219** (0.1665)	0.5484** (0.2262)	0.2783 (0.2576)
	年级	-0.0478 (0.0948)	-0.0718 (0.0122)	0.0018 (0.1528)
	绩点排名	-0.1525** (0.0600)	-0.0865 (0.0762)	0.2582** (0.1042)
学术信息特征	易理解	0.2720* (0.1602)	0.2141 (0.2046)	0.3094 (0.2596)
	时效性	0.0783 (0.1599)	0.0438 (0.2132)	0.0840 (0.2487)
	与日常学习息息相关	-0.0170 (0.1618)	-0.0013 (0.2057)	-0.3803 (0.2626)
	易获取	-0.0027 (0.1563)	0.0153 (0.0256)	-0.0789 (0.2588)
常数项		2.3958*** (0.4542)	2.3662*** (0.5776)	2.2740 (0.7700)
Prob > F		0.0093	0.3511	0.0346
R - squared		0.0467	0.0336	0.0842
Root MSE		1.4804	1.432	1.5584

注：括号内数值为标准误差，***、**、*分别表示在1%、5%和10%水平下显著。

（1）从整体上看，学术信息易理解对学术信息的共享有正向影响。在全样本中，学术信息易理解的系数为0.2720，人文社科类与理工类的系数也为正数。说明当学术信息容易令他人理解时，学生会提高其共享频率。

（2）从整体上看，学术信息的时效性对学术信息的共享有正向影响。在全样本中，具备时效性的学术信息的系数为0.0783，人文社科类与理工类的系数也为正数。说明当学术信息具备时效性时，学生会提高其共享频率。

（3）从整体上看，与日常学习息息相关的学术信息对学术信息的共享有负向影响。在全样本中，与日常学习息息相关的学术信息的系数为－0.0170，人文社科类与理工类的系数也为负数。说明当学术信息与日常学习有关时，学生会降低其共享频率。由此可见，学生仍缺乏一定的学习主动性，在心理上他们对日常学习的学术信息具有一定的抗拒性。

（4）对人文社科类学生来说，学术信息的易获取性对学术信息的共享有正向影响。在人文社科类的估计结果中，学术信息的易获取性的系数为正，为0.0153，说明人文社科类的学生更希望学术信息的来源渠道多、共享者多，方便学术信息的积累。

2. 个人能力层面

由图6可知，在个人能力层面，大部分被调查者认为，分析和解决问题的能力是影响学术信息共享最突出的因素，占60.76%，吸收新知识的能力、专业知识或技能、清晰地传递信息的能力在影响学术信息的共享中的地位举足轻重，分别占50.41%、49.86%、44.41%，洞察力对学术信息的共享的影响程度明显小于其他因素，仅占23.98%。

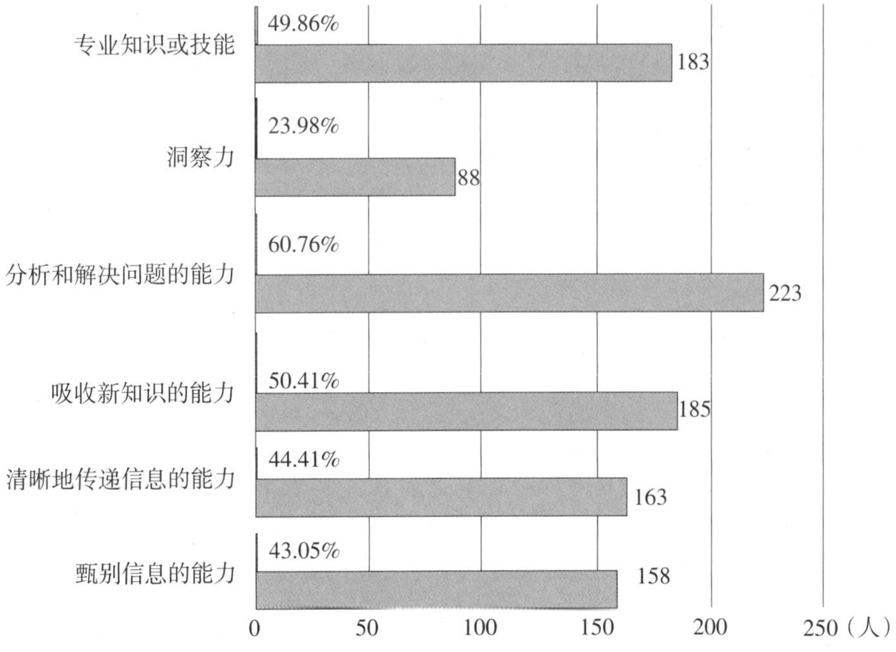

图6　个人能力层面

调研小组继续用多元回归模型分析个人能力对共享学术信息的频率的影响，结果见表3。

表3　共享学术信息的频率与个人能力的回归结果

项目		全样本	人文社科类	理工类
控制变量	性别	0.3927** (0.1672)	0.4864** (0.2258)	0.2529 (0.2597)
	年级	-0.0616 (0.0947)	-0.0887 (0.1208)	-0.0014 (0.1568)
	绩点排名	0.1335** (0.0610)	0.0375 (0.0760)	0.2648** (0.1063)
个人能力	甄别信息的能力	0.1408* (0.1603)	0.1617 (0.1985)	0.0931 (0.2703)
	清晰地传递信息的能力	-0.0360 (0.1545)	0.0176 (0.1989)	-0.0690 (0.2514)
	吸收新知识的能力	-0.0711 (0.1574)	0.1937 (0.2016)	-0.4699* (0.2585)
	分析和解决问题的能力	0.0124 (0.1611)	0.0348 (0.2010)	-0.0842 (0.2588)
	洞察力	-0.3980** (0.1561)	-0.6768*** (0.2353)	0.0995 (0.2921)
	专业知识或技能	0.0238 (0.1561)	-0.0083 (0.1974)	0.0511 (0.2581)
常数项		2.6993*** (0.4609)	2.3662*** (0.5776)	2.2740*** (0.7700)
Prob > F		0.0093	0.3511	0.1130
R-squared		0.0467	0.0336	0.0778
Root MSE		1.4804	1.432	1.5743

注：括号内数值为标准误差，***、**、*分别表示在1%、5%和10%水平下显著。

（1）从整体上看，甄别信息的能力对学术信息的共享有正向影响。在全样本中，甄别信息的能力的系数为0.1408，在10%的水平下显著，人文社科类与理工类的系数也为正数。说明学生认为自己拥有足够的甄别信息的能力时，便愿意提高其共享频率。

（2）对于人文社科类学生来说，清晰地传递信息的能力对学术信息共享有正向影响。在全样本中，清晰地传递信息的能力的系数为-0.0360，理工类的系数也为负数，但人文社科类的系数为正。说明从整体上来看，学生并不认为自己拥有清晰地传递信息的能力能够促进学术信息的共享；但人文社科类的学生却与此不同，或许是因为平时接触期刊、文献等文字类资料较多，与师生交流时需要较好的表达能力；而理工类的学生平时经常接触数据与实验，实践性强，且图表也能起到直观表达信息的作用，利用言语清晰传递信息的能力不高。由此可见，此回归结果具有一定的可靠性。

（3）对于人文社科类学生来说，吸收新知识的能力对学术信息的共享有正向影响。在全样本中，吸收新知识的能力的系数为0.1937，人文社科类的系数也为正。人文社科类的学生在学习诸如文学、史学、哲学、经济学的科目时，都需要博览群书、视野开阔，具备一定的知识储备，才能通晓书籍文献。

（4）对于人文社科类学生来说，分析和解决问题的能力对学术信息的共享有正向影响。在全样本中，分析和解决问题的能力的系数为0.0124，人文社科类的系数说明大学生认为分析和解决问题的能力对共享学术信息有一定的促进作用。

（5）对于理工类学生来说，洞察力对学术信息的共享有正向影响。在理工类样本的估计结果中，洞察力的系数为0.0995，这与理工类学生从事自然科学类研究的性质密切相关。进行相关的科研工作，理工类学生需要细心观察实验结果，并从数据、图表中发现规律，洞察真相，此估计结果具备一定的现实意义。与此相反的是，人文社科类的系数显著为负，原因可能是因为此类学生更加注重课外知识的积累，或者是对文字型材料的理解能力更强，相比来说他们认为洞察力不会对共享学术信息的频率产生促进作用。

（6）对于理工类学生来说，专业知识或技能对学术信息的共享有正向影响。在理工类样本的估计结果中，专业知识或技能的系数为0.0511，由此可见，理工类学生在实验性科研工作中需要具备高深的专业知识与技能，学术要求往往更为严格。因此对于理工类学生来说，欲提高学术信息的共享频率，他们需要具备一定的专业知识或技能，否则难以理解学术信息本身所体现的含义。

3. 环境氛围层面

由图7可知，学校是否拥有良好的学习或者比赛氛围是影响学术信息共享的最突出因素，占77.11%，学术信息的共享是否有助于大家之间的交流也是非常重要的因素，占70.30%。

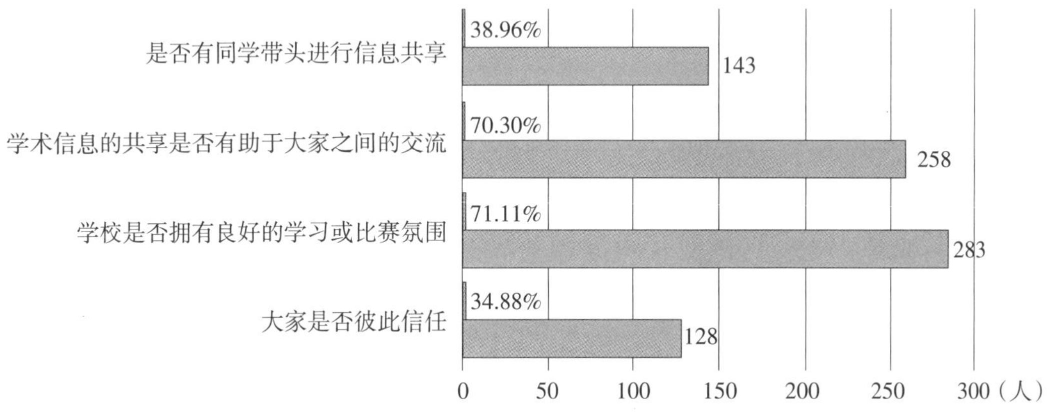

图7　环境氛围层面

调研小组继续用多元回归模型分析环境氛围因素对共享学术信息的频率的影响，结果如表4所示。

表4　共享学术信息的频率与环境氛围的回归结果

项目		全样本	人文社科类	理工类
控制变量	性别	0.3831** (0.1671)	0.5183** (0.2235)	0.2739 (0.2669)
	年级	-0.0413 (0.0940)	-0.0636 (0.1282)	-0.0034 (0.1495)
	绩点排名	0.1465** (0.0611)	0.0767 (0.0766)	0.2612** (0.1065)
环境氛围	大家互相信任	-0.0869* (0.1685)	-0.1501 (0.2220)	-0.0310 (0.2669)
	良好的学习或比赛氛围	0.0947 (0.1897)	0.2209 (0.2478)	-0.0108 (0.2974)
	共享能促进大家之间的交流	0.0803 (0.1774)	0.0942 (0.2331)	-0.0825 (0.2766)
	有同学带头共享	0.2104 (0.1632)	0.2611 (0.2018)	0.1589 (0.2826)
常数项		2.3726*** (0.4877)	2.2759*** (0.6053)	2.1526*** (0.8376)
Prob > F		0.0368	0.2847	0.2175
R - squared		0.0403	0.0421	0.0580
Root MSE		1.4854	1.4257	1.5805

注：括号内数值为标准误差，***、**、*分别表示在1%、5%和10%水平下显著。

（1）从整体上看，大家的互相信任对学术信息的共享产生负向影响。系数为-0.0869，在10%下显著，说明互相信任的关系对学术信息的共享频率产生了副作用，这与我们的日常经历不符。

（2）从整体上看，良好的学习或比赛氛围对学术信息的共享产生正向影响。系数为0.0947，说明良好的学习或比赛氛围能够促进大家对学术信息的共享，因为浓厚的学术氛围有利于学术观点的碰撞，避免学生的思想体系僵化，有助于大家共享学术信息，从而提高科研能力。

（3）从整体上看，若学术信息的共享能促进大家的交流，便对学术信息的共享产生正向影响。系数为0.0803，说明对于学生而言，他们认为平时大家在学术研究方面缺乏一定的交流，难以通过分享资源或见解来促进创造性思维模式的开发。在一定程度上，若学生认为共享学术信息是有助于他们之间的交流，大家都会提高共享学术信息的频率，积极参与分享。

（4）从整体上看，同学的带头分享对学术信息的共享产生正向影响。系数为0.2104，由此可见，学生在进行学术信息的共享时倾向于有人起带头作用。一方面大家都对自身拥有的学术信息有一定的保密意识，唯恐失去拥有学术信息的优越性；另一方面，在与人交流时多数人较为内敛，缺乏一定的主动性，若有同学能主动分享，将会带动大家的积极性，这也与（2）（3）的结论有一定的联系。

4. 潜在收获层面

由图8可知，一定的物质奖励并不是影响学术信息共享的重要因素，只占16.08%。相反，能促进大家之间的交流、提升自己的学业成绩这两个因素对学术信息共享的影响程度较大，分别占59.67%和57.22%。

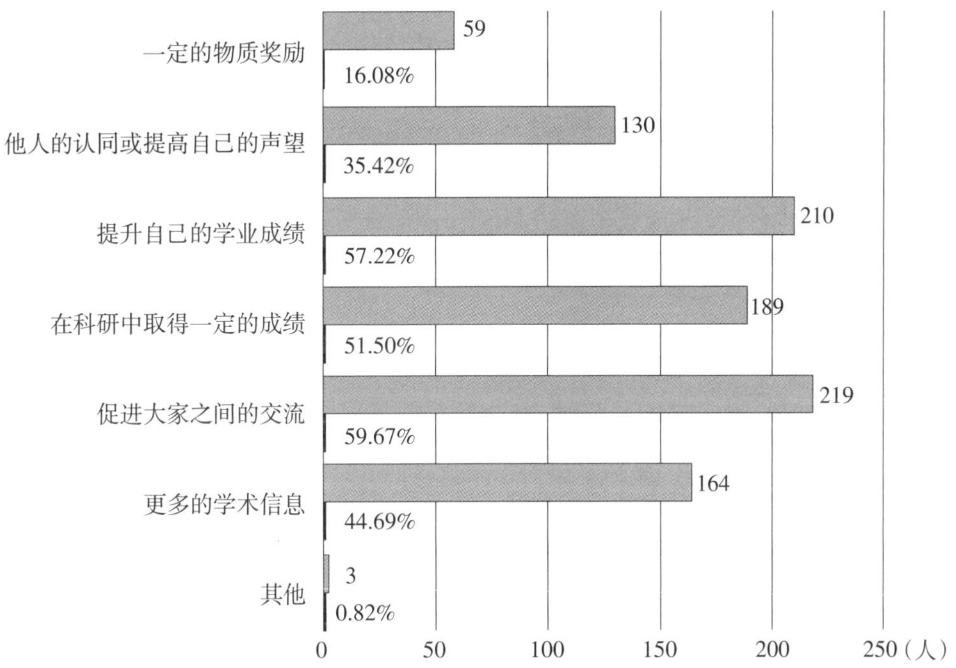

图8　关于潜在层面的条形图

调研小组继续用多元回归模型分析潜在收获因素对共享学术信息的频率的影响，结果如表5所示。

表5　共享学术信息的频率与潜在收获的回归结果

项目		全样本	人文社科类	理工类
控制变量	性别	0.3938** (0.1713)	0.4568* (0.2362)	0.3181 (0.2873)
	年级	-0.0398 (0.0938)	-0.0297 (0.1235)	0.0018 (0.1548)
	绩点排名	0.1489** (0.0619)	0.0785 (0.0757)	0.2536** (0.1078)
收获	一定的物质奖励	0.3752 (0.2298)	0.5357 (0.3417)	0.1553 (0.3373)
	他人的认同或提高自己的声望	0.1260 (0.1605)	-0.0694 (0.2060)	0.3674 (0.2666)
	提升自己的学业成绩	0.1040 (0.1575)	0.2692 (0.2026)	-0.0817 (0.2767)
	在科研中取得一定的成绩	-0.0626 (0.1583)	0.0089 (0.2068)	-0.1199 (0.2607)
常数项		2.3726*** (0.4877)	2.1545*** (0.6266)	2.0610*** (0.7849)
Prob > F		0.0368	0.2847	0.1817
R-squared		0.0403	0.0421	0.0737
Root MSE		1.4854	1.4257	1.5777

注：括号内数值为标准误差，***、**、*分别表示在1%、5%和10%水平下显著。

（1）从整体上看，一定的物质奖励对学术信息的共享有正向影响。在全样本中的系数为0.3752，人文社科类与理工类的系数也为正数，说明当共享学术信息能带来一定的物质奖励时，学生便愿意提高其共享频率。

（2）从整体上看，他人的认同或提高自己的声望对学术信息共享有正向影响。在全样本中的系数为0.1260，理工类的系数也为正数。由此可见，学生共享学术信息时，期望能因此得到他人的赞同，如对自己分享的资源给予肯定，由此能提高自己的存在感以及自信心。

（3）从整体上看，若学术信息的共享能使学生提高学习成绩，则他们会提高学术信息的共享频率。在全样本中的系数为0.1040，人文社科类的系数也为正，这与笔者的经历是相符的。毕竟学生仍以学业为重，若共享行为能对学习成绩的提高起促进作用，无疑对于大家来说是个高效的学习方法，学生也会因此选择提高共享学术信息的频率，在与大家的日常交流与分享中不断进步。

（4）对于人文社科类学生来说，若学术信息的共享能使他们在科研方面取得一定的成绩，则会提高学术信息的共享频率。在人文社科类的估计结果中，分析和解决问题的能力的系数为0.0089，说明此类学生更加重视科研工作。人文社科类学生通常会进行社会调研以及材料阅读，比理工类学生的阅读要求更高，他们需要在日常的阅读工作中汲取精华，获取关键信息点，在自己的科研工作中起一定的借鉴作用。但毕竟学生可获取的资源有限，学术信息的共享对于他们来说是进行科研的重要途径。

（三）学术绩效分析

在本部分调研小组将对学术成果进行分析，分析学术信息的共享频率对学生获得学术成果是否具有显著的影响，从而探究学术信息的共享带来的学术绩效。

1. 获取奖学金的情况

由图 9 可知，在被调查者中，曾获奖学金的人数只占大约三分之一。图 10 是曾获奖学金的同学的基本情况，各种奖学金获取比例大致相当。其中国家奖学金作为要求最高、难度最大的奖项，其比例较少，仅占 9.55%；国家励志奖学金与一等奖学金的比例相近，分别占 18.47% 和 17.20%；获二等奖学金的人数最多，占 29.94%，其次是获三等奖学金的人数，占 24.84%。

通过对华南师范大学学生共享学术信息的频率及是否曾获奖学金进行卡方检验，结果发现，显著性为 $0.000 < 0.05$，说明在显著性水平为 0.05 的情况下，是否曾获奖学金在共享学术信息的频率上，存在不同程度的差异。由此说明，学术信息的共享频率对获取奖学金有显著影响。

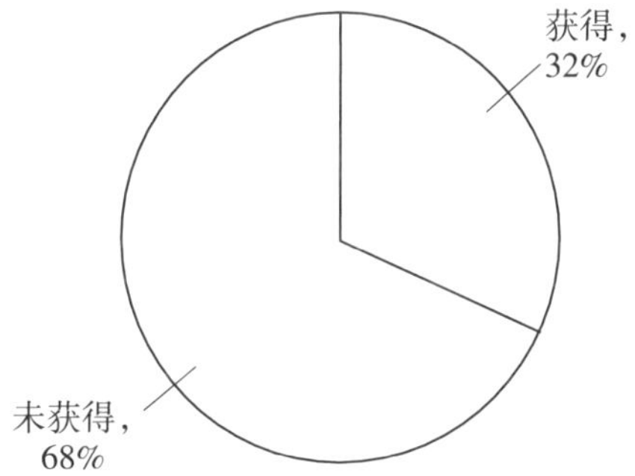

图 9　奖学金的获取情况

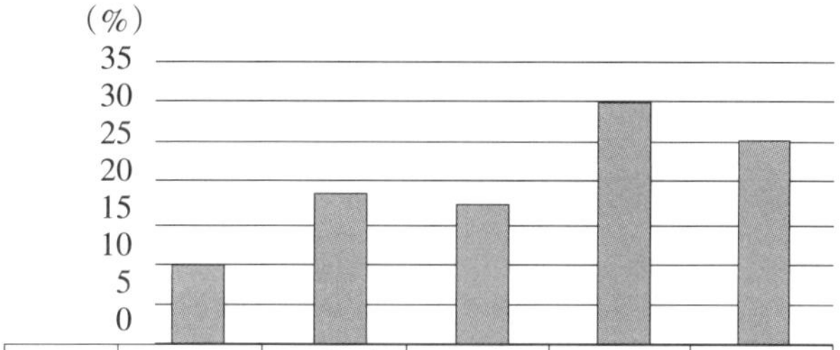

	国家奖学金	国家励志奖学金	一等奖学金	二等奖学金	三等奖学金
比例（%）	9.55	18.47	17.20	29.94	24.84

图 10　奖学金类型的分布

2. 学术竞赛奖项获取层面

由图 11 可知，在被调查者中，仅有四分之一曾在学术竞赛中获奖，人数偏少。图 12 是曾在学术竞赛中获奖的同学的基本情况。院级学术竞赛奖项比例最高，占 33.33%；校级次之，占 29.17%；接着是省级、国家级竞赛奖项，分别占 19.17% 和 11.67%；而占比最少的市级学术竞赛奖项仅占 6.67%。出现此现象的原因是，级别越高的比赛的难度越大，获奖率越低；另一方面，在各种学术比赛中，市级比赛较少，学生参与的一般是校级比赛与省级比赛的晋级，因此市级竞赛获奖的比例最低。由此说明此结果与实际情况相符，具有高度的可信度。

通过对该校学生共享学术信息的频率及是否在学术竞赛中获奖进行卡方检验，结果发现，显著性为 $0.098 < 0.1$，说明在显著性水平为 0.1 的情况下，是否在学术竞赛中获奖在

共享学术信息的频率上，存在不同程度的差异。由此说明，学术信息的共享频率对学术竞赛的获奖有显著影响。

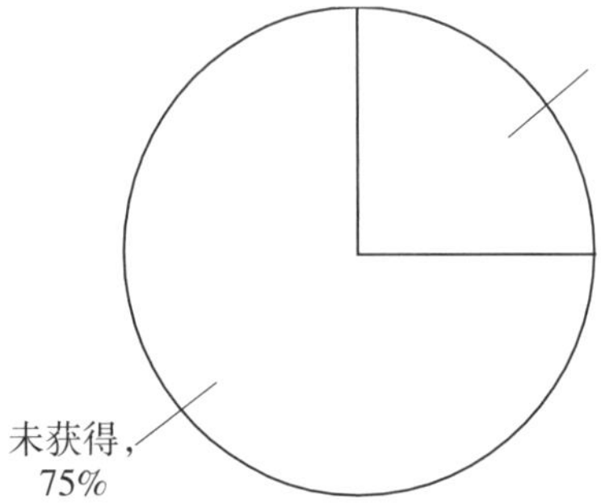

图 11　学术竞赛获奖情况

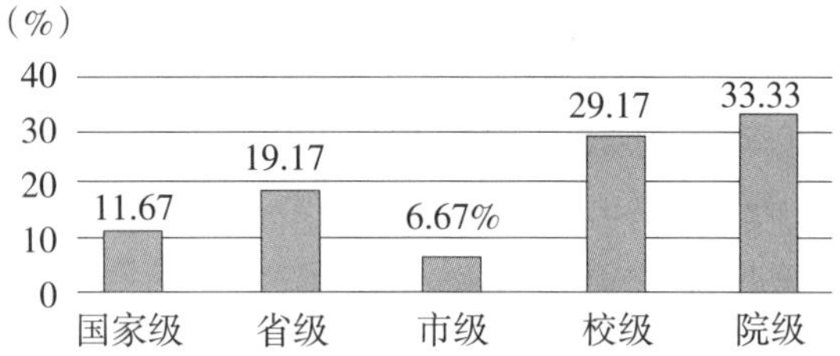

图 12　学术竞赛级别的分布

3. 科研立项或课题项目的参与层面

由图 13 可知，约三分之一的学生参与科研立项或课题项目。图 14 是曾参与科研立项或课题项目的级别分布，其中院级项目比例最高，占 47.20%；校级次之，占 41.60%；接着是省级，占 25.60%；而国家级学术竞赛奖项占比最少，仅占 8.80%。出现此现象的原因是，级别越高的项目的申请难度越大，所以参与率越低。由此说明此结果与实际情况相符，具有高度的可信度。

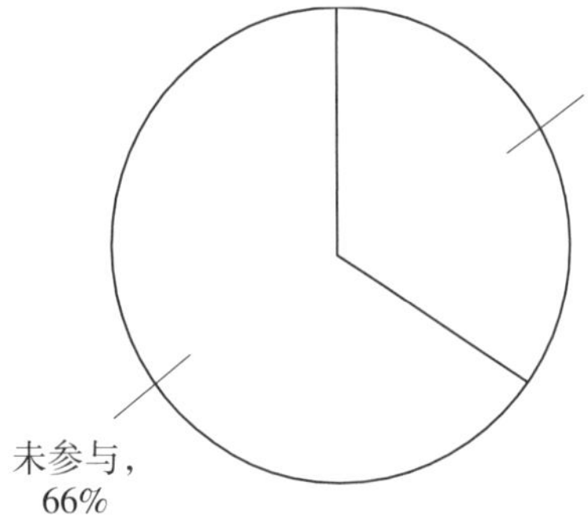

图 13　科研立项或课题项目参与情况

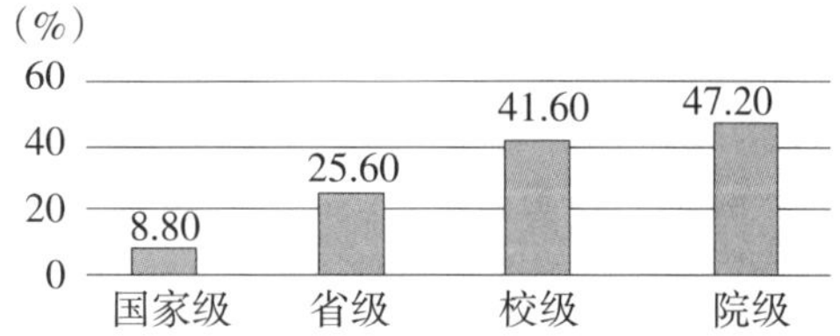

图 14　科研立项与课题项目的级别

通过对该校学生共享学术信息的频率及是否拥有科研立项或课题项目进行卡方检验，结果发现，显著性为 0.042 <0.05，说明在显著性水平为 0.05 的情况下，是否拥有科研立项或课题项目在共享学术信息的频率上，存在不同程度的差异。由此说明，学术信息的共享频率对参与科研立项或课题项目有显著影响。

4. 论文发表层面

由图 15 可知，在被调查者中，仅有 7.08% 的学生成功发表论文，人数非常少，不足十分之一。图 16 显示，在曾成功发表论文的同学中，发表省级期刊的比例最高，占 34.62%；学报次之，占 30.77%；国家级期刊和 CN 期刊的比例较低，均为 15.38%；SCI/SSCI/CSSCI 的比例最低，仅占 11.54%。出现此现象的原因是，省级期刊和学报的发表门槛较低，国家级期刊具有一定的难度，CN 期刊和 SCI/SSCI/CSSCI 期刊对学生的要求特别高，因此发表的成功率与期刊的含金量具有一定的相关性。

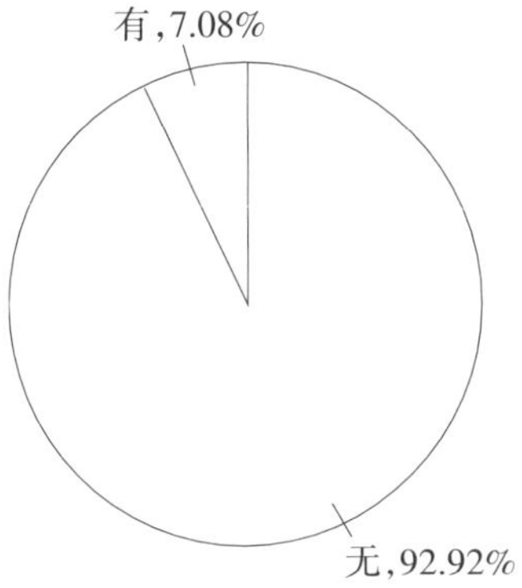

图 15　论文发表的情况

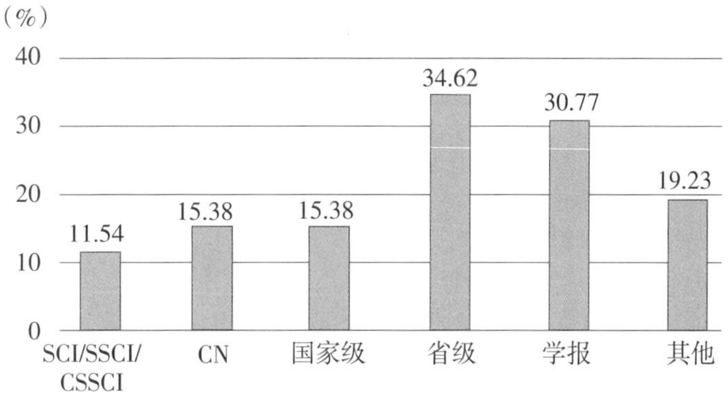

图 16　论文发表的级别

通过对该校学生共享学术信息的频率及是否成功发表论文进行卡方检验，结果发现，显著性为 0.116 >0.1，说明是否拥有科研立项或课题项目在共享学术信息的频率上，不存在不同程度的差异。由此说明，学术信息的共享频率对是否成功发表论文没有显著影响。

三、基本结论

根据第二部分的数据分析结果，调研小组总结出当前大学生在社会网络背景下进行学术信息的获取与分享的相关调研结论。

（1）社会网络对大学生学术信息分享与获取能力有一定影响。90% 的学生主要与同学共享学术信息，大约有一半的学生表示会与老师和朋友共享学术信息。

（2）大学生更倾向于使用更加便捷的方式获取学术信息。学生共享学术信息的渠道主要是相关网站和书籍，而社交工具和讲座、分享会等受学生欢迎程度不高。

（3）尽管获取学术信息的渠道很多，但大学生分享学术信息的频率不高。学生信息分享频率普遍不高，一周内至少有一次的同学占比不到 9%，而一周至一个月一次的占了 64% 左右。

（4）大学生关注的学术信息的内容有一定的局限性。学生比较关注与自己兴趣爱好相关、与专业相关的学术信息，对社会热点话题相关的学术信息关注较少。

（5）大学生对学术信息的质量有一定的要求。学术信息的易理解性、时效性能促进信息的共享，学生对与日常学习有关的学术信息已经有一定了解，缺乏分享动力；人文社科类的学生更希望学术信息的来源渠道多、共享者多，方便学术信息的积累。

（6）不同专业的学生对学术信息分享能力的要求不同。对人文社科类学生来说，清晰地传递信息的能力、吸收新知识的能力、分析和解决问题的能力对学术信息的共享有正向影响，而对于理工类学生来说，洞察力、专业知识或技能对学术信息的共享有正向影响。

（7）学术氛围的创造对大学生获取与分享学术的行为有积极影响。学校有良好的学习或比赛氛围、有同学带头的话，则能对学术信息的共享产生正向影响，良好的学习或比赛氛围能明显促进学术信息的共享；若学术信息的共享这个行为能促进大家的交流，便会对学术信息的共享产生正向影响。

（8）物质或精神上的奖励会刺激大学生获取与分享学术信息。他人的认同或者提高自己的声望、能提高学习成绩、一定的物质奖励这几点能促进学生对学术信息的共享；若学术信息的共享行为能使自己在科研方面取得一定成就，人文社科类学生则会提高学术信息的共享频率。

（9）学生对科研学术活动参与度较低，主动性不足，在学术科研方面有成就的学生比例较小。鉴于奖学金名额的有限性，因此只有三分之一的学生能获得奖学金；四分之一的学生获得过学术竞赛奖项，三分之一学生参与过科研立项等学术活动；曾经发表论文的学生比例极低，占比不到8%，且大部分为等级较低的省级期刊和学报。其中，学术共享频率对奖学金的获得、学术竞赛的获取和参与科研立项的积极性有显著的影响。

综上所述，社会网络对大学生学术信息获取与分享能力有一定影响。在网络时代，大学生更倾向于运用更加便捷的方式获取与分享学术信息。不同专业的大学生对于学术信息获取与分享的能力的要求有所不同，但他们对学术信息本身的质量都有一定的要求。此外，诸如学术氛围、物质或精神奖励等因素都会对大学生获取与分享学术信息的行为产生一定的影响。

四、对策建议

（一）学校方面

（1）积极搭建学生与专业人士共享学术信息的平台，拓展学生的校外社会网络。学生因为身处校园的原因，与社会直接接触的机会不多，平时接触的都是大学校园里的同学、老师、朋友，等等，与相关专业人士特别是校外专业人士的接触就更少。而相关学术领域的专业人士不仅在相关学术问题上有独到见解，而且也对学术信息的获取和分享的重要性有更明确、更深刻的认识。因此搭建学生与专业人士共享学术信息的平台，如举办相关讲座、分享会，或者近来比较热门的微信讲座，就显得很有必要了。但为了达到举办讲座、分享会的目的，学校需设法提高讲座和分享会对学生的吸引力，引导学生养成运用社交工具来获取和分享学术信息的习惯。

（2）营造浓厚的学术氛围、采取一定的激励措施激励学生共享学术信息，拓展学生的校内社会网络。学校应多组织举办或者指导学生组织、社团举办学术型比赛，创造学生相互交流、相互促进的机会，营造浓厚的学术氛围。同时采取一定的激励措施来激发学生的主动性，使学生更有激情去获取和分享学术信息，如对在科研方面有较大兴趣、有较突出的成就和对学校学术氛围营造有突出贡献的同学进行一定的奖励，可以是公开表扬、评优加分、奖学金、授予相应荣誉称号等方式。学生在相关比赛、活动中不断结识一样热爱学术科研的朋友，能有效地拓展学生的校内社会网络。

（二）老师方面

（1）应培养学生对学术信息进行共享的意识，引导学生多进行学术信息的交流和分享行为。平时可多与学生分享一些学术讲座的信息，介绍讲座嘉宾和讲座话题等等，推荐学生多去参与相关的学术分享会、学术报告会议，并鼓励他们自己多去获取相关信息，同时养成与同学、朋友等分享的习惯。

（2）培养学生的时代意识，让学生多去接触当代最热点的学术信息。老师平时可多与学生交流，将枯燥的课本知识用易于理解、生动有趣的语言传递给学生，同时要教导学生不能只关注课本上的知识，引导学生关注和思考社会热点话题以及与日常学习有关的学术信息，养成时代意识，紧跟相关领域最新的科研进展。此外，老师应多为人文社科类的学生开拓获取学术信息的来源，传授获取学术信息的方法和技能，增加学生获取学术信息来源的渠道。

（三）学生方面

（1）学术获取和分享对象多元化，构建校内校外一体化社会网络。除了应保持和同学较为密切的学术信息共享行为之外，还应该加强与老师、朋友以及高年级的学长之间的交流和互通，以获取一些从同学那里获取不到的更高层次的学术信息。特别是应多设法接触校外相关领域的专家及校内相关的教授、研究人员，可通过参与一些学术讲座、分享会、学术报告会议、微信讲座等结识这些专业人士，为自己将来的学术科研道路开辟更为广阔的空间。

（2）关注专业学术消息和重大科研进展，培养国际化视野和时代意识。平时在重点关注国内与专业有关的学术信息的同时，还应多留意世界上相关专业的最新进展，对比国内国外学术水平的发展程度和彼此之间的差距。此外，除了关注与专业有关的学术信息，也应该多关注社会上的热点话题，学术科研来源于生活并服务于生活，大学生不能两耳不闻窗外事，一心只关注科研，应该平时多留意社会热点，并寻找社会热点与科研之间的结合点。

（3）充分利用便捷的获取学术信息的渠道，提高学术信息获取与分享的频率。大学生要充分利用各种渠道获取学术信息，而不是只是被动地接受。这不但有利于专业学习，也有利于拓展视野，提高自身的学术修养。

（4）加强对与日常学习生活息息相关的学术信息的了解。尽管大学生对经常接触的学术信息有一定了解，但也要抱着谦虚好学的态度继续深入了解，这不但有利于日常的专业学习，也为今后的学习研究打下坚实的基础。

（5）培养学习自主性，学术共享多多益善。平时应多与同学、老师、朋友和专业人士共享学术信息，可通过参与科研立项、学术竞赛、发表论文等形式激发自己获取和分享学术信息的动力，主动地接触更深更广的学术信息。多渠道获取和分享知识，培养自己的专业素养和科研水平。

参考文献

［1］丁赵阳. 大学生信息能力现状的调查与分析［D］. 河南大学，2013.

［2］范明，肖璐. 基于社会网络视角的大学生村官创业意愿研究［J］. 农业经济问题，2012（5）.

［3］王国朕. 社会网络对大学生职业生涯规划的影响研究［D］. 吉林大学，2014.

［4］邵洁. 基于信息域理论的大学生信息获取行为研究［D］. 河北大学，2014.

［5］王莹莉. 基于微博的网络社区用户学术信息交互行为研究［D］. 西南大学，2013.

［6］杨汝岱，陈斌开，朱诗娥. 基于社会网络视角的农户民间借贷需求行为研究［J］. 经济研究，2011（11）.

［7］王庆，梁嘉. 大学生信息获取行为的性别差异——以广西民族大学为例［J］. 软件导刊（教育技术），2011（4）.

白字戏的现状及传承调研

蔡潇璇　邱敏　曾赖碧　张珑桦　张依琦　赖曼婷[①]

一、导论

（一）调研背景

白字戏，又名“海陆丰白字”，是流行于广东省海丰、陆丰一带，用当地方言演唱的剧种。因唱曲多用“啊咿嗳”衬词拉腔，故又俗称“啊咿嗳”，是全国四大稀有剧种之一。白字戏历史悠久，与当地游神赛会、竹马戏、民歌等传统艺术紧密结合，作为国家级非物质文化遗产，集民族性、地方性、时代性于一体，具有强大的艺术感染力。

然而随着市场经济的发展，受到新兴娱乐方式和传播媒介的冲击，再加上资金不足、创新力下降、演员人才匮乏等问题，白字戏逐渐走向衰落，观众大量流失，一些年轻人甚至认为它是落后的、过时的文化。白字戏这一稀有剧种正面临困境，亟待保护和推广。

2017 年 4 月国务院颁布了《关于戏曲进乡村的实施方案》，提出要充分发挥戏曲在传承中华优秀传统文化、丰富群众精神文化生活、提升基层公共文化服务水平中的积极作用，促进戏曲艺术普及。同年 5 月颁布了《关于新形势下加强戏曲教育工作的意见》，旨在夯实戏曲艺术传承发展基础，加强学校戏曲专业人才培养。因此，针对白字戏的发展困境，提出有效的保护和传承措施，具有重大的急迫性和现实意义。

为进一步了解白字戏在新时代背景下的发展现状，本小组深入海陆丰地区进行实地调研，通过问卷调查及深入访谈，了解当地居民、剧团人员、白字戏爱好者对白字戏的态度和看法，分析白字戏发展面临的困难，为白字戏的发展及传承提出具有可行性的意见和建议。

（二）调研目的及意义

本次调研旨在从内外部条件全面了解白字戏的生存现状，分析白字戏当前的发展契机及不利因素，综合研究成果，从政府、剧团、学校、个人等主体出发提出可行性建议，推动白字戏的传承发展。

本课题力图在新时代背景下为白字戏的发展寻求新出路，旨在唤醒民众对白字戏的关注和保护意识，活化和保护地方文化遗产。这是对“在坚定文化自信中弘扬优秀传统文化”的十九大精神的响应，是对“非遗”保护工作的深化，有利于补足白字戏的相关研究，具有一定的学术价值。同时也有利于增强海内外华侨的凝聚力和向心力，弘扬中华优秀传统文化，丰富人民群众精神文化生活，具有较大的现实意义。

---

①作者为华南师范大学文学院 2016 级本科生，指导老师许冲。

（三）调研方法

本课题采用了文献研究、问卷调查、访谈、实地观察等方法进行资料收集，采用定量的分析分析数据。

文献研究。通过各大高校图书馆、潮州市谢慧如图书馆等查阅相关文献；联系当地的研究中心及剧团，搜集与白字戏历史文化源流、发展现状相关的地方志资料，以丰富对研究对象的认识。通过中国知网、维普、读秀等学术网站搜索资料；利用汕尾市政府网站、白字戏剧团网站、相关公众号及各类新闻网站，查找相关政策文件、报道与视频资源，进一步完善资料收集的工作。

问卷调查。调研组设计了专门的问卷，通过派发问卷，了解社会各主体对白字戏的态度和认知情况。

访谈。调研组深入汕尾地区，对白字戏有关人士进行深入访谈，了解当前白字戏发展现状，听取他们对于白字戏发展及传承的态度和建议。访谈对象包括：海丰县白字戏剧团正、副团长，白字戏演员（花旦、丑生、乌衫），特色学校校长（推动白字戏进校园），白字戏爱好者团队负责人。

实地观察。调研小组实地察看了白字戏教学、演出的场地和剧目。

二、白字戏简介

（一）白字戏历史概况

1. 白字戏起源

白字戏是多源流、多声腔的古老珍稀剧种，有悠久的发展历史，至今还保存有许多古代戏剧重要发展阶段的艺术形态。关于白字戏的起源，学界颇多争议，主要说法有两种：第一，海陆丰白字戏和潮剧原本是一个剧种，前身是南宋时期的闽南粤东民间小戏；第二，白字戏和潮剧都来自于南戏。学界基本上都认为白字戏和潮剧在历史上曾是同一个剧种，只是潮剧不断改革，而白字戏固守传统，才逐渐成为两个不同的剧种。

《中国戏曲志》和《中国戏曲音乐集成》比较认同第一种说法，同时提到一个很重要的现象：潮州戏谚有“正字母生白字仔”的说法，海陆丰地区很多白字戏的老师傅也是正字戏的行家，白字戏在发展演变的过程中，基本可以确定吸收了非常多的海陆丰正字戏的内容，例如在剧目、曲文、唱腔和器乐等方面，正字戏和白字戏都是非常相似的。

白字戏的曲调源于南戏的泉调、潮调，现在保留下来的最古老的泉调、潮调剧本，有明嘉靖丙寅年（1566 年）的重刊本《荔镜记》以及稍后的《摘锦潮调金花女》《苏六娘》等。

白字戏明末已经流行，用海丰“福佬话”演唱，流行于广东的海丰、陆丰、潮州和福建的漳州、泉州一带。随福建移民进入海陆丰扎根后，吸纳本地的竹马、钱鼓、渔歌和潮剧音乐等，改用当地方言演唱念白，逐步形成自己的风格特点。据统计，至今保留传统剧目 1000 多个。

2. 白字戏近代发展历程

鸦片战争后，海丰西路的粤剧以及东路的潮剧，都有很大发展。剧团不时来往于海陆丰等地演出，白字戏为了稳住阵脚，也着力发展“文戏”，因此就从潮剧中吸收了一些新剧目，如《剪月容》《审冯旭》《李唔直》《铁剪刀》《滴水记》等，以招徕观众。同时，白字戏的本地教师，也根据当地的民间故事编演了一些剧目，如《稔山案》《一板打死江西王》等，称为“白字反线戏”。

大革命时期，海陆丰戏曲艺人在彭湃同志的领导下，于 1925 年 10 月成立了梨园工会，积极参加革命活动和宣传工作。彭湃以白字戏的形式写过宣传材料，其中“咚咚咚，田仔骂田公”一曲，影响极广，老幼能唱。

1927 年 11 月，海陆丰苏维埃大会成立时，艺人们热情地参加了庆祝活动。在第一次苏维埃大会上，通过了“关于改良戏剧”的决议案，编演了反抗封建压迫的大型白字戏《彭素娥》和歌颂明代农民起义的剧目《李闯王》。

1943 年大饥荒，戏曲无法演出，艺人流离失所，很多成为饿殍。

中华人民共和国成立前夕，白字戏陷入了“广陵曲散”的绝境。中华人民共和国成立后，及时抢救了海陆丰三个地方剧种，白字戏成立了第一个合作性质的班子，即如今海丰白字戏剧团的前身。此后白字戏做了大量的整理改革工作，取得了不少的经验和教训。1962、1963 年，白字戏进入了新生时期，整理上演了《白鹤寺》《白蛇传》《访友记》《书琴缘》《天门阵》《白罗衣》等优秀传统剧目以及改编上演了《金菊花》《红珊瑚》等现代剧，受到观众欢迎。

打倒“四人帮”后，1979 年 3 月重建海丰白字剧团，演出《金叶菊》《刺吕后》《白罗衣》《放走曾荣》等剧目，很受群众欢迎。白字戏重新恢复后，业余剧团、曲班有如雨后春笋，又遍及城镇农村。

中华人民共和国成立后至改革开放初期，白字戏曾一度获得发展和繁荣，后随着娱乐产业的发展和审美的多元化，其演出市场逐渐萎缩，传统剧目和富有特色的行当艺术及其舞台艺术等已濒临消亡。2006 年 5 月 20 日，经国务院批准，白字戏被列入第一批国家级非物质文化遗产名录。

3. 白字戏的艺术特色

白字戏的曲白采用海陆丰方言，特别为当地农民喜爱。音乐优美，具有联曲、滚唱、民歌、一唱众和的特点。剧目擅长演儿女情，表演程式严而不僵，载歌载舞，富有生活气息。

（1）语言特点。白字戏采用地方语言，并不是把正音剧本的官话改用方言唱、念，而是把海陆丰人民的生活语言艺术化。它包括语法修辞、俗语、俚语、谚语、歇后语、口头语、谐音语、双关语、谜语的选择利用，为剧目增添了浓厚的生活气息和乡土情趣。

（2）曲体特点。白字戏采用联曲体的结构，接近宋元的“套曲”和“小令”。一段曲由几个曲牌组成，孰先孰后，都有一定的次序；特别是哪个开头，哪个结尾，有一定格局。某曲调的基本情绪、句板、字数、标点、节奏、用韵，都有一定的规定。曲牌的强弱快慢、抑扬顿挫，安排曲词的起承转合，比、兴、赋，近似填词的规律，但比较自由。

（3）滚唱特点。白字戏滚唱现象非常普遍，许多剧目在感情激越处，既有滚唱，也有滚白。唱选曲、做彩场、七字句、五字句、三字句，一泻而下。在白字戏的平板戏中，滚唱更是成为主要的形式。这种滚唱是在联曲体的基础上吸收、融合了说唱体——歌册以及板腔体的东西而成平板戏。这种结构，曲牌只用在开头和结尾的地方，中间全用了“滚”和“赚”，基本旋律简单，节奏明快；一句上句，一句下句，称之为子母句。这种形式易写、易唱、易听，便于丰富上演剧目，也更为观众接受。但如果处理不当，也会造成剧目的粗制滥造，以致降低艺术质量。

（4）民歌特点。民歌实为两种，一种是小调，一种是本地民歌。小调是由正字戏传入的，是早已戏曲化了的民歌。本地民歌则是后期从群众生活中吸收过来的。如《荔枝记》中的“鹏灯斗歌”选段，就是源于渔歌。除此之外，还有“扣扳歌”“蚯蚓歌”等等，均来源于粤东一带的民间歌谣。民歌使得戏曲的语言更具生活气息。

（5）程式特点。白字戏表演程式比较丰富，戏剧“场口”的设计、“走报”“闻凶”“激面”“想计”“分门”“合水”“拷打”“奔逃”“追杀”等都有程式。每一单项动作，都有一定的强弱快慢、抑扬顿挫的节奏要求，步法和身段、手法和眼神、服装和道具，都要求互相配合。各行当又有各行当自己的标准，例如：“拉山”，戏谚有“旦对前，生对眉，净过肩，丑散来”之说法。

（6）剧目特点。白字戏以乡社祭祀演剧为唯一的演出形式，剧目内容以及戏台表演必须遵循祭祀演剧的一整套祭祀仪礼，特点主要有：①表现宗族社会生活；②人物形象生活化与类型化；③戏剧场景相对写实，具有浓厚的乡土生活气息。

（7）声腔特点。白字戏的声腔可分为曲牌体、板腔体、民歌体等三种，其乐调分为“轻三”“重六”“活五”“反线”四种。有时也可以不分。在板腔体部分，板式可分为散板、头板、二板、三板、扣板、快板等，另外还有一种迭曲。白字戏有一套自己独特的拉腔调式，叫“啊咿嗳”。这种“啊咿嗳”调，是在拉腔和尾腔的地方，不唱字而只唱一种有声无字的“啊咿嗳”的腔调。这种腔调和海陆丰“师公歌”以及渔歌有密切的关系。白字戏流入海丰，舍去其南音本有的“咿咿呀呀”“哩”，而把这种“啊咿嗳”吸收融入，就成为本剧种独特的拉调，“啊咿嗳”也即“哩”。白字戏的传统剧目，文戏方面，共有两百多个；按源流和声腔的特点，可分为大锣戏、小锣戏、民歌戏、反线戏、科白戏等五种。

三、白字戏发展现状

（一）发展契机

1. 政府政策

（1）政策支持。2015 年 7 月 11 日，国务院办公厅以国办发〔2015〕52 号印发《关于支持戏曲传承发展的若干政策》（以下简称《政策》）。《政策》分总体要求、加强戏曲保护与传承、支持戏曲剧本创作、支持戏曲演出、改善戏曲生产条件、支持戏曲艺术表演团体发展、完善戏曲人才培养和保障机制、加大戏曲普及和宣传、加强组织领导等九部分二十一条。该政策的发布引起了全社会对戏曲的关注和重视，2015 年 7 月至 2017 年 6 月，有关部门在全国范围内开展地方戏曲剧种普查，实施地方戏曲振兴工程，将其纳入国民经济和社会发展“十三五”总体规划。鼓励地方设立戏曲发展专项资金或基金，扶持本地戏曲艺术发展。在政策支持下，白字戏受到社会各界的支持和关注，在资金、人才等方面都得到了政策的扶持。

2017 年 4 月，中共中央宣传部、文化部、财政部联合印发了《关于戏曲进乡村的实施方案》，提出到2020年，在全国范围内实现戏曲进乡村制度化、常态化、普及化，解决农民看戏难的问题。由此，各地方政府也做出了不同努力，白字戏作为汕尾市的地方戏，也得到了相关的重视，得到了政府及社会各界的相关的支持，有了新的发展。

（2）实践效益。2017年，汕尾市开展“创文、创卫”工作，当地政府为加强历史文化资源的保护和挖掘，筹备建设彰显汕尾城市精神和文化个性的城市客厅，擦亮“中国民间文化艺术之乡”名片，更加重视当地的文化资源，白字戏作为汕尾市的地方戏曲，无疑成了重点关注的对象。

在相关政策的指导和支持下，海丰县白字戏剧团正式挂名为海丰县白字戏传承中心，2017年由县政府拨款180万元，用于支持剧团的发展；增加了剧团演员的编制名额，名额由原来的20个增加至50个，缓解了剧团的生存危机，也给予了剧团更多的发展空间，对白字戏的传承和发展有积极意义。地方政府对地方戏曲的支持，让白字戏的发展有了更多的保障，也有助于发挥官方剧团的示范性作用。

在政府的支持和领导下，海丰县白字戏传承中心除正常的下乡演出活动外，还在不断地开展白字戏的相关推广工作，推广队伍不断壮大，为白字戏的发展提供了更多的条件。

2. 戏曲进校园

（1）政策指南。2017年8月，中共中央宣传部、教育部、财政部、文化部联合发布《关于戏曲进校园的实施意见》指出：“应加强戏曲通识普识教育，到2020年戏曲进校园基本实现全覆盖。”进而，全国各地都开展了“戏曲进校园”的相关活动，在此背景下，白字戏进校园的活动也不断推进。

（2）实践基础。海丰县白字戏艺术传承中心，积极响应“戏曲进校园”的政策，以坚定文化自信、弘扬中华优秀传统文化为主题，大力支持开展“戏曲文化进校园”活动，在汕尾市华中师范大学附属中学举办了演出和讲座，收到了较大反响。而白字戏作为海陆丰地区最为群众喜闻乐见的地方戏曲，也受到了当地中小学的关注，剧团受邀到学校演出，专业演员到学校开设讲座，白字戏进校园活动也越来越普遍。汕尾市新区小学率先举办白字戏课堂活动，将白字戏正式引进了校园，这一举措得到了当地政府、企业家的大力支持，由学校教师授课且成功完成了汇报演出。白字戏进校园的活动不断推进，活动也在不断推动着白字戏的发展，扩大了白字戏的影响力范围。

社会各界对传统文化的重视和呼吁，唤醒了各界对传统戏曲的关注，各地纷纷开展“戏曲进校园”的活动，让传统戏曲成为课堂学习的内容。戏曲进校园活动的推进，让白字戏从舞台进入了课堂，让青少年有了更多接触白字戏的机会，这对扩大白字戏的影响力、获得更大的社会效应有着巨大的推动作用。白字戏进校园的过程也是白字戏得到传播弘扬的过程，可以吸引更多的新鲜血液进入白字戏发展的事业中，进而不断改善白字戏人才缺乏的困境，是推动白字戏创新发展、持续发展的有效途径。

3. 互联网发展

（1）传承记录。云数据时代的到来，让白字戏的传承和记录有了更多的空间，老艺人逝世而导致艺术传承断层的现象在网络时代得到了极大的改善。现在可以利用各种高科技手段，将珍贵的剧目、音频、视频等记录存档，且可以建立数据库，最大限度地保存白字戏传承与发展的相关资源。

（2）宣传发展。数据库的建立，可以实现更多的资源共享，音频、视频可以在各大网站、音乐平台流动，实现了资源工作的最大化，给白字戏的传播和发展提供了更广阔的平台和空间。除此之外，还能利用微信、微信公众号、微博等社交平台宣传白字戏，演出信息、戏迷活动等都能广泛地在各大平台上发布，进而让更多人关注到白字戏的现状。各平台还可以推动受众之间的及时交流，网络平台间的互动可以增强受众的存在感，激励其进一步参与，并能对其他受众产生示范带动作用，所有这些都有利于提升白字戏文化在线上线下的人气。

“互联网＋”时代的发展，给白字戏的传承和发展提供了更多的技术支持，网络成了白字戏最好的记录载体，也是最好的传播工具。

（二）发展困境

白字戏有着800多年的发展历史，一度十分兴盛，海陆丰地区历史上相对封闭的地理条件和当地独特又保守的人文环境为其传承提供了良好的条件。但随着时代的发展和新文化的冲击，如今的白字戏已日渐式微，只有在节庆、神诞和宗族祭祀时才有演出机会。白字戏在政府支持、剧团运作、人才培养和观众认知等问题上都面临着发展困境，亟待寻求突破路径。

1. *政府态度不明*

尽管自2005年开始，从国家到地方、从中央至广东省都开始重视保护传承非物质文化遗产，且2006年白字戏成功地同正字戏、西秦戏一起入选第一批国家级非物质文化遗产，但由于当地政府资金有限，对其重要性和意义也缺乏认知，使得白字戏的发展缺乏有力的扶持。

（1）资金短缺，无力扶持。当地政府不可谓不重视传统戏剧文化的发展，但必须指出的是，汕尾市的经济发展在广东省内是倒数的。海丰县白字戏剧团是唯一的国营白字戏剧团，目前剧团成员近60人，但是当地政府负责补贴拨款、有正式编制的名额仅20个。政府的拨款分配下来人均每个月只能拿到700元，微薄的资金难以支撑一个国营剧团的正常运转。除此之外，邀请编剧编写新剧本、举办大型戏剧表演活动、提高编制人员人数等列入发展考虑的工作也因资金短缺而陷入停顿状态。在整个地区社会经济发展起来之前，政府财政项目拨款必定是以民生、教育、医疗等基础建设为先。近几年来汕尾市政府甚至面临向邻近地市政府借钱的窘状，经济基础决定上层建筑，在全市经济发展落后的情况下，即使白字戏身为国家非物质文化遗产，当地政府也无法和其他地区一样对文化遗产给予足够的资金支持。

（2）认识不足，宣传无力。汕尾市属于广东省泛潮汕地区，经商氛围浓厚，重商轻文。加上该地区经济发展比较落后，有关部门讲究实绩，对于传统文化的建设缺乏长远规划，对于作为非物质文化遗产的白字戏依然抱着“重申报，轻保护”的态度。汕尾市对白字戏的认识和保护与国务院对国家级非物质文化遗产剧种的保护要求和广东省委建设文化强省的决策部署要求均有较大的差距。据戏剧爱好者团队负责人口述，政府工作人员对于民间自发举办的戏剧活动和宣传传统戏剧文化的态度并不积极。而白字戏剧团的副团长也表示，虽然政府对于剧团有实质性的帮助，但对于辅助宣传、提高演员待遇等问题往往避而不谈。同时，近年来汕尾市在打造旅游城市规划时，并未能学习其他地区戏剧（如潮剧）宣传经验，将白字戏作为特色品牌进行宣传展示。通过调查问卷也能看出，许多汕尾当地市民对白字戏的了解程度十分有限。可见，即使民间推动者和剧团本身有意愿将白字戏文化发扬推广，但官方对于保护当地这一珍稀剧种、宣传传统戏曲文化的认识还处于无意识阶段，对于白字戏的保护、传承和发展推动作用比较有限。

（3）制度不全，管理混乱。当地政府对于整个戏曲行当的管理基本处于“放养”状态。除去国营剧团的相应补贴和政治任务要求，政府在其他方面的管理存在缺失。国营剧团属于公益性文化事业单位性质，承担着保护与传承国家级非物质文化遗产、弘扬当地戏剧文化的责任。但政府一方面在市场发育不成熟、市场秩序不规范的条件下将其推向市场，另一方面又对其沿用事业单位企业化经营的管理体制，造成国营剧团任务过重、经营困难的窘状。一方面市场管理缺失，剧团数目杂而多，另一方面市场需求减少，各民间剧团为了谋取营生抢占生意，造成市场混乱失序。剧团没有行会组织，政府也放任不管，主管部门除了收取演出管理费外几乎没有任何有效的管理，任其自生自灭。民营剧团不仅没能像国营剧团那样得到政府的支持资助，解决艺人的基本社会保障问题，甚至连职业名分也一直未能得到政府主管部门的承认，成立已久、每年演出一两百台的民营剧团仍然被视为业余剧团。无论是编制内人员还是退休老艺人，政府在人事管理、政策照顾上都有所欠缺，未能很好地保障戏剧工作人员的基本生活条件。如此“放养式”的管理势必对市场运作不利，也会极大地挫伤从业人员的热情。

2. 剧团运作困难

目前在海陆丰地区，只有一家国营剧团——海丰县白字戏艺术传承中心（挂牌海丰县白字戏剧团），以及上百个村镇的职业或半职业化民营剧团。无论是国营还是民营，白字戏剧团的运作都面临着巨大的困难。

（1）市场萎缩，无戏可唱。在改革开放前的农村地区，物质生活贫困，精神享受匮乏。作为一个依靠乡土祭祀仪式发家的古老剧种，白字戏同时具备仪式教化和休闲娱乐的功能，拥有足够庞大的市场。当地每个社区都会在神诞或宗族祭祀期间邀请剧团下乡演出。一年之中，神诞几乎每月都有，如正月初三天神爷公圣诞、二月初三福公圣诞、三月初三妈祖圣诞、七月二十四城王爷公圣诞，等等。正如当地流行的一句方言俗语“老爷在，有戏看”，繁多的神诞日给白字戏的生存提供了广阔的生存市场。然而随着时代变化和城市发展，农村乡土的鬼神文化和宗族文化都因为现代文明的发展而逐渐萎靡，被视为封建迷信的残留。农历的节庆渐渐被年轻人遗忘，作为过节仪式的戏曲市场也慢慢萎缩，许多地方不再邀请剧团演出庆祝神诞，戏曲市场大幅度缩水。近年来，民营剧团由先前的两百多个大幅萎缩至如今的一百来个。许多农村小剧团因为无戏可唱，入不敷出，只能退出市场竞争。

（2）剧本陈旧，难出精品。由于市场不景气，剧团为了赚取戏金，支撑运营，只能不断接受各种演出活动。上至团长，下至场务都疲于奔波在各个乡镇，有时甚至要通宵唱戏。一位演员介绍，一年三百六十五天，他们有二百四十五天都在演出。这导致排练时间严重不足，演员匆匆上场，频频赶场，更不要提打磨细节、推陈出新了。就连海丰白字戏剧团这样的国营剧团，迫于生计也不得不侧身于乡社祭祀演剧中，不得不按照乡社祭祀活动的要求演出各种仪式剧以及符合祈福禳灾、娱神祭祖等乡社祭祀要求的剧目。精品剧本的打磨需要足够的时间精力，以及人力财力的支撑，但目前白字戏剧团因疲于创收而只能不断重复演出老剧本，造成观众的审美疲劳，也与时代审美趣味逐渐脱节，加剧了观众的流失。

（3）品牌微小，推广艰难。相较于各地方独有戏曲，白字戏在品牌打造上完全落后于其他知名剧种。其一，受限于戏曲语言。白字戏的唱词完全采用海陆丰当地方言“福佬话”。这既是白字戏独有的特色，同时也造成了审美上的限制。福佬话属于闽南语的一个分支，只有汕尾当地人才能完全听懂，外人难以理解。同样是方言唱词，潮剧因为潮商的存在而接受范围广泛，但汕尾并不具备这样的受众基础，方言限制了白字戏的品牌输出。其二，缺乏明星效应。白字戏演员中缺乏出色的人才，名演员更是寥寥无几。任何一个戏剧表演，头牌的作用不可忽视，比如京剧有大师梅兰芳。凭借演员的知名度与认知度才能更广泛地吸引观众的欣赏兴趣。一个优秀的剧本也需要依靠演员的倾情演绎才能将其完美展现，引发观众的共鸣。从最新一届广东省中青年戏剧演艺大赛（汕尾赛区）的演员表演来看，情况不容乐观。打造明星演员，推动白字戏品牌效应的任务仍然任重道远。

3. 人才资源紧缺

作为海陆丰三大稀有剧种，白字戏和正字戏、西秦戏都面临着一个严峻的问题：无人传承。在社会地位、工资待遇、培养机制等各方面，戏曲演员行当都成了末端的存在。老艺人逐步退休，新人却无力跟上，这样青黄不接的状态持续下去必定会出现行当断层甚至彻底消亡。

（1）培养不当，难出人才。即便拥有三个珍稀剧种，汕尾市却没有专门培养戏曲人才的戏校，入行的新人只能依靠老艺人手把手地传授个人经验。只有在剧团中表现突出的演员才有机会到广州等地进修，这显然是一个巨大的缺失。这种体制不仅严重依赖师父的个人水平，而且培养效率十分低下。对比汕头、上海等地，这些地区均有戏校，每年可以批量培养艺术苗子，汕尾的人才培养机制显得十分寒酸。在以前，剧团培养模式一般采用童伶制，招收十来岁、尚未变声的儿童兼养兼教，这些孩子跟着有经验的师父边训练观摩边跑龙套；少则几年，多则十年，经过不断打磨，才能培养出一个基本功扎实、舞台经验丰富的演员。自从改革开放后，童伶制逐步取消，演员的专业素养也随之下降。剧团规模缩小，创收困难，无力承担长时间“只出不进”的教养费用，招生年龄限制开始放宽，许多新招的演员早已错过声带训练的最佳时期。而演员的培训时间也相应缩短，几个月的速成教学后就要投入实地表演中，在艺术表达上自然粗糙了很多。这是艺术追求与营生需要无法共存的无奈之举。

（2）收入微薄，后继乏人。戏剧艺人收入的微薄、工作的艰辛、社会地位的下降以及经济的发展带来的就业门路的拓宽，是自 20 世纪 90 年代以来人们不愿加入演剧行业、造成演剧队伍后继乏人的主要社会原因。这两年来海陆丰各剧团受邀演出的价格一般是一本一万元左右，刨去舞美布置、道具更新、设备耗能等各项成本后，留给演员的戏金寥寥无几，单靠工资基本无法维系日常生活。就连海丰白字戏剧团这样拥有补贴的国营剧团，都有工作人员透露其并非全职，需要靠其他收入谋生。民营剧团中的一般演员就更加辛苦了，许多演员迫于生活选择离开，又会造成人才空档。在就业渠道不断扩大的背景下，年轻人更趋向于收入高、福利好的稳定工作，越来越少人愿意主动选择戏曲行当。以前只因来报名的人太多，剧团招生要求有城市户口；而如今愿意来的，只要五官端正即可勉强收下。两年前海丰白字戏剧团招生，最终只有六个男生和一个女生加入。微薄的收入导致如今演员流失，后继无人。

4. 观众态度转变

白字戏目前最现实的困境在于观众大量流失。相比于以前表演时台下人头攒动的景象，如今农村戏台的观众席显得十分稀疏，并且呈现“老龄化”的趋势。除了娱乐方式的改变，对于传统文化的认同感愈加淡薄也是造成戏曲表演艺术受众越来越少的原因。

（1）经济发展，偏好转变。过去的村镇生活方式单一，娱乐方式有限。白字戏观赏性强，形式内容雅俗共赏，深受广大群众的喜爱。然而经济的快速发展也带来了审美偏好的转变。随着影院、电视、KTV 以及上网等新型娱乐方式的出现，观看白字戏不再是休闲娱乐的第一选择。同时，由于外来时尚流行娱乐文化的冲击，也让喜爱白字戏的人群呈现不断萎缩的态势，大多数中青年人对流行音乐、好莱坞大片和韩剧的喜爱已大大超过乡土戏剧。在娱乐活动上，年轻人有了更多的选择空间，自然不会再去考虑村镇戏台上的戏剧。

（2）认同感低，存在偏见。由于文化教育水平的提高以及视野的开阔，特别是受到广州、深圳等大都市文化的影响，绝大部分中青年人对乡土祭祀文化习俗，对村社祭祀演剧传统的忠诚度比起其父辈、祖辈来已经大为降低。由于白字戏本身的乡土祭祀性质，年轻人对其抱有一种天然的偏见，认为乡土戏剧属于封建文化，戏剧演员在观众潜意识里依然是“戏子”般的存在，他们没有意识到白字戏背后蕴含的传统乡土文化内涵。比偏见更可怕的是社会对传统文化的漠视。据调查显示，许多年轻人从未看过白字戏，更不知道其早已入选国家级非物质文化遗产。在当地学生群体中，对于白字戏的认知大多为“土”“无聊”“老人家看的”，可见年轻观众对于当地戏曲、传统文化的保护传承的漠视。偏见和淡漠导致白字戏在现代的延续发展举步维艰，难以打开局面。

四、调研数据分析

（一）样本情况

本次调研问卷发放采取分层抽样的方法，以年龄为分界，对海陆丰地区的村民进行了问卷调查。共发放问卷 155 份，通过筛选排除废弃问卷，共得到有效问卷 143 份，有效率为 92.26%，Cronbach's Alpha 信度系数为 0.940，信度较好，符合问卷统计的一般标准。

问卷填写者均为海陆丰常住居民。从性别上看，男女比例约为 1:1；从年龄上看，年龄跨度较大，分布较为平均，数据尽可能全面而充实；从学历上看，问卷填写者受教育程度普遍不高，其中初中及以下的占比最高，约为 47.6%；从身份上看，学生与社会人士比例约为 4:6。调查样本覆盖面较为广泛，因此调查样本质量较好，较为可靠。

（二）群众对白字戏整体了解情况

1. 大部分群众对白字戏的了解程度较浅。在对白字戏了解程度的调查中，11.19% 的受访者选择既没听过也没看过；18.88% 选择只听说过，没有看过；37.06% 选择只看过，没有了解；只有 32.87% 的受访者选择了看过并了解过。这表明大部分群众对于白字戏仅止于看过，并未对其进行过深入了解。其中，60 岁以上人群看过并了解白字戏的占比 59.46%，45 ～60 岁人群中占比 46.67%，45 岁以下人群中占比不超过 23%。对于白字戏的了解程度随着年龄的减小而趋少，年轻人对于白字戏传统戏曲文化的兴趣明显不如老一辈群众。同时，问卷样本中观看过白字戏的100人里，仅37人知道白字戏已成功申请国家级非物质文化遗产。从以上数据可知，当地群众对于白字戏的了解程度较浅，仅停留在观看层面，对其审美价值和文化价值也缺少充分认知。这其中与了解白字戏的渠道有关。

在“您通过什么方式了解白字戏”一题中，剧团演出的方式占比高达70.87%，排在第二和第三的渠道分别是电台、电视、互联网，亲人影响。通过书籍和专家介绍了解白字戏的受访者非常少，这就导致听众对白字戏的了解不够专业与深入。

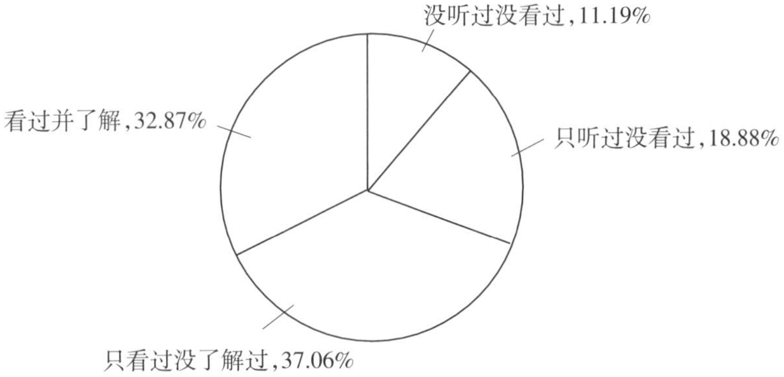

图1　对白字戏的了解程度

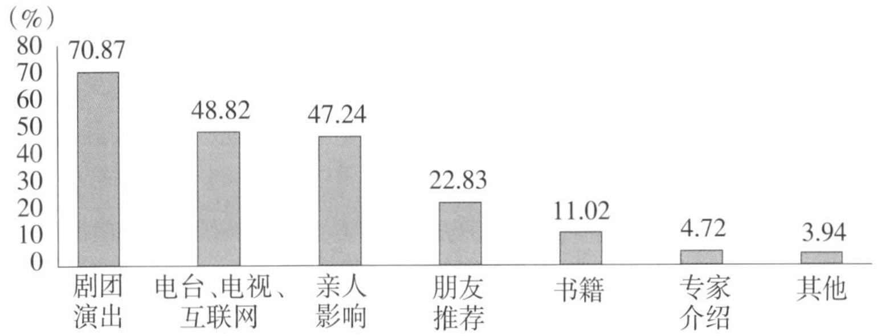

图2　关于白字戏的了解渠道

2. 白字戏受众窄，市场小。根据实地调查可知，当地城区和各个乡镇逢节必唱戏，剧团一年演出时间最高可达300天。但是从“您观看白字戏的频率”一题上看，58%的人选择一年1～3次，12%的人选择一年4～6次，仅有30%的人选择了一年观看白字戏7次及以上，可见白字戏的观众市场狭小，未能作为当地群众的主要休闲娱乐方式。从调查数据可知，25岁以下人群中，一年观看白字戏7次及以上的仅为3.33%；而60岁以上人群一年观看7次及以上频率达63.33%。这说明白字戏受众窄，限于中老年群体。

3. 青少年对白字戏的好感度明显低于中老年。作为传统戏曲文化的一种，白字戏在当地的传承发展必须依靠观众长期不断的支持。但是根据数据显示，年轻人对于白字戏的好感度明显不如老一辈，日常生活娱乐中很少提及。在“您是否会和身边的人讨论或推荐白字戏”一题中，年龄越小，愿意和身边的人谈论或推荐白字戏的人越少，16岁以下的人群，有70%的受访者不会和身边的人讨论或推荐白字戏；与此对应，在60岁以上人群中，65%的受访者表示会和身边的人讨论或推荐白字戏。而在“您是否愿意参加推广白字戏的活动”一题中，依然是年龄越小，愿意参加学习或推广活动的越少。青少年对于白字戏本身的热情大不如前，不愿意主动去学习了解、帮助发展推广，是白字戏在现代社会传承发展面临的一大挑战。

4. 群众对于传统戏曲文化持支持态度。虽然观众对于直接观赏白字戏的兴趣不强，了解程度不高，但在“您是否喜爱白字戏”一题中，一半以上的群众选择了“非常喜欢”以及“喜欢”选项，表达了对传统戏曲文化的支持态度。并且在“您对推广白字戏的看法”一题中，88%的群众选择支持，无人选择反对。可以看出，当地群众非常支持有关传统戏曲文化的传承推广，态度上总体是积极正面的，但仍有12%的群众表示无所谓。

（三）白字戏传承情况

1. 多方缘由造成白字戏日渐式微。白字戏作为富有特色的古老的地方戏曲已经存在了300多年，但如今随着时代变迁，白字戏逐渐衰落。根据问卷调查，群众认为白字戏衰落是由几方面的原因共同造成的（题目可多选）。其中“年轻人喜好的转变，对白字戏的忽视”选项占比67.83%，样本中一半以上的群众认为白字戏不符合现代年轻人的审美，与现实状况基本相同。“政府缺乏重视，推广较少”选项以57.34%的占比紧随其后，受访者认为这是白字戏衰落的第二大原因。作为国家级非物质文化遗产，白字戏应该得到政府的重视，在地方文化建设中起到重要作用。但是受访群众反映，政府的宣传推广工作不够到位，未能将白字戏打造成为地方的文化名片，以至于当地人也对白字戏不甚了解。此外，“方言性强，其他地区的人难以听懂和习得”选项以49.65%的占比排在第三位。白字戏采用汕尾当地方言“福佬话”，外地人本身就难以理解；加之普通话的不断普及，当地青少年中熟练掌握方言的人也日趋减少，导致无法理解唱段、欣赏表演，语言隔离成为白字戏发展传承的重大障碍。“民众的文化保护意识不强”（39.16%）和“剧团生存困难，缺乏各界支持”（30.77%）也是群众认为造成白字戏衰落的原因。15.38%的人选择了“白字戏本身缺乏特色，无法适应时代变化”，说明有小部分群众认为白字戏衰落是因为剧种自身原因造成的，需要改进才能生存（图3）。

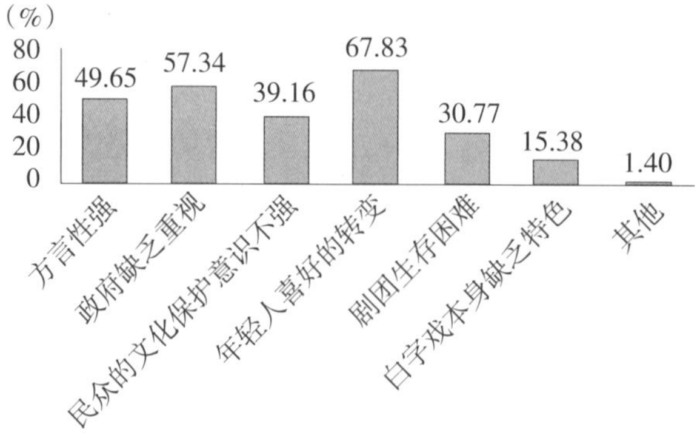

图3　白字戏的衰落原因

2. 白字戏推广需要官方和群众共同努力。在国家重视传统文化传承发展，建设文化强国的大背景下，白字戏作为非物质文化遗产具有巨大的发展潜力。打造城市文化名片，传承发展传统戏曲不仅需要政府的努力，也需要每个人在日常生活中潜移默化的行动。从个人方面来看，向身边的人推荐白字戏是一个身体力行的办法。数据显示，三分之二以上的受访群众在“通过什么方式推荐白字戏”一题中倾向于“邀请看戏”和“平时的交谈”，认为这样直观的方式更能促进大众对于白字戏的了解。“专门的讲学”这一选项只占比 18.11%，以严肃的方式推广传播白字戏文化显然并不受观众的欢迎，形式也枯燥无趣，这从侧面反映出目前专业的白字戏讲学需要调整讲授方式，吸引群众兴趣。同时，在“您认为个人可以为白字戏的推广做哪些努力”一题（可多选）中，“有意识地增加对白字戏的关注”（73.43%）和“多向身边的亲朋好友推荐”（67.83%）是大部分受访者的选择，只有小部分人愿意身体力行学习白字戏（23.78%）或者参加白字戏协会组织，协助推广宣传（31.47%）。可见要发挥传统文化魅力，传承优秀地方戏曲，个人使命感还亟待加强（图4、图5）。

从政府层面上看，大方向的把握和推广仍然需要依靠政府部门有所作为。67.83%的受访群众认为政府可以增加举办戏曲会演的次数，进行有效推广。提供表演场地、设备，定期举办讲座、展览，将白字戏引进中小学教学以及加大白字戏人才培养力度，健全培养机制的方式等也得到一半左右的受访群众支持。政府在推广白字戏上的作用是至关重要的，从调查数据中可以看出，群众认为政府应通过各种方式和渠道促进白字戏文化的传承推广（图6）。

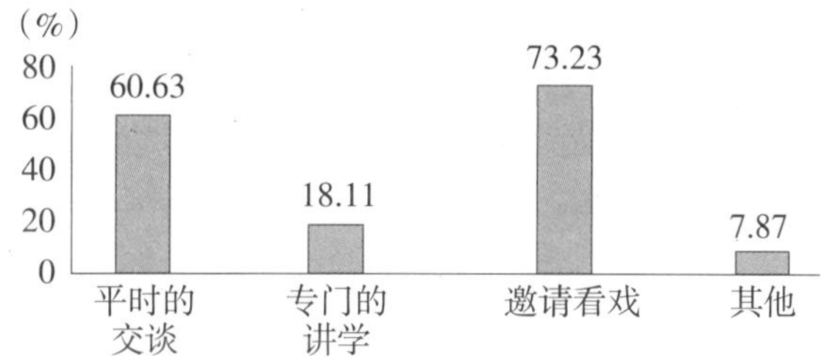

图4　推荐白字戏的方法

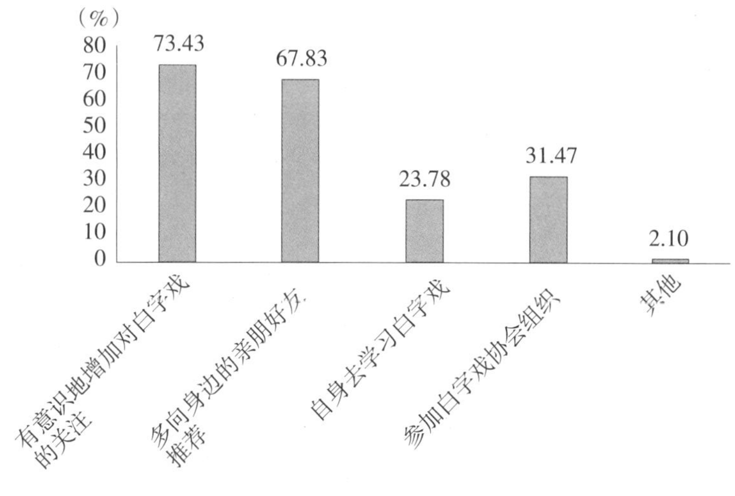

图5　个人层面可以为推广做的努力

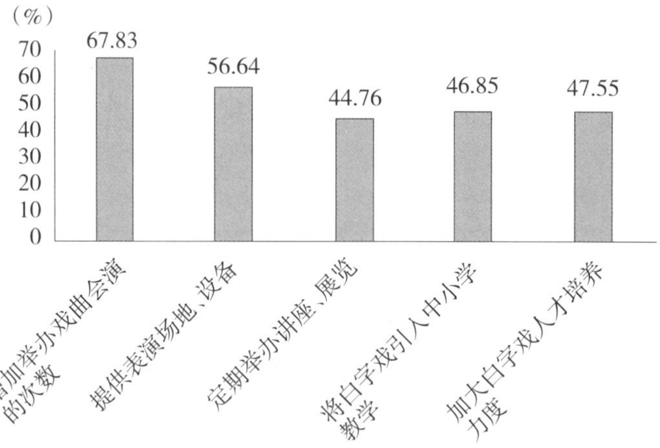

图6 政府层面可以为推广做的努力

（三）问卷小结

从发展契机上看，首先，政策上的重视和政府意识的转变给白字戏的发展提供了一定的资金支持和政策保障，尤其是对剧团的关注，让剧团有了更多自我发展的空间，是白字戏发展的重要扶持条件。其次，互联网新媒体的发展，使得白字戏的传播更加有利，手段更加丰富，创新元素更加多样。最后，随着白字戏进校园活动的不断推进，白字戏进入了青少年群体，对吸引新的观众、吸纳新的人才都有积极意义。

从发展困境上看，首先，政府对白字戏的扶持力度还不够，相关政策也还没有具体落实到位，资金、人才仍然十分匮乏。其次，剧团运作困难，无论是国营的还是民营剧团，均面临着生存危机，剧团收入不足以维持剧团、演员的正常开销，由此白字戏打造精品、打造品牌的目标也难以提上日程。再者，随着社会的高速运转，经济利益成了更多人追逐的对象，面对日渐式微的传统戏曲，愿意了解和学习的人越来越少，包括专业演员、导演、编曲等在内的白字戏专业人才极度匮乏。同时，随着娱乐方式的不断丰富，传统的戏曲不再是主要的娱乐方式，加之方言文化的逐步流失，听戏变得越来越困难了，观众群体也不断流失。

五、白字戏传承发展建议

（一）对政府的建议

1. 加大白字戏财政扶持力度，注重人才培养

在调研过程中，白字戏从业者普遍表示因“编制”有限，在编人员远少于实际从业人员，仅依靠政府发放的业内薪酬，无法满足白字戏从业人员的生存需要。为了保障从业者的基本生活问题，剧团必须通过大量的“下乡做戏”增加收入，即“创收”。但是，过于频繁的“下乡”在增加从业者收入的同时，也压缩了剧团演员创新剧本、打磨唱腔的时间。长此以往，必然导致白字戏整体水平下降，人才大量流失，导演、作曲家、剧作家等相关专业人才极度紧缺，缺乏新生力量，许多唱腔、技艺无法得到继承，直到最终消亡。在此背景下，调研小组提出三点建议，希望有助于白字戏改善现状，突破困境。

（1）适当扩充白字戏剧团编制名额，保障白字戏从业人员能有一个较为稳定的工作环境。目前，白字戏剧团最大的困境在于，白字戏剧团中的实际从业者远多于政府的编制名额。根据剧团受访者表示，剧团内在编人数仅有20人左右，但是剧团内的实际工作人员多达60人，实际工作人员数是在编人数的三倍，这必然导致了剧团内实际工资水平远低于名义工资水平。由于基本生活难以保障，白字戏人才大量流失，新一代的年轻人也越来越不愿意进入白字戏行业。另外，“下乡做戏”的数量增加，是以牺牲打磨艺术的时间来创造经济价值，海丰白字戏剧团的副团长在这一点上也表达了的看法，他认为作为国家剧团，更应该注重白字戏的技艺，而不是占据市场；现在的白字戏水平正逐渐降低，从业者需要做的应该是静心打磨技艺。基于这种情况，政府应该适当扩充白字戏剧团的编制名额，提高白字戏从业人员的实际工资水平，保障白字戏从业人员能有一个较为稳定的工作环境，提供基本生活保障。唯有确保白字戏从业人员的生活水平，剧团才能减少接戏的数量，有更多的时间和精力打磨技艺，提高白字戏水平。

（2）加大专项艺术创作经费支持力度，鼓励创作精品剧目。首先，白字戏中的剧目较为陈旧，原创剧目较少，剧目创新较多是移植其他剧种的剧目，创新力度不足。其次，目前海丰白字戏剧团中没有专业的编曲人才，行业中有编曲者，但质量不精。若需要创作精品剧目，需要约请行业中资历较高的艺术家进行编曲，但是现有的专项资金无法满足当下约稿的价格需求。另外，白字戏的戏服、头饰造价高昂，需要大量的经费支持。政府应当重视精品剧目的打造，加大专项创作资金支持力度，鼓励剧团创作精品剧目，打造汕尾白字戏文化名片。另外，可设立专项奖励基金，以支持并奖励保护传承白字戏戏剧文化取得突出成绩的艺人、剧目声腔编创者、研究者、剧团以及其他社会人士与组织。

（3）建立系统的人才培养途径，开办戏校，增设外派学习项目。目前，白字戏没有专门的戏校进行人才培养，白字戏从业人员要跟从自己的老师进行学习，没有系统的学习体系。如果需要到戏校学习，则要去汕头，或者是粤剧戏校进行学习。有年轻的白字戏从业工作者表示，她在广东粤剧学校只能学习基本功，白字戏的唱腔则要回到当地重新学习。政府应当注重戏剧人才的培养。对于白字戏的传承而言，戏校的建立能够让白字戏的学习系统更为全面，稀有剧种培训学院的建立，可以聘请一批老一辈的艺术家担任老师，集中授课，这有利于大量培养白字戏人才，传承即将失传的白字戏技艺。另外，通过增设外派学习项目，让艺人学习借鉴其他优秀剧种，取长补短，帮助白字戏的教学系统更加完善。

2. 重视白字戏文化宣传，营造良好文化氛围

（1）制定戏曲普及计划，在中小学加强艺术文化教育。为了更好地在中小学进行白字戏的戏曲普及，汕尾市政府牵头举办了“戏剧进校园”的系列活动。与此同时，剧团工作较为繁重，即使活动力度连年加大，也无法充分满足“戏剧进校园”文化宣传活动的需求。在走访小学时调研小组发现，白字戏的宣传教学也仅有两位老师负责，且这两位老师身兼多职，难以集中精力进行系统的白字戏推广。另外，由于推广方案不够完善，“戏曲进校园”的形式较为单一，剧团目前只是纯粹地表演，学生对于讲座的接受度较低，无法有效培养学生对白字戏文化的认知。汕尾市政府需要在已有的推广基础上，切实制定相关条文和计划，通过多种宣传方式，加大人力、物力投入，制定并落实戏曲艺术普及计划，在中小学加强白字戏艺术文化教育，丰富中小学的课余生活，唤醒学生对稀有剧种的保护

意识。

（2）重视宣传，推进白字戏作为国家非物质文化遗产的保护。白字戏是国家非物质文化遗产，但在调研过程中，笔者发现大多数人并不了解白字戏申遗现状，对白字戏的关注度不足。政府要更加重视对白字戏的宣传工作，举办白字戏文化节、白字戏体验专场、白字戏卡拉 OK 大赛、白字戏演艺大赛、白字戏研讨会、白字戏展览、白字戏手工艺展销、白字戏名家讲坛等活动，通过录制唱片、制作白字戏相关的旅游纪念品、开发网上相关游戏等多种形式的活动实现白字戏的学习交流，挖掘白字戏的市场潜能，吸引更多青少年了解、参与白字戏的文化传承与保护，将白字戏打造成汕尾的文化名片。

3. 加强文化市场的规范管理，活跃文化市场经济

目前，白字戏的市场进入壁垒较高，白字戏的民营剧团锐减，导致白字戏的传承受到限制，不利于保护和传承文化遗产，发展地方文化市场经济。笔者建议政府加强文化市场的规范管理，设立专项贷款用于援助新起步的剧团，减免利息，通过审核艺人资质、行当配置、演出设备、演出剧目、流动资金、演职员与剧团订立契约等措施，给具有潜力的剧团提供资金支持，与白字戏工作者签订基本社会保障条例并实行年审。建立剧团与乡社演出组织之间良性的业务关系，通过交流学习的方式，改变一部分乡社只求数量不讲质量的祭祀演剧观念。

（二）对剧团的建议

1. 发挥老艺人和传承人的作用，引起社会对白字戏的关注

传承人是非物质文化遗产的传承主体，他们在白字戏的保护和过程中起着不可替代的作用。剧团可在团里设置传承馆，举办传承人收徒仪式，邀请传承人、老艺术家为青年演员传艺，掀起拜师学艺热潮，使白字戏传统经典剧目得以传承保护。年轻演员要积极向老艺人请教，学习他们对艺术的认真态度，以及对表演精益求精的精神。同时传承馆可对外开放传习，使得外界对白字戏感兴趣的人能够获得学习机会，为剧团吸取更多的优秀人才。值得注意的是，要及时关心老艺人和传承人的健康状况，定期组织探望老艺人的活动，保住传承的根基。

2. 整理保存相关资料，推动“非遗”项目建设

老艺人对艺术的认真态度和领悟能力，是当前演员所不能比拟的，其唱腔是珍贵的“非遗”资料，应加以保存记录并宣传。如当前由戏迷主动牵头，联合白字戏剧团，重新记录老艺人的唱腔并制作成专辑的活动，引起了政府和更多戏迷的关注，反响颇大。

此外，还有一些古老剧本以及老艺人遗留下的音像，也是非常珍贵的“非遗”资料，可反映出白字戏的发展史。剧团除了保护和珍藏这些剧本和录音带之外，还可将其还原，也就是“音配像”，即演员根据老艺人遗留下来的声音配上自己的动作，排出一整部剧本。这不仅能活化“非遗”材料，而且能让观众感受到老一代艺术家的艺术魅力，促使演员不断提升自身的专业素养。

3. 借助网络等新媒体传播，加大宣传力度

当前网络发达，传播迅速，加之年轻人是其使用主体，因此应利用网络实时性、迅速性、覆盖广的特点，加大宣传和推广，吸引年轻观众。如将白字戏伴奏上传至 KTV 或全民 K 歌等唱歌软件，不仅可以增添本地百姓的娱乐趣味，还能推动白字戏的传播。另外，

运营公众号也是有助于白字戏迅速传播和交流的平台。当前海丰白字戏剧团已在运营公众号，但内容零散，多为演出消息。剧团应完善公众号，分版块系统运营：如演出消息，经典唱段（含视频、音频、唱词），白字戏介绍（简单概况、历史源流、脸谱行单），名家荟萃，等等。若是运营人员精力有限，可与汕尾戏曲爱好者团队创立的“汕尾戏曲网”公众号合作，共同致力于白字戏的推广传播工作。

4. 融入新元素，推进新形式

当前社会发展迅速，观众的娱乐方式发生了重大变化，白字戏也需与时俱进，适当融入新元素，呼应观众的审美要求。如引进高科技舞台技术（3D 画面、LED 屏幕），使得舞台的声光变幻既能契合演员的表演，又能突破单调呆板的观感。但在创新的同时要始终坚守白字戏本身的特色，如讲究意境和虚拟表演，技术只是起辅助作用，而非替代作用。在音乐方面，要在保持白字戏的固有音韵要求的前提下，对外来音乐元素进行板式、调式的改造，使其实现“潮化”，展现本土特色。

此外，还可进行表现形式的创新，如音乐剧的准确运用。如潮剧的《四季·恋歌》便是潮剧史上首部“音乐剧”形式的剧目，该剧的音乐演奏与传统潮剧舞台表演两者并重，以音乐渲染叙事的方式拓展了舞台表现力，展现潮剧潮曲的独特艺术魅力；在表现形式上，又着重采用抒情的对唱，将传统潮剧的唱腔、音乐的优势进一步扩展，使其更加“歌曲化”，彰显了其音乐剧的特点。白字戏也可借鉴其相关做法，凸显出白字戏曲调的独特性。

除了音乐剧，还可采取小品的形式，使观众在轻松幽默的氛围中感受白字戏的本土特色。另外，还可将白字戏的经典唱段融入现代歌曲，或是制作成白字戏动漫视频，定能受到不同年龄阶段的白字戏观众的喜爱。

5. 打造精品剧目，提高演出质量

在本次调研中，有不少受访群众表示演出剧目陈旧，缺乏创新。笔者建议，剧团不应局限于对其他剧种的移植，而应注重精品剧目的打造。剧团可组织采风活动，深入本土挖掘历史文化资源，挖掘地方特色，打造经典特色品牌剧目，减少同质运营的风险，提高竞争力。还可编写富有生活气息、贴合民众生活的现代戏，以及蕴含当地风俗民情的剧目。此外，还可以根据观众对古装影视剧的喜好推出新编古装白字戏，以吸引观众。如越剧的《甄嬛传》一上演便好评如潮。

剧目创新后，还要花费大量的时间进行打磨，提高演出质量，才能为观众奉上高水平的艺术盛宴。一般剧团在每年的五六月份不下乡，剧团人员可以好好利用这段闲暇时间不断“抠戏”，完善剧本和表演，进而推出精品，形成示范演出，才能增加剧团声望，进而才有提高戏金收入的可能。

6. 重视人才培养，增强传承后劲

缺乏技艺精湛的演员以及编剧、编曲人才，是剧团发展困难的一大原因。当前海陆丰地区尚未建立起一座戏曲学校，演员唱念做打的基本功得不到夯实，编剧、编曲人才也无处可寻。在这种情况下，建议剧团向政府提出申请，建立一所能系统教学的戏曲学校，保证戏校向剧团直接输出人才。同时，剧团和政府合作，致力于打造好戏剧演员演艺培训班，扩大规模，延长时长，集中时间培养人才。在平时，除了下乡积累经验外，老艺人也需不吝赐教，传授技艺，培养后备人才。剧团也需推荐优秀演员外出进修，同其他优秀剧种进行学习交流。剧团可以利用好三年一度的青少年戏曲演艺大赛，激发剧团演员参赛的热情，培养挖掘有潜力的人才，乃至引起“明星效应”，从而引起观众对白字戏的关注，吸引更多人学习白字戏。同时剧团也要加大宣传力度，改变大众视演员如“戏子”之类的偏见，如此才能逐渐提高演员的地位，才有更多的年轻人愿意学习从事该行业。

7. 与学校、戏剧爱好者团队合作，共同推动白字戏传承

学校方面，剧团可与校方共同致力于白字戏进校园活动。可编写白字戏校本教材，剧团负责专业知识的把关；可定期举办讲座，剧团人员向学生介绍宣传白字戏；可举办表演活动，剧团流动表演车可提供比较适当的场地；可开展白字戏兴趣爱好班，教学生唱念做打、制作头饰等，展演活动时剧团可提供化妆和服饰方面的帮助，等等。

戏剧爱好者团队方面，剧团可联合这类团队进行会演，作为惠民活动服务群众。爱好者团队可提供一部分资金和人员协助剧团会演。关于商演活动、公众号运营也可相互提供帮助，扩大白字戏的宣传力度。戏剧爱好者作为民间的一股有生力量能为白字戏吸引更多有情怀的戏迷，注入新生的力量。

8. 走进剧场，建立白字戏演出季

当前白字戏以下乡演出广场戏为主，并依赖于民俗活动。白字戏剧团应走进剧场建立相应的演出季，将精品剧目纳入演出季计划，在固定时间进行展演并进行宣传和戏票出售，如潮剧的“周五有戏”。通过固定的演出季，一方面，能让更多演员走上剧场舞台，提升演员知名度，也能通过剧场演出训练他们对于艺术的专注，积累演出经验，一改往日“广场戏”演出的敷衍之风。另一方面，通过演出季，形成白字戏剧团演出品牌，从而开拓演出市场。同时也让观众有一个欣赏表演的固定场所，通过高质量的演出培育白字戏观众，提高观众的艺术欣赏水平。

剧团在调整运营计划，推出演出季后，则不应像以前一样把大部分时间（一年有两百多天都在下乡）和精力花在“广场戏”演出上。剧团不要单纯追求场次数量，应该更加重视演出质量，推出精品剧目，从而适当提升经济补偿，提高演出费。剧团适当减少演出场次，将工作重心放在艺术传承上，打造精品剧目，让演员有更多的时间可以打磨剧本和提高技艺，呈现出高艺术水准的表演。

9. 与旅游团合作，延长产业链

旅游经济发展迅速，但当前汕尾地区的旅游项目很少涉及非物质文化遗产的展演活动，因此，将白字戏纳入旅游项目，开发白字戏市场，具有相当大的前景。剧团可与旅游团进行合作，设置固定演出场所及时间，推出经典剧目选段，吸引来当地旅游的游客观赏。同时也可延长白字戏产业链，设计融入白字戏元素的纪念品，如脸谱、玩偶、挂饰等等，既引起游客对白字戏的兴趣，又能宣传白字戏，开拓市场。

10. 开拓海外市场，扩大影响力

除了国内，海外也存在着广阔的市场。散落在东南亚等地的海陆丰华侨，依靠着宗族血脉维系联系，具有强大的凝聚力。白字戏应开拓海外市场，如出国参加汇演，在华侨区设立白字戏宣传栏，与当地剧场合作进行每月一次的固定表演，参与民间民俗表演活动等。一方面可开拓收入渠道，另一方面也有利于白字戏的宣传推广，吸纳更多戏曲保护的

有生力量。

（三）对学校的建议

1. 提高第二课堂（白字戏）的课堂质量

访谈中调研小组得知，第二课堂的教材文本都是校长及教师编排的，校方缺乏专业的戏曲人才以及化妆师。每逢演出活动，由于缺乏人力，学校只能邀请剧团人员前来帮忙。上课的教师也比较少，仅有一位教师授课，且缺乏一定的专业知识和能力，无法胜任白字戏的教学，很难原汁原味地展现白字戏的魅力。因此，建议学校聘请专业教师，扩大教师容量，或让教师去剧团进修，提高其专业能力。

2. 多开展与白字戏相关的活动

学校可在完成教学任务的同时，合理地增加第二课堂（白字戏）的课时，扩大第二课堂（白字戏）课室的规模，固定每周上课的时间。与此同时，可按照学生年龄科学分班，定期检查学生的学习成果，并对一些优秀学生进行奖励激励。可设置文化走廊，通过手抄报、黑板报进行宣传；广播站可播放白字戏经典唱段；美术课可教学生画白字戏脸谱，音乐课可传授与白字戏相关的音乐或简单的白字戏唱念。学校定期举办讲座，营造良好的本土戏曲氛围，可以邀请一些知名艺人前来讲述关于白字戏的趣事以及一些故事性较强的剧本，增强学生对白字戏的兴趣。同时，学校可提供白字戏演出机会，如在元旦晚会等活动中组织学生参演，调动学生对白字戏的积极性。

3. 与剧团建立长期合作计划

在第二课堂（白字戏）中，对白字戏有兴趣的老师专业性较低，对此学校可邀请剧团演员对白字戏进行讲解，给学生打好基础；或者邀请退休老艺人担任白字戏课堂教师、招聘专业教师前来教学，提高第二课堂（白字戏）质量。在同剧团建立长期合作的基础上，可邀请剧团定期到学校开展活动，如担任第二课堂教师、讲座主讲人等。也可同剧团进行协商，在条件允许的情况下，学校组织学生前去剧团看戏。

4. 努力争取政府支持

白字戏是对专业素质要求极高的舞台艺术，专业剧团组织的白字戏进校园等活动，都可以让学生近距离地感受白字戏的魅力，提高对白字戏的认知。与此同时，白字戏进校园的经费大部分都是由学校承担或来自热心企业家的捐献，长期而言，这对学校是一个较大的负担，因此争取政府的支持具有必要性。白字戏进校园的活动可由政府投入一部分，同时也接受社会各方的捐助，政府也可以帮忙宣传，鼓励社会各方踊跃捐款。此外，政府可帮助学校建设白字戏示范性课堂或活动，突出示范，让别的学校来观摩学习；或是助力白字戏课堂成果走出去，借鉴新区小学的例子，学生学会之后可以外出表演，或直接鼓励学生进行戏曲的专业性学习。

参考文献

[1] 吴佩锦. 古老稀剧白字戏之管见 [J]. 大舞台. 2010 (8).
[2] 吕匹. 海陆丰基层戏剧团体生存现状调查 [J]. 中国戏剧，2006 (8).
[3] 詹双晖. 广东地方戏剧的生存现状与传承保护对策 [J]. 文化遗产，2015 (4).
[4] 余海平. 论地方戏曲文化——白字戏市场化的发展 [J]. 大众文艺，2016 (14).

[5] 邱燕红. 谈白字戏艺术表演艺人二度创作 [J]. 大众文艺. 2018 (7).
[6] 徐松浚，徐正春. 陆丰市戏曲资源概况及其旅游开发探讨 [J]. 经济与社会发展，2012，10 (11).
[7] 詹双晖. 白字戏的剧目特色分析 [J]. 民族艺术研究，2011，24 (1).
[8] 詹双晖. 白字戏来源研究概述——兼谈剧种研究之方法 [J]. 汕头大学学报（人文社会科学版），2008，24 (6).
[9] 詹双晖. 从白字戏看乡土祭祀戏剧 [J]. 文化遗产，2009 (2).
[10] 蒋明智. 中国南海民俗风情文化辨：岭南沿海篇 [M]. 广东经济出版社，2013.

高校知识精英的“维权抗争”之路

——以华南师范大学“北墙事件”为例

宋菁菁 王世霞 李秀芬 朱晓锚 成前奔 沈嘉敏①

一、选题背景、意义及研究方法

改革开放以来，伴随着经济的快速发展和社会结构的急剧转型，在国家整体利益取得重大进展的同时，各利益群体的分歧也在不断涌现；基于利益的差异与冲突，新的社会身份和社会认同群体也随之产生；坚持不同利益要求的社会行动者的政治表达和利益维护活动集中爆发。30多年来（截至实践报告提交的时间），社会冲突和维权抗争事件层出不穷。1993年此类事件仅为8000多件；而到2005年，这一数据已经达到8万多件；2010年大大小小类似事件甚至高达18万件。社会维权抗争成为当代中国政治生活不能回避的重要话题。

国外学者把上述社会冲突和维权抗争归属于“抗争政治”② 的范畴。而国内学者则更倾向于使用“社会抗争”的概念。虽然二者在关注的重点和范围上有差异，但却在分析框架上具有内在的亲缘性。在此背景下，西方学者社会抗争研究的理论触角伸进中国，中国学者从中汲取了有益的理论资源，开始研究转型期中国的社会抗争问题，形成了社会抗争研究的理论视角。在王金红与黄振辉的《社会抗争研究——西方理论与中国视角评述》一文中，作者通过文献梳理，总结概括出中国社会抗争的理论视角，主要包括资源条件视角、结构关系视角、情感意识视角、角色性别视角。就角色性别视角而言；它包含两个方面的问题：谁进行了（参与了）社会抗争？谁在社会抗争中扮演重要角色？在这个问题上，学者们主要探讨了老年人、军人、公务员、女性等在抗争中所发挥的作用。

虽然我们发现关于维权抗争的个案很丰富，相关理论解释框架也很充分，但关于知识精英维权抗争的个案非常少；作为华南师范大学的政治学与行政学专业的学生，笔者正好知道了身边知识精英们的维权事件，敏感地认为这一事件相当具有代表性，故以此作为社会实践的研究对象。

本文主要围绕因广州市规划局批准开发商在离华南师范大学（下文简称“华师”）一墙之隔的地方修建大马路而引发校内知识精英维权抗争的个案（下文简称“北墙事件”）展开研究。本研究将采用比较个案研究方法。一方面，为了揭示高校知识精英在抗争中的复杂博弈过程和动力机制，本研究将采用“过程追踪”（process tracing）方法，比较全面地描述和分析本个案的全过程，以更清楚地解释其中的作用机制。另一方面，采用比较方

①作者为华南师范大学政治与行政学院2010级本科生，指导老师陈代东。

②查尔斯·蒂利、麦克亚当和塔罗于1996年在共同发表的论文《图绘抗争政治》中提出的概念。

法控制多余变量可以建立自变量和因变量之间的关联。本事件发生在两个只有一墙之隔的社区之间，但对待相同的事件，同样是受害者的相关居民却表现出了不同的反应。本个案研究想探讨其内在原因是什么；进一步探讨这场维权抗争的特征、意义、局限性是什么？为了探究这些问题，笔者采用了非结构式访谈与资料收集相结合的方式。主要对23人进行非结构式访谈，其中包括维权抗争活动的组织者、领导者、积极分子、普通居民等利益相关方，从而理解和抗争有关的各方行为和动机。资料收集方面主要涉及媒体资料，知识精英与政府抗争中的信件、回函、座谈录音、签名横幅、通知资料、会议记录等。

本研究中涉及的维权抗争，是指由维权抗争行为、集体行动与官民互动的交集构成的。对于知识精英的界定，本文采用黎相宜在《精英型与草根型框架借用比较失地农民与知识精英的集体抗争》中的界定，即把取得社会资源比较多的高校知识分子称为知识精英，把缺乏社会资源的群体称为弱势群体。

二、华南师大“北墙事件”始末

事情的起因在于广东珠江商贸物流投资有限公司向广州市规划局提出“天河分区AT0508规划管理单元（翰景路地块）控制性详细规划的更改”申请，拟在用地性质为教育科研的土地上，修建一条26米宽，用以连接华南快速干线、五山路等繁忙路段的大马路，该申请经广州市规划委员会10票同意、3票反对获得通过并进入为期一个月的公示期。由于大马路紧贴华师围墙，噪声、空气污染等环境污染将严重损害沿线居民的身体健康，影响华师的教学秩序及教学区域安静的教学环境，严重损害广大教职员工及西区学生的生活和学习。同时更改后的规划方案中在AT050804地块东南角（即现在翰景轩、城管大楼对面）将建设一个220kV（或为110kV，该规划图未明确标示）的变电站，超高压变电站的电磁辐射将对附近的翰景轩、城管大楼、园田居和天华苑四个小区的居民和住户产生较大的影响。所以利益相关方在规划局的公示期间得知问题的严重性后，迅速组织起来，加入到这场与政府和开发商的抗争中。

在利益相关方的陈述中，有两个问题值得关注：一是知识精英是如何组织起来投入到这场维权抗争的；二是知识精英及社区住户为什么会成为抗争的主体，相比商贩，他们的区别何在。调研小组打算在第一、二节先处理第一个问题；第三节处理商贩的抗争问题。

1. 抗争主体及其组织方式

（1）抗争主体。

在该规划中，利益相关方主要有三方：

一是华师社区的人，主要包括广大居住在围墙内的教职员工及其家属、华师附小的学生及教师以及居住在华师西区及留学生公寓的华师学子，整个社区受到影响的主要有两万人，以高校教职工为主。他们的切身利益主要在于马路的修建会带来噪音、空气污染及教学秩序的混乱。

二是在拟建大马路上的十几户商贩，主要以经营种子店、五金店、杂货店、理发店为主，这十几户商贩的店面主要是向广东省农科院租赁的，马路的修建会迫使他们搬离此处，这会直接导致他们损失原本的客源和廉价的租赁土地。

三是翰景轩、城管大楼、园田居和天华苑四个小区的住户，每个小区大概有两百户居民，总共800户居民。

相关利益在于，一方面来源于超高压变电站的电磁辐射将对附近居民的身体健康产生严重的负面影响，另一方面在于严重的汽车噪音、排气污染对其生活质量的影响。从影响的程度上来看，最严重的是华师社区的人，其次是四个社区的住户，然后是商贩。虽然利益相关方有三方，但真正投入到抗争中的只有华师社区的人，其中以知识精英（即华师教工）为主，包括青年、中年、老年三个年龄段以及四个社区的住户，而同为利益相关方的北墙外商贩，是没有投入到这场抗争中的。

（2）组织方式。

首先，“关于翰景路地块改建”的公示文件被翰景轩的华师教工居民获知，并通过各种渠道被所有华师教工周知，其利弊也在讨论中被完全揭示出来，华师将成为直接利益损失方；其次，在教工俱乐部的第一次“碰头大会”后，抗争教工被真正组织起来，形成了组织系统、分工明确的临时工作小组，如组织者、各楼层联络员、宣传员、媒体网络负责人、财务、民间代表、法律顾问等；再次，维权小组内部进行了明确的分工，相互合作；最后，发挥特长，各尽所能。

（3）动力机制。

在“大力支持、积极参与”的核心组织者中，调研小组挑选了5位典型代表，通过他们的个人相关信息，我们一定程度上了解了他们参与维权抗争动力机制。

代表1：A老师，华师某学院的行政人员，计算机专业科班出身，典型的高级知识分子；在这场维权抗争中主要负责网络模块，组建“华师北墙守护者”的QQ群，负责网络信息的传播并关注媒体报道。性格开朗，有责任感；曾经有抗争经历。本次翰景路改建对其生活有直接影响。

代表2：B老师，华师D学院的退休教师；在这场维权抗争中是联络、发动退休教职工，并以退休教职工的名义负责草拟相关文件；平时特别关注并推动女工权益的维护和发展。他参与维权的目的，一方面是修建大马路对其生活质量有直接影响；另一方面是身为广州人对广州这座城市的热爱，希望广州更美好、更和谐。

代表3：C老师，华师F学院教师，他在其中主要充当法律顾问。修建马路不会对他的生活造成直接影响，他加入主要是出于对华师的关心。C老师有过维权抗争经验。

代表4：D老师，华师Z学院教师，关注国外权益保障，主要负责媒体联系部分。在相关组织者的会议中，她也提出了很多与政府博弈的技巧和方式。她从事市政规划工作，平时也关注市政规划和维权抗争。马路的修建直接影响其生活质量。

代表5：E老师，曾经是华师的老师，在这次维权抗争中主要是作为民间代表组织会议以及负责与政府交涉。抗争的原因是他住在华师中区，马路的修建会大大恶化其生活质量。

这5位典型组织者本身的利益立场、专业优势、职业身份、自身经历在本次维权抗争中具有举足轻重的作用。

2. 抗争表演及抗争剧目

在《抗争政治》中，查尔斯·蒂利对抗争表演和抗争剧目的定义分别是：抗争表演（contentious performance）是指一些相对为人们所熟悉的、标准化的方式——运用这些方式，一群政治行动者向另一群政治行动者提出集体性要求。抗议剧目（protest repertoires）是指为某些政治行动者内部当时所知晓且可用的一批抗争表演。抗议剧目包括利用自身的话语权及其社会资本，争取民众同情和支持；充分利用网络、报纸等媒体资源；通过上访、静坐、示威等国家法律允许的体制内方式进行抗争等。对于北墙的维权抗争事件，上文笔者主要围绕组织及抗争主体进行分析，接下来将通过对事件进展的描述，从中分析其抗争表演及抗争剧目的具体形式，以及其来源所在。整个过程大事记如表1。

表1　华师“北墙事件”维权抗争大事记

时间	事件进展
2011年11月25日	规划局通过翰景路地块的规划，并在网上进行为期30天的公示
2011年11月底—12月初	规划通过的消息在四个小区及华师内部扩散
2011年12月11日	抗争组织者召开第一次“碰头会议”，形成公示异议书
2011年12月13日	相关文件呈交校领导，校领导与规划局约定座谈时间
2011年12月15日	第二次“碰头会议”，进行座谈会当天工作安排
2011年12月17日	利益相关方与规划局负责人座谈
2011年12月底	民间代表信访，上交相关维权资料
2012年2月	广州市规划局对信访进行“复函”
2012年2月28日	退休教职工给市长写信
2012年3月4日	第三次“碰头会议”，解读“复函”，并给“复函”回信
2012年3月至今	该规划项目处于中断状态，广州市规划局负责人承诺在没有与利益相关方达成共识前不会有任何举动

在这场维权抗争中，抗争剧目包括利用适时的会议及时传递抗争信息，共同商讨博弈策略，进行明确分工，保证抗争效率和时效；通过在楼道张贴文件的形式，汇报阶段性成果，凝聚抗争士气；选派“联络员”，及时沟通信息，尽量争取民众支持；充分利用网络、报纸等媒体资源；通过信访、写信、座谈、签名、示威、“散步”等国家法律允许的体制内方式进行抗争；利用知识精英优势，拉拢体制内的行政人员及具有专业知识的人大代表和法律代表作为社会资源，增加抗争胜利的筹码。这些都可以看出其抗争剧目的技巧性。

三、华师知识精英维权抗争特点分析

1. 一个前提：政治机遇结构的重大改善

本次维权抗争的参与者们都体会到“政治机遇结构的重大改善”是胜利的根本前提。这种改善体现在，对维权一方来说，2001年华南快速干线的修建给华师带来的伤痛给了他们深刻的教训，使他们更关注自身权益的保护；社会环境的变化也使稳定成为政府工作的重心之一，尽量避免群体性事件的发生使政府无法像2001年一样任由决议的通过，无视民众的诉求。有关部门也逐渐认识到，国家社会和政治环境在转变，公民素质在逐渐成熟，媒体作用在逐渐增强，法制环境在逐渐完善，作为国家的代理人，其面对的不再是无处表达利益诉求的“愚民”，应该真正把“执政为民”落到实处。因此，从政治机遇结构的角度上，政府执政能力的提高、公民素质、法制环境、媒体影响力、维稳现状都对华师北墙的守护行动起到了积极的作用。

2. 特征

（1）抗争主体：竭力保持理性克制，防止逾越体制的容忍范围。

在华师知识精英的维权抗争过程中，抗争主体体现出来的是克制和理性。可以从三个方面看出：一是有意识地不发动学生，既担心影响学生的学业也担心场面不好控制；二是在抗争方式上，选择了按照正常的渠道表达，主要有书面的申诉之类的正常表达渠道。这样成本最低，引起的纷争也最小，也有利于学校以官方的身份介入以维护教工的利益。三是理性发动媒体。一位受访的华师教工表示，发动媒体的意图主要在于“我们发动媒体不是为了闹事或者怎么样，只是为了扩大影响力，引起关注”；《广州日报》《羊城晚报》等五家纸质媒体以及广东新闻频道等四家电视媒体、人民网等十家网络媒体都把这个事件定性为“维权事件”，报道的角度也是站在维权主体这边的，没有任何煽动或者不实的报道。

这种理性克制的特征也可以从相关的抗争文件中体现出来，如在《致华南师大领导的公开信》中，知识精英指出“基于维稳，减少不良社会影响等诸多考虑，华师教工已尽可能地做到克制、理性与冷静，在面对媒体采访、公开对话的时候，始终有礼有节，没有采取过激行为”。在其他几份文件中，出现的高频词是“合法合理地维护自身权益”“理性”“克制”。从抗争方式的角度看，这正是其高明之处，中国目前的民主政治环境虽然不够完善，还有提升的空间，但是它存在一定的张力，华师的知识精英能够理性克制地推进抗争，占据了容量不大但足够存活的空间，并迅速在其中占领高地，夺取了阶段性胜利。

（2）抗争组织：对内组织严密，对外呈现准组织或无组织状态的游离架构。

从上文的描述中，可以看到抗争主体内部有序、分工明确；但从外部看，抗争主体有意识地使其体现出一种准组织或者无组织的状态。这个抗争个案的特殊之处在于它依托体制关系网络的便利，娴熟地运用威权体制下行政级别之间的潜藏在意识深处的微妙关系，在内部抗争架构中移植入校领导作为与广州市规划局谈判的利益代表。所以这个个案真正的抗争架构有两个层面，一是负责具体事务操作层面的华师教职工，这一层面有两位民间代表，负责联系校领导及出席一些民间活动；二是对外作为华师体制内代表的校领导。这种架构的特殊之处在于依托中国特殊的体制，既有民间的成分，但在“单位”体制下，又加入了行政的成分。这种游离架构可以在相关抗争文件中体现“因为公众确实是没时间、无精力，更谈不上有组织、有纪律，因为在权力和金钱面前，我们只是‘乌合之众’”，“即便如此，我们仍将拼力保护我们自己、父母、子女的生存环境。并且，我们比以往任何时候都迫切希望和需要华师的领导，以组织的名义，对此事的进展予以关注，切实保障华师教工的权益，维护华师所代表的公共事业形象”。我们可以从中分析其意图所在，“国家的权力体系和维权精英都对‘组织’一词具有高度的警惕”，避免外部体现组织性是体制容忍范围内生存的必备条件。作为体制中人的知识精英，在文件中却表现出“手无寸铁、囊中羞涩的教书匠”的底层弱势身份，这既是在话语中博取同情，又是从道义的高度维权，也是通过“示弱”来争取学校领导的声援，向外部传递其低危害性，以达到充实“统一战线”、保全自身的目的。

（3）抗争手段：技巧娴熟，讲求策略与博弈，保全自我。

在这个个案中，抗争主体（北墙内的知识精英）表现出其娴熟的技巧与得当的谋略。这一点在个案中随处可见。一是抗争剧目上，通过信访、写信、座谈、签名、示威、“散步”等国家法律允许的方式进行抗争。二是资料的保存上，在抗争组织者的分工中，有一个负责文宣的板块，它除了写文件外，也要对相关的资料进行存档。抗争组织者给我们提供了一个文件夹，里面包括从抗争以来的信件、规划告示（公示一个月后便被政府网站删除）、提交材料等，所有材料保存完整，可见其对政府“游戏规则”的了解及深谋远虑；三是利用政府的“软肋”，抓住博弈时机。当下是群体性事件的多发期，这给社会稳定带来了诸多不利因素，维稳也成为政府工作任务中的重心之一。在华师致规划局的公函中也提出了一点——“‘更改方案’的实施势必引发大规模社会群体事件。部分教工和家属对‘更改方案’抵触情绪非常强烈，明确表示如无法保障其合法权益，必将采取其他更加激烈的维权措施，再加上高校中青少年学生高密度集中、群体情绪易受影响的因素，这一事件如处理不当很可能会进一步引发系列反应，影响社会稳定和谐。”从这一点可以看出，维权主体在维权抗争中的策略选择得当，利用社会环境和政府的“软肋”，一针见血地指出有关部门有必要将这个事件提上议事日程的重要性。四是有意识地保全自身。“我们也在学校工作、在学校住，有一些事情组织起来也会受到一些限制，像学校的一些关系，我们也考虑到学校的关系、身份呀，工作方面，相对来说尴尬一点”。出于这一点的考虑，抗争的组织者会有意地回避所有的采访。同时在需要出面交涉时，会选择身份相对自由的人，或者由退休教职工出面。五是法律文件及政府政策、领导人讲话的充分运用。在对抗争文件进行分析中，可以看到提交政府机关的文件中不仅仅只有道义上的说辞，也包含大量法律法规的罗列及讲话思想的传递，如退休教职工给市长的一封信中这样写道，“从报纸上高兴地看到广州市委书记以五个‘更注重’解读广州新型城市化发展道路。特别是第一点的‘更加注重以人为本，强调人是城市的主体，人的全面发展和幸福是城市化的终极目标’。规划为人而设计，交通为人而建设，环境为人而美化。人在城市中可以找到归属感、认同感和自豪感。城市成为关怀人并陶冶人的幸福家园”，“年初汪洋书记号召给力幸福广东，今天《广州日报》报道了张广宁书记的文章‘钱很重要，但从长远看改善人居环境更重要’”。

（4）抗争资源：依托体制内的优越性，掌握大量社会资源和社会关系。

从抗争资源的角度分析，知识精英很好地调动了其社会关系网络中的人力资源。这包括政府部门（规划局等）内的华师人作为内线接应；媒体行业的华师人作为写手声援；法律顾问、人大代表等相关专业人员的协助；各个学院专业教职工负责协调各个板块；校领导、有名望的老教职工出面谈判等。这个庞大的关系网络不仅壮大了这个维权个案的声势，也从各个层面对政府造成施压的效果。

从抗争手段和抗争资源上看，知识精英抗争的优势在于掌握大量资源优势、信息优势、专业优势。资源的掌握量大不代表资源的调动性强，资源的调动性强还有赖于网络的联系，把处于碎片化状态的资源整合起来，以便随时调动。在相关的抗争理论中，学者把农民的抗争概括为“以法抗争”，把工人的抗争概括为“以理抗争”，后面相继有学者提出“依势抗争”“以身抗争”。我们很难把知识精英的抗争归入某一类中，可以说，它既有法（政策、法律）的运用，理（道义）的运用，也有势（形势、人势）的运用，体制内成员的便利性使其可以游刃其间，掌握大量资源优势、信息优势、专业优势，迅速占据抗争的制高点，并能在取得胜利后防止被“秋后算账”，全身而退。

（5）抗争态度：较高的政治支持度和政治效能感。

从抗争态度而言，华师知识精英抗争的原因一方面是出于自身利益的考虑，另一方面是对开发商为逐利而做出这种“谋财、害民、损公、添堵”行为的反抗和对政府绕开他们这群利益相关方行为的申诉；这些利益使得他们无路可退，只有坚决的维权抗争才有希望；知识精英对政治支持度的理解强化了抗争态度，他们对政府的评价和支持度比较高，觉得“虽然目前存在很多问题，但它还是在不断地修复发展。我觉得政府还是有效的，像我们这些知识分子的这个‘秀才的抗争’至少还能看到一点希望”，“相信党，相信政府”。较高的政治效能感也进一步坚定了他们抗争的态度：由于是体制内的人，掌握的资源比较多，在抗争中的效能感比较好，他们也很积极地在谋划如何能够让结果更加理想，博弈能够取得成功的途径。

四、北墙外商贩的维权抗争及其特点

那么，与华师的知识精英相比，北墙外的商贩作为修建大马路的利益受损方，他们的维权抗争是怎样的呢？通过与商贩的对比，我们会发现知识精英的行动特点更为鲜明。

北墙外的商贩都是从外地流入广州，彼此之间很少进行沟通，也缺乏平台进行信息交流。对于修建马路的事件，很多商铺毫不知情；部分知道也不深知，也不主动去寻求了解。作为利益相关方，无论从规划局的规划公示，还是从组织动员抗争，商贩都是一个被遗忘的群体，他们没有信息沟通，也没有利益代表，觉得“需要我们搬的时候我们也只能搬”；从资源的角度，笔者可以解释为什么商贩没有成为抗争的主体，其实他们才是那群真正手无寸铁的弱势群体。

下面的访谈记录，充分地体现了商贩在维权抗争上的特点（A 为采访者，B 为受访者）。

商贩 001 访谈记录摘要

A：你们怎么看待围绕北墙修建大马路的事情？

B：我们没有权啊，我们是租的，这个是单位的土地，卖给公路局了。

商贩 002 访谈记录摘要

A：你们怎么看待北墙修建大马路的事情？

B：政府不搞工程哪有钱贪啊？

A：当时修公路的时候公示之前有没有向你们了解有些事？

B：没有没有。没听说有人过来啊。规划局那些哪有工夫过来……农科院的领导又不管这些，他要的是乌纱帽，他要保乌纱帽的。

A：那如果华师里面的老师到时候想要你们一起维权，你们会支持吗？

B：没问题，我们支持的。

A：那你们认为以华师的名义和政府协商相比于你们和政府协商，哪个有用？

B：肯定华师有用啦，我们去是没用的啊，华师老师、教授的很多学生是当领导的，他们出面肯定顶用，关键是能不能出面。反正我们这里能够做就做，不能就走了。反正这是国家的地盘，不是我们的地盘，让我走就走啦。

商贩003访谈记录摘要

A：你们怎么看待北墙修建大马路的事情？

B：政府不会顾及的，老百姓他们哪里能顾及得到，是不是？我从来没有听说过政府会顾及我们老百姓，就比如说我们开档口的这些人多艰难呢，哪里有多少人赚得到钱呢，能赚钱就赚钱了，我们不贪图什么了，我也不想怎么样，是不是？

从访谈记录中商贩相对于知识精英更加浅显明白的话语中可以看出：第一，商贩的维权抗争态度非常微弱；因为他们的土地是租的，而不是自己的，“大不了就搬”。这也和学者费孝通在《乡土中国》提出“差序格局”一章中对中国人公私界限的论述相符。第二，商贩的政治支持度比较低，特别是对政府的评价不是很高，他们意识中的政府是代表着贪腐，只关注自己利益，不顾百姓利益的封闭对立群体。这种话语表达的背后，是一种社会情绪的宣泄。第三，在政治效能感上，商贩的效能感比较低。这体现在：一是商贩觉得马路修起来的可能性很大；二是商贩普遍有一种“搭便车”的心理，店主们把希望都寄托在华师的知识精英以及在政府中工作的华师人身上，觉得自己一介草民如何能和政府对抗，他们把关系自己切身利益的博弈寄托在他认为有能力的人身上，并且奢望在其中“分一杯羹”；三是商贩都处于一种消极观望心态。

总之，商贩在维权抗争上社会资源匮乏、关系网络稀疏、政治效能感低；这决定了他们没法成为抗争的主体，也没有与法律相应的抗争能力。这与冯仕政的研究发现相一致，即一个人社会经济地位越高、社会关系网络规模越大或势力越强、关系网络的疏通能力越强，对环境危害做出抗争的可能性就越高，反之则选择沉默的可能性就越高（参见冯仕政：《沉默的大多数：差序格局与环境抗争》，载《中国人民大学学报（哲学社会科学版）》2007年第1期）。商贩的维权与华师知识精英的维权形成了鲜明的对照。这也意味着我国公民素质的提升任重而道远。

五、华师知识精英北墙维权抗争的局限与意义

1. 局限性

高校知识精英运用相关资源和知识在维权抗争中取得了阶段性的胜利，但也存在着一定的局限：

（1）抗争主体在发动人员上具有一定的封闭性，抗争群体的发动只局限于自己所属的生活和工作范围内的群体，忽视了其他利益相关方。该规划的利益相关方除了华师教职工外，还有四个小区的居民以及北墙外的商贩。而四个小区真正被调动起来参与抗争的只有小部分，商贩这一群体是完全被搁置、忽视的群体，呈现出的是一种“弱者依托精英，精英忽视弱者”的现象。

（2）官民之间的互动不足，政府回应民间的辞令含糊，更多的互动是政府官员在外界的压力和“乌纱帽”的胁迫下而被迫出面与民间互动。这种互动缺乏诚意，官民之间也带有对立情绪。由于历史的原因，官民都缺乏一种民主协商的训练，当面对这种事件时，政府应该更加主动地实践和锻炼，而非选择无视、消极应对、含混过关的方式应对。这对于

自身行政素质的提高不利，对民间参政热情更加不利。

（3）抗争群体内部缺乏必要的激励机制。抗争主体坚持抗争主要依靠道义的约束，这对于长期性的维权抗争是不利的。

2. 意义

（1）理性克制的维权抗争方式。近年来，中国社会群体性事件多发，其中以维权抗争为主，但最终很多演变为恶性暴力抗争，这直接带来国家和社会财产的损失和人民生命安全的隐患。在这个维权抗争个案中，公民群体运用娴熟的技巧，采用一种理性而非暴力的方式进行利益申诉，在体制允许的范围内表达诉求并最终取得阶段性胜利。这种渐进式的理性维权是值得学习的，因为它用对话协商取代暴力维权，以最小的成本获取最大的收益。

（2）官民博弈中抗争主体的不卑不亢。这一点体现在利益代表与规划局相关负责人的座谈会和前期的官民互动中。这是一种公民主体意识的体现，在习惯性思维中，民众在意识上习惯了臣民的角色。在这个个案中，知识精英在博弈与谈判质问中表现出不卑不亢的平等意识是值得推崇的，每个人都有表达诉求、维护自身利益的权利，这种意识需在意识上根植，最终才能演进到行动中。

（3）发育于民间的民主实践基地。每个小小的维权抗争事件对于公民社会的推进都有重大的意义。因为它不仅是公民的实践基地，同时也是政府不断改进行政方式的催化剂。公民社会的发展需要有技巧，有理智，懂得审时度势的公民去推动，虽然荆棘遍地，灌木丛生，但在北墙守护者的践行下，我们看到了公民社会的希望和力量。

这也意味着，经由法律的正义才能持久而稳定。

参考文献

[1] 于建嵘. 岳村政治：转型期中国乡村政治结构的变迁 [M]. 北京：商务印刷馆，2001.

[2] 于建嵘. 利益博弈与抗争性政治——当代中国社会冲突的政治社会学理解 [J]. 中国农业大学学报，2009 (1).

[3] 李普塞特. 政治人——政治的社会基础 [M]. 刘钢敏，聂蓉，译. 北京：商务印刷馆，1993.

[4] 黎相宜. 精英型与草根型框架借用——比较失地农民与知识精英的机体抗争 [J]. 社会，2009 (6).

[5] 石发勇. 网络关系与当代中国基层社会运动——以一个社区环保个案为例 [J]. 学海，2005.

[6] 黄荣贵，张涛普，桂勇. 抗争信息在互联网上的传播结构及其影响因素——基于业主论坛的经验研究 [J]. 新闻与传播研究，2011 (2).

[7] 邱丹文. 基于垃圾焚烧事件的环境抗争中的利益团体互动分析 [J]. 北方环境，2011 (5).

[8] 谢岳，曹开雄. 集体行动理论化系谱：从社会运动理论到抗争政治理论 [J]. 上海交通大学学报，2009 (3).

[9] 朱建刚. 以理抗争：都市集体行动的策略——以广州南园的业主维权为例 [J]. 社会，2011 (3).

[10] 孙培军. 中国社会抗争治理研究：一个分析框架 [J]. 探索，2011 (1).

[11] 袁光锋. 互联网使用与业主抗争：以番禺反对垃圾焚烧维权事件为案例 [J]. 中国地质大学学报，2012 (5).

[12] 麦克亚当，塔罗，蒂利. 斗争的动力 [M]. 李义中，屈平，译. 南京：译林出版社，2006.

“一带一路”背景下岭南文化旅游资源开发调研

——以广州市为例

袁曼菲　刘平　林心悦　王敏宜　吴静仪[①]

一、导言

（一）研究背景

“一带一路”是“新丝绸之路经济带”和“21世纪海上丝绸之路”的简称，分别于2013年9月和10月由中国国家主席习近平提出。“一带一路”经济区开放后，承包工程项目突破3000个。2015年，中国企业共对“一带一路”相关的49个国家和地区进行了直接投资，投资额同比增长18.2%。2015年，中国承接“一带一路”相关国家和地区服务外包合同金额178.3亿美元，执行金额121.5亿美元，同比分别增长42.6%和23.45%。除此之外，在“一带一路”的背景下，旅游业的发展也将有所不同。

“一带一路”对广州旅游业的影响也不可小觑，邮轮旅游是旅游业中发展最为迅速的新兴业态，在“一带一路”倡议下，广州邮轮旅游虽刚刚起步但发展潜力巨大。此外，广州古村落文化是广州本土文化的重要构成部分，是广州本土文化的根植所在。然而该领域的对外宣传几乎还未起步，在“一带一路”发展理念下，对本市古村落文化外宣推介展开研究显得日益迫切。“一带一路”为岭南文化的资源开发特别是广州市的岭南文化的资源开发增添了更多开发途径及思考方向。

古村落是岭南文化的重要传承形式，研究发现，古村落游客感知价值中的社会价值和品牌价值对游客总体满意和忠诚都有积极影响，而功能价值对游客总体满意有积极影响，情感价值对游客忠诚有积极影响。广州经典乡村旅游景点的社区参与主要体现在政府主导模式、企业主导模式和社区主导模式三种形式上，存在形式简单、从业人员缺少新鲜血液、缺乏特色、过度商业化、政府机构引导不到位、企业缺乏社区参与意识等问题。如何改善乡村旅游业的发展，增加游客的体验和感知价值，同时在不牺牲乡民生活水平的情况下尽可能保留岭南文化，是现在的重要课题。

在岭南文化旅游资源开发的过程中，还可以通过不同产业结合的方式进一步推动文化产业和旅游产业的发展，我们可以融合文化产业与旅游产业，给处于瓶颈期的旅游产业和发展初期的文化产业带来新的活力。此外，我们还可以对现有的文化旅游资源进行改进，提升现有文化旅游景点的知名度和游客体验，开发新的体验项目，完善广州各大景点的游玩设施。

调研小组对广州市区的知名景点进行了抽样调查，同时到各景点实地调研和访问。在

---

①作者为华南师范大学数学科学学院2016级本科生，指导老师冯夏根。

本文的第二部分，列出调研的对象、选取方式及研究假设，调查案例。具体的研究案例将会出现在第三部分。在第四部分，讨论研究结果，提出相关建议。

（二）研究目的

广州作为岭南文化的重要发源地之一，拥有丰富的历史文化资源，但是旅游资源分布很不均匀，自然资源和人文资源失衡；且具有岭南文化特色的旅游资源开发力度及经营模式有较大偏差，受欢迎程度大比例失衡。仍然有许多优秀的独具特色的旅游文化资源尚未被有效开发。为此，调研小组以广州市为例，先调查研究如陈家祠、西关一代等具有岭南文化特色旅游景点的开发经营模式的优势与受旅客欢迎喜爱的原因，以及岭南资源的开发程度；再调查如小洲村、黄埔古港等同样具有岭南文化特色但鲜为人知的旅游景点埋没的原因。

历史文化旅游具有特殊性，并不是拥有历史文化资源就一定会吸引大批旅游者，加上历史文化旅游对旅游者自身素养有一定要求以及历史文化资源保护、开发和利用的关系和矛盾使其不可能面向所有旅游者，也并不是游客越多就越好。有关部门可以针对特定的目标游客及其需求，对拥有的历史文化旅游资源价值评估后，科学地进行不同程度的深度开发和宣传，待产生较大影响后逐渐向更多层次、类型的游客群体扩散，从而达到扩大自身影响和提高自身吸引力的目的。

调研小组希望通过研究对比，总结出处于经营劣势的景点改善经营开发的建议，吸纳其他景点的优势形成自身的发展模式，成为新一代独具特色和文化的景点，将岭南文化更好地发展及传承下去。对于那些已颇负盛名的景点，通过调研分析，调研小组尝试找出能在“一带一路”背景下更好地向外弘扬发展岭南文化的措施，进一步利用广州岭南文化资源发展广州市旅游行业。

（三）研究意义

“一带一路”倡议自2013年提出后，在探索中前进，在发展中完善，在合作中成长。众所周知，“一带一路”主张“五通”，其中“民心相通”尤为重要，因此，“一带一路”建设需要文化先行。

历史文化旅游的发展与旅游经济的发展始终相互促进、密不可分。广州作为古丝绸之路上的枢纽，其历史人文景观资源类型齐全、文化特色鲜明，加强对开发利用与保护好该类旅游资源的研究，不仅能为政府在给该类景观的科学布局、合理规划，旅游产业结构的整体优化与调整上提供对策参考，而且还能更好地保存广州的历史遗迹和地域性特色文化，真实地展现广州独特的风貌特征，从而吸引越来越多的国内乃至国外游客来访广州。这将对提升城市的品牌形象、提高广州服务业的竞争力和对外开放水平以及更好地贯彻落实习近平总书记对广东工作重要批示中的“三个支撑”使命担当和实现“两个走在前列”的奋斗目标具有重要的理论意义和实践意义。

二、研究方法及调研步骤

（一）抽样情况

1. 定点

本次社会实践调查的地点主要选择在广州荔湾区。荔湾，俗称“西关”，是广州市的三大老城区之一，凭借其浓厚的岭南历史文化底蕴而闻名。在城市化发展的进程中，荔湾区积极探索现代与历史相结合的发展模式，较好地保留了自身的岭南特色。通过对荔湾区的几个定点进行调研，有利于我们探索如何开发岭南文化旅游资源的课题研究。

（1）永庆坊。

永庆坊坐落在充满西关韵味的荔湾区老城区，沉淀着深厚的历史文化，周边坐拥“粤剧艺术博物馆”“八和会馆”等历史文化建筑载体。作为广州第一个旧城微改造项目，永庆坊重新开放运营两年，已成为兼具“西关风味”与“现代时髦”的代表。

（2）荔枝湾。

历史上的荔枝湾，在驷马涌南的周门村，和象岗西面的芝兰湖（现广州市流花湖一带）相通，西至西场后注入珠江，“广袤三十余里”，是广州市历史悠久的风景名胜。20世纪40年代，随着广州城区的扩展，城市人口的增加，近代工业的发展，荔枝湾遭受严重破坏。90年代末，荔湾区政协提出了关于“复建荔枝湾故道”的提案。经过十几年的整治，荔枝湾大致恢复了旧貌，融入岭南文化的元素，在旅游开发上有了明显的进步。

（3）上下九步行街。

闻名遐迩的上下九商业街位于老城区西关，东起上下九路，西至第十甫西，横贯宝华路、文昌路，全长1237多米，全路段店铺林立、共有商店300多家，日客流量达60万人次。上下九步行街荟萃了岭南文化中的老西关美食文化、岭南饮食文化和岭南民俗风情，是现代城市文化与商业有机结合的产物。

以上景区是广州市在探索岭南文化的旅游开发模式上较为成熟的代表，并且在全国范围内具有影响力，客流量比较稳定，深受游客和市民的喜爱，有利于调研的开展。除了从永庆坊、荔枝湾、上下九步行街获取启发外，调研小组还选择了小洲村作为比较对象。小洲村位于海珠区，始建于元末明初，是广州城区内发现的最具岭南水乡特色的古村寨，但是这些年的发展停滞，旅游开发不尽如人意，这种现象在广州不是个例。调研小组将通过走访该地，发现存在的问题，结合实际提出建议。

2. 调查对象

本次调查对象主要针对本地居民、游客及沿街商铺。本地居民是广州发展的见证者，他们对于岭南文化的现状有着重要的见解；游客是任何旅游景区最为重要的角色，通过对游客的随机调查，可以从中调查出游客对广州岭南文化旅游的满意程度，以及哪里满意、哪里不满意；文化旅游景区中的商业元素具有两面性，过多的商业元素会使游客无法充分体验当地文化，过少的商业元素则会使景区缺乏活力，通过对商铺的走访，可以调查出旅游景区的商业分布，进而分析商业分布的科学性，探索岭南文化与商业元素的创新结合方案。

（二）调研过程

（1）2018年7月上旬，通过老师指导确定调查方向及制定调研方案，收集文献资料，完成文献综述；

（2）2018年10月—11月上旬，在广州陈家祠、西关一带及小洲村，黄埔古港等旅游景点对游客和景点的工作人员做调查，方式为发放调查问卷、访谈交流；观察景点旅游资源的开发模式及景点运营方式；

（3）2018年11月中旬，资料整理和数据统计、数据分析；

(4) 2018 年 11 月下旬，撰写和修改研究报告。

（三）调研方法

(1) 实地访谈。与一些游客和景区工作人员进行面对面的交谈获取资料。

(2) 观察法。实地观察各旅游景区的发展状况。

(3) 问卷调查。制作问卷，通过抽样方式确定被调查的对象，通过下发问卷获取资料。

(4) 文献法。通过图书馆和互联网查阅相关资料。

三、实地研究案例

（一）案例一：上下九步行街

上下九位于广州市旧城区西部荔湾区，自东向西由上九路、下九路和第十甫路组成，是一条由旧城改造的游憩商业街，沿街商铺主要以服饰、百货、鞋业、餐饮为主。它是 20 世纪 20 年代建成的一条骑楼式的传统商业街，保留了广州西关风情的老街名店以及具有岭南特色的骑楼建筑。上下九是很多外地来穗游客的必到之处，也是很多本地人闲暇娱乐的好去处。通过实地走访和收集评论，调研小组发现存在以下问题：

1. 文化体验感缺失

骑楼建筑在改造过程中重新粉饰过，外墙崭新，令人难以感受到西关风情的古风味。沿街摆放了几座还原“老广”生活的铜像，游客可以合影拍照，但仅限于此。上下九给游客更大的感觉是看和买，很难体会到西关风情。

2. 功能过于单一

来到上下九可以看到，沿街都是商铺，这确实符合上下九在历史上的定位，即商业街。沿街的商铺主要以服饰和鞋业类为主，餐饮种类比较普通，很多小吃在其他地方也能品尝到，而“老广”的地道美食所占比例较低，且味道不如小街小巷里的美食地道。总体上来看，商铺种类过于单一，商业性太浓，缺乏自己的特色。

3. 环境人性化程度有待提高

整条商业街仔细逛下来需要一两个小时，游客会因为感觉疲惫想要休息，但上下九沿街的商铺、小店较多，没有专门设置停脚休息的区域，如果想要休息就不得不去麦当劳等地方，而这些地方并非免费休息区域，这种体验感会降低游客的旅游欲望。因此，上下九商业街应当适当增加免费休息的咖啡座、休息椅，增强游客的舒适性，为居民和游客提供休息和交流的机会。

（二）案例二：小洲村

小洲村，位于广州市海珠区，始建于元末明初，是广州城区内发现的最具岭南水乡特色的古村寨。小洲村经过一系列的改造，引进了很多画室、咖啡馆、小吃店及适合拍照的特色店铺，意图打造成古村落依托的文化创意园。但是，通过实地走访考察，调研小组发现，现实有些差强人意，就旅游开发模式，存在以下问题：

1. 政府管理力度不够

政府主导作用没有充分发挥，没有建立健全相关的政策和法律法规，造成小洲村各种利益相互牵绊，出了问题无人管理，使得游客的权益、经营者的权益均无从得到保护。除此之外，小洲村虽然被定位为创意文化园，但在发展上毫无规划，有关部门并没有真正将小洲村放在重点改造的位置上，令多方利益者肆意发展，其发展现状有些不伦不类。

2. 形象、环境遭到破坏

作为曾经极具岭南水乡特色的古村寨，在被定位为创意文化园之后，当地村民在利益驱动下，不断改变原有的生产、生活方式，但由于规划不当，村子并没有得到良好的发展，村内店铺生意惨淡，整体面貌脏乱差。小洲村原有的古建筑、水系不断遭到破坏，曾经的居民楼被改造成了现代楼房，富有岭南特色的房屋已无几座。环境卫生方面，固体垃圾和水污染问题严重，充满异味，对当地居民的生活和健康造成了极大的负面影响。

图 1　调研小组到小洲村实地调查

3. 产品模仿性太强，失去传统特色

由于缺乏长远规划，仅仅看重眼前利益，片面模仿西塘、丽江等古镇的发展模式，导致小洲村的发展缺乏创新设计和深度加工，文化产品品味不高，没有明显的特色，无法满足游客的需求。

（三）案例三：永庆坊

永庆坊坐落在充满西关韵味的片区，沉淀了荔湾区老城区深厚的历史文化，周边坐拥“粤剧艺术博物馆”“八和会馆”等历史文化建筑载体，区内拥有李小龙祖居，平时定期举办不同文化的主题展览。在这里，怀旧与潮流并存，时常展开创意活动。

永庆坊是一个旧城微改造项目，改造项目遵循“修旧如旧，建新如故；交通梳理，肌理抽疏；文保专修，资源活化”的原则，在房屋修葺上基本保持原有建筑的外轮廓不变，对其建筑立面进行更新、保护与整饰，强化岭南建筑整体风貌特色，保留了岭南传统民居的空间肌理特点；对现存的两处文物保护建筑进行结构加固，沿袭传统工艺，修复屋瓦面、青砖墙、红砖墙、灰雕、彩塑等传统元素，再现建筑传统风貌；然后打通片区西侧的步行路线，形成“两横两竖”的井字形步行网络，改变目前单一出入口的困境；在保存原有空间肌理的前提下，对部分建筑适当拆除和原址重建恢复，获得入口空间和较好的步行通道；修缮后，利用该场地举办具有西关特色的公共文化活动，以点带面，激发片区活力。

☆ 设计理念：

（1）修旧如旧，建新如故：房屋修葺按照“修旧如旧，建新如故”的思想，强化岭南建筑整体风貌特色，保留岭南传统民居的空间肌理特点。

（2）交通梳理，肌理抽疏：在保存原有空间肌理的前提下，对部分建筑适当拆除和原址重建恢复，获得入口空间和尺度适宜的步行通道。

（3）基础完善，消除隐患：片区内购置消防摩托、小型消防车等消防设施，房屋内增加消防喷淋，建立统一的消防控制系统；整理电力和通信线路，整齐归一；结合地面青石板路的改造，优化目前对行人步行影响较大的排水方式；利用部分已动迁收回的建筑，配置公共厕所等重要公共服务设施。

（4）文保专修，资源活化：对永庆片区内现存两处文物保护建筑，项目团队邀请具备专业资质的公司、单位进行测量测绘，修缮设计；对结构进行加强加固；沿袭传统工艺，修复瓦屋面、青砖墙、红砖墙、灰雕、彩塑等传统元素，再现建筑传统风貌；修缮后，利用该场地举办具有西关特色的公共文化活动，以点带面，激发片区活力。

（5）多元参与，社会共建：依照2015年《广州市城市更新办法》中第四十六条“政府主导、市场运作、多方参与、互利共赢”的原则，政府出让所持物业一定年限的经营权，吸引社会企业投资，并指导和控制改造工程的规划、建设和产业导入类型。

☆ 特色：

1. 现代工艺与西关特色结合

（1）最广州的办公场所——百年西关大屋被改造成独栋办公室。顶层可做私人洽谈的场所；二层可做设计的空间、办公空间；底层可做展示店面或餐饮的休闲空间。从想法到落地，再到销售，一栋到位。

（2）创意木屋工作坊——销售展示＋工作坊一体全新的模式。

（3）共享星空玻璃会议室、公共洽谈空间、休闲空中花园、创意阶梯演播厅、茶水间。

图2　永庆坊一角

2. 新兴产业万科云

永庆坊万科云为广州万科产业办公首个活化项目。以旧带新，计划导入以文化创意为主的新兴产业，创意市集、本土文化、建筑设计、广告设计、服装设计、摄影摄像、生活美学等。目前已进驻知名影视工作室、中国风特色戏服工作室、创意珠宝设计工作室、特色品牌策划工作室等。这些新兴产业可以更好地吸引年轻人的目光，从而打破永庆坊的固有形象，与年轻人接轨，同时又能保持自己的特色。如西瓜剧场、六克拉等。

图3 万科云特色产业

3. 建筑特色

万科云入口是所有办公、接待和会议空间的主入口。建筑本身历史最为悠久，置入全新的钢结构体系，构建全新的屋面系统，形成新旧脱离且融合的公共活动空间。建筑秉承“外旧内新”的设计策略，基本保留每个开间的纵墙与外立面，延续原有建筑外观，这样既保留了传统的空间比例与历史的痕迹，又满足了办公空间的基本要求。强调新旧对比，有选择性地进行“留”与“拆”的改造：以安全为前提，尽可能保留那些无法复制与取代的，体现了传统街区与建筑的部分；以实用为目的，拆除那些妨碍基本使用功能的部分。

4. 特色精品商业

永庆坊中有许多特色餐饮，还可以购买广州特色手信，可以满足外来游客的需要。也可以上一堂手工课，和亲朋好友体验其中乐趣，把广府文化带回家，了解百年西关文化。

5. 特色公寓

永庆坊的泊寓是一座特色公寓，给人以全新的时间与空间体验。在泊寓，工作场所和住所，分别位于巷子的两边，中间隔着青砖石板路，穿过趟栊门就是上下班的路。没有熙熙攘攘的人群，只有和美的风景。公寓内设备齐全，室外是浓厚的岭南风情，给予住宿者极大的便利和极佳的体验。

图4 泊寓

6. 周边坐拥许多历史文化载体

（1）粤剧艺术博物馆

粤剧艺术博物馆是一座具有岭南风格、水乡特色的中国园林式博物馆。博物馆园林中心设有仿古戏台，每周定期举行粤剧粤曲展演，动态展示粤剧艺术特色。

（2）荔枝湾

有梁家祠、文津古玩城、文塔、泮溪酒家、龙津桥等知名景点。

（3）非物质文化遗产

西关打铜。

四、问卷分析

本次实践进行了线上和线下的问卷调查，共收回问卷150份，其中有效问卷147份。本次问卷调查年龄层分布从青年到中年，主要填写人群是18～40岁的群体，以居住在广州的居民为主。问卷从广州旅游资源的现状出发，涉及这些旅游资源存在的普遍问题以及改进方法等。统计数据如下：

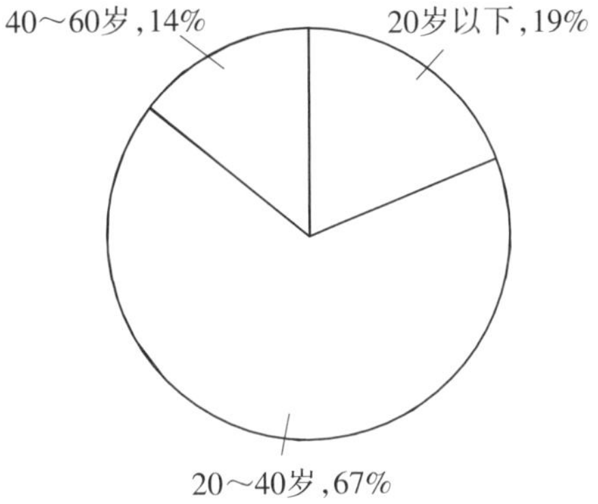

图5　受访者年龄分布

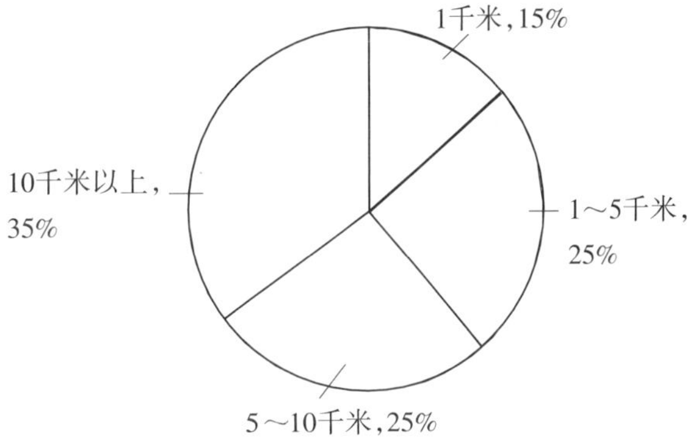

图6　居住地方距离景区远近

从数据中可以看出，填写问卷的主要人群集中在20～40岁（67%），有小部分20岁以下（19%）及40岁以上的居民。这些居民的居住点与景点的距离不等，从1千米以内到10千米以上都有，其中10千米以上人数最多（35%左右），1千米以内最少，大约占受访者的15%。1～5千米及5～10千米的各占25%。一部分居民可能没有意识到或者在广州本地居住时间较短，不知道自己住所的周边有旅游资源和景点。广州的旅游资源分布比较分散，很多地方都有值得游玩观赏的景点，这也说明本地人并没有太多关注广州的旅游资源。

"你认为广州及周边地区发展旅游业最大的障碍是什么"一项，大部分受访者认为广州的旅游资源匮乏，缺乏美学价值（38%），以及宣传不到位，知名度低（36%）。同时也有交通不方便（9%）、门票收费贵（11%）等的问题。从问卷数据上看，资源破坏并不严重（只有6%的受访者选择），不至于影响旅游的发展。广州在发展成为大都市的过程中，很多历史遗迹都随之消失在人们的视野中，很多游客只知道都市这一概念，而忽略了当地的历史建筑、美食文化等，从而产生了旅游资源匮乏的错觉，这与旅游资源的宣传不到位也有很大的关系，在发展旅游的过程中，可以让游客更多地关注广州的特色建筑、美食等，以吸引游客。

至于对广州旅游发展的期望，55%的受访者表示发展潜力一般，也有接近半数的受访者（43%）表示广州发展旅游业的潜力很大，仅有极少数人认为广州没有什么发展旅游业的潜力。

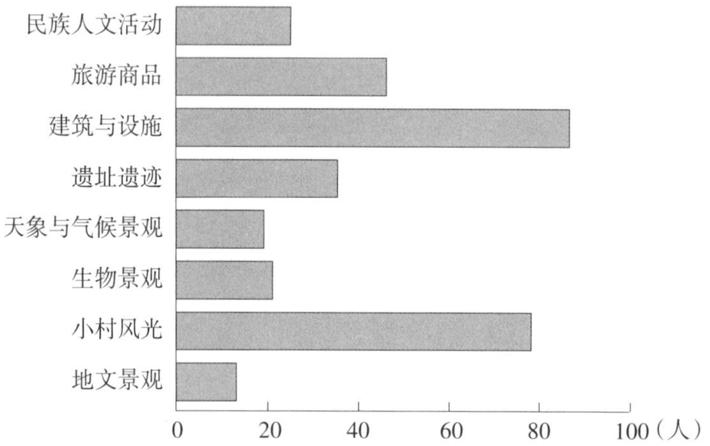

图7　广州值得开发的旅游资源

关于“广州有什么值得开发的旅游资源”（可多选），从调查数据来看，各种资源都有人认为可以开发，其中建筑与设施有最多支持者，147份问卷中有86份选择此项；其次是水域风光，78份；排在第三位的是旅游商品，46份。广州的确有很多建筑可以作为旅游点，如黄埔军校旧址等，还有一些建筑比如中山纪念堂、圣心大教堂等，都是可开发的旅游资源，广州的骑楼也是一大特色。至于水域风光，广州的气候、地形在建设湿地公园方面得天独厚，同时珠江也是一大卖点。旅游商品也值得大力开发，以美食为例，整顿美食街也是吸引游客的一个方法。

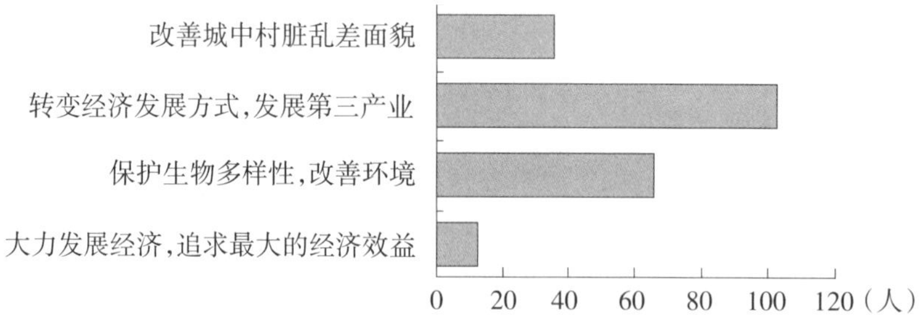

图8　广州旅游发展未来的出路

关于“广州旅游未来的出路”（可多选），大部分人赞成转变经济发展方式，发展第三产业（102份选择，共147份），即服务业，其中最重要的就是旅游业，也有很多人希望保护生物多样性，改善环境（65份）。同时一部分人（35份）认为城中村脏乱差的面貌影响了旅游业的发展，应该整顿这一问题。也有很少一部分人（12份）认为应该大力发展经济，追求最大的经济效益。

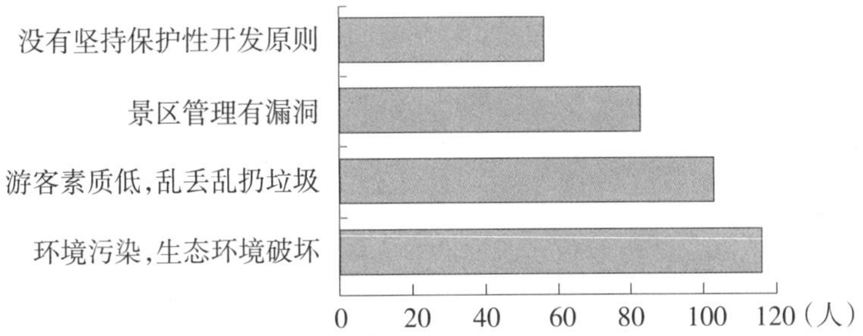

图9　造成旅游资源破坏的原因

旅游资源被破坏是很大的问题，造成资源破坏的原因很多，问卷列出的每个选项都有很多的支持者，其中认为“环境污染，生态环境破坏”的受访者最多（116份），其次是游客素质低、乱丢乱扔垃圾（103份），景区管理有漏洞排在第三（82份），认为没有坚持保护性开发原则的也有56份。

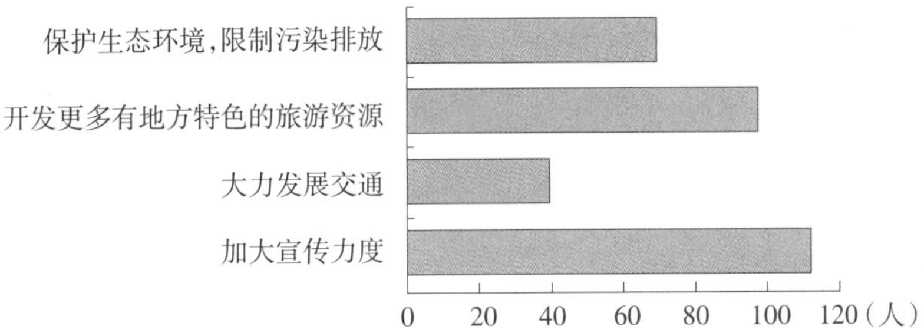

图10　如何改善广州及周边旅游现状

既然要大力发展旅游业，这里还有很多需要改进的地方，问卷提出的改善措施中，赞成加大宣传力度的最多（112份），其次是开发更多有地方特色的旅游资源（97份），然后是保护生态环境，限制污染排放（69份），也有小部分人同意大力发展交通，解决交通拥挤的问题（39份）。

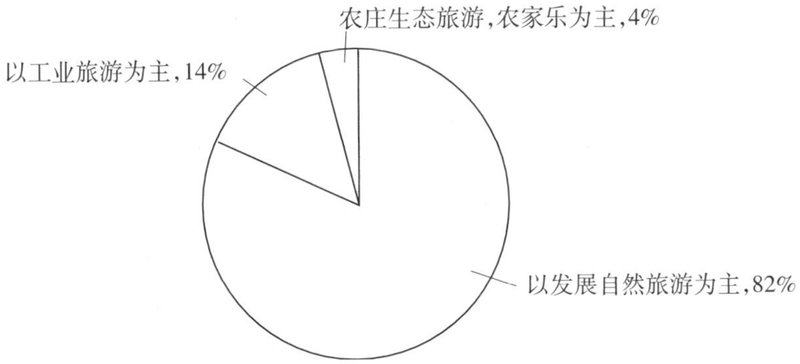

图11　广州未来旅游业发展趋势

对于广州旅游业未来的发展趋势，绝大部分受访者都认为应该以发展自然旅游为主（82%），合理利用现有的旅游资源进行开发；也有小部分人认为可以发展工业旅游

（14%）和生态农业旅游（4%）。

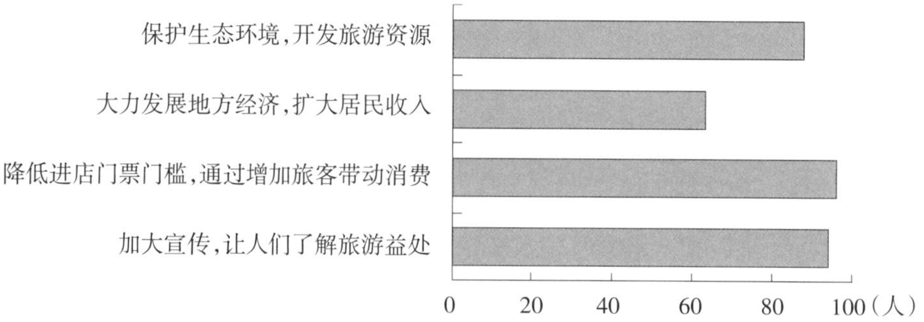

图 12　怎样激发更多的人参加旅游

除了利用现有的旅游资源进行开发，拉动旅游业也需要通过激励更多人来到本地旅游，实现这个目标可以采取多种措施（可多选），如加大宣传，让人们了解旅游的益处（94 份）；降低景点门票门槛，通过增加旅客带动消费（96 份）；保护生态环境，开发旅游资源（88 份）。这三个选项得到的支持度都比较高，都是大家认为比较有效的方式，赞成大力发展地方经济，扩大居民收入的人少一些（63 份）。

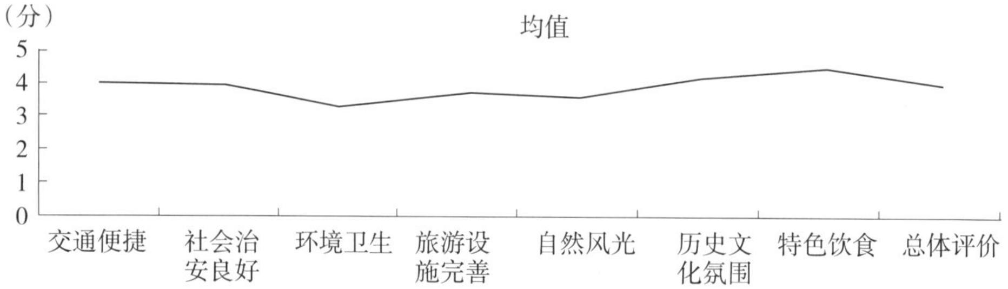

图 13　对广州旅游因素的满意程度

问卷要求受访者给广州旅游的各个方面打分（0～5），得分最高的是特色饮食，4.49 分；最低的是卫生环境，3.34 分；总体评价得分也不高，只有 3.9 分左右；其余方面得分都差不多，在 3.5～4 分之间。从这些数据可以看出，环境卫生和旅游设施应该加大改进力度，整顿景区存在的卫生问题如乱扔垃圾等。特色饮食是广州的一大特色，应该大力发展。

通过问卷调查，可以大致得到当地居民对广州旅游资源开发的一些看法和建议。首先，从可开发的旅游资源开始，大部分居民认为可以通过发展特色饮食文化来吸引游客，这也是广州发展旅游业的一大优势，同时，挖掘当地的历史文化，一些特色建筑、遗址旧址都可以打造成旅游景点，另外生态环境如湿地公园也是一个可开发的资源。其次，旅游环境还有很多需要改善的地方，如环境卫生问题比较差，除了游客素质低、乱扔垃圾这一因素，景点本身也有很多可以改进的地方，如加强管理、增加清洁人员、增加垃圾桶数量等等措施都可以减缓这一问题。广州的旅游业尚有很大的发展空间，很大一部分的受访者都认为广州有比较大的发展潜力，有关部门应该加强宣传力度，以吸引更多游客前来广州游玩，只拥有资源是远远不够的，另外交通问题也是有待改进的一项。

总体来说，广州的旅游业在现阶段已经比较成熟，但还有很多值得开发的旅游资源，其中以美食、建筑两项最为突出，同时也有许多亟待解决的问题，其中以卫生问题最为严重。

五、思考和建议

根据访谈和问卷调查结果，调研小组对广州市的旅游业和岭南文化旅游资源利用状况进行分析，并根据访谈结果针对如何开发与利用好广州岭南文化旅游资源，进一步发展广州市旅游业等方面提出了一些建议。

（一）岭南文化的传承

岭南文化是中华文化中颇具特色的地域文化，是基于岭南地区独特的封闭与开放兼具的地理环境，以农业文化和海洋文化为两大来源，在漫长的历史发展过程中不断吸取和融汇中原文化和海外文化，逐渐形成的具有自身独有特点的文化。自古以来，广州一直是岭南地区政治经济文化中心，同时也是“海上丝绸之路”的起点，是岭南文化的中心。富有岭南文化特征的历史文化古迹和古建筑有南海神庙、陈家祠、光孝寺、南越王墓等。包括此次调研小组考察的永庆坊和荔湾湖公园都是具有岭南文化特色的景点。

（二）岭南文化的创新

创新，是广州文化的另一个特色，是推动广州不断发展的动力。广州是一个包容的城市，广州人不排外，这是广州给任何一个初来乍到的外地人的直观感受。这些年，广州先后涌现出诸如音乐剧《西关小姐》、粤剧《碉楼》等一大批荣获中共中央宣传部“五个一工程奖”和文化部设立的戏曲“文华奖”的优秀文艺作品。其实，创新作为广州的城市基因，早已超越狭隘的文化概念，成为助推广州社会经济全面发展的动力。这样的案例不胜枚举，一夜成名的永庆坊就是文化创新的新成果。永庆坊旧城改造中，改变了过去“推倒重来、大拆大建”的做法，采取“微创改造”的创新理念，使这个文化沉淀深厚的老街区呈现出“老树新芽”式的勃勃生机。永庆坊旧城改造的做法也得到了习近平总书记的肯定。

（三）旅游体验不足，文化体验感缺失

在上下九商业街中尽管还保留着骑楼建筑，放置了还原“老广”生活的铜像，但上下九给人的感觉更多的是看和买，并非体验文化。上下九沿街都是商铺，尽管符合上下九在历史上商业街的定位，但总体上来看，商铺种类过于单一，商业性过强，缺乏自己的特色，也少了一点西关风味。

（四）旅游资源开发和保护的矛盾

在上下九，虽然商业做得很好，但是卫生条件需要改善，商品的质量也有待提高。而小洲村，形象、环境遭到不同程度的破坏。作为曾经极具岭南水乡特色的古村寨，在被定位为创意文化园之后，当地村民在利益驱动下，不断改变原有的生活方式，村子不但没有得到良好的发展，整体面貌也变得脏乱差，对当地居民和游客的健康都造成了负面影响。

综上所述，当前广州地区旅游业发展整体的基础和态势都很不错，这也是广州旅游业可持续性发展的有力保障。相信在“一带一路”背景下，广州旅游业将迎来更多的发展机遇。为此，调研小组提出以下建议：

第一，突出人文交流，实现“一带一路”沿线国家民心相通。民心相通是“一带一路”建设的一个目标，而民心相通主要通过文化的交流与合作来推进。挖掘广东岭南文化

底蕴，支持旅游、教育以及文化企业走出去，促进与沿线各国家和地区的文化交流。旅游方面，应该大力开发海上丝路文化资源，如商贸、特色旅游资源和节庆会展等；教育方面，可以加强省内高校与沿线国家留学生互派活动来培育沟通使者以及定期举办沿线国家智库论坛等；文化方面，主要是创新文化企业走出去的机制和方式，如鼓励企业抱团，借助我驻外使馆、商会组织以及缩减行政审批流程和时限等等。

第二，发挥侨乡优势，推动华商经济发展。广东是我国第一侨乡，而东盟各国是粤籍华侨的主要聚居地之一，且华侨华人在东盟国家经济发展中普遍发挥着重要作用，具有庞大的商贸网络资源和雄厚的资金实力。应充分发挥华商“融通中外”的独特优势，搭建21世纪海上丝绸之路“广东—华商经济合作平台”。首先，抓住汕头“华侨经济文化合作试验区”上升为国家级试验区的契机，推动华侨经济与文化发展、海峡两岸与港澳合作、营商环境与商事规则等方面先行先试。其次，积极推动海外华侨经济合作基金的设立，通过盘活华商的资金、人脉和商业渠道，避开非商业壁垒，实现对一些海外战略资源的掌握。

第三，以文化旅游为核心，全面提升广州旅游业的服务水平和行业竞争力。如今，文化旅游已经稳固地发展成为一种大众普遍接受的旅游理念和方式，并日趋形成主流。广州在制定旅游业发展战略与方案设计方面，要将文化旅游作为旅游业发展战略核心的关键词，充分凸显历史文化在产品设计、游客体验等方面的核心地位，打造具有特色的文化旅游品牌，全面提升广州旅游业的服务水平和行业竞争力。广州旅游业的发展方向应是逐步由单一的观光型旅游向观光度假型、娱乐参与型、休闲购物型、绿色环保型等多样型旅游过渡，这其中，文化旅游理念的贯彻与实施是关键。

第四，以史迹保护为抓手，打造千年古城品牌。以史迹保护为契机，发展历史文化旅游。在保护历史文化名城工作中，要重视旅游产业对于历史文化古迹保护工作的“反哺效应”和“造血”功能，才能形成良性循环，充分考虑开发旅游的实际需要，尽量为旅游业的发展提供硬件准备。挖掘历史文化资源，开发千年古都广州的主题旅游，使之成为广州旅游业可持续发展的一个历久弥新的项目增长点。

第五，以岭南民俗文化为招牌，着力打造地域特色品牌。独树一帜的岭南文化，作为一种符号意向，吸引着来自五湖四海的观光客；作为一种民俗风情，给予了游客独特而丰满的体验，尤其是广府文化。传统意义上的广府文化指以广州为核心、以珠江三角洲为通行范围的粤语文化，它同客家文化、潮汕文化“三位一体”地构成了岭南文化。

作为岭南文化的本源和重要组成部分，广府文化既传承了古南越文明，又受到中原汉文化的哺育，兼有西方文化影响，具有多元的层次和构成因素，也凸显了明显的地域特征，形成了具有地方特色的建筑、艺术、饮食等文化现象，构成一个完整而独特的地域文化体系。

作为服务业，旅游业的核心价值在于顾客的体验，通俗地说，就是让游客吃好、住好、玩好。俗话说，“食在广州”。广州著名的饮食文化为“吃好”提供了充足的保障，同时也为旅游业发展打下了坚实的基础。海洋文化、广府文化、饮食文化……围绕这些独具地方特色的岭南民俗文化，打造地域特色旅游品牌，方可吸引来自全国乃至全世界的游客，充分发挥广州作为旅游城市的资源优势。

大学生兼职权益维护研究：基于广州地区高校的调查

陈翠玉　王润钰　黄杰雄　王维①

一、调研背景与方法

（一）调研背景

兼职区别于全职，是指个体在本职工作之外兼任其他的工作任务。根据兼职的定义，实现兼职的前提是个体本身已有一份全职的工作。由于大学生利用课余时间参与工作，不应定义为兼职，而应该是临时工。顾名思义，临时工就是暂时在单位工作的人员，一般指单位使用期限不超过一年的临时性、季节性用工。由此可得出，我们平时所说的大学生兼职是一种错误的定义，应为大学生临时工，但为了方便大家理解，更易让大家接受，本文还是会使用大学生兼职这一概念。

随着大学生竞争意识和经济意识的不断增强，越来越多的在校大学生开始走出校园，步入社会，更加积极主动地着眼于现实，在校园与社会的二元结构中实现自我价值。做兼职是大学生接触社会的一个主要方式，也是他们大学生活的重要组成部分。一方面，越来越多的大学生参与兼职，为社会商家解决临时劳动力空缺提供了契机；另一方面，为着各自的利益，学生与商家之间产生了一定的矛盾，例如工资、工时的争议等。而由于目前劳动力市场不完善，法制不健全以及大学生兼职维权的意识薄弱，使得大学生在兼职中权利遭受侵犯的案例不胜枚举。

通过对大学生兼职维权的社会调查研究，调研小组意在为大学生提供兼职维权的有效方法与途径，本文主要从社会、学校、企业、中介、学生五大主体，分析大学生兼职市场中的角色担当，教会大学生运用法律武器来维护自己的财产权利与人身安全，解决大学生找不到维护权利路径的困境，希望本次社会调查研究能为广大大学生带来参考价值。

（二）研究方法

文献分析法。文献分析法主要指搜集、鉴别、整理文献，并通过对文献的研究，形成对事实科学认识的方法。在本次调查报告的撰写中，我们查找参考了大量有关兼职维权的书籍、期刊论文、网络报道、图片资料等文献资料，获取调研所需的理论知识，通过结合调研的实际，对资料进行整合，形成本调查报告的文献资料支撑。

问卷调查法。调研小组设计了“大学生兼职权益侵害与维护调查问卷”，主要是针对大学生在做兼职的过程中是否遇到侵权、是否懂得维权以及如何维权等问题进行调查，目的是为了获取研究的数据支撑，使报告能够为大学生兼职提供经验和帮助。

访谈法。本次调查的访谈对象主要分为三类：第一类是广州大学城在校兼职大学生，第

①作者为华南师范大学经济与管理学院 2010 级本科生，指导老师蒋积伟。

二类是有关高校的勤工助学中心工作人员，第三类是华南师范大学法律系的老师及学生。

二、广州地区大学生兼职基本状况

（一）大学生参加兼职的情况

数据显示，调查对象中有过兼职经历的占62.31%，即有约2/3的大学生在校期间做过兼职；性别方面，男生、女生有过兼职经历的大学生所占比重分别为59.52%和65.36%；户口所在地方面，农村户口中有约70%的大学生有过兼职经历，而城镇户口中有过兼职经历的大学生占55.42%。性别的户口所在地差异方面：男大学生中，农村、城镇户口的兼职参与比重分别为65%和54.55%，相差约10%；女大学生中，农村、城镇户口的兼职参与比重分别为74.67%和56.41%，相差约20%。由此可见，不管是男生还是女生，他们在户口所在地方面仍然体现出明显的兼职行为倾向差异，即农村户口的男生比城镇户口的更有做兼职的倾向，女生方面的表现则更明显（见图1）。

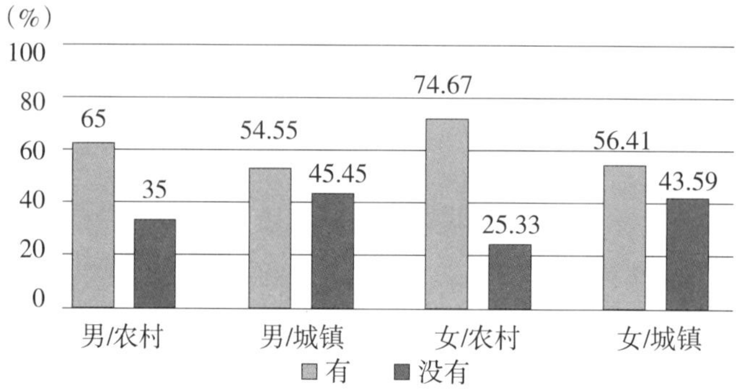

图1　大学生城乡男女兼职状况统计

（二）大学生兼职的种类

大学生主要从事何种兼职？在兼职类别中，有什么样的性别差异？调查结果显示，大学生主要从事的兼职工作有派单、家教、促销和学校的勤工助学岗位，这些兼职都是一些操作简单、时间容易控制而且比较安全的工作（见图2）。在性别差异方面：男性和女性选择兼职的主要差别在于派单和家教，男性大学生更倾向于派单，经常需要外出；而女性大学生更倾向于家教，工作时间和地点都比较固定（见图3）。

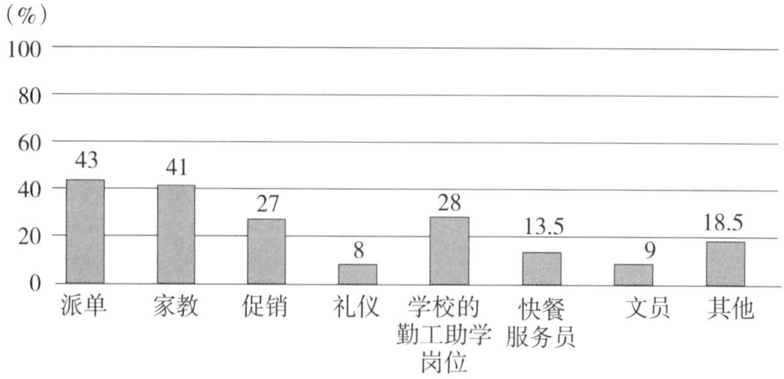

图2　广州大学生兼职种类

（三）大学生兼职的原因

通过对广州在校大学生的问卷调查研究，调研小组对大学生兼职的原因分析如下：82.5%的访问对象是通过兼职获得社会实践经验，提升能力；76%是想赚取生活费；63.5%是想充实自己的大学生活；34.5%是想发展自己的人际关系网；15.5%是看到周围的同学在做兼职，自己也跟着做。从数据中可以看出，当下的大学生利用课余时间做兼职最主要的原因是想获得社会经验，提升自己的能力；再者是想赚取生活费和充实自己的生活。

这一点也在笔者与华南师范大学大学城校区勤工助学管理中心市场部部长吴晓敏同学的访谈中得到证实。访谈中，吴晓敏同学说："我们最近在做一个调研，了解同学的工作需求倾向。根据我们最近的一次调查结果发现，90后的兼职目的和之前的同学相比发生了很大的变化。之前的同学做兼职，是因为他们的确是家境贫困，需要做兼职拿补贴来维持生活。而现在的同学只是把兼职当作锻炼能力、提升自我价值的一种渠道，有的甚至只是通过兼职打发消磨时间。因此他们对待遇的要求越来越高，对兼职与自己感兴趣或者所学专业的匹配性越来越看重。所以我们根据实际情况及时调整了工作方向。"

（四）大学生寻找兼职的途径

通过问卷调查，关于大学生找兼职的途径，我们统计如下：41%的学生通过学校的勤工助学机构找到兼职，46.5%通过兼职网等网站获取兼职机会，20%是通过中介公司介绍获得兼职，63.5%是熟人介绍获得兼职工作，23.5%是通过海报、传单或广告宣传的兼职信息找到兼职，其他的获取方式占2.5%。可见，学生获取兼职的途径是多样的，最主要的三大途径分别是熟人介绍、学校的勤工助学机构提供、查询兼职网站。寻找兼职途径的丰富化，在某种程度上给有需要的大学生带来了方便，使他们能更及时、更有机会找到符合自己的兼职工作（见图3）。

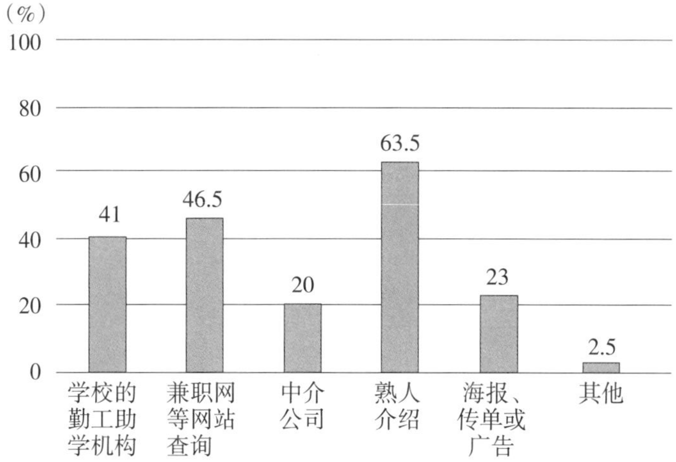

图3　广州大学生寻找兼职途径

（五）兼职对大学生以及用人单位的影响

兼职已成为大学生生活的一个重要组成部分，对大学生的生活产生了一定的影响。正面影响主要有：第一，兼职为高校的教育注入了新的活力，带来了新的思想，增强了学生的职业观念，端正了学生的学习态度；第二，在兼职过程中，大学生可以近距离接触社会，能使学生寻找到新的价值观，树立远大的学习目标，有助于为将来步入社会做好角色定位；第三，兼职扩大了大学生的知识面，帮助他们在社会的大课堂中培养多种能力。

负面影响则有以下几个方面：第一，学生容易盲目从事兼职，很多大学生选择的兼职偏、非理性，选择偏劳动力型、流水线型和分发传单等与专业不挂钩的工作；第二，价值观迷失，有些学生会过分将时间与精力投入到兼职当中而忽视学习，导致"本末倒置"与知识底子的薄弱；第三，学生过早地接触社会看到一些不好的社会现象，容易产生受挫感等。建议相关部门机构予以正确积极的引导。赵小明在《由大学生兼职兼职引发的经济思考》一文中，从经济发展与人力资源的角度分析指出：从长远看，大学生从事兼职所带来的机会成本大于兼职的收益（尤其是想通过兼职缓解经济压力的），所以大学生应在保证课业不受影响的情况下合理地从事兼职。

对于用人单位而言，首先是正面影响。第一，越来越多的大学生从事兼职为其缓解临时劳动力的短缺起到了很好的补充作用，并且兼职的工资一般低于正式员工的工资，所以企业从兼职中获取了很大的利益；第二，在当前的市场机制下，企业有足够的自由选择劳动力的权利，在同等工资的条件下，企业会选择素质较高的大学生劳动力试用，而不是学历较低的劳动者。其次是负面影响。由于临时劳动力的不稳定性，给企业的人事管理造成了一定的负面影响，加大了企业的管理成本。

三、大学生兼职权益受损情况及原因分析

（一）大学生兼职权益受损的类型

根据小组调研结果，大学生在兼职过程中大约有30%的同学遭受过权益受到侵害的情况，这个数字是比较高的。遇到的侵权情况包括延迟工时（45.24%）、无故辞退（9.52%）、拖欠或克扣工资（64.29%）、中介或雇主诈骗（26.19%）、人身安全受威胁（4.76%）及其他（2.5%）。其中以拖欠或克扣工资的比例最高。这一结果显示当前大学生的兼职环境并不理想，存在诸多用人单位侵害学生权益的现象，应该引起相关部门的重视（见图4）。

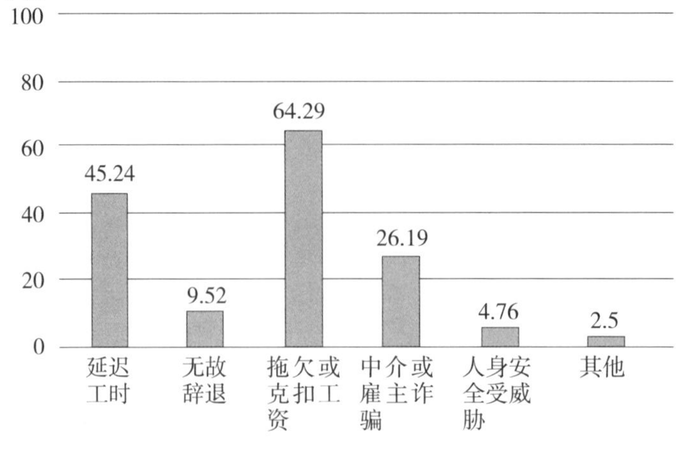

图4　大学生兼职过程中权益受侵害类型

（二）大学生兼职权益受损的原因

为什么大学生兼职中权益受损的现象较为严重？原因多种多样，并不存在单一的原因。大部分学生都认为是“自身防范意识不高，法律知识不熟悉，维权意识不强”（78.82%）或“公司与雇主不讲信用，中介机构诈骗、不讲信用”（72.27%）。在这里，一个方面是大学生，而另一方面是雇佣方或中介方，双方都存在问题，致使大学生自身的权益受到了侵害。而“力量单薄、难以与对方对抗”“高校没有专门机构管理此事”“法律漏洞或法律空白”“海报、传单虚假信息泛滥”四个原因选择的人数都差不多（40%～50%），与前两者有较大的差距（见图5）。

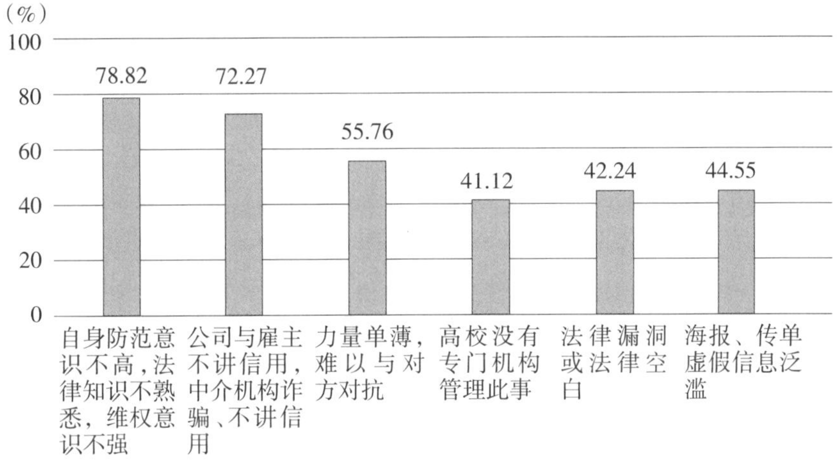

图5　广州大学生兼职过程权益受侵原因统计图

（1）法律不健全。在法律范畴内，没有出台专门维护兼职大学生权益的法律规范。目前只是根据《中华人民共和国劳动合同法》（下文简称《劳动法》）的规定来维护权益，但《劳动法》适用的主体范围太大。大学生这个特殊主体，以学业为主，外出打工的性质和社会上真正的劳动者存在重大区别。因此，《劳动法》对兼职大学生并不完全适用。

（2）防范和维权意识及法律知识欠缺。许多兼职大学生都是初次踏进社会。初出茅庐，缺乏丰富的社会经验，大多性格单纯，对社会上的许多人和事根本没有防范意识。面对侵权的行为，有的压根就没有意识到自己的权益受到了侵犯；有的是忍气吞声，自认倒霉，不知道可以依据哪些法律知识以及通过哪些有效途径去维护自身的权益。

（3）力量单薄，难以与用人单位对抗。兼职大学生面对权益受到侵害时，有的会挺身而出，与用人单位辩论，想借此讨回公道，但通常以失败告终。很明显，这个群体单凭自己的三寸不烂之舌是很难对用人单位构成威胁的。一方面，自身的力量太单薄，没有威力震慑到用人单位；另一方面，也想不到要寻求学校老师的帮助或者向相关部门投诉。

（4）校方对学生兼职的引导力度不够。尽管许多高校专门设置了勤工俭学服务中心，但是很多勤工俭学服务中心都只是挂靠学校，既没有专门的办公机构，也没有专门的工作人员，更不可能有专门的指导与服务。因此，在学生兼职权益受到侵害后，他们只能找学校有关部门协助解决纠纷，替自己伸张正义。服务中心因人员不足及相关人员缺乏足够的专业法律知识，遇到类似的问题时，他们往往将问题推给院系或者派出所。在资源有限的情况下，很多权益受侵犯的“小问题”就得不到有效解决。

(5) 中介机构诈骗或不讲信用。受自身信息渠道和社会资源有限的制约，在校大学生在寻求兼职工作的时候，往往借助于形形色色的职业中介机构。然而为数不少的中介机构并没有相应的健全资质，现阶段我国在立法上也缺乏对这些中介机构的有效制约和规范，容易给大学生求职制造种种陷阱。

（三）签订劳动合同方面存在的问题

(1) 大部分兼职者没有签订劳动合同或者协议的意识。根据调研，笔者发现大多数兼职大学生都没有想过要签劳动合同，如果用人单位没有提供劳动合同，更不会主动询问是否需要签订劳动合同。而签订劳动合同的形式大部分是口头协议，不仅难以为大学生维权提供依据，反而会出现与口头约定不相符的事实。如劳动报酬实际减少、临时转换工作内容等。即使有签订书面劳动合同的，有的用人单位所提供的劳动合同并不符合法律规定的内容。

(2) 大学生兼职者对劳动合同的内容以及签订流程生疏。现在很多兼职单位会提供一份类似的劳动合同或者协议，其实并非真正意义上的规范文件。首先，表现在合同或者协议内容不完整，而兼职者也没有细看劳动合同条款的意识，因此在签订过程中并没有发现。其次，是用人单位提供的劳动合同中，甚至会出现有些不合法的条文。例如下文案例二中的受害者，老板让他签字就签，连工资的确定额度都没有在合同上呈现，最后只能任由老板说给多少就多少。最后，用人单位通常会保存所有的合同，并没有按照规定留一份给兼职者留底。

四、大学生兼职维权的法律依据

（一）兼职大学生与用人单位的法律关系

1. 大学生兼职称谓辨析

(1) 大学生兼职不是勤工助学性质。所谓的勤工助学是指高等院校组织本校学生参加校内的助教、助研、助管、实验室、校内产业和后勤服务及各项公益劳动，学生从中取得相应报酬的活动。很多人误以为大学生兼职属于勤工助学。1995 年制定的《关于贯彻执行〈劳动法〉若干问题的意见》中第 12 条规定：“在校生利用业余时间勤工助学，不视为就业，未建立劳动关系，可以不签订劳动合同。”但事实上勤工助学必须是在学校组织下进行，而大学生兼职多数未经学校学生资助管理机构同意，属于私自外出打工，不在勤工助学范围之内。

(2) 大学生兼职并不等同于实习。所谓实习，是学以致用，是为了接触和深入了解自身学习领域的专业知识，对知识和经验的追求远远超过经济报酬。大学生在选择的时候，已经比较全面地衡量自己的得失，即失去经济上的利益而获得经验上的收益，这和大学生兼职主要以获得经济上的收入为目的是相悖的，因此两者不能等同。

(3) 大学生兼职不同于一般意义上的兼职。兼职是对社会上一个人在已经拥有一份工作的前提下，又利用空闲时间从事第二份甚至更多份工作的状态描述。兼职者在工作中形成的社会关系可以是《劳动法》和《劳动合同法》所规范的劳动关系，也可以是雇佣关系，还可以是自由职业。大学生是在以学业为主之外从事一份工作，这种情形不属于一般意义上的兼职。

2.“劳动关系”而非“劳务关系”

确定兼职大学生与用人单位的关系，是深入研究权益保护问题的重要前提，也是学术界长期以来争论不休的问题，但从劳动关系成立的三个重要条件分析，笔者认为，校外兼职的大学生应该确立“劳动关系”。

（1）兼职学生主体适合。劳动关系中的一方应是符合法定条件的用人单位，另一方必须是符合劳动年龄条件具有履行劳动合同义务相应能力的自然人。作为在校大学生，年龄绝大多数都已经达到18周岁，已经超过了法定16周岁这个最低的就业年龄。大学生也已经成年，具有支配自己劳动能力所必要的行为自由，可以用自己的行为去实现劳动权利和履行劳动义务。

（2）双方存在隶属关系。大学生在打工期间必须服从用人单位的统一管理和安排，遵循用人单位的规章制度、作息考勤制度，根据用人单位提供的劳动资料完成劳动任务。从这些方面看，学生与用人单位之间存在明显的隶属关系。而“劳务关系”中双方处于平等的地位，不存在管理与被管理的情况，劳务方只要按照约定完成工作任务即可。

（3）用人单位对学生有管理权。对于学生兼职过程中的失误，用人单位有权给予警告、记过等处分。而劳务关系中，用工者对劳动者的处理也有不再使用、要求当事人承担一定的经济责任等权利，但不含取消劳动者单位职工“身份”这一形式，即不包括对其解除劳动合同或给予其他纪律处分的形式。

综上所述，兼职大学生行为不是勤工助学以及实习，与用人单位的关系应该确定为劳动关系，适用于《劳动法》，应该受到《劳动法》的保护。

（二）大学生兼职维权的法律依据

（1）劳动合同的形式。我国《劳动法》第16条第2款规定：建立劳动关系应当订立劳动合同。劳动合同的形式包括口头合同和书面合同。采用何种形式签订劳动合同，由劳动合同法加以规定。在实践中，很多国家主张书面合同形式，同时也承认已经实际履行的口头合同（事实劳动关系）。实际上，在订立劳动合同的过程中不可能将劳动关系所涉及的事项及其变化都详细地记入合同，越来越多的国家在劳动合同立法中规定了书面形式，以保证劳动合同的约束性、准确性和证明力，便于处理合同纠纷。书面劳动合同，应当由用人单位的法定代表人（书面委托其代理人操作）与劳动者签订，并注明签订合同的地点和日期。经双方当事人签名或盖章的劳动合同一式两份，用人单位和劳动者各持一份。

（2）劳动合同的内容。《劳动合同法》第17条规定：劳动合同应当具备以下条款：①用人单位的名称、住所和法定代表人或者主要负责人；②劳动者的姓名、住所和居民身份证或者其他有效证件号码；③劳动合同期限；④工作内容和工作地点；⑤工作时间和休息休假；⑥劳动报酬；⑦社会保险；⑧劳动保护、劳动条件和职业危害防护；⑨法律、法规规定应当纳入劳动合同的其他事项。劳动合同除前款规定的必备条款外，用人单位与劳动者可以约定试用期、培训、保守商业秘密、补充保险和福利待遇等其他事项。

（3）劳动合同无效的情形。依据我国《劳动合同法》第26条规定，存在下列情形的劳动合同无效或者部分无效。①以欺诈、胁迫的手段或者乘人之危，使对方在违背真实意思的情况下订立劳动合同的；②用人单位免除自己的法定责任、排除劳动者的权利的；③违反法律、行政法规强制性规定的。

（4）劳动关系的确定。用人单位未与劳动者签订劳动合同的，认定双方存在劳动关系时可以参照下列凭证：①工资支付凭证或者记录（职工工资发放花名册）、缴纳各项社会保险费的记录；②用人单位向劳动者发放的“工作证”“服务证”等能够证明身份的证件；③劳动者填写的用人单位招工招聘“登记表”“报名表”等招用记录；④考勤记录；⑤其他劳动者的证言等。

五、大学生维权案例分析

（一）案例一：兼职中工作转换的维权

10 月 9 日，校勤工助学管理中心市场部收到一份兼职业务，该项业务如下：商家想找几名学生于广交会当天做礼仪、派发传单与销售工作，工作时间为 11 月 14—18 日，由于销售兼职无底薪，于是市场部的工作人员只是接了礼仪、派单两项兼职业务，面试由商家自主进行。有 5 名在校生通过了面试，成功地接到了兼职，工作内容为派单。但是在工作当天，学生按照工作时间赶到了现场，在现场等待商家安排派单工作，等了许久，商家却是给他们安排了销售，但是学生认为他们的工作内容与所发布的不一样，于是拒绝在现场做销售人员并与商家理论，要求商家赔偿每人 30 元，遭商家拒绝。事后，学生再次与商家进行协商，要求赔偿，商家再次拒绝。二次交涉时，商家道歉并做出给学生派旅游套票的赔偿，但学生认为这种赔偿方式对他们没什么意义，拒绝了商家的赔偿方式。经过几番交涉，商家表示看中其中一位思维与表达能力很好的同学，于是提出要给该名同学安排派单工作，但该同学拒绝，依旧要求赔偿。最后，事件以商家拒绝赔偿，学生无奈妥协告终。

通过对案例的了解以及笔者对当事人的采访可以看出，5 名同学在兼职过程中工作内容改变，解决无果的原因有：第一，学生过分依赖学校的勤工助学机构，自身没有对该份兼职做好充分的了解，没能事先和商家确定好工作内容，做好兼职预想；第二，侵权发生后，学生没能寻求到合适的机构与有效的解决方式。学生与商家交涉，处理问题的方法过于偏激单一，没能理性处理；第三，学生事先没有和商家签订合同，导致发生争议时，解决问题的书面依据有限；第四，双方力量对比悬殊，学生力量薄弱且社会经验较少，使其在交涉过程中处于劣势；第五，商家没能很好地尊重学生的权益，只是把学生当成廉价劳动力使用，没有顾及兼职学生的感受。

很多大学生希望通过兼职的途径来锻炼提升自己，但由于市场机制不完善，学生法律知识匮乏，在与商家发生争议时，寻求不到适合的解决机构与有效的解决方法。针对该案例，笔者提出几点建议来规避此类事件的发生：第一，学生应当事先充分了解兼职的相关信息，如工作内容、商家信誉、工作事件、工资结算等。第二，学生应当利用课余时间补充与兼职相关的法律知识，培养法律意识。一方面可以通过签订法律合同，事前避免争议的发生；另一方面可以为事后发生争议时找到有效的解决方式。第三，学会运用第三方力量解决问题，案例中几名同学是通过学校的勤工助学机构找到工作的，但发生争议后却没有与之做好沟通，让其帮忙解决问题。

（二）案例二：兼职后拖欠工资的维权

问同学在学校勤工助学网站上找到一份电话访问员的兼职，工作内容是通过公司提供的电话进行口头问卷。问同学在那里工作了两个月，但是工资却迟迟未发。于是问同学去公司索取薪酬，第一次公司以老板不在为由拒绝发工资，第二次老板以没按规定时间拿工资拒绝给付工资（公司虽然规定每月的 25 日至 27 日期间发工资，但是实际上这家公司发工资的时间每月会发生变动)。第三次的理由是“客户那边还没确定你们的成功问卷份数，只能等待客户的消息。”如今，经过几次交涉，问同学在工作结束两个月后陆续拿到工资，目前工资尚未领取完毕。

通过了解案例以及事后对当事人的采访，问同学在兼职过程中出现被拖欠工资的原因有三：第一，企业的老板把学生当廉价劳动力，无视学生的权益保障，使用兼职学生以低成本换取利润最大化。第二，学生缺乏维权意识和法律知识，问同学在和用人单位交涉中明显是处于劣势的，尽管受到权益侵害，但只能暗自郁闷，不愿、不敢通过合法途径维护自己的合法权益；虽然双方签订了劳动协议，但是问同学在签约时未完全了解协议内容，所以老板的承诺最终得不到兑现也不能够通过协议体现，如果问同学采取维权，恐怕就会难上加难。第三，由学生本身这个特殊社会角色造成的，这也是大学生在兼职过程中权益容易被侵害的根本原因。大学生的主业是学习，没有太多的社会经验，所以在侵权行为出现的时候不知如何应对，不懂或者不敢采取措施维权。

目前我国的市场体制还不健全，兼职大学生还没有纳入劳动法调整对象，但是学生还是可以在兼职中规避一些可能造成侵权的隐患，就问同学的案例笔者有以下建议：学会重视劳动合同或协议的具体内容，对兼职工作时间、工资结算方式等要和用人单位进行必要沟通，明确工作的具体情况；兼职观念要正确，学会和企业、中介沟通，不要因为自身经济实力、社会地位等外在因素的影响，在权益受侵害时选择沉默，不敢维护自身的权益。

六、对大学生兼职维权的思考以及建议

（一）构建健康的兼职市场

对于如何拓展自己的维权知识，由图 6 的数据可看出，大学生对于调研小组所列出的“学校组织相关讲座”“政府的重视，加强维权知识的宣传普及”“积极参与到各种维权活动中”“同学之间相互传授经验”“自己多学习法律知识”五种方法的选择差不多，都在 60% 左右，说明他们需要从各个方面来学习维权知识。鉴于调研的成果，笔者接下来将从国家、学校、企业、中介机构、学生五个主体来阐述如何构建健康的兼职市场。

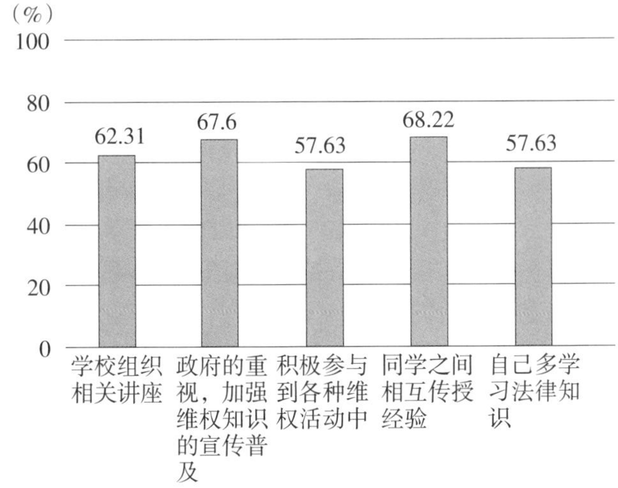

图 6　广州大学生拓展维权知识的途径

1. 国家：完善法律，构建安全的兼职氛围

对于政府层面提供的帮助，大学生最希望的是政府劳动行政部门的帮助（74.45%），其次是国家立法部门完善兼职方面的法律（69.16%）、组建大学生兼职联盟（67.6%）、媒体制造更多舆论压力（53.89%），最后才是法院的帮助（28.97%）（见图7）。

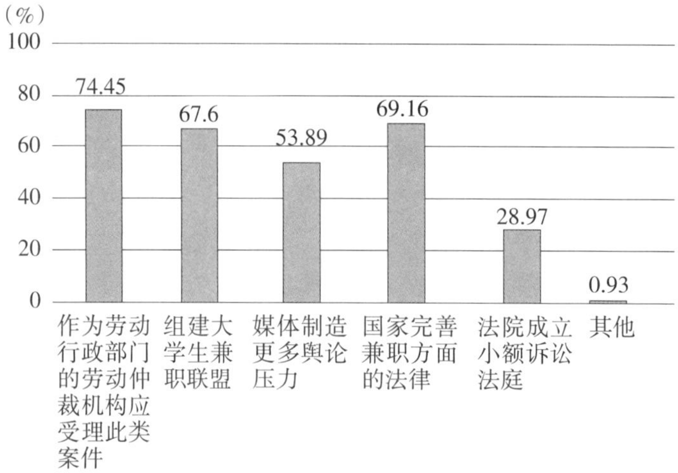

图7　广州大学生希望政府提供的维权途径

可以看出，大学生是比较相信政府的，希望政府劳动行政部门通过行政或仲裁的手段来解决问题，这说明政府在大学生心目中有较高的权威，而对于法院却是最少人选择，说明大学生很少会选择正常的法律途径来解决问题，对诉讼有一定的排斥。鉴于此笔者提出以下建议：

第一，从法律上对大学生的兼职权益加以保护是治本之策。对相关法律以及管理办法进行完善和修改，突出兼职大学生的主体地位，把大学生兼职纳入调整范围，这样从法律上拥有了大学生维权的法律依据，从而做到有法可依。立法机关要积极构建大学生兼职方面的法律体系，将大学生兼职纳入《劳动法》，将学生和雇主的兼职责任合法化，为学生提供合法有效的权益保障的途径。

第二，加大监管的力度。政府加大对兼职市场、兼职网络的监督管理，维护兼职市场和兼职网络的秩序，使中介机构步入正规化，对有关大学生兼职权益受到侵犯的举报及时处理，对多次违法的企业与部门进行严厉的批评教育及处罚，并及时对社会上的兼职中介进行清理，清除虚假兼职信息。既要完善兼职监管机制，也要加强对企业的监督工作，不定期派专门人员到企业与大学生中走访。加大宣传力度，普及维护兼职权益的有关知识。建议各地方出台相关规定保护大学生兼职权益，规范兼职市场。

第三，充分发挥社会媒体的新闻监督和舆论导向作用，对大学生兼职与维权问题加以重视。一经发现侵犯大学生兼职权益的相关事件要及时曝光并进行追踪报道，宣传维护大学生兼职权益。此外，还可以利用新闻媒体、社会舆论等各方面的作用，加大学生兼职安全注意事项和法律知识的宣传。

2. 学校：教育、引导学生正确从事兼职工作

对于学校提供的帮助，由调查数据可看出，兼职网络信息平台是最受欢迎的

(88.16%)。原因在于，现在网络十分发达，通过网络能够迅速地得到自己想要的信息，而且学生能够自主地控制，选择的余地较大。“开展有关《劳动法》、劳动知识、技能培训班或讲座”“与某些单位建立良好的长期合作关系，定期举办兼职专场会，增加大学生与单位的零距离接触”“建立维权中心，帮助在兼职中遭受侵权的同学维护权利”三个方面选择的人数相近，均在70%左右，说明大学生都希望学校能够通过这些途径来保护学生的利益（见图8）。

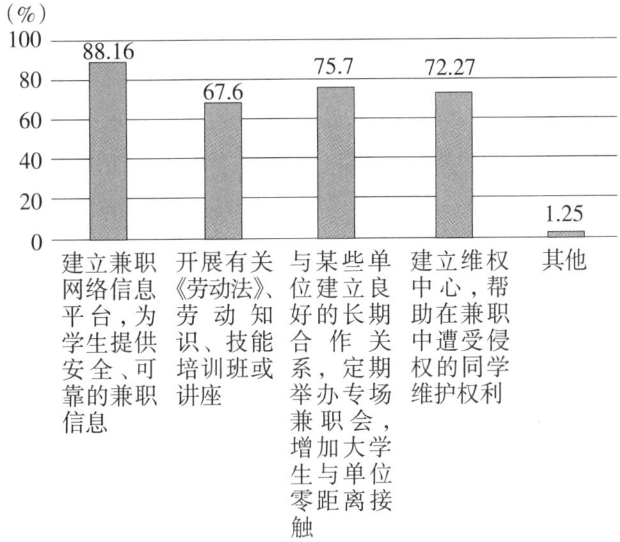

图8　广州大学生希望学校帮助自己维权的途径

第一，为学生开设有关《劳动法》、劳动知识、技能培训、兼职辅导、权益维护等相关的专题讲座，加大法律知识的宣传力度，帮助学生形成正确兼职的态度和观念，培养法律意识。学校应该尽快完善兼职制度，让社会更好地与学生结合，与学生建立好纽带关系。

第二，加强对校园兼职信息进入的监督管理，尽量避免兼职的信息泛滥。提高对勤工助学管理中心的管理，加强制度化、规范化、科学化建设，建立一套行之有效的管理体系。在最大限度为学生提供兼职岗位的同时，完善选择兼职商家、中介的标准和规定，让同学们放心寻求兼职，提高学校的声誉。

第三，设置或者允许设置类似大学生兼职联盟等有助于帮助学生解决困难、维护学生兼职权益的组织，为学生提供一个可咨询的平台。如建立兼职指导维权中心，可以为学生提供与专业相关的兼职信息，使学生能很容易找到与自己专业相关的兼职，真正做到学以致用。

3. 企业：树立良好的信誉和形象

第一，提高企业自身的社会道德素质，提供真实兼职内容，尊重兼职学生，关心体贴兼职学生，为企业赢得良好的形象。第二，制定严格的兼职学生用人制度，按时支付学生工资，不拖欠、不克扣。第三，企业从事经营活动，必须遵守法律、行政法规，遵守社会公德、商业道德，诚实守信，接受政府和社会公众的监督，承担社会责任，做一个有社会责任感的企业。不钻法律空子，和兼职学生签订合同，不抱侥幸心理。明确双方的权利和义务，保障双方的权益，从根本上杜绝大学生兼职被侵权现象。

4. 中介机构：发挥兼职市场中的桥梁作用

第一，按法律程序办事，建立正规的中介机构，自觉接受政府有关部门的监督，建立良好的中介机构形象，提高中介公司在兼职学生中的信任度。第二，扩大发布兼职信息种类和效率的同时，提高兼职信息的真实度，努力提供让学生满意的服务，合理收取中介费用，保障学生的兼职权益和企业的用人需求。第三，搭建一个企业和兼职学生间沟通的平台，积极发挥桥梁作用，为企业和学生提供优质服务。

5. 学生：树立正确的兼职观和提高维权意识

第一，主动学习法律知识，特别是《劳动法》的法律条例，这样在兼职过程中就能够明辨兼职信息的真假，迅速判断合同内容的合法性，有利于谨慎选择兼职工作，避免上当受骗。第二，树立正确的兼职观，明确自己寻找兼职的目的和意义，不要以赚取经济报酬作为兼职的一切，更不能因为兼职忽视学校课程的学习，要懂得权衡兼职的利弊，这样才能够在兼职的过程中收获兼职的经验和阅历，得到锻炼，让兼职真正成为学习的补充，为将来就业打下坚实的基础。第三，提高维权和自我保护意识，无论到任何用工单位工作，都要签订劳动合同或者劳动协议，要注意签的合同或协议是没有违反《劳动法》内容的。当权益受到侵害时，要善于和企业进行协商，掌握必要的谈判技巧，冷静积极地寻求家人、学校、法律等各种合法渠道的帮助，在敢于维护自身权益的同时也要注意安全。第四，为保证安全，选择安全的兼职途径。提高警惕，不要盲目相信社会上的中介机构，尽量选择有信誉和知名度较高的企业或者单位提供的兼职。

（二）建立大学生兼职维权机构

在为大学生提供服务和维护大学生兼职合法权益方面，现存的社会中介机构、学校的勤工助学兼职管理制度存在着一定的盲区，并不能覆盖全部的兼职学生，所以笔者设想成立一个机构或建立一种制度来完善社会中介机构和学校的兼职管理制度。

由于“盲区”里面的学生大多是自己主动寻找或通过不太有安全保障的中介机构来寻找兼职，所以笔者设想成立的机构秉承“预防为主，维权为辅”的理念，尝试通过宣传或培训的方式来加强大学生兼职方面的知识，为他们提供咨询，在兼职市场上通过对用人单位严格的筛选为大学生提供有益的兼职，在大学生的权益受到侵犯时提供必要的帮助。

笔者构想的组织机构设有总部，下设法律顾问团及各大高校分支机构，负责统筹整体工作，实现信息共享；其中各大高校分支机构设行政处、市场部和宣传部等，具体负责日常的相关活动，在总部的统一指挥下服务高校学生。其中总部及各高校的分机构均有指导老师，而各个机构的事务性工作可由大学生负责；法律顾问团可包括律师、高校具备相关法律背景的教授以及大学生代表等。至于具体的运作如经费、岗位人员匹配问题等，这里不做详细阐述。

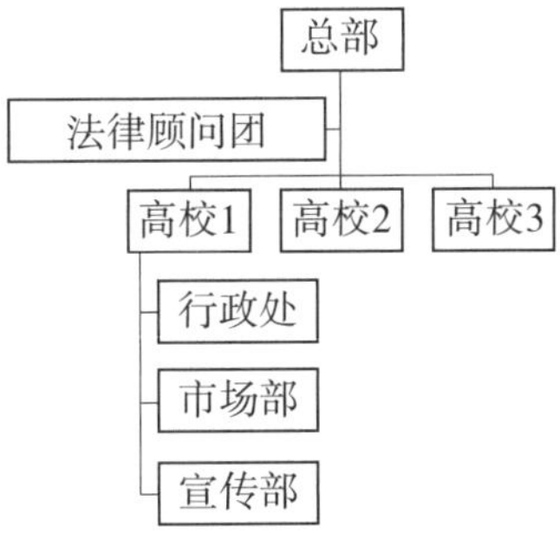

图9　大学生兼职维权机构设置

（1）法律顾问团。参与起草、审核组织规章制度，确保本组织的合法经营；为学生及对应的用人单位提供相关法律知识咨询；为在兼职过程中遭受侵权的学生维护合法权益（如跟企业交涉、上诉法院等）；配合宣传部的相关维权宣传活动。

（2）行政处。对本校的老师、学生负责，统筹用人单位及其管理，主持组织的日常工作，负责组织完成人员日常管理；制定组织的活动计划；负责各部门工作的协调、调度及人事调配；统一负责组织各部财务收支工作，确保组织开展工作所需经费；在创造性开展工作的同时，配合上级以及有关部门布置的各项任务；制定各种规章制度，负责组织文件的整理存档，定期进行工作总结的整理、归档；负责通知的排版与打印。

（3）市场部。筹划组织的推广计划，积极开拓市场；统一负责组织对外业务联系、洽谈，为广大同学提供良好的工作机会；努力争取校内各单位的合作，为学生寻找合适的岗位；联系社会外界需要宣传的公司或个人赢利场所（如促销、派发、礼仪、市场调查）；登记并管理用人单位的情况，统计用人单位岗位并及时寻找合适人选将岗位发放下去；做好组织内部账目的收入与支出情况，管理本组织活动经费，定期向负责组织日常工作的老师进行汇报；及时、准确地登记兼职信息，对兼职对象的身份进行确认，保证兼职学生的安全。

（4）宣传部。对本组织的供求信息作对外、对内的广告宣传；负责组织日常宣传及供求信息广告宣传工作（包括海报、宣传单、卡片等宣传形式）；适当地对组织的业绩以及一些通过本组织获得兼职的同学的情况进行宣传，以扩大组织的知名度和信任度；建立组织网站，负责网站信息管理；通过网络进行管理，及时在网络上发布就业信息；对组织成员进行岗前培训、岗中监督以及岗后信息的反馈。

参考文献

[1] 张扬，等. 大学生兼职期间权益侵害与维护现状的探析——以武汉、杭州、南京市暑期兼职市场为例［E/OL］. http://ishare. iask. sina. com. cn/f/iwVIFCx39Z. html.

[2] 陈月霄. 关于完善大学生勤工助学维权体系的探讨［J］. 福建农林大学学报（哲学社会科学版），2005（4）.

[3] 毛娜娟. 大学生兼职维权问题研究［J］. 网络财富·教育前沿，2010（5）.

[4] 秦伟，李慧. 谁动了我们的奶酪——大学生兼职维权现状及兼职体系探究［J］. 科技致富向导，2010（7）.

[5] 马鋆龙. 大学生兼职的现状分析［J］. 东方企业文化，2011（14）.

［6］刘珊珊，魏文颖. 浅谈国外大学生兼职的现状及特点［J］. 科教文汇，2010（11）.
［7］叶卿，李庆艳. 大学生勤工助学活动遭受侵权情况调查及对策［J］. 成都大学学报（教育科学版），2007（3）.
［8］杨晓，谭和平. 高校学生兼职权益法律保障路径探究［J］. 法制与社会，2008（12）.
［9］施茜. 大学生兼职的法律保护［J］. 甘肃农业，2006（7）.
［10］杨晓. 高校在大学生兼职中的引导功能与模式探究——以保障大学生兼职权益为出发点［J］. 林区教学，2009（5）.
［11］蒋伊琳. 从《劳动合同法》视角探究大学生兼职纠纷［J］. 考试周刊，2011（28）.
［12］杨晓. 浅析高校学生兼职维权体系之构建［J］. 创新，2010（1）.
［13］刘会青. 大学生劳动权益法律保障问题的探究［D］. 北京：中国政法大学，2010.
［14］吴迪. 劳动法视野下的大学生兼职权益保护［D］. 长沙：湖南师范大学，2011.
［15］高长富，姚茗川，唐唯嘉. 在校大学生兼职存在的问题与应对措施［J］. 法制与社会，2011（22）.

广州在校大学生就业、创业意愿调查分析

——以华南师范大学大学城校区为例

杨国志　黄成锋　温岳臻　严家荣　龙世贵①

一、导言

（一）研究背景

中华人民共和国成立后相当长的一段时间内，个人只要能考上大学并顺利毕业，则完全不用担心就业问题，国家会分配工作，也就是俗称的“铁饭碗”。在人才资源稀缺的年代，包分配不失为鼓励人们奋发学习的有效政策。但同时这种制度也存在着诸多弊端，如令考上大学的学生缺乏进一步学习的积极性，因此随着时代的不断发展，该制度已不适应我国社会经济发展需求而终被淘汰，取而代之的是自主择业和竞争上岗。而近年来随着就业体制变化、高校毕业生人数增加、社会竞争激烈、就业观念变化等因素的影响，大学生就业成为民生领域的一大难题。对于2018的毕业生来说，他们在面对之前恶劣环境的同时还要面对一个重要的外部因素——中美贸易战的影响。两国的对垒博弈造成就业岗位减少，从而导致大学生就业难上加难。

在内外因素的影响下，不少大学生开始另谋出路。创业，成了其中大多数人的首选。据国家工商部的数据显示，我国2013年登记的大学生创业人数为35.9万人，而到了2016年，该数字上升至61.5万人。之所以有越来越多的大学生选择创业，其中最主要的原因是国家近年来所营造的创业氛围愈发浓厚。2014年，李克强总理在达沃斯论坛上首次提出要借改革创新的“东风”，掀起“大众创业”“草根创业”的浪潮，形成“万众创新”“人人创新”的新态势；2015年，国务院印发《关于大力推进大众创业万众创新若干政策措施的意见》，进一步深化改革，创新体制机制，实现创业便利化。国家在政策层面的努力使创业成为部分应届毕业生的新选择，在一定程度上也缓解了就业难的问题。

大学生就业观和创业观各有不同，这将引导他们在毕业时做出就业或创业的不同选择，甚至影响他们今后的就业或创业生涯。通过调查和分析现代大学生的就业观和创业观，可以在一定程度上了解国家的创业优惠政策能在多大程度上影响大学生的毕业选择，以及在愈发严峻的就业形势下，大学生的就业要求是否有所降低等问题。为此，调研小组选择了以华南师范大学大学城校区的学生为例，运用问卷调查和访谈调查的方法来研究大学生的就业观和创业观。希望为大学生今后的毕业选择提供一个参考。

---

①作者为华南师范大学经济与管理学院2016级本科生，指导老师蒋积伟。

（二）调研情况

1. 调研方法

问卷法：本次问卷调查采取随机抽样的方法，在线上随机抽取华南师范大学不同学院和年级的学生进行调查；线下则在校园针对大学生随机发放调查问卷，以求调查对象能基本覆盖华南师范大学各学院和各年级的学生，确保问卷的质量。

访谈法：本次调研随机抽取了10名华南师范大学在读学生进行访谈，进一步了解并分析其就业观和创业观。所有的访谈内容都将作为问卷调查的补充，力求能使本次调研所获信息更加全面。

2. 问卷分析

本次广州大学生就业、创业意愿调查问卷共发放150份。其中，有效问卷142份，有效率达94.6%。本次问卷调查所收集到的142份数据中，大三的占比最多，为65.49%；其次为大二的，占22.54%；大四的学生占6.34%；大一的学生占5.63%。根据调查数据，受访者中就读于经济与管理学院的占比最大，为26.76%；其次是化学与环境学院，占19.72%；文学院的占15.49%；公共与管理学院的占14.79%；物理与电信工程学院的占11.27%；信息光电子科技学院的占11.27%；体育科学学院的占1.41%；法学院的占0.7%；旅游管理学院的占0.7%；其他学院的占2.82%。

二、调研发现

（一）就业观分析

1. 大学生对薪资水平重视程度较高

从是否看重薪资水平、对工作单位和工作地点的选择以及是否愿意接受较低水平的工资等方面，能够较明显地看出大学生对薪资的看重程度。之所以选择一份工作，是因为“我看中工作的薪资水平”，从数据来看，有52位大学生选择“非常同意”，占了49.52%；有51位同学选择了“基本同意”，占了48.57%；只有2个人选择“不太同意”，占1.9%。几乎所有填写问卷的大学生都十分重视薪资水平，这是意料之中的事，受当下的社会风气与生活压力影响，大学生们普遍偏向薪资较高的工作，只有极少部分人认为薪资不代表一切。因此帮助大学生树立正确的就业观是十分必要的事情。选择就业地点一项，有89人选择“希望在一线或者二线城市就业”，占总数84.76%；有31人选择“希望在三四线城市工作”，占29.52%；有16人选择“在城镇中工作”，占15.24%；有7人选择“希望在国外工作”，占比6.67%,；只有1人选择“在农村工作”，占0.95%；另有1.9%表示无所谓。从工作地点的选择可以看出，大学生都希望在一二线城市发展，大城市不单单是工作机会多，而且交通、娱乐等设施也相对比较齐全；选择在相对落后的城镇和乡村发展的人数比较少，发展相对落后的地区，就业机会比较少，但是潜在机会较大，这是大部分大学生没有意识到的。

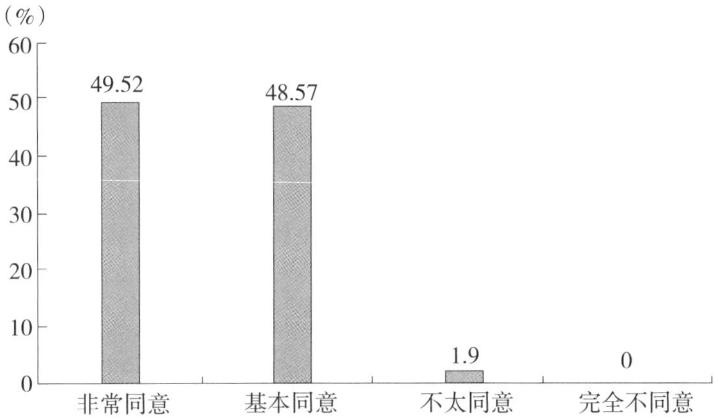

图1　我看中工作的薪资水平

2. 大学生倾向选择较为稳定的职业

从调查数据来看，大学生对工作单位的选择并没有呈现一边倒的态势，调查中，有39人选择在事业单位工作，占37.14%；有29人选择在国企工作，占27.62%；有22人希望在外企工作，占20.95%；有10人选择在民营企业工作，占9.52%；只有5位选择了其他，占4.76%。可以看出大学生就业单位的选择还是多元化的，但还是有超过一半人会选择在工作较为稳定的国企和事业单位工作；对更有挑战性的外企和民营企业，选择的人数虽然不及事业单位和国企人数多，但也占了受访人数的三分之一，可以看出部分大学生并不缺乏开拓进取的精神。

3. 大学生对个人发展的看重程度较高

从数据来看，几乎所有的大学生都十分看重工作岗位的发展空间，“我很看重工作岗位的发展空间”一项，有57人选择了“基本同意”，占54.29%；有47人选择“非常同意”，占44.76%；只有1人“不太同意”。更好的发展空间意味更高的薪资水平，这几乎是所有大学生都追求的。而对社会而言，竞争能够促进社会经济的发展；对个人而言，更好的发展空间意味着能够持续性地为社会创造价值。同时，大学生也有追求更好工作的强烈意愿。调查结果显示，大学生追求更好工作的积极性还是很高的，有59人选择了“基本同意”，占56.19%；有45人选择了“非常同意”，占42.86%；只有1人选择“不太同意”。大学生追求更好工作的意愿，能够调动社会劳动力的积极性，营造良好的竞争氛围；但社会上也存在一些条件艰苦的岗位，如果没人愿意去真打实干，也会影响社会生活。

4. 大学生择业重视专业和爱好的匹配性

大学生普遍希望未来工作能够和专业、爱好挂钩。从数据调查来看，大多数受访大学生认为，将来的工作与专业对口是有必要的，其中有66人选择了“基本同意”，占62.86%；有14人选择“非常同意”，占13.33%；“不太同意”的有25人，占23.81%；没人选择“完全不同意”。由此可以看出，专业对口与大学生选择工作还是有较大因果关系的。另外，大学生认为爱好与工作之间的联系也是很重要的。有62人选择了“基本同意”这一观点，占59.05%；有34人“非常同意”这一观点，占32.38%；只有9人选择

“不太同意”，占8.57%；没人选择“完全不同意”。可以看出大学生对工作的选择带有一定的主观感受，只有自身喜爱的工作才可以让大学生始终如一地坚持。但在现实中，并不是所有工作都是符合大学生的兴趣爱好的。因此，大学生具备一定的适应能力是十分必要的，一味地根据自己的爱好选择工作，往往会加大就业的难度。

5. 大学生在择业时服务基层意识有待提高

从数据显示上看，与对薪资水平的看重程度相比，对基层服务的意识也呈现出一边倒的情况：有64位受访大学生“不太同意”选择当村官、支教老师之类的基层服务岗位，占60.95%；有29人选择“基本同意”，占27.62%；有10人选择“完全不同意”，占9.52%；只有2人“完全同意”，占1.9%。由此可以看出，大部分大学生的基层服务意识还有待提高，他们普遍还是看重薪资水平，对于能够服务社会的基层岗位，许多大学生会因为工资不高而不愿意去尝试，这也体现了社会资源分配不均的问题。如果有关部门采取相应的政策，提高基层服务岗位的待遇水平，对缓解社会就业压力十分有帮助。

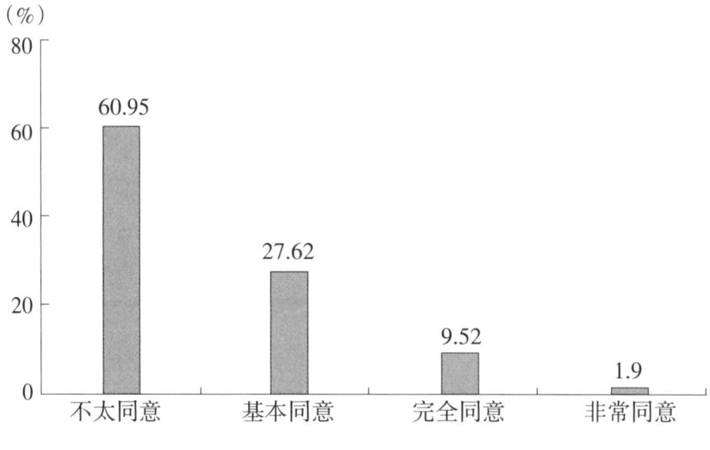

图2　是否选择基层服务岗位（例如：村官、支教老师等）

（二）创业观分析

1. 大学生创业首要考虑因素是兴趣和爱好

在回答创业的首要原因这个问题时，高达56.52%的受访者表示是出于个人的兴趣和爱好；其次，有34.78%的受访者表示，选择创业是因为其能带来高额的经济回报；出于响应国家号召和其他原因的，各占4.35%。这样的数据表明，创业这条道路是艰辛的，只有出于个人的兴趣爱好，才能保持对它的热情。高额的经济回报同样也是吸引在校生选择创业的一大因素，但却没有个人兴趣爱好来得重要。

2. 资金不足、经验不足和缺乏创业团队成为大学生创业三大障碍

在回答阻碍创业的最大障碍的问题上，多数受访者认为是资金不足，占比为60.87%；其次是个人力量微小，占比为43.48%；然后是缺乏经验与指导，占比为39.13%；有17.39%的受访者认为是把握不住市场环境；有13.04%的人认为是面对风险承受能力不足；8.7%的受访者表示是没有好的创业方向；也有4.35%的受访者认为会遭到亲人的反

对，4.35%的人认为是其他因素。这些数据表明，占比最高的三个因素恰好与大学生选择先就业再创业的原因相重合，而且远高于其他选项。可见，大学生在创业之前想好如何解决这三个问题尤为关键。

3. 大学生普遍对于国家创业政策不了解

对于国家创业政策的了解程度，调查结果显示，69.57%的受访者表示不太了解、26.09%的受访者表示基本了解以及4.35%的受访者表示基本不了解。这样的数据说明，国家或社会在宣传创业相关政策的力度还不够大，大学生了解学习相关知识的意愿也不够强烈，为了避免将来在创业的道路上少走弯路，有创业想法的在校生还是要多努力去了解相关的政策。同时，这也需要国家或社会加大这方面的宣传力度。

4. 亲身体验对大学生创业观的形成有很大影响

数据表明，在校生创业想法的来源中，占比最高的为曾亲身参与过创业的相关活动的大学生，占比达60.87%：其次是受到媒体与社会宣传的影响，占比为43.48%；有26.09%的受访者认为是受到学校的影响；有21.74%的受访者认为是受到家庭的影响；有17.39%的受访者认为是受到同学或朋友的影响。由此可见，对于在校生而言，他人、家庭或社会等外部因素对一个人是否产生创业想法的影响远远不及个人是否亲身体验过创业活动的过程来得重要。鉴于此，学校应该经常举办与创业相关的活动，以便能够帮助大学生积累创业经验，激发创业的兴趣。

（三）创业观的相关性分析

为了更直观准确地了解大学生创业的动机目的等，在此对大学生创业的原因与领域、创业想法的来源与他们对国家政策的了解、创业的方式与阻碍因素、政策的了解与阻碍因素、领域与创业素质的因素等方面进行相关性、交叉分析。

1. 创业原因与创业领域

表1　创业原因与创业领域相关性分析

项目		相关系数及 p 值	
选择创业的首要原因	与自身专业联系比较紧密的行业	相关系数	0.971
		p 值	0.000
	自己感兴趣的行业或看好的行业	相关系数	0.950
		p 值	0.000
	热门的行业	相关系数	0.984
		p 值	0.000
	启动资金少、易开业且风险较低的行业	相关系数	0.974
		p 值	0.000
	技术要求较低的行业	相关系数	0.971
		p 值	0.000

利用相关分析研究“自身专业联系比较紧密的行业”“自己感兴趣的行业或看好的行业”“热门的行业”“启动资金少、容易开业且风险较低的行业”“技术要求较低的行业”分别和“我选择创业的首要原因”之间的相关关系，使用 Pearson 相关系数表示相关关系的强弱情况。具体分析可知：相关系数值分别是 0.971、0.95、0.984、0.971，相关系数值均大于0，意味着它们之间有着正相关关系，说明在选择创业原因时，填写问卷的在校生十分注重个人兴趣和追求高额的回报，同时会选择自己感兴趣的领域和自身专业联系比较紧密的行业作为创业的领域。

2. 创业想法的来源与对政策的了解

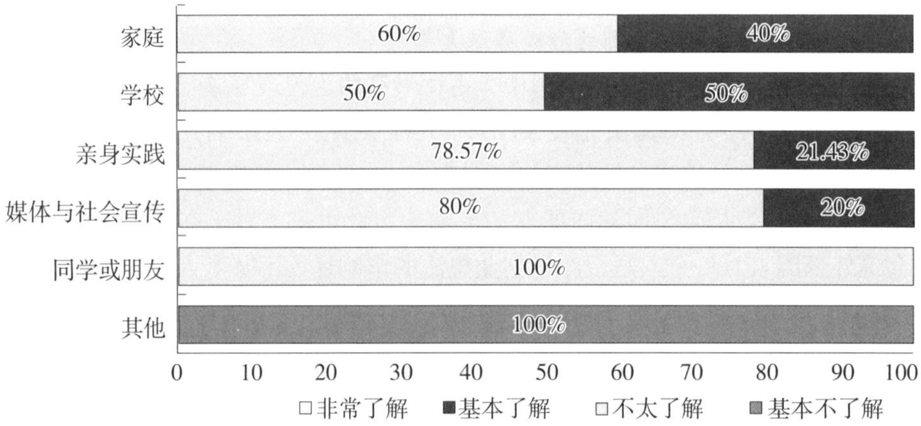

图 3　创业想法的来源与对政策的了解交叉分析

表 2　创业想法的来源与对政策的了解相关性分析

项目		相关系数及 p 值	
对政府出台创业政策了解程度	家庭	相关系数	0.983
		p 值	0.000
	亲身实践	相关系数	0.985
		p 值	0.000
	同学或朋友	相关系数	0.990
		p 值	0.000
	其他	相关系数	0.996
		p 值	0.000
	媒体与社会宣传	相关系数	0.984
		p 值	0.000
	学校	相关系数	0.980
		p 值	0.000

从上表可知，利用相关分析研究“我对政府出台的创业政策了解程度”分别和“家庭、亲身实践、同学或朋友、其他、媒体与社会宣传、学校”这六项之间的相关关系，相关系数值分别为0.983、0.985、0.990、0.996、0.984、0.980，并且呈现出大于0.01水平的显著性，因而说明它们之间有着显著的正相关关系。可知，对国家创业政策的了解主要来源于亲身实践、媒体和社会宣传及学校。

3. 创业的方式与阻碍因素

表3　创业的方式与阻碍因素相关性分析

项目		相关系数及 p 值	
创业的方式与阻碍因素	资金不足	相关系数	0.978
		p 值	0.000
	个人力量微小	相关系数	0.980
		p 值	0.000
	市场环境把握不住	相关系数	0.974
		p 值	0.000
	面对风险承受能力不足	相关系数	0.979
		p 值	0.000
	亲人反对	相关系数	0.983
		p 值	0.000
	没有好的创业方向	相关系数	0.981
		p 值	0.000
	缺乏经验与指导	相关系数	0.971
		p 值	0.000
	其他	相关系数	0.983
		p 值	0.000

从表3可知，利用相关分析研究“创业的方式与阻碍因素”分别和“资金不足、个人力量微小、市场环境把握不住、面对风险承受能力不足、亲人反对、没有好的创业方向、缺乏经验与指导、其他因素”这八项之间的相关关系，相关系数值分别是0.978、0.980、0.974、0.979、0.983、0.981、0.971、0.971、0.983，相关系数值均大于0，意味着它们之间有着正相关关系。在选择创业模式时，填写问卷的在校生一般选择开办公司、合伙创业及加盟和创办个体商户，他们面临的阻碍因素主要为创业资金不足和缺乏经验与指导。

4. 政策的了解与阻碍因素

表 4　政策的了解与阻碍因素相关性分析

项目		相关系数及 p 值	
我对政府出台的创业政策了解程度	资金不足	相关系数	0.987
		p 值	0.000
	个人力量微小	相关系数	0.981
		p 值	0.000
	市场环境把握不住	相关系数	0.987
		p 值	0.000
我对政府出台的创业政策了解程度	缺乏经验与指导	相关系数	0.983
		p 值	0.000
	面对风险承受能力不足	相关系数	0.988
		p 值	0.000
	没有好的创业方向	相关系数	0.995
		p 值	0.000
	亲人反对	相关系数	0.990
		p 值	0.000
	其他	相关系数	0.993
		p 值	0.000

从表 4 可知，利用相关分析去研究“资金不足、个人力量微小、市场环境把握不住、缺乏经验与指导、面对风险承受能力不足、没有好的创业方向、亲人反对、其他”分别和“我对政府出台的创业政策了解程度”之间的相关关系，使用 Pearson 相关系数去表示相关关系的强弱情况。具体分析可知：它们的相关系数值分别是 0.987、0.981、0.987、0.983、0.988、0.955、0.990、0.993，相关系数值均大于 0，这意味着它们之间有着正相关关系。可知，填写问卷的在校生中，对于政府创业政策的了解程度不高，而在制约创业的因素中，缺少资金占大多数，由此可见大学生选择创业与否的关键因素为创业资金的短缺。

5. 创业领域与创业素质的因素

表 5　创业领域与创业素质的因素相关性分析

相关性分析		其他	挑战精神	沟通以及交际能力	较好专业知识与能力	管理领导艺术	良好的社会关系	对市场的认识水平
与自身专业联系比较紧密的行业	相关系数	0.989	0.974	0.984	0.990	0.975	0.967	0.976
	p 值	0.000	0.000	0.000	0.000	0.000	0.000	0.000
自己感兴趣的行业	相关系数	0.987	0.994	0.989	0.979	0.980	0.973	0.977
	p 值	0.000	0.000	0.000	0.000	0.000	0.000	0.000
其他	相关系数	0.997	0.989	0.993	0.988	0.989	0.988	0.988
	p 值	0.000	0.000	0.000	0.000	0.000	0.000	0.000
启动资金少、容易开业且风险较低的行业	相关系数	0.990	0.974	0.985	0.979	0.982	0.990	0.985
	p 值	0.000	0.000	0.000	0.000	0.000	0.000	0.000
技术要求较低的行业	相关系数	0.992	0.983	0.986	0.978	0.986	0.984	0.989
	p 值	0.000	0.000	0.000	0.000	0.000	0.000	0.000
热门的行业	相关系数	0.990	0.979	0.985	0.979	0.982	0.980	0.990
	p 值	0.000	0.000	0.000	0.000	0.000	0.000	0.000

从上表可知，利用相关分析研究“其他、挑战精神、沟通以及交际能力、较好的专业知识与能力、管理及领导艺术、良好的社会关系、对市场的认识水平”分别和“与自身专业联系比较紧密的行业，自己感兴趣的行业或看好的行业，其他，启动资金少，容易开业且风险较低的行业，技术要求较低的行业、热门的行业”这六项之间的相关关系，由相关系数显示，它们均成正相关关系。可知，无论选择哪一个行业进行创业，具有挑战精神、沟通以及交际能力极为重要。

综上所述，在选择创业原因时，填写问卷的在校生比较注重个人兴趣和追求高额的回报，同时会选择自己感兴趣的领域和自身专业联系比较紧密的行业作为创业的领域。在选择创业模式时，会选择开公司、合伙创业及加盟，他们面临的阻碍因素主要为创业资金不足和缺乏经验与指导；对国家创业政策的了解主要来源于亲身实践、媒体和社会宣传及学校，但填写问卷的在校生对于创业政策的了解程度较低；而在制约创业的因素中，缺少资金占大多数，体现了大学生选择创业与否的关键因素为是否有创业资金的积累；在创业素质方面，他们普遍认为无论选择哪一个行业进行创业，具有挑战精神、沟通以及交际能力极为重要。

（四）访谈分析

由于问卷调查存在许多的局限性，调研小组以访谈调查的形式对其进行补充。团队共进行了 10 人次的访谈，并对所获得的信息进行整合。由于访问对象数量较少，分析时不可避免地掺杂了分析者的个人看法，因此具有一定程度的主观性。

1. 创业动机

高额经济回报、工作自由、自我实现是大学生创业的三大主要动机。受访者认为，通过就业获得晋升的赚钱途径难以获得能够满足自身物质需要的经济收入。选择创业者均对未来持乐观态度，他们清楚创业存在失败的风险，但往往表现出较高的自信。部分创业者除了追求高额的经济回报，同时也追求无拘无束的生活状态，他们大都充满活力，追求创业所带来的趣味性和冒险性。创业的第三大动机是自我实现，所有选择创业的受访者都或多或少地表现出自我实现的愿望。在创业者看来，创业活动本身就意味着挑战自我。创业已经成为新时代冒险的代名词，无论创业的动机是什么，创业就意味着探索“新世界”。总的来说，高额经济报酬是大部分创业者最直接的动力，工作自由是伴随创业产生的益处，自我实现成为当今社会文化环境下大学生创业的一个重要因素。

2. 工作环境的选择

对于工作环境的选择，受访者之间差异较大。首先是对于工作地点的选择。选择广州的人数最多，主要原因是受访者均在广州上大学，另一个因素是广州本地学生居多。对于受访者来说，广州是一个特殊的城市，它既是大学所在地，又可能是家乡，同时又是广东省省会，四大一线城市之一；广州外贸行业的发展领先全国，又是全国第四大金融中心。无论对创业者还是就业者来说，广州都是最适合的城市之一。对于首要考虑工作未来的人来说，北上广深等城市都是理想的选择。需要注意的是，有些受访者也表现出了“佛性青年”特征，选择三、四线城市作为就业地，希望过一种远离人间烟火，宁静、慢节奏的生活。

关于工作单位的选择。大学生对于国有企业持有截然相反的两种态度，选择国企的人认为国企待遇高，工作稳定，员工的基本权益能够得到很好的保障；坚决不选择国企的人认为，国企薪资水平低于其他类型的企业，管理制度僵化，官僚主义盛行。选择民营企业和外资控股企业的人数更多，以互联网为例，中国现有的大型互联网企业无一不是民营企业。除了能源和金融两大领域为国有企业所垄断，其他大多数的新兴行业中，民营企业都占有重要比例；同时民营企业待遇高，相比国企更具有活力而成为大部分人的首选，当然，选择民营企业也意味着需要面对更大的工作压力。相对而言，国企在员工福利待遇上一般更符合国家法律法规的规定。还有受访者认为，公司企业工作压力太大、自由程度低，因此更倾向于选择以开网店的形式进行创业尝试，这种方式既没有其他创业者需要面对的诸多困难，也可享受到可以自由支配时间的好处。

3. 大学生的奉献精神

“理性经济人”是经济学的基本假设之一，它指的是人们追求自身利益（效用）最大化，也就是说一切从自己的利益出发。通过访谈，笔者发现大部分受访者并不十分“理性”。大部分人愿意从事短期回报低、条件艰苦但是有很高社会价值的职业，例如支教老师、村官等。他们愿意到西部一些落后地区去奉献自己，并且一定程度上不计回报。虽然其中绝大部分人只愿意在短期内从事这些志愿活动，时间限度大概在数年以内，但总的来说，他们还是会去主动奉献自己，回馈社会。

4. 创业的困难

创业是一项高风险活动，大部分受访者都认为自己创业有可能失败。对于大学生来说，创业最大的困难在于资金的短缺。近年来，国家对大学生创业的支持与号召力度越来越大，高校也越来越鼓励大学生创业，使得大学生中拥有创业想法的人越来越多。但是对于绝大部分大学生来说，他们的家庭并不十分富裕，无法为其提供足够的创业资金；各种创业比赛筛选严格，只有少数团队能获得奖金；大学生创业成功率较低，风险投资机构不愿投资；国家政策落实不到位，大学生创业贷款申请难度高。受种种主客观条件限制，造成了大多数大学生无法筹集到创业所需的足够资金。其次，许多想要创业的大学生仅仅有创业的想法，却没有具体的方案。大部分大学生既没有创新的技术，又没有高效的经营管理模式。也就是说，大学生们并没有自己的产品，甚至没有方向。对于未来创业的领域，大部分人只能笼统地说想要在互联网、金融、旅游、教育等方面进行创业尝试，他们大都还处于迷茫状态，并没有具体可行的计划。另外，大学生也没有创业经验。创业是有一定门槛的，创业者必须对国家政策、法规有一定的了解，要有基本的组织管理能力，还要有一定的交际能力，等等。创业是复杂的实践活动，难以通过课堂学习来获得成功方法。更何况，大部分大学生完全没有接受过创业教育，对于创办企业、组织团队、市场营销一无所知。这就必然会导致创业失败。

缺乏创业伙伴也是一个重要原因。初创团队对于创业公司来说是最重要的要素，组织起一支执行力高的团队是成功的起点，但是这需要较高的人际交往能力，几位受访者表示自己还没有找到志同道合的人。

通过访谈，笔者了解到，大学生选择创业的三大动机是高额经济回报、工作自由、自我实现。无论是选择就业还是创业，广州的大学生更倾向于在广州就业或创业，但如果有其他因素影响，选择其他一、二线城市的人也不在少数，同时也不能忽略有少数人选择三、四线城市或者乡镇的。对于工作企业的选择，无论选择国有企业、民营企业还是外资控股企业，都有其优点。许多大学生愿意短期地从事带有志愿、奉献色彩的职业，表现出了较高的奉献精神。对于选择创业的大学生来说，创业之路困难重重。最大的困难在于资金的缺乏，另外，创业经验的缺乏、对创业产品的迷茫、创业团队难以组建，都是创业路上不可忽视的困难。

三、评价与建议

（一）基本结论

通过这次社会调查，调研小组对华南师范大学学生在当前社会形势下的就业观和创业观有了大致的了解，以此为基础，得出以下结论：

1. 就业观方面

（1）面对近年来越发严峻的大学生就业环境，广州的大学生仍偏爱选择高薪水的工作，对工作单位和工作地点均有较高要求。显而易见，他们没有因“最难就业年”而降低对工作的各项要求，而这将加剧他们将来的就业难。对此笔者建议，大学生要树立竞争就业观，加强自身的各项素质，以便在将来的就业竞争中确立优势，获得自己心仪的职位。

（2）广州的大学生对个人发展的前景较为看重，他们更愿意从事发展空间大的工作。另外，一旦他们入职后对从事的工作感到不满意，他们会有较强的意愿去寻找新工作来改变现状。这表明广州的大学生大多拥有奋斗精神，不会轻易满足现状。

2. 创业观方面

（1）相比就业，广州大学生的创业热情不算太高。本次社会调查的结果显示，只有不到17%的受访者愿意毕业后直接创业或先就业后创业。

（2）广州大学生之所以选择创业，最大的原因是个人的兴趣和爱好，其次则是可能存在的高额回报，而非当前越发严峻的就业环境或国家出台的创业优惠政策所致。同时，他们对于国家出台的有关创业的优惠政策了解程度不高。由此可见，他们创业的出发点大多是为了实现个人的兴趣爱好或变得富裕，缺乏对其创业可行性的充分思考，如国家是否有相关的政策支持，选择创业的领域是红海还是蓝海。这可以警示有意向创业的大学生要再多考虑一下客观因素，不能光凭主观能动性盲目创业。

（3）在有意向创业的大学生看来，资金、经验和创业团队是创业必需的三大支持因素，为了获得这三种因素，大多数有意向创业的大学生会选择先行就业，积累经验、人脉和创业资金，为将来成功创业打好基础，而这不失为一个明智的选择。

（二）大学生就业观的评价与建议

从调查问卷中，笔者大致了解了华南师范大学大学城校区大学生的基本就业观，大部分同学的观念还是积极向上的，对于个别人存在的思想误区，笔者提出以下建议：

（1）树立竞争性的就业观。在调查中，仍然有个别同学期待学校或者家庭帮助自己安排工作，抱有这样的依赖思想只会一事无成。大学生要主动出击，提升自身素质，在就业竞争中争取获得优势。

（1）摒弃“官本位”的就业观。仍有较多的学生就业时倾向于选择国企、事业单位等较为稳定的单位，这样一方面会加剧带有官方色彩的单位的就业竞争，另一方面，导致其他企业出现用工荒的问题。摒弃“官本位”的就业观念，能够提高社会就业率，缓解大学生就业难。

（3）淡化专业对口观念，扩大就业范围。许多学生十分看重就业单位和自己所学专业是否对口，在就业竞争压力较大的今天，如果敢于尝试不同领域，找到适合自己的工作，也不失为一条很好的出路。

（4）正确对待失业和待业。失业与待业问题都是普遍存在的问题，不能够因为这样就自暴自弃甚至走上违法犯罪的道路，只有不断完善自身素质才能在下次的求职中谋得心仪的职位。

（三）大学生创业观的评价与建议

根据问卷数据分析，笔者已初步了解了在校大学生的基本创业观，为此，提出以下几点建议：

（1）先就业再创业不失为一个好的选择。有些大学生可能担忧就业的困难而选择刚刚毕业甚至大学期间就匆匆创业，但如果没有一定的人生阅历、资金人脉等是很难在激烈的市场竞争中取得一席之地的。因此，在毕业后选择先就业，提升一下自身各方面的实力，了解市场的基本需求，会给将来成功创业打下良好的基础。

（2）在大学期间多参与创业实践的相关活动。参与创业实践能让大学生在校期间积累相应的工作经验，培养自己的创业能力，也有利于大学生增强自己的创业热情和创业意识，树立起更加正确的创业观。

(3) 有意识地在思想和精神上锻炼自己。大学生要树立自信、自强、自主、自立的意识。自信就是对自己充满信心，相信自己有能力。自强赋予人主动积极的人生态度和进取精神，相信自己能够成为创业的成功者。自主就是具有独立的人格，具有独立性的思维能力，善于设计和规划自己的未来。自立就是凭自己的头脑和双手，凭借自己的智慧和才能，凭借自己的努力和奋斗，建立起自己生活和事业的基础。大学生只有不断地锤炼自己，提升自己，才能在未来的创业之路上写下辉煌的篇章。

高校社团活动管理机制研究

——以华南师范大学为例

吕荧君　张艺龄　蔡思思　袁艳清　冯羽乔　陈雾如[①]

一、导言

（一）调研背景

1. 高等教育改革的实施推进

随着素质教育的实施与推进，高校教育多元化的进程日渐加快，大学生素质拓展计划的实施也逐步完善，这为我国高校学生社团的发展创设了良好的机遇。调查显示，全国高校约有68%的学生参加过社团。

2. 学分制、弹性学制教育改革的实施推进

学分制、弹性学制的改革使得学生对自己的学习和生活有了更大的自主权，学生拥有更充足的时间参加各类社团，来培养和发展自身的兴趣爱好。

3. 青年大学生群体特性的凸显

80后和90后作为在改革开放后成长起来的一代，群体特征十分明显。新一代的大学生兴趣爱好极为广泛，有着较强的自主性和主动性，对于各种各样的学生社团往往表现出极高的热情和兴趣。

（二）调研目的及意义

高校学生社团迅速发展的同时，在管理机制等方面也存在一定的问题。因此，课题组以高校社团的管理机制为研究对象，分析当前高校社团管理机制存在的问题和原因，并就如何完善社团管理机制提出针对性的对策，这对完善与改进高校社团的自身发展有一定的借鉴意义。

第一，有利于社团进行资源整合，完善社团管理机制。通过对社团管理机制进行探究，有利于加强社团内部及外部的管理活动，促进各方资源的整合。

第二，有利于为社团管理成员提供参考借鉴，更好地进行社团管理活动。通过分析高校社团内部管理存在的问题和原因，有利于各部门之间取长补短，完善社团评比机制及沟通机制。

第三，有利于培养校园文化的多元性，增强校园文化活力。通过完善高校社团的管理机制，既能为学生提供更多优质的服务，也能增强校园文化活力，充分发挥社团作为学校"第三部门"的积极作用。

---

①作者为华南师范大学经济与管理学院2016级本科生，指导老师张永刚。

（三）相关概念

1. 学生社团

学生社团是指学生为了实现会员的共同意愿和满足个人兴趣爱好的需求，以志愿参加为原则，按照其章程开展活动的群众性学生组织。

结合对本课题研究对象的了解，课题组发现华南师范大学校社联下属的社团一共有五大类，分别是文娱体育类、理论学习类、兴趣爱好类、学术科技类以及社会实践类。

2. 管理机制与管理体制

管理机制是指管理系统的结构及其运行机理，是管理系统的内在联系、功能及运行原理，是影响管理功效的重要因素。管理体制则是针对某一项目、团体制定的规则，以使其有条不紊地运行的一种方法。

（四）研究方法

1. 文献研究法

课题组成员收集整理了当前学术界在社团活动管理机制等方面的研究成果，参考借鉴了其中比较有代表性和权威性的学术论文与学术著作，初步了解了高校社团、社团管理机制等概念的基本内涵，以及当前高校社团管理运作的现状和存在的问题。

2. 访谈法

课题组围绕调研主题选择了不同对象进行访谈，其中包括社团学生干部、校社联主席以及各类型社团的指导老师，期望从多个角度了解当前高校学生社团的运作现状和管理机制，以保障结论的客观性与科学性。

3. 问卷调查法

此次问卷调查对象的为在校学生，在问卷的设置上，课题组为不同的调查对象设置了不同类型的调查问卷，主要是从社团管理者、社团干事这两个不同的群体出发，分析社团管理机制所存在的问题。

（五）理论基础

1. “六盒模型”理论的概念

“六盒模型”（Six-box Model）理论是马文·韦斯伯德 1976 年针对企业组织问题提出的一套理论框架和分析模式。该理论主张从目标、组织结构、领导、人际关系、激励、参与机制（有用的机构）六个方面对组织进行诊断。课题组认为，就高校社团管理而言，借鉴“六盒模型”理论能够较为科学、全面地识别和解决学生社团所存在的问题。

“六盒模型”理论的主要内容和内在关联如图 1 所示。其中，圆环表示被诊断社团的边界，在边界内，各盒之间的相互作用形成“投入—产出”系统。

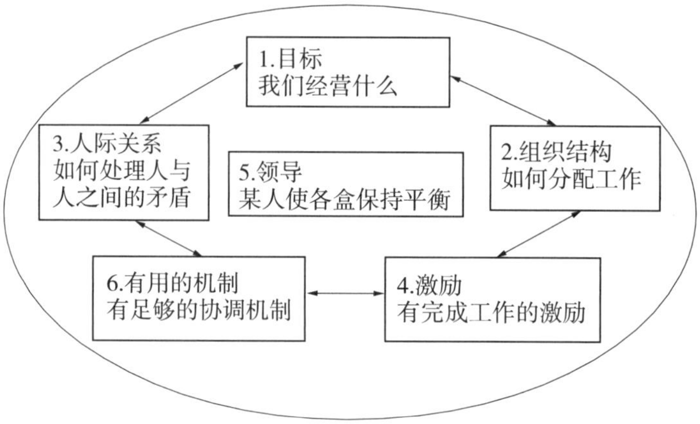

图1　“六盒模型”理论示意图

2.“六盒模型”理论的六大要素

一是目标。“六盒模型”理论中的目标，是指组织要确认自身近期和远期的工作愿景、工作方向和工作任务，制定出具体的子目标和实现不同级别、不同阶段目标的策略计划。诊断目标必须审视以下方面的内容：

（1）目标是否合理，即目标是否能够指导社团提供的活动或服务满足群体的需求；

（2）目标是否明确，即能否根据目标制定出组织活动的工作；

（3）目标是否实现，即执行结果能否达到预期目的。

二是组织结构。组织结构就是对劳动分工、决策制定、管理层与普通人员之间的权责以及各职能机构之间的关联途径和工作方式进行正规的架构与设置。在马文·韦斯伯德看来，组织功能决定着组织结构，每一种组织结构都有优长，没有哪一种组织结构可以放之四海而皆准。

三是人际关系。马文·韦斯伯德把企业组织的“人际关系”分为三种类型，即部门内部的上下级与同级之间的关系、承担不同任务的职能部门之间的关系、组织成员与技术之间的关系。

四是激励。如何让团队成员获得工作的价值感，并将之视为自身成长的宝贵机遇，如何确保团队成员在各种利益分配中生成公平感，从而增强他们的自尊和责任心等问题都是“激励”模块中不容忽视、不可回避的重要问题。诊断及评估激励机制时应考虑以下几点：

（1）组织需要什么样的激励系统；

（2）组织在实际工作中实行的奖励和人们觉得应该获得的奖励是否一致；

（3）人们因为做或不做某项工作受到惩罚程度如何。

五是领导。大量实验研究表明，在不同情况下需要不同的领导方式，不同的人对领导有不同的要求。马文·韦斯伯德明确提出六盒模型中的“领导”不是指一个领导者或行使领导权的某个人，而是意指由组织中的多位成员共同作用实现的领导力的运转，它在保持其他五个盒子的动态平衡中发挥着至关重要的作用。马文·韦斯伯德把“领导”视为时刻观测组织六个盒子运转的“雷达显示屏”的关键责任人，其任务是探测社团组织文件系统与执行系统的运行轨迹，适时做出调控、反馈和指导。

六是有用的机制（参与机制）。“六盒模型”理论中“有用的机制”在高校学生社团中最突出的功能莫过于塑造和引导组织成员的积极参与。就此而言，下文的研究中用“参与机制”置换了原六盒模型的“有用的机制”，意指为了确保社团成员都能在社团的计划、管理、改革等方面保持高度关注和积极投入。诊断高校学生社团的参与机制的指标包括：

（1）参与机制的建设是否充分考虑到社团目标、组织结构、人际关系、激励机制等方面的特点和现实需要；

（2）参与机制的实际运行效果如何。诸如在制定决策时，组织者管理者在多大程度上考虑到成员的反馈意见；普通成员在社团计划和经费预算中的参与度如何等。

总而言之，目标、组织结构、人际关系、激励机制、领导、参与机制是高校学生社团内部结构的六个基本要素，它们共同构成诊断和评估高校学生社团的重要指标。马文·韦斯伯德特别指出，尽管每个盒子体现了组织环境的不同内容和方向，但是对组织进行有效评估时均需要通观六个盒子，避免过分关注模型中的某一个盒子。

二、调研发现

本次调研活动一共收回 500 份问卷，其中无效问卷 17 份，有效问卷 483 份。问卷调查的对象为华南师范大学社团学生干部和社团学生干事，课题组针对上述两类对象设计了不同类型的调查问卷。

（一）样本描述性分析

参与本次问卷调查的学生样本显示，参加过社团组织并作为内部管理人员的学生占比 65%，仅作为会员参加社团活动的人员占比 5%，未参加过社团的人员占比 25%。从社团职务的人员比例来看，担任过干事和普通干部的学生比例相差不大，占比约为 45%；而担任过高级管理层的学生约占 8%。从社团类型的比例来看，样本分布大致均匀，社会实践类、学术科技类、文体兴趣类占比分别为 40%、30%、30%。从社团人员规模的比例来看，规模在 25 人以下、25～50 人、50～75 人、75～100 人和 100 人以上的比例分别为 5%、26%、19%、20% 和 30%。

（二）大学生对高校学生社团的态度

探讨高校学生对学生社团的参与度及兴趣，是此次课题研究的重要问题。分析高校大学生对学生社团的态度，对进一步完善社团管理机制具有重要意义。

表 1　学生平均每学期参与社团活动的次数

调查内容	参与社团情况				
	没有参与过	1～2 次	2～4 次	4～6 次	6 次以上
百分比（%）	3.10	19.05	37.06	20.91	19.99
频率	15	92	179	101	96

从表 1 可以看出，平均每个学期参与社团活动达到 2 次以上的共计 376 人，占总人数的 77.85%；参与社团活动 4 次以上的共 197 人，达到总人数的 40.9%。由此可见，学生

参与社团活动的热情比较高，社团活动成了学生课余生活的重要组成部分。

表 2　学生对社团活动评价情况表

调查内容	总体感觉			
	办得很好	办得一般	没有太大吸引力	没什么感觉
百分比（%）	32.92	48.03	15.94	3.11
频率	159	232	77	15

根据调查结果，48.03%的学生认为社团活动举办效果一般，15.94%的学生认为社团活动没有太大的吸引力，还有3.11%的学生认为没什么感觉，仅有32.92%的学生认为社团活动办得很好，很有吸引力（表2）。

综上分析，课题组认为，尽管社团活动是学生课余生活的重要组成部分，学生对社团活动的参与度也比较高。但总体来说，学生对社团活动的满意度普遍不高，社团活动的质量参差不齐，还存在着很大的改进空间。

（三）高校学生社团管理的现状分析

1. 社团活动存在的共性问题

由图2可知，高校社团活动存在活动质量不高、活动形式单一、活动宣传不到位等共性问题。在活动参与度方面，60.87%的学生认为学生对社团活动的参与积极性不高。在活动内容方面，分别有54.04%和52.17%的学者认为社团活动存在形式单一、活动质量较低的问题。这在一定程度上反映出社团活动参与度不高的原因。

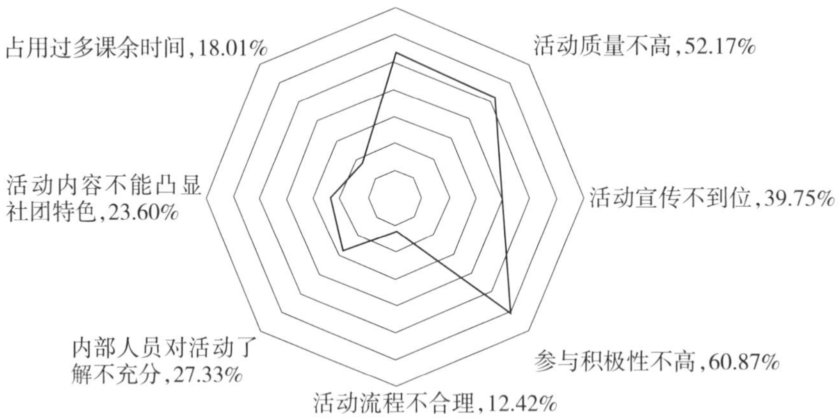

图2　受访者认为社团活动普遍存在的问题

2. 制约社团活动开展的客观因素

根据调查发现，大多数学生认为社团活动的开展存在许多限制因素，特别是在活动资金、活动申请、活动场地、宣传方式等方面，仅有2.86%的学生认为社团活动的开展不存在任何限制因素。75.24%的学生认为社团活动开展缺乏资金支持，68.57%的学生认为社团活动申请流程繁琐，超过50%的学生认为活动场地、活动设备等硬件设施限制了社团活动的开展。

3．受访者对社团自身建设存在问题的评价

由图 3 可知，学生社团在自身建设上存在一些不容忽视的问题，主要包括：在内部沟通交流方面，56. 19% 的学生认为社团内部沟通不够顺畅；在内部制度管理方面，认为社团规章制度不完善、内部奖惩机制落实不到位的学生分别占比 44. 76%、38. 1%；在组织领导方面，社团内部组织机构混乱（35. 24%）、组织或领导人员能力不足（32. 38%）、会员管理过于松散（36. 19%）的问题比较突出。

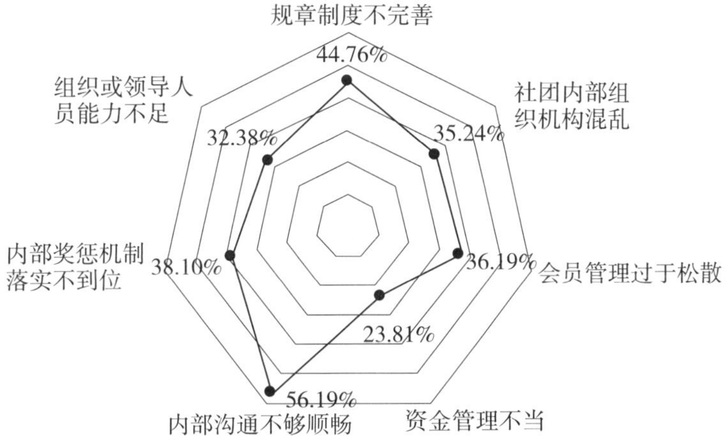

图 3　受访者对社团自身建设存在问题的评价

4．受访者对社团组织结构的评价

从图 4 可知，学生评价社团组织结构设置合理与否的比例大致相当。42. 86% 的学生认为社团组织架构部门设置合理，分工明确。57. 14% 的学生认为社团组织架构设置不合理，其中 33. 33% 的学生认为部门间权责划分不明确的问题最为突出，14. 29% 的学生认为设置了多余部门。

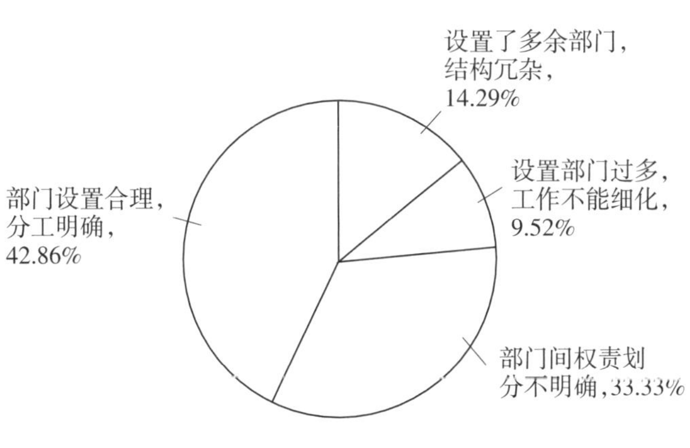

图 4　受访者对社团组织架构的评价

当然，从上述对社团组织架构的评价中，或许存在影响组织架构评价的因素。课题组分析认为，一方面，学生在社团所处的职务不同，对于社团内部工作的熟悉程度不同，都可能影响到对社团组织架构的评价；另一方面，社团规模以及社团内部分工情况的差异，也可能影响学生对社团组织架构的评价。以下分析了学生职务、社团规模与社团组织架构评价的关系。

关于学生的社团职务与其对社团组织架构的评价，通过回归分析得知，低职务的学生对社团组织架构的评价较高，高职务的学生对社团组织架构的评价则较低。课题组认为，其中的主要原因可能是由于低职务的学生对社团内部管理机制了解有限，因此对社团组织架构的评价较高；高职务的学生对社团内部建设较为熟悉，往往更易于发现其中存在的问题，因此对社团组织架构的评价有所下降。

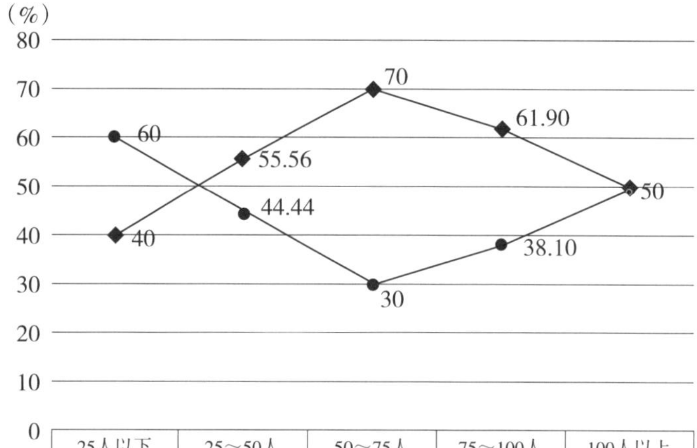

	25人以下	25～50人	50～75人	75～100人	100人以上
设置合理	60%	44.44%	30%	38.10%	50%
设置不合理	40%	55.56%	70%	61.90%	50%

图5　社团规模与社团组织架构评价的关系

根据图5可知，社团规模与学生对其组织架构的评价存在一定的联系。在25人以下的社团及100人以上的社团，超过50%的学生认为其组织架构的设置合理明确。与此同时，超过50%学生认为中等规模（25～100人）社团在组织架构的设置上不够合理。课题组认为，其中的原因可能是：小规模社团的组织架构往往比较简单，管理幅度不大且易于管理，因而学生对社团组织架构的评价较高；大规模社团由于积累了一定的经验，社团管理比较成熟，管理者对社团管理机制也比较重视，因而组织架构的设置也较为合理。

5. 受访者对社团人员流失现象的原因分析

根据调查发现，社团普遍存在人员流失的问题。课题组认为，其中的原因包括：在主观因素方面，大部分学生认为社团活动与其预期相差较远（27%）、占用时间较多（24%）；在客观因素方面，主要有社团活动质量较低（23%）、社团管理制度不完善（17%）等问题。

6. 社团经费收取情况及满意度分析

据了解，高校学生社团活动的经费来源主要包括学校拨款、社会赞助、收取会员费、社会捐赠等，其中社会赞助的比重最大，其次为收取会员费及学校拨款，极少数社团的活动经费来源于社会捐赠。

本文进一步对社团收取会员费的满意度进行探究发现，绝大部分的学生对会费的收取持认同态度，仅有16.15%的学生认为社团会费的收取存在不合理的情况。

7. 社团评比机制的民意调查

学校设置社团评比机制对各社团进行固定的考核与评价。据调查发现，绝大部分的学生认为评比机制存在一定的问题，主要体现在社团评比过于形式化（27%）、忽视对社团日常运作的考量（23%）、缺乏民意调查（20%）、无法确认上交材料的真实性（15%）等方面。

8. 受访者对社团发展关键因素的评估

由图6可知，社团发展的关键因素主要集中在内部管理、领导决策、沟通交流三方面。在内部管理方面，大多数受访者（57.14%）认为，社团发展的关键因素在于完善的内部管理制度（例如奖惩制度等）。在领导决策方面，多数受访者认为，社团管理人员的高素质（46.58%）是社团发展的关键因素，其次为社团指导老师的指导（29.81%）。

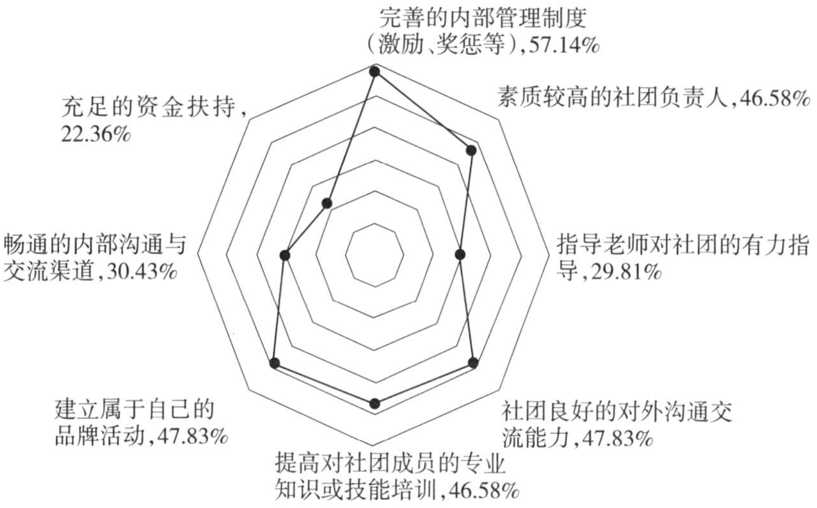

图6　受访者对社团发展关键因素的评估

（四）基于“六盒模型”理论的高校学生社团管理机制评估

1. 高校学生社团目标管理的状况

目标是高校学生社团持续发展的内在动力，但从学生社团的参与度、学生对社团的总体评价中可以看出，目前高校社团在目标管理及定位方面存在杂乱性、狭隘性等问题。

从学生对社团活动的整体评价来看，超过半数学生认为社团活动举办的效果一般，没有太大的吸引力。从学生对社团活动内容的评价来看，活动形式单一、活动质量较低是各社团的“通病”。从社团发展的关键因素来看，47.83%学生提议应建立属于社团自身的品牌活动。

2. 高校学生社团组织结构建设的状况

良好的组织结构是高校学生社团实现阶段性目标的制度保证。组织结构的有效建设能够促进社团管理工作的开展，若组织架构设置不合理，则往往会成为社团建设工作的绊脚石。

从社团建设的主观评价上看，35.24%的学生认为社团内部组织机构混乱；从组织架构的分析上看，57.14%的学生认为社团组织架构的设置不合理，分工不明确。其中，社团职务较高的学生对社团组织架构的评价更低。课题组还发现，社团规模与社团组织结构建设状况存在一定的关联，小规模社团和大规模社团在组织结构的设置上更为合理，而大部分的中等规模社团在组织架构的设置上问题比较突出。

3. 高校学生社团人际关系管理的状况

高校学生社团的人际关系包括扮演不同角色的社团成员之间在沟通交流方面的畅通程度，以及社团各职能部门之间的关系属性与和谐程度。

本课题所调查的社团人际的沟通交流主要包括外部沟通及内部沟通两部分。在内部沟通交流上，56.19%的学生认为社会人员的内部沟通不够顺畅，这也是当前学生社团自身建设所面临的最大问题。在外部沟通交流上，47.83%的学生认为对外沟通成为社团可持续发展的关键因素。

4. 高校学生社团激励机制建设的状况

社团内部的激励机制有利于活跃社团内部工作氛围，增强社团内部人员的归属感。由于高校学生社团中的成员来自不同学院、不同年级，因此，社团亟须增强人员之间的配合度及工作积极性。从社团人员流失的统计及人员流失的原因分析上可以看到，高校学生社团激励机制的建设对社团自身发展有着重要意义。

从社团人员流失的统计上看，各类社团无人员流失的情况仅占总体的5%；从社团自身建设的评价上看，有38.1%的学生认为社团内部奖惩机制落实不到位，有57.14%的学生认为社团发展的关键因素在于完善的内部管理制度（例如奖惩制度等）。

从社团人员流失的原因分析上看，认为社团管理制度不完善是人员流失主要原因的比例高达40.69%。从学生对社团发展前景的期望上看，46.58%的学生认为社团内部成员能力的培养尤为重要。

5. 高校学生社团组织领导建设的状况

从狭义上说，社团领导是指高校学生社团中多个具有管理者或组织者身份的成员共同作用下所实现的领导力的有效运转。从广义上说，高校学生社团组织的领导还包括指导老师、学生社团联合会对学生社团的指导管理等因素。

从学生对社团自身建设的评价上看，32.38%的学生认为社团组织或领导人员能力不足，46.58%的学生认为社团内部成员的能力培养尤为重要。从领导决策上分析，社团负责人的管理能力是社团发展的关键因素，指导老师的正确指导对社团建设和发展也会起到至关重要的作用。

6. 高校学生社团参与机制建设的状况

报告所指的参与机制，是指确保参加社团的成员（无论是内部工作人员还是社团活动会员）都能在社团活动中保持较高的参与性及积极性，积极配合与支持社团活动的开展。

从社团活动参与现状的分析中可以看出，60.87%的学生认为社团活动存在学生参与积极性不高的问题，这也是社团活动中最突出的问题。在社团活动内容方面，认为社团活动形式单一、活动质量较低的学生占比分别为54.04%、52.17%，这在一定程度上揭示了社团活动参与度不高的主要原因。但同时课题组也发现，影响社团活动参与度的因素并不包括社团会费、经费的收取。

三、对策建议

课题组通过调研发现，社团管理机制作为影响社团建设和社团成员成长的重要因素，存在以下不容忽视的问题。

（1）社团凝聚力不足，成员整体意识较弱。一方面，由于部分学生同时加入较多的社团，导致社团凝聚力有所下降；另一方面，由于社团内部管理工作的局限性，社团工作往往仅局限于自己部门，导致其过于注重部门利益，由此社团成员的整体意识较弱。

（2）奖惩机制落实不到位，成员工作积极性不高。部分学生反映社团绩效考核评比过于主观片面，缺乏量化标准。同时，内部激励机制不完善，除一年一度的奖项评比外，平时对成员的激励较少。

（3）组织架构设置不合理，内部沟通机制不完善。根据调查显示，部分社团存在人员冗杂、分工不明确、部门间任务重叠等问题，由此导致部门间的沟通成本较高，工作效率较低。同时，学生社团多采用部门制，这在一定程度上不利于社团内部的沟通交流。

（4）活动开展受限较多，评比机制激励作用不显著。根据调查得知，校社联制定了一系列规章制度对社团进行规范化的管理，然而多数社团仍反映制度流程较为繁琐，对社团活动开展的限制较多。此外，社团评比机制奖励不够丰厚、设置的各类奖项较少，对小社团的激励作用不大。

（5）外部指导力度不足，资源未能充分利用。据了解，每个社团都具有相应的指导老师，但是指导老师的指导程度参差不齐。部分社团的指导老师未能发挥应有的指导作用。

（6）经费扶持参差不齐，评比制度欠缺公正。根据调查发现，学校将对优秀社团给予资金支持，激励社团发展，但对社团的经费投入较少，受众范围较小。在评比机制上，评比过于形式化，部分社团对评比的真实性存在较大的怀疑。

基于此，课题组对高校学生社团管理机制的改进和完善提出如下建议：

（一）对社团内部管理者的建议

（1）建立内部激励机制，减少内部沟通成本。应有针对性地对社团工作人员给予奖励，并将责任下放，提高成员的工作积极性。鼓励社团内部加强沟通，拓展线上、线下沟通渠道，让成员间的沟通更顺畅，提高工作效率。

（2）设立合理的组织架构，做出合理的社团规划。应参照优秀社团的组织架构，结合社团自身情况，合理设置组织架构。不应仅局限于建立“部门制”的组织架构，也可根据具体情况采用项目小组制的形式进行管理。

（二）对社团外部管理者的建议

（1）重视沟通职能，设置反馈机制。校社联应搭建好社团和学校间的沟通桥梁，一方面积极向校方反映社团的诉求，另一方面也要及时向社团反馈学校相关的管理政策。此外，当前以指派干事对社团活动进行蹲点监督这一形式过于单一化，并未能发挥最大效用，因而校社联应进一步优化反馈机制，畅通反馈渠道。

（2）完善评比机制，优化评比程序。加强对社团日常运作的考察，设置合理清晰的评比指标。评比标准除了包括社团的发展成果外，不应只局限于一年一度的社团评比，还应该关注社团在日常的发展。

（3）保证经费投入，强化服务职能。校社联作为沟通学校与各大社团的平台，应保证社团经费的投入。同时应强化服务职能，简化社联与社团间的工作流程，主动为社团提供帮助、指导。

参考文献

［1］杨亚彬. 高校学生社团管理机制存在的问题及对策［J］. 中外企业家，2009（4）.

［2］李新瑾，张丽华. 高校学生社团管理机制的制订与创新［J］. 广西青年干部学院学报，2010（1）.

［3］陈浩. 学生社团：我国高校学生社团建设的若干思考［J］. 教育教学论坛，2012（19）.

［4］李舟，程刚. 大学生社团管理机制创新管窥［J］. 现代企业教育，2014（22）.

［5］刘思聪. 基于学生成长需求的高校学生社团建设［D］. 哈尔滨：哈尔滨理工大学，2015.

［6］张澍，曾灿. 高校学生社团管理机制的创新实践［J］. 当代青年研究，2011（6）.

［7］陈莹. 基于 NET 框架的高校社团管理系统的设计与实现［D］. 长春：吉林大学，2015.

广州在校大学生就业价值取向与家庭教育的关系

李泽豪　冯渭桐　古雯蕾　孙伟钧　王芷璇①

一、导言

（一）研究背景

近年来，如何解决就业难的问题已经成为大家关注的热点话题，国内许多专家学者也对此进行了许多研究。据统计，2018 年全国高校毕业生达到 820 万人，再创历史新高。而部分大学生表示未能找到满意的工作或是不能胜任岗位，造成结构性失业。

课题组查阅文献资料，发现当代大学生就业呈现如下特点：第一，就业选择趋于功利化和务实化。根据《2018 年高校应届毕业生就业报告》显示，在追求高收入、高福利的趋势下，在就业地区的选择上，依旧是北上广深等城市最为热门。同时，务实化则体现在部分大学生选择回家就业，借助地缘相近、人缘相亲，既解决了就业难题，又减轻了生活压力。第二，考公务员、考研依旧火热。公务员报考人数居高不下，许多地区职位竞争十分激烈。由于严峻的就业形势和社会对人才选拔的门槛越来越高，考研成了许多大学生规避就业风险的一种手段。第三，当代大学生更加注重自我发展和个人价值的体现，竞争观念明显提高。在新时代政策的支持下，越来越多的大学生选择了自主创业，追求自己的兴趣爱好。随着“铁饭碗”被打破，社会竞争加剧和生存成本提高，使得当代大学生有了更大的危机意识，竞争观念变强。

上述大学生就业的特点在一定程度上体现了当代大学生的就业价值取向。大部分大学生的就业价值取向倾向于追求高收入、高稳定性，这就导致了北上广深就业难、考公务员竞争激烈的现状。当然，也有不少大学生更加追求自我价值的体现，选择高风险的自主创业。就业价值取向的不同直接决定了不同的就业选择，就业价值取向又受到各方面因素的影响。对于现今大学生就业价值取向的状况，课题组认为家庭教育是重要的影响因素。因此，在这样的大背景下，课题组重点了解、剖析家庭教育对子女的就业价值取向的影响，从多个方面来解读两者之间的关系，针对性地提出建议。

（二）研究目的与意义

大学生的就业问题与社会的稳定和发展有着密切联系。大学生就业问题多次成为两会代表讨论的热点话题，“着力促进高校毕业生、农民工等重点人群就业”被写入政府工作报告。党的十九大更是明确提出，就业就是最大的民生。因此，研究大学生就业价值取向的影响因素，帮助大学生树立科学的就业价值取向，顺利实现就业具有深远的时代意义。

---

①作者为华南师范大学化学与环境学院 2016 级本科生，指导老师张永刚。

家庭是大学生成长生活的最初环境，家庭教育对大学生的就业价值取向的影响不容忽视。美国学者 Young 的相关研究强调了亲子活动在子女职业发展中的重要作用。家庭教育对子女的就业价值取向有着直接的影响，针对当代大学生就业特点与就业难的现状，课题组选择研究大学生就业价值取向与家庭教育的关系，旨在剖析家庭教育对大学生就业价值取向的影响，并针对性地提出建议，从而引导和促进大学生树立正确的就业价值观，顺利实现就业。

同时，全球经济持续衰退，全球产业快速转移，国内大学毕业生与经济社会需求矛盾突出也对大学生就业产生了巨大的挑战。如何在严峻的就业形势与不断上升的生存成本的大环境下顺利实现就业是一个十分具有挑战性的问题，但这样的大环境与大学生顺利就业并不矛盾。只要大学生能够树立正确的就业价值取向，不随大流、不眼高手低，找准自身定位，根据自我真实水平进行就业选择，势必能够胜任岗位，实现顺利就业。

因此本次的研究是具有现实意义的——通过研究大学生就业价值取向与家庭教育的关系，提出一系列建议来帮助大学生树立正确的就业价值观，减轻乃至消除就业难的现象。

（三）研究对象与内容

1. 研究对象：广州在校大学生

2. 研究内容：通过设计问卷、数据统计，分析大学生就业价值取向与其独立性、家庭氛围、父母的处世态度、开放程度和父母对其的期望等家庭因素之间的关系，旨在剖析大学生就业价值取向与家庭教育的关系，分析家庭教育对大学生就业价值取向的影响，分析影响的原因与程度。

二、调研方法与过程

（一）研究方法

1. 调查问卷法：剖析家庭教育对大学生就业价值观的影响，制定问卷，通过随机抽样方式确定调查对象，通过下发问卷获取资料。

2. 文献查阅法：通过图书馆和互联网查阅相关期刊、文献资料。

（二）研究过程

1. 前期准备工作（2018 年 7 月—8 月）

（1）选定课题阶段：确定调查方向及制定调研方案，收集文献资料；

（2）问卷提纲的设计阶段。

2. 问卷调查阶段（2018 年 8 月—9 月）

（1）制作调查问卷，问卷预测试；

（2）问卷的修改，以线上的方式正式派发问卷。

3. 调研分析阶段（2018 年 10 月—11 月）

（1）10 月中上旬进行问卷回收与数据统计；

（2）进行数据的分析及整理。

4. 撰写调研报告阶段（2018 年 11 月）

（1）撰写并修改调研报告（论文）；

（2）提交调研报告（论文）。

三、调研发现

（一）调研的基本情况说明

本次调查针对广州在校大学生，通过问卷星发放电子问卷，共回收问卷301份，其中有效问卷为300份，问卷有效率为99.7%。在问卷调查中，课题组对广州数十所高校的学生进行了调查，其中，华南师范大学的学生最多，人数为79人，占比26.33%。男女比例约为3∶5。

（二）调查问卷的结果分析

1. 大学生大就业价值取向男女有别

（1）性别对于就业城市倾向的影响不大

对性别和毕业后大学生期望选择工作的城市倾向进行交叉分析。由结果可知（图1），不同的性别对于毕业后就业城市倾向不会表现出显著性差异（$P=0.317>0.05$）。也就是说，性别对于就业城市倾向没有显著性影响。倾向于选择一线城市作为自己未来工作城市的人数为231人，占总数的76.74%。可知大多数大学生毕业后都想在大城市工作、发展。由此可见，大部分的大学生对日后的就业定位是比较高的，大家都有比较高的就业志向。

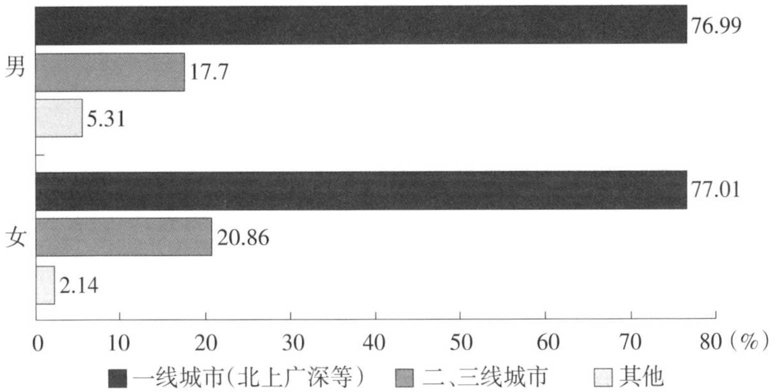

图1　性别对未来工作城市选择的差异

（2）大学生选择工作的类型与性别有显著关系

对性别和毕业后想从事的工作类型进行卡方检验。由结果（图2）可知，不同的性别对选择稳定类和创业风险类工作存在显著性差异（$P=0.016$，$P=0.033$）。女生选择稳定性工作的比例为72.19%，明显高于男生的选择比例59.29%。而男生选择创业风险性工作的比例为31.86%，明显高于女生的选择比例21.39%。且对于不同性别选择拼搏类工作的差异不大（$P=0.196$）。由此可知，大学生毕业后大多数想从事安稳类型的工作，而大部分人都比较乐意吃苦（拼搏型），选择从事创业风险类工作的比较少（25.58%），且大多数为男生。

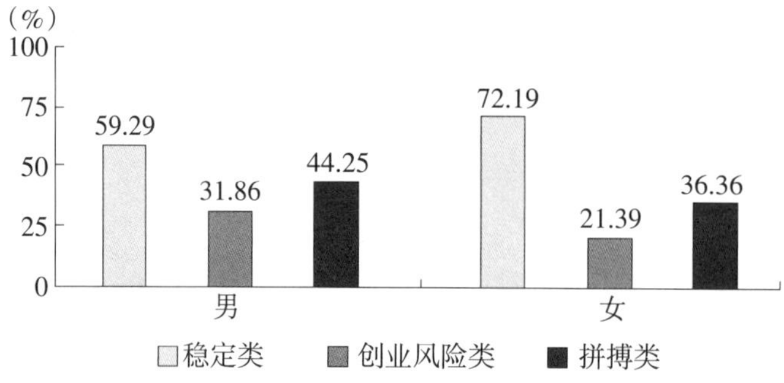

图2 性别与未来工作类型的选择差异

2. 家庭对不同性别的子女期望、教育、对待方式有所不同，导致其就业价值取向不同

(1) 父母对子女的就业期待存在性别上的差异，间接影响其就业价值取向。

根据问卷数据对父母期望子女的就业类型与子女的性别做卡方检验。由结果可知，父母对子女的就业期待存在性别上的差异。由表1可知，在父母对子女未来就业期望（稳定类、创业风险类、拼搏类和随你个人意愿）四种中的稳定类和随个人意愿类存在因不同性别而导致的差异（$P=0.002$，$P=0.038$）。由图3可知，男性中未选择稳定类的比例为32.46%，明显高于女性的17.11%。女性中选择稳定类的比例为82.89%，明显高于男性的67.54%。子女的性别对于父母是否愿意随孩子的个人意愿找工作呈现出显著性差异，男性大学生的父母更愿意随孩子的个人意愿选择工作类型。

表1 父母的期待与子女性别卡方检验分析

题目	选项	性别		合计	X^2	P
		男	女			
稳定类	未选中	37（32.46）	32（17.11）	64（22.92）	9.437	0.002**
	选中	77（67.54）	155（62.89）	232（77.08）		
合计		114	187	301		
创业风险类	未选中	104（91.23）	176（94.12）	280（93.02）	0.911	0.340
	选中	10（8.77）	11（5.88）	21（6.98）		
合计		114	187	301		
拼搏类	未选中	106（92.98）	181（96.79）	287（95.35）	2.317	0.128
	选中	8（7.02）	6（3.21）	14（4.65）		
合计		114	187	301		
随你个人愿意	未选中	50（43.86）	105（56.15）	155（51.50）	4.283	0.038*
	选中	64（56.14）	82（43.85）	146（48.50）		
合计		114	187	301		

注：括号外数据单位：人；括号内数据单位：%。

在中国目前的大多数家庭的教育中，父母都比较希望自己的儿子能够更加独立，这跟中国传统的文化有关。在传统文化中，男性一般扮演家庭经济支柱的角色。因此在家庭教育中，性别不同，其所受教育的方式一般存在较大差异，这种差异便会导致不同性别的大学生的就业价值取向也有较大差异。

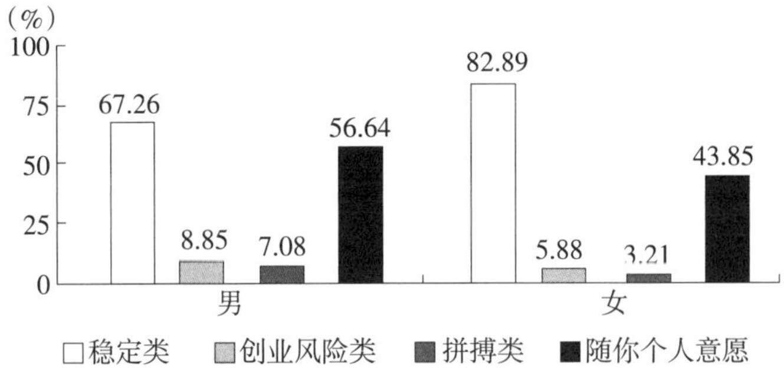

图 3　父母对不同性别子女的就业类型的期望

由图 4 可以看出，父母期望子女选择什么类型的工作，子女也会受到父母的影响，进而选择父母期望自己选择的工作。特别是女大学生，根据父母的期望选择自己的工作类型的情况更明显。在较为传统的家庭中，对女生的独立性要求一般没有对男生的高，在传统的认知中，男性与女性在家庭中的扮演的角色有较大的差异，一般主张男主外、女主内，父母往往希望女儿能有一份较为稳定的工作，为将来组织家庭、相夫教子做好准备。这些比较传统的思想的继承会导致在目前的一些家庭的教育中仍存在对男女生要求有较大差异的情况，而大学生或多或少地会受到一些影响。

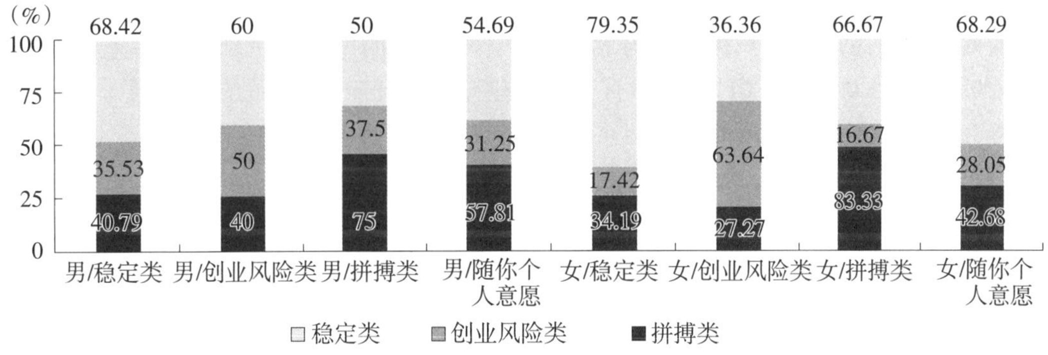

图 4　不同性别子女的父母期望子女的工作类型与其自身选择的关系

（2）大学生的独立性越强，在与父母的就业期待产生冲突时就越会坚持自己的意愿。

不同的性别对于能否离开父母独自拼搏与生活呈现出显著性差异（$P=0.019<0.05$），意味着性别对能否离开父母独自拼搏和生活有影响。对大学生能否离开父母独自生活与是否坚持自己的想法进行卡方检验。由结果可知，在与父母的就业期望出现冲突时，大学生的独立与否对于能否坚持自己的意愿呈现出显著性差异（$P=0.013<0.05$），通过百分比对比差异可知，自己独立生活绝对没问题的人选择一定会坚持自己意愿的比例为 26.39%，明显高于 14.62% 的平均水平。而独立性较差的学生会选择遵从父母意见，服从父母安排，失去自己的主见。

总而言之，大学生的独立性越强，在与父母的就业期待产生冲突的时候就越会坚持自己的意愿。如今部分大学生的依赖性较强，在与父母意见发生冲突时，往往不会坚持自己的想法。在家庭教育中，独立性的培养有利于大学生在日后的就业中能获得更强的独立处理事情的能力，能有更加独立的想法、更加开放的思想，这些都是对个人和社会的发展有利的。

3. 家庭教育对大学生的人生观有着深远影响，而人生观又影响大学生的就业价值取向

（1）父母的人生观对子女有着深远影响。

人生观主要体现在一个人的处世态度和处事态度。由表2可知，子女的处事、处世态度与父母相似，其均分为3.35分（极其不相似记1分、不相似记2分，如此类推）。可见父母的处世态度、处事态度会潜移默化地影响着子女。

表2　你觉得与父母的人生观的相似程度

选项	人数	占比（%）
极其不相似	10	3.33
不相似	37	12.33
一般	119	39.67
相似	106	35.33
极其相似	28	9.33

（2）父母的处事、处世态度更是会直接影响子女对未来工作的期望。

对父母的处事、处世态度与大学生对未来工作的期望进行交叉分析，其结果显示，父母的处事、处世态度是否积极向上与大学生对未来工作的期望均呈现显著性差异（$P=0.00<0.01$、$P=0.00<0.01$）。通过百分比的差异对比可知，父母的处世态度非常积极，对大学生选择工作的期望高的比例达44.44%，明显高于平均水平的22.92%。通过百分比对比差异也可以知道，父母的处事态度非常积极，对大学生对未来工作的期望选择高的比例达47.62%，会明显高于22.92%的平均水平。由此可见，父母的处事、处世态度积极性越高，其子女对未来工作的期望就会越高，也就是会更加积极乐观。总而言之，父母拥有积极的人生观会直接影响其子女的工作期望。

4. 好的家庭环境对大学生的就业取向有积极的影响

（1）父母观念的开放程度会间接影响大学生的就业类型。

据结果显示，父母对子女的就业类型的期望与其观念的开放程度有着显著的关系，而父母对子女的就业类型的期望会影响大学生对未来工作类型的选择。观念较为传统的父母，绝大多数会期望子女选择有固定收入、有社会保障的稳定型工作，而不希望子女选择创业类型的、有一定风险的工作。在观念比较传统的家庭中，父母对孩子日后就业的期待是比较高的，这样容易导致孩子对自己就业类型的期待值偏高。有时候期望高并不一定是一件好事，期望过高容易让人患得患失，这样是不利于大学生树立正确的就业价值观的。相反，父母观念较为开放的家庭，其父母在子女就业类型的选择上大多数都会随子女的个人意愿，也就是把决定权交到大学生手中。此外，观念较为开放的家庭也会更多地支持子女选择创业类型的工作。父母的观念越开放，意味着父母与孩子之间越懂得彼此尊重，这

既有利于培养大学生的独立思考能力，也有利于父母与孩子之间的沟通。父母的观念开放程度高的家庭，在一些重要决定上，孩子会更愿意在与父母商量之后再做出选择。

（2）好的家庭氛围对大学生的就业选择有着积极的影响。

好的家庭氛围主要体现在父母与子女的沟通顺畅和没有负面的家庭行为，如父母离异、存在家暴、父母经常争吵等。问卷结果显示，不良的家庭氛围会降低大学生对未来工作的期望，会让大学生产生消极的就业观，会导致其就业只求稳定而不思上进。但这些数据并不能说明家庭不良行为一定会导致大学生消极的就业观。课题组认为，这些只是部分大学生消极就业价值观的诱因之一，消极的就业价值观并非完全由不良的家庭环境决定的。但可以肯定的是，好的家庭氛围对大学生的就业价值观是有正面影响的，这不仅仅体现在就业价值观上，好的家庭氛围会影响一个人的世界观，从而对其中的就业价值观产生影响。

四、思考与建议

（一）几点结论

首先，根据以上的调查问卷结果分析可知，大学生的就业价值取向男女有别，这是由于父母对子女的就业期待存在着差别，间接地影响着子女的就业价值取向。而父母对子女就业期待的差异可以体现父母对子女的教育是存在差异的。性别不同，父母采取的教育方式会存在较大的差异，这种差异会影响子女在其他方面的价值观，例如就业价值观等。从调查结果来看，大部分的父母是愿意自己的女儿有稳定的工作，而对于男性大学生，他们的父母更多地希望孩子根据自己的个人意愿选择。而问卷亦显示，女大学生选择稳定型工作的数量明显高于男生。另外，男大学生与女大学生的独立性也存在较大的差异，这也跟父母对于儿子与女儿的教育方式不同有关，认为自己可以独立的男性大学生的比例明显高于女大学生。由此可见，父母对子女的未来职业类型的期待对其影响是明显的。父母对孩子采取不同的教育方式，孩子在选择职业时就会有差异。

其次，父母的为人处世态度对子女的影响也是十分明显的，会潜移默化地影响着子女，主要体现在家庭教育中。父母不同的处事、处世态度会影响子女的态度。尤其是父母积极的人生观会直接地影响子女的工作期望，会让子女拥有更加积极向上的就业价值观。大部分大学生感觉自己的处事、处世态度是与父母相似的，由此我们可以推测，父母在这一方面对子女的影响是显著的，而每个人的处事、处世态度是其人生观、价值观的表现之一，那么他们在就业价值观上也就会存在差别。

最后，我们从问卷结果中得知，好的家庭氛围对大学生获得积极正确的就业价值观是有正面推动作用的，而不良的家庭氛围或多或少会对大学生的就业价值观产生消极影响。家庭氛围的影响是多方面的，我们不能说不良的家庭氛围就一定会导致大学生消极的就业价值观，这种说法是片面的。同样的道理，良好的家庭氛围会对就业价值观会产生积极的影响，但并不一定就导致积极的就业价值观。

综上，在大学生就业价值观与家庭教育的关系的调查中，我们可以知道，每一个价值观的影响因素都不会对就业价值观产生必然的影响。在分析过程中，需要综合判断各项因素的影响。此外，关于家庭教育，不同的父母、不同的子女，即使是采取同样的教育方式所得到的效果也不尽相同，会受到方方面面的影响，在课题组调查研究的结果中就明显地体现了这一特点。

（二）几点建议

祖国的未来是靠青少年这些新鲜血液决定的，他们成长的方向将是国家发展的方向。家庭教育是终身教育，其教育目标应是：在孩子进入社会接受集体教育之前保证孩子的身心健康地发展，为接受幼儿园、学校的教育打好基础。著名心理专家郝滨老师曾说过：“家庭教育是人生整个教育的基础和起点。”

1. 给家长的建议

（1）树立榜样，明确是非。家长一定要言传身教，起到表率与榜样作用。这就要求父母的处世态度要积极向上，不要向孩子传递过多的负能量，教导孩子保持平常心；其次，父母要有主见，淡化名利，抛弃封建思想，教导孩子理性思考，不人云亦云。此外，最重要的是，家庭教育一定要在大的层面上绝对正确，也就是要明辨大是大非，价值观要正确。比如在法律道德层面，要教育孩子“黄、赌、毒”是绝对不能碰的，杀人放火是犯罪行为等诸如此类的社会观念。家长需要在孩子很小的时候就进行这方面的教育，这样可以在一定程度上避免孩子遭受成长环境中不好的意识的渗透。

（2）理解孩子，多加鼓励。作为家长，一定要与子女多沟通，了解孩子的兴趣爱好、成长困惑和人生理想。父母要认识到，每个人都有自己的长处，尊重、理解孩子的特长，鼓励孩子取长补短，让孩子在自己感兴趣或擅长的领域有所成长，适时给予一些指导建议，而不要一味地以学习成绩来衡量孩子的优劣。此外，要鼓励孩子正视自我，在肯定欣赏自己优点的同时，也要悦纳自己的缺点。培养孩子自信的品质，引导子女提升综合素质，鼓励孩子在求职过程中主动出击，敢于拼搏。另外，需要指出的是，家长要鼓励孩子“走出去”，多带孩子旅行，开阔眼界。这对于孩子的成长以及他们未来的就业和生活都会有积极的影响。

（3）培养独立，陪伴成长。家庭教育应该与国家发展相联系。国家需要更多的创新型人才，是十分支持年轻人创业的。在家庭教育中，父母应该多锻炼孩子的心性。具体来说，就是培养孩子独立自主的能力，锻造一颗敢于奋勇拼搏、锐意进取的心。也有一些家庭会对小孩比较溺爱，这样不利于磨炼孩子的心性。另外，在培养孩子独立的同时，父母的陪伴也是必不可少的。现如今有很多家长会因为工作事业而忽略了对孩子的陪伴教育，在家庭教育中要明确一点——父母的缺席带来的伤害是不可磨灭的。据调查，父亲的陪伴可以让孩子产生安全感，有助于养成更有担当和更加坚韧的品性；母亲的陪伴可以让孩子心思更细腻。需要注意的是要平衡两者，父母的干涉过多，这样的教育方式最终可能会导致孩子没有主见，更谈不上创新、创业。

2. 给大学生的建议

首先，大学生要积极主动地和父母进行沟通交流，积极提升自我的综合素质能力。其次，大学生对待自己接受的家庭教育的态度要端正。大学生在接受后天教育时，或者在与他人交往时，时常会发现自己的观念与他人不一样，或者被告知这样做或者这样想是不对的。这时，大学生既不必产生自卑的情绪，也不必产生强烈的抵触。我们需要懂得这样一个道理：世界上除了大是大非，很多事情是没有绝对的对错的。一方面，大学生要接受自己家庭教育带来的影响，承认它的好与坏；另一方面，也要接受来自他人的建议或意见。或许有些观念根深蒂固，难以改正，但大学生只要懂得互相尊重，明白“和而不同”，就能为自己构建相对明白畅顺的生活。

参考文献

[1] 李文文．当代大学生就业价值取向与家庭教育的关系研究［J］．知识经济，2018（5）．

[2] 朱春华，姜洋，周育国．大学生择业价值取向的表现特点、成因与正确引导［J］．沈阳农业大学学报（社会科学版），2014，16（6）．

[3] 赵波．试析当前家庭教育的问题及对策［J］．学周刊，2011（19）．

[4] 苏加兰．当前我国家庭教育中存在的若干问题［J］．教育科学，1996（1）．

粤剧的传承现状与发展研究

——以珠三角和潮汕地区为例

谢敏婷　梁捷钦　廖琳熳　梁泳红①

一、导言

（一）调研目的及意义

粤剧作为岭南非物质文化遗产的代表，具有独特的历史价值和文化价值，是我们所不能摒弃的优秀传统艺术。本次社会实践调研，课题组希望通过对粤剧传承现状与发展的研究，探求出一条符合粤剧自身特点的发展道路，唤起社会对粤剧以及其他传统艺术的关注，改变优秀传统文化日渐式微的局面。

（二）调研方法

1. 文献研究法

课题组在前期的资料收集过程中，收集、整理和阅读了近年来学术界在粤剧研究方面的期刊论文和学术专著等文献资料，同时根据相关性、时效性和权威性等原则，重点选取和借鉴了若干具有代表性的研究成果与研究观点，对粤剧的历史传统、基本特点和发展现状等相关问题有了一定的了解。

2. 问卷调查法

课题组成员在确定调研范围和调研对象之后，根据逻辑性、非诱导性和便于整理、分析的原则设计出调研问卷，同时通过线上“问卷星”平台和线下发放问卷相结合的方式，开展问卷调查。

3. 人物访谈法

课题组成员通过当面访谈和线上访谈相结合的方式，就粤剧的历史与现状、粤剧的发展困境、粤剧的创新路径等问题与若干粤剧从业人员进行交谈，听取了他们对粤剧如何发展创新的专业性意见。

4. 数据分析法

课题组成员利用 Excel 和 SPSS 等软件，对问卷调查的数据资料进行前期处理，并进行单因素分析，最终通过绘制图表的方式对数据进行展示。

二、调研发现

课题组在珠三角地区和潮汕地区随机抽取了 309 名群众进行问卷调查，调查内容主要

---

①作者为华南师范大学经济与管理学院 2016 级本科生，指导老师张永刚。

包括调查对象的性别、年龄、受教育程度、语言状况等基本信息，以及调查对象对粤剧的了解程度和对文化传承是否有较强的保护意识。样本总体情况见表1。

表1　问卷调查样本总体情况

调查内容	选项					
性别及占比	男			女		
	43.37%			56.63%		
年龄	00后	90后	80后	70后	60后	50后
	8%	48%	17%	10%	8%	9%
受教育水平	小学及以下		初中或高中		大专及以上	
	12.30%		34.95%		52.75%	
语言状况	懂粤语			不懂粤语		
	75.73%			24.27%		

从样本数量结构上看，性别比接近1∶1，有较好的代表性和典型性。在年龄和受教育水平方面，90后及学历为大专以上的受访者居多，同时每个年龄段及受教育水平的样本量均已达到30个以上，基本满足对被调查者进行独立分析的要求。此外，考虑到粤剧的创作和演唱基本以粤语为主，因此是否掌握粤语可能会影响到受访者对粤剧的认识，以及对粤剧传承的态度。鉴于此，课题组将调查对象划分为不懂粤语的人群和懂粤语的人群。

（一）受访者对粤剧了解程度的现状调查

1. 超过一半的受访者表示观赏过粤剧

本次问卷调查的地域范围主要集中于粤剧的起源和传播地区——广东地区。由图1可知，超过一半的受访者（67.31%）表示观赏过粤剧，这表明粤剧的传播程度还是值得肯定的。但表示对粤剧感兴趣的人数并不多，只有28.8%；甚至有一小部分人（7.77%）表示不知道粤剧的存在。这说明粤剧在传播方面还有不小的提升空间。

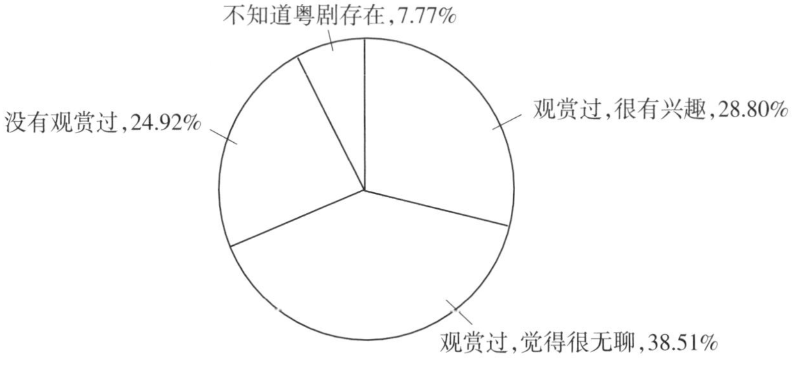

图1　受访者对粤剧的了解程度

2. 大部分受访者认为粤剧是传统文化，但表示不懂得欣赏

根据调查数据可以看出，大部分受访者认为粤剧是一种优秀的传统文化，但同时也表示不懂得欣赏（172人，调查总数309人）。这表明，粤剧应该发挥其传统文化的优势地

位，通过多种途径进行宣传，特别是要紧跟时代步伐，以人民群众喜闻乐见的形式融入日常生活，让更多的人懂得欣赏。

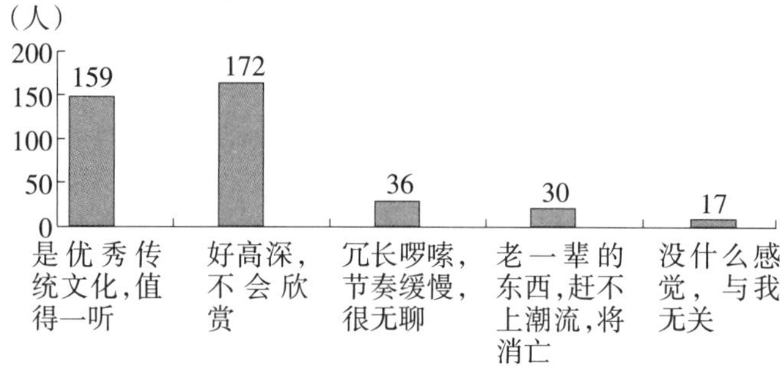

图2　受访者对粤剧的印象分析

（二）单因素分析——各因素与人们对粤剧的了解程度的关系

1. 性别因素与粤剧了解程度之间没有显著关联

由数据可以看出，人数大致相当的男女受访者（男，46 人；女，43 人）表示“观赏过粤剧，觉得很有兴趣”，没有观赏过粤剧的男性受访者有 32 人，女性受访者 45 人，两者差距不大；持其他态度的男女人数也大致相当，这表明性别因素对粤剧了解程度并没有显著影响。

2. 年龄因素与粤剧了解程度之间存在正相关关系

如图 3 所示，年龄因素对粤剧了解程度有较为明显的影响，年龄因素与粤剧的了解程度之间呈现出正相关的关系。50 后和 60 后对粤剧的了解程度比较深，90 后和 00 后的受访者大多表示“没有观赏过粤剧”或“不知道粤剧存在”。由此可见，随着受访人群的年龄越小，对粤剧的了解程度也越来越低。

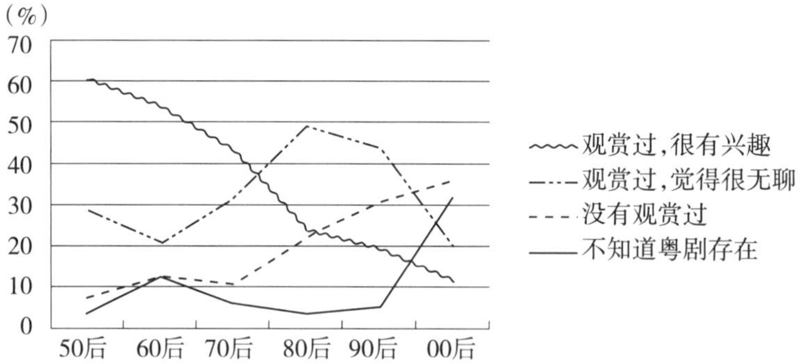

图3　年龄因素与对粤剧了解程度的关系

3. 学历因素与粤剧了解程度之间存在显著正相关

调查问卷显示，学历因素与受访者对粤剧的了解程度之间有密切关联，受访者学历越高，对粤剧的了解程度越深。40% 左右的“小学及以下”学历受访者表示曾观赏过粤剧，约 60% 的“初中及高中”学历受访者表示曾欣赏过粤剧，而约 80% 的“大专及以上”学历受访者表示欣赏过粤剧。由此可见，随着受访人群学历程度的提高，其对粤剧的了解程度也有所上升。显然，随着教育水平的上升，人们对传统文化的了解程度越深。

4. 语言因素与粤剧了解程度之间有显著关联

数据显示，懂粤语的受访者比不懂粤语的受访者更加了解粤剧，接触粤剧的机会与途径相对来说也比较多。这表明粤语对粤剧的传播有很大的影响，在不懂粤语的人群中，没有欣赏过粤剧的人数比例超过 50%；不知道粤剧的人数（30%）比欣赏过粤剧的人数（不到 20%）至少高出了 10 个百分点（图 4）。

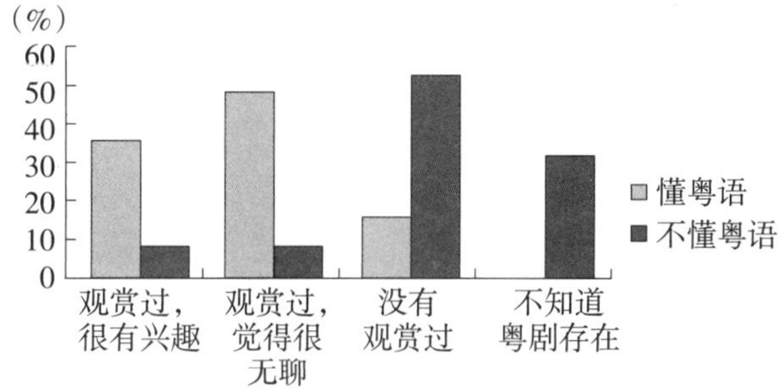

图 4　语言因素与粤剧了解程度的关系

（三）受访者粤剧传承意识的现状

1. 大多数受访者有兴趣接触粤剧

有 52.08% 的受访者表示如果有机会，有兴趣接触粤剧；而有 34.72% 的受访者表示没有兴趣。由此可见，受调查者对粤剧的传承意识较好，粤剧的继承及人才培育有一定的前景。

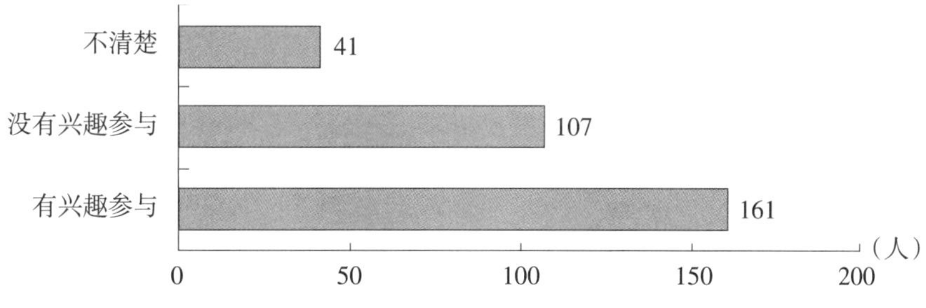

图 5　受访者是否有兴趣接触粤剧

2. 六成受访者出于兴趣和传承文化的原因愿意接触粤剧

课题组抽取表示有兴趣接触粤剧的 161 位受访者及表示不清楚的 41 位受访者的样本进行分析，其中有 59.41% 和 63.86% 受访者分别表示，愿意参与粤剧行业是出于继承传统文化和个人兴趣的原因。由此可见，可以通过培育兴趣及加大传统文化宣传入手，鼓励更多人群接触粤剧。

3. 大多数受访者因为没兴趣和难度大而不愿意接触粤剧

在问卷调查中，课题组抽取表示没兴趣参与粤剧行业的 107 位受访者及表示不清楚的 41 位受访者的样本进行分析，其中有 55.07% 和 49.28% 受访者分别表示不愿意接触粤剧是由于难度大和缺乏兴趣。因此，培养兴趣、提供更多的学习途径以及降低学习难度可能有助于让更多的人了解粤剧。

（四）单因素分析——各因素与人们对粤剧的传承意识的关系

1. 性别因素对人们的粤剧传承意识影响不大

受访者表示有兴趣接触粤剧的男女比例分别为50.75%和46.07%，而没有兴趣参与粤剧行业的男女比例分别为31.34%和32.58%。这表明，性别因素对人们的粤剧传承意识影响不大。与此同时，数据也反映出，不论男女性别，均有较多的受访者表示有兴趣参与粤剧行业，这说明粤剧行业有一定的前景和发展潜力。

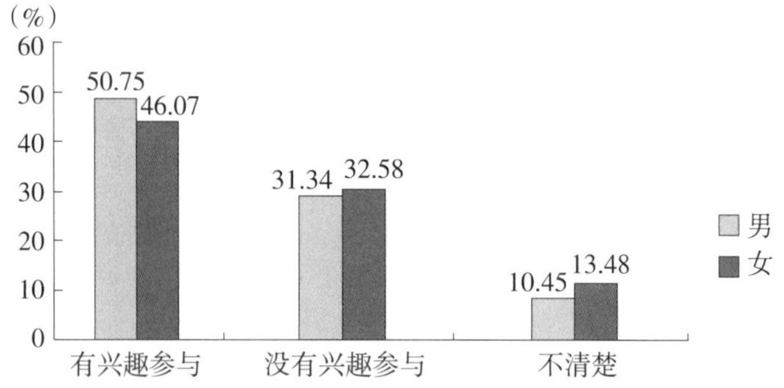

图6　性别因素与粤剧传承意识的关系

2. 年龄因素与粤剧传承意识有密切关联

由图7可以看出，在各年龄层的受访者中，表示“有兴趣参与粤剧”的受访者比例随着年龄减小而递减，表示“没有兴趣参与粤剧”的受访者比例随着年龄减小而递增。课题组认为，年纪更大的受访者比年轻受访者更愿意接受和传承粤剧的原因，可能是作为一种传统文化，粤剧在老一辈人中的宣传力度较大。

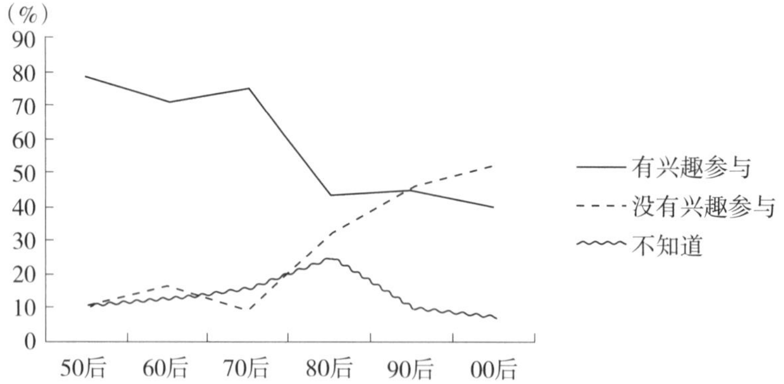

图7　年龄因素与粤剧传承意识的关系

3. 学历因素对是否具有粤剧传承意识有显著影响

调查数据可知，96位大专及以上学历的受访者表示“有兴趣参与”，53位初中、高中学历的受访者和12位小学或小学以下学历的受访者则没有太大兴趣参与。由此可见，学历越高的人，越有兴趣参与到粤剧行业中，对粤剧的传承意识越好。

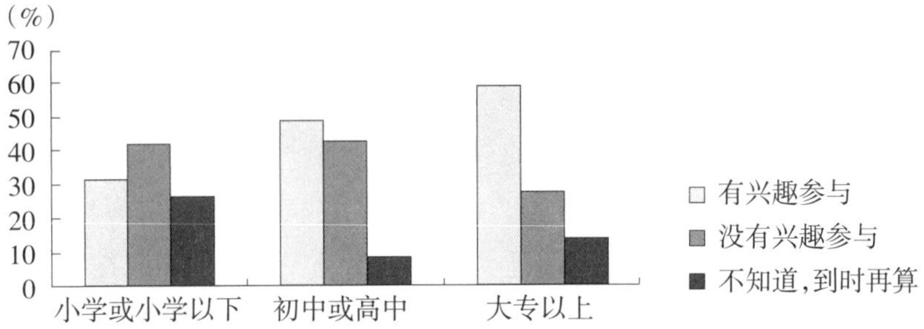

图 8　学历因素与粤剧传承意识的关系

为了进一步检验上述结论，课题组进行了独立性检验，即检验不同教育程度与粤剧传承的态度上是否存在一定的依赖性。根据独立性检验结果，在 0.05 的显著性水平下，P 值为 0.002436。由此可知，原假设的结论不成立，即粤剧传承的态度与受教育程度在 0.05 的显著性水平下有一定的依赖性。与此同时，与图 8 相结合，可以看到学历越高，对粤剧的传承意识越好。

4. 语言因素对粤剧传承意识有显著性影响

懂粤语的受访人群中，有 60% 的受访者表示有兴趣参与粤剧行业；在不懂粤语的受访人群中，有 77% 的受访者表示没有兴趣参与粤剧行业。由此可见，语言因素对粤剧传承意识有显著影响。

（五）粤剧发展的宏观环境分析

1. 政治法律环境

当前我国十分注重社会主义精神文明建设以及弘扬中华优秀传统文化。2006 年，粤剧进入国家级非物质文化遗产名录。2009 年，粤剧成为世界非物质文化遗产。2011 年 6 月 1 日起，《中华人民共和国非物质文化遗产法》正式施行，将各级政府部门保护非物质文化遗产的职责上升为法律责任，这为粤剧的传承与发展奠定了坚实的基础。

2. 社会经济环境

据国家统计局 2015 年统计年鉴数据显示，自 1978 年以来，中国城乡居民人均收入指数呈持续增长趋势。2013 年，农村居民家庭人均纯收入达 9429.6 元，2014 年达到 10488.9 元；2013 年，城镇居民家庭人均可支配收入达 26467 元，2014 年达到 28844 元。由此可见，中国城乡居民生活水平逐步提高，社会购买力逐渐增强，与此相应，文化消费也会逐渐增加。从某种程度上说，经济的持续发展为粤剧的发展带来了新的机遇。

3. 社会人文环境

在现代化信息技术的迅速发展和强烈冲击下，传统戏剧发展形势较为严峻，许多传统剧种处于岌岌可危的状态。与此同时，随着人们生活水平的提高，人们对精神文化产品的需求越来越大，服务产品的消费和文化方面的消费比重逐渐增加，这为粤剧的发展创设了良好的机遇。

4. 科学技术环境

随着工业化和信息技术的不断发展，粤剧可以依靠不断进步的科学技术推动自身的发展。例如，可以将粤剧与动漫相结合，配合互联网等新媒体对粤剧进行宣传推广。

（六）粤剧发展的市场营销分析

1. 粤剧表演市场知名度的调查与分析

根据问卷调查数据和文献资料分析，课题组推测，粤剧在广东地区有一定的市场知名度，也拥有一定的港澳市场。

2. 粤剧拥有广阔的农村市场

课题组调查了解，粤剧的起源和发展主要集中在两广地区，同时在香港、澳门两地也有众多的爱好者。随着政府送戏下乡政策的推行和农村地区较大的传统文化保护力度，粤剧在两广的农村地区比在城市地区的表演场次更多。可见，粤剧既拥有一定的港澳市场，也拥有广阔的农村市场。

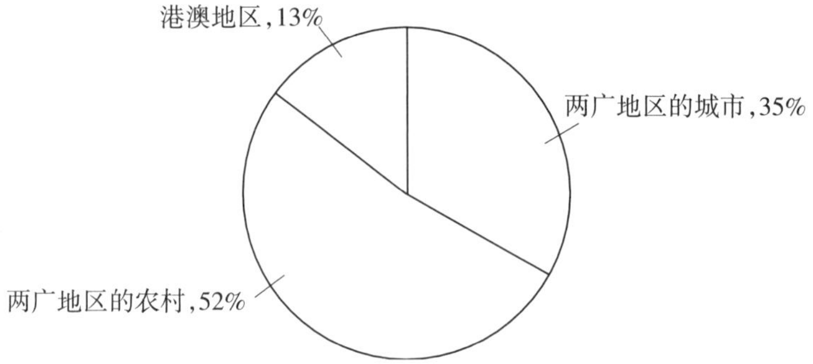

图9　粤剧在两广及港澳地区的演出场次占比

3. 粤剧的市场知名度呈现下降的趋势

随着受访人群的年轻化，其对粤剧的了解程度也逐渐降低。显然，粤剧有逐渐淡出人们视线的趋势，粤剧的市场知名度也有下降的趋势。

4. 粤剧在不懂粤语的人群中，市场推广力度较为薄弱

由调查数据可以看出，懂粤语的受访者确实比不懂粤语的人更了解粤剧，这反映出粤剧在懂粤语的人群中的推广力度相对于其他人群中的推广力度更大。由此表明，粤剧推广者应该利用科学技术解决不懂粤语的人群较难了解粤剧的问题。

5. 粤剧题材的调查及分析

目前，粤剧的题材多为历史典故类，同时近年来剧本的创新程度有限，导致一些群众认为粤剧表演略显无聊。由此问卷调查结果可见，粤剧剧本的选材可以更贴近于当代的生活，这样或许更能吸引群众。

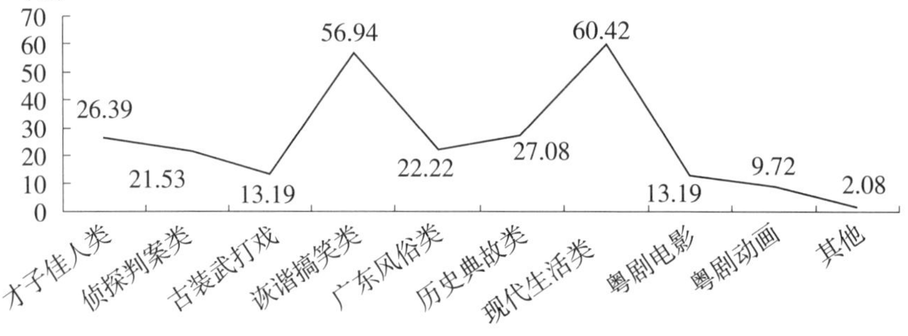

图10　受访者最喜爱的粤剧题材

6. 粤剧产品形式调查及分析

众所周知，粤剧表演是最主要的粤剧产品，但是随着时代的发展，除了粤剧表演外，还可以提供不同种类的粤剧产品，例如粤剧服装摄影、粤剧表演体验等。课题组调查数据显示，受访者还比较喜欢欣赏粤剧微电影和进行粤剧表演体验。由此可见，粤剧可以进行适度的创新，通过不同形式的粤剧产品组合，吸引更多的观众，满足观众的需求。

7. 粤剧表演价格分析

如今（2014 年）一场普通的粤剧表演票价最高三四百元，最低三四十元，相对于其他戏剧演出来说是非常便宜的。采取低价格策略可以吸引新的观众或学生等低消费群体观赏，让更多的人去观赏粤剧演出，从而扩大市场知名度。与此同时，粤剧表演有一定的潜在需求，采取低价格的策略可以把这部分潜在顾客转化为实际顾客，实现扩大市场的目标。当然，扩大市场后，粤剧可以适当地提升价格，弥补粤剧前期投入的成本，实现从收入稳定到盈亏平衡，最后逐步实现增加利润的目标。

8. 粤剧表演营销渠道分析

粤剧的传统营销方式是演员与观众面对面式的直接表演。后来，粤剧采取了一些辅助的营销方式，包括拍摄粤剧连续剧、开设相关粤剧栏目等。由此可见，粤剧表演可以采取以直接表演为主、充分利用媒体力量的方式，采取多种多样的营销渠道，提高市场份额，让更多的观众能接触到粤剧，感受粤剧的魅力。

9. 粤剧表演推广方式分析

根据课题组的调查数据分析可知，77.08% 的受访者表示主要通过网络、电视等媒体渠道了解粤剧，31.94% 的受访者表示从朋友和家人处知晓粤剧，而通过剧场、大型文化活动和学校组织的宣传活动等途径了解粤剧的人比较少。因此，粤剧表演的推广，一方面要充分利用电视、网络、报刊等媒体的宣传作用；另一方面需要加大粤剧进校园、进社区活动的支持力度和开展力度，同时结合送戏下乡或者其他惠民演出，加大对粤剧的宣传推广，提升粤剧的知名度。

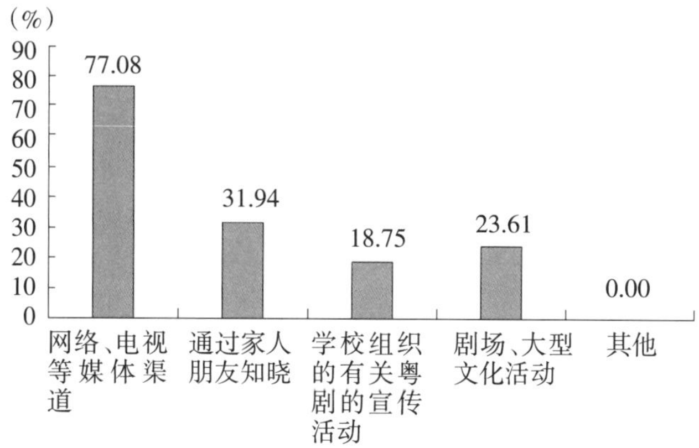

图 11　粤剧推广方式

（七）粤剧发展环境综合分析

1. 粤剧的发展优势

一是历史悠久，有一套完整的创作表演模式。从明朝嘉靖年间兴起至今，粤剧已有数百年的历史。粤剧表演中，处处渗透着历史积累的文化底蕴，其古诗词般优美的唱词更是透露出古代文人的情怀。

二是剧目多样，内容丰富，有一定的创新能力。粤剧作为一种发展了数百年的传统戏剧，经过前人的积累和后人的创作，表演内容日趋丰富。既有《帝女花》等传世经典，又有《南海一号》等新兴佳作，很好地满足了新老观众的看戏需求。

三是有固定的观看人群，观众一般不易流失。粤剧以其独特的表演形式在岭南地区广受欢迎，群众基础雄厚。在粤剧的观众中，以年长者为主。而在年轻的观众中，大多数粤剧爱好者都是从小就接触粤剧，有一定的文化环境与氛围，耳濡目染，长此以往形成了对粤剧的喜爱。

四是粤剧作为岭南文化遗产的重要代表，具有一定的品牌效应。粤剧是国家级非物质文化遗产，也是联合国教科文组织所承认的人类非物质文化遗产，其研究价值是不言而喻的。

2. 粤剧的发展劣势

一是新入从业人员人数较少，缺乏优秀从业人员。专业的粤剧学院对人才的培养和政府对粤剧行业的发展的重视，使得近年来的粤剧从业人员有所增加，但不可否认的是，当前粤剧从业人员基数较小，优秀人才严重不足。相比新兴行业，传统的粤剧发展更显“落后”了。

二是观众群体老龄化，断层现象比较严重。像其他传统戏剧一样，观看粤剧的观众似乎越来越少了。数十年过去了，看粤剧的还是那些人，只是他们或已老去，或已离开，观众的断层和消失使得繁荣了数百年的粤剧陷入了空前的困境。

三是表演语言限制。众所周知，粤剧是用粤语进行表演的，因而就中国内地而言，粤语的流行地区仅在两广一带，即使在广东境内，粤语也并非畅通无阻。此外，作为一种传统艺术，半白话半文言式的唱词优美典雅，演绎出文人骚客的情怀。然而，对于当下的很多年轻人来说，粤剧的语言风格能够听曲辨字就已不易，听曲明意似乎就更难了。

3. 粤剧发展的机会

一是人们的精神文化需求日益增长。随着经济的发展，社会的进步，人们的生活质量不断提高，人们的追求已从物质层面上升到精神层面，我国文化需求的潜在市场是无比巨大的，这对于粤剧来说是不可多得的发展机遇。

二是人们对传统文化越来越重视。近几年来，国家出台了相关法规和政策加大对传统文化的保护和发展力度。相较于其他传统文化，粤剧的可传播性更强，因而粤剧发展可借着弘扬优秀传统文化的契机，充分实现自身的发展。

三是政府对粤剧有一定的支持与保护政策。在香港，特区政府一直致力于保护和发展粤剧，将粤剧切实地推广进社区。在内地，政府将粤剧申请为非物质文化遗产，对剧团给予资金帮助，扶植相关专业院校，推行送戏下乡政策。

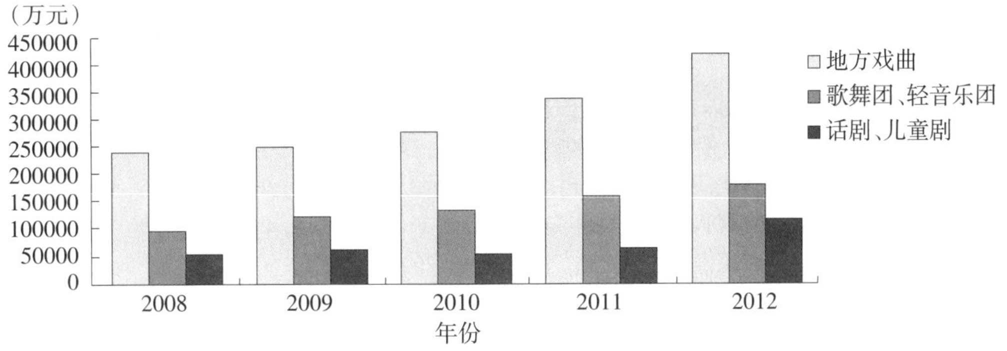

图 12　2008—2012 年全国戏曲剧团财政拨款资金

四是科学技术的发展和全球化为粤剧发展带来新机遇。每一次技术的革命都会引起社会的飞跃，改变着人们的生活，也改变着世界。粤剧应当充分利用科学技术来改进自身的不足，进行内容、形式上的创新，使其满足当代人的需求。同时，随着经济全球化的发展，粤剧应当迎合潮流，走出国门，走向世界。

三、对策建议

（一）对粤剧自身发展的建议

粤剧的发展不能脱离时代，更不能固步自封、孤芳自赏。首先，粤剧的内容和形式应该有所创新，粤剧发展在坚持传统的同时，更要顺应社会的潮流。从观众的角度出发，立足于社会实践，创作出符合当代观众审美的剧目。音乐、剧本、舞台表演都不应墨守成规，要多接触新元素，取为己用，不断推动自身的发展创新。其次，要探索新的营销战略。一方面，要积极开拓新市场；另一方面，要创新营销渠道，做到传统媒体营销与新媒体营销有机结合。

（二）对政府的建议

粤剧作为岭南文化中非物质文化遗产的重要代表之一，是政府扶植和支持的重要对象。为促进粤剧的发展，课题组认为，政府一方面可以给予各粤剧团一定的经济支持，提供政策优惠，政府扶持各粤剧团的发展是促进粤剧发展最直接的方式；另一方面，有关部门要加大对各粤剧专业院校的经济和政策支持，帮助其培养出更多优秀的粤剧人才。

（三）对学校的建议

学校具有良好的文化氛围和学习环境，一所优秀的学校能为各行各业输送各类人才。实现粤剧的创新与发展，学校是不可忽视的一环。对于专业粤剧院校，课题组有以下几点建议。

一是履行好学校培养粤剧人才的职责，兼顾粤剧表演中各个岗位的人才培养；二是加大学校招生的宣传力度，适当增加粤剧人才的招生数量；三是加强对外交流合作，举办校外粤剧竞演、展示等活动，为学生提供上台表演的机会，积累表演经验。

对于普通院校，课题组的建议包括：积极开展粤剧进校园等活动，邀请专业的粤剧团到校内进行演出，增强学生对粤剧和优秀传统文化的兴趣；积极扶持校内粤剧社团的发展，鼓励他们积极开展与粤剧相关的活动，让大家都能感受到粤剧的魅力。

参考文献

[1] 余勇. 粤剧源流初探 [J]. 船山学刊，2005 (1)：141-143.
[2] 罗嘉慧. 审视粤剧——现代经济社会中的生存与发展 [J]. 艺术百家，2003 (2)：5-8+70.
[3] 陈小松. 论粤剧编剧生存现状、缺失原因及解决方法 [J]. 丝绸之路，2011 (6)：86-88.
[4] 张晓华. 粤剧，走在改革探索的路上 [J]. 四川戏剧，2008 (1)：112-113.
[5] 张珊珊. 浅论粤剧的形成发展与改良得失 [J]. 戏剧之家，2014 (4)：50+54.
[6] 陈鸿钧. 广州西关在粤剧发展史上的重要地位 [J]. 岭南文史，2004 (4)：33-36.
[7] 蒋书红. 论粤剧的危机与粤剧语言艺术的创新 [J]. 文化遗产，2010 (3)：33-38.
[8] 陈言. 粤剧何以难出精品 [J]. 南国红豆，2005 (6)：35-36.
[9] 潘邦榛. 解决粤剧编剧问题的对策 [J]. 南国红豆，2005 (2)：23-25.
[10] 阿尧. 粤剧前途堪忧 [J]. 南国红豆，1999 (2)：25-26.
[11] 张晋琼. 广东民营职业剧团经营管理模式初探 [J]. 戏剧文学，2013 (8)：70-75.
[12] 李日星. 粤曲的历史与艺术文化品格 [J]. 五邑大学学报，2004 (4)：25-29+33.
[13] 易红霞. 全球化时代粤剧的传承与发展 [J]. 南国红豆，2007 (6)：8-9.
[14] 赵先正. 传统戏曲艺术该如何应对市场的挑战 [J]. 南国红豆，2008 (1)：13-14.
[15] 罗丽，黄静珊. 粤剧新观众在哪里? [J]. 南国红豆，2011 (3)：4-7.
[16] 徐燕琳. 香港粤剧教育何以生机勃勃 [J]. 南国红豆，2012 (2)：14-16.
[17] 黄伟. 粤剧红船班人才培养模式与习俗 [J]. 戏剧文学，2009 (3)：38-43.
[18] 何梓焜. 岭南文化的特点及粤剧的转型 [J]. 南国红豆，2005 (2)：14-16.
[19] 白庆贤. 粤剧改制与市场 [J]. 神州民俗 (学术版)，2013 (3)：80-83.

广州市东濠涌治理状况调查

艾之林　邓颖琪　曾可欣　张晓岚　张宜静[①]

一、导言

（一）调研背景

东濠涌位于广州城区的中心地带，北起白云山脚下的麓湖，南至珠江，全长4.51千米。东濠涌历史悠久，是起源于宋代的广州六脉渠中唯一保存下来未被完全覆盖的一脉。自广州建城以来，很长的一段时期内一直扮演着为市内提供生活用水和交通要道的双重角色。随着时代的变迁，如今河涌的其他功能已逐渐消失，仅保留防洪排涝的作用，东濠涌的中、北段甚至被改建成了暗渠。随着城市化建设步伐的加快，工业和生活污水大量流入，东濠涌淤积严重，污染加剧，鱼虾绝迹，成了藏污纳垢的臭水沟。生活在河涌周围的居民，看到的不是小桥流水的美景，而是臭气熏天、蚊虫滋生的沟渠。在实施生态文明建设工程的大背景下，人们越来越重视社会主义生态文明工作的开展，胡锦涛、习近平等国家领导人曾先后视察东濠涌，并就东濠涌的治理工作做出重要指示。如今，经过政府部门和社会各界的共同努力，东濠涌的生态治理工作取得了可喜的成绩，周围绿树环绕，涌水清澈见底，既便利和丰富了市民的户外生活，同时也发挥着重要的生态功能。

（二）调研目的及意义

东濠涌治理是广州市河涌治理的创新性举措，也在全国范围内产生了较大的影响，具有一定的典型性和代表性。课题组期望通过实地考察，了解东濠涌第一、二期的治理成效，以及周边居民对东濠涌治理状况的意见和建议。在此基础上，课题组将结合调研所获取的各方面资料和专业学习的理论知识，就如何进一步改善东濠涌的治理提出针对性的对策。此外，岭南地区水资源丰富，河流众多，许多南粤的民俗文化都与河涌有着密切的联系，通过实地调研考察，既有利于增强环境保护意识，培养理论联系实际的能力，同时也是一个深入接触和了解广州历史文化与地方风俗民情的契机。

（三）调研方法

1. 文献研究法

课题组在结合成员的研究兴趣，确定调研主题之后，查阅了大量的文献资料，对生态文明、河涌治理等问题的相关理论知识有了一定的把握。此外，课题组还重点了解了广州市政府在河涌治理方面出台的政策文件和具体措施，对东濠涌的治理现状有了初步的认知。

---

①作者为华南师范大学数学科学学院2016级本科生，指导老师黄广宇。

2. 问卷调查法

课题组基于明确性、逻辑性、非诱导性和便于分析整理等原则进行此次调研的问卷设计。问卷只有选择题，主要内容有：一是受访者的基本信息；二是受访者对广州河涌的了解情况；三是受访者对东濠涌等河涌及其治理状况的了解程度；四是受访者对河涌治理的意见和建议。

3. 实地考察法

课题组前往东濠涌，实地考察了东濠涌博物馆以及附近水域等多个地方，从源头到河涌中下游部分分别进行了水质检查，获取了关于东濠涌附近水域的基本情况和东濠涌综合治理的创新性举措等珍贵的一手资料，为确保调研结论的准确性、客观性和科学性打好了坚实的基础。

4. 访谈法

课题组在确定访谈提纲之后，有针对性地对东濠涌博物馆工作人员和东濠涌附近居民进行访谈，比较全面地了解到东濠涌治理的过程，以及居民对东濠涌治理成效的基本态度等信息。

（四）相关概念

1. 河涌

在珠江三角洲地区，河涌指河汊、湖汊，一般为溪水或河水的分支、汊流以及无头无尾（没有河口、河源）的或两头设闸的一段河道等。

2. 河涌治理

河涌治理是创文工作的重要组成部分，河涌水质的好坏，直接影响到广大群众的生活和居住环境。首先要对河涌进行清淤工作，之后每天要清理河涌以及河岸两边的垃圾，种植一些水生植物或者投放鱼类改善环境，促进河涌的生态循环。

二、调研发现

（一）东濠涌河涌治理的历史

课题组通过查阅《广州东濠涌整治的回顾与前瞻》《基于城市更新视角的旧城中心区水系整治——以广州荔枝湾涌、东濠涌为例》等文献资料，对东濠涌治理的历史有了初步的了解。1935 年至 1936 年，为减轻水患，广州市工务局曾对东濠涌中下游进行初步的整治，辟阔濠身，浚深濠床，修筑堤岸及人行道。大规模整治开始于中华人民共和国成立后，1958 年，广州市政府发动群众在东濠涌上游修建了麓湖水库，拦住白云山东麓洪水，基本解决了东濠涌的水患。1976 年后，东濠涌整治的建设资金不限于国家投资，沿涌受益单位也积极参与集资。例如，东濠涌上游的改建，即由肇庆专区驻穗办事处和广州市交通运输部门筹措了部分资金。1985 年 1 月，中共广州市委确定了建成区濠涌的整治方针、原则；同年 8 月，广州市建委批准了据此方针制定的《广州市濠涌整治五年规划（1985—1990）》并组织实施。此后，有规律、有指导的东濠涌整治工作有条不紊地展开了。

（二）东濠涌河涌治理的主要过程和成效

课题组通过与东濠涌博物馆工作人员及附近居民的访谈，对近年来东濠涌河涌治理的主要过程和成效有了大致的了解。近年来，由于工业和生活污水的大量排入，东濠涌淤积严重，污染加剧，鱼虾绝迹，成了藏污纳垢的臭水沟。在广州举办亚运会前后，广州市政府开始了对东濠涌的河涌整治工作。为了给东濠涌注入清澈的水源，政府在珠江边建设了一座抽水泵站，将珠江水送至越秀桥旁新建的净化水厂，水净化后再注入东濠涌。在对水质进行治理的同时，政府还修建了亲水平台，进行绿化景观改造，设置了多处便民小广场。经过整治后的东濠涌成了市民们休闲纳凉的好去处，夏天暑热时，有一些家长带着小孩子在涌内玩水、抓小鱼，有一些居民则在涌旁的树阴下休息看报，呈现出一幅休闲舒适的景象。如今，东濠涌承担着两个重要的功能，一是美化环境的功能，二是防洪泄洪的功能。雨季时，为了保证低洼地区和市政道路不受“水浸”之苦，保障市民出行安全，水流全部汇入东濠涌；泄洪过后，广州市政管理所会马上组织城管环卫保洁工人对河道进行清洗，清理洪水带来的大量泥沙和垃圾。

（三）东濠涌河涌治理的五大亮点

东濠涌的综合整治，处处体现了以人为本的理念，得到了涌边居民和社会各界的大力支持和一致好评。东濠涌河涌治理不仅在5个月内完成了对987户、4.8万平方米房屋的“和谐拆迁”，实现了“零投诉”，创下了旧城拆迁的奇迹，而且在整治措施上采用了全新的环保设计，向世人展示出五大亮点。

1. 治污截污

此次整治过程中，对东濠涌南段所有污染源进行了彻底清查和整治，同时在东濠涌沿线实施了6个雨污分流改造项目，改造面积达130公顷。

2. 补水净水

此次整治还新建了补水泵站和水净化厂，每天从珠江调水补水16小时，流量为每秒1.5立方米，总量达13万吨。净化后的河涌水质能够达到清澈、透明、可触摸、不伤害皮肤的理想效果，实现了市民亲水、戏水的美好期望。

3. 生态改造

全面改造沿岸生态景观，改造和加固堤岸3.8千米，栏杆2.1千米，整治涌边道路3.2千米，修建桥梁11座，建设景观节点10个，使东濠涌两岸变成了一道亮丽的风景线。

4. 东濠绿道

河涌两岸的生态绿色长廊由麓湖到珠江边，全长5.1千米，贯穿沿线各健身休闲场所和人文历史景点，使人们在利用“绿道”进行休闲健身的同时，也能够充分享受城市园林景观所带来的身心愉悦，感受东濠涌沿线深厚的广府文化。

5. 文化配套

东濠涌沿线增加了大量供市民运动健身的场所，新建运动场1个，篮球场4个，羽毛球、乒乓球场5个，健身器材100余件，使东濠涌成为一个集城市园林景观、体育健身、休闲娱乐于一体的综合性群众活动场所。

（四）问卷调查的基本结论

本次问卷调查一共发放和回收问卷200份，其中有效问卷198份，无效问卷2份，回收率为99%。问卷调查的对象主要是东濠涌附近的居民和游客。经过对问卷数据的处理和分析，课题组得出以下结论：

1. 受访者对广州河涌的基本情况和政府河涌治理工作整体比较满意

由于东濠涌附近的居民生活在河涌附近，因此，他们对广州河涌的基本情况和政府河涌治理工作的关注度比较高。数据显示，将近 99% 的受访者见过广州的河涌。其中，有 56. 5% 的受访者表示广州河涌的水质很好，且没有异味；有 33% 的受访者认为河涌的水质不好，但没有异味；有 9% 的受访者认为河涌的水质不好，而且有异味。由此可见，受访者对广州河涌的水质和环保状况整体上比较满意。然而，这并不意味着广州的河涌治理工作已经尽善尽美。在受访者对政府河涌治理工作的评价上，75. 5% 的受访者表示对政府河涌治理工作力度感到满意，24. 5% 的受访者认为政府河涌治理工作还需进一步加强。与此相对应，受访者均表示听说过广州河涌治理工程，但是效果评估方面存在差异。74. 5% 的受访者认为治理效果很好，8. 5% 的受访者表示治理效果一般，17% 的受访者认为河涌治理效果很差或表示对此不清楚。

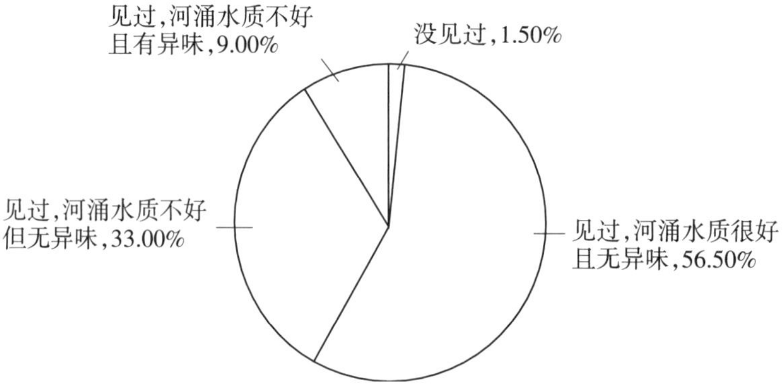

图 1　受访者对广州河涌污染情况的认知

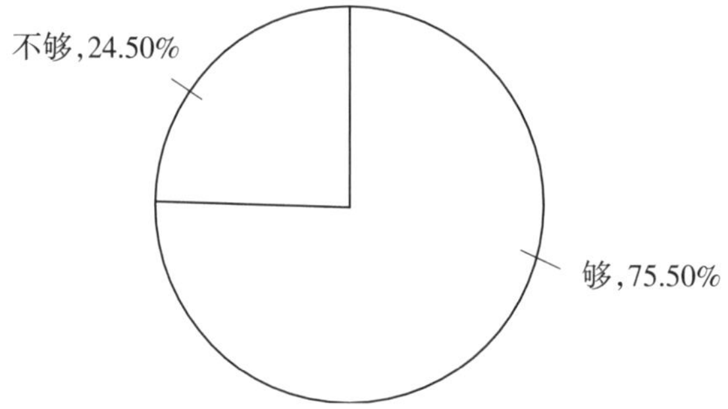

图 2　受访者对目前政府河涌治理工作力度的评价

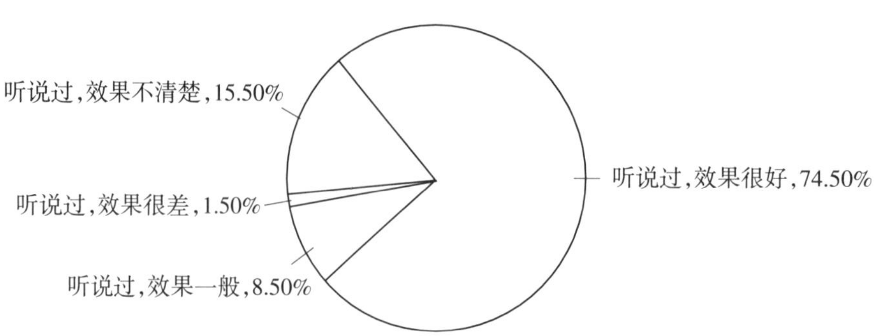

图 3　受访者对广州河涌治理工程的了解程度与治理效果的评价

2. 受访者对东濠涌治理效果及其积极作用有较高的评价

数据显示，大多数受访者对东濠涌的治理效果感到满意，同时认为东濠涌的治理有多方面的积极作用。93.5%的受访者对东濠涌治理后的水质状况感到满意，仅有6.5%的受访者表示对此仍感到不满意。有76%的受访者认为东濠涌的治理有利于提升和改善城市形象，84.5%的受访者还认为东濠涌的治理工作对其他河涌的治理具有参考借鉴意义。由此可见，多数受访者对东濠涌的河涌治理持肯定态度（图4、图5、图6）。

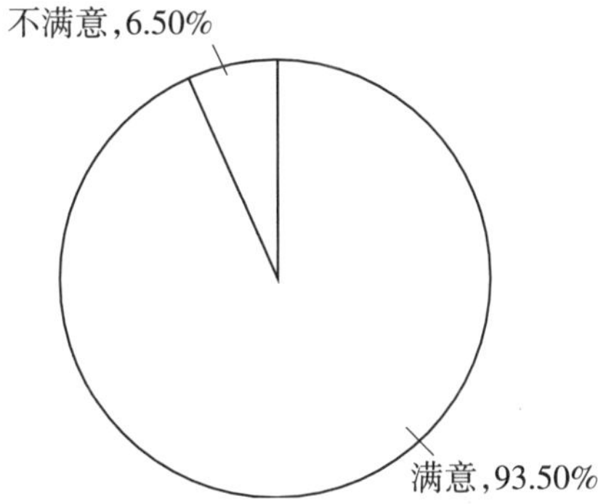

图4　受访者对东濠涌治理后水质状况的满意度

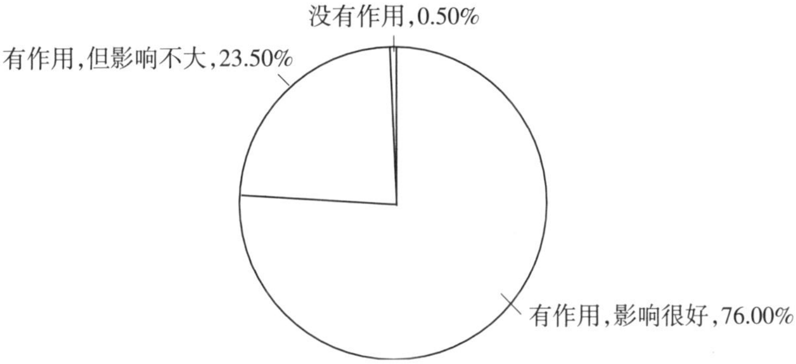

图5　受访者对东濠涌的治理工作是否对城市形象有作用的评价

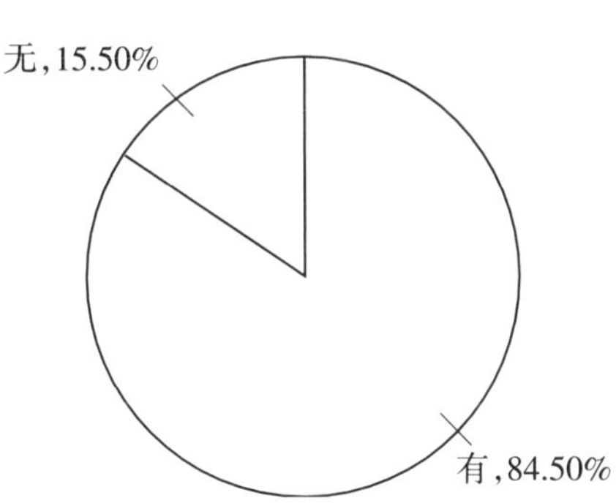

图6　受访者对东濠涌治理工作是否具有参考借鉴意义的评价

3. 受访者对河涌治理问题有明确的看法，但也存在一定的分歧

由图7、图8中数据可以看出，受访者对河涌治理问题有着明确的观点。在河涌污染

源的问题上，受访者普遍认为生活污水、工业污水和农业污水是河涌的三大污染来源。在河涌治理的途径方面，受访者普遍认为政府决策最为重要。在河涌治理主要目标的问题上，共有103位受访者认为治理污水和改善水质是河涌治理最主要的目标，68位受访者认为改善民生才是河涌治理最主要的目标，45位受访者表示优化环境也是河涌治理的重要目标之一。由此可见，受访者在这一问题上观点鲜明，但是分歧也比较大（表1）。

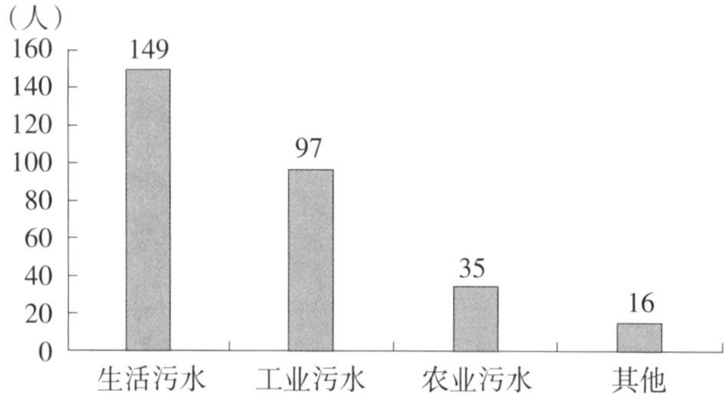

图7　受访者对河涌污染源来源的认识

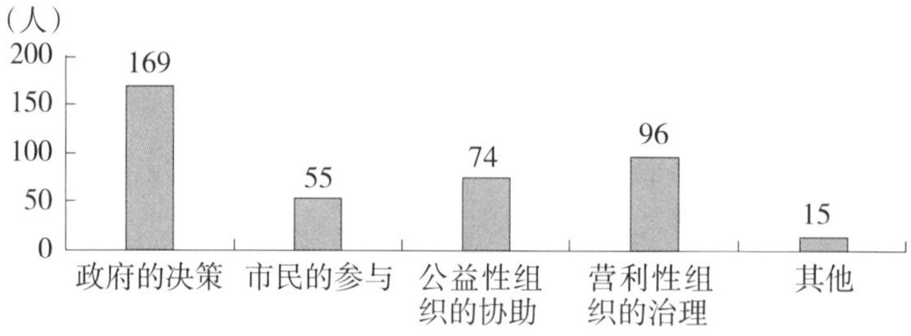

图8　受访者对河涌治理途径的认识

表1　受访者对河涌治理主要目标的认识

选择人次	项目		
	1	2	3
71	治污与改善水质	改善民生	优化环境
55	改善民生	治污与改善水质	优化环境
32	治污与改善水质	优化环境	改善民生
13	改善民生	优化环境	治污与改善水质

注：该题为排序题，此处仅列出选择人数排名前四的观点。

三、对策建议

东濠涌治理工程主要是对东濠涌中、北段（北园酒家至红胜桥）进行综合整治，工程内容包括河道堤防、调水补水、排水管道、道路桥梁、交通疏解、房屋加固等。东濠涌中、北段综合整治工程，通过采取雨污分流、净水补水、景观提升等方法，改善了居民生活质量，恢复了河涌原生态，再造广州“六脉通渠”的文化特色，实现了“水清、岸美”，市民可“见水、戏水”的整治效果，堪称具有典范意义的“亲水生态休闲文化走廊”。课题组在实地考察了东濠涌治理工程的成效与现状的基础上，综合调研过程中收集整理的资料，认为东濠涌在优化和提升河涌治理工程质量上，可从以下方面着手落实：

（一）对政府的建议

1. 进一步完善相关政策法规，为河涌管理与治理工作的开展提供政策依据

在东濠涌的治理与管理问题上，广州市政府曾先后制定出台了《广州市建成区濠涌改建计划》《广州市濠涌整治五年规划（1985—1990）》等政策和文件，为东濠涌的治理工作提供了政策依据和基本遵循，推动了东濠涌治理工作平稳有序地进行。然而，随着河涌治理形势与治理任务的变化发展，特别是全面依法治国战略布局的深入推进，在河涌的管理与治理方面，现有的政策文件和法律法规已经难以满足河涌管理与治理工作开展的迫切需求。为此，当地政府应当紧密结合当前河涌工作开展的实际情况，认真倾听社会各界特别是河涌周围居民的真实诉求，在法律所赋予的权责范围内抓紧制定出台相关的政策法规，为河涌管理及治理工作提供法理依据与政策遵循。

2. 贯彻落实发展新理念，以五大发展理念为指引，开创河涌治理工作新局面

党的十八届五中全会所确定的“创新、协调、绿色、开放、共享”的发展理念，是党中央在立足国际、国内两个大局，深刻洞察当前发展形势的基础上形成的。五大发展理念的提出主要针对的是中国经济社会发展全局，但不容否认的是，其中所蕴含的丰富内涵和思维方式，对于河涌治理工作也富有启发意义。河涌治理工作应当秉承创新发展理念，以更多富有创新思维和创新性的举措开创工作新局面；河涌治理工作应当坚持协调发展理念，立足于工作全局，弥补“短板”，协调推进；河涌治理工作应当树立绿色发展理念，以推进人与自然的和谐相处为价值追求；河涌治理工作应当坚守开放理念，地方党组织应自觉发挥好核心带头作用，形成各社会治理主体共同参与治理的局面；河涌治理工作应恪守共享发展理念，坚持治理为了人民，治理成果由人民共享。

3. 大力宣传生态文明理念，筑牢生态治理的思想基础

河涌治理关系到地方百姓的安居乐业和生态环境的协调发展，是生态文明工作的重要组成部分。河涌治理工作的有效开展，既需要具体行动的贯彻落实，也离不开生态文明理念的大力宣传。为此，政府有关部门应当将生态文明理念的宣传活动作为重点抓紧落实，积极采取传统媒体与新媒体相结合、线上宣传与线下宣传相结合等多样化的宣传方式，向广大人民群众灌输“既要金山银山，也要绿水青山”“绿水青山就是金山银山”等生态文明理念，以及党和国家关于社会主义生态文明建设的最新政策方针，以此筑牢生态治理的思想基础。

（二）对当地居民的建议

居民的生产生活实践对河涌水域状况有直接而深远的影响，在河涌治理工作方面，当地居民应当自觉增强生态环保意识，积极践行环保理念，以切实的行动为优化河涌水域状况和提升河涌治理工作质量做出应有的贡献。在日常生活方面，居民应该不断增强法律意识和法治理念，认真遵守河涌管理和治理的政策法规，自觉做好生活污水、生活垃圾的排放与分类，维护好河涌附近的卫生状况和生态环境。积极组织和发动以居民为参与主体的民间环保自治组织，维护河涌附近水域的生态安全与生态平衡，推动形成人与自然和谐相处的生态局面。正确履行公民的权利与义务，积极向政府部门献言献策，为进一步推动河涌治理工作贡献民间智慧。

（三）对其他社会组织的建议

河涌治理作为基层社会治理的重要方面，既需要当地政府部门与基层党组织的统筹协调，也离不开其他社会组织的积极参与。特别是，自党的十九大报告提出打造共建共治共享的社会治理格局，加强社会治理制度建设，推动社会治理工作提质增量以来，社会组织在基层社会治理工作方面不但大有可为，而且发挥着越来越重要的工作。就河涌治理工作而言，社会组织应当进一步增强责任意识、奉献意识，强化担当精神，履行好相应的社会责任，在政府部门和基层党组织的领导下，积极参与河涌管理和治理工作，形成全社会共同参与、共同治理和共同享有的良性治理格局。

参考文献

[1] 麦婉华. 广州东濠涌：从臭味扰民到小桥流水［J］. 小康，2017（26）：44－47.

[2] 潘建非. 基于城市更新视角的旧城中心区水系整治——以广州荔枝湾涌、东濠涌为例［J］. 中国园林，2012（3）：62－65.

[3] 刘锋. 广州东濠涌整治的回顾与前瞻［J］. 绿色科技，2011（6）：15－17.

主旋律影片对当代大学生的思想政治教育功能作用调查

——以华南师范大学学生为例

梁施舜　麦诗琪　曾彩媚　郑敏仪　陈舒灵①

一、导言

（一）研究背景

近年来，随着《红海行动》《战狼2》等多部电影掀起观看热潮，主旋律电影这一传统且内涵丰富的电影类型在观众心中的地位逐渐上升。主旋律电影是宣传社会主义核心价值观的重要载体，这种大众喜闻乐见的文化形式在社会主义核心价值观的建设中稳步发展。2006年10月，党的十六届六中全会通过的《中共中央关于构建社会主义和谐社会若干重大问题的决定》，第一次明确提出了“建设社会主义核心价值体系”这个重大命题和战略任务，明确提出了社会主义核心价值体系的内容，并指出社会主义核心价值观是社会主义核心价值体系的内核。2012年11月，党的十八大明确提出“三个倡导”，即“倡导富强、民主、文明、和谐，倡导自由、平等、公正、法治，倡导爱国、敬业、诚信、友善”，积极培育和践行社会主义核心价值观，这是对社会主义核心价值观的最新概括。

在积极培育和践行社会主义核心价值观的实践中，大批优秀的文化产品、文化服务和文化活动接连涌现，主旋律电影渐渐成为传播社会主义核心价值观的代表。自1987年中华人民共和国广播电影电视部对全国电影创作团队提出了主旋律电影的发展方向起，时至今日，以《开国大典》为代表的主旋律电影在内容、技术、题材上都有了巨大的创新和进步。其中2017年上映的《战狼2》票房更是达到了56.8亿元，不仅增强了观众对于主旋律电影的认同感，还体现了主旋律电影在培育和发扬社会主义核心价值观的工作中发挥的积极作用。

《战狼2》为何会成功？观众喜欢什么类型的主旋律电影？为什么前几年主旋律电影没能引起观影热潮？主旋律电影应该如何发展？课题组决定以本校学生为研究对象，调查大学生对不同类型主旋律电影的了解程度和影响观影的各种因素，进而分析主旋律电影对大学生核心价值观的培育作用。

（二）研究目的和意义

（1）调查大学生观影偏好，为丰富宣传社会主义核心价值观的方式方法提供一定的理论依据。针对主旋律电影的观影情况，在调查中，课题组总结出大学生认可的主旋律电影共有的特点，将其发展成多种活动形式，提升其对大学生的吸引力，从而推动未来社会主

①作者为华南师范大学经济与管理学院2016级本科生，指导老师苏泽宇。

义核心价值观的宣传教育工作，丰富社会主义核心价值观建设渠道。

（2）对比归纳中外主旋律电影异同，为中国主旋律电影发展提供实际建议。通过调查大学生对不同国家、不同类型高票房主旋律电影的观影意愿，比较研究其优势和劣势。在吸引力、电影宣传方面针对各类型主旋律电影的发展提出建议，让主旋律电影能在传承历史精神、宣传社会主义核心价值观的同时，更好地发挥对大学生的思想教育作用。

（3）为未来关于主旋律电影思政教育研究提供调研基础。目前大部分关于主旋律电影的研究皆着眼于电影的发展和特点方面，在发挥社会主义核心价值观的教育作用的相关研究上尚未有系统的阐述。本篇调查以在校大学生为对象，调查大学生对主旋律电影的理解和偏好，并通过对比分析提出相关建议，为以后主旋律电影的文化功能研究做一些基础工作，进而完善大学思政教育体系，让主旋律电影与大学课堂相结合，增强大学思政教育的成效。

二、研究方法

（一）调研方法

1. 文献研究法

通过中国知网、维普网、万方等电子数据库，同时利用谷歌和百度等搜索引擎，搜索阅读与主旋律电影相关的文献材料，做好与课题相关的基本的知识储备。

2. 问卷调查法

在研究同类问卷的基础上，根据指导老师的意见制作、修改问卷，以华南师范大学的学生为例，发放电子问卷进行调查与数据收集，增强了样本数据的可信度。

3. 数理统计

利用 Excel 整理和分析有效的问卷数据，做出描述性图表，具体包括折线图、条形图、饼状图等，进行进一步分析。

（二）调研亮点

1. 调研课题新颖

本次调研具有一定的新颖性。目前针对主旋律影片对大学生的核心价值观的影响的调查还较少，本次调研能够反映该群体对主旋律电影的不同诉求，能够更有针对性地为提高主旋律电影的质量提供参考性建议，是一个具有新颖性、针对性和启发性的课题。

2. 结合论据提出论点，有理有据

问卷派发保证了数据的真实性、合理性、可信度，能够更确切地反映出本小组调研课题的真实情况。为了避免分析结果空洞化，课题组在分析时每提出一个结论、建议或对策，都是根据调研问卷或访谈得出的分析结果；在形成分析报告时，也尽量做到每个观点的提出都有与之相对应的论据支撑。

三、调研发现

本调查面向华南师范大学的学生，共收集问卷 263 份，无效问卷 0 份。从问卷调查的结果来看，样本的年级分布主要为 2016 级；学生主要来自经济与管理学院（132 人），占比超过半数（表1中的学院名均为简称）。

表1　调查对象的学院分布

经管学院	文学院	物电学院	化环学院	教信学院	光电学院	外语学院	体科学院	旅管学院	公管学院	数科学院	政行学院	计算机学院	法学院	职业教育学院	生科学院	教科学院	国际商学院	地科学院	音乐学院
132	26	19	18	11	8	6	6	6	6	5	3	3	3	2	2	2	2	2	1

（一）**大学生对主旋律影片的认识**

1. *大部分大学生对主旋律影片存在认知偏差*

（1）受访者普遍认为，只有体现了中国社会主流价值观和艰辛奋斗史的电影才属于主旋律影片，对主旋律影片的印象较多元且正面印象较多。首先，课题组选取了几类具有标志性特征的主旋律电影作为比较对象。第一类是以小见大型。通过颂扬个体的牺牲或贡献，从而歌颂祖国的强大。《战狼》《湄公河行动》《红海行动》作为同一类型的主旋律影片，讲述了在危难面前个体公民拯救国家和民族命运的英雄故事，体现了随着中国国力的增强、外交地位的提升，中国对国民的保护随之增强，展现和弘扬了爱国主义、集体主义的精神。第二类是历史讲述型。《建党伟业》是一部重现了中国共产党成立的艰辛历程的历史题材电影，讲述了革命先烈为了拯救危难中的国家和民族，不懈抗争，历经了千难万险的奋斗历程。第三类是社会现实型。这类电影通过选取与普通观众生活更加贴近的现实主义题材，讴歌了人性的光辉。《我不是药神》作为近期反响较大的反映残酷社会现实的影片，表现了社会底层人物的卑微以及在现实的压迫下他们的努力挣扎和反抗，既有对社会不公的描述和批判，也有对小人物不屈服于现实、奋力抗争的赞颂；印度电影《摔跤吧爸爸》反映了印度女性地位低下、男权至上的社会现实，是一部表现女性为了争取命运的自主权而进行反抗的励志电影。

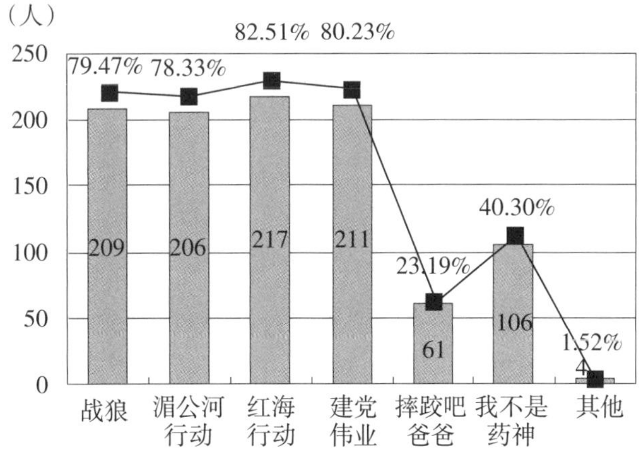

图1　大学生对主旋律电影的判断

根据调查结果，在大学生对主旋律电影的判断题目（可多选）中，《红海行动》《建党伟业》《战狼》《湄公河行动》《我不是药神》《摔跤吧爸爸》的选择率分别为 82.51%、80.23%、79.47%、78.33%、40.3%、23.19%（图 1）。由此可见，大学生普遍认为《红海行动》《建党伟业》《战狼》《湄公河行动》属于主旋律影片；而认为《我不是药神》《摔跤吧爸爸》属于主旋律影片的学生较少。剔除不了解部分电影内容的两位学生，在总数为 261 的有效样本中，六个选项全选的学生只有 31 人，占比 11.8%。由此可见，受访者们普遍认为，反映社会现实类型的电影并不属于主旋律电影的范畴。

（2）受访者认为主旋律影片的主要作用体现在国家层面。

主旋律电影对社会主义核心价值观的宣传主要有三个层面，即国家层面（富强、民主、文明、和谐），社会层面（自由、平等、公正、法治），个人层面（爱国、敬业、诚信、友善）。受访者们认为主旋律电影对社会主义核心价值观的宣传作用更多地体现在国家层面（45%），而对社会层面（27%）和个人层面（28%）的影响均一般。

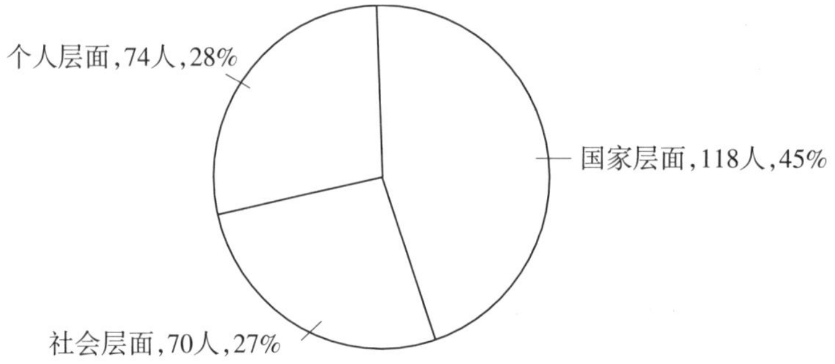

图 2　主旋律影片的影响层面

课题组认为，大学生对主旋律影片归类和作用之所以出现认知偏差，直接原因为学生们对主旋律影片缺乏了解，不能且没有渠道了解主旋律影片的具体定义和内涵，以致对主旋律影片的理解较为模糊，只能凭主观印象进行分类。而大部分学生对主旋律影片的主观印象为：反映中国现实、宣扬中国社会主流价值观、体现中国人民艰辛奋斗史的影片。同时由于他们接触到的大部分是中国式的主旋律影片，而中国式主旋律影片普遍存在立意深远抽象、讲述方式与普通百姓的生活隔离等缺点，使得学生们认为主旋律影片的影响主要体现在宏观的国家层面，而对社会、个人的影响较小。追根溯源，学生们对主旋律影片存在的认知偏差实际上体现了主旋律影片缺乏宣传以及我国主旋律影片主题过于宏大抽象、远离百姓生活的问题。

2. 主旋律电影在大学生中的印象较正面

大学生对主旋律电影的评价较多元并且客观，同时正面印象居多。据问卷结果，选项“引人深思”“又红又专”“反映社会现实”“丰富多彩”“枯燥空洞”的选择比例分别为：67.3%、65.7%、62.3%、21.6%、9.5%。

大学生对主旋律影片的印象主要来自于影片的自身定位，主旋律影片是指能充分体现主流意识形态的革命历史重大题材影片和与普通观众生活相贴近的现实主义题材、弘扬主流价值观、讴歌人性光辉的影片。主旋律影片的定义决定了它是引人深思、又红又专、反映社会现实的。而影片内容是否丰富多彩、枯燥空洞则取决于主旋律影片自身的质量水平。

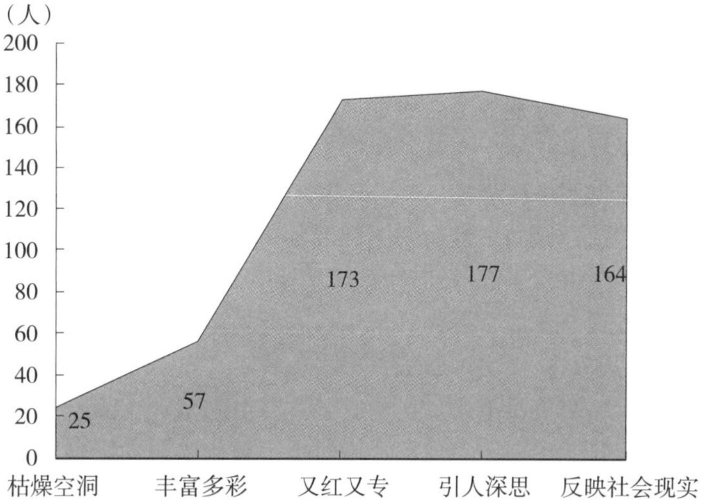

图3　大学生对主旋律电影的印象

（二）大学生对主旋律电影的选择倾向

1. 受访者普遍愿意选择到电影院观看主旋律电影

有80.7%的受访者对该问题选择了肯定选项。

2. 大部分受访者对电影的选择没有偏向性，更多的是注重电影本身的质量

在选择会去电影院观看主旋律电影的229名大学生中，观看原因（可多选）占比排序由大到小为：电影口碑良好而产生尝试心理84.27% >演员/导演阵容吸引66.81% >个人本身喜好主旋律电影24.45% >同期其他影片无看头24.4% >学校、老师推荐（包括作业要求）24.02%；其中因为电影口碑良好而产生尝试心理的占比远超其他选项。这说明大部分的学生会愿意主动到电影院观看主旋律电影，意味着将主旋律电影作为影响大学生核心价值观的工具具有可行性。

而在选择不去电影院观看主旋律电影的34位学生中，理由占比排序由大到小为：个人不偏好主旋律电影49.1% >选择以网络、点播等其他形式观看40.3% >不想随大流29.8% >形式流于说教，主题枯燥24.5% >认为其不贴近现实生活21.0%。

可以看出在这些学生中，仍有四成人愿意以网络、点播等其他形式观看主旋律影片，综合以上数据，可以看出超过87%的学生愿意主动观看主旋律影片。而在剩余的不愿意观看主旋律电影的学生中，由于自身的偏好因素选择不观看的占比较大，仅有不到10%的学生认为主旋律影片主题枯燥、不贴近现实生活，对主旋律影片有负面评价，因此选择不观看。

由此可以看出大部分学生对主旋律电影并没有偏向性，更多的仍是注重电影本身的质量，包括观众口碑、演员演技、电影主题等。

3. 学生更偏好反映社会现实题材的主旋律影片

（1）根据问卷结果，以国家主旋律电影拍摄风格进行分类比较，排序由高到低。韩国：抨击社会丑恶现象35% >印度：阿米尔汗式（情感励志类）26% >中国：歌颂集体主义精神25% >美国：漫威式（个人英雄主义）13%。

问卷数据显示，35%的同学更喜欢韩国式抨击社会丑恶现象类型的电影。经过分析，

课题组认为其中的原因是这类电影敢于直视社会存在的令人痛心的丑恶面，更贴近现实生活，使得其在情感上更能打动观众，在思想上引人共鸣和深思。同时近些年来韩国影片的大量传入，韩国娱乐、电影行业较国内更加成熟等原因，影片拍摄技术较高，呈现效果较好，使得韩国主旋律影片更受学生喜爱。印度的阿米尔汗式（情感励志类）电影和中国歌颂集体主义精神类电影得票率仅相差1%，但和韩国主旋律电影存在10%左右的差距，可以明显看出广大学生的选择倾向。针对中国歌颂集体主义精神式主旋律影片的“得票率”较低，课题组对部分学生进行了访谈。学生们表示，中国主旋律电影主题立意广大深远、过于抽象，同时讲述方式与普通百姓的日常生活有所隔离，使得中国类的主旋律电影存在枯燥乏味、难以理解的缺点。而美国漫威式个人英雄主义电影“得票率”更低，对于观影者而言，美国式好莱坞超级英雄电影宣扬的是独立自由的个人主义，过度放大了个体英雄无所不能的形象，使其只能存在于想象中；同时由于文化差异的影响，影片传递的价值观虽然较为正面，但由于对个人主义的过度美化，中国观众很难在感情上与其产生共鸣，从而导致它在四种类型的主旋律影片中的口碑最差。

（2）按照主旋律电影的类型进行分类，我国影响力较大的主旋律电影有以下四类：反映社会现实类（如《我不是药神》《亲爱的》等）、英雄主义类（如《战狼》《红海行动》等）、重大革命历史事件类（如《建党伟业》《建军伟业》等）、国学类（如《孔子》《赵氏孤儿》《赤壁之战》等）。据调查，受访者对它们的喜好程度的排序（0～4分）为：反映社会现实类 > 英雄主义类 > 重大革命历史事件类 > 国学类。

电影作为一种娱乐方式，最主要的目的在于娱乐消遣。影片带给观众的愉悦感为主产品，观看影片后的思考则是附属物。而主旋律电影承载着主流价值观，代表着一种思维方式，更应该采取贴近观影者生活和思维习惯的方式进行展现。课题组发现大部分学生不愿意观看枯燥无味、进度缓慢的电影，而更倾向于选择节奏快、高效率的影片。其次由问卷结果可知，相比远离生活、抽象难懂的电影，学生们更青睐接近生活的现实主义题材的影片。因此对于远离生活的英雄主义类、革命历史事件类电影以及抽象难懂的国学类电影，学生们更偏好反映社会现实类的影片。

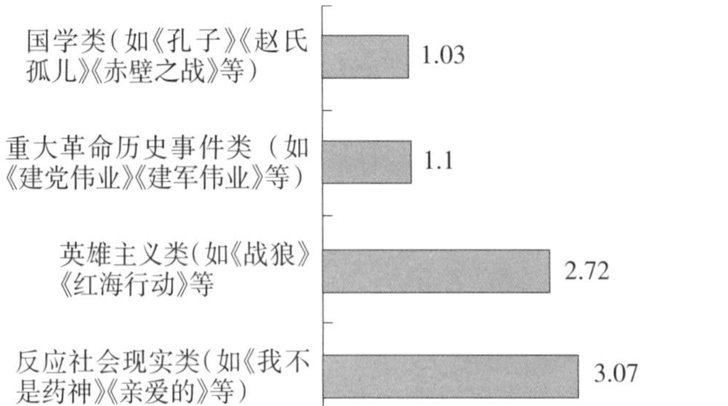

图4 大学生对不同类型的主旋律电影的喜爱偏好

（三）宏观分析

通过问卷，课题组了解到华南师范大学部分学生群体对主旋律电影的认识和看法，同时也了解到主旋律电影在该群体的受众情况。课题组进而结合宏观统计数据，观察中国主旋律电影的市场环境，了解大环境下主旋律电影的发展现状，分析主旋律电影对大学生的核心价值观的影响。表 2 截取知名度较高的几部主旋律电影的票房，可以看出，电影市场的宏观数据和问卷的调查情况基本匹配：一是主旋律电影具有相当的影响力和受众市场；二是反映社会现实类型的主旋律电影也更受大学生青睐。

表 2　2011—2018 年主旋律电影的票房

年份	电影数量	电影	票房（亿元）	排名	累计票房（亿元）
2011	1	建党伟业	4. 12	8	4. 12
2012	0		0	9	0
2013	0		0	9	0
2014	0		0	9	0
2015	1	战狼	5. 46	6	5. 46
2016	1	湄公河行动	11. 85	5	11. 85
2017	2	摔跤吧爸爸	12. 99	4	69. 78
		战狼 2	56. 79	1	
2018	3	红海行动	36. 51	2	72. 29
		厉害了我的国	4. 81	7	
		我不是药神	30. 97	3	

注：表内数据仅选择了传播度较高的电影。

近年来中国电影市场蓬勃发展，在电影市场总体发展良好的背景下，中国主旋律电影的发展状况也在变好，最直观的则体现在影片的数量、口碑和票房上。据“每日经济新闻”统计，2007—2018 年，有票房数据的主旋律电影（中国）共 132 部，累计总票房 208. 31 亿元，仅《战狼 2》一部影片就独占 1/4。《湄公河行动》《红海行动》等展现家国情怀主题的主流大片，逐渐在观众中建立了主旋律电影的口碑，取得了社会效益和经济效益的双丰收。

表 3　中国内地历史总票房排行榜前十位

排名	影片	类型	总票房（万元）	平均票价（元）	场均人次
1	战狼 2	动作	567921	36	38
2	红海行动	动作	365078	39	33
3	唐人街探案 2	喜剧	339769	39	39
4	美人鱼	喜剧	339211	37	44
5	我不是药神	剧情	309713	35	27
6	速度与激情 8	动作	267096	37	30
7	西虹市首富	喜剧	254718	35	28
8	捉妖记	奇幻	244002	37	42
9	速度与激情 7	动作	242659	39	42
10	复仇者联盟 3：无限战争	动作	239053	38	19

问卷中所提及的主旋律电影《战狼2》《红海行动》等，均为近两年上映的口碑较好的电影。从网络统计数据看，在中国内地历史总票房中，两者分别位居第一、第二位。在历史票房中排名前十的电影中，有三部属于主旋律电影的范畴。这说明主旋律电影的市场已经打开并且市场的潜力巨大，主旋律电影正在以另一种方式影响着大学生的思想和价值观，发挥着重要的思想政治教育作用。但除了这几部口碑较好的影片广为人知外，更多的主旋律电影仍然被湮没在电影大军中，数量众多但质量良莠不齐是主旋律电影面临的挑战。

（四）主旋律影片的思想政治教育功能的可行性分析

1. 主旋律影片能更好地发挥思想政治教育功能

在此次调查中，76.43%的受访者认为主旋律影片的教育宣传作用比书本、课堂教学更有效。由此可见主旋律影片具备了作为教育宣传方式的基本功能，与课堂教学、书本相比，观看影片的方式更加有趣多样，学生也会更乐于接受。

2. 主旋律电影存在质量良莠不齐的问题，影响其思想政治教育功能的发挥

根据问卷调查结果，学生们认为主旋律电影存在的不足更多的是电影质量的问题。包括题材老套、叙事性弱、形式流于说教等。今年上映的反映社会现实的电影《我不是药神》广受好评，这反映的不仅是人们对社会现实类题材的主旋律电影的偏好，同时也侧面反映了我国主旋律电影普遍存在类型千篇一律、缺乏吸引力的问题。要增强主旋律电影的影响力，首先应保证其有充足、多样的题材可进行选择。

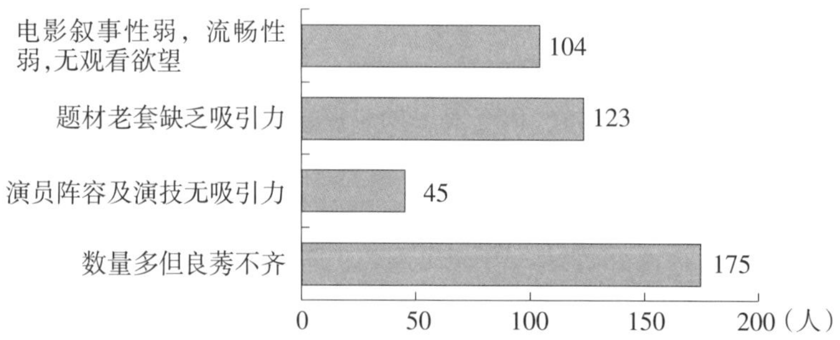

图5　主旋律电影存在的问题

3. 结论与分析

（1）要确保电影质量，用观众的广泛好评去吸引学生，而不能将价值观念生硬地从课本转移到电影中。

据调查，大部分学生认为，想要更好地发挥主旋律影片思想政治教育功能，首先应提高拍摄水平、演员演技、电影特效等，提高电影口碑；丰富电影题材和类型；政府提供更多支持，使制作方得以深入挖掘主题，展现叙事真实性。其次可以拓展宣传方式，如进校宣传、自媒体推荐等；邀请明星出演，发挥名人效应，吸引学生群体，借助偶像的力量影响大学生的价值观。而如果单纯采用学校要求、老师推荐的方式可能会适得其反，无法收到良好效果。

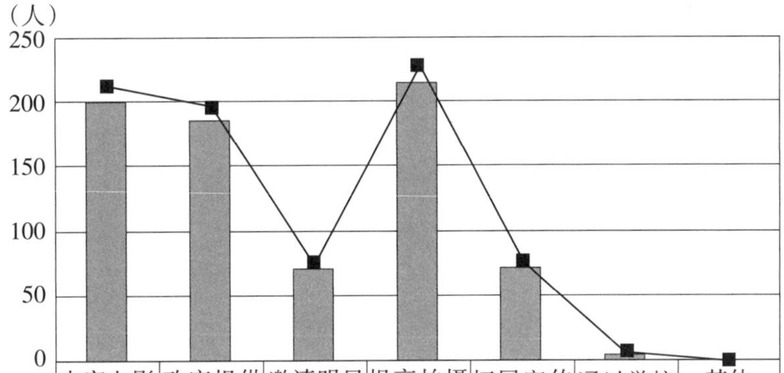

	丰富电影题材和类型	政府提供更多支持，如《红海行动》等，使制作方得以深入挖掘主题，展现叙事真实性	邀请明星出演，发挥名人效应，吸引学生群体	提高拍摄水平、演员演技、电影特效等，提高电影口碑	拓展宣传方式，如进校宣传、自媒体推荐等	通过学校要求、老师推荐	其他
小计	201	185	71	215	72	5	0
比例	76.43%	70.34%	27%	81.75%	27.38%	1.90%	0

图 6　提高主旋律电影思想政治教育功能的方式

（2）影片要着力在主题、质量、情感表达方面进行改善，电影的特效和演员阵容并不是特别影响电影核心价值观的表达。

据调查，受访大学生普遍认为电影的主题、质量、情感表达是电影的根本。经过分析，课题组认为，中国主旋律电影的主题多为反映重大历史革命题材、社会集体类型的数量居多，如《辛亥革命》《青春雷锋》《血战残阳》等，其传播度不高，鲜为人知。这主要是因为这类电影题材老旧、主题单一，很难吸引学生观看。而近些年来，主旋律电影在主题、质量、情感表达、演员、特效上均有较大的发展和进步，使得主旋律电影更为人熟知并在票房上取得不错的成绩。

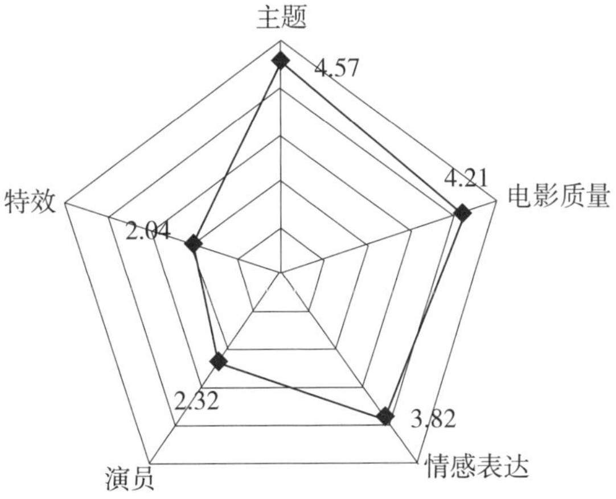

图 7　主旋律电影的核心吸引力

四、对策建议

利用电影这种具有艺术性的文化产品去承载主旋律，体现主流价值观，对当代大学生进行思想政治教育，是符合时代背景和发展潮流的。若要更加系统地实现主旋律电影的思想政治教育功能，还需要政府部门、电影制作方以及学校等各方的合作，需要更具体的策略和计划。

（一）政府部门

（1）政府部门应当给予主旋律电影更多的支持，包括经费和场地支持等。使主旋律影片的拍摄场景更具还原性，效果更加真实，以此拍摄出来的影片质量才能更好，更吸引观众。

（2）政府部门应减少对抨击社会现实类题材电影的限制，增加此类电影的排片量。现实主义题材的电影在主旋律影片中更有市场，减少限制不仅可以推动电影行业的发展，而且有利于推动社会进步。

（3）举行主旋律微电影创作比赛等。各级团委可以通过各高校团委、学生会和大学生社团组织开展主旋律微电影创作大赛。大学生可以挖掘校园中的真人真事，拍摄身边体现主旋律价值观的行为表现。这有助于大学生发现身边人物的真善美，也能够让大学生提前深入社会，体悟不同人物的人生。

（二）电影制作方

（1）近年来主旋律影片的市场形势较好，电影制作方可借此时机迎合消费者喜好，拓展挖掘市场潜力。

（2）主旋律电影应当充分借助互联网传播体系，扩展电影传播范围，提高自身的影响力，吸引当代大学生的关注。

（3）电影制作方应提高电影制作水平。无论是商业电影还是体现主流价值观的主旋律电影，都应该做好电影的品质。剧本故事、情节转折、演员演技等，是电影之根本。只有提高电影的制作水平，才能更好地吸引观影者，更好地传达电影的核心思想。

（三）学校

（1）学校应当多做一些主旋律影片的宣传工作，学校可以在校园网上设置主旋律电影欣赏专栏，将兼具思想性、艺术性的优秀电影按照题材分类上传至网站。同时，可设置影视评论交流平台，开设影评专区，让学生和教师一起通过留言来分享电影观赏心得。

（2）学校应当给主旋律影片提供更多包括时间和空间上的支持。把电影赏析课程作为重要选修课，供当代大学生选学。在课堂上，除了对主旋律电影进行观摩之外，还可以让学生们分析解读电影的思想主题、故事线索、视听语言以及影片背后的故事。

（3）学校在传播主旋律影片时应注意方式方法。把推动主旋律电影的欣赏融入思政课课堂，并列入教学计划。在课堂上，思政课教师在授课的同时，也可以播放一些与教材相关的主旋律电影或者专题纪录片，从而实现对教学内容的有效拓展和生动解读。比如，在教师讲授《中国近现代史纲要》时，可以有选择地播放《建党伟业》《建军为业》等电影；在讲授《思想品德基础与法律修养》时，可以播放《离开雷锋的日子》等一批具有浓厚的思想道德教育功能的电影。

(4) 学校选择主旋律影片时要首先考虑口碑好、质量高的影片。

(四) 大学生

(1) 大学生平时可以更加积极主动地了解主旋律影片，拓宽知识面。

(2) 大学生应当客观看待主旋律影片，而不应先入为主，认为主旋律影片都是枯燥乏味的。主旋律影片中不乏质量高、口碑好且影响力大的，大学生们在选择影片时也可以根据个人喜好对其进行选择。

(3) 在观看主旋律影片时，应当静心体会其主题思想，揣摩其传输的价值观，进而对自己的生活、学习以及人生道路有所思考；学会在观影之外分辨是非对错与善恶黑白，树立正确的人生观和价值观。

参考文献

[1] 王海洲，占园园. 认识深化与规律引导——改革开放四十年主旋律电影研究 [J]. 浙江传媒学院学报，2018，25 (5)：37-41.

[2] 贾玮，罗陈娟. 主旋律电影对大学生价值观的影响研究 [J]. 艺术教育，2018 (19)：142-143.

[3] 韩思琪. 明星工业美学视角下“主旋律”电影的青春化探索 [J]. 中国文艺评论，2018 (9)：60-67.

[4] 帖伟芝. 主旋律电影的思想政治教育意蕴与功能探究 [J]. 电影评介，2016 (20)：98-100.

[5] 李艳，苏吉. 主旋律影片欣赏对大学生价值观的教育功能 [J]. 沈阳师范大学学报 (社会科学版)，2016，40 (5)：53-58.

[6] 李冉. “中国梦” 主旋律电影的价值体现与形象重塑 [J]. 电影文学，2016 (1)：13-15.

[7] 周独奇. 主旋律电影的自我转变与大学生思想政治教育 [J]. 重庆文理学院学报 (社会科学版)，2015，34 (1)：124-128.

共享单车的现状调查及发展探究

——以广州大学城为例

禤秀云　林晓玲　李堂　李童　张建敏①

一、调查介绍

（一）调查背景

共享单车是指企业在校园、地铁站点、公交站点、居民区、商业区、公共服务区等提供自行车共享服务，是一种分时租赁模式。2016 年底以来，国内共享单车迅速出现并快速发展，摩拜、ofo（小黄车）等共享单车品牌第一时间入驻广州大学城。广州大学城位于广州市东南部，北邻生物岛，东邻长洲岛，面积共 17.9 平方千米。2004 年有 10 所高校进驻，分别是：中山大学、华南理工大学、华南师范大学、广州大学、广东外语外贸大学、广州中医药大学、广东药学院、广东工业大学、广州美术学院和星海音乐学院，学生总数超过 18 万人。共享单车自入驻广州大学城以来，由于其价格低廉、出行便利等优势，受到了广大师生的欢迎，校园里、地铁口等多处地方随处可见共享单车的身影。一方面方便了人们出行，另一方面也出现了乱堆乱放、侵占公共空间、投放过量、单车损毁、押金是否合法等诸多争议问题。蓬勃发展的共享单车，实则面临诸多挑战。同时，共享单车的发展也带来了多方面影响，尤其是给大学城的传统自行车租赁业带来了不小的冲击。共享单车在生存发展中出现的问题，对社会的公民素质、法律法规、企业管理、政府职能等方面均提出了新的课题和挑战。共享单车能否做到真正意义上的便捷出行、绿色出行、畅快出行，仍然有待检验，需要多方面的共同努力。因此，本报告以广州大学城为例，对大学城共享单车的发展现状进行调查既具有可行性又有多方面的现实意义。

（二）调研目的及意义

本课题以广州大学城为例，对共享单车的发展状况进行研究。通过实地走访、问卷调查、线上和线下访谈相结合等方式，总结出共享单车在大学城的发展现状，分析共享单车的出现对大学城居民生活及对传统自行车租赁业的影响，探究共享单车在发展中面临的问题以及产生相应问题的原因，寻找解决相应问题的可行性方案，为共享单车今后更好地发展提供可借鉴之处。

1. 为解决共享单车目前存在的问题提供数据基础

共享单车的出现给人们的生活提供了诸多便利，但由于其运营维护模式尚在完善过程中，仍存在种种问题，在给使用者带来了不良的用户体验的同时，也给公共管理等方面带

---

①作者为华南师范大学文学院 2015 级本科生，指导老师赵玉兰。

来了一系列难题。本小组实地走访大学城多地，广泛派发问卷，并对共享单车使用者、校园治安管理者进行深度访谈，多方面考察其存在的问题以及相关人员的看法，为解决这些问题提供了来源广泛且真实的数据。

2. 为共享单车进一步的改进提供参考建议

共享单车运营方在不断提高车辆性能、完善运营维修模式的过程中，不断提升用户体验。但作为新兴行业，共享单车的完善仍存在着巨大的空间。本调研小组通过广泛搜集相关数据，考察其存在的问题以及相关人员的看法，有针对性地为其今后的发展提出切实可行的意见和建议。

3. 提高自身作为大学生的社会责任感

作为共享经济中规模最大、发展最迅速的部分，共享单车已经成为社会上的热点问题，共享单车的发展及其存在的问题，都是社会成员不得不关注的内容。作为当代大学生，密切关注这一社会热点问题，积极投入相关研究中，能极大地提高我们关注社会问题的责任感。

（三）调研对象

以广州大学城为例，以问卷形式调查广州大学城的学生、居民使用共享单车的习惯以及对共享单车的看法。了解共享单车对大学城的学生、居民的影响以及带来的问题，并提出解决问题的具体措施，从而为共享单车更好地服务大众献策。

采访大学城各校区的学生，了解学生们使用共享单车的情况以及对共享单车带来的影响的看法。

采访华南师范大学保安人员，了解共享单车的投放情况、管理情况等发展现状，从而了解到更多共享单车带来的影响以及问题。

采访大学城自行车租赁业的业主，了解共享单车对传统的自行车租赁业带来的影响。

（四）调研框架

首先，对各类共享单车的特点、运营方式等做静态调查并进行对比；其次，从使用情况、使用期待、出现的问题及原因、产生的影响四个方面对广州大学城共享单车发展现状进行描述、分析；最后，提出解决共享单车当下问题以及未来发展的对策。

二、调研发现

（一）样本概况

1. 男女比例

在回收的513份有效问卷中，男生占比30.41%，女生占比69.59%，男女比例大概为1∶2。

2. 学校分布

考虑到共享单车在大学城各校区的分布情况不同，学校会成为广州大学城共享单车发展状况的一个影响因素。故本次调研专门分学校统计，具体分布如下：华南师范大学的学生最多，占受访人数的37.82%；中山大学占13.26%；广州中医药大学占8.77%；星海音乐学院占7.02%；广东外语外贸大学占6.63%；广东工业大学占6.24%；广东大学占

6.04%；广州美术学院占5.07%；华南理工大学占4.68%；广东药科大学占4.47%，受访人数最少。

3. 身份情况

本次调查的访谈对象有着不同的身份，其中学生有7人，分别来自华南师范大学、广东外语外贸大学、广州大学以及中山大学；学校保安2人，分别就职于华南师范大学行政楼及教学楼；另外还有自行车租赁业的业主3人，分别来自广州大学商业中心及北亭村大街。本次调查从不同身份的人群的角度来分析，有利于更全面地了解广州大学城共享单车的发展情况。

（二）广州大学城共享单车使用情况

1. 多数人使用过共享单车，使用频率较高

数据显示，86.16%的问卷填写者使用过共享单车，13.84%的问卷填写者没有使用过共享单车，使用过共享单车的人占比超过一半。从中可以看出共享单车受人欢迎，逐渐成为人们的出行选择之一。

在使用过共享单车的受访者中，每周使用3次以上的占31.45%，每周使用1～3次的占25.57%，其余则偶尔使用。可以看出，广州大学城的学生使用共享单车的频率较高，共享单车成为大家外出的主要交通工具之一。

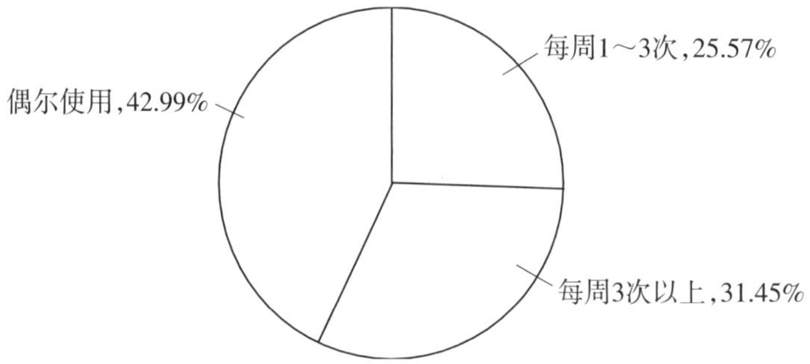

图1　共享单车使用频率

2. 出行方便、收费便宜是选择共享单车的重要原因

人们选择使用共享单车的首要原因是共享单车出行方便。在采访中，不少人反映使用共享单车可以解决他们等公交车、赶时间等问题。其次，收费便宜也成为吸引大众使用的重要原因之一。共享单车收费每小时0.3元至1元，对比传统的自行车租赁每小时3元的收费标准可谓是价格便宜。共享单车还不定时推出多种优惠活动，比如每日首单免费、充月卡优惠等。综合计算，使用共享单车的花费非常少，因此广受欢迎。另外，受访者认为共享单车低碳环保，可以减少环境污染，还有助于锻炼身体，好处多多。由以上原因可知，共享单车因为极大地方便了大家的出行，满足了大家的需求而广受欢迎。

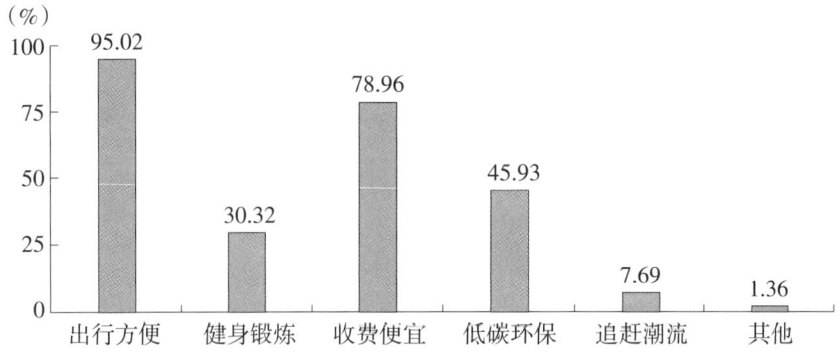

图 2　使用共享单车的原因

至于其他不使用共享单车的人群，其中 40.85% 认为比起共享单车，他们更喜欢步行、公交等出行方式。22.54% 表现出兴趣缺乏，没有尝试的想法，还有一些调查者由于注册、开锁等使用程序复杂、不方便的缘故，因此选择不使用共享单车。在派发问卷的过程中，有调查者表示由于自己不会骑自行车，或是自己有车而不使用共享单车。然而，即使存在一小部分没有使用过的人群，但总体上使用过共享单车的人员数量较多。

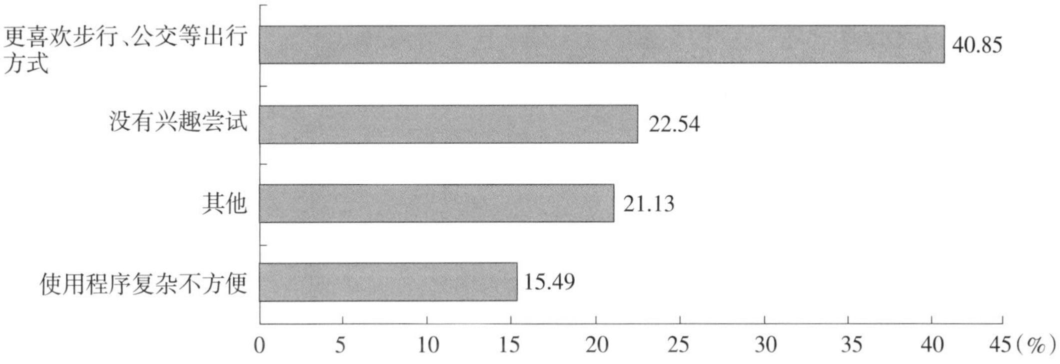

图 3　不使用共享单车的原因

3. ofo 小黄车成为学生选择共享单车的首选

在诸多共享单车品牌中，ofo 小黄车的使用得分为 5.93 分，远远超过其他品牌，市场最为广阔，广受大众欢迎。

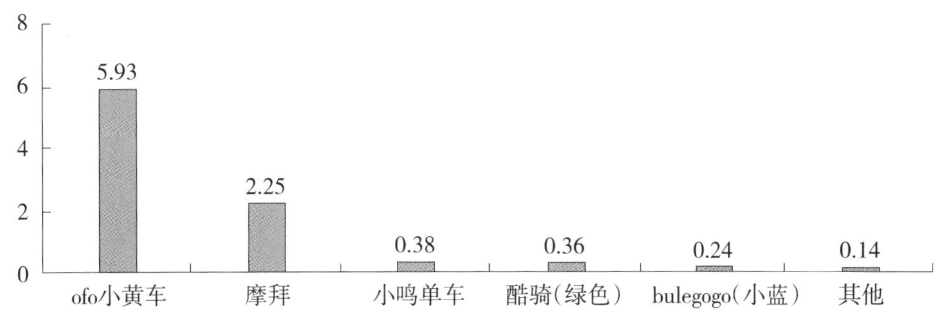

图 4　不同品牌共享单车使用得分

4. 宣传到位、分布广泛、价格便宜、押金低廉，ofo 迅速占领大学城市场

（1）投放点数量多且密集，帮助宣传。

大众广泛选择 ofo 小黄车与其宣传渠道广、信息传播面大有密切关系。88.91% 受访者因为附近有大量的 ofo 投放点而知道其存在，进而开始使用 ofo；有些同学则是通过好友介绍而得知 ofo 并开始使用。受访者吴同学称他通过好友的介绍了解到 ofo，并在同伴的介绍带领下，常在集体外出游玩时使用 ofo。除此之外，大众还通过媒体广告、宣传单了解 ofo 的详情。ofo 宣传渠道之广泛，出现频率之高，使其迅速地吸引大家的注意力，提高使用率，扩大市场份额。

（2）分布广泛、价格便宜、骑行体验好赢得青睐。

除了宣传到位之外，大众选择 ofo 还在于它自身的优势。首先，它的找寻便捷度高，数量多且分布广泛，大众十分容易找寻，这是受访者普遍对 ofo 的一大赞扬点。其次，ofo 骑行体验好，由于车身轻便、安全性能好，大家在骑行时更能得心应手，因此选择人数也大大增加。此外，费用高低也是同学们关注的重点。ofo 对大学生收费每小时 0.5 元，还不定时推出每日首单免费的活动，价格十分低廉，吸引了众多学生。同时，显眼可爱的黄色外观和人气偶像代言的广告也为它赢得了大众的好感。分布广泛、单车性能好、优惠活动多样，ofo 凭借以上长处在诸多共享单车中脱颖而出，成为广州大学城最受欢迎的共享单车品牌。

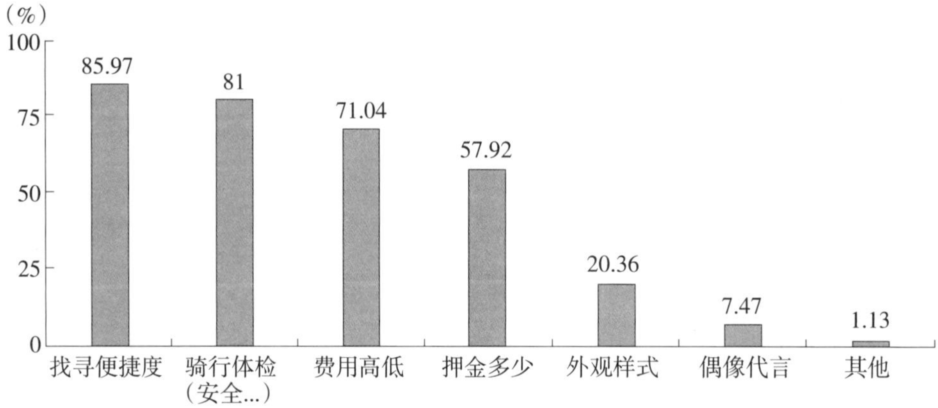

图 5　选择某品牌共享单车的原因

（3）普通大众押金 99 元，学生用车押金全免，押金低廉促进使用。

此次调查中，七成以上的问卷填写者更愿意接受 100 元以下的押金，20.81% 可以接受 100～199 元的押金，只有少部分的人可以接受 200 元以上的押金，由此也可看出大众普遍倾向于便宜、实惠的共享单车押金，ofo 定价 99 元的押金恰恰满足了人们对押金金额的期许，赢得大众欢迎。同时，在校大学生可凭学生证注册后免押金使用 ofo，这也吸引了大量的学生使用者。押金的低廉在一定程度上影响了人们对 ofo 小黄车的选择，使 ofo 小黄车的使用率不断提高。

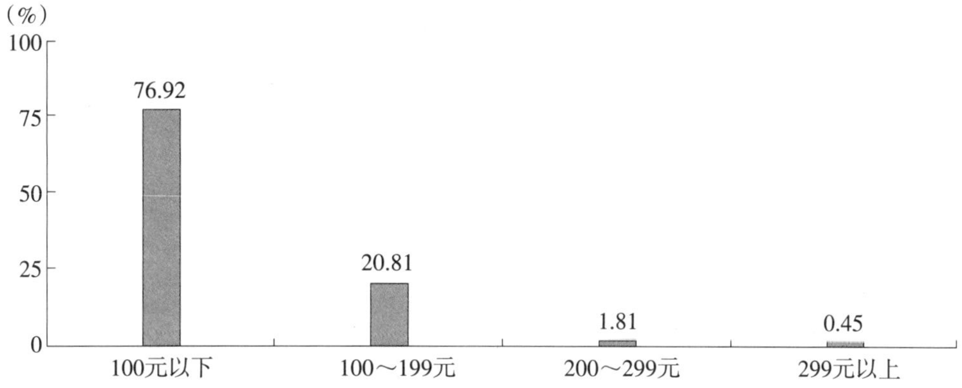

图6　可接受共享单车押金的数量

4. 使用者多将共享单车停放在单车数量较多之处

关于共享单车如何停放的问题，大多数同学表示不会刻意寻找指定的单车停放点，也不会看到位置就随便停放，而是选择停在有较多共享单车摆放之处。随便停放的人数占12.22%，比例较小；11.54%的人表示会停到指定的停车点，但同时他们也反映现今指定的停车点比较少，标识不够清晰，停车也比较费力。由此可知，大众具有一定的素质水平，会选择将单车停到有较多共享单车的地方，不会因为一己之便而随停随放，这样不仅方便他人寻找单车，也使得单车停放更有秩序。同时，我们也要注意到校区内存在规范的停车点不明确、数量少的问题。另外，人们选择的共享单车集中停放点是否规范，是否会影响公共环境、他人出行等问题都有待我们进一步深思。

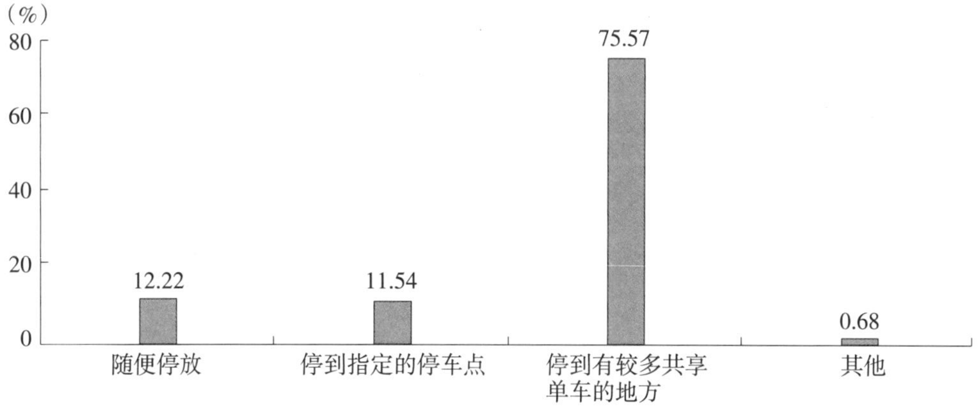

图7　如何停放共享单车

三、广州大学城共享单车的使用期待

（一）投放期待

1. 投放在生活、学习区附近，便捷取用

大部分问卷填写者希望共享单车投放在宿舍楼、教学楼、车站与地铁站等人群活动频繁的地方，其中宿舍楼和教学楼的综合得分最高，分别为5.33分和4.8分。共享单车分布于自身活动频繁的场所，方便使用者随时取用，便利生活。

表1　共享单车投放区域的意愿

选项	平均综合得分（分）
宿舍楼	5.33
教学楼	4.8
车站、地铁站	3.48
饭堂附近	2.17
商业区	1.43
医院	0.29
其他	0.06

2. 科学合理分布，满足需求

数据显示，65.11%的问卷填写者认为共享单车的投放点分布不均匀，大部分受访者在采访中也表达了相似的观点，并对共享单车的合理分布提出要求。科学投放、合理分布有助于使用者获得更好的使用体验，更好地满足自身的用车需求。运营商对此情况应予以重视，做好投放前期调研，科学投放单车。

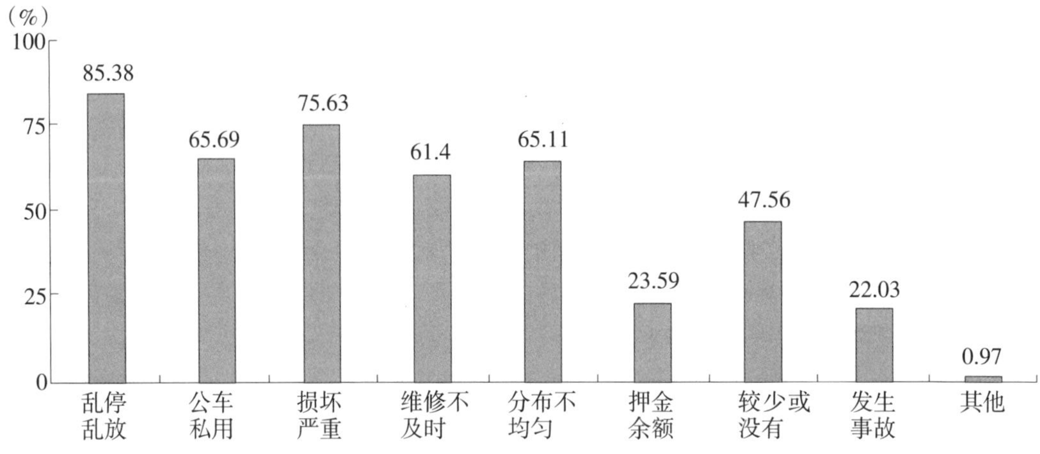

图8　共享单车存在的问题

3. 数量饱和，不赞同继续增加投放

研究发现，近半年来广州大学城共享单车数量激增，甚至达到“泛滥成灾”的程度，数量的激增在一定程度上也给公共环境带来了困扰。对于投放总数量而言，受访者基本上都表示，大学城共享单车的投放总量已经足够，持续增加共享单车会带来道路阻塞、交通不便和资源浪费等问题，所以不必继续增加数量。

（二）车辆期待：革新技术，改善单车性能和骑行体验

41.13%的问卷填写者和大部分接受访谈的人员都反映了共享单车的技术更新滞后、车辆质量差等问题，期待共享单车可以通过技术革新，改善用户体验。

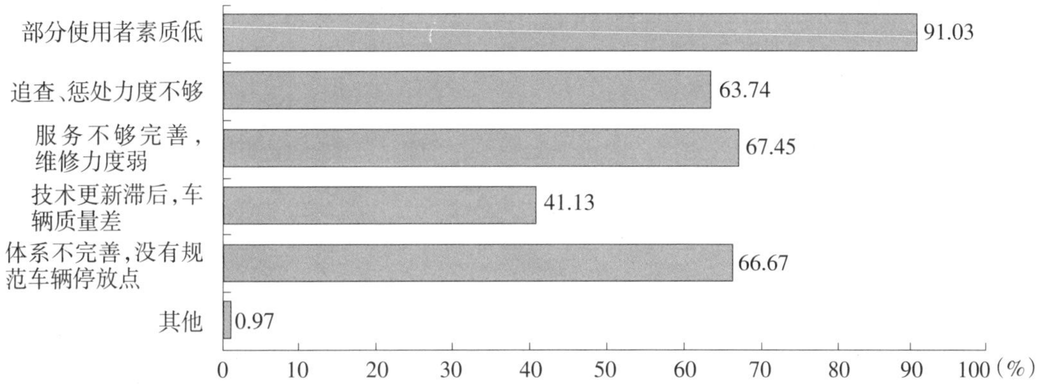

图9　共享单车出现问题的原因

具体而言，使用者普遍希望单车可以更加轻便，使得骑行更加省力。针对开锁问题，使用者期望可以简化共享单车的开锁方式，通过技术革新减少车锁本身导致的开锁困难的情况。在影响选择共享单车品牌的因素一问中，20.36%的问卷填写者将单车的外观样式纳入到考虑范围内，这表明，除单车的性能外，美观的单车外观样式也是使用者希望共享单车能够实现的方面。另外，还有个别受访者认为，共享单车还可在增加照明灯方便夜行、增加报警或监督系统促进文明用车等细节上进行完善。总体而言，使用者希望共享单车的性能和骑行体验能有较大的提升。

（三）维修期待：及时高效维修，提高资源利用率

75.63%的问卷填写者反映使用共享单车的过程中发现单车损坏严重的情况，同时认为共享单车存在维修不及时的问题的调查者占61.4%。综合以上两个数据，可以看出现今存在出现单车损坏严重且维修不及时的问题。本小组成员在走访过程中也发现，大学城出现多处堆积并未维修的故障自行车，如华南师范大学天桥底。在高使用率、恶意损坏、车辆质量不佳等诸多因素的作用下，共享单车的损坏率非常之高；同时运营方维护力度不够，共享单车从损坏到维修的周期较长，严重影响使用。使用者希望，共享单车运营方能对故障自行车实现及时、高效维修，提高资源的利用率。

四、广州大学城共享单车产生的影响

（一）便利了使用者的生活，节省开销，生活方式健康化

据本次问卷调查的数据显示，使用者选择共享单车的主要原因是出行方便与收费便宜，赞同的人数分别占比为95.02%与78.96%。

表 2 使用者使用共享单车的原因

选项	人数	占比（%）
出行方便	420	95.02
健身锻炼	134	30.32
收费便宜	349	78.96
低碳环保	203	45.93
追赶潮流	34	7.69
其他	6	1.36
本题有效填写人次	442	

另外，接受采访的 7 名学生在谈到共享单车对他们的影响时，无不提到共享单车便利了他们的生活。其中有 6 人都提到他们短途出行的方式从公交车转变为骑共享单车，这样节省了时间，使短途出行更为便捷。而广东外语外贸大学的吴秋杰同学更是提到共享单车"已经成为生活的一部分"。的确，共享单车在大学城分布较广，而且随扫随用，随骑随停，对于经常短途出行的大学城学生来说，共享单车的出现为生活提供了极大便利。

其次，共享单车收费便宜，而且个别品牌共享单车（如 ofo）通过师生认证还能免去押金，对于经济能力普遍不高的学生来说，共享单车可以为学生省下买自行车、租自行车的一笔开销。例如，华南师范大学化学与环境学院的李春烨同学在说起为什么会使用共享单车时谈到，他之前的自行车被偷了，而共享单车正好解决了他的燃眉之急，而且还为他减去了再买一辆新车的必要，节省了一大笔开销。

除了便利了使用者的生活，共享单车还让使用者的生活方式变得更健康。在本次访谈调查中，有 2 名学生提到他们平时会骑车去散心，有 1 名学生提到使用共享单车出行有益身体健康，可见共享单车也给使用者的身心健康带来了一定的积极影响。

（二）对传统的租赁业造成了较大的冲击

本小组成员在走访了广州大学商业中心与北亭村的单车租赁店铺后发现，共享单车的出现给传统的单车租赁业带来了较大的冲击。因为共享单车的便捷便宜，选择买自行车或是租自行车的人越来越少，传统的单车租赁业的经营也变得困难起来。位于广州大学商业中心的欢乐自行车行和位于北亭的另一家单车租赁店已经倒闭。据欢乐自行车行的业主透露，因为共享单车过多，他们的生意越来越难做。而位于北亭村的两位单车租赁店店主透露，现在租车买车的人都比以前少了很多。可见，共享单车的出现，给传统的单车租赁业带来了较大的冲击。

（三）对社会的影响：积极、消极需全面看

首先，共享单车给社会带来了较大的积极影响。

第一，共享单车促进了公共基础设施的完善。在共享单车没出现之前，大学城的马路上没有设置专门的自行车道，更多的自行车都行走在机动车道，十分危险。然而，共享单车的出现，使得自行车的使用者大大增加，这也就促使了自行车道的产生，使得交通道路规划得更加合理，公共基础设施更加完善。

第二，共享单车促进了便民工程的落实。以往，在大学城的一些人行道上都有便民单车。但便民单车使用后需要放回原位，而且打开方式较为繁琐，所以一般无人问津，也就使得便民单车没有达到真正的便民效果。然而，随扫随骑、随骑随停的共享单车的出现却真正地便利了人们的生活，也就使得便民工程得到了真正的落实。

然而，共享单车的出现也给社会带来了一定的消极影响。

最突出的就是增加了公共管理的负担。在本次的问卷调查中，笔者发现共享单车主要存在着乱停乱放、公车私用、损坏严重、维修不及时和分布不均匀的问题。

表 3　共享单车主要存在的问题

选项	人数	占比（%）
乱停乱放	438	85.38
公车私用	337	65.69
损坏严重（爆胎、掉链子、开锁难）	388	75.63
维修不及时	315	61.4
分布不均匀	334	65.11
押金余额退还难	121	23.59
较少或没有规范停车点	244	47.56
发生事故后责任方难以确定	113	22.03
其他	5	0.97
本题有效填写人次	513	

调查问卷数据显示，共享单车的乱停乱放问题颇为严重，小组成员在实地走访时也发现，一些共享单车较多的地方，如地铁大学城北站、广州大学商业中心等，共享单车摆满了人行道，有的还停到了自行车道甚至是机动车道上，严重地影响了交通。如果要使这类问题得到解决，就需要城市规划者对共享单车的摆放区域、投放数量等方面做出更为详尽的考虑。这是一个浩大的工程，需要政府投入较多的物力财力。

其次，共享单车损坏严重，维修又不及时，导致许多坏车、废车的出现。这些车辆被随意丢弃在路边、草丛等地方，不仅占了人行道、自行车道，还影响交通，而且随处可见的废车、弃车更是影响了城市的整洁。虽然有关方面派出一定数量的人力对这些废车、弃车进行定时清理，但是治标不治本。如何解决废车、坏车所带来的负面影响，还需城市规划者付出更大的努力。可见，共享单车给社会的公共管理带来了一定的负担。

五、广州大学城共享单车发展出现的问题及原因

新事物的发展绝不是一帆风顺的。共享单车作为近年来迅速发展的新兴事物，在发展初期难免产生各种问题。共享单车发展过程中存在什么问题？导致这些问题的原因又是什么？本小组在问卷设计中特意设置了一些具有针对性的问题进行调查，同时结合走访获得的资料信息进行探讨，总结得出以下四个要点。

（一）乱停乱放堵交通，停车点少很无奈

由本次调研可知，共享单车的乱停乱放问题最为严重。问卷调查结果显示，受访者对共享单车乱停乱放问题的认同度高达 85.38%，成为共享单车的问题之最。华师保安在接受采访时曾表示：共享单车的乱停乱放问题现在越来越严重。每到晚上 10 点，生活区的南 3 栋与 4 栋之间的过道全部被小黄车堵住，过车过人都十分艰难；其余的受访者在访谈中也不同程度地表达了对共享单车乱停乱放、堵塞交通的不满及希望此问题能尽快解决的期待。关于共享单车的乱停乱放的问题，多数人将其归结为个人原因，是由于使用者素质不够高，不懂得爱护公共环境所致。

另一方面，乱停乱放问题出现的背后反映了共享单车规范停车点建设缺失的问题。有超过五成的问卷调查者反映，现今大学城很少有或没有规范的停车点的问题；在问卷中“您认为出现这些问题的原因是”一项，有 66.67% 问卷填写者认为现今共享单车体系建设不完善，没有规范的停车点；访谈中受访者也表示乱停乱放其实与找不到停车点有关，希望未来能划定规范的停车点，缓解共享单车乱停乱放带来的困扰；通过实地走访本小组发现，大学城北、大学城南地铁站附近并没有划分明显的单车停放区，共享单车随意停放在人行道两侧；各大高校内，由于单车数量激增，原本划分的小范围单车停放区远远无法满足需求，学校方面也没有划分新的停放区，共享单车只能随意停放。以上数据表明共享单车存在规范的停车点建设严重缺失的问题。

由于没有规范的停车点，使用者大多选择跟风停车，看到哪里有共享单车就跟风停放。数据显示，七成以上的受访者表示会把车停到有较多共享单车的地方。但这个多数人停车的地方并非规范的停车点，越停越多的共享单车会占用人行道甚至盲道，给大家带来极大不便。

乱停乱放问题的出现与使用者素质低、不懂得爱护公共环境有关，也与运营方体系不完善、相关部门没有划分规范的停车点有关，对这一问题的解决需要各方承担相应的责任，戮力合心，共同努力。

（二）单车损坏很严重，公车私用惹人恼

除了乱停乱放，第二大问题则是共享单车损坏严重。受访者对这一问题的认同度占比为 75.63%。共享单车使用者在随机访谈中纷纷表示，自己在使用过程中遇到过不同程度的损坏情况，如爆胎，单车掉链子，座包被人划烂，二维码被划花以致无法开锁等，甚至遇到停放的 5 辆共享单车中有 3 辆被损坏无法使用的情况。此外，共享单车被随意扔掷的问题也颇为严重。本小组在实地走访中多次发现路边草丛中有一些歪倒在地的共享单车，根据现场位置判断，这只能是人为破坏、非正常使用所致。

另一方面，人们反映“公车私用”问题也较为严重，65.69% 的问卷填写者表示公车私用十分普遍，其占比仅次于“损坏严重”。公车私用是指某些使用者将共享单车解锁码毁坏，附上私锁，供个人使用。这不仅仅是一种破坏单车的行为，也是一种私自占有公共财产行为。华南师范大学某同学向笔者透露，自己曾见过北亭某餐馆老板从自己的车库推出一辆小黄车，当时是清早 6 点左右，说明这辆小黄车一整晚都停放在老板的车库里，老板其实是将这辆小黄车占为己有了。其余的受访者在访谈中也谈到，自己也遇到过小黄车

被人上锁自己无法使用的情况，出现这样的情况令人很是气愤。

针对共享单车损坏严重、公车私用的问题，绝大多数人将其归因于使用者一方，467位问卷调查者（共513位）认为是使用者素质低所致，认同度占比高达91.03%。由此可见，提高使用者的素质迫在眉睫。

（三）泛滥成灾强占地，投放安排不科学

走访调查中本小组发现的另一个突出问题是共享单车的投放问题。首先体现在投放分布不均上，出现了“不想用车一大片，想要用车无处找”的情况。65.11%的问卷填写者认为，现今存在着共享单车投放不均匀的问题，访谈者也表达了“单车投放规划没有很好地服务于大众，投放量和投放地点都规划得不够好”的看法。投放分布的不均在一定程度上影响了使用者的用车体验。针对是否会进行市场调研确定投放分布范围一事，本小组成员咨询了小黄车的在线客服，客服回复会进行不定期的调研，但其态度较为模糊。自共享单车入驻大学城以来，高校学子作为使用共享单车的主力军，却从未收到过用户调研之类的相关活动通知。由此，我们对共享单车是否会进行投放前调研持怀疑的态度。

另一方面，投放问题还体现在投放的数量上。2017年9月以来，大学城的共享单车数量猛然增加，曾经一车难寻的大学城北共享单车“泛滥成灾”，各色共享单车摆满人行道，甚至摆放到马路上，霸占了马路的小车停放区。走访中各方人士纷纷表示，大学城的共享单车太多了，已经饱和，应该停止投放。但就现今的情况来看，运营商并没有听到民众的呼声，投放工作仍在继续。就华南师范大学校区而言，每天都有专门的运输车将一批批的小黄车运至华南师范大学二路、三路，小黄车摆满了人行道，行人只能走在马路上，实在危险。这种“泛滥成灾”的投放在某种程度上已不再是便民，而是扰民。

这一问题的出现，主要责任方在运营商，如何在保证市场份额、企业受益的同时真正达到便民的效果，这是运营方需要思考的问题，也是需要脚踏实地切实解决的问题。

（四）维修迟滞需改进，使用安全无保证

除了以上谈到的乱停乱放、公车私用、投放无序等问题，故障车辆维修迟滞的情况也引起了人们的关注。据调查结果显示，超过六成的问卷填写者都提到了共享单车维修不及时、维修力度弱的问题。华南师范大学校区的中环天桥底，放着一大堆有故障的共享单车，运营方只是将这些故障单车集中起来，却没有运走或者进行现场维修。堆积如山的共享单车，一放就是几个星期，有一些都已经生锈，始终不见相关人员前来处理，维修工作很不到位。受访者在访谈中表示，现今市场上损坏的车辆多，其中一个原因也与维修不及时、维护人员不够有关。存在刹车失灵、轮胎扭曲等故障的车辆不及时维修，继续在市场上流通使用，其实有很大的安全隐患，使用者的人身安全得不到保障。一旦出现事故，事故的责任归属问题将会产生纠纷。调查结果显示，有22.03%的受访者对由共享单车的安全隐患带来的事故责任认定问题有所担忧。这些问题的出现，都与运营方管理系统不够完善有关，运营商在不断加大市场份额的同时也应完善相关的管理体制，保障使用者的安全。

六、广州大学城共享单车发展的建议

广州大学城共享单车的发展并非一帆风顺，有阳光也有风雨。共享单车的长久发展需

要多方共同努力，应坚持多方共治的原则，发挥好政府、运营企业、使用者的合力；同时，大学城各高校也应重视校内共享单车的使用情况，加强对校内的共享单车的管理。根据所得资料，本小组针对相关问题进行分析探讨，提出以下几点解决对策与建议。

（一）对政府部门的建议

1. 完善相关规定，加大处罚力度

由于共享单车是近年来新兴的共享经济的产物，目前还缺乏具有针对性的法律法规。有关部门应尽快出台有关共享单车的监管细则，制定一套科学、规范的管理办法，比如人车相撞责任由谁来负责，明确运营商、用户的权利及义务，对破坏共享单车的行为进行惩治，加强对违法违规行为的处罚力度。相关监管部门应建立科学合理的监管机制和问责机制，鼓励用户参与到监管工作中，使共享单车保持良性健康发展。

2. 设置共享单车停放区域，规范停车点

针对共享单车乱停乱放的问题，管理部门应因地制宜，根据广州大学城的具体情况，专门划定可投放、停放车辆的公共区域。问卷数据显示，七成以上问卷填写者赞同规划共享单车停放处（在非停放处停放可能会被罚款）这一举措，划分停放区具有较高的支持度。

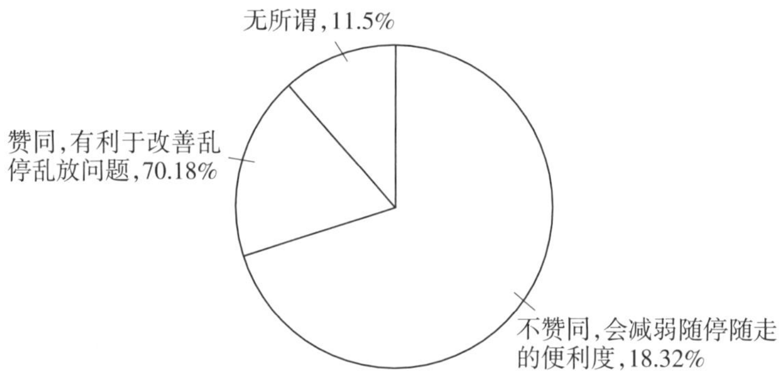

图 10　规划共享单车停放处

相关部门可以将共享单车的停放区域设置在人流量较大的地方，如地铁站口、商业中心区域、公交中途停靠站的周边等。同时，要配备相关的管理人员，设立停车管理的专门机构，在用车高峰期间，引导共享单车用户合理停放车辆，在非高峰期，做好巡逻调配工作，遇到乱停乱放的车辆，进行及时的调整。

3. 加强宣传教育，呼吁文明用车

针对由于用户不文明行为导致的乱象，政府相关部门应采取多种形式对共享单车的规范使用进行宣传教育。利用媒体舆论对违规进行曝光等方式，提高使用者的素质素养，增强人们的安全意识。定期举办文明骑行的公益活动，加大对共享单车的规范使用及交通安全的宣传力度，组织志愿者周期性开展志愿活动，多管齐下，营造文明用车、和谐共享的社会氛围。

4. 将共享单车租借纳入征信体系

由于现行的共享单车体制并未将用户的不诚信行为纳入征信体系，因此部分使用者才会肆无忌惮地破坏、霸占共享单车。政府应该提出明确要求，督促共享单车企业加快建立完善的信用体系，制定相关标准，利用大数据进行统筹管理。建立完善的诚信积分系统，鼓励民众之间相互监督，对违法违规行为进行举报。

5. 提高行业准入门槛，协助共享单车的行业规范化

政府应积极进行调研，对共享单车行业存在的问题进行深入研究，联合企业、行业协会包括用户等，针对共享单车的技术、使用年限、服务运营、押金管理等方面制定严格的标准，确保行业的良性竞争。对行业整体上设定一个准入门槛，调整目前各个共享单车企业把过多的精力放在扩大市场占有率、过度投放，忽视了企业自身进一步完善后期服务的行为。与企业协调，共同对其进行监督和管理，对于不积极配合后期管理的企业，政府可以限制或禁止其投放。

（二）对运营企业的建议

1. 完善用户信用体系，加强管理

共享单车企业需要建立和完善用户个人信用管理制度，引导用户形成良好的用车习惯。作为运营商，需要用硬性的标准来加强管理，降低单车的损坏率。通过用户信用积分体系来鼓励用户合理使用共享单车，加大惩罚和奖赏力度，激励用户规范骑行。运营平台应建立合理高效的日常管理机制，及时排查问题单车，以维持系统正常运转。为了提高用户的诚信度，不同品牌共享单车平台可联合建立个人信用管理系统，或将用户违法违规信息纳入其个人信用记录。

2. 提高资源利用率，提高维修效率

企业要在后期的运营维护方面投入更多的成本与精力，重视目前共享单车存在的车辆损坏率高、车辆维修效率低等热点问题，加强后期的管理。针对目前共享单车出现的问题，比如暴力开锁、人为毁坏、二维码不清晰等，及时回收修理损坏的单车，及时对问题车辆进行维护，定期对投放的单车进行保养，提高维修效率。这不仅有利于损坏的单车在维修后的进一步流动，提高资源利用率，也为企业塑造了一个负责任的形象。

3. 完善用户服务，及时回应用户反馈

在共享单车的投放方面，企业要做好市场投放调研，准确定位投放区域及数量，做到真正为民所需，提高共享单车的利用率。同时定期进行多种形式的用户调研，及时获得用户体验信息，提高服务能力。与此同时，企业可增加用户反馈的途径，及时对用户的举报投诉信息做出应答，并对举报行为给予奖励，这不仅有利于加强用户互相监督，也有助于企业更好地了解用户的需求，不断完善自身。

4. 不断完善技术，实现科学投放

共享单车企业应不断更新、完善相关技术。企业可以参考交通部发布的《关于鼓励和规范互联网租赁自行车发展的指导意见（征求意见稿）》中的建议，推广运用电子围栏等技术，规范使用者的停放。采用虚拟围栏的技术，这可以在很大程度上解决过度占用公共区域、乱停乱放的问题。综合运用物联网、大数据和人工智能等创新技术，实现科学投放。

另一方面，企业应当尽快弥补共享单车在设计上存在的缺陷，如加强车身 GPS 定位系统的准确性，不仅能够方便用户找寻附近的车辆，增加便捷度，也能对私藏单车的行为有

一定的约束，有利于企业对破车旧车进一步回收管理。加强单车设计，提高科技含量，融入防爆轮胎、轴转动和自发电功能，降低单车返修次数与维修费用。尽可能提升用户骑行体验，在安全、科技、实用方面尽量考虑到用户的骑行感觉，提升用户骑行的舒适感，开发性价比高的产品，适应不同的场景，满足不同用户的多样化需求。

（三）对大学城内各高校的建议

1. 加强校内监管，规范停车点

大学城内各高校应根据师生在校园内使用共享单车的习惯特点，将共享单车停放区域进行固定式划分。由于校园环境不同于外部社会环境，点到点的出行路径是有限的。问卷数据权值与频数分析显示，将共享单车摆放于宿舍和教学楼的综合排名得分为5.33分和4.8分。分数越高，综合排序越靠前，意愿更为强烈。因此，高校应在教学区和宿舍区这两个区域适当规划共享单车专门的停放区域，这样不会增加学生的寻车时间，还会让学校的车辆停放更加合理。同时，要加大校内监管力度，成立相应的管理部门，加大安保投入，如设立共享单车管理小组，全方位、专门性、针对性地对校园内的共享单车进行管理。

2. 加强校园宣传教育，引导学生文明用车

各高校可以通过微信平台推送、微电影、公益广告、主题讲座、主题教育、志愿者活动等多种形式，加强关于共享单车的使用规范和安全文明骑行的宣传教育，引导校内学生增强诚信和文明意识，提升自身素养，遵守社会公德，安全文明骑行。

（四）对使用者的建议

提高自身道德素质，保护公共财产，文明用车。作为使用者，在享受共享单车所带来的便捷的同时，需加强对共享精神的认识，提高自身的道德素养和文明素质，自觉规范停车，不做违法违规、损人利己之事。而对于其他使用者违规使用共享单车的情况和不道德的行为，也应当及时予以劝阻或是向运营企业或者相关部门举报反映，加强互相之间的监督，在无形中增加违规使用者的心理成本，从而营造出一个文明和谐用车的良好氛围。

参考文献

[1] 李琨浩. 基于共享经济视角下城市共享单车发展对策研究［J］. 城市，2017（3）：66－69.

[2] 潘敬萍. 共享经济商业模式下共享单车发展路径研究［J］. 现代商业，2017（32）：1－3.

[3] 邵丹，薛美根. 共享单车与城市可持续发展——中国城市交通发展论坛2017年第一次专题研讨会［J］. 城市交通，2017（3）：1－8.

[4] 马昕钰. 共享单车能骑多远？——基于五城十校的研究报告［J］. 财经界，2017（6）：117－121.

[5] 张子轩，吴蔚. 共享单车的现状、问题以及其发展对策建议［J］. 现代商业，2017（15）：162－163.

[6] 白婉莹. 浅析共享单车的发展之路［J］. 中国商论，2017（11）：1－2.

[7] 汪浚源. 共享单车：经营现状、盈利模式与经营前景——以摩拜和ofo为例［J］. 领导科学论坛，2017（7）：78－80＋86.

[8] 戴建兵. 共享单车市场的博弈与均衡——来自ofo与摩拜的案例分析［J］. 中小企业管理与科技（中旬刊），2017（6）：47－48.

[9] 毕晓敏. 共享单车对社会治安的影响及对策研究 [J]. 江苏警官学院学报，2017，32（3）：83－87.
[10] 毛珊瑛，史敏. 共享单车行业浅析及 ofo 发展建议 [J]. 企业技术开发，2017，36（7）：104－106＋112.
[11] 胡源棣. 浅谈共享单车市场竞争现状和发展趋势 [J]. 农村经济与科技，2017，28（16）：137－138.
[12] 龚钱锋，许必芳. 共享单车营销策略分析——以 ofo 为例 [J]. 中国商论，2017（27）：55－56.
[13] 速途研究院. 2017 年第一季度国内共享单车市场调研报告 [J]. 互联网天地，2017（4）：21－24.
[14] 张燕. 共享单车如何与城市共享共融？[N]. 宁波日报，2017－01－05（05）.
[15] 黄祖健. 30 万辆共享单车如何融入广州？[N]. 南方日报，2017－03－14（A1）.

农村儿童忽视、自尊与信任及其关系的调查

——以茂名市两所农村小学为例

黄嘉靖　杜永聪　林凌恺　唐梓豪　吴松远　蒋昌铭[①]

一、引言

（一）研究目的和研究意义

农民问题是关系国计民生的根本性问题。据国家统计局数据，截至 2018 年末，我国大陆城镇常住人口 83 137 万人，乡村常住人口 56 401 万人；而城镇居民人均可支配收入 39 251 元，农村居民人均可支配收入 14 617 元。城乡的人口差异不显著，但是经济收入的差距则十分明显。随着城镇化发展不断推进，农村的发展不仅限于经济的发展，还有农村人口的社会福祉以及农村儿童的身心发展等。本研究以茂名市小良镇南华村的小学生为例，研究农村儿童忽视现状及影响儿童人际信任的相关机制。

本研究有利于加深对农村儿童忽视的理解。忽视即虐待，目前国际上一般将儿童虐待分为 4 种主要类型，躯体虐待、性虐待、精神虐待及各种形式的忽视。家长对儿童的忽视会对儿童的认知、社会情感和行为发育产生危害；尤其是在孩子的婴幼儿期，家长的忽视具有更为严重的危害。国内外多项研究发现，儿童忽视与贫困之间存在密切关系。农村地区经济发展较为落后，农村儿童的忽视度和忽视率均高于城市儿童。在我国，农村地区的儿童，特别是贫困地区的儿童，是遭受忽视的重点人群，应该引起足够的重视。目前，我国针对农村儿童的忽视研究刚刚起步，需要尽快就相关课题展开研究，以获得对农村儿童忽视更全面的了解。

有忽视经历的儿童需要进行心理干预，本研究可以为干预方案提供新思路。个体的人际交往方式源于家庭，并且由家庭衍生出其他的人际关系。根据埃里克森的人格发展理论，父母对孩子的关注程度会影响孩子的人际信任。人际信任是影响个体人际关系的重要因素，信任是连接个人与他人、个人与社会的一种基本纽带，也是我们每个人人格健康发展的重要基础。同时，人际信任水平的高低也可以判断一个人是否可以良好地适应社会。已有研究表明，对于某些心理成瘾问题，如毒品成瘾，人际信任在其治疗过程中扮演着重要角色。自尊是个体对自身价值与自我接纳的总体感受，是一个人在对待自己的态度上表现出来的对自我价值的判断。国内外的诸多研究表明，自尊作为自我系统的重要特质，对个体健康心理及良好个性的形成有着积极的影响。它不仅是心理健康的重要标志，而且作为一个起中介作用的人格变量，它对个体的认知、动机、情感和社会行为均有广泛的影响。随着研究的深入以及统计学的发展，研究者们开始关注中介变量的分析。已有研究显

---

①作者为华南师范大学心理学院 2016 级本科生，指导老师赵玉兰。

示，自尊在社会支持与心理幸福感之间、被接纳感与心理健康之间均起着中介作用，自尊在女大学生儿童期虐待与心理健康间起部分中介作用，自尊还对人际信任有预测作用。

对于因儿童期的心理虐待和忽视导致的心理健康受损，干预重点不可能是去改变过去的不良经历，而应该是寻找可明显改变的中介因子。如果自尊在儿童忽视与人际信任之间起着中介作用，则揭示在农村儿童的心理健康辅导中可以通过自尊培养等来改善他们的人际信任状况，以此为更加深入的心理治疗打下基础。

（二）研究内容

本研究以广东省茂名市小良镇南华小学以及茂名市高州古丁镇新龙小学的学生为例，使用访谈法、问卷调查法以及内隐实验法来探讨以下三个问题：①探讨童年期受忽视经验是否经过影响自尊进而影响儿童的人际信任；②探讨儿童内隐人际信任与外显人际信任的关系；③探讨农村儿童忽视与儿童内隐人际信任的关系。

本研究分为三个阶段，第一阶段为访谈阶段，在南华村进行走访调查，初步了解儿童忽视情况；第二阶段为问卷调查阶段，使用邓云龙、潘辰编制的儿童心理虐待与忽视量表中的忽视分量表，Rosenberg 编制、王孟晨等修订的自尊量表以及 Rotter 编制的人际信任量表和信任博弈相关内容，来探究儿童的忽视、自尊以及人际信任状况；第三阶段为内隐实验阶段，采用 IAT 实验范式探究儿童内隐人际信任。

（三）拟解决的问题、研究重点和难点

本研究试图在前人研究的基础上进一步探究农村儿童忽视现状、儿童忽视与自尊、人际信任的关系以及内隐人际信任与外显人际信任的关系。根据结果提高人们对农村儿童忽视的关注程度，并对儿童心理提供干预思路。

本研究的重点在于农村儿童忽视与自尊、人际信任的关系。而本研究的难点在于三者的关系尚未有清晰的说法，此前也没有研究者将内隐人际实验范式用于小学生。

二、问卷、访谈及实验分析

（一）问卷分析

1. 基本情况

本课题小组采取实地发放纸质问卷的方式，利用“三下乡”暑期社会实践活动的机会，于 2018 年 7 月对茂名市两所农村小学学生发放问卷调查。同时，也收集到少量已从该两所小学毕业的初中生数据。在问卷填写的过程中，对于部分学生难以理解的题目表述，由本小组成员对其进行详细讲解，确保学生能完全理解问卷题目。经过初步筛选，共回收有效问卷 104 份，基本信息如表 1 所示。

由于本次调研对象主要为非独生子女，因此后续部分不涉及独生情况。

表 1　样本基本情况

<table>
<tr><th colspan="2">项目</th><th>人数</th><th>占比（%）</th><th colspan="2">项目</th><th>人数</th><th>占比（%）</th></tr>
<tr><td rowspan="7">年级</td><td>一年级</td><td>1</td><td>1.0</td><td rowspan="2">性别</td><td>男</td><td>46</td><td>44.2</td></tr>
<tr><td>二年级</td><td>6</td><td>5.8</td><td>女</td><td>58</td><td>55.8</td></tr>
<tr><td>三年级</td><td>29</td><td>27.9</td><td rowspan="3">独生情况</td><td>独生子女</td><td>1</td><td>1.0</td></tr>
<tr><td>四年级</td><td>30</td><td>28.8</td><td>非独生子女</td><td>101</td><td>97.1</td></tr>
<tr><td>五年级</td><td>25</td><td>24.0</td><td>数据缺失</td><td>2</td><td>1.9</td></tr>
<tr><td>六年级</td><td>7</td><td>6.7</td><td rowspan="2">留守情况</td><td>留守儿童</td><td>59</td><td>56.7</td></tr>
<tr><td>毕业生</td><td>6</td><td>5.8</td><td>非留守儿童</td><td>45</td><td>43.3</td></tr>
</table>

2. 结果分析

（1）忽视量表及结果分析。

本调查采用邓云龙和潘辰编制的儿童心理虐待与忽视量表（2007）。量表由心理虐待和忽视分量表构成。本调查采用忽视分量表，包括情感忽视、教育忽视和身体/监督忽视三个维度，共 17 个条目。每一个条目均采用 5 级评分制，要求被试从中选择最合适的一个数字代表自己的实际情况与所描述的被忽视行为的相符频率。分数越高表明被忽视程度越高。17 个项目的内部一致性系数为 0.854。

①比较不同年级学生之间的忽视情况。

由于一年级、二年级、六年级以及毕业生的人数较少，与其他年级的人数差距较大，因此本次分析主要关注三到五年级学生的忽视情况。三到五年级学生的忽视情况如表 2 所示。

表 2　三到五年级学生的忽视情况

项目	人数	忽视总均分	标准差
三年级	29	25.83	15.00
四年级	30	16.50	10.18
五年级	25	24.63	14.19

对相关数据进行 t 检验分析，结果显示，三年级学生以及五年级学生的忽视得分均高于四年级（三年级：$t=2.80$，$p<0.05$；五年级：$t=2.45$，$p<0.05$），三年级和五年级学生之间的忽视得分差异不显著（$t=0.30$，$p>0.05$）。

②比较不同性别学生之间的忽视情况。

男生与女生的忽视情况如表 3 所示。

对相关数据进行 t 检验分析，结果显示，女生忽视得分高于男生忽视得分（边缘显著）（$t=1.78$，$p=0.08$）。

表3　不同性别学生的忽视情况

项目	人数	忽视总均分	标准差
男	46	20.24	12.92
女	58	24.98	13.95

③比较留守儿童与非留守儿童的忽视情况。

留守儿童与非留守儿童的忽视得分如表4所示。

对相关数据进行 t 检验分析，结果显示，留守儿童与非留守儿童的忽视得分差异不显著（$t=0.44$，$p>0.05$）。

表4　留守儿童与非留守儿童的忽视情况

项目	人数	忽视总均分	标准差
留守儿童	58	23.90	12.39
非留守儿童	46	21.80	15.24

（2）自尊量表及结果分析。

本调研采用 Rosenberg 编制，王孟成等修订的自尊量表测评儿童的自尊水平。量表共10个条目，采用4点记分，从“很不符合”到“非常符合”，分别记1到4分，分数越高表明儿童的自尊水平越高。

①比较不同年级学生之间的自尊情况。

由于一年级、二年级、六年级以及毕业生人数较少，与其他年级人数差距较大，因此本次分析主要关注三到五年级学生的自尊情况。三到五年级学生的自尊情况如表5所示。对相关数据进行 t 检验分析，结果显示，三年级学生自尊总得分显著低于四年级学生（$t=2.19$，$p<0.05$），三年级学生与五年级学生之间（$t=0.56$，$p>0.05$），以及四年级学生与五年级学生之间（$t=1.02$，$p>0.05$）自尊得分没有显著差异。

表5　三到五年级学生的自尊情况

项目	人数	自尊总均分	标准差
三年级	29	26.72	3.22
四年级	30	28.53	3.14
五年级	25	27.38	5.12

②比较不同性别学生之间的自尊情况。

男生与女生的自尊情况如表6所示。对相关数据进行 t 检验分析，结果显示，男生和女生之间自尊得分没有差异（$t=1.22$，$p>0.08$）。

表6　不同性别学生的自尊情况

项目	人数	自尊总均分	标准差
男	46	26.91	3.83
女	58	27.84	3.89

③比较留守儿童与非留守儿童的自尊情况。

留守儿童与非留守儿童的自尊得分如表7所示。对相关数据进行 t 检验分析，结果显示，留守儿童与非留守儿童的自尊得分差异不显著（$t=0.48$，$p>0.05$）。

表7　留守儿童与非留守儿童的自尊情况

项目	人数	自尊总均分	标准差
留守儿童	58	27.57	3.35
非留守儿童	46	27.20	4.52

（3）信任量表及结果分析。

本调研采用 Christie 和 Geis 编制的儿童马氏量表（1970），该量表主要用于了解被试对他人能否被操纵并为己所用的估计，即人际信任的测查。该量表共包括20个条目，其中正面陈述和反面陈述各10个，由被试报告自己对项目描述同意或不同意的程度。该量表采用四级评分，即完全同意、部分同意、部分不同意、完全不同意。其中正面陈述得分依次为5、4、2、1；反面陈述得分依次为1、2、4、5；总分为20个条目得分之和，分数范围在20～100分之间。分数越高者，实际信任程度就越低。此表经过分析具有良好的信效度。

①比较不同年级学生之间的信任情况。

由于一年级、二年级、六年级以及毕业生人数较少，与其他年级人数差距较大，因此本次分析主要关注三到五年级学生的信任情况。三到五年级学生之间的信任情况如表8所示。对相关数据进行 t 检验分析，结果显示，三个不同年级学生之间的信任得分没有显著差异。

表8　三到五年级学生的信任情况

项目	人数	信任总均分	标准差
三年级	29	67.79	7.87
四年级	30	66.13	9.94
五年级	25	68.96	7.64

②比较不同性别学生之间的信任情况。

男生与女生的信任情况如表9所示。对相关数据进行 t 检验分析，结果显示，男生和女生之间信任得分没有差异（$t=0.10$，$p>0.08$）。

表9　不同性别学生的信任情况

项目	人数	信任总均分	标准差
男	46	67.85	9.15
女	58	67.69	7.53

③比较留守儿童与非留守儿童的信任情况。

留守儿童与非留守儿童的信任得分如表10所示。对相关数据进行 t 检验分析，结果显示，留守儿童与非留守儿童的信任得分差异不显著（$t=0.21$，$p>0.05$）。

表10　留守儿童与非留守儿童的信任情况

项目	人数	信任总均分	标准差
留守儿童	58	67.88	7.51
非留守儿童	46	67.53	9.26

（4）忽视、自尊与信任三者关系分析。

调研小组对三份量表的总分进行皮尔逊相关分析，结果如表11所示。

表11　忽视、自尊与信任三者关系分析

皮尔逊相关分析	忽视	自尊	信任
忽视	1.00		
自尊	-0.22*	1.00	
信任	-0.10	0.19*	1.00

注：* 表示 $p<0.05$。

结果表明，自尊与忽视及信任都存在显著相关关系。其中，自尊与忽视成负相关关系，即被忽视情况越严重，则自尊水平越低；自尊与信任呈正相关关系，即自尊水平越高，信任水平也越高。

（二）访谈分析

1. 访谈概况

本调查共访谈了8名南华村村民，其中3名家长、5名学生。3名家长的家庭情况分差、中、良三种；5名学生中有2人为南华小学三年级学生，3人为南华小学四年级学生。

2. 访谈结果分析

（1）忽视情况存在。

通过对家长的访谈，我们发现，出于谋生与工作压力，家长在家的时间少，很少与孩子沟通，只通过学校老师的反馈了解孩子的在校情况，关于孩子的很多问题都不了解。例如，你知道孩子在学校的表现怎么样吗？你知道发生在孩子身上的不愉快的事情吗？你知道孩子的理想吗？家长均表示不清楚。另外，本调查还访谈了数名学生，从当事人的角度了解到他们与家长平时的相处方式。根据学生的表述，家长下班回家时间比较晚，吃完晚饭、处理了家里的杂事后，与孩子的相处时间就很少了，再加上一天的工作后，家长已经没有精力与耐心与孩子沟通玩耍，比起与孩子交流，他们更多选择玩手机，打游戏。这显示家长对孩子普遍存在忽视的问题。

（2）情感忽视更为严重。

相比考试成绩、作业完成情况，平时孩子和谁玩得比较好这些问题，家长们对涉及孩子内心情感的问题并不清楚，这说明家长对孩子的情感忽视更严重。情感需求为高级需求，如果不能满足生理、安全的等低级需求，就更不能响应情感需求，因此情感需求更难被满足，情感忽视也更为普遍。

（3）忽视程度有差异。

本次调查共访谈了三个家庭，三家的家境各不相同，第一家的生活情况比较好，家里不但开小卖部，还有一家饭店；第二家的情况比较严峻，只有爷爷奶奶在家干农活打散工，妈妈带着生病的弟弟外出就医；另外一家父母在家打工，生活情况尚好。三个家庭的情况存在差异，家长们对孩子的忽视程度也存有差异，其中家庭情况较差的家长对孩子的学习情况基本都不了解，只能满足孩子的起居饮食的需求；情况一般的家庭，家长虽然与孩子的情感交流甚少，但是基本了解孩子的学习情况，与学校老师也有一定的联系；而情况较好的家庭，家长对孩子的关心也较多，不仅关注孩子的在校情况，对孩子的情绪也有一定的了解。

这一定程度上反映了家长对孩子的忽视受到时间、金钱与精力的影响，家境较差的家长为了谋生，只能长时间工作，勉强满足孩子学习、医疗、安全等低层次的需求，缺乏时间、精力等资本去关心孩子的其他需求。

（4）忽视对于孩子的消极影响远超家长的认识。

通过对学生的访谈，调研组了解到忽视对孩子造成的消极影响，5 名受访学生均表示，父母在家都不怎么理自己，他们对父母在家玩手机的行为均表示不满。将对双方的访谈加以比较，调研组发现，忽视对孩子造成的消极影响远比家长所认识的深。从孩子的角度来看，他们和父母的沟通少，除了因为父母上班忙，还因为父母平时在家有空就玩手机、看电视、打游戏，却不关心自己的情况，这令孩子产生父母宁愿玩手机都不想跟自己亲近的观念。一名受访学生还说，因为与父母不亲近，所以不跟父母讲自己的事。这种忽视对孩子的情感打击是很大的，不仅疏远了亲子关系，还让孩子产生一种“我不重要”的自我评价；虽然家长们都知道自己与孩子的关系不佳，但访谈中家长们的解释都是“因为工作忙，不经常在家”，却没有意识到自己平常在家的一些表现（玩手机、不跟孩子交流等）反而加重了对孩子的忽视，更使孩子自尊受损。另外，所处环境的影响也是一个重要因素，家长们本身对忽视的消极影响的严重性认识就不足，缺乏对孩子情感的关注，再加上这种情况在周围很普遍，家长认为“因为要打工，很多家庭都这样”，因此表现出一种比较无奈的态度，较少考虑到忽视对孩子的伤害。

（5）关于改善忽视，家长在行动上表现无力。

在访谈的过程中，调研小组发现家长们其实意识到了对孩子缺乏关爱，管教不足，导致孩子在学习与生活上比较懒惰。虽然知道问题的存在，但是家长们却没有有效改善现状的措施。调研小组在对南华小学的校长的访谈中也获知，这些学生不仅学习上不勤奋，在家也不做家务，家长管不了，也不会管教孩子。在这个问题上，笔者认为除了忙于生计，更重要的还是家长们不懂得怎么教导孩子，缺乏科学的有效的教育方法的指导。南华村的经济比较落后，村民们受教育的水平较低，家长们没有一套科学的正确的教育方法，靠的主要是“任由孩子自由发展、长期唠叨、不听话就打骂”的教育方法，因此不能解决孩子在成长过程中的疑惑，也不能满足孩子对情感的需求，引导孩子健康成长，家长们对于改善忽视问题表现得比较无力。

（三）实验分析

本次调研关注农村儿童的信任问题。信任涉及许多方面，除了一般人际交往上的信任，在面对金钱关系时也会产生信任问题。因此，除了信任量表，本次调研在信任的测量方面还使用了心理学上较为成熟的信任博弈。同时，人际信任问题涉及一定的社会称许性，被试可能会在回答有关信任的问题时，按照社会所期望的方式回答，而非自己内心的真实想法，导致回答不能真实反映其信任情况。因而，本次调研还使用了心理学研究中广泛使用的内隐态度测试，以此测量农村学生的信任情况。

1. 信任博弈及结果分析

（1）信任博弈。

经典信任博弈是一个不完全信息的动态单轮博弈。博弈的参与双方分别被称为信任者（trustor）和被信任者（trustee），在整个博弈过程中双方不会见面。在实验开始时，信任者获得一定数额的金钱 X，然后由其决定从中抽取一部分金额 x（$0 \leqslant x \leqslant X$）给被信任者，而被信任者将收到这笔钱的三倍，即 $3x$。随后，被信任者将决定从获得的金额中抽取一定的金额 y 还给信任者（$0 \leqslant y \leqslant 3x$）。在这一实验中，信任者送出的金额数被定义为信任（trust）。而根据经济学的经济人假设，由于没有任何惩罚和约束措施，理性的被信任者在收到了送来的钱后，为了达到自身利益的最大化必然会选择不返还；而理性信任者在做送出决策时也会预计到被信任者的行为，所以为了自身利益的最大化也不会送出一分钱，博弈在（X，0）点达到均衡。然而大量研究发现，信任者送出的金额往往介于 X 的 40%～60%之间，这表明个体对他人的信任普遍存在。

在本次实验中，我们将被信任者分为不同角色的人，包括父母、其他家人、好朋友、普通同学，以及陌生人，探究农村儿童在面对不同类型的人时的信任情况。由于低年级儿童可能对于博弈任务理解水平有限，且部分年级人数较少，因此在本次实验中，只关注三到六年级学生以及毕业生，同时将六年级学生与毕业生合并进行分析。

实验的指导语如下：

“假如你现在有 10 元钱，你可以选择不给或者将其中一些（X：0～10 元）给你父母/其他家人/好朋友/普通同学/陌生人。他们用你的钱投资之后会得到三倍的钱（$3X$），接着他们可以选择还给你一部分，或者全部不还给你。请问你会给父母多少钱呢？（如果选择不给请填“0”元）

____________元

如果你给了父母/其他家人/好朋友/普通同学/陌生人一定数额的钱，那么你觉得他们会还你多少？（如果选择不给可以不填）

____________元”。

本实验以问卷的形式呈现。

（2）结果分析。

排除掉明显不理解实验意图以及规律作答、不认真作答的被试数据后，总共剩余86名学生的数据，具体数据如表12所示。

表12　信任博弈具体结果

（单位：元）

年级	人数	对象									
		父母		其他家人		好朋友		普通同学		陌生人	
		送出	期望	送出	期望	送出	期望	送出	期望	送出	期望
三年级	26	2.23	7.81	7.77	8.12	5.08	4.14	4.65	5.00	4.10	5.29
四年级	25	8.28	10.72	7.28	6.28	5.24	5.20	6.00	4.84	3.84	2.96
五年级	23	6.96	9.17	7.35	9.61	4.78	7.26	3.30	4.35	2.10	1.90
六年级及毕业生	12	7.67	9.33	6.75	9.00	4.83	7.08	2.83	3.25	1.70	1.59

对于送出的金额，方差分析结果显示，在对象为普通同学和陌生人两类时，不同年级学生送出的金额数存在差异（$F_{(3,82)}=4.33$，$p<0.01$；$F_{(3,82)}=2.79$，$p<0.05$）。进一步比较，结果显示，在对象为普通同学时，四年级学生送出的金额明显多于五年级学生和六年级学生及毕业生；在对象为陌生人的时候，三年级学生送出的金额明显多于五年级学生和六年级学生及毕业生。

对于期望得到的金额，方差分析结果显示，在对象为陌生人时，不同年级学生送出的金额数存在差异（$F_{(3,82)}=4.12$，$p<0.01$）。进一步比较，结果显示，在对象为陌生人时，三年级学生期望得到的金额明显多于其他年级的学生。

2. 内隐信任实验及结果分析

（1）内隐信任实验。

内隐联想测验（Implicit Association Test，简称IAT）是格林沃尔德在1998年提出的。内隐态度测验是将反应时作为统计指标，对个体的内隐态度进行测量的实验方法。经过研究者们的不断完善，内隐联想测验已经发展出了几个不同的样例程序来满足不同的实验需求，如：单类内隐联想测验、外在情感性西蒙任务和反应/不反应联系任务。

在本实验中，我们采用单类内隐联想测验范式。将词语按不同角色分类：一类代表陌生人（如：路人、行人）；一类是熟悉的人（如：朋友、同桌）；还有一类代表家人（如：爸爸、妈妈），探究农村儿童在面对不同类型的人时的信任情况。由于低年级儿童可能对于内隐任务理解水平有限，且部分年级人数较少，因此在本次实验中，只关注三到六年级学生以及毕业生。

（2）结果分析。

排除掉明显不理解实验流程以及规律的作答、不认真作答的被试数据后，总共剩余24名学生的数据。

对所有样本的积极反应时和消极反应时进行相关样本 t 检验时发现，小学生有不信任他人的倾向（$t=2.425$，$P<0.05$）。对男女生的D值进行独立样本 t 检验，发现差异不显著（$t=-0.530$，$P>0.05$）。这说明在进行内隐信任实验过程中，男女生对他人的信任程度一致。

调研小组对不同类型人物的内隐信任状况进行单因素分析。

对象的类别对被试的内隐信任态度的影响差异显著（$F_{(2,71)}=4.151$，$P<0.05$）。

对对象的积极反应时和消极反应时进行相关样本 t 检验后，发现对陌生人组结果不显著（$t=-1.611$，$P>0.05$），熟悉组（好朋友，普通同学）结果显著（$t=2.627$，$P<0.05$），对家人组（父母，其他家人）结果呈现边缘显著（$t=2.084$，$P=0.048$）。这一结果可能说明了小学生对陌生人没有特别倾向于信任或者不信任，对自己熟悉的同伴和家人反而倾向于不信任。

三、结论与建议

（一）关于对农村儿童的忽视现象

儿童忽视是指儿童照管者因疏于其对儿童照料的责任和义务，严重或长期地疏忽了对儿童基本需要（包括身体、食品与营养、衣着、情感、安全、医疗、教育等）的满足，以致危害或损害了儿童的健康或发展，或在本来可以避免的情况下使儿童面对极大的威胁。潘建平指出，我国农村18岁以下各年龄组儿童的忽视率和忽视度均明显高于城市儿童。本次研究验证了茂名市当地的农村儿童忽视率显著。从调研数据可以看出，不同性别的农村儿童受到的忽视没有显著差异，原因可能有两种：其一，家长们多数情况下将更多的精力投入于工作，对其子女的关爱普遍缺乏，因此性别并不影响家长对儿童的关注度；其二，当地人受重男轻女思想的影响较小，所以性别不同不会造成家长对其子女的忽视程度不同。留守儿童受忽视的程度与非留守儿童差异不显著，也支持了上述观点——即使家长和孩子生活在一起，由于家长的工作压力较大，亲子间的交流同样很少。

调研小组发现，三年级和五年级学生的忽视程度显著高于四年级，但三年级与五年级的差异不显著，该情况可能是调研小组的取样方式导致的——在取样时未做到较好的无关变量控制，如教师子女的数量、家庭经济情况等。

（二）关于农村儿童的自尊程度

自尊是个体人格结构中的核心部分，是对自我和自我价值及自我体验的主观评价；中小学生自尊的发展状况会直接影响其学业水平和人格的健康发展，了解中小学生的自尊发展特点和影响因素有利于培养其良好的自尊和行为。相关研究资料发现，农村中小学生的总体自尊处于中等水平，性别差异不显著。调查数据显示，不同性别、不同年龄、留守与否的儿童的自尊程度皆没有显著差异，调研组认为这种情况的出现可能是因为处于小学阶段的儿童，对其自尊最重要的影响因素是学习过程中的自我效能感，而调研小组分析测算的各变量对该人群的自尊影响不够。

（三）关于农村儿童的信任问题

许多研究已表明，留守儿童与父母的长期分离，使得留守儿童在心理、情感、行为等方面产生一系列问题。相对于非留守儿童来说，在人际交往上，留守儿童更倾向于内向、不善于交流。人际交往能力对儿童社会发展具有重要意义。人际信任与人际容纳是人际交往的重要内容，对儿童的人际交往发挥着重要的作用。资料显示，男性留守儿童与女性留守儿童对人的信任不存在显著差异。在此次调查中，调研小组对农村儿童的信任情况采用了问卷法及实验法两种分析方法，其中问卷主要调查的是该人群对他人的整体信任情况，结果显示不同年龄、不同性别、留守与否的儿童的信任情况差异不显著，造成这种情况发生的原因可能是本次调查的对象人群由于其生活环境及经验等因素，对信任这种抽象概念未能形成十分清晰的认识。

而在信任博弈中，调研小组将金钱得失作为指标，信任具体化为对利益得失的控制，结果显示低年级的学生无论在给出金钱还是期待得到金钱上都显著多于高年级的学生，这说明随着年龄的增长，儿童对与现实利益挂钩的信任活动逐渐产生了意识。

在内隐联想测验中，调研小组在信任博弈的基础上，将博弈改为了对与现实利益挂钩的信任的内隐态度的分析，结果显示在这一年龄阶段的小学生对陌生人没有特别倾向于信任或者不信任，对自己熟悉的同伴和家人反而倾向于不信任。调研小组认为，人不会一开始就不信任别人，一个人对一个认识的人不信任，是因为在相处的过程中遭遇了一些事件，渐渐变得不信任。因此，造成这种现象的原因可能为，熟悉的同伴和家人对小学生做过欺骗的行为，而他们可能还没有遭遇过陌生人的欺骗，因此对陌生人没有表现出信任或不信任。

（四）关于农村儿童忽视、自尊和信任之间的相关

通过调查分析，调研小组发现农村儿童的自尊水平与忽视情况呈负相关，即被忽视情况越严重，则自尊水平越低；自尊与信任呈正相关关系，即自尊水平越高，信任水平也越高，这也符合之前的假设。

虽然农村儿童的自尊水平与忽视情况以及自尊与信任之间相关显著，但是调研小组经过具体计算得到的相关系数，发现两个变量之间的解释率不高，即当前使用的模型并不能很好地将相关关系拟合。这可能是由于调研小组取样的范围不大，导致数据的分布过于集中，不符合正态分布，导致相关系数较低。

参考文献

[1] 潘建平，古桂雄. 儿童虐待与忽视［M］//古桂雄，戴耀华. 儿童保健学. 北京：清华大学出版社，2011.

[2] 潘建平. 中国农村儿童忽视状况及干预展望［J］. 中华预防医学杂志，2015，49（10）.

[3] 敖雅梵. 留守儿童人际信任及人际容纳研究［D］. 南昌：江西师范大学，2012.

[4] 甘澍. 120 例农村小学 4～6 年级“留守儿童”人际信任的调查分析［J］. 基础教育论坛：乐山，2015（3）.

[5] 霍婷婷，王嘉淇，周宪君，等. 城乡小学生儿童忽视状况比较研究［J］. 中华疾病控制杂志，2015，19（6）.

[6] 王飞，潘建平，张松杰，等. 中国农村 0～6 岁儿童忽视现状［J］. 中华预防医学杂志，2012，46（1）.

[7] 张松杰，潘建平. 我国农村儿童忽视的危害及主要表现［J］. 中华预防医学杂志，2012，46（1）.

[8] 朱俊卿. 农村亲子关系模式及特点研究［J］. 心理科学，2004，27（5）.

[9] 陈亮，张丽锦，沈杰. 亲子关系对农村留守儿童主观幸福感的影响［J］. 中国特殊教育，2009（3）
［10］曾嵘，牟劲松，罗家有，等. 15142 名农村 7 岁及以下儿童营养不良现状及影响因素分析［J］. 卫生研究，2009，38（5）.
［11］焦富勇. 第 18 届国际防止虐待与忽视儿童会议介绍［J］. 中华儿科杂志，2011，43（5）.
［12］赵凤，李一峰，孙业桓. 儿童忽视及其影响因素研究进展［J］. 中国学校卫生，2017，38（11）.
［13］年晶，刘爱书. 儿童被忽视、心理韧性与孤独感的关系［J］. 中国临床心理学杂志，2009，17（6）.
［14］刘珊珊，曹枫林，李玉丽. 农村青少年儿童期虐待忽视与心理弹性关系［J］. 中国儿童保健杂志，2011，19（10）.
［15］潘建平，李玉凤. 儿童忽视研究的最新进展［J］. 中华流行病学杂志，2005，26（5）.
［16］姜红娟，邓云龙，潘辰，等. 儿童心理虐待和忽视与高职新生的心理健康：自尊、情绪稳定性的中介作用［J］. 中国心理卫生杂志，2010，24（9）.
［17］杨昭宁，贾蕊，陈祥丽. 高中生自尊和人际信任的关系研究［J］. 中国健康心理学杂志，2007，15（1）.
［18］杨冠军. 农村学龄儿童失学的现状、原因及对策［J］. 人口研究，1994，18（3）.
［19］李彬，史宇鹏，刘彦兵. 外部风险与社会信任：来自信任博弈实验的证据［J］. 世界经济，2015（4）.
［20］杨文娟，潘建平，杨武悦，等. 中国农村留守与非留守儿童忽视现状分析［J］. 中国学校卫生，2014（2）.

市民化视角下农民工精神文化需求探究

——以广州市黄埔区永和社区为例

杨思娇　陈林清　唐绮文　纪春秀[①]

一、导言

（一）研究背景

改革开放以来，随着城镇化和工业化的快速发展，越来越多的农村剩余劳动力离开土地，转移到城镇和非农产业就业。由此，在我国社会主义现代化建设进程中形成了一支特殊的社会群体——农民工。国家统计局2019年4月发布的《2018年农民工监测调查报告》显示，2018年农民工总量达到28 836万人，比上年增加184万人，增长0.6%。在农民工总量中，外出农民工17 266万人，本地农民工11 570万人。他们为城市创造了财富，为农村增加了收入，为城市发展注入了活力，是工业带动农业、城市带动农村的有效载体，为我国工业化、城镇化和现代化进程做出了特殊的重要贡献。广州市官员已建议用"新广州人"取代原有"农民工""外来人员"称谓，促使"农民工"更好地融入城市、扎根城市。

城镇化是世界各个国家和地区经济社会发展的必然趋势和必由之路，是一个国家或地区现代化程度的重要标志。根据国家统计局统计，2018年我国户籍人口城镇化率为43.37%，比2017年末提高1.02个百分点。党的十九大报告中明确了下一步建设中国特色社会主义的宏伟蓝图，其中提出到2035年要基本实现社会主义现代化。在此过程中，失地农民是城市化、工业化的必然产物，是推进我国现代化进程中必然产生的社会现象。城郊失地农民因为政府主导的一系列变革（包括土地因为城市化的推进和社会产业化的发展需要而被征收，村落改建居住小区等），农民"离土不离乡"，就地"被市民化"。这种现象在广州大量出现，如黄埔经济开发区。第一产业2014年同比下降3.8%，第二产业工业总产值7141亿元。2017年，各地区、各有关部门（单位）继续贯彻落实党中央、国务院决策部署，农民工市民化取得新进展，在着力稳定和扩大农民工就业创业、着力维护农民工劳动保障权益、着力推动农民工逐步实现平等享受城镇基本公共服务和城镇落户、着力促进农民工社会融合等方面呈现了新亮点。有了中央政府的政策保障，城郊失地农民可以通过当地工厂就业，转换为居民，但包括征地安置补偿政策、社会保障政策、就业政策、教育医疗政策等一系列需要落实的方方面面，尚未得到有效解决。城镇化的实质在于人的城镇化，农民自身的文化素质及观念等诸多因素依旧阻碍着他们真正实现市民化的进程。

---

①作者为华南师范大学经济与管理学院2016级本科生，指导老师董海军。

2018年黄埔广州开发区颁布“美玉10条”人才政策，旨在实施人才强区战略，充分发挥人才在集聚中高端产业、实现经济中高速发展等方面的引领作用。但在中国城乡二元结构仍未明显改善的情况下，市民化进程艰巨复杂，部分已转移人口呈现出“半市民化”特征。新涌入的“广州人”无论是在经济上还是文化上均与当地人产生了较大的分歧，有些居民在城市处于非城非乡、进退失据的尴尬状态，成为经济、社会、文化上的“边缘人”。由于他们在物质方面已经有了显著的改善，自然会有精神文化层面的需求，更加注重自身的生活质量和自我价值的实现，但外界似乎对他们的心理需求关注不多。“农民工”个体意识比较强，长期生活在这种需求不能被满足的环境中，会对其产生不良的影响。因而，我们应从精神文化生活的建设角度出发，分析“农民工”精神文化需求及其相关影响因素，构建新时代下的和谐社区文明社区。

（二）相关概念和理论分析

1. 相关概念

农民工。农民工是指在本地乡镇企业或者进入城镇务工的农业户口人员，农民工是我国特有的城乡二元体制的产物，是我国在特殊的历史时期出现的一个特殊的社会群体。农民工有广义和狭义之分：广义的农民工包括两部分人，一部分是在本地乡镇企业就业的离土不离乡的农村劳动力，另一部分是外出进入城镇从事二、三产业的离土又离乡的农村劳动力；狭义的农民工主要是指后一部分人。2009年12月召开的中央经济工作会议上，胡锦涛总书记在报告里专门提到了“新生代农民工”的问题，紧接着，2009年12月31日中共中央、国务院发布的《关于加大统筹城乡发展力度，进一步夯实农业农村发展基础的若干意见》中提到了“新生代农民工”，该提法是首次在中央文件中出现。新生代农民工是指出生在20世纪80年代后的农民工。目前为止农民工的总人数为1.5亿左右，其中新生代农民工占到60%，大约有一个亿，其中女性占40.8%。他们出生以后一般都会接受义务教育，有的读完高中甚至大专，然后就进城打工，相对来说他们对农业、农村、土地、农民等并不是很熟悉。另外，他们渴望或者已经加入城市社会。新生代农民工相对于第一代农民工而言，他们具有“三高一低”的特点：受教育程度较高，从事职业期望值较高，在物质和精神方面的享受要求较高，对工作的耐受力低。新生代农民工文化素质相对较高，大多数人已经不再“亦工亦农”，而是纯粹从事二、三产业，工作勤奋，他们的就业主要集中在制造业，从事建筑业的比例最低。68.6%的新生代农民工来自中西部，其中中部超过60%，新生代农民工在东部地区务工的比例达到72.3%。

市民化。所谓农民市民化，指的是随着我国现代化建设进程的推进以及社会产业化的发展，由于社会经济飞速发展的需要，农民需要离开自己的土地和农业生产劳动，进入城市经济体系从事非农业生产活动，主要从事建筑业、服务业为主的第二、第三产业，他们的身份、社会地位、价值观念、工作方式及生活方式向城市市民转化的社会经济转型过程。农民市民化不仅仅是户籍制度、劳动就业、社会福利、医疗保障、文化教育等各种经济、政治、文化权利方面的改变，还涉及城郊失地农民生活方式、价值观念和文化心理等各个方面的转变和重新适应。一些城郊失地农民在实现了户籍身份和职业身份的转换后并没有自动带来市民“角色”内涵的完整转变，其思想观念、生活方式、行为方式等的转变相对滞后，无法融入城市社会。

文化需求。所谓文化需求是相对于物质需求而言，就是为了满足人们的精神文化生活需要而对各种精神文化方面的事物的需求。精神文化需求内容非常丰富，它既包括人的自然属性方面的精神需求，又包括人的社会属性方面的文化需求，还包括政治文化方面的需求，如希望政治民主、依法治国、社会发展、尊老爱幼，等等。

精神文化需求同物质需求一样是农民工的一项基本需求。美国著名心理学者马斯洛在《人类动机理论》一书中指出，人类社会一般存在五种需求，由低级到高级转变。所以，随着农民工的物质需求得到基本满足，在此基础上他们又会进一步产生更高的需要。在经济快速发展的过程中，农民工的精神文化需求愈加强烈，需求途径也更加多样化。

2. 相关理论

“ERG”理论。美国学者克雷顿·奥尔德弗（Clayton Alderfer）在马斯洛提出的需要层次理论的基础上，进行了更接近实际经验的研究，提出了一种新的人本主义需要理论。奥尔德弗认为，人们共存在三种核心的需要，即生存的需要、相互关系的需要和成长发展的需要。

生存的需要与人们基本的物质生存需要有关，它包括马斯洛提出的生理和安全需要。相互关系的需要，即指人们对于保持重要的人际关系的要求。这种社会和地位的需要的满足是在与其他需要相互作用中达成的，它与马斯洛的社会需要和自尊需要分类中的外在部分是相对应的。最后，奥尔德弗把成长发展的需要独立出来，它表示个人谋求发展的内在愿望，包括马斯洛的自尊需要分类中的内在部分和自我实现层次中所包含的特征。

在中国，近几年大规模的农民工进入城市的过程中，他们在城市的生存的需要明显受到另外两个需要的作用与影响。本文在探究广州市内的农民工的生存需要的同时，也会关注这一群体相互关系的需要和成长发展的需要。

马克思的人的全面发展理论是马克思主义的最高价值理想，是未来社会的价值目标，也是现实人发展的最高理想境界，是人的发展和社会发展的有机统一。在马克思看来，人的全面发展是多方面的，包括了人的个性自由，人的性格，指挥，情感的发展，人要能自己自由地支配自己，要有自己的独立理念，要敢于怀疑与自己不同的理念，人的精神自由是人的全面发展的重要部分，仅仅只有良好的物质环境是不够的，精神的自由对于人的全面发展是极为重要的。

美国城市地理学家诺瑟姆（Northam）在对英、美等西方国家工业化进程中城镇化率变化趋势进行分析的基础上，于 1979 年提出的城镇化发展的一般规律：与经济发展密切相关，一个国家或地区城镇化的轨迹大体都表现为一条稍被拉平的“S”形曲线（即诺瑟姆曲线），其发展进程由慢到快、由快到慢，直至停滞不前。诺瑟姆将城镇化进程大致分为三个阶段：第一个阶段为初级阶段，城镇化率在 30% 以下，城镇化进程比较缓慢，农民市民化也相当缓慢。它对应着经济学家罗斯托（W. W. Rostow）所划分的“传统社会”这一阶段，即农业占国民经济绝大部分比重，工业发展缓慢，城市提供的就业机会有限，城市人口一般占总人口的 10% 左右，且人口分散分布。第二阶段是加速阶段，城镇化率在 30%～70%，工业的突飞猛进造就了大量的就业机会，第二、第三产业增速超过农业且占比重越来越高，城市丰富的物质精神生活吸引着农民的流入，城镇化和农民市民化步入一个高速发展时期，城市人口从 30% 增长到 50% 乃至 70%。最后一个阶段是成熟阶段，城镇化水平超过70%，城市与农村的差别日趋缩小，城镇化和农民市民化进程呈现出停滞甚至下降的趋势。诺瑟姆曲线阐明了城镇化和农民市民化与一国经济发展的关系，揭示了城镇化进程的一般规律，对推进农民工市民化进程具有理论意义。我国的城市进程不能片面追求速度，应该更注重城市发展的质量和目标，注重人的城市化，农民工市民化正是这一时期的主要任务。

二、调查发现

（一）调查基本情况介绍

1. 问卷发放与回收结果

本次调研主要采取问卷调研和实地考察两种方式进行，问卷调查既采用了传统的实地发放问卷的形式，也尝试了网上问卷并在线收集统计数据的新方式。调研采取随机抽取的方式，调研地点为永和家庭服务中心、珠江嘉园、贤江江东村、永岗田园路横迳。收回问卷合计311份，其中有效问卷277份，有效问卷回收率达89%。

2. 问卷信度分析

我们采用Cronbach α系数来考察问卷的信度，这是目前最常用的评价内部一致性的信度系数。经验上，如果Cronbach α系数大于0.9，则认为量表的内在信度很高；在0.8以上认为可以接受；在0.7以上要加以修正；0.7以下则应考虑重新设计。实验问卷的Cronbach α系数0.89，无论是问卷总体还是其所包含的各个维度，信度系数都在0.85以上，证明本问卷具有较高的一致性和较好的可靠性。

3. 调查样本基本情况

此次本文选取的调研对象是处于市民化进程中的农民工群体。按照样本差异，在调查中考虑了性别、年龄、文化程度、收入、务农经验的分布。

在被调查的对象中，男性163人，占58.84%；女性114人，占41.16%。18岁以下7人，占2.53%；18～25岁130人，占46.93%；26～35岁41人，占14.8%；35～50岁94人，占33.94%；50岁以上5人，占1.81%。在被调查的对象中，本科及以上43人，占15.52%；高中或大专166人，占59.93%；初中文化程度56人，占20.22%；小学及以下12人，占4.33%。随着教育体系逐渐完善，教育基础设施建设不断加强，经济发达地区的群体文化素质提高，农民工群体呈现新的不同于以往的特征。

（二）农民工精神文化生活状况及制约因素

1. 自主需求意识增强

新生代农民工的个体需求增强体现对新鲜事物接受的看法转变上。互联网科技迅速发展，微信支付、网约车、共享单车等惠及大众的新鲜事物不断涌现，对大众群体给予了极大的便利。对“与时俱进，接受新鲜事物”的看法调查显示，有66.43%的新生代农民工表示“非常同意”，而“较为同意”和“一般同意”分别占了11.19%和7.68%。这说明大部分新生代农民工能够摒弃过分保守的、在以往农民工群体中存在的固有传统思想，逐渐接受新兴事物带来的新鲜体验。出门不带现金，联系靠微信语音等生活方式已经从最初的城市青年群体渗透到各个群体。这是农民工市民化过程中逐渐拓展出的潜在能力，也是适应城市生活并融入其中逐步具备市民素养的过程（表1）。

表1　对“与时俱进，接受新鲜事物”的看法

项目	人数	占比（%）
我很不同意	35	12.64
不同意	6	2.17
一般	21	7.58
较为同意	31	11.19
非常同意	184	66.43

新生代农民工的个体需求增强还体现在对学习需求的意识增强上。在教育资源普及的时代，超过75%的受调查对象都已经接受过大专或高中及以上的教育，他们当中的大部分都拥有一定的文化知识素养，也相对地能够明晰专业知识对于个人发展的重要性。在对“不断学习，终身学习”的看法的调查显示，有65.7%的新生代农民工表示“非常同意”，而“较为同意”和“一般同意”分别有12.64%和4.33%。两题量化后的平均分分别为4.12分、4.17分，这表明在自身条件允许的情况下，许多新生代农民工还是有很强的学习意愿，愿意接受职业技术培训、科学素养教育等进一步提升自我的教育方式，这不仅是新生代农民工的个体需求增强的体现，也是克服市民化后身份职业转变障碍的条件。自我能力的提升，更有利于提高农民工市民化后就业的竞争力（表2）。

表2　对“不断学习，终身学习”的看法

项目	人数	占比（%）
我很不同意	40	14.44
不同意	8	2.59
一般	12	4.33
较为同意	35	12.64
非常同意	182	65.70

在对“在城市中安身立足所需条件”的调查，选择“技术或管理”的占77.98%，其余依次是“当地户口”（35.02%）、“人脉关系”（33.57%）、“学历”（23.1%），这说明对新生代农民工个体而言，摆脱作为廉价劳动力，拥有一技之长是他们认为可以在城市中安身立命的较为理想的途径，同时也可以看出，他们最关注的并非学历，而在于职业类的实用技术。在关于“工作中关注重视的方面”的调查中，占比最大的是“法律知识培训”，占60.29%；其余的“职业发展培养”“技能培训”“务工常识培训”均超过35%。值得关注的是，“法律意识培训”所占比例最高，究其原因在于近年来各地农民工的正当权益不断被侵害，引起了越来越多农民工的警觉，他们不得不通过增强自己的法律意识、维权意识来保护自身权益（表3、表4）。

表3　样本认为在城市中安身立足所需条件

项目	人数	占比（%）
技术或管理	216	77.98
当地户口	8	35.01
人脉关系	12	33.57
学历	35	23.10
家庭背景	182	13.36

表4　样本在工作中关注重视的方面

项目	人数	占比（%）
职业发展培训	100	36.10
技能培训	104	37.55
务工常识培训	128	46.21
法律知识培训	167	60.29

以上数据均表明新生代农民工生活在城市中，为与城市环境相适应，不断提高自身素质的现象。

2. 闲暇生活方式丰富化

薪酬待遇的增长、娱乐消费成本的低廉化使得新生代农民工群体出现闲暇生活方式丰富化的趋势，不再停留在单一的睡觉闲聊、赌博游戏上。根据闲暇时间活动的调查，有77.98%的人选择手机上网，48.74%的人选择看电影、电视，约25%的人选择听音乐。可以发现，新生代农民工对娱乐消遣的需求增加，在空闲时间里，除了进行体育锻炼、看电视等常规的休闲活动之外，他们会主动参与一些娱乐放松类的活动和消费，如上网、聊天、听音乐等，展现了他们与时代并进、追求新鲜事物的一面。总体而言，新生代农民工对精神文化生活的"量"的需求增加，在"质"的需求上有所突破，对精神文化的需求明显增多，精神文化生活愈加丰富（图1）。

据调查，进行文化消费的人中，有超过75%的人以丰富文化生活为目的；以弥补精神空虚、增加科学知识、提高文化素养为目的的均超过40%。新生代农民工对未来的规划，对知识、文化、娱乐消遣和精神归属的需求都属于人的客观的需要，这种需要的实现离不开精神文化活动这个载体。精神文化一定程度的增加，主要表现在休闲、娱乐活动，学习生活内容的丰富。越来越多的新生代农民工在闲暇之时会进行诸如上网了解资讯，看电影、听音乐等娱乐活动，或进行爬山、球类运动等休闲活动，也有少数农民工通过读书看报、阅读感兴趣的读物陶冶情操。即便精神文化的活动质量参差不齐，但对于活跃和拓展人们的精神文化生活，丰富新生代农民工的内心世界具有重要意义。另一方面，在网络时代，"娱乐至死"的现象严重，如何引导农民工正确地通过网络来丰富生活，提高自身，摆脱生活的困苦和精神上的空虚，是值得我们进一步思考的问题（图2）。

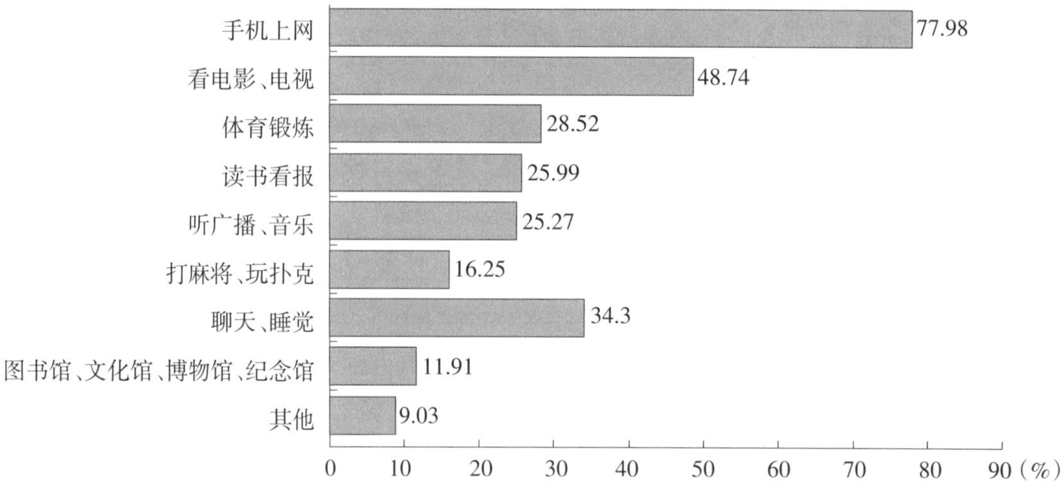

图1　样本对闲暇娱乐生活方式的倾向

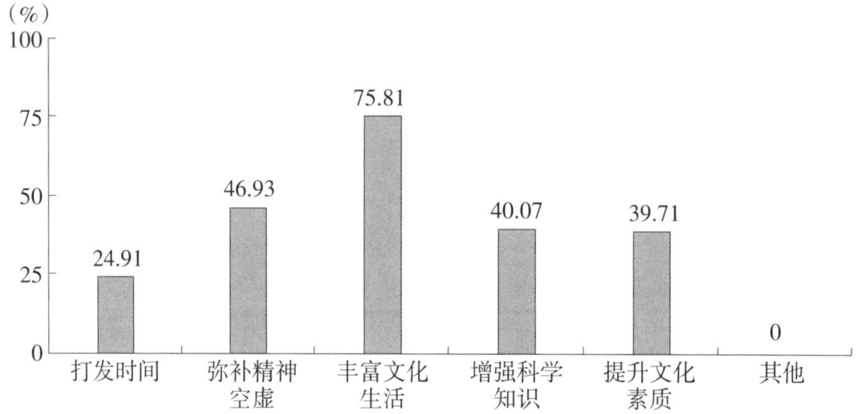

图2　样本对消费文化产品的主要需求

3. 心理压力较大

通过对市民化进程中农民工特点的分析，我们知道市民化进程中的农民工有更强烈的融入城市的诉求，但是生活、工作、社会地位、文化生活缺失等众多矛盾使他们承受着巨大的心理压力。调研数据显示，超过半数的受访者表示压力很大，对自身的目标表示很迷茫。这显示进城的农民工尚不能快速适应城市与农村的差异，城市的快节奏以及生活工作方面带来的经济压力和家庭压力，让农民工很可能出现心理问题。对自身的目标表示迷茫，这显示了农民工在巨大的压力面前无所适从，对生活的前景感到迷茫和压抑。而在调研过程中笔者发现，大部分农民工所处的环境基本相同，所接触的人际群体也基本相同，若在相近的群体中亦存在上述压力大和迷茫的现象，那么很有可能会影响他们，使得他们出现心理问题。而农民工在面临心理问题时普遍不知道如何排解，再加之没有正常的文化生活以及企业的人文关怀不到位，使得他们常常采取一种消极的处理方式。随着消极情绪不断蔓延，农民工本人和社会均会受到负面影响。因此农民工的心理疏导和精神健康问题需要引起企业和相关政府部门的足够重视（表5）。

表5　样本对自身目标的迷茫程度

项目	人数	占比（%）
感到迷茫	108	38.99
较为迷茫	79	28.52
清晰	44	15.88
非常清晰	30	10.83
不清楚	16	5.78

4. 身份认同定位模糊

身份是社会成员在社会空间所处的位置。身份认同主要包括自我认同和社会认同，也就是说农民工的社会融入过程，是其与城市社会进行双向互动的过程，个体的社会融入程度，既取决于客观的社会条件（社会认可），也在很大程度上受其自我身份认同的影响。如果社会成员有积极的身份认同，能够主动地融入城市社会，就能促进其社会融合的进程；反之，则会阻碍其融入城市的进程。在农民工自我身份定位中，只有24.55%的人认为自己是“城市新市民”，而有11.91%的人认为自己只是“城市过客”，有58.84%的人认为自己处于城市的边缘位置——大部分的人都认为自己并没有真正融入到城市中，缺乏积极的身份认同，没有从心理层面接受城市的事物，始终将自己当作外人，这导致了他们对城市缺乏归属感，不利于他们融入城市。市民化的本质应是心理层面的市民化，政府和企业应当积极采取措施，落实相关政策，增强精神文化的宣传，对外来务工人员多加关怀和保护（图3）。

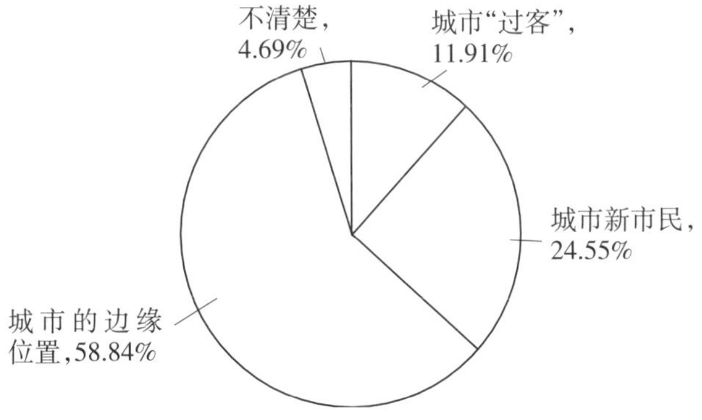

图3　样本自身的城市定位

5. 对当地生活环境满意程度

生活环境是个体对生活的主观体验和反思，在某种程度上客观的外部条件会影响个体生活满意度的评价，但总体来说生活满意度是与个体心境相关的有意识的活动。因此，由于所处环境和个体关心的问题等的差异，不同阶层、不同年龄的群体生活满意度可能存在很大差异；即使是处于同一阶层、同一年龄的群体，由于个人认知、追求和自身外部实际状况的差异，对生活的满意度也可能存在差异。

在调查中，12.27%的农民工对自己目前的环境状况表示满意，觉得自己的生活充实有趣；39.71%的农民工觉得自己目前的精神生活和别人差不多，觉得一般；30.68%的农民工对自己的生活状况不满意。

调研小组对月收入与文化设施建设的合理程度评分做了相关性分析，得出皮尔逊相关系数达到了－0.152，表明两者的相关性较为显著——皮尔逊系数小于0，即代表着两者之间在一定程度上存在着负相关的关系，因此，我们可以认为月收入水平的高低与农民工对文化设施的满意度有着一定的相关性。且月收入越高的群体，越有可能觉得当地的文化设施建设不够合理。由于文化水平、思想观念等与城市的差距越来越小，农民工对精神文化生活质量的认知、选择、追求会越来越多，在生活中他们通过不同媒介和方式更积极地融入不同群体、不同环境中，在工作中积极与同事和领导交流、沟通及学习，他们对城市充满了好奇和渴望，这些都间接地提升了市民化背景下的农民工的生活满意度。但由于经济开发区比较注重地区经济的发展，而忽略了广州地区文化底蕴的挖掘，人们逐渐地对当地生活环境感到不满——宗祠前乱石堆积，池塘沉积物堆积，植被被破坏，排气管裸露在路面上……都让人们对当地生活环境的满意程度评分下降。

6. 精神文化生活少

农民工精神文化生活较少不仅仅有外在因素，还与农民工自身有关。在调研小组走访调查中，“没有时间”和“少有空闲时间”的比例大约只占了三成，说明农民工不愿意把时间用于满足自身的精神文化需求，农民工最需要的是满足自身的物质需求。这与农民工的收入有关，也与观念有关。作为移居而来的农民工，首先要满足的是物质需要，当一个人经济条件处于较差的情况下，其活动也只能停留在衣、食、住、行等满足自身温饱的范围内，所谓“人穷志短”。而在满足了物质基础以后，精神需求才会逐渐进入农民工的视野。当地的农民工的生活状况更多的还是处于“温饱”边缘，物质的需求仍然处于第一位。

更为重要的是，新生代农民工与其他群体相比，文化水平和职业技能都相对较低，从事的多为工作强度较大、时间较长的劳动密集型工作。而由于工作强度大，他们仅有的空闲时间也多用于睡觉以缓解平时工作的疲劳，能够真正给予自己精神需求方面的时间较少。

三、对策建议

通过本次调研可以看出，首先，由于农民工自身心理素质不高，在城乡二元化结构体系中易产生自卑感，更容易把自己关在自己的空间里，这在一定程度上阻碍了其文化需求的满足。此外，农民工的受教育水平普遍不高，无法完全认识到文化生活对自身的重要性，导致他们对自己在文化方面的需求不甚重视。第二，目前社会保障体系尚不够完善，职业的不稳定使其更关注物质生活条件，从而忽略了自身的文化需求。第三，政府对农民工政策的落实等方面关注度还不够，缺少相关的对农民工的职业培训等，如果能够更好地维护他们的合法权益，农民工的文化生活质量与文化生活氛围将会得到很大改善。第四，企业方面较少关注农民工群体的精神需求，再加上农民工自身的局限性，容易忽略自己的精神文化状况，从而使其精神文化需求得不到相应的满足。

（一）平衡资源“天平”，保障农民工权益

政府在制定政策时需考虑到农民工这一群体的特殊性，在现行户籍制度改革尚未有突破性进展的局面下，调整及淡化户籍制度在社会资源分配方面的影响，扩大社会保障覆盖面，健全农民工的社会保障体系。坚持实事求是的原则，稳步推进相应进程，从而逐渐将农民工群体纳入整个社会保障群体中来。社会保障体系的承担者应该是政府、企业和个人，相应地，职能部门应对企业加强监督力度，确保企业为农民工群体缴纳失业、医疗保险等费用。

同时，城市管理者应该深刻认识到农民工群体是城市中不可分割的部分，城市作为他们的新家园，理应通过制度创新，解决他们在教育、医疗、住房方面的困扰，维护他们的应有利益。重视农民工的合理诉求，给农民工以市民待遇。

（二）发挥社区管理和服务农民工的功能

农民工要在城市生活中获得接纳，必须寻求政策的落脚点，社区应当成为接纳农民工的主要社会组织载体，同时也是消除制度化社会排斥的一个突破口。社区要作为农民工向市民化转化的场域，关键在于发挥其接纳功能和社会融合功能。

具体来说，城市中农民工群体密度较大的区域应建立以地域性为特征、以认同感为纽带的新型社区，构建新的社区组织体系。城市社区组织应突破户籍身份限制，以居住属地为原则，将全体社区居民纳入社区管理和服务体系，为农民工提供公共服务，而不仅仅是把他们作为治理对象。充分考虑本社区的特殊情况，为农民工提供日常生活化的服务。如提供各种妇幼保健、就业、培训、文化娱乐和教育等服务，使农民工在脱离农村社区旧的初级网络的同时，能够找到新的归属感。同时，应主动与农民工建立联动机制，鼓励其积极参与社区活动，吸纳社区范围内的全体居民共同参与。通过开展互动性强的社区活动等，为农民工提供学习城市社区成员行为规范和良好秩序的机会，要帮助他们熟悉城市居民的生活方式并建立起新的社会支持网，使他们逐步改变原有的文化价值取向，塑造他们的城市生活习惯与方式，促进他们在社会生活和心理上进一步融入城市社区，从而达到社区通过日常生活管理和服务，消除社会群体间排斥，增强社区的利益整合力度，促进社会群体间的接纳与融合，共建和谐社区的目的。

与此同时，发挥其他组织为农民工服务的功能，缓解广东农民工群体由于受到社会排斥所产生的矛盾与冲突。除了工会和社区外，其他社会组织和团体，如共青团、妇联、志愿者组织等，针对农民工内的不同群体，都应明确组织的接纳和服务对象，积极完善自己在农民工中的组织网络，切实维护广东农民工的合法权益，积极探索为农民工服务的途径，发挥维护农民工权益的应有作用。

（三）加强职业技能培训，提高农民工职业技能素质

在竞争中求生存，在竞争中求发展，已经成为每个就业者无可回避的挑战。农民工要提高就业竞争力，需要具备更多的文化基础知识，接受专门的职业技术培训，掌握必要的职业技能。

城市岗位对于劳动者的素质要求日益提高，农民工想要在城市中找到一份薪酬待遇满意的工作，站稳脚跟，实现市民化，就必须通过职业技能培训，提高科学文化素养和职业

技能。这就要求政府和新生代农民工都要做出努力，对于政府而言，要健全符合农民工群体的职业培训网络，与企业工厂联合，共同做好具有针对性的农民工职业发展计划；对于农民工群体而言，必须深刻意识到职业技能对于就业、薪酬等各方面的影响，增强提高自身素质的自觉性。我们也必须看到进城农民工同时具有以青壮年为主、文化水平不低、可塑性强的特点，他们具有强烈的学习欲望，只要拥有一个良好、公平的机会，他们的素质将会迅速提高。进城农民工不应该把自己看作是城市的过客和看客，而应该树立以城市为家的观念，积极改变自身的弱点，不断完善自身素质，尽快融入城市生活，早日实现向市民的转化。

（四）强化城市职能，共建城市文化

增强城镇开发区的聚集辐射和吸纳劳动力就业的作用，为农民工的身份职业转变提供客观条件，同时发扬以“以人为本”的理念，根据人的工作、生活、居住需求改造丰富城市职能，同时着力提升文化内涵，形成开放包容的城市文化风格，为农民工群体融入城市构建良好的氛围。

按照现代化、多功能、生态化的构想，拓展城市空间，调整布局。适当关注精神文化设施如图书馆、公园、社区文化中心的合理分布，给予包含农民工群体在内的城市居民补充精神食粮的场所。加大政策和资金扶持力度，加强卫生、公共服务和社会保障事业等功能，为农民工实现真正意义上的市民化创造必要条件。

（五）恪守企业道德，关怀劳动者身心健康

农民工的工作性质决定了他们从事的工作辛苦，又累又脏，甚至要长时间在有害的环境中工作，企业有义务尽力减轻他们在恶劣的环境中工作对身体所造成的伤害，如配备防毒设备，设定最长连续工作时间等。除此之外企业还应该关注劳动者的心理健康，在节假日给予相应的关怀，定期举办有助于愉悦身心的活动。

同时企业应严格遵守劳动法规，恪守企业道德，落实对农民工的权益保障。积极承担为农民工群体缴纳失业、医疗保险等义务，减轻其负担。为农民工在城市就业保驾护航，帮助他们尽快融入城市。

参考文献

[1] 刘亚臣，周健. 基于“诺瑟姆曲线”的我国城市化进程分析［J］. 沈阳建筑大学学报，2009（1）.

[2] 李强. 农民工与中国社会分层［M］. 北京：社会科学文献出版社，2012.

[3] 刘传江，程建林. 第二代农民工市民化：现状分析与进程测度［J］. 人口研究，2008（5）.

[4] 谢建设. 新产业工人阶层—社会转型中的农民工［M］. 北京：社会科学文献出版社，2012.

[5] 刘慧芳，冯继康.“三农”难题视域下的农民工市民化［J］. 当代世界与社会，2008（3）.

[6] 郑杭生. 农民市民化：当代中国社会学的重要研究主题［J］. 甘肃社会科学，2005（4）.

[7] 王春光. 新生代农村流动人口的社会认同与城乡融合的关系［J］. 社会学研究，2001（3）.

[8] 王莲花. 新生代农民工精神文化生活质量研究［D］. 南京：东南大学，2017.

[9] 韩长斌. 中国农民工的发展与终结［M］. 北京：中国人民大学出版社，2007.

[10] 陈丰. 从“虚城市化”到市民化：农民工城市化的现实路径［J］. 社会科学，2007（2）.

[11] 刘传江，徐建玲. 中国农民工市民化进程研究［M］. 北京：人民出版社，2008.

[12] 郭金丰. 统筹城乡发展进程中农民就地市民化困境与解决思路 [J]. 江西农业大学学报, 2011 (2).
[13] 刘孟山. 引导农民就近就地市民化 [N]. 团结报, 2010-05-8.
[14] 邓鸿勋. 建设农民工和市民和谐发展的城市 [N]. 农民日报, 2006-04-22 (003).
[15] 胡平. 简析城市农民工市民化的障碍及实现途径 [J]. 农村经济, 2005 (5).
[16] 国务院发展研究中心课题组. 农民工市民化进程的总体态势与战略取向 [J]. 改革, 2011 (5).
[17] 程姝. 城镇化进程中农民工市民化问题研究 [D]. 哈尔滨: 东北农业大学, 2013.
[18] 王连伟. 新生代农民工市民化背景下我国城市基层社区文化建设——基于泉州地区外来务工人员精神文化生活调研分析 [J]. 安徽行政学院学报, 2012 (3).
[19] 陈欣. 新生代农民工社会主义核心价值观教育研究 [D]. 镇江: 江苏大学, 2017.
[20] 李学明. 创新亲青工作促进异地务工青年和谐融入——以广东省为例 [J]. 文史博览 (理论), 2015 (11).
[21] 姚培炜, 李思, 张扬懿, 等. 外来务工人员的社会情绪现状研究——以广州市白云区东平村为例 [J]. 云南社会主义学院学报, 2014 (4).
[22] 刘启营. 关于进城务工人员精神文化生活的实证研究——以青岛市城阳区为个案 [J]. 边疆经济与文化, 2008 (10).
[23] 王雅琳. 城市农民工精神关爱问题研究——以江苏省为例 [D]. 苏州: 苏州大学, 2011.
[24] 黄丽云. 新生代农民工市民化进程的价值观解析 [J]. 福建农林大学学报, 2012, 15 (2).
[25] 张斐. 新生代农民工市民化现状及影响因素分析 [J]. 人口研究, 2011 (6).
[26] 赵艳龙. 基于嵌入性理论的乡村农民精神文化教育研究 [D]. 重庆: 西南大学, 2014.

佛山醒狮行业发展调研

陈凯迪　何柳颖[①]

一、导言

（一）研究背景

舞狮运动一般由两个人默契配合，模仿狮子的各种形态动作进行表演，是一项集武术、舞蹈、音乐等多种形式于一体的文体综合项目。舞狮有南北狮之分，“广东舞狮，因其狮头上扎有一角，威猛粗犷，讲究神似，鼓乐激昂，令人警醒，故称‘醒狮’。”其中佛山醒狮就属于广东醒狮中“南狮”的一种，具有浓厚的岭南文化特色。佛山是醒狮文化的起源地，佛山醒狮是广东醒狮的代表之一，于2006年和广州醒狮、湛江遂溪醒狮同时列入第一批国家级非物质文化遗产名录。按照运动性质划分，佛山醒狮可分为传统狮和现代狮。“传统狮是一种以轻巧敏捷、刚柔相济为特点，舞动中主要表现狮子喜、怒、哀、乐、动、静等神态，集观赏性、娱乐性、竞技性、艺术性于一体的历史悠久的中华民族传统体育项目。”现代狮在传统狮动作套路的基础上增加了现代器具的辅助，更具竞技性和观赏性，多在现代竞技比赛中出现。据文献记载，佛山醒狮最早可追溯到明代，具有深厚的群众基础和历史人文精神。近年来，佛山醒狮行业在政府部门的支持下逐渐产业化，与此同时，随着科技水平的不断提高，佛山醒狮表演也在不断融合现代元素，革新醒狮技艺并日益走向国际。

本次调研对象以佛山南海醒狮作为考察典型，通过运用文献考证、问卷调查、实地访谈观察、个案分析等综合调研方法，分析了佛山醒狮行业的发展现状，全面展现了佛山醒狮行业发展概况，旨在响应国家继承弘扬传统文化的号召，传承醒狮文化，提高传统文化保育意识，促进醒狮产业研究以提供创业、就业指导，探索文化创新之路以推动区域文化产业，提升文化自信，助力伟大中国梦。

（二）调研情况

本次调研参考了21篇文献，主要涉及佛山醒狮的起源、文化内涵、现状以及佛山醒狮行业的发展等主题，从文献中可见学术界对醒狮文化的研究丰富且深入，但围绕佛山醒狮行业的发展和指导大学生就业的研究却并不多见，因此本次调研希望可以丰富对佛山醒狮的研究。此外，本次调研还存在着以下亮点：实地调研、调查问卷的设置定位比较精准，问卷设置问题跳转以保证科学合理的问卷设计和充足的样本容量等。

此次调研分析主要运用“PEST”理论（politics、economy、society、technology，即宏

---

①作者为华南师范大学文学院2015级本科生，指导老师陈椰。

观环境分析法）分析醒狮行业外部环境，同时通过分析其组织结构、业务资源、行业生命周期等方面来剖析行业的内部环境。从外部环境来看，政治环境稳定、政府重视扶持、有相关政策法规保护使得醒狮行业能够在一个较稳定的环境内发展。同时，国民经济快速增长、人民购买力增强、人口基数大也使得醒狮行业存在巨大的市场消费潜力，总的看来，醒狮行业的外部环境十分适合其发展。从内部环境来看，醒狮行业组织架构的完备性一般与其公司实力成正比，随着公司规模的扩大，其经济实力也不断增强，因而能够负担起公司内部结构的运营成本。其中，组织架构的重心会更多地偏向表演狮队。但通过分析醒狮行业的生命发展周期可知，醒狮行业的发展已到了瓶颈期，有待提高创新能力以推动行业发展。

二、调研发现

（一）外部环境——运用 PEST 理论

1. 政治环境

（1）政治环境稳定。和平与发展是当今时代的两大主题。随着经济全球化发展，国与国之间的联系日趋紧密。从国内看，我国坚持走和平发展道路，统筹国内国外两个大局，以维护政权稳定。由以上两点可知，各行各业包括醒狮行业的发展拥有稳定的政治环境。

（2）国家重视支持。2006 年 5 月 20 日，佛山醒狮经国务院批准被列入第一批国家级非物质文化遗产名录，按照“国家 + 省 + 市 + 县”四级保护体系和“保护为主、抢救第一、合理利用、传承发展”的方针进行保护。佛山醒狮行业的发展得到了国家和地方政府的重视与支持。

（3）政策法规保护。佛山醒狮被列入国家级非物质文化遗产名录，受法律法规的保护。同时佛山醒狮行业的发展也被写进了广东省佛山市旅游业发展“十三五”规划中，政府政策推动醒狮文化弘扬，协助醒狮行业扩大，保护醒狮行业的发展。

2. 经济环境

（1）国家经济发展稳定，使醒狮消费市场扩大成为可能。改革开放以来，我国经济发展取得了举世瞩目的成就，堪称人类历史上的奇迹：经济长期保持高速增长，国民收入和人民生活水平不断提高。与此同时，城乡居民的恩格尔系数逐年降低，家庭收入逐年提高，居民消费重心逐渐向发展资料、享受资料消费转移。简而言之，醒狮行业消费市场的扩大成为可能。

（2）国家推动产业结构完善，醒狮行业得到经济政策扶持。近年来，国家领导人不断强调文化自信，重视文化产业发展创新。习近平总书记在十九大报告中提出，没有高度的文化自信，没有文化的繁荣兴盛，就没有中华民族伟大复兴。要推动文化事业和文化产业发展，激发全民族文化创新创造活力，建设社会主义文化强国，提升国家软实力。为了贯彻落实党中央自十八大以来的重要讲话精神，国家继续完善产业结构，加快发展文化产业，继续深化文化体制改革，构建现代文化市场体系，拓展文化产业的发展空间。佛山醒狮行业属于文化产业，有望得到政府产业政策的扶持。

（3）市场的辐射范围大，旺季较长。佛山是醒狮发源地，也是醒狮重镇。佛山醒狮行业闻名遐迩，舞狮是流行了数百年的喜庆习俗，具有较大的品牌效益。在国内市场竞争中具有优势。佛山醒狮行业在南狮发达地区已经拥有成熟市场。

佛山醒狮行业拥有大型的赛事资源，2007 年创设的“黄飞鸿杯”狮王争霸赛已经成为世界范围内影响力最大的顶尖赛事之一，吸引了大批海外目光。醒狮表演、职业竞技以及醒狮周边产品也正走出国门，走向国际。

同时，佛山醒狮行业淡旺季交替，淡季时间较短，旺季时间较长。一年中，三到五月份受清明节的影响，人们对醒狮表演的需求小，因此这三个月份属于醒狮行业的淡季。其余的时候均有开业庆典、舞台表演等演出机会，据佛山醒狮文化推广有限公司谭先生透露，在佛山一所规模中等、有数十员工的醒狮公司在市场旺季平均一个月有二十多场表演，春节期间醒狮表演尤为兴盛。

3. 社会环境

（1）人口概况。在 2010 年广东省常住人口调查中，佛山市常住人口数量达 533.78 万，在全省位列第四名，比 2000 年的名次上升一位。由此可见佛山的人口基数大，增长率高，且可能在未来呈上升趋势，除此之外，广东省和全国的人口也呈不同程度的正增长趋势，由于佛山醒狮本身市场的辐射范围广，人口增长有利于扩大佛山醒狮的消费市场规模。

（2）不同性别的醒狮消费潜在市场调查分析。为了更好地分析不同性别的佛山醒狮消费潜在市场，本小组通过合理划分人群进行抽样调查，共收集了 466 份问卷，其中样本性别比例相对均衡。在调查中本小组发现女性对观看醒狮和参与醒狮表演感兴趣的比例皆比男性的要高，其中女性对观看醒狮表演有兴趣的比例为 74.63%，男性的为 70.11%；而女性对参与醒狮表演有兴趣的比例为 16.1%，男性为 12.26%；在对醒狮没有兴趣方面，男性要比女性高出 2.68%。由此可见，佛山醒狮对于女性观众的吸引力更大。据考察女性人口的增长率比男性人口增长率要高，由此可推断女性消费市场的潜力要比男性消费市场大（图 1）。

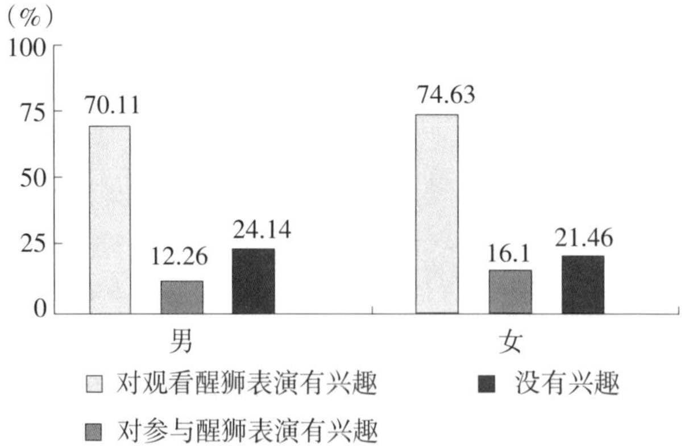

图 1　不同性别对观看和参与醒狮表演的感兴趣程度

（3）不同年龄的醒狮消费潜在市场调查分析。同时，为了更好地分析不同年龄的佛山醒狮消费潜在市场，关于不同年龄的有效问卷共有 466 份，但是由于本小组成员身份和其他一些环境的局限性，收集的不同年龄数据对比悬殊，其中以 20 岁以内的人群为主，而

40～50岁和50岁以上的问卷数量各自都不足30份，在以后的调研工作中本小组将会集中精力收集年长者的数据，弥补这一不足。

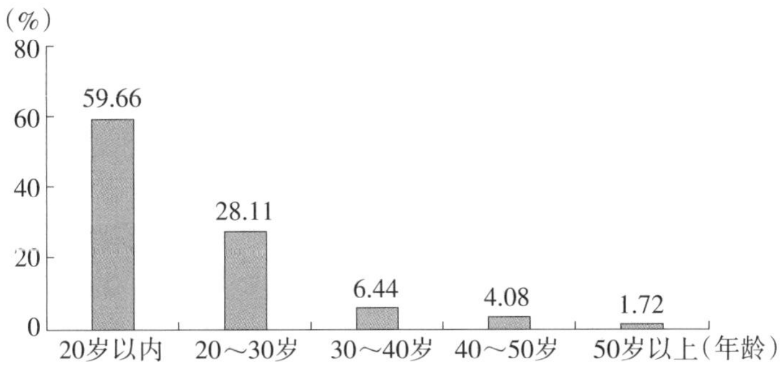

图2　样本年龄比例

据考察，各年龄段的人群大部分都对观看醒狮有兴趣，尤其是30～50岁的人群，在30～40岁的人群中有93.33%的人对观看醒狮感兴趣，40～50岁的人群有94.74%的人对观看醒狮感兴趣，且这两个群体中没有人对醒狮不感兴趣。由此可见30～50岁的人群是醒狮消费市场的主力军（图2、图3）。

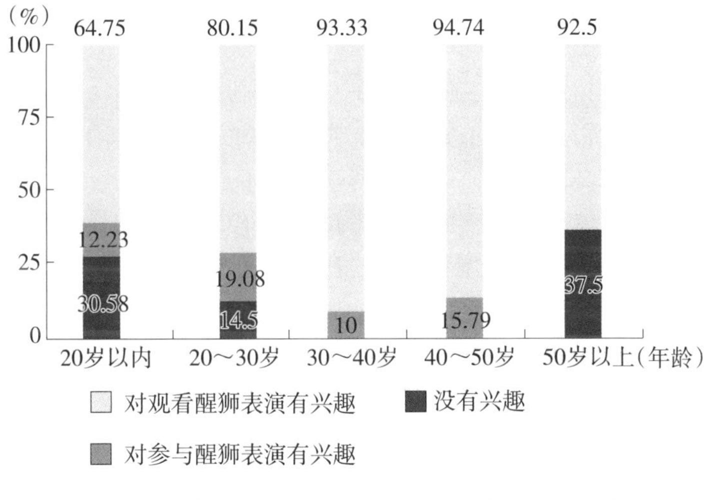

图3　不同年龄对观看和参与醒狮表演的感兴趣程度

（4）不同城乡的醒狮消费潜在市场调查分析。城镇化是我国实现现代化的必由之路，近年来我国城镇人口持续增长，乡村人口直线下降，根据居民购买力，佛山醒狮的主要发展市场应集中在城镇。为了更好地分析佛山醒狮消费潜在市场，本小组共收集了466份问卷，样本人群现居住地与国家城镇化的进程相吻合：现居住在一线城市的人数占45.69%，居住在二线城市的人数占28.88%，居住在城镇的人数占16.16%，居住在乡村的人数占9.27%。

据调查，本小组发现对观看醒狮的感兴趣程度而言，乡村居民居首位，有86.05%的乡村居民表示有兴趣；二线城市居民次之，为76.87%；随后是城镇居民，为73.33%；

最后是一线城市居民，为66.04%。而在购买力因素方面，乡村居民的平均收入水平不及二线城市居民的平均收入水平，因此综上所述，二线城市有望成为佛山醒狮行业发展的消费主力市场（图4）。

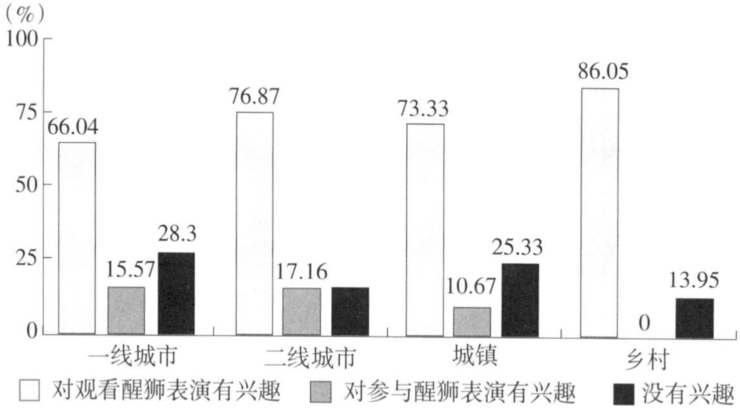

图4　不同的城乡发展程度对观看和参与醒狮表演的感兴趣程度

（5）不同受教育程度的醒狮消费潜在市场调查分析。

根据国家统计局给出的全国2010年人口普查每十万人中不同学历的人口数得出，我国受初中教育人口数最多，其次为受小学教育人口数，随后为受高中和中专教育人口数，最后为受大专及以上教育人口数。

除了调查宏观人口环境的不同受教育程度人口比例以外，为了更好地分析不同受教育程度的佛山醒狮消费潜在市场，本小组共收集了466份问卷，但由于小组成员的身份限制和出于以大学生为主要对象的考虑，调查人群学历以本科为主，为56.22%；初中学历次之，在调查样本中占20.17%；随后为高中学历，占12.45%；大专学历的人占7.51%；小学学历的人占2.15%；最少的为本科以上学历的人，占1.5%。

据调查，在466份问卷中大专学历的人中对观看醒狮感兴趣的比例最高，为94%；小学学历的人对观看醒狮感兴趣的比例次之，为90%。因此，可将醒狮重点推进小学校园和大学校园，促进醒狮文化的推广与发展（图5）。

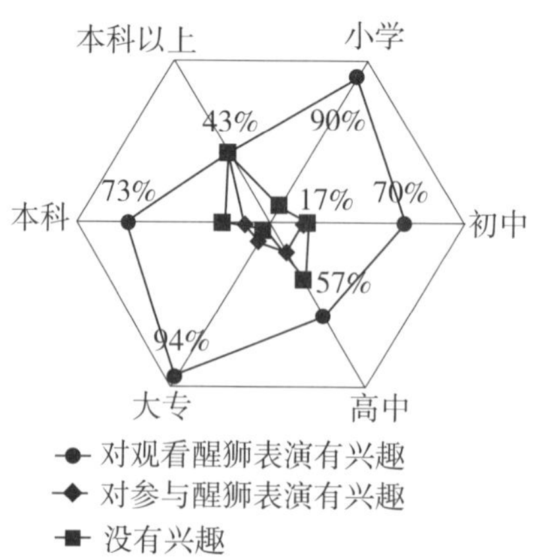

图5　不同学历对观看和参与醒狮表演的感兴趣程度

4. 技术环境

（1）生产技术革新。随着现代科学技术的发展，越来越多的科学元素被注入醒狮行业中。这对醒狮的生产、制作、表演、竞技均有影响，同时也使得醒狮及其周边产品的生产规模化成为可能。如在醒狮表演与竞赛中，技术的创新使醒狮队伍中出现了不少的“科技狮”“夜光狮”。

（2）销售途径多样。据考察，原有的醒狮产品（包括表演与周边产品）需要买主与卖主面对面洽谈才能完成交易。但随着技术革新产生的电话销售、网络销售等为醒狮产品提高销量、拓宽销路提供了便捷方式。如今，淘宝、天猫、京东等网络销售平台均可见醒狮相关产品的身影。

5. 结论

从对外部环境的分析可知，佛山醒狮行业的发展与政治、经济、社会、技术环境息息相关。

（1）政治的稳定为醒狮行业的发展提供了良好的生存环境，国家的重视与政府政策的支持为醒狮行业带来了优渥的发展条件，有利于醒狮行业的发展壮大。

（2）经济环境相较于政治环境则更复杂些。经济的稳定发展必定成为醒狮行业往后做大做强的基础，产业结构的调整与经济政策的扶持也会推动醒狮行业的蓬勃发展，但又不可避免地令醒狮行业遭遇激烈的竞争。经济环境中的各因素起到的作用对醒狮行业的发展来说是既有利又有弊。

（3）社会因素错综复杂。人口因素的具体分析对佛山醒狮行业的自我完善有借鉴作用。年龄、性别、地域、学历等调查数据为醒狮行业精确定位服务人群也有一定的启示。

（4）技术环境中各因素均对醒狮行业的壮大起积极作用。从总体上看，整个外部环境对醒狮行业的发展是有利的，是起促进作用的。

（二）内部环境

1. 组织架构和主要角色

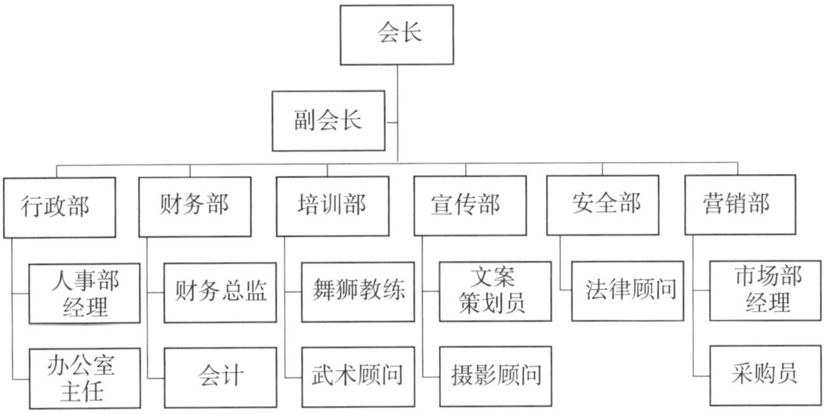

图6　佛山醒狮公司理想组织架构思维导图

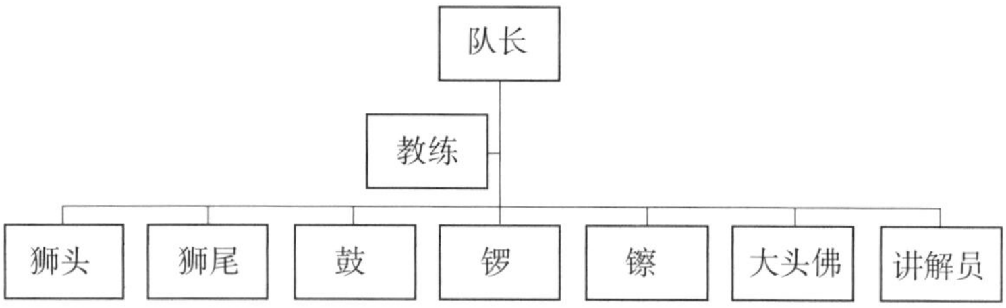

图7　狮队主要角色思维导图

2. 醒狮行业组织架构的特点

（1）公司组织架构的完备性与公司实力成正比。据考察，本小组发现佛山很多醒狮公司的内部组织架构不明确，“一人包办”的现象很普遍，如教练充当采购员、营销员等多种角色。因此理想的组织架构在规模大的醒狮公司能够运行，而小公司内部的组织架构大多是简单和不清晰的。由于佛山地区的很多醒狮公司属于刚起步的小型公司，规模不大，公司内部尚未有支撑完备管理体系的经济基础，因此过多的职位会造成人力物力的浪费。

（2）公司组织架构重心倾向于表演狮队。醒狮行业业务资源的关键部分是表演环节，核心竞争力是实力雄厚的表演狮队，因此醒狮公司的组织重心为狮队内部的架构，重点在于教练和学员的培养，而不是管理层的人员招聘。像醒狮公司内部成员十几人，而舞狮队员上百人的情况也是司空见惯的。

3. 醒狮行业组织架构的利弊反思

（1）醒狮行业组织架构简单的有利之处。

①组织架构简单，节约资源；据了解，在规模较小的醒狮公司中，内部的架构只是简单地分为“负责人—教练—舞狮队员”的层级管理关系，避免造成了人力物力的资源浪费；

②职工之间紧密联系，员工归属感强；由于醒狮本身的运动特性决定了其教学模式只能是“小班化教学”甚至是“同门师承”，而且受中国“尊师”的传统思想影响，舞狮队员与教练之间的关系密切，员工归属感强，这在一定程度上有利于促进醒狮公司的发展。

（2）醒狮行业组织架构简单的弊端

①职责冗杂，工作内容繁多；由于很多小公司内部架构简单，分工不明确，个人所承担的职责冗杂，工作内容繁多，容易造成员工消极的情绪；

②责任分散，不便管理；由于醒狮公司内部的分工不明确，容易造成责任分散的消极现象，不利于团队的管理。

3. 业务资源

（1）与政府关系友好，承接政府招标项目。根据外部环境的政治环境分析可知，佛山醒狮行业与政府关系良好。据调查，广东省招标网自2015年至今年年初有多达32项舞狮表演招标采购项目，而这为佛山醒狮行业带来了重要的业务资源和商机。

（2）文化牵动发展，民间促进多元。据调查，佛山醒狮表演多与民间喜庆节日有关，而佛山作为四大古镇之一，是一个有着浓厚历史文化底蕴的城市，传统节日消费成为常态，自然有较多的业务资源；而其他行业的发展同样带动醒狮行业的兴盛，如今佛山醒狮公司的主营业务类型多样，有开市拜年、开业表演、开业剪彩、大型晚会、喜庆迎宾、奠基典礼、开幕式、揭幕式、喜庆迎宾、特邀表演、舞狮道具出售租赁等等，这些都离不开其他行业的繁荣发展。

（3）关键人物影响深远，形成品牌效应——黄飞鸿及其第五代传人黄钦添先生。黄飞鸿作为岭南一代武术宗师为人熟知，也正是由于他，佛山的狮艺能够闻名世界，目前黄飞鸿仍是民众眼中佛山舞狮的旗杆，影响深远；目前黄飞鸿第五代传人黄钦添对佛山醒狮甚至是南狮的发展也有不凡的成就。作为获批国家级非物质文化遗产的佛山南海醒狮项目的代表性传承人之一，黄钦添先生带领的南海黄飞鸿中联电缆武术龙狮协会成为佛山醒狮行业的标杆。

4. 行业生命周期

目前的醒狮行业处于成熟期到衰退期的过渡期，又称“瓶颈期”。首先，从清代武馆内部形成的狮会发展到今天，佛山醒狮已经经历了几百年的风雨洗礼，狮艺逐渐成熟，如高难度的高桩狮、技术要求高的空中漂移等动作已经成为各种醒狮竞赛的“标配”，固化的动作套路使人们出现审美疲劳；此外，行业内部的竞争状态和市场需求的长期稳定性，使得行业获利能力下降，急需探索新技术，加强新产品的开发，以重振昔日醒狮雄风。

5. 结论

（1）组织架构的完备性不足，其重心倾向于表演狮队。

据考察，佛山醒狮企业内部的组织架构缺乏明确的分工，“一人兼任多职”的现象已经成为司空见惯的情况，该现象的形成与公司实力有一定的关系，一般资金雄厚的大公司内部具有比较合理的组织架构，但由于佛山醒狮行业内的公司大多规模较小，因此整个行业的组织架构仍是不完备的。佛山醒狮行业的组织架构的完备性往往体现在表演狮队内部的分工上，由于传统醒狮文化的影响，狮队的角色分工大多是固定的，角色之间具有明确的界限和人才要求。

（2）业务资源途径多元，占有一定的市场份额。

佛山醒狮行业的业务资源的获取主要来自两个部分，第一为政府招标项目，第二为喜庆节日表演或者喜事庆典等民间活动，佛山市政府的大力扶持为该行业的发展提供了良好的发展环境。此外，佛山是一个有着深厚历史文化底蕴的城市，对传统节日的习俗保留较完善，民众对于醒狮文化的认同感较强，这无疑为醒狮行业的发展提供了良好的群众基础。同时随着经济的发展，民间企业的兴盛也开拓了佛山醒狮行业的业务资源。

（3）人力资源丰富，文武双全。

佛山醒狮行业内部的人力资源主要分为文和武两部分，在人才方面除了狮队成员，也需要文案策划员和财会等带有文员性质的职位，体现了其人力资源的丰富性和完备性，横跨多个专业领域的人才，对大学生就业具有一定的包容性。

（4）行业陷入“瓶颈期”，探索创新之路成为迫在眉睫的难题。

据考察，佛山醒狮行业目前处于从成熟期到衰退期的过渡时期，在多种流行文化和娱乐方式的冲击下，熟知佛山醒狮文化的年轻人越来越少，群众基础正在缩小，市场份额逐步缩减。因此佛山醒狮行业需要直面当前的危机，在传承中不断寻求技术和文化上的创新。

三、对策建议

（一）从弘扬醒狮文化出发。让醒狮跟上时代发展的潮流

（1）颁布相关政策法规，改善醒狮产业生存环境。佛山醒狮作为国家的一项非物质文化遗产，理应得到相应的法律法规的保护。作为醒狮重镇的佛山，更应该出台具体的保护、促进措施，改善醒狮行业的生存环境。

（2）增加政府资金投入，促进醒狮行业持续发展。佛山市政府应加大对醒狮行业的扶持力度，增加对醒狮行业的资金投入，尽量排除醒狮行业的发展障碍，促进醒狮行业的可持续发展。

（3）加大醒狮宣传力度，提高居民文化认同。佛山市政府应将醒狮作为本市的城市名片，加大对醒狮的宣传力度，提高佛山、广东乃至世界对醒狮文化的认同感。

（二）从开发佛山旅游出发，使醒狮文化形成完整的产业链

（1）结合醒狮行业资源，开发城市旅游产业。佛山是醒狮发源地，承办了著名的“黄飞鸿杯”狮王争霸赛；也是黄飞鸿、叶问等闻名天下的武术家的故乡。体育、休闲旅游资源具有突出的优势，政府应积极开发醒狮文化旅游产业。

（2）发展醒狮周边产品，形成醒狮文化产业链。醒狮表演具有的大众化、民族化特点，使得表演、器材制作等衍生的市场具有巨大的发展前景。政府应发掘醒狮行业中的周边产品的商业价值，形成与醒狮文化相关的文化产业链。

（3）利用醒狮行业资源，促进影视业和国际文化交流开发。电影《黄飞鸿》热播使佛山醒狮影视化成为可能。醒狮比赛的推出与转播也让佛山醒狮走向国际。佛山市政府要善于利用醒狮行业资源，促进佛山影视业和国际文化交流开发。

（三）企业层面创新醒狮发展新模式

（1）提升狮队的表演质量，开拓广阔市场。只有醒狮队的表演技能得到了社会的认可，才能够开展业务，开拓市场，这是醒狮队、醒狮企业可持续发展的重要途径。而通过聘用优秀的舞狮教练，培养出色的舞狮队员才能提高狮队表演的质量和吸引力，从而在市场中立于不败之地。

（2）开发创意周边产品，扩大市场份额。将时下流行元素和醒狮传统形象相结合，开发带有企业文化标记的创意周边产品，生产与醒狮相关的明信片、书签、钥匙扣、木偶玩具等等，作为观演纪念品赠送给观众以宣传企业和醒狮文化；开拓产品销售市场和渠道，销售与醒狮相关的产品，如精美的手机壳、腰包等等，增加市场份额。

（3）加强信息化广告宣传力度，打造企业品牌。随着信息化时代的发展，人们更多地关注网络信息，因此企业可通过制作企业网页、运营微信公众号等方式以加强信息时代的宣传力度，打造企业品牌。

（四）学校层面要使醒狮文化深入人心

1. 幼儿园、小学

（1）开设醒狮文化课堂，弘扬醒狮传统文化。醒狮历史源远流长，醒狮文化博大精深。在读幼儿园、小学的孩子正处于发展的黄金期，接受能力、理解能力强。开设醒狮文化课堂有利于孩子认识、学习、热爱醒狮这一传统文化，也有利于孩子接受优秀的醒狮精神的影响，培养健全的人格。

（2）开展醒狮第二课堂，在实践中强健体魄。醒狮既是传统文化，又是一项体育运动。在幼儿园、小学开展醒狮第二课堂，既有利于配合醒狮文化课堂的开展，将理论付诸实践，又有利于发展孩子们肢体协调能力以及音乐感受力，锻炼身体、强健体魄。

（3）增加硬件设施，提高安全系数。在校园推动醒狮运动的发展，必须拥有合格的硬件设施。校方应该增加一定的投入，配置相应的硬件设施。又考虑到幼儿园、小学的孩子年龄较小、心智尚未成熟，校方应该投入一定的人力资源、提供相应的安全保障，让孩子们在安全的环境中享受醒狮文化带来的乐趣。

2. 高等院校

（1）校领导应重视醒狮运动的开展，提高醒狮运动在高校中的认识度。在高校里，醒狮运动一般只作为个别学生的兴趣爱好及扩展学习兴趣的项目之一，未引起校方的足够的重视。建议校领导重视醒狮运动的开展，提高醒狮运动在高校中的认识度。推动醒狮运动在高校的发展。

（2）开展醒狮专业、课程，推动醒狮文化在学校全面发展。高校醒狮专业或醒狮课程一般只在体育院校或体育院系开设，未能得到全校普及。建议各高校在条件允许的情况下，开展醒狮专业或一般程度的醒狮课程，推动醒狮运动在学校全面发展。

（3）扶持醒狮社团发展，引进优秀师资力量。建议高校鼓励原有的醒狮社团的发展与壮大，多多组织全校型舞狮活动，互相交流技艺与心得。主动引进专业的醒狮教练对学生进行专业的培训，增强醒狮运动的师资力量。

3. 武术学校

（1）开设醒狮武术专业训练班。武术学校的学生拥有良好的武术功底和极强的身体协调能力。武术学校应开设醒狮武术专业训练班，选拔适合醒狮发展方向的学生，进行专业的训练，为醒狮运动的发展培养专业人才。

（2）增设醒狮武术兴趣班。为推动醒狮运动在学校的开展，除了开设专业的醒狮武术训练班外，还建议开设醒狮武术兴趣班，让其他未被选拔进入专业班的学生接触、了解醒狮。

（五）从实践出发，大学生与醒狮文化密切接触，增加兴趣

（1）年轻的大学生应当以开放的心态多接触醒狮文化，主动了解佛山醒狮历史典故，积累醒狮文化知识。

（2）主动观赏佛山醒狮表演，培养关于佛山醒狮的兴趣爱好，在业余时间也可以开拓自己的兴趣，参与武术班的醒狮训练，亲身体验醒狮表演。

（3）提高醒狮文化传承意识，加强传承传统文化的责任感和使命感，同时可积极配合醒狮宣传工作，如向亲朋好友介绍醒狮文化知识，在朋友圈转发醒狮动态信息等等，为醒狮宣传工作做一些力所能及的事。

（4）从就业出发，尤其是汉语言文学、会计、广告设计、摄影、法律专业的学生，多留心关注醒狮行业的动态，了解醒狮行业的发展现状和新动态，拓展自己的就业方向，运用所学知识促进醒狮产业的更新发展。

参考文献

[1] 佛山市政协文史组. 佛山文史资料选辑·第5辑 [M]. 佛山：佛山市政协文史组，1984.

[2] 金晨. 岭南的古镇. 神奇的沃土——佛山市民族民间艺术发展面面观 [J]. 广东艺术，2003 (2).

[3] 杜熙茹. 我国传统文化在假日体育旅游中的和谐共享——以南海西樵山对南狮的策划为例 [M] //2007 广东省体育科学研究论文选. 北京：北京体育大学出版社，2007.

[4] 苏雄. 国家非物质文化遗产之遂溪醒狮研究 [J]. 体育文化导刊，2007 (4).

[5] 吴利平. 佛山狮头的源流、扎作与文化内涵 [J]. 神州民俗，2008 (3)：4.

[6] 朱淑玲. 民间乡村传统舞狮与佛山文化建设 [J]. 农业考古，2011 (3).

[7] 蒋明智. 佛山"醒狮"的起源及其文化内涵 [J]. 文化遗产，2011 (4).

[8] 黎国韬. 岭南狮子舞功能述略 [J]. 体育学刊，2011，18 (2).

[9] 李广，孙文平，张海霞. 岭南醒狮的社会特性和功能价值研究 [J]. 天中学刊，2011，26 (2).

[10] 胡容娇. 岭南醒狮的发展及其价值研究 [J]. 体育文化导刊，2012 (2).

[11] 姜喜平，黎宇. "醒狮"文化 [J]. 搏击·武术科学，2012，9 (6).

[12] 黄慧莹. 广东醒狮发展沿革及其存在问题与对策研究 [J]. 传承，2013 (12).

[13] 刘海国，杜颖杰. 舞狮运动在我国的演变及对高校文化的影响 [J]. 科技信息，2013 (14).

[14] 位胜辉. 清代南狮的传承及其发展管窥 [J]. 兰台世界，2013 (24).

[15] 周华. 文化生态视角下传统南狮面临困境与出路 [J]. 当代体育科技，2014，4 (6).

[16] 郭京振. 中国醒狮的形象个性 [J]. 公关世界，2014 (5).

[17] 蒋燕君. 中国南狮与北狮的艺术特征对比探析 [J]. 音乐时空，2015 (13).

[18] 眭美琳. 试谈佛山"醒狮"文化 [J]. 黄河之声，2016，6.

[19] 杜春杰，梁国力. 佛山市南狮运动资源开发与城市发展研究 [J]. 铜仁学院学报，2016，18 (5).

传统村落的保护开发与旅游业结合之路

——以阿婆六村的星空保护区为例

盖智涵　蔡艳宁　黄政正　张光远　卓少媛　叶艾鑫①

一、导言

（一）研究背景

2017年“两会”期间，“弘扬中华优秀传统文化”再次成为热门话题。如何保护那些蕴含中国传统建筑文化的乡村古民居？如何在旅游扶贫的同时，不让有着深厚文化内涵的传统村落遭受二次伤害？本次调研以阿婆六村为主要研究对象。阿婆六村作为广州市最高的山村，由于地势较高，透明度也相对较好，是广州最佳观星之处。近年来随着游客数量的增长，阿婆六村的旅游业市场逐渐被打开，但同时对本地的生态环境也带来了极大的冲击。

同时近百年来，由于过度使用照明而导致光污染蔓延，全球2/3的城市已经看不到银河和主要的星座，人与生物圈的夜间环境受到侵蚀，天文科学观测受到干扰。近年来，这种状况开始得到国际社会的关注。暗夜星空保护在中国里属于新兴的事物，这几年才开始逐渐尝试，中国首批中华暗夜星空保护地试点分别落户于阿里、那曲地区。未来两地将分别建立阿里暗夜保护区和那曲暗夜公园，开展星空资源保护和天文观测，同时打造集“科研、环保、科普”为一体的星空文化产业。在这样的大背景之下，暗夜星空保护会逐渐被重视，也会慢慢变得更加完善。

（二）研究目的

本次调研以促进阿婆六村的经济发展为前提，对该村星空旅游业的发展与村内传统建筑的保护进行调查和研究，同时结合国家相应的法律法规，在对阿婆六村进行充分的实地考察和分析的基础上，提出更好的发展与保护的建议措施。

（三）研究对象及介绍

本次调研选取的研究对象是阿婆六村。

该村位于广州市从化区良口镇，离广州最美乡村——从化溪头村只有几千米，海拔730米，地势较高，相对来说透明度也更好，是广州市内最佳观星处，阿婆六村民风纯朴，风光秀美，许多摄影爱好者纷至沓来，只为捕捉阿婆六村璀璨的星空和美丽的风光。

（四）调研过程

2017年7月上旬，通过老师指导确定调查方向并制订调研方案，收集文献资料。

---

①作者为华南师范大学教育信息技术学院2015级本科生，指导老师王学风。

2017 年 8 月，小组成员前往广州市从化区阿婆六村进行实地考察。采访阿婆六村村主任，了解关于星空保护区的政策和落实情况；与该村村民交流，了解他们的生活情况及村里旅游业发展带来的变化和对他们生活的影响。

2017 年 9 月上中旬，资料整理和数据统计。

2017 年 9 月下旬至 11 月，撰写和修改调研报告（论文）。

2017 年 11 月下旬，提交调研报告（论文）。

（五）调研方法

问卷法：考虑到不同群体使用的媒介方式不同，本次调研采用线上与线下两种问卷调查方式，分别以阿婆六村当地村民、游客、在校大学生为调查对象，问题以阿婆六村及星空保护区为中心展开，进行线上问卷与线下问卷的填写和数据收集与整合分析，从而得出结论。

文献法：通过在图书馆翻阅与环境保护有关的书籍，及在网络上搜索与阿婆六村和星空保护去有关的文献，进行浏览和信息的整合。

访谈法：与阿婆六村的村民及游客进行深入式采访，掌握当地发展现状的最真实资料。

观察法：组内成员一同到阿婆六村进行考察，对村民的日常生活、村庄发展现状、游客行为等现实因素进行观察，并进行组内讨论加以分析。

二、调研发现

（一）阿婆六村简介

据村主任介绍，阿婆六村分上下两个村，总计有村民 300 余人，但大多数青壮年纷纷选择外出打拼，村庄里大多是老人和孩童。

阿婆六村如今的主要经济来源有两个：一是将村子里的土地出租，赚取租金；二则是年轻人外出打工所赚取的薪酬。据村主任介绍，因为村子的旅游业尚处于起步阶段，所以相较于其他的热门景点，来阿婆六村的游客并不多，更别说采取靠收取门票来赚取利润了。被问及游客数量的增加是否带来了更加可观的收入，村主任笑着摇头：并没有多少影响，反而丢在山上的垃圾多了起来。值得一提的是，除了作为观星的好地方，阿婆六村的茶花也是当地的特色，一些企业选择投资阿婆六村茶花项目。政府也有将阿婆六村打造成最美乡村和旅游景点的意向，因此，阿婆六村的发展前景还是十分乐观的。

（二）星空保护区的发展现状

星空保护区可以理解为暗夜公园，也就是国际暗夜协会（International Dark - Sky Association）为呼吁治理全球光污染而在全球范围内评选的一些暗夜条件特别好的公园，在这样的暗夜公园里，晴天人们不仅可以尽情欣赏由数十乃至数百颗星体组成的夜空图，还能捕捉到划过天际的流星，而在城市的上空，往往只剩下零落的星光。暗夜公园是一种公共保护区，是星空和夜间动物的避难所。目前世界上有 17 座获得这一称号的公园。为了打造真正意义上的暗夜天堂，公园的管理部门必须厉行各种法规。他们首先应当拆除或是改造路灯等照明系统，从而使灯光集中于地面，而不是向四周或是天空散射。这一举措的技术要求并不高，然而耗资巨大，相对于美国而言，欧洲暗夜公园的人口密集度更高。一些坚持不愿放弃大规模仓库照明系统的居民成了建设暗夜公园的最大阻碍。

中国西藏自治区阿里地区是亚洲首个暗夜保护区，为世界一流的天文观测台址提供优质的夜间环境保护，为天文爱好者提供观测夜空的好去处，推动阿里地区打造独特的星空旅游。

（三）阿婆六村实地考察

阿婆六村位于广州市从化区良口镇，距离广州天河区有 80 千米左右。期间都在下雨，无法进行观测，但也不难看出阿婆六村是一个极佳的观星胜地：第一，海拔高，蜿蜒的山路一直通往村里，徒步可到达一个观星台，海拔高的地方很适合看星星；第二，光污染比较少，甚至没有。村里的灯很少，除了几户人家之外，其他地方基本都是黑漆漆一片；第三，环境比较好，森林比较多，大气通透度好，环境条件也非常适合观星。综上，可以看出，阿婆六村确实是广州最适合观星的地方。

（四）农村地区旅游政策

对于农村地区旅游建设，2016 年年初国务院发布《关于落实发展新理念加快农业现代化实现全面小康目标的若干意见》强调，要大力发展休闲农业和乡村旅游。强化规划引导，采取以奖代补、先建后补、财政贴息、设立产业投资基金等方式扶持休闲农业与乡村旅游业发展。

大力发展休闲度假、旅游观光、养生养老、创意农业、农耕体验、乡村手工艺等，发展具有历史记忆、地域特点、民族风情的特色小镇，建设一村一品、一村一景、一村一韵的魅力村庄和宜游宜养的森林景区。

依据各地具体条件，有规划地开发休闲农庄、乡村酒店、特色民宿、自驾露营、户外运动等乡村休闲度假产品。实施休闲农业和乡村旅游提升工程、振兴中国传统手工艺计划。开展农业文化遗产普查与保护。支持有条件的地方通过盘活农村闲置房屋、集体建设用地、“四荒地”、可用林场和水面等资产资源发展休闲农业和乡村旅游。将休闲农业和乡村旅游项目建设用地纳入土地利用总体规划和年度计划合理安排。

（五）传统村落现状

我国作为农耕文明发源地之一，拥有众多的传统村落集群。这些蕴含着民众代代相传的劳动智慧与历史底蕴的“活化石”是我们不可复制的重要文明见证。而近年，随着城乡统筹发展以及城镇化进程的逐步推进，传统村落在迎接发展新机遇的同时，也遭受着转变带来的问题。许多村落在建设过程中，由于缺乏前期统筹以及合理规划，陷入了“千村一面”的困局，正在一步步丢失其传统特色，沦为被批量“同化”的流水线村落。传统村落在保护与建设的天平之间正面临严峻挑战。

1. 自然性损毁

传统村落原住民由于相关知识的缺乏，对当地传统民俗及建筑的不可复制性并未给予足够重视，在传承及保护上缺乏引导，导致传统民俗技艺等文化财富逐渐失传。而近年外来务工潮的持续亦导致传统村落中的古建筑成为“空巢”，在保养及维护上造成缺口。

2. 自主性破坏

由于城镇化建设的扩张及农村用地的无序性，许多传统村落的特色建筑无条件地为建新让步，在缺乏统一管理下被拆除。盲目而缺乏整体发展考量的撤并扩张活动造成一批批“拆旧建新”的工业化建筑取代特色传统建筑。与此同时，农村用地政策所长期使用的“一户一宅”政策，即乡土建筑“旧房宅基不拆，新房地基不批”的用地政策，导致了传统村落建筑的原持有者为追求新农村下更好的居住条件，进行自主自建，随意拆除百年老宅。

3. 建设性破坏

在新农村建设中，有的地方不考虑传统村落文化遗产的保护传承，简单地提出“旧村改造”口号，大搞整齐划一的高层住宅模式，一味“求新求洋”，把原始村落推倒重新规划，使传统村落格局风貌和乡土建筑遭受“毁灭性破坏”。有的地方为追求政绩急于搞形象工程，使一些乡土建筑原有的生态环境、历史风貌格局被肢解、破坏，甚至建筑本体也难逃被拆毁或迁移的命运。其中有的甚至进行“花架子”建设，在修缮整治中将古建筑的墙体粉刷一新，真文物硬生生被修成了假文物。

4. 旅游性破坏

在传统村落所属的地方政府，“重开发利用，轻保护管理”的现象相当普遍。不少地方政府片面追求传统村落乡土建筑的经济价值，一些具有重要价值的乡土建筑因保护管理不善遭到损毁。除此之外，一些旅游开发公司把传统村落当作开发旅游的赚钱工具，乡土建筑开发利用无序，维修质量粗糙低劣，随意改变原生态文化的真实性，甚至擅自进行迁建、移建，新建“仿古街”“假遗存”，严重破坏传统村落原真性文化特征和原生态自然环境。

5. 保护管理缺口

传统村落保护法规不健全、行政体制存在“多头管理”缺陷、新农村建设有关政策弊端、乡土建筑产权分散不清等现存问题使传统村落的保护举步维艰。而在未来发展中，传统村落保护范围广、制订标准难、保护资金缺乏、研究保护人才匮乏等问题亦进一步限制了现存问题的有效解决，形成恶性循环，造成传统村落问题一直悬而未决。

据“遗存实情”记录统计数据显示：颇具历史、民族、地域文化和建筑艺术研究价值的传统村落，2004 年总数为 9707 个，至 2010 年仅存 5709 个，平均每年递减 7.3%，每天消亡 1.6 个传统村落。2012 年全国传统村落调查汇总的数字表明：我国现存村落缩减为 230 万个，村落消亡迅猛势头不可阻挡。急剧下降的数量向我们敲响警钟：传统村落的保护与管理迫在眉睫。

（六）阿婆六村现状评价

1. 自然村落形态较为完好

经实地考察，阿婆六村整体使用土地范围较小，村内宗祠及主要传统平房保存状况较好。除进行必要的安全性维护建设外未做过多改建或拆除。其自然景观上除少数泥土路外并未作过多商业性开发，观星徒步路线均为原始状态。但村主任反映，仍有部分村民在未获得政府批准的情况下拆除自家居住用宅。

2. 村委会及村民自然保护意识较弱

在对阿婆六村村主任及村民的采访以及问卷调查中，得知大家对本地的星空资源及自然风貌保护方面的情况并不了解。本地村民对环境保护的出发点多局限于水、电、垃圾处理等方面。村中唯一的保护措施是在村中张贴提醒游客带走垃圾的告示。部分村民反映，村中一些需上山劳作的村民甚至会将垃圾留在山上。

3. 土地建设使用情况混乱

在实地考察期间，阿婆六村随处可见在建房屋。部分村民在村中拥有多处房产。经询问，这批在建房多为自家宅基地改建或是空地扩建，其中不乏建设几层小楼的情况。除此之外，外地经商人士亦在阿婆六村投资建设茶花田，在道路及集中土地区域种植茶花，但勘察期间未见项目负责人。

4. 政府进行统一外墙建设

据悉，阿婆六村所属政府目前正在进行基础外墙统一建设，由政府出资，将阿婆六村建筑外墙统一风格。

5. 基础配套设施较为缺乏

目前连接阿婆六村仅有一条盘山公路，且并无接驳公交线路联通阿婆六村及邻近村落。村内多为土路，路灯亦较为稀少。村内除3间村民经营的民宿及饭店外，并无市场、学校、诊所、小卖部等生活设施。村民采购物资需驾车前往邻近镇区，或由镇区小贩在固定时间段来村里兜售。

三、发展受阻的原因分析及建议

阿婆六村位于广州市从化区良口镇，海拔约730米，进村需要经过盘旋而陡峭的山路，与外界相对隔绝的地理环境让这个村落依旧保留着令人艳羡的传统民居和清新优美的自然环境，但高海拔和位处山间也让今时今日的阿婆六村的发展面临不小的困境。

（一）原因分析

正期待建造成“美丽小镇”的阿婆六村，意在将本村经济产业从农业生产转为服务业，利用当地的传统民居建筑、丰富的绿林植被、大量种植的茶花园、地道风味的农家菜、高海拔带来的极佳观星体验等吸引外人进村游玩，在保留当地传统特色的同时发展当地经济文化建设。但现在阿婆六村仍存在着交通条件不便、基础设施不完善、民居建筑风格不统一等问题，这些问题的存在使得阿婆六村正处于需要转型又不知如何转型以及转型成什么“面貌”的迷茫期。

1. 交通条件不便

目前游客进入阿婆六村的路线主要有两种：一种是驾车经过盘山公路从村口进村；另一种是搭公交到达阿婆六村隶属的良口镇，从镇区搭乘村民的电动车或步行进村。前一种方式要求司机技术熟练，能够保障山间行车安全。据了解，这条山路自2007年修好以来，至今尚未铺设路灯，如果要进村，要尽量避免夜间行车。后一种方式则要求游客对当地的地理环境有所了解，或者能有了解当地情况的领路人陪同前往。缺少路灯，山路陡峭，使得许多想要进村的游客“望而却步”。

2. 通信条件不发达

从山脚下开始，到进村居住游玩，一直面临的问题是没有与外界联系的良好通信条件。相对隔绝的地理人文环境使村内人只能打电话、发短信联系，这对游客是一个巨大的考验。进村观光游玩需要确认自己的手机信号是否在当地覆盖，需要事先跟周围人说明可能断绝联系。通信条件的不发达让游客需要承担的未知风险增大。

3. 缺少明确发展规划

政府相关部门提出将良口镇建设成“美丽小镇”的初步预想，但对于其中的阿婆六村却缺少一个科学而明确的未来发展规划，以至于当前阿婆六村内出现了诸如村内建筑风格不统一，生活垃圾堆积成山，村民环境保护意识较弱，在外知名度较低等问题。

4. 传统民居建筑缺少保护建设方案

目前阿婆六村村民的主要经济来源是年轻人外出务工的经济收入，年轻人将务工所得带回来后投入当地，修建属于自己的房屋。随着人口增加，返村建房的人也在逐年增加。根据《中华人民共和国土地管理法》第六十二条规定：“农村村民一户只能拥有一处宅基地”，原有人口想要拥有更好的房屋只能选择“拆旧建新”，最终导致传统民居建筑逐步丧失，村内建筑失去原有特色，影响了旅游业发展。

5. 政府资本运用方式不科学合理

为打造阿婆六村对外良好形象，政府修建改善入村公路，出资为每家每户装修外墙，为“拆旧建新”户主提供万元补助……但入村公路的路灯问题始终没有解决，村民夜间出行需要手持手电筒，游客找不到公厕，“拆旧建新”补助和外墙装修使得传统民居的保护难度加大。此外，面对生活垃圾增多的情况，政府没有增设村内垃圾桶，也没增加生活垃圾车进村次数（现在次数一周一次）及增加环卫工人，而是大量张贴“乱丢垃圾罚款一百元”的标语，在没有标语的后山处，出现了无人清理的“垃圾囤积点”。对形象工程的过度重视和对基础设施建设的不够在意，使得阿婆六村的经济发展如同旧时代裹着“三寸金莲”的大家闺秀，在新时代尽管仪态端庄但步步难行。

6. 文化宣传意识和战略严重缺位

依靠着村内部分年轻人和一些在村内拥有过良好观星体验的游客在网络上的宣传，阿婆六村在外界拥有了“广东最佳观星地点”的名头。再得益于当地本身具备的高海拔和良好自然环境，在近些年有一批外地资本流入阿婆六村。如正在建设即将完工的观星台、已经成为当地新兴特色观光事项的茶花园、多条线路的徒步攀登路线等，但这些极具宣传意义的事项在没有得到村民的重视保护的同时，也没有得到政府相关部门有组织的宣传和维护。政府没有充当起经济发展的“领头羊”，使村民受限于民宿、农家乐几类有限的经济发展方式，由于缺乏明确的发展方向，使得村民无法共同建设统一的文化形象，未能充分利用发挥自身具备的人文环境优势。

（二）发展建议

旅游业作为全球经济中发展势头最强劲和规模最大的产业之一，无论是星空旅游业，还是沙漠旅游业，都存在各种各样的发展问题。如何解决旅游业发展过程中的问题，是保持旅游业作为一大产业可持续发展的重要保证。

1. 政府层面

（1）合理规范生态承载量。

在经济飞速发展的过程中，旅游业的发展往往是国家或地区发展的重要选择，但在开发过程中，生态资源容易被过度开发，造成自然环境的破坏，生态环境急速恶化。生态承载量取决于自然生态环境对旅游污染物的净化与吸收能力，而生态的恶化主要是由于生态承载量的过载。阿婆六村被誉为“广东最好观星点”，近年来旅游人数倍增，如何合理规划阿婆六村的生态承载量成为首要考虑问题，当地政府应根据阿婆六村的社会、经济和文化的发展趋势，对旅游资源进行优化配置，坚持尽量减少生态成本的原则，减少土地等资源的占用，保护原生态环境，同时提高占用土地的可利用率，必要时可限制阿婆六村的游客人数，建设低碳环保的阿婆六村星空保护区。

（2）加强基础设施建设。

在旅游业转型升级的过程中，当地的基础设施建设往往是影响发展的首当其冲的因素。在这次实地考察过程中，多数居民以及游客都反映阿婆六村的基础设施建设较差，相对于一个成熟的旅游景点仍有一段距离。应加强基础设施建设，如公路、路灯、住宿、观星点建设，形成一套成熟而完整的旅游基础设施体系。

（3）加快建设和完善“金旅工程”。

“金旅工程”是国家信息网络系统的重要组成部分，是旅游部门参与国家旅游业信息化建设的重要基石。建成后，在提高旅游行业整体管理水平、运行效率，改进业务流程，重组行业资源等方面提供强有力的技术支持。在互联网时代，阿婆六村想要加快自身的旅游业建设，加入互联网大家庭是必不可少的。当地政府可以整合该村的旅游特色影像资料，上传至网络，也可以举办如旅游摄影大赛等一些活动，开发当地的旅游景色资源，加强阿婆六村在互联网上的广告效应。

（4）因地制宜发展旅游业战略性支柱产业的建设。

在实地考察中，调研小组发现当地已经有不少公司投资相关产业。如深圳某企业投资的观星台的建设，大规模的茶花种植已经形成了独具特色的景观。当地政府坚持因地制宜，发展旅游战略性支柱产业建设，在海拔600多米的半山腰上种植茶花，使得本村经济得到了一定的发展。在未来旅游业开发的过程中，阿婆六村应该更加注重本村的旅游业和周边产业的建设。

（5）倡导全民“绿色消费”“绿色出行”。

倡导公民“绿色消费”，建立相应的管理制度，加大“绿色消费”“绿色出行”理念的宣传力度，促使旅游者将环保视为一种义务和自觉的行为规范。有关部门可在入村位置，或者相关观景位置设置有关“绿色消费”“绿色出行”等文明出行的旅游指示牌，指导人们文明旅游，也可派发公益传单，提醒人们保持环保意识。

2. 旅游机构层面：加强阿婆六村的宣传力度，组织营销活动

此次考察前，调研小组在查询旅游路线的时候，没有查到的资料很少，最后是在知乎上通过驴友的分享才得到较为全面的信息。这是因为没有相关旅游机构进行组织和宣传阿婆六村。而近年来由于星空观赏热兴起，旅游机构开发了如阿婆六村等一些自然环境尚好、未遭到过度开发的地区的旅游业务，相关的旅游机构应加强阿婆六村等地的宣传力度，组织规模较大的营销活动。

3. 旅客层面：培养“绿色出行”的理念

前文已经提到，公民应该自觉培养“绿色出行”的理念，共同维护旅游地区的环境卫生。本次考察中，村民多次提到每次观星结束后现场总会留下较多的旅游垃圾，村民不得不在半山腰的位置开发了一个垃圾场。建议旅客观星后，自觉将垃圾带下山，让子孙后辈

都有机会看到一个环境优美的阿婆六村。

参考文献

[1] 程海帆，李楠，毛志睿. 传统村落更新的动力机制初探——基于当前旅游发展背景之下［J］. 建筑学报，2011，(9).
[2] 车震宇，保继刚. 传统村落旅游开发与形态变化研究［J］. 规划师，2006，(6).
[3] 韦伊. 旅游开发过程中的传统村落保护研究［D］. 贵州：贵州大学，2015.
[4] 马涛. 旅游型传统村落基础设施协调发展评价研究［D］. 徐州：中国矿业大学，2016.
[5]《国务院关于印发“十三五”旅游业发展规划的通知》
[6]《关于落实发展新理念加快农业现代化实现全面小康目标的若干意见》
[7] 董伟，张勇，张令，等. 我国环境保护规划的分析与展望［J］. 环境科学研究，2010 (6).
[8] 向斌. 关于农村旅游开发中的环境保护与经济可持续发展探讨［J］. 农业与技术，2017 (16).

大学生消费结构调查分析报告

——以华南师范大学石牌校区学生为例

李焕娴　郑冬丹　谢胜楠　林洁如　李玲　吴杨①

一、调研概况

随着社会经济的飞速发展，当代大学生作为一个特殊的消费群体受到社会越来越多的关注。一方面，大学生们有着旺盛的消费需求，他们中的大部分人刚刚离开父母，开始独立生活，在消费方面少了父母的限制，有了一定的消费自由度；另一方面，他们尚未获得经济上的独立，在消费上又受到很大的制约。消费观念的超前和消费实力的滞后，对他们的消费行为产生了很大影响。因此，关注大学生消费状况，把握大学生消费的心理特征、行为和结构，培养和提高他们的消费观念和理财能力，引导在校大学生最终走向健康消费成为一个重要的课题。

在华南师范大学这样的师范院校里，大学生的消费情况、消费结构、消费理念又是怎样的呢？带着这样的问题，笔者对华南师范大学石牌校区（下文简称华师石牌校区）的大学生的消费情况进行了调查。

大学生一直被认为是收入较少但购买欲较强的一个社会群体，近年来，关于大学生之间奢靡攀比之风盛行的报道也层出不穷。因此，现代大学生们的消费结构、消费行为与其消费能力的匹配程度值得我们去调查分析。本小组正是以此为出发点，以调查问卷和访谈等形式对“华师石牌校区大学生消费结构”进行调查分析和研究，调查研究内容主要有：

（1）大学生的实际消费行为与自身消费能力之间的联系及冲突；

（2）大学生消费行为的合理规划性、理性成熟性；

（3）大学生消费结构和主要消费项目；

（4）大学生消费心态及个人心目中理想的消费状况；

（5）实地调查之后做出分析总结规划，为大学生消费提供合理的参考方案；

（6）为学校开设理财课程提供可行性分析和重点课程内容。

二、问卷及访谈

本调查采取了问卷和访谈两种资料收集方式。共发放问卷550份，其中纸质问卷450份，有效问卷413份，问卷有效率91.7%；网络问卷100份。纸质问卷发放时，笔者注意将问卷发放给不同年级的学生填写，随机发放。问卷内容主要包括消费结构和消费理念两大部分，问题大致包括三大板块：一是大学生月消费额以及饮食消费、人情消费、学习消

---

①作者为华南师范大学地理科学学院2011级本科生，指导老师王学风。

费、生活消费在月消费额中所占的比例；二是大学生自主兼职情况、购物态度、消费理念、理财观念；三是对学校开设有关理财课程的赞同程度。

访谈方面，对“三类”同学（爱网购的林同学、处于恋爱期的吴同学、普通消费的王同学）进行了简短的访谈，简单了解他们在购物消费、恋爱消费、生活消费方面的支出在每月消费额中所占的比例以及他们对自身消费结构的满意程度。

三、数据统计及访谈情况分析

（1）大学生的消费差距增大，两极分化比较分明。图1统计结果表明：大学生每个月的生活费主要集中在500～700元和700～1000元两个区间。其中有29.24%的同学月消费额集中在500～700元，38.01%集中在700～1000元。有21.1%的同学家庭条件较好，生活费在1000元以上，有一小部分同学每月生活费用相对比较拮据。近年来随着物价上涨，大学生每月的生活费也水涨船高，社会上一些舆论认为大学生代表着高消费，代表着奢侈浪费的看法是片面的。总的来看，我们身边的大学生的消费还算合理。

高校校园里，不乏一些“新新人类”，他们穿名牌、用名牌；同时校园里也有一些贫困生，他们一个月的生活费不到几百元，有的甚至去拾别的同学吃剩的馒头或是不吃晚饭，他们的消费仅仅停留在马斯诺需要层次理论的基本生存需要这一层次。大部分学生的生活费主要来自家庭供给、亲友资助，只有一小部分是勤工俭学。家庭背景不同，大学生的消费两极分化也比较分明，这在我国经济转型的背景下有一定的必然性，随着社会的发展和人民生活水平的进一步提高，这一差距会逐渐缩小，问题会逐步得到改善。

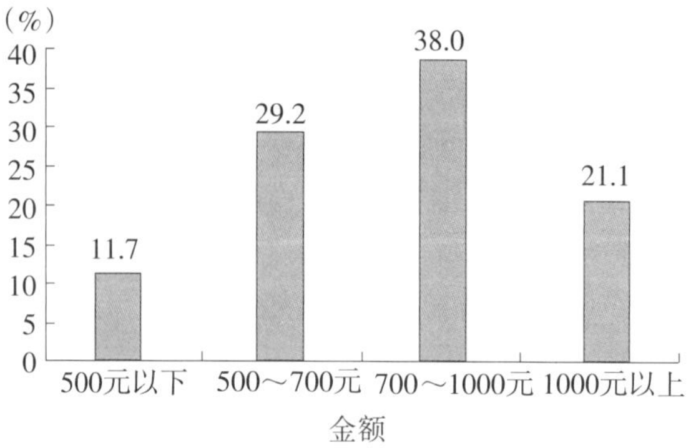

图1　大学生每月多少生活费

（2）在本次调查的大学生样本中，笔者发现，在生活费来源方面，有48%的同学依靠父母，47.4%的同学依靠家庭、打工和奖学金，只有4.5%的同学的全部生活费用是靠奖学金或者打工。由此可见，同学们主要的经济来源还是家庭。由于生活费不包括学杂费和住宿费等，要是这个“大头”加上去，来自父母的比例将更高。可以这么说，大学生基本上还是以一个纯消费者的身份出现在社会的舞台上。

从图2还可以看出，不同年级学生的生活费来源结构也有所不同。大一的同学主要靠家庭支出，只有少部分同学有其他的经济来源，包括打工、奖学金等；随着年级的升高，勤工俭学的学生比例有所增加，超过40%的大三同学的生活费部分来自个人打工或者奖学金。这也说明高年级的学生比低年级的学生更具有独立经济意识和自力更生的生活能力，对于消费的认识比低年级的学生更成熟。

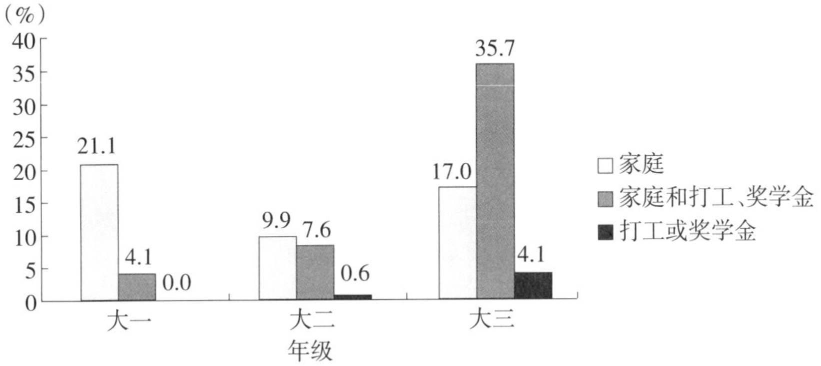

图2 大学生生活费来源

(3) 随着家庭和个人收入增加，收入中用于食品方面的支出比例将逐渐减小，这一定律被称为恩格尔定律，反映这一定律的系数被称为恩格尔系数。

根据联合国粮农组织提出的标准，恩格尔系数在59%以上为贫困，50%～59%为温饱，40%～50%为小康，30%～40%为富裕，低于30%为最富裕。

由调查问卷数据可看出，大学生的生活费主要用于衣食住行，特别是饮食方面的支出在大学生各项支出中所占的比例还是最大的，“吃饭消费”占总消费的比例最高，恩格尔系数较高是这一群体的特点。虽然考虑到这一数据受限于广州市地区的物价水平，并且与个人饭量及喜好的关系较大，同时除了饮食消费外，生活用品消费所占的比例为次高，其他消费支出所占的比例较低，但还是可以反映广州市地区大学生消费支出的大概情况。

人情消费和学习花费方面，笔者将被调查者的学习支出和人情消费做了横向比较。比较结果反映出大学生的人情消费支出比例与学习花费基本持平。学习消费数据在10%～20%区间内的同学最多，占到了总人数的80%以上；在20%～40%这个区间内的同学也有一小部分；40%以上的同学最少。大学生的人情消费，各区段内的消费情况与学习花费相似，这说明人情消费在大学生消费结构中的重要程度渐渐上升到学习消费的水平，这也与大学生交际范围广和谈恋爱等因素有关。

(4) 图3数据表明，45%的同学每个月的消费额基本平衡，37%的同学略有盈余，这说明大部分同学的生活费能基本满足个人支出，有18%的同学入不敷出。图4数据说明，当生活费用有节余时，72%的同学会留做下个月的生活费用，有24%的同学将其存进银行卡里，只有4%的同学会立马花掉。综合这两项数据可以看出，大学生的整体消费支出情况还是有计划的、合理的。

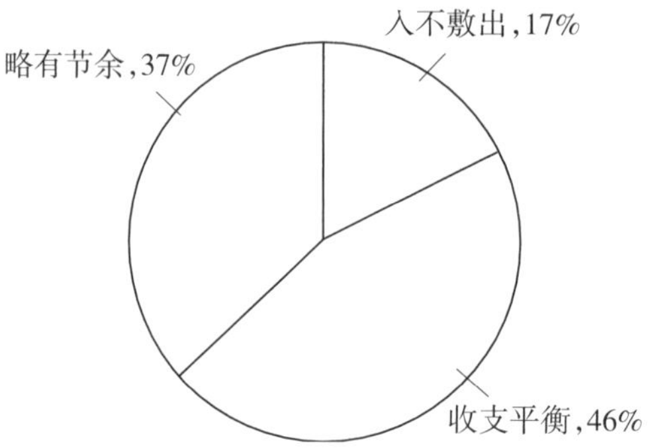

图 3　大学生每月消费情况

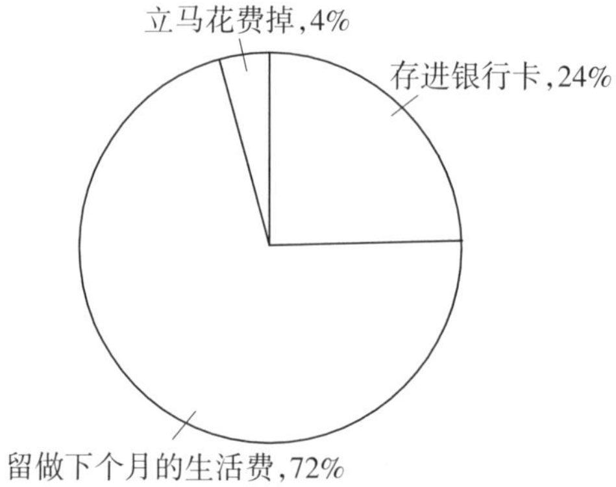

图 4　当你这个月的生活费有节余的话，你会

（5）图 5 数据表明，每天记账的同学占 12%，偶尔记账的占 25%，63% 的同学没有记账的习惯，这说明绝大多数学生没有养成良好的记账习惯，不清楚自己的消费结构和状况。消费缺乏计划，从不思考如何花钱，花了多少，占调查人数的大多数。

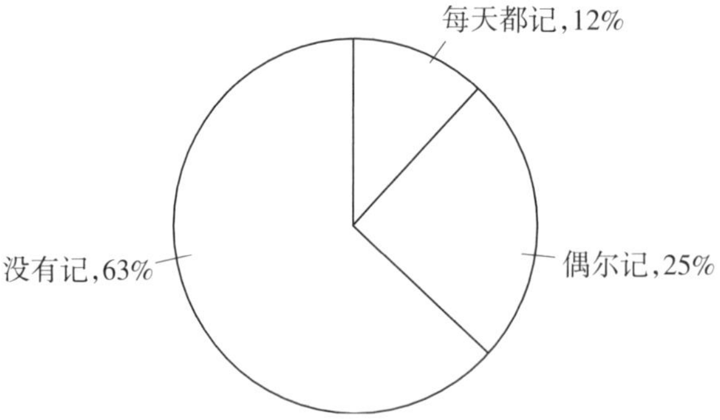

图 5　是否有记账的习惯

（6）虽然学生们的消费自我意识不强，但从图 6 和图 7 仍可以看到令人乐观的一面：在消费原则上，有 71.9% 的同学按需消费，11.7% 的同学计划消费，10.5% 的同学做到能省则省，只有 5.8% 的同学消费是随心所欲。70.2% 的同学不会因为看到别人有的东西就产生从众心理，他们认为别人有没有和自己没有关系。29.8% 的同学在看到别人的东西时

自己会产生想买的念头，或者想买比别人更好的。因此积极引导小部分消费观念不合理的同学还是必要的。

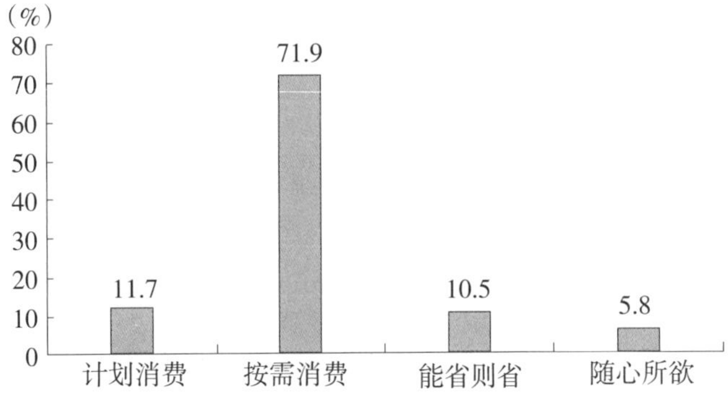

图6　大学生的消费原则

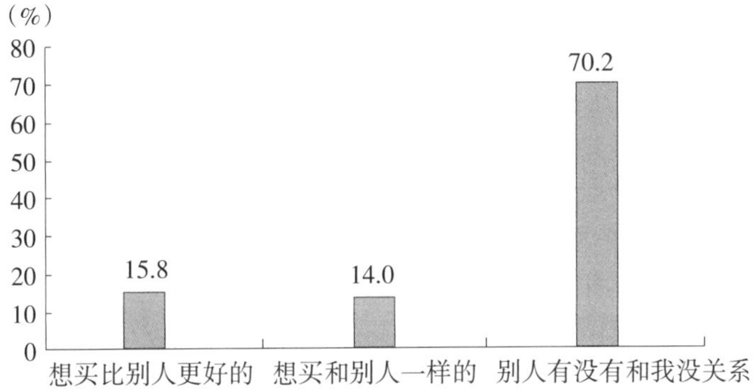

图7　看到别人的东西自己会

(7) 图8中数据显示，在购买某样东西时，发现自己钱不够支付，有46.2%的同学选择放弃购买，26.3%的同学会打工挣钱再购买。在购买自己想要的东西时，超过一半的大学生还是比较理智的。对于27.5%会因此向父母要钱或者向别人借了再说的同学来说，他们的消费行为属于较冲动的不合理消费行为，或者属于超前消费。大学生根据自己的能力消费还是相当重要的。

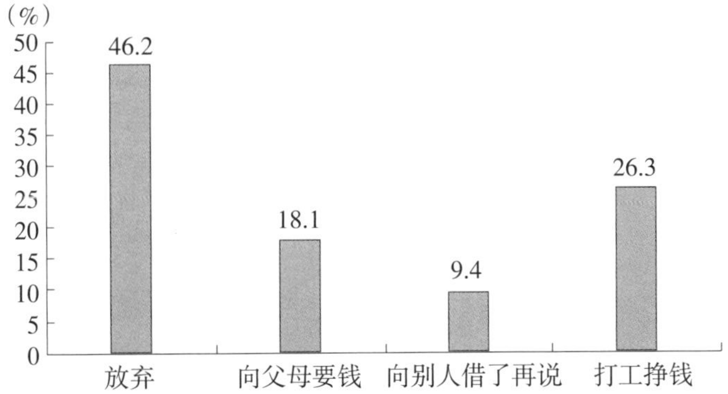

图8　消费时，发现钱不够支付，你会

（8）对于如何看待花父母的钱这个问题，50.3%的同学表示会在以后的生活中通过自己的努力加以回报，38.6%的被调查者则抱有一种心有愧疚但无奈的态度。在校大学生能力有限，因此现阶段花父母的钱也在所难免，有7%的同学认为花父母的钱理所应当。这里也有同学现在已经可以自给自足，日常消费主要依靠自己打工兼职所得，这4.1%的同学对家庭的依赖性小，独立意识比较强。

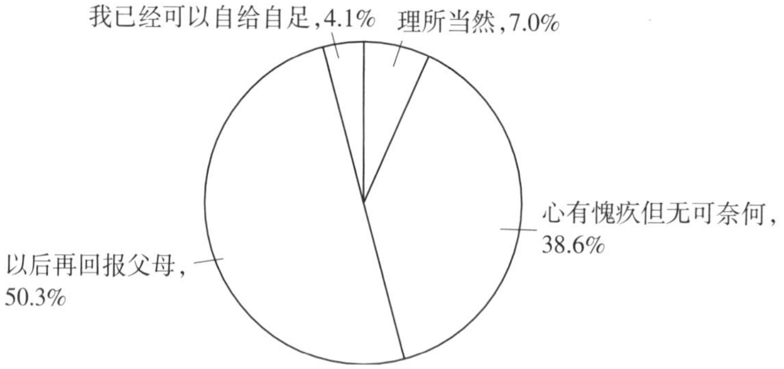

图9　花父母的钱，你觉得

（9）实用、质量、价格是影响我校大学生消费的三大主要因素。调查过程中我们发现，尽管讲牌子摆阔气等社会风气已不可避免地浸染了校园，致使部分大学生受到影响，但大多数同学的消费还是较为实际、理性的。当问及“购买商品最注重的因素”时，有51.5%的大学生选择了“实用”，29.8%选择了“质量”，20.5%选择了“价格”。由此可见，实用、质量、价格是影响大学生消费的三大主要因素。大学生的消费来源基本上都是父母，很多还处于“温饱”状态，没有太多额外的费用开销，在购买东西时必定先考虑到商品的性价比，然后做出选择。但消费趋势是在慢慢变化的，许多同学的消费已经在向“小康”过渡，消费所考虑的因素也越来越多，部分学生也开始注重商品的时尚、品牌和其他因素，这种趋势在一定程度上有所蔓延，在其他方面的消费也在慢慢增加。

图10数据显示，随着影响大学生消费因素的多元化，83.6%的同学有过一两次买一些自己目前不需要的东西，接近十分之一的同学经常干这事，只有6.4%的同学坚持自己的消费原则，按需消费，理智消费。

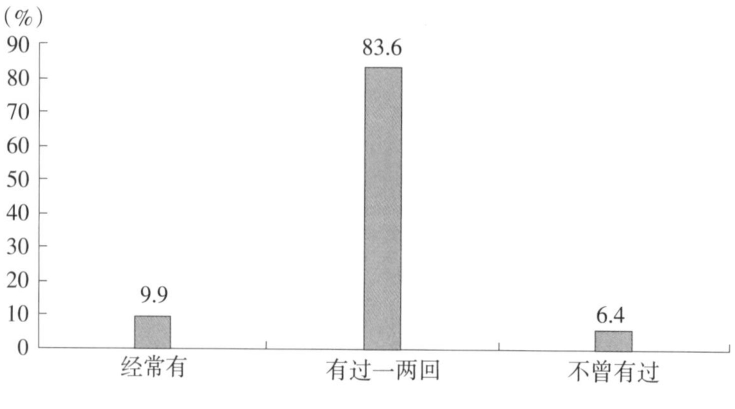

图10　是否会买一些自己目前不需要的东西

(10) 调查结果显示，同学们对自己的消费满意程度主要还是集中在基本满意层面，认为自己的消费还是比较合理的，其中有5%的大学生对自己现在的消费状况十分满意，觉得马马虎虎过得去的同学占到了32%，还有一小部分的同学感觉很不满意，这也是不可小视的比例。可以看出同学们的消费现状还是有待改善的。

(11) 在“学校是否有必要开设相关的理财课程或讲座”的问题上，将近一半的同学认为学校有必要开设此类课程和讲座，42%的同学认为无所谓，而只有15%的同学认为没必要。大多数同学都认为目前学校的思想政治教育对学生消费观教育还没有形成足够的重视，对大学生消费心理和行为研究不足“两课”教学中对大学生消费观的教育指导不够。因此，学校开设相关课程还是有必要的，可以根据本校学生消费存在的问题增加相关课程、讲座的设置，积极引导大学生正确合理地消费。

四、大学生消费的特点和存在的问题

1. 消费水平两极分化

由问卷数据得知，大学生每个月的生活费主要集中500～700元和700～1000元。随着物价上涨，华师石牌校区学生的消费水平总体处于比较节俭的状态，相对现在广州的消费水平，学生的消费还是比较合理的。

21.1%的同学由于家庭条件较好月生活费平均在1000元以上，这部分人群不排除缺乏理财意识，花钱大手大脚的情况。而11.7%的同学生活费在500元以下。由此我们能看到两极分化的现象，一些同学家庭条件较好，追求“名牌生活”；也有不少同学生活相当节俭，在这个物价飞涨的年代，一个月不到500元的生活费相当拮据，可见还是有不少同学省钱意识很强，理解赚钱的不容易。另一方面，也体现了需求层次的两极差异以及学生理财观念的差异。

2. 费用来源依赖父母

生活费来源方面，有48%的同学依靠父母，47.4%的同学依靠家庭、打工和奖学金，只有4.5%的同学的全部生活费用是来自于奖学金或者打工。由此可见，华师学生打工赚取生活费的比例相当高，说明学生自立意识较强，这是难能可贵的。但由数据也可以看出，大多数学生的生活费来源主要来自父母，说明大学生消费主要依赖家庭。

3. 消费类型单一集中

在消费种类上，绝大多数学生的饮食消费占日常消费的50%以上，其中有大约20%的学生饮食消费占日常消费的70%～80%。由此可知，大学生消费类型主要集中在饮食消费上，并且比例较大，饮食占用部分过多，则说明用于其他方面的消费会比较少，消费类型比较单一且集中于饮食，影响消费水平。而由恩格尔系数越高越贫穷，可以得知华师石牌学生的消费水平较低，多数维持在温饱和贫穷的状况。

4. 消费支出缺少记录

数据表明每天记账的同学占12%，隔三差五记账的占25%，63%的同学没有记账的习惯。说明大部分学生没有记账的习惯，而对于消费支出的记录，一方面可以提醒自己要避免入不敷出，另一方面也是起到反思自己消费浪费的作用。记账对于人们来说是一个良好的生活习惯。缺乏相应计划，很容易导致花钱大手大脚和心里没数的情况。这也说明大多数学生对于消费支出缺乏计划和安排。

五、主要消费问题的原因分析

华师学生消费主要问题是消费无计划，消费来源依赖父母，还有大学生普遍的消费浪费、恋爱支出较多、理财意识不强等问题。这些问题的原因不仅与家庭背景、学校环境有关，也与个人的兴趣爱好、思想品德素质、心理因素等方面有关。

1. 家庭背景

一方面，大部分学生的消费来源主要来自家庭，所以家庭的生活水平在很大程度上起着决定性的作用。家庭条件较好的，生活费支出会相对较多，条件较差的，生活费支出会较少一些，也会更加节俭。另一方面，家庭环境很重要。父母平时的表现和教育对学生习惯的养成起着至关重要的作用，父母比较节俭，比较会理财的，并且会在消费方面给孩子建议，这种家庭出身的学生会更加懂得节俭，避免不必要的开支。相对来说，缺乏这种家庭氛围的学生会难以养成良好的理财习惯。

2. 学校环境

华师学生总体比较节俭，与华师的校园环境也有一定的关联。师范院校的大多数学生会选择做家教赚取自己的生活费。所处的环境会使人受到感染，校园勤俭自强的环境对于学生自身消费管理起到很重要的作用。

3. 个人因素

外部环境作用显著，个人自身因素也很重要。学生消费的结构会受到个人兴趣爱好、心理因素、思想品德素质方面的影响。通常人们会选择消费自己喜欢的东西，这也跟兴趣爱好有关，个人爱好广泛，兴趣爱好较多的人容易买一些不必要的东西。而个人心理因素会在产品性质的评估方面产生差异，如有些人看重质量，有些人看重品牌，也自然会产生消费水平和结构的差异。同时，个人的思想品德素质也决定了这个人的责任感和控制力，素质较好的会有一种责任感，自立自强，为家庭减轻负担，同时控制力会较好，也就会避免不必要的消费，且理财观念会较强。

六、几点思考和建议

尽管问卷调查数据显示，华师学生目前的总体消费情况并没有出现严重的超前消费、盲目追赶潮流、大手大脚、无端浪费的情况，相反还有不少同学会自主寻找校内外的各类兼职来赚取自己的生活费，减轻家庭的负担。但根据我们对部分同学的访谈，还是存在一些同学在人情消费、购物消费、娱乐消费等方面支出过多的情况。另外，华师学生普遍缺乏理财知识，没有记账习惯，不知如何合理安排自己的生活费。为此，我们提出以下几点建议：

1. 学校应引导大学生树立合理的消费观

科学消费观是指人们在正确的人生观指导下，根据经济文化发展水平，自觉地运用科学知识进行合理消费，以实现消费者身心健康和全面发展的一种消费态度和消费观念。因此，我们认为学校有必要开设一些关于理财知识的课程，有可能的话要将它作为通识课程，或在校内宣传合理的消费观，制订一些合理的生活消费守则供学生参考，指导大学生如何吃得营养均衡，穿得耐穿耐看，住得简单实用，行得省钱方便，尽量让每一位学生都有机会接触到正确的理财观念，引导学生钱要花在刀刃上，不要一味追求档次、互相攀比，应更多地考虑所购物品的性价比和自己的承受能力，学会记账和编制预算等。

2. 大学生应该有意识地接触理财知识

大学时代是理财的起步阶段，也是学习理财知识的黄金时期。在大学时期养成良好的理财习惯，往往可以受益终生。因此我们建议，华师的学生不仅要懂得如何赚钱，更要懂得如何花钱。在日常生活中要主动观看一些经济类的节目，阅读一些理财方面的书籍，这样才不会出现过分节俭或过度消费的两极消费方式。

3. 学校加强学生对消费观念的培养，形成良好的消费风气

良好的校风是师德师风和学生学习、生活作风的有机结合，尤其是在华南师范大学这样的师范院校内，更应该注重培养学生艰苦奋斗、勤俭节约、为人师表的品质。而学生的消费心理和行为是体现学生生活作风的重要部分。大学生一旦养成良好的消费习惯，就会对校风的塑造起促进作用，并形成校风助学风的良性循环。因此，应该把大学生良好消费心理和行为的培养作为校园文化建设的重要组成部分，在校园文化建设中增加有关大学生健康消费理念的活动专题。

参考文献

[1] 胡萍. 当前大学生非理性消费及对策探析 [J]. 经济与社会发展研，2008 (12).

[2] 王永杰，徐凌中，任建庆. 大学生消费行为及其影响因素 [J]. 中国行为医学科学，2004，13 (6).

[3] 余展洪. 关注大学生的健康消费 [J]. 中国教育，2003 (2).

[4] 何春玲. 高校大学生消费文化现状分析及思考 [J]. 湖南社会科学报，2009 (5).

[5] 周琼，等. 瑞士人的节俭观给我国当代青年学生消费观教育的启迪 [J]. 广西大学学报，2005 (2).

[6] 金辉，等. 关于大学生消费的调查与分析 [J]. 经济论坛，2004 (18).

[7] 余昌海、张劲. 重庆市当代大学生消费的调查研究 [J]. 教育与职业，2005 (13).

[8] 车磊. 高校学生炫耀消费调查研究 [D]. 重庆：西南师范大学，2004.

广州海珠区小洲村自梳女生活现状调查报告

林丹萍　黄秀媛　李嘉泳　宋萦怡　陈晓婉　李春慧[①]

一、导言

（一）调研背景

自梳女，是指女性把头发像已婚妇女一样自行盘起，以示终身不嫁，是古代中国女性文化的一种。自梳女不愿受封建婚姻约束，矢志不嫁，她们在经济上能够独立，多与女伴相互扶持以终老。

从宋代开始，随着中原汉人大规模南下，儒家文化在珠三角地区得以广泛传播。程朱理学强调“饿死事小，失节事大”，士大夫们大力褒奖“贞节烈妇”。他们过分强调贞节，致使妇女视贞节为生命。这样的文化风气为自梳女的产生奠定了文化背景。珠三角地区自古有“不落夫家”的婚俗，也称为“坐家”或“不落家”，在古越人的后裔壮、侗、水、苗、瑶、黎等少数民族中普遍存在，是指女子婚后不住夫家仍居住在娘家，等怀孕后才正式到夫家过夫妻生活。这种习俗为自梳女的产生奠定了历史基础，是对父系制从夫居住方式的逃避、拖延。在20世纪三四十年代的广东珠三角地区，经济落后，广东是沿海省份，出国交通便利，当时年轻一代纷纷出国打工与发展，这为女性提供了独立谋生的机会，也诞生了最后一批自梳女。自梳的习俗在封建礼法的压迫下延传了300多年，在晚清至民国前期发展到高潮，20世纪30年代以后，随着女性社会地位的提高和战乱的影响而渐趋消歇。

（二）调研目的

自梳女是一个时代的烙印，是女性反抗命运的一种独特文化。广东地区的妇女对婚姻抱有恐惧和抵触的心理，争取独立自主，自食其力。她们通过自梳和不落夫家的方式，试图摆脱传统婚姻生活带给女性的种种痛苦和不幸，自梳女反对世俗宣扬的女性价值在于生儿育女和女性角色是贤妻良母等传统观念，并对其提出挑战。尽管其行为有一定局限性，但近代广东珠三角妇女所具有的强烈反抗包办婚姻的意识以及勇于挑战传统观念的行为，意义重大。

据2011年的调查显示，中国登记在册的自梳女不足50人。中国现存的最后一批自梳女大多已高龄，并且她们当中的一部分还因为国籍问题无法享受到国家对孤寡老人的保障优惠。这一群体急需得到外界更多的关注与了解。我们以居住在小洲村这一区域的自梳女、小洲村穗星社工服务站以及当地政府为主要调研对象，多角度地了解这批自梳女的情

---

①作者为华南师范大学化学与环境学院2013级本科生，指导老师刘劲宇。

况，对了解民国初年这一时期的女性文化和当时的社会状况都具有深远的意义。

（三）调研方法

1. 个人访谈法：通过访谈自梳女老人、穗星社工站的社工以及政府相关负责人，具体详细地了解相关信息。

2. 资料收集法：通过搜索相关资料和有关社会现象，使研究成果更具有真实性和有效性。

二、调研情况

（一）调研时间

时间	事件
2015 年 7 月 15—20 日	查阅相关资料，讨论初步调研方向，完成开题报告的撰写
2015 年 8 月 19—28 日	查阅资料，制定详细方案
2015 年 8 月 29 日—10 月 14 日	制定访谈提纲，实地访谈
2015 年 10 月 15 日—11 月 15 日	记录、分析访谈内容，撰写和修改调研报告

（二）调研地点

广州市海珠区小洲村。

（三）调研对象

广州市海珠区小洲村自梳女老人、小洲村穗星社工服务站、小洲村村委会、小洲村村民。

（四）调研实际情况

在调研过程中，实际情况与我们预料的有所不同，我们遇到了一些问题。第一，社工服务站的负责人变动为调查增加了难度。我们通过正当渠道获得了旧社工的联系方式，用电子邮件将需要咨询的问题发送给相应负责人，最后得到了比较详尽的答复。第二，与自梳女老人的沟通问题。我们采取了比较缓和的方法，以学生志愿者的身份连续数天为老人服务，在服务过程中用聊天的方式得到了我们需要的答案，而不是直接唐突地对老人提出问题。第三，在采访当地政府部门时也遇到了一些困难，但经过不断沟通，并证明了我们的身份后，在穗星社工服务站的帮助下，采访到了当地政府部门的工作人员，得到了较为权威的答复。

三、调查发现

（一）对自梳女及其周边人员的采访

1. 自梳的原因

通过采访小洲村自梳女以及小洲村村民，我们了解到，20 世纪三四十年代，由于国家经济落后，又因为广东是沿海省份，出国交通便利，广东当时的年轻一代纷纷出国打工、发展，这里面就包含了一批年轻的女性，其中就有后来的自梳女。她们去到国外，忙于打工，渐渐错过了结婚生子的年龄，又受国外自由、开放思想的影响，也就开始自梳起来。

2. 目前的生活状况

通过采访自梳女及其邻居以及周边人员，我们了解到，目前小洲村的自梳女全都不再住在“姑婆屋”，她们的生活状况大致可分为三种：

第一种，由亲戚照顾，居住环境舒适，生活费用充足，生活基本自理，虽然年老但身体健康状况仍然很好，心态乐观，经常参加社区社工站组织的活动；

第二种，亲戚的照顾已“有心无力”，居住环境较差，一个人住在小房子里，靠政府补贴、亲戚以及邻居帮助生活，年迈多病，行动不便，较少出门；

第三种，已由亲戚直接送进敬老院，有几名自梳女分散住在小洲村附近的敬老院里，生活上由敬老院的工作人员照顾，由于几个敬老院分散在不同地方，基本很少回小洲村以及和仍在小洲村居住的自梳女联系，平时与敬老院的老人一起活动。

3. 小洲村自梳女的情感需求

小洲村自梳女的情感需求由于生活状况的不同基本两极化：

住在敬老院和居住环境较好的自梳女，她们在情感生活上比较充实。敬老院以及驻扎在小洲村的社工团体会定期举办活动，例如，聚会喝茶聊天、量血压、青年志愿者服务等，她们的生活比较充实。另一方面，亲戚经济条件较好，也会尽心尽力关心照顾她们，平日不会缺乏关心和照顾。

身体状况不好或是与亲戚关系一般、生活状况较差的自梳女，由于缺乏关心照顾，她们会时常抱怨。由于行动不便，参加不了服务活动，常年呆在家里，即使定期会有青年志愿者上门服务，也有邻居会经常探望、帮助，她们还是会时常抱怨亲人对自己的关心照顾不够，她们很希望从亲人那里得到更多的关心和照顾。

4. 小洲村村民对自梳女的态度

在探访过程中，小洲村民在提到自梳女时都会不自觉地表现出他们对自梳女的关心，大部分村民都非常愿意在生活上帮助自梳女，也十分肯定她们对小洲村做出的贡献，小洲村多数人姓简，自梳女都是大部分村民的同族长辈，在村民眼里，是这些姑婆（当地人对自梳女的称呼）回家乡时带来的积蓄帮助了小洲村的经济发展。

（二）对社工站的访谈

穗星社工站自上次接手小洲村家综服务已时隔五年，五年后的小洲村已经有了良多变化。目前（2014 年，下同）穗星社工站近期的工作计划都放在熟悉小洲村长者上，其中就包括我们的调研对象——自梳女。当我们问到是否会在长者服务过程中把这一群体区别出来，特殊对待时，社工站强调，绝对不会给自梳女贴标签、搞特殊。对于小洲村来说，自梳女既是特殊的群体，也是普通长者。贴标签，也不符合自梳女的意愿，而且标签化意味着不平等，这一点与穗星社工站的服务宗旨相悖。

不标签化并不代表忽视自梳女群体所带有的历史意义，穗星社工站目前正着手准备小洲村历史瑰宝项目活动，其中就有对于自梳女群体的研究。自梳女虽已年迈，但她们仍然坚持定期相聚。例如，她们每周三都会相约敬老院，社工站为她们提供场地或帮忙接送。在采访中我们注意到，社工站会根据自梳女的一些活动来协调站里的工作计划，为自梳女尽可能地提供便利。他们一再强调这并不是标签化、特殊化，只是为长者提供便民服务。

前一段社会上兴起关爱中国最后一批自梳女的热潮，很多团体及社会工作人员热心于了解自梳女，了解她们回国生活后的境遇。但热潮持续的时间并不长，很多人听完故事后回去写文章，并没有给自梳女带来更多持续性的社会关注或者权益保障。随着自梳女年龄的增大，很多人都难以清楚地进行表达，口述史的活动也逐步遇到瓶颈。社工站认为口述活动已渐渐成为高龄自梳女的负担，他们并不支持络绎不绝想听故事的社会团体来打扰自梳女的生活。如何发挥自梳女对于小洲村的文化意义？社工站对于这个问题也仍然处于探索阶段，他们着手整理自梳女的档案，进行相关调研活动，目前小洲村活跃着各大高校的一些志愿者团体，穗星社工站也正逐步加紧与这些团体的联系与合作，探究一种针对自梳女更有意义的服务形式。

资料显示，目前生活在小洲村的自梳女都是有基本生活保障的。一方面她们大多数都是本地居民，可以继承宅基地，有居住的场所。另一方面她们的侄子辈会负担她们的基本生活费用。除此之外，政府有一笔资金专门用于服务高龄长者。政府对于自梳女没有专门性的政策文件，也没有专门资金用于这一群体，但由于小洲村建立了较完备的社会保障制度，所以自梳女在小洲村的基本生活一般没有什么大问题。

据了解，社工站除了会进行常规的关爱服务外，还会向政府部门反映自梳女的生活现状，参与商讨关于自梳女的相关事宜。社工站是整个小洲村最了解自梳女的组织，与自梳女建立了深厚的感情，同时又受聘于政府，为政府负责。社工站在其中所处的位置，更像是自梳女安享晚年的护航者和政府开展长者关爱活动的得力助手的有机结合体。

小洲村家综服务一直由爱中行社工站和穗星社工站轮流负责，每个社工站签署的合约期都为五年。穗星社工站每次开始接手小洲村的工作时，都需要花费一年左右的时间重新熟悉小洲村，重新与小洲村的长者培养感情。社工站接手一个地区的家综服务都会开展一个服务项目，但是项目的孵化和成熟都需要较长的时间。这种轮换服务的不足在于，每次项目处于上升期时都有可能因为合约问题不得不人为终止服务。小洲村本身拥有很多值得深入研究的历史瑰宝，但是发展成效并不明显，也可能存在这方面的原因。另一方面，自梳女的研究受到很多人的关注，但往往都局限于口述史，造成了自梳女研究多而不精，这大概是自梳女一直生活在小洲村，其历史价值却多年未被重视的原因。开展小洲村自梳女的服务项目需要投入较多的人力物力，也需要寻求更多社会上的支持。穗星社工站关于自梳女的活动项目目前也仅仅处于前期调研阶段。

（三）对小洲村居委会的采访

通过对小洲村居委会委员的采访，我们了解到小洲村的自梳女基本都是在改革开放前后回国，都已恢复中国国籍，不存在国籍问题。

小洲村自梳女的生活都有基本保障，能够享受政府对老人的各项照顾政策，经济上有基本生活补助，生活上可享受到政府出资购买的社会服务。如，家庭综合服务中心的家综长者项目，会特别重点关注高龄且独居的长者，定期服务于这些有需要的老人，致力于改善他们的生活环境。

尽管政府在政策方面基于人群基数小等特殊原因没有明确对自梳女这一特殊群体的照顾保障，但小洲村居委会充分认识到自梳女情况的特殊性，即她们无经济来源、无劳动能力、无法定赡养人，对这批自梳女，居委会会在一定程度上给予照顾，逢年过节都会看望慰问，尽量照顾这批特殊人群。

四、总结与建议

（一）小洲村自梳女生活现状及建议

1. 自梳女生活现状

（1）小洲村自梳女自梳的原因。

关于小洲村自梳女自梳的原因，通过访谈自梳女本人以及周边人员，我们了解到，她们在国外期间忙于打工，渐渐错过了结婚生子的年龄，又受国外自由、开放思想的影响，陆续有人决定自梳。由于自梳女们已处高龄，有的接近百岁，部分自梳女对当年自梳的原因并未说得十分明确，但从当时所处的社会环境上看，也不排除有关文献上所提到的因素：珠三角缫丝业的发展、剧烈的社会变革、西方文化自由价值观念的影响以及从众心理等。

（2）决定自梳女生活质量的主要因素是亲人的关怀。

无论是从自梳女自述中或是周边人士叙述中，从自梳女目前的生活状况以及情感生活上看，大部分自梳女不再住在“姑婆屋”，自梳女都已年老需要人照顾，现在都是依附自己亲戚，例如侄子来生活。几乎可以说决定她们生活质量高低的主要因素是她们的亲戚。无论是周边热心邻居的帮助还是政府的补贴，都只能短期、暂时地解决她们的生活问题，邻居和政府不可能完全照顾她们的生活，决定因素就落在了她们少有的亲人，大部分是自梳女的侄子身上。

由于决定自梳女生活质量高低的主要因素是其侄子，所以侄子本身的经济条件、家庭情况就决定了自梳女的生活质量。如果侄子的经济条件好，当然能够毫无顾虑地关心照顾自己的亲人，这种情况下的自梳女的生活能够得到保障；而如果侄子的经济条件有限甚至非常困难，照顾她们就有心无力。自梳女的侄子本身已是老年人，已没有劳动能力，侄子的儿子和自梳女隔了代，没有特别浓的情意，一旦家庭经济有限，也就无法给自梳女较好的生活质量和保障。

（3）村民对自梳女持尊敬、关心态度。

在开始调研之前，我们认为自梳女是一个特殊群体，在社会上可能会有人用异样的眼光看待她们。但在小洲村，我们发现几乎所有人都十分爱戴这群婆婆。在村民眼里，这些自梳女是他们的长辈，是促进小洲村经济发展的第一批人。自梳女当年从国外返回家乡时，基本每个人都用自己带回来的积蓄资助自己的侄子，所以侄子对她们除了亲情之外，还有报恩的情意在，如今自梳女步入晚年，侄子都自愿自觉地承担起自梳女们的赡养责任。小洲村村民基本上都是同一宗族血亲，所以其他村民在生活上多多少少也会帮助、关心自梳女。

2. 对目前小洲村自梳女生活现状的建议

作为中国最后一批还在世的自梳女，她们身上具有一定的文化价值和历史价值。但对于自梳女，社会上还有很多人对这个词很陌生，根本不知道这个群体的存在。我们应该加大对自梳女的宣传力度，例如在高校开设相关历史文化讲座，将这个群体介绍给年轻一代，介绍给大众，让这个群体得到社会的关注和重视。

另外，小洲村部分生活现状较差的自梳女十分需要社会各界的关心与帮助。我们建议由社会各界爱心人士捐款，设立慈善组织或者专门的基金计划，致力于解决部分自梳女的生活问题。

（二）对社工站的自梳女服务的总结与建议

1. 对社工站的自梳女服务的总结

据穗星社工站员工反映，小洲村的自梳女均已超过 90 岁，大多数已经耳背或者谈吐不清，因此过多的探访会给老人一定的疲倦感和压力。目前自梳女老人人数不多，基本上投亲靠友，也有部分老人去了敬老院。有些老人经济状况比较好，但也有些老人身体多病，又得不到细致照顾，在赡养问题上也和亲人发生了纠纷，生活和买药多依靠政府的补贴，生活比较凄苦。令人欣慰的是，邻里比较关心她们，逢年过节也会前去慰问。目前存在一个问题，自梳女老人去医院很不方便，平常只能在村里做简单的身体常规检测。

社工站对自梳女的服务还处于前期调研当中，主要是了解自梳女老人的需求，根据她们的需求来进行服务。目前居委每周一、三、五都会组织自梳女老人聚会，日常为老人进行简单的体检，例如量血压等。

穗星社工站不提倡标签化服务，他们对老人抱着平常心，了解她们的需求，从她们的立场出发，不给老人的生活带来影响或造成压力。社工站目前正在准备历史保育的服务项目，其中包括“姑婆屋”的保护工作，希望更好地记录和保留这一段历史。

社工站同时希望能跟志愿者团体合作，也鼓励这些团体提供可持续的服务，而不是短期服务。通过沟通了解志愿者团体的服务计划，向志愿者团体反映自梳女的实际情况，帮助这些团体为老人提供更能满足她们需求的服务。

2. 对社工站的自梳女服务的总结

针对自梳女高龄化问题，社工站应肩负起更多的责任。可以多留心自梳女的生活状况，从生活细节出发，了解她们在生活上的需求，尽可能为她们提供生活便利。社工站还可以发挥自身作用，发动自梳女的左邻右舍，营造邻里互助相帮的良好氛围。目前社工站虽然每周都为自梳女体检，但是应对突发急症的能力尚有欠缺。社工站可以提前做好相应准备。例如：加强社工站与小洲村邻近医院的联系；系统地整理小洲村自梳女的病历；对于身体状况较差的老人进行跟踪服务等。

（1）目前有很多志愿者团体都对自梳女服务产生浓厚的兴趣，社工站可以对参与自梳女服务的团体进行一定的筛选，选择一些可提供持续性服务的团体，社工站可与这些团体密切合作，发挥各自优势，达到服务效益的最大化。

（2）社工站除了肩负照顾自梳女生活的责任外，同时在宣传自梳女的社会价值方面处于重要地位。社工站可以与高校志愿者团体合作，对自梳女资料进行系统性的整理，推动开展关爱自梳女的项目活动，在活动过程中注意扩大项目的推广度，增强宣传自梳女社会历史意义的力度，逐步把自梳女文化融入小洲村的历史文化当中。

（3）社工站是自梳女与政府沟通的重要桥梁。社工站应充分考虑自梳女的自身需求和利益，向政府部门传达她们的真实情况，同时注重与政府部门进行密切沟通，协助有关部门建立更为完善的自梳女权益维护和保障体系。

（4）社工站可以为自梳女社会历史文化的推广建立更为广阔的平台。社工站可以携手新闻媒体，把小洲村自梳女的现状报道出去，吸引更多的人关注这一群体，同时引来社会资金，启动自梳女关爱项目，改善自梳女生活环境，为小洲村自梳女历史意义研究建立更为开放性的研究平台。

（5）针对小洲村家综服务轮换负责的问题，社工站应从小洲村家综服务的持续性发展出发，做好交接工作，共同为小洲村自梳女服务项目贡献力量。

（三）对相关政府部门的建议

由于没有直系后代，自梳女老人的生活状态类似空巢老人，但由于此群体人数较少，政府部门未将她们作为一类特殊的人群给予特殊的照顾，只将她们看做普通高龄老人，给予普通高龄老人所应享有的福利。

1. 明确自梳女研究的意义

对于中国为数不多的最后一批自梳女，政府部门应充分意识到，随着她们的离去，我们将失去一种不可复原的文化。如今文化旅游日益受到热捧，自梳女作为一种特殊的文化资源，具有一定的旅游开发价值。有关部门应尽力保障这个群体的生活，保护这即将逝去的文化。

随着时代的发展，女性受教育程度不断提高，越来越多的中国女性趋向于选择在职场打拼，不婚主义者或大龄婚者群体数量不断增大，她们与早期的自梳女群体有着相似特征，作为“先驱”的自梳女在女性发展史的演变进程中具有不可忽视的价值，是社会学、女性史的重要研究对象。

自梳女老人生活中缺乏子女的照顾与精神慰藉，类似如今的空巢老人，在忍受高龄生理疾病折磨的同时还容易存在不同程度的焦虑、孤独、失落、抑郁等不良情绪，有关部门应该延续逢年过节一贯的人文情怀慰问，自发组织人员探访自梳女老人。另一方面，鼓励社会各界为自梳女提供志愿服务。

2. 完善老年人保障机制

有关部门应做好与社工站的沟通协调工作，支持其老人组项目工作并进行一定的补助。在保障自梳女老人正常生活不受干扰的情况下，挖掘此群体中的文化资源，并进行必要的记录与存档。

增加社会养老保障投入，借鉴惠州“困难空巢老人政府购买服务”的具体保障措施，对出于人文关怀提供邻里服务的邻居进行一定的补贴，表彰其高贵品质，弘扬中华优秀传统文化。

成立精神养老组织，充分挖掘养老资源，维护社工站老年组服务项目或志愿者公益组织项目，减少老人精神空虚、孤单寂寞的情况；加快促进精神养老法规和政策的生成，明确政府在倡导敬老中的职能，健全社区养老服务体系，加强财政支持，完善老人公共利益设施建设。

参考文献

［1］方英. 自梳女的文化调适策略探析［J］. 江西社会科学，2006（5）：167－169.

［2］李宁利. 清末民初珠江三角洲自梳女移民新加坡的文化调适研究［J］. 西南民族大学学报（人文社

科版)，2006（7）：29－34.
［3］邵一飞. 试析自梳女习俗的起源、构成和基本特征——以广州地区自梳女习俗为例［J］. 文化遗产，2012（2）：143－159.
［4］欧阳婉娆. 珠江三角洲自梳女风俗初探［J］. 广西民族研究，1999（2）：92－96.
［5］叶春生. 珠三角的自梳女［J］. 西江大学学报，2000（4）67－70.

佛山木雕业生存现状与传承发展模式研究

刘嘉瑜　周蓓欣　张仲文　胡智轩[①]

一、导言

（一）研究背景

广府木雕素以精细、繁复、华丽而闻名，其风格独特，影响深远。广府木雕从建筑装饰木雕到日用装饰木雕皆有完整的产品序列，其中建筑装饰木雕和日用装饰木雕两大类保存下来的作品最多。明清时期，佛山涌现出大量经过木雕装饰的富丽堂皇的建筑。清代中晚期，由于对外贸易的兴旺和地方经济的发展，民间财富增加，新建和修缮的建筑物数量大增，其装饰甚为精美华丽。清光绪年间，广州及佛山三水的许、何、赵三人合伙经营木雕业，时称“三友堂”，是清末时期广府木雕的杰出代表。

自清末民初以来，国内政局动荡，战乱频繁。手工艺人为谋生纷纷弃其本行，或远离家乡，或四处逃难，传承手艺难以为继。据1910年农历二月十三日参加全行业鲁班祖师“祃聚”宴会的统计，当时佛山尚有木雕艺人148人（徐浩考察结果认为不止此数）。至1936年农历二月十三日最后一次“祃聚”统计，全行业包括学徒在内仅有30人。1965年，佛山掌握木雕技艺的仅剩下4人。广府木雕就此陷入长时间的发展停滞之中。

中华人民共和国成立之后，政局稳定，为广府木雕的复兴提供了基础。但随着社会发展，生产的工业化程度提高，以机器大生产为主要特征的工场制度成为生产的主要形式。传统的民间工艺呈现出衰退之势，家庭式小作坊生产遭受前所未有的打击。同时，自20世纪80年代以来实行改革开放，广东作为历史上有名的对外贸易之窗，加之拥有四个经济特区，东西方文化交融尤为激烈，民众思想渐渐开放。广府地区人民的审美眼光和消费视角发生了很大变化。人们不再唯传统是瞻，而是对外来文化也有所选择，喜好中外结合的文化产品。相较于外来文化的强势传播，许多传统的民间工艺产品一时失去市场。广府木雕也是如此，由于没有做好应对准备，仍坚持小规模生产、手工制作、用途单一的生产模式，使得广府木雕陷入衰落乃至灭绝的危险境地。

（二）研究目的

本次研究将以广府木雕的主要代表——佛山木雕为主要研究对象，考察佛山木雕的过往状况和发展现状，探究影响佛山木雕发展的因素，并为佛山木雕的保护、传承和发展提出相应的建议。

第一，了解广府木雕的发展现状。广府木雕被列入广东省非物质文化遗产名录，是我

---

①作者为华南师范大学文学院2016级本科生，指导老师曾璐。

国民间文化艺术遗产的重要组成部分。传承广府木雕技艺，既是守住广府地区民间文化艺术的根基，又蕴含着各方面不可估量的价值。可是盛名之下却是只有一位传承人的尴尬，若处理不当，这项绵延数百年的手艺将断绝于今。本次研究实地走访民间艺人的工作场所，对佛山居民进行抽样调查及访谈，获悉佛山本地户籍居民和外来居民对广府木雕的认知程度、接触程度和对其前景的看法。

第二，从大环境和自身角度探究广府木雕衰落的种种原因。从历史学的角度讲，事件成败的归因，主要原因不会出自外界因素，自身因素才是决定事件走向的主要原因。据走访调查和考察文献得知，广府木雕自身存在的问题相当大。因此我们将综合两个方面，全方位地还原导致广府木雕式微的原因。

第三，了解其他民间传统艺术走向市场的成功案例，为佛山木雕的未来出路提供建议。他山之石，可以攻玉，潮汕木雕与佛山木雕同期存在且发展相对顺遂，能给佛山木雕带来启发和思考。

（三）研究意义

首先，有利于保护和传承广府木雕。随着纪录片《我在故宫修文物》的热播，“工匠精神”“文物保护”等词成为社会关注的热词。广府木雕一刻一划、精雕细琢中展现出的工匠精神也应得到传承和发扬。

其次，有利于提升广府木雕的知名度。从调查情况来看，不少民众对广府木雕一知半解甚至未曾听闻。缺乏关注、无人问津是当前民间传统技艺普遍面临的问题。本次研究将探索出可行的宣传途径，提升其知名度，扩大影响力。

最后，有利于广府木雕走向产业化。通过查阅文献得知，未能走向产业化、集群化生产是广府木雕衰败的重要原因。小规模的手工生产模式跟不上时局的迭代，造成工时耗费高而收益低的经营惨状。广府木雕需要进行内部自我调整，走向顺应时代发展的道路，从而实现产业复兴。

（四）调研方法

1. 对象及取样

本次调研进行调查的对象以在校学生以及不同年龄阶段的社会人士为主，主要包括以下三类：在校学生，居住在广东，对广式木雕或多或少有所耳闻；佛山本地的青年，对木雕有所了解，佛山本地的老人，对佛山木雕大多数有所了解，知悉过去的发展情况。并从中抽样获取调查数据。

2. 方法选取

（1）混合式研究法——定量研究和定性研究相结合。

研究选取定量研究和定性研究相结合的研究方法，有两方面原因：一方面本研究的基本特点与定性研究相符；另一方面搜集充分真实的数据资料，可以增强本研究的真实性与说服力。采用综合定量与定性的研究方法进行互证，使结论更具可靠性。

第一，定量研究以真实有效的数据为基础，本研究通过数据分析加深对佛山木雕生存现状研究的可信度，因此采用定量研究有一定必要性。

第二，本研究通过调研佛山木雕这一工艺品生存现状进而挖掘其未来的发展路径。对问卷数据结果进行分析，可量化当地和外地市民对佛山木雕的认同度和发展憧憬，进一步针对具体内容进行定性分析，探究该群体对于佛山木雕发展的真实看法。

（2）具体研究方法的使用。

第一，文献研究法。本调研小组通过中国知网、图书馆馆藏及各种搜索引擎等路径查询与主题相关的国内外文献，了解到佛山木雕基本状况，为开展具体研究提供具体方向，同时为解决方案的提出奠定了理论基础。

第二，入户访谈法。入户访谈法是用户研究中常用的一种访谈类型，即“由访问员带好问卷进入被访者家中进行直接对话”。为了进一步探求潮汕居民对于佛山木雕的了解，主要采用标准化访谈方式，根据前期设计的问题，主动询问问题。

第四，问卷调查法。问卷法是国内外社会调查中广泛使用的一种方法。本研究通过问卷调查法对所研究的问题进行度量，具体方式是通过线上与线下两方面随机派发问卷，调查佛山居民和在校大学生对于佛山木雕的了解程度，为进一步的深入访谈提供数据支撑。

（五）问卷和访谈概况

调研小组主要通过文献分析、问卷调查、入户访谈法等方式开展调研。为保证调研工作的顺利开展，选取了佛山居民和在校大学生作为调查对象。调研组共发放问卷206份，收回有效问卷196份。调研对象中，年龄集中在18～45岁。该年龄段为社会的中坚劳动力群体，有一定的阅历，知识面较宽；其中佛山户籍占比约40%，非佛山户籍占比约60%。调查问卷分为两部分内容。一部分为研究对象基本情况，另一部分是他们对佛山木雕的认知与需求。我们通过分析问卷调查结果数据和访谈结果，归纳出佛山木雕的发展现状及其存在问题，进一步究因探源，并总结出有效可行的措施，为其发展提出建设性的建议。

二、调研发现

（一）佛山木雕现存的问题

1. 手艺传承面临困境

佛山木雕手艺的传承面临着上缺传承人、下缺继承人的尴尬境地。一方面由于佛山木雕具有“学习时间长、付出与盈利不完全对等、谋生缺乏保障”等劣势，加之市场经济繁荣，年轻一代更易被短平快的工作和手艺吸引。另一方面，老一辈佛山木雕传承人的日渐老去，传授佛山木雕雕刻工艺的民间艺人日渐消逝。据笔者与佛山木雕传承人的交谈中可知，此时的佛山木雕发展正处于“青黄不接”的困境，急需得到政府的关注与保护。

2. 发展潜力巨大，宣传力度不够

调查发现，佛山木雕为数不多的传承人始终秉持“推陈出新”的创作理念，在继承传统的基础上不断进行实验性创新，力求佛山木雕追上现代经济社会飞速发展的步伐。在表现题材上，最早是以传统的粤剧故事为主，后来演变为追求繁缛的精细工笔刻画，现在则是线条的写意流畅，展现出其与时俱进的强大生命力。尽管传承人对佛山木雕的传承做出诸多尝试和努力，但相关政府部门对佛山木雕的重视程度不够。

3. 佛山木雕的宣传措施不到位

佛山拥有佛山剪纸、佛山武术、佛山舞狮等诸多非物质文化遗产。走在佛山的“岭南天地”“祖庙”等地方，随处可见公交车站的宣传橱窗、公交车车身、电视公益广告等平台宣传舞狮、武术、陶艺等传统手艺，文化氛围可谓是浓厚。然而，在对木雕文化的集中地——祖庙进行调研的过程中，讲解员对佛山木雕的具体工艺几乎没有提及。此举不仅仅代表讲解员个体，也代表佛山政府对待佛山木雕的态度——重视度不够。此外，从问卷调查的数据可知，佛山的本地市民对于佛山木雕的政府宣传措施知之甚少，通过访谈多位佛山市民可了解到，大部分佛山居民对佛山木雕一无所知，包括佛山本地人。部分知道的市民对佛山木雕具体信息的认知亦十分模糊。大部分群众对木雕十分隔膜，认为木雕与自己的现实生活存在很大的距离。群众希望能让佛山木雕更加亲民化，而不仅仅是一种高雅奢侈的艺术表现形式。

（二）佛山木雕传承发展遇阻的原因

1. 经济因素

第一，现代木雕艺术背后映射的是一种小众文化，受众面窄，市场潜力小。木雕的木材选择较为讲究，对木料材质、花纹变化等要求苛刻，且木料的品种属于名贵木材，投资费用高。而制作一件合格的木雕所需的时间周期长，投入的人力物力巨大，成本的高昂使其零售价格远超普通百姓的可接受范围，木雕的影响力仅限于小范围高消费水平的圈子。

第二，木雕的功能单一，可替代性强。佛山木雕以艺术品为主，观赏性远大于实用性。作为观赏品，市面上有同样精美、价格亲民的艺术品作为替代品，而木雕的功能单一，除了装饰美观外没有其他的实用用途。当前佛山木雕采取“制作艺术品为主”的经营策略，应面向大众，综合考虑木雕的“艺术性和实用性”特点及价格因素。

2. 政治因素

第一，政府相关部门对佛山木雕重视度不够，宣传不到位。在佛山市内的公共宣传资料（如：公交车站的宣传橱窗、公交车车身、电视公益广告等）集中宣传舞狮、武术、陶艺等传统手艺，却缺乏佛山木雕的相关宣传。走访考察佛山旧城区中心的祖庙（现存佛山木雕最为集中的景点之一），祖庙保留了传统岭南的“三雕二塑”，“三雕”分别为木雕、石雕、砖雕，景点里的木雕均为佛山木雕，而祖庙附近的手工艺商业中心外墙上保有石雕、砖雕的宣传画，唯独缺少木雕。部分民间媒体组织曾采访过佛山木雕的传承人，据何师傅提供的资料，宣传小短片和纪录片资源有限，共四个视频，总时长不超过两小时。且媒体并非官方公众媒体，影响力和号召力相对较小，导致一部分公众对木雕一知半解。

第二，政府相关部门对佛山木雕的保护措施缺乏严谨性与科学性。政府相关部门没有充分认识到佛山木雕独有的文化价值，在近期佛山祖庙的维护修缮工作中，佛山市政府没有邀请佛山木雕正统传承人，而邀请潮汕木雕师傅来负责木雕部分的工作。修缮工作破坏了祖庙木雕地道的佛山特色。同时，在对佛山木雕的传承人所做的采访、报道，出现了一些纰漏且缺乏及时的补救措施，这在一定程度上未能达到预期的宣传效果，也反映出相关部门的应对措施不力。

3. 文化因素

第一，现代潮流文化元素几乎不涉及木雕。受到当代年轻人追捧的流行文化形式大致有电影、音乐、游戏等，这些属于网络数据的虚拟形式。木雕是传统的审美艺术，年轻人很少把目光投向具有古典美的佛山木雕，更何谈热爱木雕文化。网络数据的虚拟产品只需一个电子产品就可随时随地欣赏，方便快捷且携带方便，甚至还可在原作品的基础上进行个性化的再创新。相比之下，木雕显得笨重死板，只能放置在某一特定的位置，木雕作品成型后难以随意更改，木雕在新时代逐渐跟不上新的文化潮流。

第二，关于佛山木雕的权威文献资料相对缺乏。现今出版的关于佛山木雕的书籍，经检索后只有两本，一是世界图书出版公司出版的刘东撰写的《佛山非物质文化遗产保护丛书：佛山木雕》，另一本是广东教育出版社出版的由何耀辉和谢奕锋合著的《雕镂天工——佛山木雕》。这两本书内容浅显，页码不多，记录的资料有限，且由非佛山木雕手艺者所书写。据何师傅的访谈得知，这两本书中有多处概念错误，可见并非权威可靠的佛山木雕书籍，只可当作入门参考书籍。同时，在资源丰富的 Paper Time 论文搜索引擎中以“佛山木雕”为关键词进行搜索，名列首项的是王海娜 2011 年在广州文博杂志上发表的《试论佛山木雕及其保护》一文，它具备一定的可信度，其余的大部分论文是关于佛山祖庙建筑的研究，内容中偶尔谈及木雕，还有一部分是发表在杂志报纸的佛山木雕科普类文章。由此可见，佛山木雕的资料整理面临着极大的困境：一是数量有限；二是资料杂乱零碎；三是资料的可信性和权威性存疑。

4. 人才培养的现实因素

第一，木雕继承人缺乏。木雕行业衰落的关键原因是后继无人。培养一个合格的木雕手艺人的时间周期长，而要达到熟练地完成一个木雕作品至少需要脱产学习三年，其间完全没有任何经济收入。当代年轻人易受到外界各种诱惑的影响，难以沉下心来踏踏实实地进行枯燥的木雕工艺学习。即便顺利完成作品雕刻，作品也不一定能得到市场的认可，收入得不到稳定保障。前期高昂的时间成本与后期的不稳定收入不相匹配，雕刻木雕被多数年轻人认为是一份吃力不讨好的工作，在年轻人眼里缺乏吸引力。

第二，木雕传承人缺乏。其他一些重要因素制约着木雕人才的大规模培养。现今佛山木雕可传授技术的师傅只有何师傅一人，师资力量薄弱。而木雕传授采用的是学徒制，师傅需要对每一个徒弟进行悉心辅导，助其成才，这需要耗费极大的时间、精力，对于年过花甲的何师傅而言无疑是一个巨大的挑战。此外，缺乏稳定的资金来源、活动场地有限等也是人才培养的制约因素。

5. 佛山木雕自身因素

第一，木雕的发展转型不够敏锐。佛山木雕未能够迅速适应现代化发展的需要进行转型创新，导致其发展不断没落。虽然佛山木雕在发展中也尝试过融入时代，然而由于创作型人才的缺乏，对佛山木雕创新的实验只局限于木雕的选材、题材、造型等具体的细节方面，难以大量出现如陈舜羌师徒制作的通雕作品《蟹篓》这样具有划时代、里程碑意义的艺术形式。另外，研究者的发掘也是一个很重要的元素，具体情况已在前面详细论述。艺术研究者与手工艺人之间联系不强，导致艺术界对佛山木雕不太重视，难以创作出适合时代需要的作品。

第二，自身发展的先天不足。佛山木雕发展基础薄弱，在 20 世纪 50 年代国家立志于保护和传承传统手工艺的政策背景下，佛山木雕当时坚守木雕行业的手工艺人仅存几人，比潮汕木雕流散归队的人数少得多，难以组成一个工艺社。其中只有徐浩师傅可以胜任全套木雕制作的步骤，其他人仅掌握其中的一个或几个步骤，现在师从徐浩的仅存何耀辉师傅一脉仍在坚持佛山木雕的创作。可见，佛山木雕在发展过程中处于先天不足的状态。

第三，发展未能形成系统，相关的行会组织未能发展起来。佛山木雕尚未能对自身的特色、结构等进行系统的开发、研究及梳理，由于传承人员的缺乏而未能对各部分的技艺进行系统化，相关的手艺行会组织未能形成和发展，导致佛山木雕难以实现系统化推广。

三、对策建议

（一）加大对佛山木雕产业价值的挖掘，形成纵深发展的产业链条

第一，开发佛山木雕的经济价值，尝试走生产性保护道路。佛山木雕受限于艺术品的市场定位，极易滞销，延误木雕的扩大再生产。倘若将其与旅游业、家具行业等结合，一方面可提高手工艺人的生产积极性与薪资报酬，另一方面可扩大木雕行业的影响力与知名度，推动木雕业的可持续发展。木雕行业在历史发展过程中与家居装饰联系紧密，广派木雕精美繁复的雕饰是清代广作家具辉煌时期的重要见证。佛山木雕可发展家居装饰木雕、仿古建筑、木雕作品收藏以及木雕纪念品。

第二，将佛山木雕与第三产业相结合，形成佛山特色旅游产业链。作为文化产业，也可优先选择与旅游产业相结合，以佛山木雕为主线打造佛山特色的旅游产品。政府可针对游客的需要设计关于佛山木雕的旅游路线，设置佛山木雕体验馆，体验馆可支持网上预订服务，服务人员为体验者提前准备好所需的粗坯，木雕师傅教授一些较为简单却具有美感的木雕作品。让游客真正地参与到佛山木雕的制作中来，这样的感同身受使游人更容易理解手工艺人制作的不易，接受传统手艺文化的熏陶。政府牵头将服务产品投放于各大旅游站点，满足当下消费者猎奇的旅游需求，同时提高佛山木雕的品牌效应。

（二）多渠道加强佛山木雕的宣传与建设

佛山木雕的宣传可采取线上与线下相结合的宣传路径。线下方面，可采用当地电视频道的媒体宣传与人流密集地的海报宣传，或通过自行编订的旅游宣传手册，推广与普及佛山木雕文化。或设立传承基地，展示传统的木版年画制作工艺，供游客参观、体验；或销售各类有代表性的佛山木雕作品。线上方面，充分利用新媒体，开通关于佛山木雕的官方微信公众号、官方微博等，以普及与推广佛山木雕的雕刻技法，加大对佛山木雕的美学价值、文化价值等的宣传。线下与线上两种方式并行推广，一方面是可营造“佛山是全国文明城市”的文化氛围，另一方面是在宣传中进一步推动人们对木雕文化的思考。

（三）重视木雕传承人的保护和继承人的培养

针对佛山木雕传承人缺乏的突出情况，应更侧重于强化保护和培养木雕行业的人才。在这里，人才不单指木雕手工艺人，还包括熟悉佛山木雕的讲解员、导游等人才。

首先，加大对木雕人才特别是木雕制作工匠的保护力度。对目前在世的木雕手艺人采取相关保护措施，并鼓励手艺人对木雕的一些制作工艺著书立说，特别要重视和鼓励相关专家进入佛山木雕的研究领域，形成专业的研究团队和研究领域，加大研究投入，以防止传统手艺的流失。

其次，加大对木雕人才的引进力度。相关部门要采取有效措施引进一批有志于此的青年中坚力量进入木雕制作领域，一方面有利于壮大佛山木雕制作工艺的传承队伍，另一方

面，利于年轻人将更多的新元素融入木雕文化中，促进木雕业的现代转型。同时要培养一批木雕的解说人员，以服务于木雕的旅游业发展。

最后，政府要建立和完善相关奖励机制。奖励先进木雕手工艺人、生产单位以及社会团体等，政策性扶持并奖励优秀的佛山木雕艺术作品、调研报告等，鼓励群众关注佛山木雕。

（四）推动佛山木雕这一文化载体关于形式与内容两方面的创新

推动佛山木雕自身的转型是推动佛山木雕发展的根本举措，可以从木雕的形式与内容表达两方面着手。

在佛山木雕的形式创新方面，可考虑在原有形式的基础上进行创新，追求高品质的视觉审美效果。根据调研结果，目前的佛山木雕在形式上偏向于古朴低调，与新时代居民的大众审美匹配度较低。因此，佛山木雕要利用有利时机与时代接轨。一方面，可以积极借用广大的社会资源。例如，在佛山木雕在创新力不足的问题上，艺术系的大学生是艺术创新人才的后备军，大学生或许能给佛山木雕的发展注入新点子，创作出让人眼前一亮的新作品。因此，可尝试在广东省艺术类院校开设与之相关的专业课，发挥学生的创造积极性，让那些具备美术基础及创新精神的学生在老师的引导下做出大胆创新。

在佛山木雕的内容创新上，要将传统与现代相结合。一方面，佛山木雕的设计内容从历史角度上看与神像、历史人物、演艺故事等密切相关，题材广泛，内容丰富，具有一定的历史价值。因此，在木雕制作内容的表达上，可以将本地区传统的特色民俗文化融入其中，以引起本地居民的共鸣，同时更好地传承本地区优秀传统文化。另一方面在继承和发扬传统民俗文化精髓的基础上，可考虑融入贴近人们日常生活的、喜闻乐见的内容，注入更有活力的文化元素。以重塑民俗文化的理念对佛山木雕的创作内容进行创新，如以传统木雕文化已有的历史人物为核心，融入新时代的内容，创作手法上融合传统文化与现代元素。

大学生对网络学习平台的认同度及实际效用研究

——以华南师范大学大学城校区为例

吴志芬　陈艺文　梁雅倩　黄庆婷　周妙玲①

一、导言

（一）研究背景

根据2018年8月中国互联网信息中心最新发布的第42次《中国互联网络发展状况统计报告》显示，截至2018年6月，我国网民规模为8.02亿，互联网普及率高达57.7%。在中国网民职业结构中，学生群体规模最大，占24.8%。中国在线教育用户规模达1.72亿，较2017年末增加了1667万人，增长了10.7%；在线教育用户使用率为21.4%，较2017年末增加了1.3个百分点。其中，手机在线教育用户规模为1.42亿，与2017年末相比增加了2331万人，增长率为19.65%②。此数据表明，计算机网络技术的发展推动了网络教育行业的快速成长。网络学习平台在学生学习生活中发挥着越来越重要的作用，学生的学习方式正由传统的学习模式逐渐地转向新型的网络自主学习。

网络学习平台具有开放性、虚拟性的特点，它已成为人们熟悉的一种学习工具。为进行教学模式和教学资源的创新与变革，各大高校纷纷开设了网络课程。例如，华南师范大学开设的砺儒云课程。网络学习平台在给人们带来便利的同时，也暴露出许多问题。例如，平台显露技术短板、高质量课程数量少、教学资源单一等。

综上所述，网络学习平台越来越受人们关注，它为学生们提供了广阔的学习空间，大学生也因拥有更多的自主学习时间而成为网络学习平台的主要使用者。基于此，研究大学生对网络学习平台的认同度及实际效用是十分必要的。

（二）研究意义

在“互联网+教育”的时代背景下，高校数字化校园建设不断深入，这为学生提供了良好的网络学习环境，网络学习已成为大学生日常学习方式中的一项重要内容和组成部分。但根据调查数据显示，大部分学生只是在学校或教师布置的学习任务的基础上，对学习信息资源进行简单的收集和存储，并未真正地深入学习，因此大学生的网络学习效果并不是很理想。为此本调研小组通过对在校大学生对网络学习平台的认同度及实际效用进行调查，深入了解、分析大学生的网络学习平台使用现状和学习行为，从而为当前高校网络教育中遇到的问题提供有效的解决方法。

本次调查研究以华南师范大学大学城校区在校学生为主要对象，采取实地调查与线上

---

①作者为华南师范大学文学院2016级本科生，指导老师曾璐。

②第42次中国互联网络发展状况统计报告［DB/R］. http://www.cac.gov.cn/2018-08/20/c_1123296882.htm.

调查相结合的方式，通过探究大学生对网络学习平台的使用态度、使用意愿和认同度，收集当前大学生的网络学习平台使用现状的相关数据，以此分析网络学习平台的功能、实际效用及其影响因素，进而对网络学习平台的综合使用有了整体认知。这对促进网络学习平台在高校中的进一步应用与推广，引导大学生利用高校信息化环境进行有效学习有着重要的理论意义和现实意义。问卷有效样本数204份。

二、调研设计

（一）研究对象

随着网络技术的快速发展，人们借助网络学习平台进行学习的现象愈加普遍。首先，由于学习的需要以及学习方式的不断创新，大学生接触和使用网络学习平台相对比较多，因此我们把研究对象缩小为大学生群体；其次，为了避免调研的范围过大，导致难以开展，我们最终确定以华南师范大学大学城校区在校大学生为例，就华南师范大学大学城校区在校大学生对网络学习平台的认同度及实际效用进行调研。

（二）研究方法

1. 问卷调查法

问卷调查法，即间接的书面访问。其最大优点是能突破时空的限制，实现在广阔的范围内，对众多的调查对象同时进行调查。我们以华南师范大学大学城校区在校大学生为重点调查对象，根据研究的主要内容来讨论出所需要调查的问题，设计电子问卷，在微信群和朋友圈通过链接的形式发放调查问卷来进行抽样调查，收集其对网络学习平台的认同度及实际效用等方面的相关看法和建议，并通过开展小组会议的形式对调查问卷中所收集到的相关信息进行总结和分析，最后得出相关结论。

2. 文献调查法

文献调查法，即通过对文献的搜集和摘取，以获得关于调查对象信息的方法。这种方法能突破时空的限制，进行大范围地调查，其调查资料便于汇总整理和分析。我们通过网络（如中国知网、万方、微博、博客等）、图书馆、书店等多种途径来搜集网络学习平台相关研究的理论成果，对其内容进行分析总结并加以借鉴。

3. 访谈调查法

访谈调查法是较深层次的调查方法，它能够获得更多、更有价值的信息。我们采取线上访谈与线下访谈相结合的方式，对一些使用网络学习平台的学生进行访谈，更加深入地了解他们对网络学习平台的看法和建议，通过分析他们对网络学习平台的认同度和网络学习平台所产生的实际效用，从而促进研究的进一步开展。

4. 抽样调查法

抽样调查法，即按照一定方式，从调查总体中抽取部分样本进行调查，并用所得结果来说明总体情况。它最大的优点是节约人力、物力和财力，能在较短的时间内取得相对准确的调查结果，具有较强的时效性。因为考虑到全面调查范围广、耗时长、难度大，我们最终确定以华南师范大学大学城在校大学生为例，采用抽样调查的方法，采取发放电子问卷和进行个别访谈的方式，就华南师范大学大学城校区在校大学生对网络学习平台的认同度及实际效用进行调研。

（三）研究过程

1. 第一阶段（准备阶段）

（1）2018 年 6 月 20 日—7 月 20 日，确定队员，通过线上交流与线下小组会议确定了研究课题，通过网络、图书馆、书店等多种途径搜集有关研究资料和参考文献，并对这些资料进行整理和总结，分析研究的创新点和合理性，从而拟定了初步的研究计划。

（2）队员请教具有调研经验的同学，进行课题论证，并共同撰写和提交了开题报告。

2. 第二阶段（实施阶段）

（1）2018 年 7 月 21 日—8 月 1 日，队员共同修改并完善研究方案；

（2）2018 年 8 月 2 日—9 月 15 日，通过线下小组会议和线上讨论，根据研究课题，有针对性地设计了电子调查问卷，并在微信群和朋友圈通过链接的形式将调查问卷发放至华师大学城各个学院，进行抽样调查。运用腾讯问卷、Excel 等手段获取并处理数据，力求以科学的数据来准确、全面地反映客观事实，了解相关情况。

（3）2018 年 9 月 16 日—10 月 1 日，队员采用线上采访与线下访谈相结合的方式，访谈使用网络学习平台的华师大学城校区相关在校大学生，了解调研对象对网络学习平台的认识，以掌握更多的第一手资料，科学有序地进行调查研究。

3. 第三阶段（总结阶段）

（1）2018 年 10 月 2 日—11 月 30 日，队员分工合作，及时整理分析所收集到的材料，对研究成果进行归纳总结，小组共同撰写、修改和完善调研报告；

（2）11 月 31 日—12 月 9 日，小组开会研讨，通过总结调研过程的收获，整理所收集的资料，理清思路，把握全局，提交调研报告。

三、调研发现

（一）大学生使用网络学习平台的现状

网络学习平台为学习者提供自主学习的机会，他们可以有针对性地利用学习资源，提高学习效率，以达到学习目标。学习者通常在使用网络学习平台时表现出极大的自主性和自由性。

据问卷可知，34. 31% 的学生每周平均登录平台的次数约为 1 ～ 2 次，也有 34. 32% 的学生使用网络学习平台的频率为每月 2 ～ 3 次以及更低。总体来说，学生利用网络学习平台进行学习的频率较高。但大部分的学生不能很好地利用网络教学平台进行辅助学习或者自主学习。

另外，大学生使用网络学习平台还存在学生未能完全适应平台的问题。目前大部分高校专业课外训练都会利用网络教学平台，而学习任务主要由教师发布，学生任务式完成，学生在学习上缺乏积极主动性，自我管理能力不足，缺乏监督机制和自我激励机制。

此外，学校设施方面也存在着问题，导致学生利用学习平台不充分，甚至失去兴趣和积极性。例如 BBS 论坛讨论存在浏览器与系统更新不同步的问题，学生作业上交及资源分享受到限制。

（二）大学生对网络学习平台的认同度及影响因素

1. 大学生对网络学习平台的认同度

本研究将从以下三个变量来考察大学生对网络学习平台的认同度：一是使用网络学习平台的频率；二是使用网络学习平台的意愿；三是使用网络学习平台的原因。

（1）大学生使用网络学习平台的频率偏高。但这并不能够直接看出学生对网络学习平台的认同度高，因为使用频率高可能受到强制要求或缺乏同类替代的影响。但认同度的高低在一定程度上决定使用频率的高低，大学生对网络学习平台的认同度越高，使用网络学习平台的频率就会越高。所以，从调查结果来看，大学生对网络学习平台的认同度高的可能性较大。

（2）大学生对网络学习平台的使用意愿较高。根据问卷调查结果显示，有14.22%的大学生只会在他人强制要求下使用网络学习平台，有68.14%的大学生认为网络学习平台有利有弊，表示会在需发挥其作用时使用，有14.71%的大学生认为效用很好，十分愿意使用（见图1）。从使用意愿一栏中可以得出，大学生对网络学习平台的使用意愿较高。较之使用频率，使用意愿能够更加直接地表现出大学生对网络学习平台的认同度情况。除了出于完成强制任务目的的选项，其他选项均能够较好地表现出大学生对网络学习平台的认同度较高。认同度和学生的主动性呈现正相关的关系，大学生对网络学习平台的使用越是主动，就越能够表明大学生对网络学习平台的认同度高。因此从调查结果来看，大学生对网络学习平台的认同度较高。

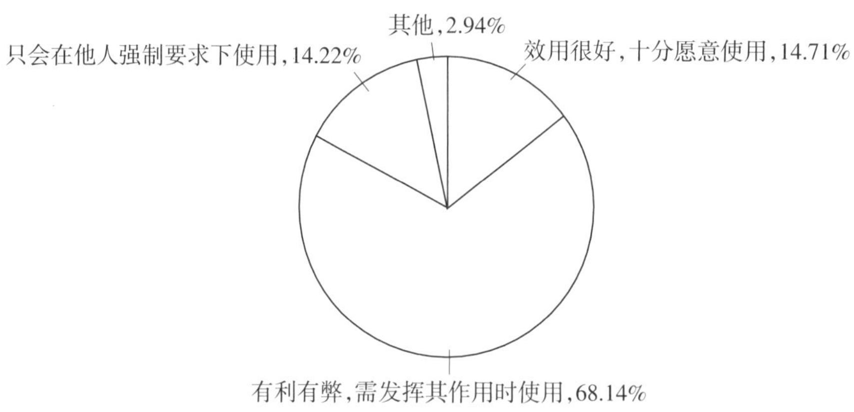

图1　网络学习平台使用意愿

（3）大学生使用网络学习平台的目的性强。根据问卷调查结果显示，有54.41%的大学生使用网络学习平台的原因是完成老师的相关课程练习或作业要求，有25%的大学生是为了辅助大学专业课程学习或学术研究，提高自身的专业素养和技能，有7.84%的大学生是为了辅助专业课以外其他课程学习，有11.76%的大学生是为了了解专业课程以外的相关知识以提高自身知识水平与修养，仅有0.49%的大学生会跟风使用网络学习平台（见表1）。从调查结果看，大学生使用网络学习平台的目的性强，使其对网络学习平台的认同度提高。

表1　大学生使用网络学习平台原因

选项	人次	占比（%）
满足老师的课堂要求，完成相关课程练习或作业	111	54.41
辅助大学专业课程学习或学术研究，提高自身的专业素养和技能	51	25
辅助专业课以外其他课程学习	16	7.84
学习兴趣使然，希望了解某领域的相关知识提高自身知识水平与修养	24	11.76
跟从其他人/他人介绍	1	0.49
其他	1	0.49
本题有效填写人次	204	

2. 影响大学生对网络学习平台的认同度的因素

本调查课题中的大学生对网络学习平台的认同度是指大学生在网络学习平台进行学习活动的愉快感或态度。认同发生在个人获得经验的期望与所感受到的实际经验结果之间一致的情况下，当所感受的实际经验结果等于或超出期望值，即感到认同；反之则不认同。影响大学生对网络学习平台的认同度的因素很多，除了学生的个人因素外，还有教师、课程与学习环境等各方面的因素。总体而言，高认同度主要由有效的网络学习和优质的网络学习体验决定。

（1）有效的网络学习。

有效的网络学习基于三个标准：一是网上学习可通过网络形成脉络，能快速更新、储存、散布、分享教材与相关资源；二是网络学习链接标准化的网络平台，经由计算机传送到终端用户；三是网络学习注重的是广泛的学习、超越传统课程训练的规范。下文将依次讨论以上三个标准。

①网络学习平台能否整合大量优质网络学习资源（网络学习平台因素）。

学习者在学习内容和形式方面存在不同层次的需求。通过调查可知，网络学习平台作为传统课堂的辅助和延伸，其资源的丰富性以及学习过程的交互性能够在很大程度上满足学习者个性化、自主化学习的需求，为学习者提供精准的学习内容和优质的服务。大部分大学生认为，优质的网络学习平台能够给他们提供丰富的学习资源，他们通过网络学习平台可以实现随时随地更具针对性的学习。通过网络学习，大学生可以利用课余或业余时间进行学习以辅助考试、考证，提高职业竞争力或培养特长爱好。

在网络学习平台环境下，教育主体不仅仅局限在学校层面，社会化主体也可以广泛参与到网络教育中，并通过商业模式不断丰富和延伸教育活动的社会价值和经济价值。同时，各高校可以通过网络学习平台实现教育资源共享。大量拥有优质教育资源的高校和互联网企业加入网络教育产业，形成了对传统学校教育主体的有机补充。

②是否有健全的网络支持服务环境（基础设施因素）。

能够在网络学习平台上学习的条件是学习者拥有通信设备并能够连接上网络。这与学习者的个人经济水平状况和学校网络基础设施建设情况有关。用户能够使用通信设备，并处于互联网覆盖区域时，能在网络学习平台上学习的机会就会增加。

随着移动端功能的日益完善，很多电脑才具备的功能得到了替代。而相比于电脑，手机端还具有便捷易携的特点。因此，大学生选择的设备主要还是手机。查阅资料、浏览网页、视频互动均可以通过手机移动端实现，不必时刻坐在电脑旁，这使得同学们使用网络学习平台的方便程度大大增加。同时，由于电脑不方便携带、联网不畅、易耗电等原因，一些只有通过电脑才能使用的网络学习平台会因不合时宜而制约了学生们的使用，尽管校内图书馆和教学楼设有机房，但毕竟距离较远，数量不多，在一定程度上限制了学生使用该资源。因此如果网络学习平台能够支持手机端和电脑端同步使用，大学生对该平台的认同度会有所提升。

③网络学习平台学习效果能否超越传统课程学习效果（学生因素）。

从调查数据可以看出，大量受调查的大学生并不提前制订学习计划。访谈发现，大多数学习者一般都是突然决定进行在线学习，对于具体学什么，达到什么目标，大多没有考虑。在这种学习习惯下，部分知识导航不清晰、知识点琐碎、知识体系不够完善的网络学习平台所得到的认同度会降低。

同时，部分受调查的大学生存在学而不思的问题，导致网络学习成效微弱。大学生在线学习以看视频、阅读资料较多。在谈及是否做课程笔记时，部分大学生表示不做笔记，在课后再进行巩固思考的学生比例也不高。网络课程的建设大多依据课本，铺天盖地式的信息填充在课程的各个板块，显得生硬而又晦涩，学生吸收也只停留在浏览记忆层面，更深层次的思考和交流得不到满足。网络课程信息全面虽然很好，可是缺乏思考的学习会使学生在求学中失去方向。如果在线老师不能够经常做好知识点的复习和考核，及时让学生了解自己对知识点的掌握情况，也不会得到较高的评价。

（2）优质的网络学习体验。

①学生自我兴趣驱使。

从使用网络学习平台的动机一栏中可以看出，大学生使用网络学习平台的初衷不仅仅是出于对任务完成的目的，还有很多人的出发点在于自我兴趣的驱使，基于此，大多数大学生对网络学习平台的好感度会较高。

②学生对网络学习平台持接纳态度。

随着“互联网+”时代的来临，网络学习平台大规模进入高校。网络学习平台具有学习内容个性化、学习功能多元化、教育主体多样化、学习时间自由化的特点，加之大学生易接受新事物，可以与网络学习平台进行良好的互动。总体而言，大学生对网络学习平台呈现积极接纳的态度。

③学生满意程度。

学习平台认同度是学生需求的应验，因此是基于学生学习满意度的，而学生学习满意度又包括三个层面，分别为教师教学——学生对教师的教学及课程的满意程度；学习效果——学生就学习内容对个人贡献的满意程度；人际关系——学生对学习过程中与同学及机构其他人员的关系满意程度。

④网络学习平台自身因素。

认同度在网络学习的领域中指用户对信息系统输出结果的反应。网络学习平台本身的特性影响着学生对网络学习平台的认同度，具体包括以下几个方面：

一是学习内容优质。学习者对学习内容存在刚性需求。在调查中可知，网络学习平台资源的丰富性以及学习过程的交互性能够在很大程度上满足学习者的需求，向学习者提供优质的学习内容。

二是学习功能多样化。作为传统课堂的辅助和延伸，网络学习平台有着健全的功能，学生通过网络学习平台可以实现更具针对性的学习，因此网络学习平台的实用性强会大大提高学生对网络学习平台的认同度。

三是网络学习平台学习时间自由化。传统的课堂模式的教育过程在课程时间的设置方面具有固定性，教师授课时间相对固定。而在网络学习情境下，一方面，通过在线教育的形式，学习时间可以协商确定；另一方面，由于网络学习资源的可重复性，以及智能化手机、平板电脑等各种移动设备普及化程度的提高，网络环境下的学习者可以实现随时随地学习的目标，这些特性大大提高了学生对网络学习平台的认同度。

四是网络学习平台的趣味性。网络学习平台做到知识性、科学性与趣味性相结合，寓教于乐，自然会让学习者体味到知识的乐趣，提高学生的认同度。

（三）网络学习平台实际效用的相关研究

1. 网络学习平台的实际效用

网络学习平台资源丰富，类型多元，功能齐全，有利于满足学生对于补充课堂知识、提高专业技能、合理高效地安排自主学习等多方面的需要。并且网络学习平台有利于突破传统教学方式的时空局限，帮助学生方便快捷地掌握知识，获取资源。综合多方面因素，网络学习平台在高校学生之中被广泛运用。但是，受学习平台因素、学生主体因素及学习环境等因素的影响，不同的网络学习平台发挥的实际效用不同。对于不同的使用对象而言，其发挥的实际效用因人而异。

在本次调研中，我们就调查对象对于网络学习平台实际效用的看法，通过问卷调查及访谈等方式对华南师范大学大学城校区的学生进行了调查，调查结果见表 2 所示。

表 2　对于网络学习平台实际效用看法分析

项目	看法				
	完全同意	基本同意	一般	不同意	完全不同意
完成并理解相关课程练习或作业	17（8.33%）	85（41.67%）	86（42.16%）	13（6.37%）	3（1.47%）
相互交流，解答疑惑	19（9.31%）	55（26.96%）	104（50.98%）	23（11.27%）	3（1.47%）
激发学习兴趣	19（9.31%）	46（22.55%）	116（56.86%）	21（10.29%）	2（0.98%）
能够有计划和目标地安排自主学习	16（7.84%）	64（31.37%）	105（51.47%）	16（7.84%）	3（1.47%）
提高自身的专业素养和技能	22（10.78%）	81（39.71%）	92（45.1%）	7（3.43%）	2（0.98%）
合计	93（9.12%）	331（32.45%）	503（49.31%）	80（7.84%）	13（1.27%）

（1）由表 2 可知，学生最为认同的实际效用为网络学习平台能“提高自身的专业素养”，以及能通过学习平台“完成并理解相关课程”。且在访谈的过程中，有访谈对象表示其能“通过 MOOC 看网课学一些在课堂上没学明白的课程，或者补修在课堂上落下的功课”；或“通过免费或知识付费去听一些专业课程，学一些专业技能与方法”；还有一

位访谈对象表示，“有时候有些知识老师在课堂上并没有讲，或者是自己想再去额外学习一些知识的时候就会登录网上学习平台”。由此可知，对于学生而言，网络学习平台最主要的效用是能够促进学生更好地理解、补充和拓展课堂所学知识，满足他们的求知欲，以及帮助他们增长专业知识技能，提升专业能力。

（2）学生较为认同的是网络学习平台能够帮助学生“有计划地安排自主学习”。网络学习平台一般有针对性地进行教学，发布教学视频和布置任务，包括内容及强度等具有计划性，系统性强，且有配套的相关练习和测试等测评机制，有利于学生在自我测评、学生互评及教师评改中获得反馈。这些优点可以让学生通过学习平台进行自主学习时，更有计划和目标，循序渐进，方向清晰，一定程度上弥补了在其他方式上自主学习的不足。但也有访谈对象提及，学习平台“课程内容太过书面化或者太过系统化，发散不够，思维引导也做得不够”，这也是学习平台在追求教学内容的系统化条理化，帮助学生合理安排自主学习的同时，需要考虑并着力改善的问题。

（3）大学生对于网络学习平台认同度较低的实际效用是“激发学习兴趣”及“相互交流，答疑解惑”两项。原因如下：首先，网络学习平台主要是通过发布教师专家的教学视频及相关习题测验等方式进行教学，教学方式较为单一，老师及学生之间的互动性较差，学生无法实时反馈学习情况，也不能向授课教师提出自己的疑惑之处，有问题得不到解决，导致学习效果不佳。其次，相对传统的课堂面授的教学方式，在网络学习平台上，学生的认知主要是通过视觉，认知策略以文字载体为主，教师无法运用过多的表情肢体语言传递信息，而学生无法多角度多方面地感知获取知识。再次，54.41%的学生表示，使用学习平台的主要原因是“满足老师的课堂要求，完成相关课程练习或作业”，25%的学生表示，使用学习平台是为“辅助大学专业课程学习或学术研究，提高自身的专业素养和技能”。大部分学生都是出于课程或提升专业素养的需要，在学习平台上学习的趣味性相对于专业性而言较弱。因此，综合多方面可以看出，网络学习平台在激发学生的学习兴趣，提高学习过程的趣味性方面的实际效用较弱。

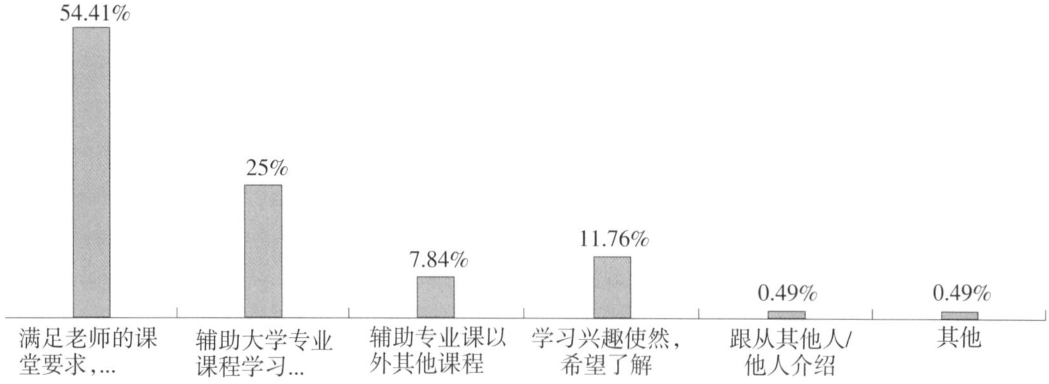

图2　使用网络学习平台主要原因

2. 网络学习平台实际效用的影响因素

在本次调研中，本小组在对网络平台实际效用展开调研的同时，也对其影响因素进行了调研分析。笔者主要从学习者的自身因素、学习平台诸方面因素及学习环境因素三方面进行调研。

（1）学习者自身因素。

调查结果显示，认为学习者自身因素对实际效用影响较大的学生占83.33%，占比较高，值得重视。学习者自身因素，包括对学习平台的使用率，学习的动机目的，学习的态度意愿，学习方法策略，等等。

第一，学生的学习意愿在一定程度上体现着学习平台的实际效用。当其实际效用越好，学生对学习平台的认可度便越高，使用学习平台进行自主学习的意愿也越强烈；反之，学习意愿也影响着实际效用。当学生的学习意愿越高，兴趣越强烈，对学习平台的利用率和使用率也便越高，平台的实际效用就能得到更好的发挥。本小组对学生针对网络学习平台的使用意愿进行调研时发现，在调查对象中，认为网络学习平台效用很好，十分愿意使用的占14.71%，说明小部分学生对网络学习平台的实际效用评价较高；而14.22%的学生“只会在他人强制要求下使用”，这部分的学生对学习平台的实际效用基本持否定的态度，并无自主使用的意愿；68.14%的学生认为学习平台“有利有弊，需发挥其作用时使用”，说明大部分学生对于学习平台效用的评价是较全面客观的，肯定或否定的是其中的一部分。对于充分认可学习平台效用及认为其有利有弊，需发挥其作用时使用的学生而言，学习平台的实际效用能得到较充分的发挥；相对而言，在他人强制要求下才使用的学生之中，学习平台效用的发挥则有所限制。

第二，学生对网络学习平台的使用率影响着平台实际效用的发挥。学生对学习平台使用的频率越高，网络学习平台的实际效用就能得到更大程度的发挥。

第三，学生专业也是重要影响因素。在本次调查中，本小组对不同专业的学生进行了调查，发现学生专业的不同对网络学习平台的使用意愿及对其实际效用的看法不同（图3）。对于不同专业的学生而言，网络学习平台发挥的实际效用的大小及具体发挥方面的侧重也有所不同。

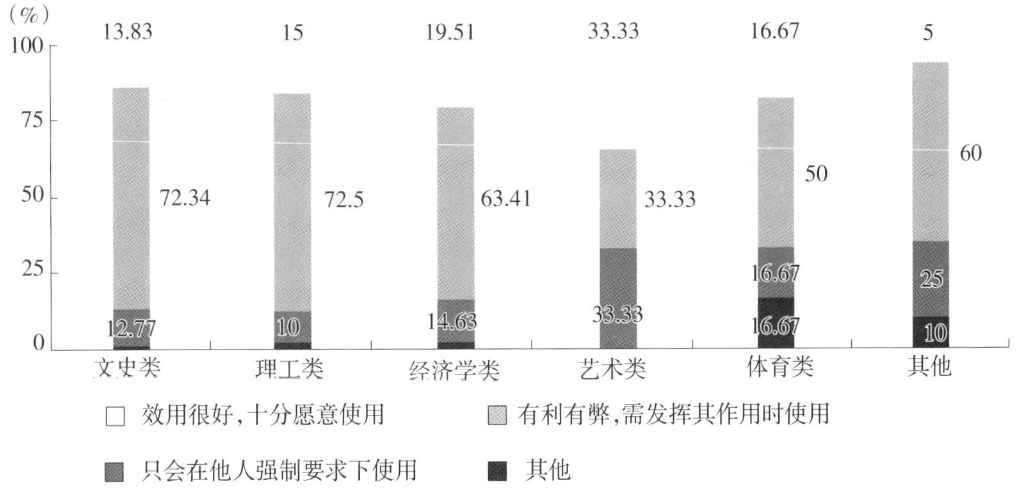

图3　专业与使用意愿交叉分析图

在图3中的交叉分析中显示，文史类、理工类和经济学类专业对网络学习平台认同度较高，而艺术类、体育类和其他专业的学生对网络学习平台的学习意愿较低。对于前三种专业的学生而言，网络学习平台有可能发挥更大作用，使其实际效用得以体现。由此可见，学生专业的不同对学习平台具体效用的发挥是具有影响的。

第四，学生学习的方法策略也是影响平台实际效用的因素之一。学生在利用网络学习平台进行学习的过程中，使用的策略和方法对其能否充分利用学习平台，最大限度地发挥其实际效用具有重要影响，依据图4具体分析如下：

有42.16%的学生会在“阅读材料后做测试题”，在访谈中也有多位受访者表示会在观看视频后完成习题，有利于充分利用平台系统配套的习题测评资源，获得学习反馈，检测学习成果。有32.35%的学生会在网上讨论学习问题，充分利用学习平台能够突破交流的时空限制等特点，发挥其较强的互动性。有29.41%的学生会在上网前制定学习计划，有利于其有选择、有计划地利用平台资源进行学习，发挥其实际效用。分别有26.47%、18.63%和15.2%的学生会在学习完成时进行小结，背诵网络课程内容及对学习方法进行反思，这有利于学生巩固网络学习平台所学知识，提高学习有效性。但是在网络学习平台的学习过程中没有想过采取任何学习策略的学生占比高达30.39%，这不利于学生充分利用学习平台，使其实际效用得到真正的发挥。总体而言，学生进行自主学习的方法和策略需要进一步重视和改善。

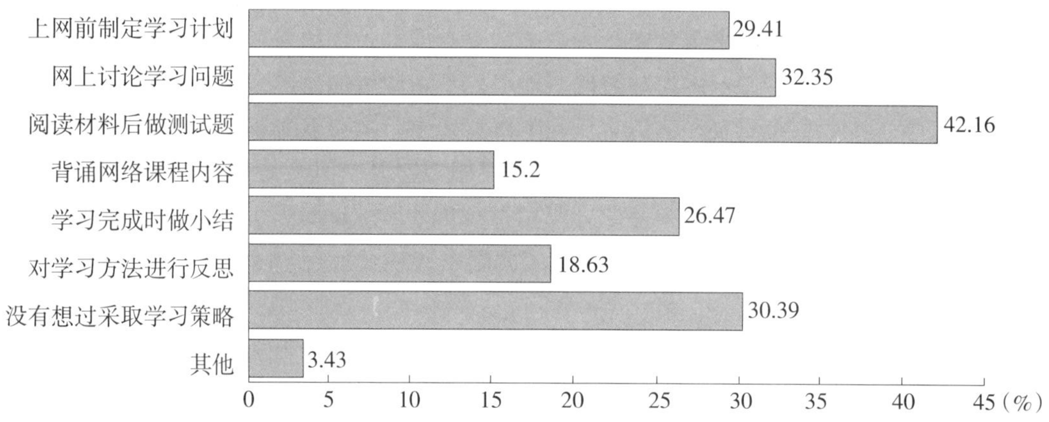

图4　学生学习策略分析

（2）网络学习平台因素。

网络学习平台本身也是其实际效用能否有效发挥的重要影响因素。本小组也对调查对象对网络学习平台的特点的看法进行了调查，试图从不同方面探讨影响平台实际效用的因素。

一是学习平台的课程因素。较多的大学生认为学习平台的课程因素对学习平台的实际效用影响较大。课程因素包括内容的更新程度和素材质量等。虽然其他因素影响着其实际效用，但是网络学习平台发挥作用和衡量其效用的核心是平台的课程因素。平台的课程内容丰富，质量高，更新速度快，则更有利于促进其使用者相关能力的提升和知识的掌握。网络学习平台可以利用互联网的海量资源，进行学习资源整合，建成体系，并利用其先进技术充分发挥自身优势。课程方面的优势得到发挥和完善，对学生而言其实际效用则会提高。

二是学习平台的设计和技术因素。对学习平台的实际效用可从实用性和易用性等多个角度进行分析。课程内容涉及平台的实用性，设计和技术层面则涉及平台的易用性。这一因素包含学习平台的页面查阅方式、操作复杂度、呈现形式等。网络学习平台操作方式简明便捷，使用者易掌握，呈现方式多样灵活，有助于激发学生的使用兴趣，呈现画面美观等则有利于促进其易用性，从而使实用性得到充分有效的发挥。高校学习平台在操作的复杂度和便捷程度等方面处理得较好，但在呈现形式是否美观、教学方式多样化等方面不足以满足学生的需求，影响了其实际效用的发挥。而呈现的美观和教学方式的多样化有利于增强学生进行网络平台学习的兴趣和意愿，应引起平台设计者的重视。

（3）学习平台的教学因素。

教学因素包括功能细节、交流互动、教务管理等。首先是教师和学生，以及学生和学生之间交流互动性不强，在以上分析中也有相关论证。其次是教学过程中监督机制不够完善，当学生的学习意愿不高，自觉性较弱时，学习效果会受到影响。教学方面的诸多因素集中体现了网络学习平台存在的主要问题，影响着网络学习平台实际效用的发挥。

（4）学习环境因素。

学习环境因素包括学习氛围、学习支持等。良好的学习环境，有助于学生更好地利用网络学习平台，充分发挥学习平台的实际效用提供可能性和现实条件。良好的学习氛围和学习支持包括互联网时代为网络平台的学习提供了资源技术等方面的物质条件，当今时代对人才提出了更高的要求，以及教育形式多样性开放性的发展，学校及教师的支持引导，学生间互相影响等诸多方面。大部分学生接触使用网络学习平台的主要原因是为了满足老师的课堂要求，完成相关课程练习或作业。教师课堂的要求作为外界因素，促使学生接触网络学习平台，进行自主学习。良好的学习环境影响、鼓励、支持着学生利用学习平台获取学习资源，提高相关水平和技能。

四、对策建议

（一）对学习者主体方面的建议

（1）正确认识和使用网络学习平台，客观辩证地看待网络学习平台的利弊；

（2）培养自愿自觉使用学习平台的习惯，形成良好的学习动机，增强内驱力；

（3）充分利用网络学习平台的资源，适度提高利用率和使用频率；

（4）结合自身专业选择恰当的网络学习平台，同时可开拓视野，广泛涉猎；

（5）根据自身目标和条件制定不同的学习策略，以辅助教学平台的学习。

（二）对网络学习平台方面的建议

（1）关注学生对学习平台的选择和需求，以及他们关注的不同的侧重点；

（2）完善课程内容，丰富课程资源，促进资源更新；

（3）简化操作步骤，适时予以操作步骤和方式的指引和说明；

（4）促进教学形式的多样化，丰富教学方式。

（三）对教学管理方面的建议

（1）完善监督机制，促进学生有效地进行自主学习；

（2）加强师生及生生间交流互动，创新互动方式。

（四）对学习环境方面的建议

（1）创建良好的网络学习环境和氛围，加强学校和教师主体的引导与支持；

（2）注重将外在环境因素转换为学生主体内在驱动力，提高认可度，由此可通过影响态度和主观规范间接决定学员的行为；

（3）要重视引导学生克服抵触心理，适度对网络学习平台的优点及利用网络学习平台进行学习的目的和原因予以说明。

参考文献

[1] 徐宁，卢庆武. 网络教学平台在大学生课程学习中的应用调查研究［J］. 中国教育信息化，2018（16）.

[2] 崔晓敏. 基于网络学习平台的山西省大学生自主学习能力培养研究［D］. 太原：山西财经大学，2018.

[3] 宋吉祥，吴学贤，杨成. 网络学习平台的类型与功能分析［J］. 中国教育技术装备，2005（9）.

[4] 曾娅妮. 高职公共英语混合学习平台学习满意度研究［J］. 新课程研究（中旬刊），2017（8）.

[5] 李飞艳，郑凌霄，陶向敏. 网络教学平台下大学生网络课程学习现状的研究［J］. 现代商贸工业，2018，39（17）.

[6] 蒋志辉. 网络环境下个性化学习的模式建构与策略优化［J］. 中国远程教育，2013（2）.

[7] 卢如荣. 影响大学生网络学习行为的因素分析研究［D］. 武汉：华中师范大学，2012.

[8] 李兴德. 教师教育技术能力培训网络平台的实用性研究［D］. 南京：南京师范大学，2008.

广州市岁朝清供文化调查研究

林茹冰　黄柔嘉　孙玉婷　谢双睿[①]

一、导言

（一）研究背景

在我国大力推进社会主义先进文化建设的大背景下，传统文化的继承与发展逐渐成为人们关注的焦点。岁朝清供作为一种极具岭南特色的传统文化形态，同其他传统文化习俗一样，面临着迫切的现代转型问题。

目前，国内外有关岁朝清供文化的研究文件较少，研究内容也以书画和花果为主，比较单一。我们希望通过这一课题的研究，归纳总结“岁朝清供”的概念和内涵，清晰解读岁朝清供是什么？有什么意义和渊源？除此之外，我们还希望结合具体实际，分析岁朝清供和现代人的思想观念与审美观念有哪些契合点，探讨岁朝清供是否有必要传承，有什么发展对策等方面的内容，不断完善有关岁朝清供的研究。

在广东地区，春节期间在家中置办岁朝清供是必不可少的内容，渐渐地形成了迎春花市的民俗景观。民间有一说法：“有花就能发”，岁朝清供文化融合了广东人“讲意头”的传统，各种花果和盆景生成了自己独特的花卉语言，如粤语中“桔”和“吉”同音，买一盆金桔放在家里，象征大吉大利。在理论意义上，广东迎春花市与传统清供的内容大致相同，有盆景、插花、时令水果、奇石、工艺品、古玩、精美文具之类。二者的目的和意义也大致相同，都包含了求得来年红红火火、衣食无忧的愿望，也能为寒冬时节沾些春意和喜意。本次科研立项针对广东地区这一古老的岭南春节习俗，从研究迎春花市的历史发展状况、广东人对岁朝清供文化的看法、迎春花市在如今的发展现状等方面入手，分析传统岁朝清供文化与广东迎春花市的理论联系。

如今越来越多人喜欢拥有古典、淡雅、自然、朴实、超脱、静谧等特点的物品，如“文艺风”“古典风”“小清新风”“新中式风”等追求有品位、有情调、有艺术的生活。这与岁朝清供所体现的“清”“雅”“简”的特点有相符之处，金石、书画、盆景等均能很好地装饰现代人的家居环境，为人们的工作、学习和生活环境增添一笔中式的典雅诗意。也有一些人认为岁朝清供文化有迷信成分，这种靠摆放物品以求新年安康幸福的做法意义不大。

本次科研立项通过社会调查、收集数据，结合现代的思维方式和审美观念，分析传统岁朝清供文化与现代文明的契合及冲突之处。

---

①作者为华南师范大学文学院 2016 级本科生，指导老师陈露。

（二）概念解析

清供源于佛供，源头可回溯魏晋时期的兰亭雅集。王羲之曾在会稽山阴之兰亭举行风雅集会，即“修禊”，这种古老的民俗，为的是洗去冬日尘埃，感受春意。集会日中有人煮茶，有人弄酒，石头上放着一瓶花。那些花瓶、杯盏就是清供摆设的雏形。清供的完整体系产生于汉唐以后，唐宋时期已成了生活的一部分。

《后汉书·周磐传》记载：“岁朝会集诸生，讲论终日。”李贤注：“岁朝，岁旦。”梁丹雯在《丹青贺岁——从“岁朝清供图”看文人画的审美选择》中对岁朝清供做了如下定义：“‘岁朝’指农历正月初一，有庆祝新的一年开始并预报一岁平安吉庆之意。旧时此日，无论宫廷和民间，都在陈设器物上力求呈现寄寓吉祥、富贵、平安的气氛。如在案头摆放古瓶、古盆，插上时令花草，配以吉祥物件，这种设置称之为‘岁朝清供’”。“清供”又称“清玩”，包括金石、书画、古器、盆景等可供赏玩的文雅物品，元明之后，又将瓷、铜、玉、石等各种古器物、花卉及果品归为清供物品。所以，岁朝清供通俗一点来讲就是过年的时候，在家中放置寓意吉祥的清雅物品，如书画、佛手、梅花、富贵竹、盆桔、山茶等。

新年之际，辞旧迎新，岁朝清供。花既可以装饰家居，也可作为新年心意送给家人和好友。插花、供花的人也将与神佛天地一道感受四季更迭，这其中辞旧迎新的美好期盼、随缘珍重的生活哲学，才是对岁月恩赐最虔敬的“清供”。

岁朝清供文化是春节习俗的某种仪式，有利于增强春节文化氛围以及“年”文化的发展。置办岁朝清供是家庭成员一起完成的活动，一家人共同为庆祝春节挑选和购买清供物品，布置家庭环境。在春节期间浓厚的“团圆”“喜悦”的氛围下，置办岁朝清供有利于家庭成员的相互联系，促进“家”文化的发展，让社会成员有归属感，形成凝聚力和向心力。

（三）调研情况

调研小组主要通过文献分析、问卷调查等方式开展调研。文献分析主要通过深入研读汪曾祺的《岁朝清供》以及大量与岁朝清供文化相关的文献资料来认识研究对象的全貌，对比所查阅的文献，整理与分析关键信息，了解和掌握课题基本内容，得出“广东省广州市岁朝清供文化发展现状与对策调查”的初步结论，为更进一步的研究奠定基础。通过问卷调查方式，设计了一些不同的、有研究价值的问题对生活在包括番禺区（数据占比64.69%）、天河区（11.55%）、白云区（4.62%）、荔湾区（4.29%）、海珠区（3.63%）、越秀区（2.97%）、黄埔区（2.31%）、花都区（1.98%）、增城区（1.65%）、从化区（1.65%）、南沙区（0.66%）在内的广州地区的人们进行问卷调查，了解人们对“岁朝清供”的认知程度，了解当今社会岁朝清供的发展情况，收集和分析数据以验证我们的初步结论。问卷总有效样本数为303份。

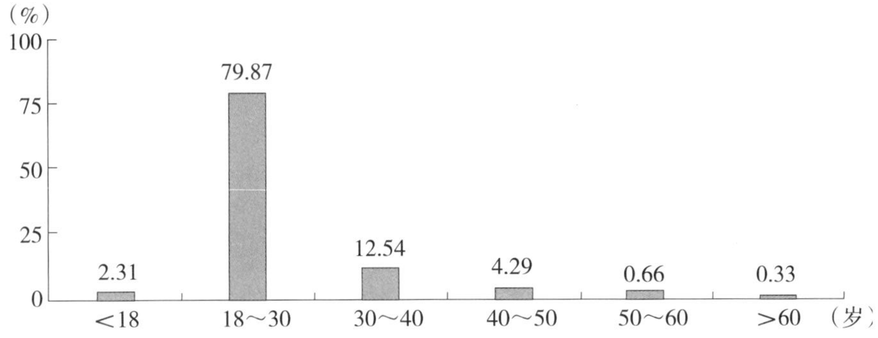

图 1 样本年龄段

二、调研发现

(一)人们对岁朝清供的了解

在广东地区，逢年过节人们都会在家中放置梅花、桃花、富贵竹、盆桔、山茶等寓意吉祥的清雅物品，这在岭南早已经是一种普遍的春节文化现象。但从社会调查的结果上看，大部分人并不清楚这一做法就是所谓的“岁朝清供”，高达 70.96% 的被调查者没有听说过什么是“岁朝清供”，知道一点点的占 26.73%，只有 2.31% 的被调查者比较了解“岁朝清供”文化。

(二)岁朝清供的现状

1. 过年家里摆放的物件

在 303 份有效问卷中，盆栽是绝大部分人过年最常摆放的物件(80.86%)，其次是书画(23.1%)，石器和金石摆放相对较少，还有一些人会摆放其他物品。尽管很多人对“岁朝清供”这个名词没听过或者不了解，但还会做一些与这个文化传统相关的活动。

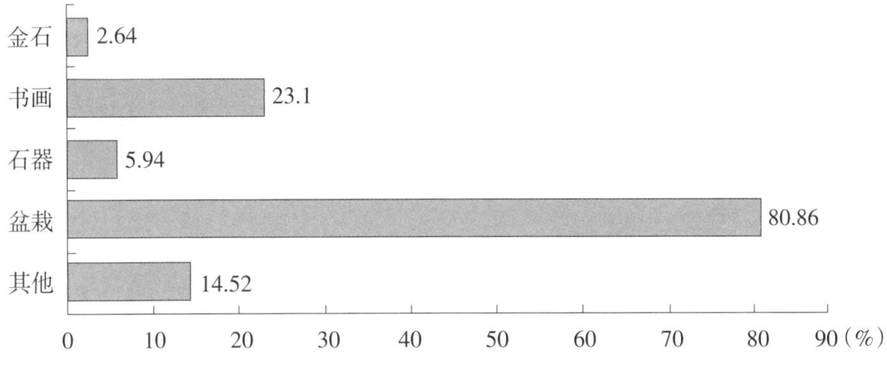

图 2 过年期间家里一般会摆放什么物件

2. 用于岁朝清供的植物

盆栽是人们最常用的岁朝清供物件，盆栽中最常用的植物是盆桔(63.04%)、富贵竹(49.83%)、水仙(38.61%)三种，梅花、山茶用得比较少，还有一部分人会用桃花、兰花、菊花等植物。说明用于岁朝清供的植物种类较多，且常用的种类比较集中。

3. 用到岁朝清供的场合

问卷显示，岁朝清供用途十分广泛，运用于各个场合，特殊时间和平常生活中都有用到。最主要的用途是节日置办（60.4%）、居家装饰（48.51%）、祭祀佛供（41.25%）三种，可见岁朝清供是很容易在生活中见到的。

（三）对岁朝清供的评价

1. 对岁朝清供的看法

绝大部分受访者对岁朝清供持正面看法，认为可以对个人、生活、文化等方面带来好处。但岁朝清供还存在维护保修困难、缺乏使用价值等不足。所以岁朝清供在被广泛认可、发挥其各方面作用的同时，还存在未被解决的问题。

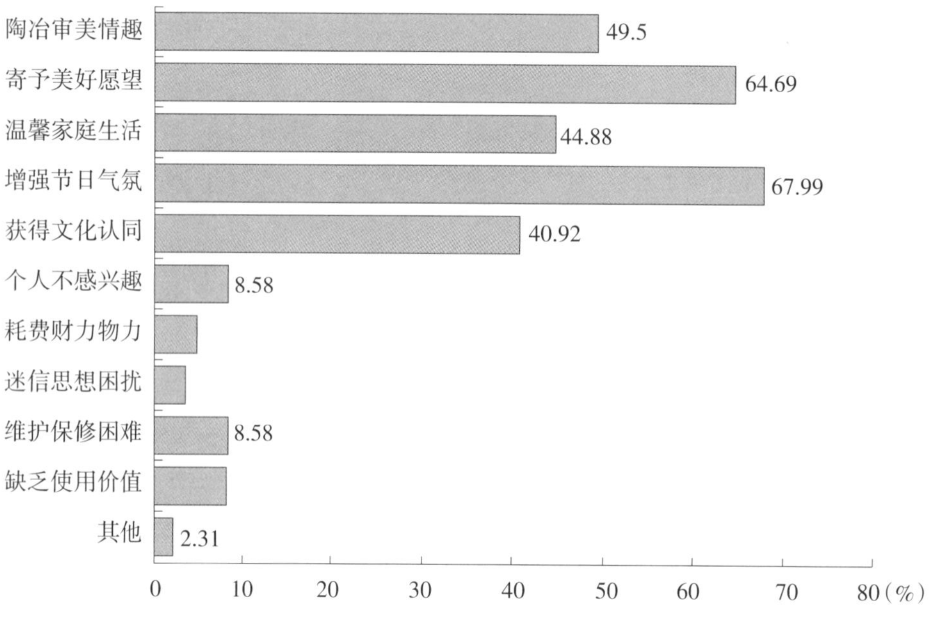

图3　你如何看待岁朝清供

2. 岁朝清供存在的问题

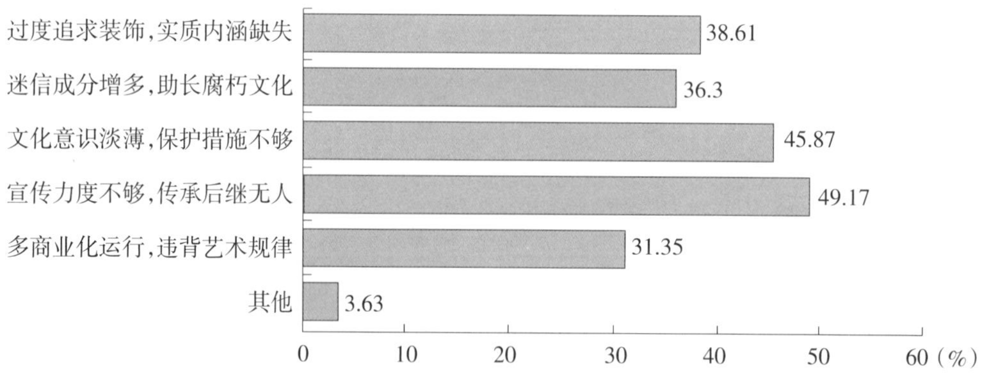

图4　你认为岁朝清供目前存在哪些问题

当问及“岁朝清供目前存在哪些问题”时，有49.17%的人认为对岁朝清供文化的宣传力度不够，传承后继无人，可见人们对岁朝清供文化了解不够很大程度上是因为对该文化的宣传力度不够，所以才出现“传承后继无人”的危机；有45.87%的人认为人们对岁朝清供的文化意识淡薄，而且对此的保护措施不足；有38.61%的人认为人们过度追求装饰，忽略了岁朝清供的实质内涵，造成岁朝清供实质内涵的缺失；有36.3%的人认为岁朝清供文化的迷信成分增多，会助长腐朽文化；有31.35%的人认为岁朝清供的商业化色彩太浓，违背了艺术规律。

3. 岁朝清供的意义认知

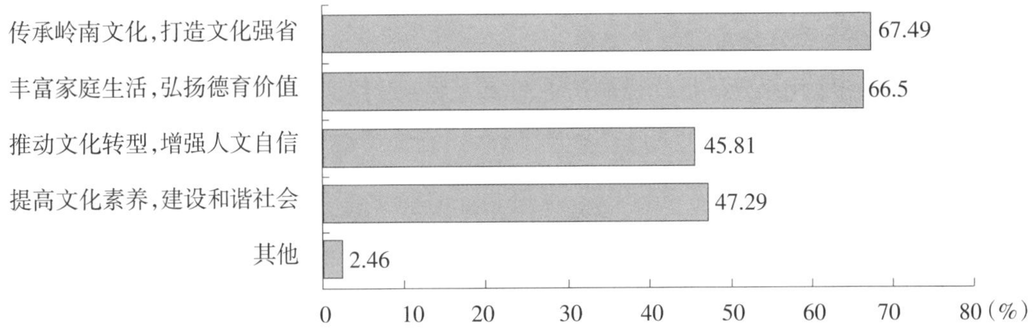

图5　你认为岁朝清供的意义何在

问卷显示，大部分人认为岁朝清供对个人生活和当地文化方面都有较大的作用。文化方面主要是传承、增加文化实力的功能，而在更高层次的文化转型、发挥其文化功能以促进社会发展方面的功能较弱。

（四）岁朝清供文化的发展传承

1. 对传承岁朝清供文化的态度

受访者中，大部分的人（67%）明确表示有必要传承岁朝清供文化，极少部分人（5.94%）认为没有必要。还有一部分人没有明确的态度。说明岁朝清供文化的传承得到了大多数人的支持认可，有较强的民间文化基础。

2. 发展传承岁朝清供文化的措施

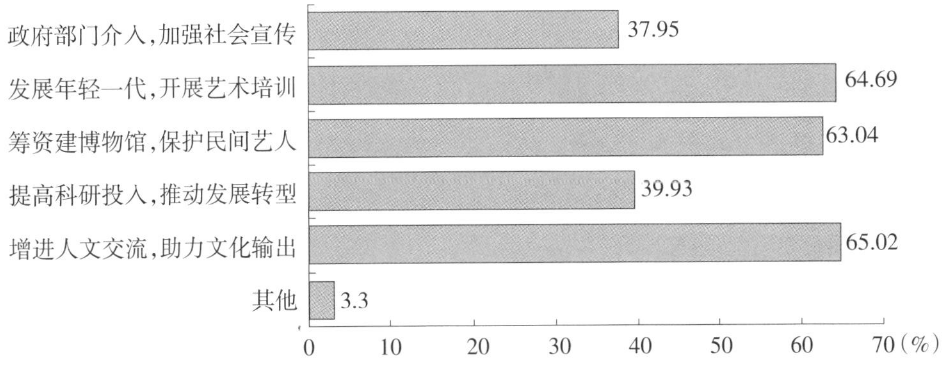

图6　你认为应当如何发展岁朝清供文化

至于如何发展岁朝清供文化，大部分人认为学校以及相关教育部门应该开设相关的文化艺术赏析课，对年轻一代开展艺术培训，让他们了解和学习岁朝清供文化，让岁朝清供文化传承后继有人；此外，政府应该筹资兴建博物馆，让广大人民能够有机会通过参观博物馆了解岁朝清供文化，还要保护相关的民间艺人，不让传统文化、传统习俗、传统工艺失传。还有一部分人认为政府部门应该介入，加强社会对岁朝清供文化的宣传，让岁朝清供文化不再成为一种鲜为人知的文化；国家还要提高科技投入，推动岁朝清供文化的发展与转型，坚持做到取其精华、弃其糟粕，使其作为优秀文化被人们继续发扬下去。

三、对策及建议

（一）认真研究与阐释岁朝清供文化

深入研究岭南文化多元一体构成的历史渊源、发展脉络、基本走向，阐释传承发展岭南文化是建设中国特色社会主义事业的实践之需，“古典淡雅、自然朴实、超脱静谧”，岁朝清供文化的文化理念是岭南文化的有机组成部分。

有关部门要加强对岭南历史文化和非物质文化遗产研究成果的转化推广工作；加强岭南文化相关学科建设，成立岭南文化研发中心和高端智库。整理挖掘广州周边乡土文化资源，促进家风培育和民风养成。

把中华优秀传统文化贯穿教育的各环节。推动广东高校开设岭南优秀传统文化必修课，在哲学社会科学及相关学科专业和课程中增加岁朝清供文化的内容，鼓励学校积极开发校本课程。用优秀传统文化影响青少年价值观的塑造和形成，开展礼敬中华优秀传统文化、高雅艺术进校园、经典诵读和观摩经典展览等活动。推进非物质文化遗产“千校万户”计划，编写乡土教材，开设地方课程。推进职业院校岭南文化传承与创新示范专业点建设。加强面向全区教师的优秀传统文化教育培训，提升师资队伍水平。

深入挖掘岁朝清供文化，推出符合对外传播规律、易为国外受众接受的优秀艺术作品。充分发挥珠三角作为对外开放前沿阵地的优势，加强同“海上丝绸之路”沿线国家的文化交流合作，以国家文化年、文化周以及“欢乐春节”等常态活动为重点，以举办书画展览、盆景制作等艺术活动为延伸，开展集艺术演出、文物保护利用、非物质文化遗产传承等于一体的文化交流与合作。

（二）推动岁朝清供文化与现代人们生活相结合

深入开展“我们的节日”主题活动，实施中国传统节日振兴工程，凸显春节、清明、中秋等传统节日的岭南特色和岁朝清供文化内涵。加强对传统历法节气、居家装饰、节日置办、祭祀佛供等知识与实践的研究、阐释与利用，使其有益的文化价值深度嵌入百姓的生活。鼓励开展民族传统节日纪念活动，开展广州迎春花市、花卉世界等活动的文化研究，提炼节日内涵，以传统迎春花市为基础，挖掘岭南民俗和广府文化元素，将广州“行花街”的新春习俗与岭南传统文化紧密结合。如在各传统花市现场组织书画名家免费给市民写春联、送“福”字，邀请省市级非遗项目传承人进行“三雕一彩一绣”、岭南剪纸、花鸟字、糖画、蜡染等展示。围绕迎春花市这一为海内外所熟知的文化品牌，从主题、宣传语、标识、活动安排、功能区域划分以及宣传手段等各个环节，进行统一策划、统一包装，应用全新设计的广州迎春花市节庆活动 Logo 及 VI 视觉形象设计系统，让“广州过年，花城看花”“美丽花城，幸福广州”“花城花市花海洋，迎春迎福迎吉祥”等主题口号贯穿于整个活动过程，强化各项活动的品牌凝聚力。将分布于全市的传统花市和节庆活动连接为一个统一的整体，从整体环境到细微环节处处彰显其文化影响力，不断强化市民、游客对迎春花市节庆活动品牌的认知。

充分发挥广州历史文化资源优势，规划设计推出一批岭南优秀传统文化专题研学和体验旅游线路，推动岁朝清供制作技艺等非物质文化遗产资源融入旅游项目和产品。整合会展资源，举办岁朝清供文化旅游融合系列活动、知名文化旅游节庆活动。推动休闲生活与岁朝清供文化融合发展，使其符合现代人的生活需求和审美标准。

（三）利用多样化资讯手段推广岁朝清供文化发展

首先，建设网络大数据平台。在挖掘、整理、保护岁朝清供文化的基础上，依托大数据、云计算等现代信息技术，积极推进建设集文字、图片、音频、视频数据为一体，覆盖各领域的文化资源数据库，创建普及教学、创作表演、发展研究、文化创意研发的大众共享平台。鼓励广州各区推进区域特色文化资源的数据库建设，搭建文化数据共享平台。

其次，利用主流媒体与网络传播打造岭南优秀传统文化栏目。在主流媒体开办优秀传统文化主题专栏、节目。推出一批集创新性、故事性、前瞻性为一体，具有岭南文化特色和全国影响力的原创优秀节目栏目。把优秀传统文化的有益思想、艺术价值与时代特点相结合，打造一批底蕴深厚、涵育人心的优秀公益广告，在各类公共场所展示播出。推进网络视听节目建设，重点打造一批弘扬岭南优秀传统文化，具有较高思想性、艺术性的优秀原创网络视听节目，引导推出一批传播创新产品网站，培育一批优秀网络视听节目创作团队和人才。组织新闻网站开设岁朝清供专题专栏，推动重大文化项目和重点文艺作品网络化展示和传播，营造网络文艺创作传播的良好环境。

留守学生课外阅读现状及对策研究

——以广东省惠州市松坑镇留守学生为例

王依娜　赵思敏　赵月　杜观华　刘志华①

一、导言

（一）研究背景

1. 留守儿童问题成为社会的焦点

随着我国经济的高速发展，留守问题逐渐成为不容小觑的社会热点问题。据调查，目前我国农村留守儿童人数约6100万，平均每四名农村儿童中就有一名是留守儿童。为了解决农村留守儿童问题，国家推行了一系列有针对性的政策。一方面注重加大对留守儿童的物质支持，如实行“两免一补”，即免除农村义务教育阶段贫困学生的书费和杂费，补助农村贫困寄宿生的生活费，同时启动实施农村义务教育学生营养改善计划，为农村义务教育阶段学生提供营养膳食补助。除此以外，很多公益组织也提供了助学金、困难补助等多种形式的帮助。然而，解决农村留守问题不仅需要“物质填补”，还应达到“精神脱贫”的层次。留守儿童面临的“亲情饥渴”“阅读瓶颈”等问题并未随着物质条件的有效改善得到完全解决，留守儿童仍普遍存在“精神饥渴”现象。另一方面，自2001年农村中小学布局调整政策正式实施以来，农村地区掀起了大规模的“撤校并校”改革浪潮，形成了以教育资源优化和规范竞争机制为出发点的办学模式。据教育部相关统计，从1997年到2009年，全国农村小学数量骤减近半，平均每天减少64所，有效地整合了地方教育资源。但农村中小学改革也引发了不少负面影响：城乡教育差距减少的同时加大了地区内的教育差距，使得一部分农村地区更加缺乏教育活力，“文化饥渴”的状况进一步恶化。就目前而言，针对留守学生面临的系列问题，如心理健康、学习“后进”、课外阅读匮乏、家庭教育及关怀缺失等方面的问题，皆未形成切实高效的解决方案。

总而言之，不同于城市的教育资源与经济实力，农村需要更多的改革实践和承担更多的改革风险。留守儿童问题是一个涉及家庭教育、心理辅导、社会组织与公共服务等多方面的复杂问题，是一个不容小觑的长远命题。

2. 城乡二元社会结构下“三合力”的匮乏

我国是农业大国，全国人口的80%以上都是农村人口。近年来，随着城市化进程的加快，二元社会结构拉大了城乡差距，这种差距不仅表现在经济方面，在教育方面也颇为明显。就个体而言，城乡教育资源配置的不均等是一种不可更变的“先赋差异”，而教育对一个人的社会地位存在明显的正相关作用，那么先赋差异导致了教育的不平等，而教育的

---

①作者为华南师范大学公共管理学院2013级本科生，指导老师关锋。

不平等又会进一步加剧社会地位的不平等，这就使得先赋差异通过教育的途径实现了“马太效应”。

目前课外阅读公共服务体系构建尚不完善，这种“马太鸿沟”对于农村学生的课外阅读而言，无疑是一种羁绊，而最有能力破除此不可抗拒差异的三方——家长、学校、老师并没有对此形成“统一战线”。城市对农村的辐射带动作用和帮扶作用不强、家庭缺乏引导、学校缺乏资源、公益缺乏专业化已成为农村留守学生阅读的四大障碍。

3. 新“读书无用论”与“阅读功利化”并存

农村新“读书无用论”使得课外阅读成为一种消遣。现今，人们越来越倾向于从功利化的物质角度来解读“读书”的效用，但是由于种种现实原因，“读书”并没有随着物质期望的增加而增加其现实效用。在现阶段，“读书无用论”特指因为日益庞大的教育成本和低回报率所产生的差异而对读书的现实功效持一种否定与怀疑的态度与观点。“读书无用论”的再次兴起是内需力不足的表现，这种表现在农村地区尤为明显（常常表现为课外阅读的“娱乐化”）。一方面，农村地区的“无心读书”现象往往比“无书可读”更加难以调控，一旦形成一种不良的风气，再多的教育资源都将成为资源浪费；另一方面，“阅读功利化”使得课外阅读在农村地区成为一种负担。认为读书没用而自暴自弃、另谋出路是一种极端，而另一种极端则是过分重视读书的价值并迫于压力趋向于阅读的片面化——“阅读功利化”。据相关调查显示，学生每天花费在教辅材料的时间占阅读课外书籍总时长的75%以上，而真正“喜欢”把时间花在课外辅导资料的学生仅占22.2%。2011年3月进行的全国小学生阅读状况调查结果显示，小学生课外阅读功利化倾向突出，违背阅读多样化的需求。这种“功利化阅读”在农村地区尤为明显，在预调研中，本组走访了惠州市松坑地区20户留守学生家庭，发现其阅读的书籍有90%都是教辅资料，大多是练习册、作文书等，而只有20%的留守学生表示“乐意”去读。

综上，本研究以广东惠州松坑镇的留守学生为研究对象，通过问卷调查法、访谈法及观察法等研究方法探讨当地留守学生的课外阅读现状及阅读壁垒，试图以“均衡化”（让每个农村孩子更好地读课外书）与“特殊化”（考虑到留守学生特色，开展专门帮扶）思路为依托，通过构建“三合力”模式（家长、老师、学校）与“三服务”模式（村委、学校、公益）解决当地留守学生课外阅读困境。希望能帮助正处在认知发展的关键阶段的农村留守学生填补成长的“空白”，更好地反映留守学生的情感需求，使得类似贵州毕节4名留守儿童自杀事件之类的悲剧不再重演；同时希望能促进社会各界重视农村留守学生课外阅读意识的培养，认识到课外阅读既有助于留守学生排遣日常生活中遭受的压力，也有助于他们巩固良好的学习生活习惯。

（二）概念界定

1. 农村留守学生

学界普遍将“留守儿童”（the “left-behind” children）定义为不能随外出务工、经商或从事其他活动的父母一起生活而留在家乡或由于其他原因平均每三个月与父母见面次数少于1次的，由代理监护人教养或自我照顾的，18岁以下的未成年人。一项对中国东部、中部、西北、西南的六省农村地区的留守儿童的调查显示，有近1000万的留守儿童与父母见面的次数连一年一次都无法保证。

由于“留守学生”与“留守儿童”在概念上存在重叠，随着义务教育的普及，几乎全部适龄上学的留守儿童都会在学校度过大部分时间。因此，笔者将“农村留守学生”定义为不能随外出务工、经商或从事其他活动的父母一起生活而留在家乡或因其他原因平均每三个月与父母见面次数少于1次的，由代理监护人教养或自我照顾的，18岁以下的在校学生。

2. 课外阅读

首先，从阅读过程和内容入手，阅读就是阅读主体对读物的认知、理解、吸收和应用的复杂的心智过程，是现代文明社会人们所不可或缺的智能活动。而大量的课外阅读本身就是智力开发活动，是自我教育过程，是一种美的情感陶冶。它是课外语文活动中最重要、最普遍、最经常的形式，是课堂阅读的继续与扩展。除此之外，就阅读的方式与渠道而言，有学者提出，课外阅读不仅是一种行为，也是一种活动，它包括一切可以在课堂外接触到的阅读方式，包括书籍、杂志报纸以及广播、电视、电影、话剧等新媒体散布的信息。综上，笔者将课外阅读定义为阅读主体在课堂教学时间之外，对除课本、教辅书之外的阅读物进行阅读的行为及相关活动。

二、研究现状调查与分析

通过访谈与前期资料收集，我们发现留守学生在课外阅读中呈现的问题主要来自书籍来源、课外阅读指导、阅读目的等方面。具体表现如下：

（一）“知行不一”：课外阅读认知与行为反差

新《义务教育语文课程改革》明确规定：小学阶段的学生课外阅读量要在145万字以上（约合每学期12本儿童系列课外读物），而一名初中毕业的学生，课外阅读总量要达到400万字以上（约合每学期13本青少年课外读物）。由于考察学生课外阅读字数不切实际（原因有二：一是每本课外读物的字数不能统一界定，易造成界定误差；二是小学生与初中生对字数的认知不够明确，易造成感知误差），因此我们小组决定采用课外读物的具体本数来考察当地留守学生的基本阅读量。

表1　松坑地区留守学生课外阅读量

项目		占比（%）	
每学期课外阅读量	人数	有效百分比	累积百分比
10本以上	12	16.0	16.0
8～10本	16	21.3	37.3
5～7本	22	29.3	66.6
2～4本	17	22.7	89.3
1本及以下	8	10.7	100.0

据表1显示，松坑地区留守学生每学期课外阅读数量为1本及以下、2～4本、5～7本、8～10本及10本以上的比例分别为10.7%、22.7%、29.3%、21.3%、16.0%，其中大多数学生学期阅读量集中分布在4～8本的区间范围内，阅读行为大大低于国家标

准。据实地考察，松坑地区缺乏可供公共阅读的空间，几乎没有正规书店，加之留守学生家庭贫困、物质条件匮乏，课外阅读需求远不能得到满足。

表2　松坑地区留守学生课外阅读重视度

项目		占比（%）	
阅读重视度	人数	有效的百分比	累积百分比
非常重要	31	41.3	41.3
比较重要	28	37.3	78.7
一般	13	17.3	96.0
不大重要	2	2.7	98.7
不重要	1	1.3	100.0

结合表1与表2，我们不难发现大部分留守学生出现认知与行为的反差。在受调查的留守学生中，有78.7%的学生认为课外阅读重要，仅2.7%的学生认为课外阅读不大重要，1.3%的留守学生认为课外阅读不重要。由此可以看出，大部分当地留守学生都认同课外阅读具有重要性，却很难落实为具体的阅读行动。值得注意的是，这一认知与行为的反差同样出现在家长、老师及村委等主体上。在对村委、家长进行访谈的过程中，大部分家长、老师及村委都表示课外阅读“很重要”，如果有条件，希望孩子可以多读书。但是通过深度访谈我们发现，一旦落实到具体行动，以上三个主体对留守儿童有效课外阅读的引导仍存在做得不足的地方。如：忽视留守学生的精神需求，帮扶比较注重物质方面如补贴生活用品等，很少关注留守学生课外阅读方面的需求。还有很多家长反映，带孩子的隔代长辈文化素质低，对读书指导或者心理辅导比较忽视等等。

（二）“开卷无益”：阅读目的趋于“功利化”与“娱乐化”

1. 功利化阅读

当地留守学生课外阅读的功利性目的很强。松坑地区留守学生课外阅读的目的有44%是为了完成考试与课程要求，这一项被界定为“功利性”阅读，由此可见，当地留守学生的课外阅读出现“被捆绑”“被阅读”的态势。另外，有约28%是为了休闲娱乐，这一项被界定为“娱乐化”阅读。

通过访谈我们得知，学生的课外阅读主要受老师与学校支配，如每逢假期老师会给学生列出“图书清单”，平时会推荐“名著读物”。从自身来说，此阶段孩子的“功利性阅读”是主体自我调节、自我选择、自我建构的过程；从外界来说，由于此阶段的孩子认知水平有限，其选择受“重要他人”以及环境的影响很大，过度的引导可能会导致孩子陷入课外阅读的“误区”——认为只有阅读课本和老师推荐的名著才是课外阅读，因此缺乏阅读兴趣。

2. 娱乐化阅读

当地留守学生课外阅读倾向于娱乐化。由图1可知，在“留守学生课外阅读种类”调查中，消遣娱乐类书籍（故事书26%，卡通漫画24.0%）占半数，知识类书籍（历史类9.3%，散文类6.3%，文学经典类11.2%，科学常识类16.1%）的比重则相对分散，课外阅读“娱乐化”的猜想得到进一步印证。

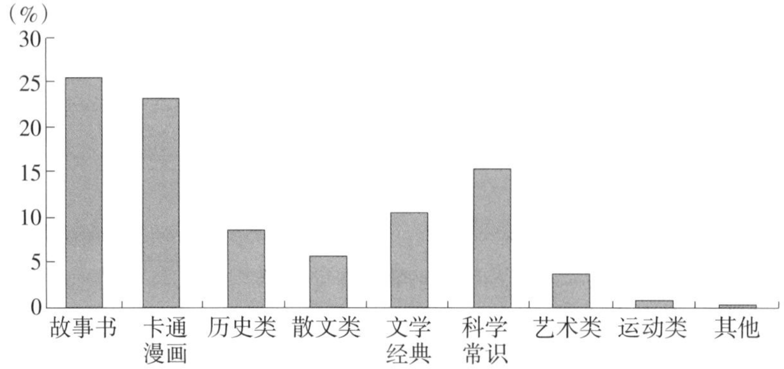

图 1　松坑地区留守学生课外阅读类别

另一方面，通过筛查留守儿童家庭选择的课外书籍，我们发现娱乐化的课外读物存在质量普遍不佳的情况。所谓的“故事类”书籍大多为内容虚无的小说，字里行间充满着令人不安的因素，包括错字连篇、暴力血腥等等，大都是“拳头”加“枕头”的文化“快餐”。众所周知，留守学生相对非留守学生，更加需要一片情感寄托的净土。如果他们长期沉迷在这种文化快餐式的阅读下，加之缺乏父母的管教与约束，很容易导致残暴与冷漠的心理倾向，混淆现实与虚拟，甚至盲目效仿不良小说中的情节。综上，留守学生由于缺乏课外阅读指导，在“功利化阅读”与“娱乐化阅读”的双重影响下呈现阅读概念的片面理解与阅读兴趣的转移，大大降低了留守儿童进行有效课外阅读的正面影响。

（三）“内外交困”：课外阅读方式与阅读时间瓶颈

1. 课外阅读方式：闭塞且单一

总的来说，松坑地区学生可供选择的阅读来源较为单一，主要利用的仍是学校的有限阅读资源。在松坑地区留守学生“课外阅读来源”一题中，利用“学校图书馆”进行课外阅读的人数占总比重的32%；选择“班级图书馆”的人数占总比重的21.0%，过半数的留守学生选择学校提供的课外阅读资源作为拓展阅读。

表 3　松坑地区留守学生课外阅读途径

项目		占比（%）	
阅读途径	人数	有效的百分比	累积百分比
纸质版图书	53	70.7	70.7
杂志	3	4.0	74.7
电脑	9	12.0	86.7
手机	8	10.6	97.3
其他	2	2.7	100.0

除此之外，由表 3 可知，“纸质版图书”（70.7%）是当地留守学生课外阅读的主要途径，而通过电子设备阅读的较少。由此可见，当地留守学生课外阅读的方式较为单一，

没有充分利用新媒体的形式，而且50%以上的村民较少使用手机及电脑上网，因此，农村阅读“数字化建设”（通过互联网等多媒体实现图书资源共享）在当地缺乏可行性。除此之外，我们了解到相对于文字阅读，此年龄段的孩子更倾向于图像阅读，而当地对于学生的需求和留守问题缺乏足够的重视，没有有针对性的读书指导，也缺乏心理辅导类书籍。

2. 课外阅读时间：被排挤与被占用

根据调查结果显示（图2），有相当一部分当地留守学生在进行课外阅读时的最大阻碍因素是“时间”因素，即在功课与农活的双重压迫下，课外阅读“难以喘息”。而通过访谈老师与学生家长，我们得知当地小学生和初中生平均每天做功课的时间为1～2小时，而在农忙时节帮助家里干活的时间约为1小时，课外阅读的时间相应被挤占。

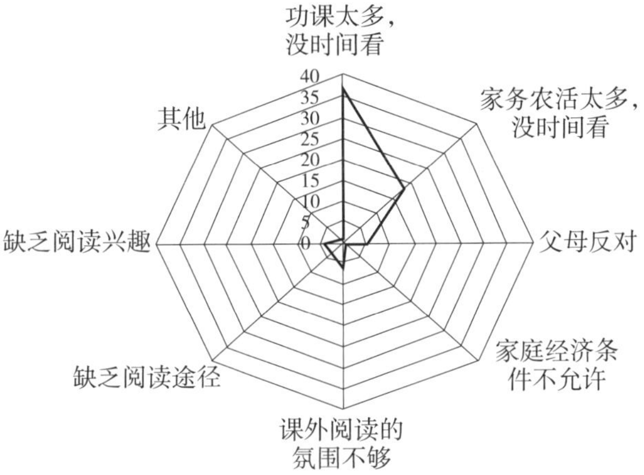

图2　松坑地区留守学生课外阅读阻碍因素

同时，我们还发现了除功课与农活外的第三种“压迫”——新媒体替代作用。在媒体迅速发展的时代，课外读物与电视、电脑、手机相比，缺乏生动性与趣味性，使得很多留守学生在课余时间沉迷于此。除此之外，很多学生购书过程中缺乏家长引导与老师帮助，往往出现书籍不符合自身需求的问题，因而丧失读书兴趣。很多学生在了解课外阅读重要性的前提下，缺乏时间阅读的状况并不能使他们“追回损失”，而是投入到新媒体的怀抱，课外阅读时间被完全占用。综上，由于单一的课外阅读方式，留守学生出现“兴趣转移”；而由于缺乏课外阅读时间，导致留守学生课外阅读“被排挤”与“被占用”，课外阅读行为进一步减少。

（四）“因人而异”：课外阅读性别差异与年级差异

1. 性别差异：女生的课外阅读量要大于男生

据调查结果显示，当地留守学生中女生的阅读兴趣总体大于男生。如图5所示，60%受访留守学生表示“非常喜欢”以及“比较喜欢”课外阅读，28.0%对课外阅读的兴趣度呈现为“一般”。由此可见，大部分当地留守学生对课外阅读还是拥有一定兴趣的。除此之外，我们发现受访女生中选择“非常喜欢”及“比较喜欢”课外阅读的比重高达93.75%，而男生只有51.1%选择“非常喜欢”或“比较喜欢”课外阅读。

在课外阅读兴趣与课外阅读量的相关性分析中，经过测算，$|P| = 0.000 < 0.01$，且

Pearson 相关系数 $0.5<|r|=0.537\leqslant 0.8$，且 $r>0$，因此二者呈显著正相关关系。因此，课外阅读兴趣与课外阅读量呈现显著的正相关关系。

通过进一步调查我们发现，女生的课外阅读量要大于男生。如下图 6 显示，在留守学生学期课外阅读调查样本的 43 名男生中，有 16 名选择“2～4 本”，约占 37.2%；有 10 名选择“5～7 本”，约占 23.3%；有 8 名选择“1 本及以下”，约占 18.6%，因此当地留守学生中男生每学期课外阅读量大致在 7 本及以下。在留守学生学期课外阅读调查样本的 32 名女生中，选择“10 本及以上”“8～10 本”“5～7 本”的总比重约 93.75%，因此当地留守学生中女生每学期课外阅读量大致在 9 本左右。总的来说，留守男学生课外阅读问题是我们更需要关注的问题。针对此现象，我们访谈了几名学生，了解到产生这一现象的原因是大部分男生的兴趣比较广泛，除了阅读，他们更倾向于选择娱乐类项目（打篮球、玩纸牌等）打发课余时间，同时自我约束力也不如女生，极易受外界影响。而且，此年龄段的学生，男生的心理、认知发展略慢于女生，容易出现凭个人喜好行事、做事的目的性及专注度不及女生的情况。

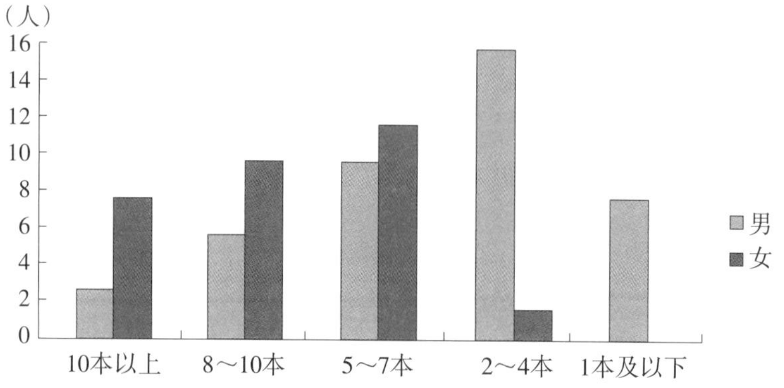

图 3　松坑地区留守学生男女课外阅读量（每学期）

2. 年级差异：呈“低 - 高 - 低”分布

如表 4 所示，松坑地区留守学生阅读量（每学期）按年级排布，呈现“低 - 高 - 低”的不对称分布。其中，小学低年级学生（1～3 年级）每学期课外阅读量基本在 1 本及以下的区间范围内，相比小学高年级学生（4～6 年级）以及初中生有较大差距。除此之外，小学高年级学生每学期的阅读量集中在 5～10 本，略高于初中生的 2～7 本。

表 4　留守学生课外阅读量与年级差异

年级	课外阅读量				
	10 本以上(%)	8～10 本(%)	5～7 本(%)	2～4 本(%)	1 本及以下(%)
小学低年级(1～3 年级)	0	0	14.3	0	85.7
小学高年级(4～6 年级)	20.5	22.7	31.8	20.5	4.5
初中	8.3	25.0	29.2	37.5	0

根据皮亚杰的认知发展理论，小学阶段学生多处于“具体运算阶段”，相比前运算阶段

具有“脱自我中心性”，因此更容易接受新鲜事物。而随年龄变化，此年龄段学生的认知能力不断提升，因此小学高年级学生比小学低年级学生有更广阔的阅读范围和接受空间。不同于小学阶段学生，初中阶段的学生大多处于“形式运算阶段”，他们更具有逻辑推理能力，但是这阶段的学生往往会受到“功利读书论”影响。迫于现实的压力，他们受到老师和家长等外界影响，往往更倾向于选择阅读“捷径”，而结果通常是大量的教辅资料慢慢淹没课外阅读。

另外，在访谈过程中，我们发现很多家长混淆了课内练习与课外阅读两个概念，在参与访谈的 8 户留守家庭中，仅有 1 户拥有真正的课外读物，而其余 7 户家庭除了课本就是练习册或作文书。而对于这种“应试化”阅读，大部分家长呈现出“无条件地支持”的态度。

三、结论及建议

（一）研究结论

1. 松坑地区留守学生课外阅读现状

（1）认知与行为反差。

当地留守学生以及家长对课外阅读比较重视，而且大部分当地留守学生对课外阅读的兴趣比较浓厚。但是由于老师、家长缺乏引导或指导不当，再加上课外阅读的途径单一，使得当地留守学生的总体课外阅读量偏低，出现认知与行为反差。

（2）阅读边缘化。

研究结果显示，不少留守学生反映大量的作业与农活是阻碍其开展课外阅读的最大障碍，同时混淆课外阅读与课外训练的现象在当地很常见，这导致部分学生出现兴趣转移。除此之外，留守学生课外阅读的种类集中于故事书与卡通漫画，消遣娱乐的作用大于获取知识的作用，阅读趋于“功利化”与“娱乐化”，出现了课外阅读被边缘化的情况。

（3）阅读差异。

当地留守学生中，男生的课外阅读兴趣、课外阅读量较女生而言相对薄弱；初中学生比小学生更倾向于“功利化”阅读；而小学低年级学生由于认知局限，比高年级学生总体课外阅读量要少，更需要提供阅读辅导；就阅读习惯来说，总体呈现较为良性的状态。

2. 松坑地区“三合力”（家长、老师、学校）现状

（1）家长缺少指导性。

学生家长作为“三合力”的重要支柱，本应对学生的课外阅读影响较大且应呈现正面影响。但由于留守学生家长在学生课外阅读过程中的长期缺位，加之很多家长混淆了课内练习与课外阅读两个概念，盲目地为孩子选取教辅资料作为课外拓展阅读书目，没有发挥积极引导学生喜爱阅读、感悟阅读的指导作用。

（2）老师缺少民主性。

老师作为留守学生课外阅读的又一重要引导者，往往会对学生产生一种“权威性影响”。然而受应试教育及课程标准影响，教师在推荐课外阅读书目时欠缺对留守学生的基本调查，容易一概而论，没有很好地兼顾留守学生的情感需求与个性特点。除此之外，在课外阅读书目的推荐形式方面，教师更侧重于强制规定而非情感引导，过程缺乏民主性。这不利于留守学生更好地把握推荐书目的历史背景、价值取向及重要意义，容易产生先入为主的观念，将

其视为额外任务从而产生抵触心理。

(3) 学校缺少创新性。

学校作为构建者与规范者，关于组织、鼓励学生进行课外阅读的形式缺乏新意，主要以提交读后感为“考核”方式，未能最大化地发挥学生在课外阅读中的主体地位，真正做到以主体需要为导向开展阅读活动。同时未能注重培养学生在阅读过程中形成问题导向意识，引导学生领悟阅读的乐趣，创新学生阅读组织形式，打破空间的束缚。

总的来说，“三合力”在引导留守学生进行课外阅读，鼓励留守学生培养阅读习惯上仍有很大的进步空间，当地留守学生总体课外阅读不仅呈现“娱乐化”与“应试化”并存的局面，而且出现课内教学与课外阅读分离的迹象。

3. 松坑地区“三服务”（学校、村委、公益）现状

(1) 校图书馆与图书角陷入“管理难题”。

作为留守学生开展课外阅读的主要途径，当地大部分学校的图书馆、图书角普遍缺少完善的管理制度，存在藏书老旧、藏书量少、更新速度慢、经常关闭、无人管理等问题。这既不利于激发学生开展阅读的兴趣，也不利于对课外书籍进行流动性的、可持续的阅览。

(2) 村委农家书屋受限于“五方限制”。

由于“五方限制”（时间、场所、种类、受众、管理），当地农家书屋对于留守学生课外阅读的总体效用有限。另外与校图书馆面临的问题相似，缺少专员管理与及时更新使得农家书屋利用率不高，留守学生对其藏书兴味索然。

(3) 公益力量淹没在“体制内”。

公益力量长期限制于“体制内”，难以在公共服务中发挥应有的效用。而其自身的问题在于忽视阅读主体的需要和缺乏管理图书的专业知识，图书管理培训平台运营亦不成熟。加之公益组织缺乏外部条件的支持，市场化水平较低，不能有针对性地聚焦留守学生群体，在指导其课外阅读方面发挥重要作用。

综上所述，松坑地区“三服务”的现状反映出当地留守学生课外阅读的途径及环境不容乐观，存在着巨大的提升空间。

（二）研究对策

松坑地区留守学生课外阅读问题是农村留守学生乃至于农村地区学生课外阅读的共性问题，要解决这个问题，需要一个长远的思路。对此，本组提出以下力所能及的解决策略：

1. 一个思路：兼顾均衡化与特殊化

解决农村留守学生课外阅读问题，关键在于整合利用现有资源，构建重要主体间联系与互动模式，在课外阅读均衡化的基础上实现留守学生课外阅读的特殊化。均衡化，具体指的是通过当地村委、学校及公益力量三方服务，将留守学生课外阅读来源及形式单一这一“瓶颈”打破，更好利用社会资源地将城市新理念、新思想、新方法以纸质书、电子书等形式输送给农村，建立农村留守学生阅读多元途径及良好环境。而特殊化，则指通过学校、老师及家长三方合力，将留守学校不良的课外阅读态度及习惯“矫正”，形成农村良好阅读氛围。

2. 三方合力：倡导健康阅读方式

我们小组根据“重要他人”理论，针对“三合力”在留守学生课外阅读中的关键作用，向学校、老师及家长提出以下建议。

（1）学校：创造阅读氛围，实行科学管理。

首先，学校可以创新活动形式，营造阅读氛围。多群体间的阅读互动能使学生通过群体间的交流共享增加阅读兴趣。针对当地学校举办活动形式大多比较陈旧、缺乏新意，不能实现阅读的效用这一问题，学校可以进行利用互联网、调研等方式学习城市学校在常规读书节、读书月的活动经验，开发富有创意的系列子活动，如读书心得交流会、名著片段演绎、阅读方法讲座等。充分发挥学生主动性。同时应领导和督促老师注重以学生为主体，推广相关校级阅读活动，发展健康的、积极的兴趣阅读。

其次，学校应实现适度放权，构建自主学风。由于日常工作繁重，加之外部压力较大、考核制度严格，很多农村一线老师会产生在教育改革浪潮中举步维艰的倦怠感，从而导致学生课外阅读活动呈现形式化与表层化。因此，校方可以适度将权力下放给学生及老师，并提供相应的资金支持与奖励，激发教师开展阅读活动热情与兴趣同时，注重给予学生一定的书籍选择权及自主管理权。除此之外，学校应致力于提升教师课堂教学效率，控制作业布置量，从学校层面增加学生课外阅读时间。

（2）老师：介绍阅读方法，抵制边缘阅读。

第一，教师应注重阅读方法的教授，摆脱应试阅读的束缚。老师应将课内阅读与课外阅读相互贯通，帮助学生搭建整体知识框架。除此之外，作为老师，应该注重引导学生形成良好的阅读价值取向，淡化课外阅读的功利色彩，真正培养学生的学习兴趣与能力。

第二，教师要加强对留守学生的监督，抵制各类不良读物。针对当地留守学生课外阅读的“娱乐化”倾向，在家长引导缺位的情况下，老师应加强对留守学生的引导与监督，做留守学生的“阅读过滤器”，时间允许还可以有针对性地制定对留守学生的辅导方案。除此之外，教师应及时与家长进行沟通反馈，积极帮助学生明确阅读动机，引导学生开展自主阅读与管理。

（3）家长：关注孩子精神需要，构建多方联系。

一方面，家长应将注意力转向孩子的精神需要。在访谈中我们发现，大部分留守学生的家长主要关注孩子的物质需求，而忽视孩子的精神需要。总体而言，留守学生正处于“三观”树立期，在缺少家长指导和外界诱惑的情况下，很容易成为集聚问题的“不良少年”，毕节事件为我们敲响警钟：留守学生应该在心理方面有特殊的指导，而这种指导最好是给予一个外界环境，让留守学生自发构建，那就是“读书明理”。因此作为家长，应该在关注物质需求的同时，关注孩子的精神需要。

另一方面，家长应构建与学校、村委的联系。在访谈中，可以明显感到留守与非留守学生的区别主要在于家长是否进行课外指导与有效管理。对于留守学生，成长的空白格是需要特殊力量辅助填补的。因此这就要求善于运用公共力量，加强与学校和村委的沟通，及时发现留守孩子的心理需求及问题，积极配合老师、村委人员的活动，从而引导孩子树立正确的阅读观。

3. 三元互动：提供优质阅读环境

针对当前该地留守学生课外阅读环境恶劣、社会阅读氛围不浓厚的问题，我们小组向村委、学校及公益组织提出以下建议。

（1）实行农家书屋与公共图书馆合并计划。

据调查，当地公共图书馆与购书点集中在县城，辐射范围远不及偏远镇村地区。而且，由于散布于各个村落的农家书屋的“五方限制”，农家书屋的利用率大打折扣，这对于村民以及学生而言，都是一种可惜的资源浪费。在走访村落的过程中，我们发现该地区存在公共读书场所较少的问题，因此可以召集村民商讨建立2～3所当地小型公共图书馆。由于公共图书馆与农家书屋存在一定的“功能重合”，因此可将农家书屋纳入农村公共图书馆服务体系，由村委授权并且制定规章，由公益志愿者和当地学生进行统一管理，实现“假设主体和一、经费统筹使用、设施统一管理、服务统一规范、人员统一规范”的有效计划。

（2）完善图书交流与更新机制。

效仿“大馆带小屋”活动。由福建省南安市率先探索的“大馆带小屋”活动引起各地效仿热潮，其主要内容是建立县城图书馆与农家书屋书籍互换与更新机制（每季更换一次，每次更换300多册书籍），这不仅解决了农家书屋的书籍更新较少的问题，还为城乡的共同文化进步创造了基础。因此，应完善村落之间、城乡之间的公共图书馆交流机制与更新机制，加大城市对乡村文化扶持的力度。

组织“书香万里”公益活动。针对当地留守学生阅读量偏少、质量偏低的现状，公益组织作为公共服务的主要提供者之一，应增加对农村的书籍志愿，将募捐到的旧书及购书资金捐助给农村公共图书馆，促进书籍更新。至于在拓宽图书渠道方面，可以大力引进竞争机制，增加政府购买项目，激发公共组织的活力，通过优胜劣汰保留下优质的社会组织。同时，当地图书馆负责人应该做好积极“对接服务”——将图书及图书资金捐助项目透明化，并与相应公益组织形成良好的长期合作关系。

举办“旧书换新颜”活动。据访谈结果显示，大部分当地留守学生表示愿意将自己的旧书进行捐助。因此当地村委可与旧书收购商协商，同时投入少量补给进行“旧书换新颜”活动——将孩子们淘汰掉的旧书换成孩子们乐意阅读的旧书，并鼓励学生将自己拥有的、不常看的旧书捐赠给当地公共图书馆，促进图书的更新。

设置“图书漂流角”。图书漂流角可设置在学校图书角附近，图书漂流角的书籍拥有权依旧是书籍主人，按约定时间将书籍放在漂流角内供他人阅读，制定奖罚机制，学校可对经常将书本放置在漂流角的学生进行表彰，对于损坏他人图书的学生加以适当惩罚。班级的图书角与校园的漂流角相互“照应”，前者可侧重提供老师认为有益的书（增加阅读知识），后者可着重放置学生感兴趣的书（提升阅读能力），增进学生之间进行知识交流的同时，有利于发挥图书角的最大效用。

（3）建立健全图书管理制度。

第一，建设专业的培训管理平台。针对志愿者图书专业化管理水平欠缺的问题，公益组织可以向志愿者提供相应的培训平台，促进当地公共图书馆与校图书馆专业化管理。而志愿者在接受专业化培训后，可根据不同年龄段的兴趣与需求进行书籍分类，并设立开门见“书”的留守学生专区——专门为留守学生提供心理辅导与成长健康书籍的区域。

其次，秉持自主经营的管理原则。针对公共图书馆缺乏专门管理人员以及时间难以调和的问题，当地村委、学校可以联合发动家境贫寒、热爱读书的当地学生利用课余时间轮流管理图书馆并发放一定的资金补助，同时相关公益组织可以利用培训平台给学生提供免费培训，促进学生人际交往能力的同时增强爱护书籍的主人翁意识。

最后，实行“打卡阅读”的管理方式。村委可结合前期调查，配合不同年级的学生需求和留守学生的特点，为学生设置相应的“阅读时长”；同时给每人配备一张阅读卡（带有磁性），要求其在学校图书馆及公共图书馆完成阅读后进行“打卡”。依据每人的阅读时长和借阅量，以学期为界，参考不同年级的不同阅读量与需求量，一学期内完成本年龄段课外书籍阅读的学生即可获得一张购书卡，此卡可供学生挑选一本自己最喜爱的书籍并带回家。这不仅有利于激发学生的阅读兴趣，形成良性竞争的阅读环境，同时也是宣传公共图书馆、鼓励大家利用公共资源进行阅读的正面手段。

农村卫生环境与村民健康意识调查

——以肇庆市广宁县黄腊村、丰源村为中心的考察

薛文宜　谭泉　何昱峤　李倩滢　李效良　陈子超[①]

2012年中共十八大报告明确指出，建设生态文明是关系人民福祉、关乎民族未来的长远大计，让生态文明建设与经济建设、政治建设、文化建设、社会建设融为一体，并且将其放在"突出地位"，充分体现了人与自然和谐共生的理念。为解决农村环境保护的问题，《广东省农村环境保护"十二五"规划》明确要求，各地级以上市要开展农村生活污水污染状况、农村生活垃圾污染状况的调查，摸清本地区农村生活污水污染和生活垃圾污染的现状和治理设施情况，于2012年前完成农村生活污水状况调查报告并提交省住房城乡建设厅、省环境保护厅备案，加快推进镇级生活污水处理设施建设和生活垃圾无害化处理场的规划建设。

健康素养代表着认知和社会技能，这些技能决定了个体具有动机和能力去获得、理解和利用信息，并通过这些途径促进和维持健康，行为生活方式是影响居民健康的主要因素，是健康素养的体现。据世界卫生组织调查，目前，我国450万结核病患者中约有80%在农村，艾滋病感染者和病人大多数生活在农村，80.5万血吸虫病人基本上生活在农村，乙型肝炎病毒携带者绝大部分在农村，这些疾病与农民的生活方式和其生态、生活环境有着密切的关系。我国农民体质监测优秀率仅为9.5%，不合格率为19.2%，农民的身体素质不高而发病率高是制约农村经济发展的重要因素，由此给农民带来的后果之一就是因病致贫和返贫，我国农民的健康素养亟须提高。

本次调查的地点是肇庆市广宁县南街镇的两个典型的村庄——黄腊村和丰源村。黄腊村下辖8个村民小组，400多户、1600多人，耕地面积792亩；全村集体经济收入2.1万元，人均年纯收入5000元左右。丰源村下辖16个村民小组，总人口2292人；村民经济收入相对偏低，村集体经济年收入在3万元左右，青壮年大部分外出打工。

一、村民的环保意识和环保行为

（一）垃圾处理状况

1. 农业生产垃圾处理状况

当地村民对于农作物秸秆，主要采用焚烧后还田作肥料的方式进行处理（占74%）；而对于农作期间用完的农药瓶，76%的村民选择直接扔进垃圾桶或河道。过期的药物和废旧电池这些会引起环境污染的垃圾，68%的村民将其作为生活垃圾直接扔进垃圾桶或者随手扔到河里、路边和田地间。

---

①作者为华南师范大学经济与管理学院2009级本科生；指导老师洪岚。

2. 农村生活垃圾处理状况

农村生活垃圾的处理方式主要是焚烧。有部分村民认为，把生活垃圾扔到竹林或田里，可以作肥料。

根据实地考察我们发现，大量生活垃圾被丢弃在河道、路边、竹林或田里，村里较少或没有设立垃圾回收点或者垃圾焚烧点，也不会有专门负责收垃圾的工人，因此垃圾只能在堆积到一定程度后，进行露天焚烧。而这些垃圾既没有进行垃圾分类，也没有统一进行焚烧，尽管部分村民也意识到焚烧垃圾会对环境造成一定的污染，存在一定的危险性。由此可见，村民对于垃圾分类和垃圾回收并没有一个清晰的认识，对于垃圾的处理也没有一个科学的方法，而是直接丢弃、填埋或者露天焚烧，对于易燃易爆的垃圾也没有进行特别处理。由于环保意识的欠缺，再加上长期无人管理，从而导致垃圾污染严重并呈现日益恶化的趋势。对于垃圾处理，58%的受访者认为燃烧垃圾有较大的危害，42%的人没有认识到燃烧垃圾的危害。与此同时，大部分村民看到焚烧垃圾、乱扔垃圾的不良行为不会主动上前阻止，缺乏主人翁精神。对于“农药、化肥是否造成环境污染”的问题，88%的村民认为有污染，村民平时购物一般使用塑料袋，仅28%的村民会自备购物袋。

（二）当地水体状况

当地水体质量下降，绥江的污染日益严重。绥江上游采矿业的发展，影响了绥江广宁段的水质，交界断面水质监测显示有铁超标现象；不少居民会将垃圾直接丢弃到江中，江边垃圾堆积情况堪忧；沿江建立了纸制厂，厂房将污水、废水直接排进江中，也导致了江水的污染；小型养殖场废水治理设施不完善，有部分养殖场废水没有经过处理直接排入江中。广宁县城生活污水处理厂于2009年建成，城镇污水集中处理率偏低，南街以外各镇均未能建设污水处理设施，造成生活源污染突出。

二、村民的健康理念和健康行为

村民对健康有着比较传统的理解，72%的调查对象认为“健康就是身体强壮，没有身体上的疾病”，但是对于“献血量”“心理问题”等概念缺乏了解。

村民能够辨别一些不科学的观点，否定了“身体很好的人，不需要注意健康问题”“身体越胖，说明身体越好”等错误观念；了解一些医学常识，如“高血压不会传染”“糖尿病不会传染”“肺结核会传染”“心脏病不会传染”等等，但对于一些健康小知识，例如“打针不一定比吃药好得快”“健康成年人一次献血量”“体重快速减轻是癌症的早期信号之一”等认识不清楚。

大部分村民拥有较为良好的健康行为习惯。例如，“从不喝酒”“从不吸烟”“如厕后洗手”的比例分别为66%、82%、78%。但仅有34%的被调查者做到每年进行一次体检，96%的人不知道“一般成年人每天吃盐不能超过多少克”，98%的人不知道“成年男性一天饮用酒的酒精量不能超过多少克”。说明被调查者对健康生活方式的认识度不足。县政府和村委会有时会在宣传栏张贴传单、海报，举办健康运动，进行义诊活动等，但只限于部分乡村，未能定时开展科普宣传教育，科普力度不足。这导致村民环保意识和行为不足。

三、农村环境保护和健康知识行为存在的问题

（一）农村环保资金投入不足

自2008年国家实行“以奖促治”“以奖代补”的农村环保政策以来，中央财政累计安排农村环保专项资金达到了135亿元，支持2.6万个建制村开展农村环境综合整治和生态示范建设，农村一大批突出环境问题得到有效地解决，5700多万农村人口直接受益。但是，当前我国农村数量庞大，农村环境污染形势依然严峻，农村环保任务十分繁重。在此背景下，广宁县同样存在资金不足的难题。2013年上半年，广宁县完成GDP52.35亿元，同比增长9.7%；规模以上工业增加值15.95亿元，同比增长17.5%；公共财政预算收入3.45亿元，同比增长26.3%，增速排在全市第二位；工业用电量3.31亿千瓦时，增长25.5%，增速排在全市第2位。大部分指标增速在全市排位靠前；但是，政府忽视了发展对环境带来的影响，对于农村的环境与健康问题并没有足够的重视，投入的资金不足，长期存在的垃圾处理问题没有得到彻底解决。

广宁县现今的垃圾日产生量达20吨，但是，垃圾处理点十分缺乏。据实地考察，在广宁县的街道上，随处可以看到摆放在路边的垃圾车和垃圾堆，没有统一的垃圾处理点，垃圾处理系统很不完善。根据本小组对当地村委主任与村民的访谈得知，广宁县政府计划收集农村垃圾，再从镇里派车收集运到县城较大的垃圾处理场进行处理。但是由于人力和财力的不足，政策的实施停滞不前。对于水体的治理问题，绥江的污染问题比较突出。绥江是广宁县的主要河流，近年来进驻广宁县的造纸厂、化工厂，直接把污水排入绥江，县城的生活污水也直接排入江中，造成了绥江水体的极大污染。这些问题并没有引起县政府的足够重视，水体污染问题日益恶化。广宁县近年来经济得到较大程度的发展，尽管与以往相比也更加重视环保与经济发展相结合，但是对于环保工作的资金支持力度依然不足。

（二）农村环保知识普及不足

（1）政府对环保知识与健康知识的传播力度不足。通过调查数据显示，农村村民的环保意识和健康知识的掌握程度都处于较低的水平，村民普遍对垃圾处理的科学方式、垃圾分类的认识不足，对健康及医学常识缺乏全面的了解。这些与政府的相关宣传教育有极大的关系。据访谈介绍，县政府近年来比较关注环保问题，计划发放宣传海报，但是没有实际实施；村委会接到上级通知才进行走访宣传；极少进行相关的健康知识教育宣传；缺少科普宣传活动；缺少与垃圾分类相关的宣传。以上种种均反映出政府部门没有做好相关宣传工作，宣传力度也严重不足。

（2）政府宣传教育传播的途径缺乏多样性。政府主要通过广播电视等宣传媒体进行环保、健康知识的传播，宣传方式单一，没有考虑到农村的文化教育水平，也没有加入更加人性化的元素和题材，增加与村民的互动，提高村民的学习兴趣，引起村民的共鸣。缺乏有效的普及科学知识与环保理念的宣传途径。

（3）当地公众环保建设参与度低。村民普遍认为环境保护的责任在政府身上而对自身的环保责任缺乏认知。村民认为政府在环境保护方面应当负担主要责任，是环境污染的主要责任人。政府也缺乏相关的法制宣传，提高村民参与环保的重要性，导致村民环保参与度低，甚至还出现污染环境的情况。

（三）农村环保机制不完善

（1）管理机制不健全。该县政府部门对环境污染的治理缺乏科学的规划。广宁县的环境污染问题，随着社会化、工业化进程的进一步加快而日益恶化，导致由环境污染引申出更多且更复杂的治理问题，居民生活受到极大的影响。环境问题的日益突出，首先是因为经济的发展建设缺乏统一的科学的规划，城镇的发展以牺牲自然环境为代价，没有以前瞻性的目光发展可持续经济。其次，政府对环境治理工作缺乏相应的监督机制，对产生严重污染的企业没有落实相关的惩戒措施，惩处的力度也不大，导致环境污染的问题无法得到根本解决。

(2) 政策执行力度不够。县政府曾计划完善从村、镇再到县的垃圾处理系统，但是由于各种原因计划搁置，迟迟不能落实。县政府对于农村的环保工作没有给予足够的重视，农村的环保的工作没有真正落实。农村环保的具体措施、具体指标没有成文的规定。由此可见，政府环保工作执行力度较低。对于环保工作，政府缺乏相应的激励措施以及相关的绩效考核机制，导致有关部门工作懈怠，工作人员缺乏工作积极性。

（四）农村环保人才建设薄弱

据统计，该县环保局在职24人，其中：本科生5人，占20.8%；大专生14人，占58.3%。从数据中可以看到，该县环保建设队伍数量较少，且本科及以上学历人数少，综合素质较低。多数不具备环境保护知识背景，也缺乏专业性的指导与技术上的指导。而农村更是缺乏相应的专业人员，环保宣传工作与指导工作在农村难以实施。

总之，由于环保基础设施不足，区域的发展失衡，重经济轻环境的发展模式，导致环境保护设施建设滞后，资金保障不足，设备配置达不到国家三级标准化要求，镇级环境能力建设跟不上，环境应急监测监察能力严重不足，环境管理能力和执法能力不强，无法解决县里的环境监管能力薄弱与迅速增加的环保工作任务之间的矛盾，这些问题给环保工作的开展带来了困难。

四、改善农村卫生环境保护和村民健康的对策及建议

（一）建设便利而有实效的垃圾处理设施

本小组对建设便利又有实效的垃圾处理设施有如下建议：第一，增加垃圾处理点。除了增加集中处理点之外，建议建立更多的垃圾处理分点，尽量增加居民投放垃圾的便利，不再把山坑河流作为垃圾抛弃点。第二，选择恰当的位置。除了增加垃圾处理点，更重要的是选择合理的建设地点，距离村民住所近，但又不影响其生活。第三，增强垃圾处理设施的管理。垃圾处理点一般处于没人管的状态，需要得到合理的处理安排，提高其处理垃圾的实效性。

（二）注重切实可行的宣传方式

宣传方式应注意村民的“生活习惯”和“文化接受水平”等关键因素。

“生活习惯”方面，据调查，村民从电视广播渠道接收相关信息的机会较大，所以加大在电视上投放宣传资源，是效果较好的做法。而在实际调查中，本小组发现村委会走访宣传也是一个比较好的方式。

因大部分村民文化水平低下，所以基于“文化接受水平因素”的考量，采用具有图像性、可听性的宣传媒介更为合适。充分利用横幅、广播、电视、手机短信等形式，开展有趣的科普活动，提倡开展全村健身活动。

良好而有效的宣传方式不仅惠及当代，更是功在千秋。宣传方式也应与时俱进，不断变化，找到最适合的方式。

（三）组织村民实行环保自我监督

鉴于乡村环保资金较为缺乏，甚至无法满足日常管理以及宣传工作；由于乡村基层环保相关举措基本是响应上级指示要求，而非自发进行，难免发生信息不对称现象，即俗称的“不接地气”，在这种大前提之下，组织村民进行环保自治是个不错的方式，这种方法既能实现自发管理、自发监督，也能进行自我教育、自发宣传，并带动全村关心环境保护的风气。各级政府只需做好前期的组织以及教育工作，此项举措就能够不断地延续下去。“村民环保自我监督组织”的职能，具体也体现在和其他相应措施的相互作用上，如：“监督”“运输”“反映”“处理”“带动”“反馈”等等。

1.“村民环保自我监督组织”与“垃圾处理点”

监督：“村民环保自我监督组织”对垃圾乱抛行为进行制止。

运输：“村民环保自我监督组织”定期把分点的垃圾运输到各“垃圾集中处理大点”进行处理。

反映：及时反映包括“垃圾集中处理大点”“垃圾集中分点”在内的设置不合理情况并进行及时处理。

处理：对每个“垃圾集中处理大点”的垃圾进行定时焚烧等工作。

2.“村民环保自我监督组织”的宣传方式

带动：“村民环保自我监督组织”时刻以身作则，做好榜样，更应带头宣传，以增加宣传效应。

反馈：“村民环保自我监督组织”成员本人也是村民，他们懂得合理的宣传方式应该是怎样的，也贴近普通村民，也能及时了解大家的反馈。不但有助于进一步改善宣传教育工作，而且能够保持宣传方式的与时俱进。

（四）加大资金投入力度，完善环保设施和健康宣教设施

对于环境污染的治理问题，政府需要进行统一的科学规划。城镇的发展不应以牺牲环境作为代价，要以前瞻性的目光发展当地经济。这需要政府加大资金投入的力度，完善环境管理工作相应的监督机制，对产生严重污染源的企业落实惩处措施。除了完善农村环保机制，也需要平衡和加强环保设施基础建设。如对农村垃圾进行统一回收处理，在农村建立垃圾池，配置垃圾车，设置废旧电池回收处，等等。而健康知识的有效宣传，意味着充足的宣传物资及宣传平台。上述各方面都需要政府的资金支持，需要政府对农村环保与健康的重视。

江西革命老区乡村旅游扶贫中多元力量参与模式及其优化
——以井冈山市大陇村为例

周书纯　龙泰格　钟莹　冯宇琪　潘绮君[①]

一、导言

（一）研究目的和意义

近年来，乡村旅游扶贫作为一种精准扶贫的新模式取得了显著成果，成为我国精准扶贫事业的重要推动力，受到各级政府有关部门的强调重视。乡村旅游扶贫不仅具有强大的外溢作用和绿色可持续性，适应面广，产业链条长，还具有很强的示范性带动作用。在党和政府的坚强领导下，企业、村集体和农户之间通力合作，是推动乡村旅游扶贫的重要力量。为发挥这一新型扶贫方式的最大成效，协调各方的沟通与合作，优化多元力量参与模式尤为重要。虽然国内已有不少文献资料对精准扶贫和乡村旅游扶贫进行了相关研究，但是对参与其中的多元力量进行专门性分析和研究的较少。

本次调研以井冈山市大陇村为例，对江西乡村旅游扶贫中多元力量参与模式的优化进行研究，首先考虑到该村在井冈山的精准脱贫攻坚过程中发挥的示范性作用。党的十八大以来，习近平总书记多次前往井冈山革命老区考察，叮嘱当地的党员干部发挥井冈山精神，脱贫攻坚，确保井冈山人民过上好的生活，朝着全面小康的目标奋进。“井冈山要在脱贫攻坚中作示范、带好头”。井冈山市在习总书记的嘱咐与领导下，脚踏实地落实扶贫政策，走出了脱贫攻坚的“井冈山路径”，成为我国贫困退出机制建立后首个脱贫“摘帽”的贫困县市。井冈山大陇村发挥红色旅游资源优势，不断延伸红色产业链条，以党和政府为主导，开启“企业投资主体＋村集体＋农户”的多元力量模式，取得丰硕成果。但也存在发展前景局限、旅游项目设计局限、村民思想认识程度不足等问题。对此，应对多元参与模式进行调整和优化，提高精准扶贫的效益，同时以大陇村的多元模式优化为例，对江西精准扶贫、乡村旅游扶贫事业形成样板效应，以确保可持续脱贫目标的实现。

二、调研设计

鉴于过年期间，大部分村民出外拜访亲朋好友，不便在村内发放问卷，且村民文化程度普遍不高，问卷质量难以保证，故选择抽样采访。由于选择的调研地大陇村采用的扶贫方式为旅游扶贫，课题组需要了解消费者的旅游偏好与习惯，来为大陇村的旅游扶贫发展提供有针对性的建议。由于大学生是旅游消费的重要群体之一，对于新型的旅游方式接受度较高，

---

①周书纯，钟莹，冯宇琪、潘绮君分别为华南师范大学2016级历史文化学院、教育信息技术学院、外国语言文化学院本科生；龙泰格为中山大学2016级国际关系学院本科生。指导老师龙观华。

而且其旅游观念与方式具有一定代表性，所以课题组选择向大学生发放问卷。据调查研究发现，大陇村旅游扶贫获得较好成效，江西省省委书记刘奇也曾到该地调研与考察工作，可知该地的扶贫工作具有一定代表性。因为江西省居民对于本省情况更为了解，故通过向江西省居民发放问卷，了解他们对江西省旅游扶贫的了解和支持程度，以便更好地为扶贫工作提出建设性的意见。

课题组成员共同协商确定问卷内容，以书面形式确定下来，交由相关负责人在“问卷星”上制作调查问卷；问卷测试无误后，将其上传到网上；课题组成员通过微信、QQ 等共发放了两份问卷。问卷一为大学生旅游观调查，共发放问卷 166 份，收回有效问卷 166 份，有效率 100%。调查主体为华南师范大学学生，其中男生 59 名，女生 107 名。本问卷的内部一致性信度为 0.753，信度良好。问卷二为江西省居民对本省“旅游扶贫”的看法，共发放问卷 94 份，收回有效问卷 94 份，有效率 100%。调查主体为江西省居民。问卷收集完成后由成员对数据进行分析，采用 SPSS 作为分析工具，采用描述统计分析方法，对数据进行加工整理与分析。数据分析后，得出结论并提出一些具有价值的参考意见。

（三）**大陇村简介**

大陇村位于井冈山市大陇镇，是大陇镇的经济、文化、商贸中心。大陇村历史悠久，红色旅游资源丰富，有红色圩场、毛泽东旧居、毛公井和范氏宗祠等。大陇村共有 571 户、1902 人，耕地 1408.44 亩，林地面积 6489 亩，主要种水稻，兼营林业。中华人民共和国成立之前，属龙源乡。中华人民共和国成立初期，属四区（龙源）大陇乡；1958 年，属大陇公社的大陇大队；1968 年与中村、瑶背合并，仍称大队；1972 年，3 个大队分治，复称大陇大队；1984 年，改为大陇村民委员会。大陇村为行政村，村内有 23 个自然村，分为 10 个精准扶贫小组，分别为中陇背村民小组、中陇村民小组、案山下村民小组、庄下村民小组、朱屋村民小组、下街村民组、中街村民组、塘头村民组、寨下村民组、龙王陂村民组。

在脱贫之前，大陇村经济贫穷，基础设施落后，村貌环境恶劣，存在很多危旧房、“空心房”。习近平总书记在井冈山发出“脱贫攻坚”号召后，当地政府从经济、环境和“两不愁三保障”的角度出发，因地制宜，在大陇村制定以“旅游扶贫”为主导的精准扶贫计划。基于当地拥有丰富的红色旅游资源和高覆盖率的绿色自然资源，实施“红色引领，绿色崛起”的发展战略，坚持“民俗、宜居、生态、养生”的发展理念。在原有资源的基础上，盘活不同经济业态，带动村集体共同富裕。

课题组之所以选择大陇村做实地调研，是因为具有此地具有较强的可行性：

第一，该村靠近调研组成员的家乡，在过年回乡期间有条件到当地进行实地调研，且可以对井冈山市部分相关政府工作人员进行访谈，获得政府方面的有关信息，实地考察资源丰富。井冈山人民政府在其官网有大量和扶贫工作有关的政务信息，资料丰富。

第二，井冈山市充分利用本地的红色资源，推动“全域旅游”的发展。在脱贫攻坚战中，井冈山市的旅游扶贫发挥重要的作用，打造了 6 个 4A 级乡村旅游点，调研地大陇村就是其中之一，大陇村的扶贫工作也广为媒体报道，这意味着大陇村的旅游扶贫工作成效较好，可以作为一个典型案例。

第三，项目组成员对社会调研有兴趣，拥有学习研究能力和调研经验。

三、调研发现

（一）大学生对革命老区旅游的看法

1. 旅游地点选择偏向

“旅游地点选择偏向”一项，受访大学生最喜欢的旅游地点是自然风景和繁华城市，分别占 81.9% 和 60.8%。基于旅游资源和地理位置来看，大陇村可以划分在幽静乡村和历史古迹类，选择这两项的人数占比分别为 36.7% 和 47%，选择人数较少。仅从大陇村的旅游地点类型定位来看，对大学生的吸引力是不够的。

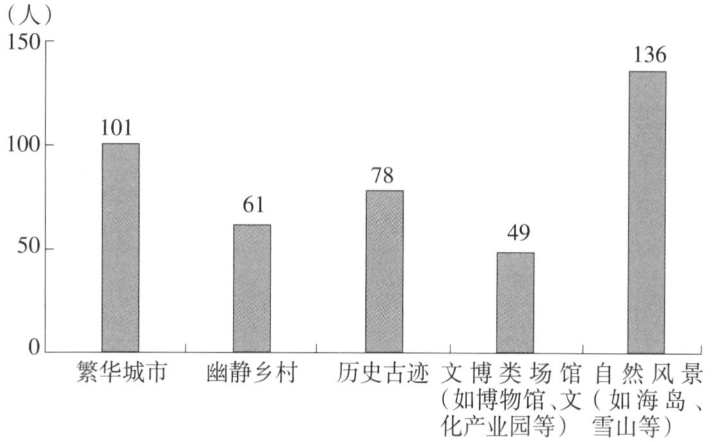

图 1　旅游地点选择偏向

根据调查数据，影响大学生出门旅游的原因里，风景优美和人文气息浓厚占比最多，分别占 90.4% 和 71.7%。大学生对景点的知名度、设施和知识性的要求相对较低，仅占 33.1%、37.3% 和 31.3%。值得注意的是，适合摄影这一项，选择的人数达到了 51.8%。

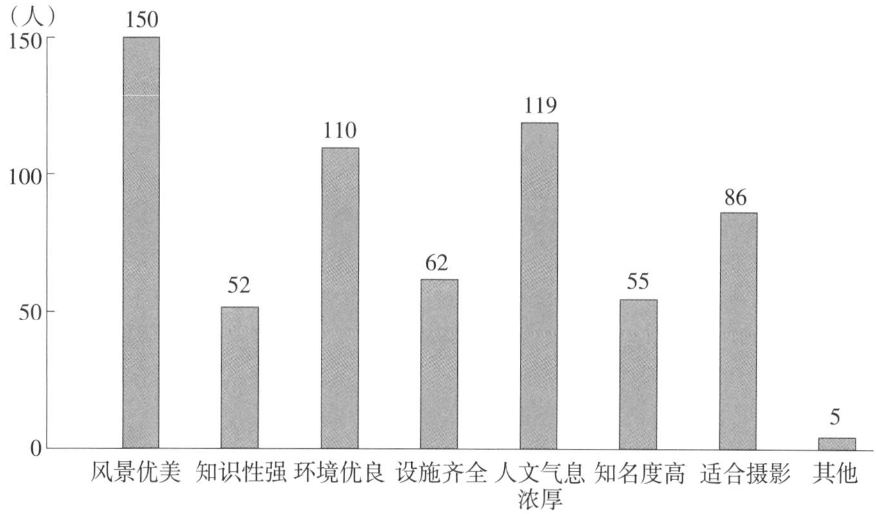

图 2　旅游地点选择原因

在出行时间选择上，选择 7—9 月，即暑假的人数最多，占 72.29%；4—6 月排在第二位，12.05%；1—3 月的人数最少，只有 6.02%。

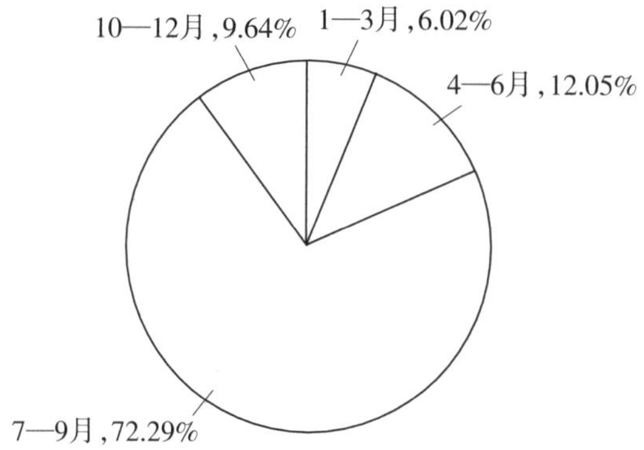

图 3　出行时间选择

大学生去革命老区旅游的意愿方面，超过半数的大学生愿意到井冈山市旅游。

表 1　是否愿意去革命老区旅游

项目		占比（%）
是否愿意	人数	
是	89	53.6
否	77	46.4

关于不愿意去革命老区旅游的原因，在不愿意去革命老区的人中，选择不感兴趣和旅游景点单调这两项的人数最多，分别为 70 人和 56 人；旅游环境不佳和性价比过低排在三、四位，分别有 27 人、15 人。

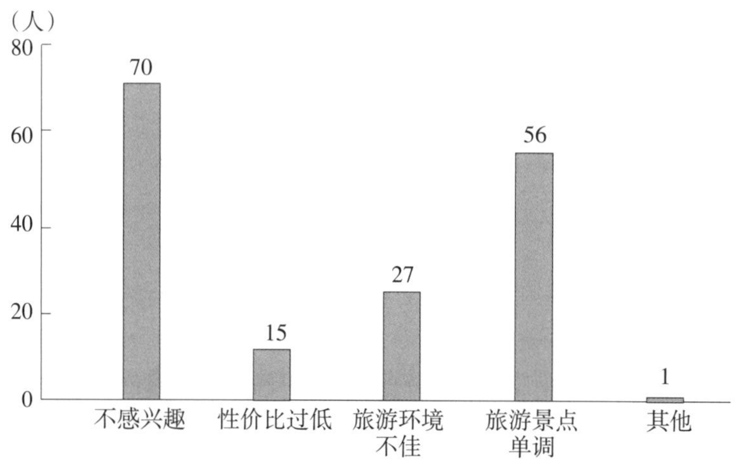

图 4　不愿意去革命老区旅游的原因

去革命老区旅游可以接受的支出费用，选择 3000 元以下的人数占比达到 95.78%，其中只能接受 1000 元以下的人数 60.84%；只有不到 5% 的人可以接受 3000 ～ 5000 元的消费额度。

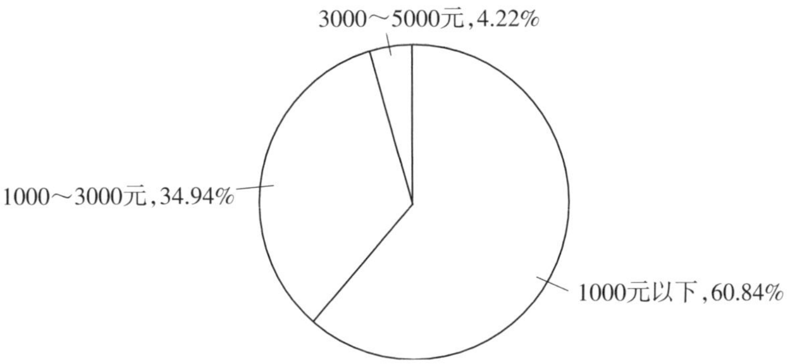

图5　去革命老区愿意接受的支出费用

选择去革命老区旅游，大学生考虑的主要因素平均得分计算排序如下：他们最关心的是交通（3.27分），其次是饮食（3.05分），住宿（2.95分）排在第三，风景（2.46分）、人文（2.37分）排在四、五位。由此可见衣食住行等基本需求的满足是大家优先考虑的因素。

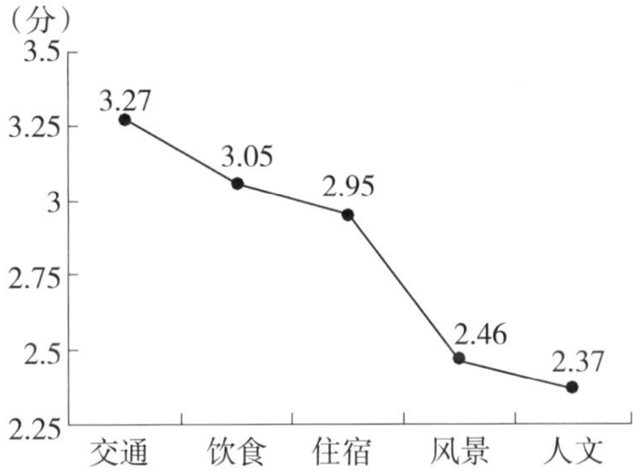

图6　去革命老区旅游考虑的主要因素

2. 革命老区旅游最需改进的地方

关于革命老区旅游最需改进的地方，受访学生对各项的选择差异不大，每个选项都超过了50%，其中基础设施占比76.5%，旅游服务占比64.5%，开发项目占比68.1%，人文素养占比54.8%，旅游氛围占比54.2%。

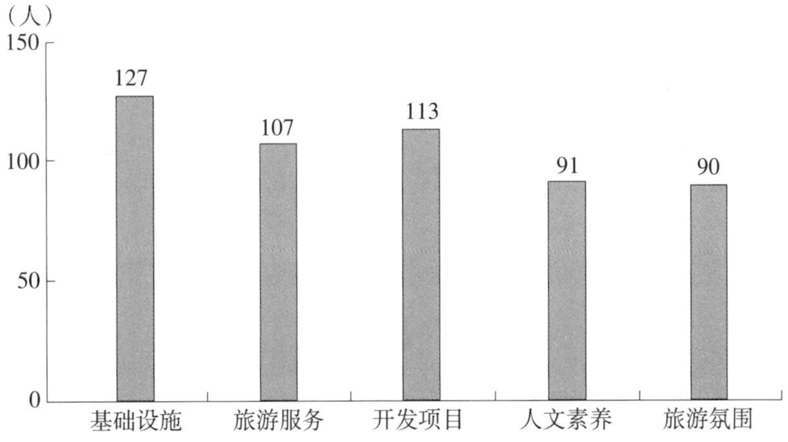

图7　革命老区旅游事业需要改进的方面

3. 讨论

大陇村绿化面积广，且红色旅游资源丰富，在本问卷划分中可以归为历史古迹和幽静乡村类，这两项在大学生的旅游意愿中占比均不高。大学生更加偏向于娱乐丰富、浪漫优雅的旅游地点。对大学生来说，旅游重要的是放松，能够欣赏美景，体验人文，拍摄有特色的相片进行社交比较重要。基于大学生的学生身份，暑期是他们出行的高峰期。尽管超过一半的学生选择了愿意去革命老区旅行，但他们愿意为革命老区旅游扶贫地支出的费用并不高，对于旅游扶贫地的商家来说，可以针对大学生的时间安排和消费习惯进行专门的项目设置。大陇村由于旅游项目单一和旅游地点的特殊性对于大学生的吸引力较低，目前该村在大学生群体市场这一块尚无规划。经课题组实地调研观察，一家人一起来短期度假是此地最主要的旅游形式。尽管大陇村交通相对便利，但是交通方式单一，游客的出行相对不便。而根据问卷二可知江西美食也是一个值得开发的项目，也可对大陇村旅游扶贫的发展提供借鉴。在革命老区旅游需要提升的因素方面，学生们认为无论是基础设施还是项目服务，需要提升的地方较多，没有突出优势，可见大陇村要吸引大学生的到来还需在基础设施、开发项目和人文素养等方面都要做较大改进。

（二）江西省居民对本省“旅游扶贫”的看法

1. 江西省居民对旅游扶贫政策的了解程度

在受访人群中，对旅游扶贫政策有一定了解程度的人数占比较小，“相对了解”和“非常了解”两项仅占29.8%。“了解一点”的人数占比最多，达到48.9%。

表2　江西省居民对扶贫政策的了解

项目		占比（%）
是否了解	人数	
完全不了解	18	19.1
了解一点	46	48.9
不确定	2	2.1
相对了解	20	21.3
非常了解	8	8.5

2. 了解旅游扶贫的渠道

关于了解旅游扶贫的渠道，在受访人群中，政府宣传占比最多，占53.2%；占比第二的为媒体广告，占35.1%。由此可见，了解渠道中官方宣传的占比是最大的。同时也有21.3%的人是自己主动去了解的。

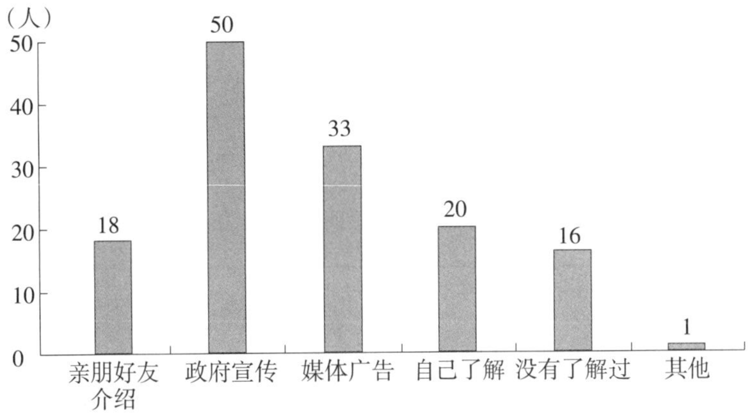

图8　通过何种渠道了解“旅游扶贫地”

3. 对旅游扶贫地的满意度

在受访人数中，是否去过旅游扶贫地的人数刚好各占一半。在去过旅游扶贫地的人中，相对满意的人数占比较大，占51%；不太满意的人数占比11%。

表3　是否去过旅游扶贫地及满意度

项目		人数	占比（%）
是否去过	是	47	50.0
	否	47	50.0
满意度	跳过	47	50.0
	不满意	0	0
	不太满意	5	5.3
	一般	9	9.6
	相对满意	24	25.5

4. 江西旅游扶贫中最应突出的优势

以江西本省人对江西省的了解为基础，受访者认为自然风景和历史底蕴是江西旅游扶贫最应突出的优势，这两项的得分最高，分别为2.99分、2.31分。

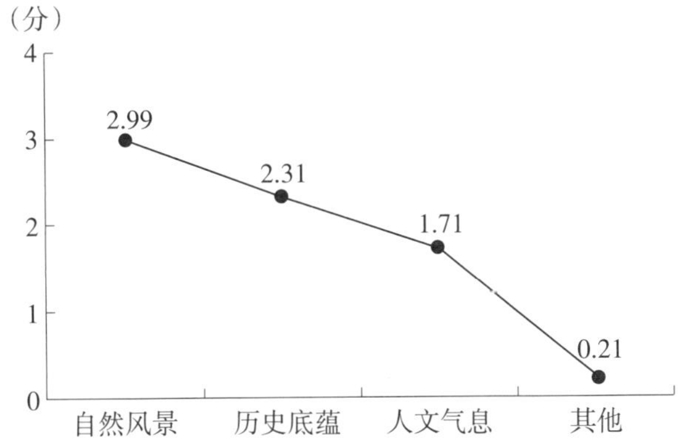

图9　江西旅游最应突出的优势

5. 是否知道井冈山市大陇村

受访人群中，知道井冈山市大陇村的人数相对较多，占54.3%。

表4　是否知道井冈山大陇村

项目		占比（%）
是否知道	人数	
是	51	54.3
否	43	45.7

6. 限制大陇村发展的因素

在受访人群中，认为最限制大陇村旅游扶贫发展的因素是知名度，占比50%。其他各项占比相差不大，最低为当地特色，占比23.4%。

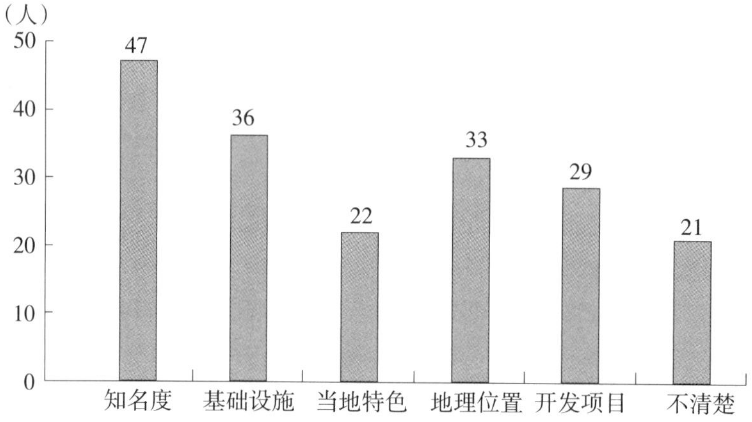

图10　限制大陇村发展的主要因素

7. 江西居民愿意为江西省旅游扶贫做出什么贡献

关于“愿意为江西省的旅游扶贫做什么贡献”一项，在受访人群中，主动宣传和亲身体验的人群占比相对较多，分别为75.53%和58.51%。愿意投资项目的人数只有3.19%，占比很小。

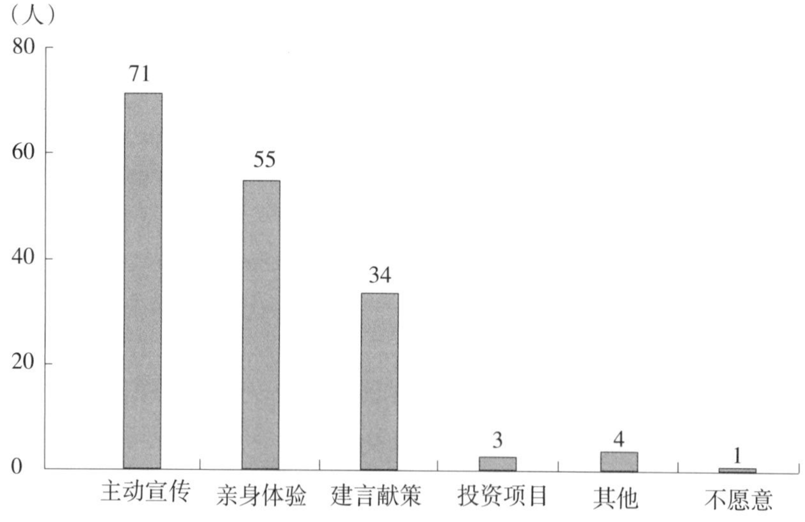

图11　愿意为江西省旅游扶贫做什么贡献

8. 江西省待开发资源

关于江西有什么待开发资源，受访人群中，提及江西美食、本土传统文化和红色旅游的人数较多。还有个别人提及景德镇陶瓷、高士山、望月亭、万安湖和四大书院。

9. 讨论

总体来说，江西省居民对于旅游扶贫政策的了解并不多，了解到的信息大多是从政府、新闻等官方宣传方式而来的。对于大多数人而言，旅游扶贫政策是被动接受的，因此课题组建议，旅游扶贫在宣传方式上可以更加多元，让更多的人了解，以便为其发展提供更多支持。受访人群中，了解大陇村的人数并不算很多，且他们无论是对江西省旅游资源的了解还是对大陇村的了解都十分有限，和他省人对两者的了解程度相比差别不大。在旅游扶贫的发展过程中，如果不是直接利益关联者，愿意为之投入的人也不是太多。

三、大陇村旅游扶贫多元参与模式

（一）精准扶贫与革命老区

精准扶贫方略最早由习近平总书记于2013年提出。在此之前，我国农村扶贫模式的特点主要是区域瞄准，没有识别到户，仅仅定位到贫困县、贫困村。现在，有关部门出台了“精准扶贫”的政策文件，从村推进，精准识别贫困户。在官方文件中，“精准扶贫”被阐述为“通过对贫困户和贫困村精准识别、精准帮扶、精准管理和精准考核，引导各类扶贫资源优化配置，实现扶贫到村到户，逐步构建精准扶贫工作长效机制，为科学扶贫奠定坚实基础”。

政府部门需要在人口基数和收入水平测算的基础上进行贫困户精准识别的制度设计。井冈山市大陇镇党委书记刘济光在访谈中曾表示，“（镇里）没有资金改造（基础）设施，毕竟市里政策的支持有限，资金非常困难”。这意味着政策实施需要参照不同地域、不同致贫原因、不同贫困条件，瞄准各级贫困单位，进行精准帮扶，这是一个串珠成链、连线成局的过程。

从提出精准扶贫思想到贯彻落实，需要经过理论指导到实践考证的发展历程，要在实践过程中切实发挥精准扶贫思想对脱贫攻坚的指导作用。首先要对需要实施精准扶贫的地区存在的相关问题展开研究。大陇村坐落在井冈山市大陇镇，红色资源十分丰富；再加上大陇镇素有“天府”之美誉，风景秀美，自然资源十分丰富。基于大陇村的实际情况，为了走正确的可持续发展的道路和实现农村经济成功转型，大陇村发掘红色文化，以“绿”为底蕴，搞旅游开发无疑是一个良好的脱贫选择。

要准确理解精准扶贫，还要考察精准扶贫的特性和扶贫方式的不同。“旅游扶贫”指的是在旅游资源比较丰富的贫困地区或欠发达地区，通过对旅游资源进行保护性的开发利用，让贫困地区的人口可以依靠旅游来增加收入。在井冈山市，旅游产业占经济总收入的50%以上，旅游扶贫是包括大陇村在内的井冈山市众多地区精准扶贫的一大重头戏。

在实施旅游扶贫的过程中，从顶层设计到脱贫攻坚的基本方略，其中参与的主体包含了政府、企业、村民和消费者，这些多元力量在其中均发挥了一定的作用。井冈山市政府以国家政策为纲，传达精准扶贫思想，指导大陇村委会的扶贫工作，形成“自上而下”的扶贫格局。其中，政府是协调者和参与者，村民是扶贫的主体；同时引入社会资本，使得企业成为脱贫工作中的力量之一；旅游扶贫是面向游客的产业，因此游客也是推动当地旅游扶贫发展的重要力量之一。

这些多元力量在大陇村的旅游扶贫工作中各自发挥了什么作用，存在什么问题，又需要怎么改进以形成更优化的参与模式，这是本课题组想要通过调研了解到的。本报告将围绕政府、企业、村民和消费者等多元力量，结合实地考察、访谈，问卷、政府报告和媒体报道，从大陇村的旅游扶贫现状谈起，发现其中的不足，提出优化建议。

（二）大陇村精准扶贫具体措施及成效

大陇村精准扶贫以党和政府为主导，动员社会与村民等多元力量，开启“企业 + 村集体 + 农户”的发展方式，共同打好脱贫攻坚战，促进大陇村旅游扶贫事业的发展，拓宽村集体经济收入渠道，确保贫困户收益持续稳定增收。

（1）抓党建，发挥党与政府主导作用。

在精准扶贫过程中，充分发挥基层党组织在脱贫攻坚中的战斗堡垒作用，不断增强党员干部的致富带富能力，把党员培养成致富能手。建立“321”的党员帮扶机制，即县处级以上领导干部帮 3 户、科级干部帮 2 户、一般党员干部帮 1 户，做到“脱贫不脱钩”；强化作风引领，加强帮扶力量，落实主体责任，保持乡镇一把手的稳定，将巩固提升脱贫成效纳入基层党建工作述职评议重要考核内容；同时通过村村联建，村企联建，机关、农村共建，发达地区帮建四种支部共建方式，打造区域党建联合体机制。在这种机制下，基层党组织不断巩固，村集体经济不断壮大，群众收入不断增加，基层社会得到了有效的治理。

（2）改善基础设施，推进环境整治。

政府在村内实施“七改三网”的改造措施，对村里所有的危旧房进行维修加固与拆旧建新（改房）；让村里家家用上自来水（改水）；改造坑洼泥路，修建水泥路（改路）；拆除茅厕，普及卫生厕所（改厕所）；进行环境整治（改水塘）；治理恶臭脏乱水沟（改水沟）；通电网、广电网、互联网（改网）。

经过环境整治与基础设施的改造，大陇村目前环境较为“宜居”，实现了净空、净水、净土的目标。目前，独具特色的农家乐基本建成，高标准的精品民宿顺利营业，大陇村实现了从闭塞脏乱的偏远山村向精品乡村旅游示范点的华丽转身。大陇镇党委书记刘济光认为：“首先是基础设施方面，改善村容村貌，对所有的危旧房进行改善、维修加固、拆旧建新。‘两不愁三保障’指的是吃穿不愁，住房、教育、医疗有保障。这是针对住房的措施。其次是修路。第三是改水，让家家户户用上自来水。第四是改厕所。第五是改水塘，进行整治。第六是改沟。然后是改网，把电网、广电网络和互联网打通。这是基础设施的‘七改三网’。”

（3）充分利用当地资产，盘活多种旅游业态。

大陇村结合当地客家建筑风格，融入红色文化、民俗文化、古村文化、廉政文化，实施房屋外立面改造提升，实现乡村面貌焕然一新。另外，充分利用当地自然风景资源，打造“荷花塘”等景点，举办“乡村音乐节”等特色活动，吸引游客了解当地文化。

在政府的支持下，成立了陇上行红墟坊乡村旅游有限公司，按照企业投资、乡村农户入股的思路，创新实施了“1 + 8 + 48”的产业发展模式。即陇上行红墟坊乡村旅游有限公司带动全镇 8 个村（7 个行政村、1 个居委会）、48 户蓝卡户以产业发展资金集体入股。其中陇上行生态有限公司占48%的股份，8个行政村合作社占40%的股份，48户蓝卡户占12%的股份。以整洁美丽、和谐宜居、生态优美的陇上行度假村为载体，吸引外面的资本将村民的“空心房”（即村里没有拆又没有人住的房子）改造成农家乐、精品民宿、咖啡屋等新业态，并以其为经营内容，拓宽村集体经济收入渠道，同时鼓励其他群众通过以土地、房屋出租或入股的方式来获得租金或股金分红，实现“民房变民宿，赚钱顾家两不误”的目标，确保贫困户收益持续稳定增收，实现了由单一改善群众生产生活环境向引领群众全面小康跨越式发展转变。

“陇上行度假村”项目由企业主导，政府参与，总投资5000万元，规划面积1500亩，由四季水果和水产品种养示范区、精品民宿度假区、乡村民俗旅游体验区三大功能区组成。在实施“1+8+48”的产业发展模式后，白莲和百香果等种植产业，民宿、农家乐、休闲咖啡馆、豆腐坊等各种业态发展起来，带动了黄元米果、红军糍粑、水煮一口香等一批地方特色小吃的发展。随着当地旅游产业迅速发展，着力打造红色旅游品牌。据大陇镇党委书记刘济光介绍，“村集体的收入从原来的空壳村发展到现在有近10万元的村集体收益。外来企业也盈利了，一年的营业额达到了500万元。来村旅游的人数达到了5万多人次。”

以大陇村案山小组为例，该小组已成为乡村旅游和疗养的最佳选择之一，得到了游客和社会各界的纷纷点赞，被誉为“大山里的苏莲托”。2018年，江西省旅游景区质量等级评定委员会发布消息，井冈山市大陇镇大陇村、青原区东固敖上景区等9家单位拟认定为江西省4A级乡村旅游点。

（4）改善“等靠要”思想，引导村民参与新业态。

当地村民是旅游扶贫实践的重要参与者，但是在精准扶贫前，由于长期贫穷和根深蒂固的小农思想，村民“等靠要”观念严重，束缚了当地经济发展和生活水平提高。刘济光在谈到脱贫攻坚中遇到的困难时，说道：“让村民把房子租出来，他们不愿意，（他们）还存在小农意识；修路占用菜园也遭到（村民）反对，缺乏奉献精神。”精准扶贫不仅扶贫穷，还要扶人心。因此转变村民“等靠要”的思想是精准扶贫顺利进行的一大前提。

为了带动村民参与的积极性，发挥村民在精准扶贫中的主体作用，有关部门提供了多种参与方式，如以房入股、个体经营、参与就业和资金投入等，这样既提高了村民的收入水平，又促进了当地新业态的发展。

村民对精准扶贫的态度经历了四个阶段：怀疑—观望—尝试—全部投入。首先村民对精准扶贫的可行性持怀疑态度，然后政府与企业的示范提高了村民的信心，部分觉悟比较高的村民从观望状态走出，先开始尝试，一些成功案例鼓励了更多村民参与进来，最后越来越多的村民肯定其可行性并积极参与。

全镇8个村（居）在公司入股40万元，每年可获得近8万元的集体经济收入。参与入股的全镇蓝卡贫困户每年可获得1000元以上的股金分红。不少村民通过以土地、房屋出租或入股的方式来获得约每年5000元的租金或股金分红，实现了资源变资产、租金变股金、农户变股东。以案山为例，随着当地旅游产业、农业产业、电商产业的发展，实现了经济效益、社会效益相统一，2018年，村内相关从业人员月均收入达4500元左右。

随着环境的改善、收入的提高、教育与医疗的进步等，村民文明素质不断提高。如今的案山，山水秀美，庭院整洁，家家户户门前自成一景，由昔日的一个闭塞脏乱的小村庄变成了洋气大方的美丽乡村。环境的改善、村民素质的提高不仅有利于扶贫事业的顺利进行，更有利于打造良好的乡村文明，促进人才的培育发展。

目前大陇村已实现基本脱贫并进入了脱贫攻坚的“巩固提升”时期，村民团结一心，为2020年全面建成小康社会的目标而奋斗。课题组采访了井冈山市人大常委会主任周志平，他表示：“现在准备2020年奔小康的目标，贫困发生率已经在1%以内。(那大陇村应该也没有什么贫困户了吧?）基本上没有了，整个市的比率已经在0.5%以下，剩下的人只有政府的托底保障，只能通过政府的各项补助，将他推到贫困线以上。”

（三）大陇村“旅游扶贫”事业发展的环境分析——基于SWOT理论

S（strengths 优势）	W（weaknesses 劣势）
1. 大陇村具有丰富的红色旅游资源。大陇村位于井冈山市大陇镇，历史悠久，红色旅游资源丰富，有红色圩场、毛泽东旧居、毛公井等，还有范氏宗祠等，为旅游产业的发展奠定良好的基础； 2. 当地基础设施较为完备。经过环境治理与改造后，大陇村从从前较为闭塞、环境恶劣的村庄变成如今环境优美、设施齐全的村庄，特别是民宿、咖啡店、酒吧、KTV等娱乐设施较为齐全，可以满足当地民居和旅客的娱乐需求。大陇村属于山村且开发晚，保留了较为完整的自然环境资源，风景优美； 3. 引进市场企业融资，形成创新的“旅游扶贫”机制。当地采取“企业+村集体+贫困户”的模式，吸引企业投资，与企业合作，为旅游事业的发展提供资金并引进较为先进的管理机制。同时，企业与村里成立合作社，鼓励村民以资金、土地入股，提供就业机会，增加居民收入	1. 当地经济基础落后，缺乏有力的经济支撑。大陇村贫穷时间长久，经济基础落后，且政策资金支持有限，融资渠道单一，资金短缺约束旅游产业的扩大和发展； 2. 位置偏远，交通单一。大陇村位于井冈山市大陇镇，属于典型边远山区，位置较为偏远闭塞，游客只能坐大巴或汽车到达，交通方式单一，严重束缚了当地旅游产业的发展； 3. 目前部分村民思想觉悟仍有待提高，他们缺乏现代经营理念与经验，缺乏信心，不愿意接受新的经济发展方式，对扶贫政策与措施的了解和支持不足，阻碍旅游产业和扶贫事业的发展； 4. 旅游项目较为单一，开发技术落后。当地虽有丰富的旅游资源，但开发的旅游项目较为单一，缺乏吸引力和竞争力，许多项目在其他城市或乡村比较普遍，同质化严重，容易被其他景点替代。而那些值得开发的红色旅游资源和历史文化资源又因开发力度小、缺乏先进科学技术等而未能得到充分开发

O（opportunities 机遇）	T（threats 威胁）
1. 政策的有力支持。井冈山市政府坚决打好脱贫攻坚战，而“旅游扶贫”是井冈山“精准扶贫”工作的重头戏。政府制定多项政策促进当地旅游事业的发展，如产业保障政策中的“建立贫困户小额贷款贴息制度”，设立贫困户产业扶贫贴息基金，对贫困户带动作用明显的种植养殖、乡村旅游、农产品加工企业、农民合作社以及电商企业，继续享受贴息贷款，鼓励当地积极发展旅游事业； 2. 顺应潮流，具有较广阔的旅游市场。近年来，随着人们生活水平的提高及观念的转变，“乡村旅游”成为旅游业的一大热点。据相关数据统计，我国休闲农业与乡村旅游人数不断增加，从 2012 年的 7.2 亿人次增至 2017 年的 28 亿人次，增长十分迅速，可见“乡村旅游”逐渐成为流行浪潮，具有较为广阔的市场前景。大陇村具有较丰富的自然旅游资源，若能妥善开发，可得到较大发展； 3.“乡村旅游”项目投资趋势愈加明显。中国社科院舆情实验室发布的 2016 年《中国乡村旅游发展指数报告》表明，未来 10 年乡村旅游将保持较高增长速度。“特色小镇研究院”预测未来 10 年乡村旅游将成为投资乐土；而中国乡村旅游研究院表示，“要引导乡村旅游投资向多类型、多业态乡村度假产品拓展”。乡村旅游投资趋势日趋明显，越来越多的企业提供人力、资金、方案等开发地方乡村旅游。这对大陇村旅游业的发展来说是一大机遇	乡村旅游市场竞争激烈，大陇村易被取代。近年来，随着乡村旅游的蓬勃发展，越来越多的乡村开始进行旅游开发并打造自己的品牌。乡村旅游景点如雨后春笋般在全国各地兴起，较为知名的有贵州西江千户苗寨、云南坝美村等。不少乡村旅游景点朝着“乡村主题化”“体验生活化”“业态多元化”等方向发展。而大陇村虽开发了农家乐、精品民宿、度假村等项目，但其缺乏特色与吸引力，易导致同质化，消费者黏性差，知名度低。大陇村将来若不能打造自己的独特品牌或开发特色项目，其旅游事业就不能得到进一步发展与扩大，容易被其他乡村旅游品牌取代

对大陇村而言，发展旅游业存在的不足和问题主要有：

第一，村民思想落后，脱贫能力需进一步提升。大陇村居民大多受教育的程度低，再加上乡村环境的局限与落后，容易被僵化思想同化，使他们难以突破贫穷状态。不少村民对政府扶贫政策持漠然态度或产生完全依赖政府脱贫的“等靠要”思想，阻碍了当地精准扶贫工作的开展及成果的巩固。

第二，乡村人才缺失，旅游服务意识有待提高。由于村里相比城市封闭落后，许多青年劳动力外出务工。发展旅游服务业有相应的劳动力需求，乡村劳动力供给受限，在一定程度上阻碍了旅游产业的进一步发展。低质量的旅游服务导致乡村旅游丧失活力并形成恶性循环。

第三，政府财政有限，旅游扶贫发展资金短缺。随着乡村旅游的逐渐兴起，消费者对旅游扶贫的规模和质量有更高要求。政府有限的资金难以保障乡村旅游产业的扩大，市政府乃至镇政府面对大量的贫困村，要考虑最大化地利用资金，资金支持不可能过分倾斜。大陇村旅游资源的继续挖掘与旅游项目的继续开发需要更多的资金投入。

第四，开发技术落后，缺乏品牌特色。乡村旅游发展势头虽然很好，但是大陇村存在直接照搬过去的乡村旅游模式的问题，如建立民宿、开办农家乐等，项目创新不足，破解发展瓶颈的闯劲不足，没有深挖当地文化特色和相关旅游资源，导致旅游创意同质化严重，项目千篇一律。部分业态只考虑现代化，对于大城市的消费者吸引力不足，较有特色的赏荷观景还存在季节的局限。如何打造有吸引力的旅游项目，是大陇村发展乡村旅游应考虑的重要问题。

第五，宣传力度不足，知名度有待提高。大陇村在过去是一个落后的村庄，现经改造成为旅游特色村，主要通过新闻媒体宣传吸引游客，受众较少。而且由于开发时间较短，旅游设施有待完善，宣传范围有限，几乎不为外省人所知，导致市场规模有限。大陇村对游客的吸引力不足，问卷调查显示，旅游意识较强的大学生群体对此类乡村旅游的兴趣不大。进行乡村旅游消费的主要群体以家庭为主，且由于旅游项目较少，游客通常只考虑短时段的游玩，一般不会再次光顾。

四、革命老区旅游扶贫的思考和建议

（一）扶贫先扶志，提高村民积极性

当地村民应该对旅游扶贫持有积极的态度，在提高收入水平的同时也要支持有效开发旅游资源，并保护环境可持续发展，自动自觉维护基础设施，提高旅游服务水平。深入开展“志智双扶”工程。按照“扶人、扶志、扶智”的理念，灌输励志脱贫的思想，打开心结，转变观念。通过挖掘正面典型，大力宣传，激发脱贫斗志；加强对贫困户的培训，讲解脱贫不脱政策的原则，加强后续扶持，让贫困户消除后顾之忧，积极主动脱贫。针对贫困户对脱贫缺乏自信的普遍现象，政府应该重视“扶志”，加强村民对脱贫致富的信心，发挥其主观能动性。政府要推动乡风建设，以实际案例带动村民积极参与旅游扶贫，实现共同富裕。

（二）培养专业人才，提高服务意识

乡村旅游为本地村民提供就业机会，但也需要专业人才的加入。政府或企业应组织相关职业培训，提高村民的旅游服务意识，丰富其旅游管理知识。积极引进、培养高水平人才，可以与旅游教育体系对接，优先考虑本村的贫困户大学生，助他们学成返乡。可以开展技能培训，实施新型职业农民培育和一村一名大学生工程，加大对农技人员、扶贫经营主体及贫困户生产技能的培训，强化产业全过程技术跟踪指导。

（三）投资主体多元化，发展新业态

政府预留部分资金投入乡村进行设施建设，同时加强政府引导，通过政策福利吸引社会资金投入，形成以“企业主导 + 政府协调监督”的管理模式。政府要加强乡村旅游市场环境的建设与管理，制定相关政策，为企业的投资提供良好的环境与保障。同时，可以以奖励投入机制鼓励投资，使得投资主体更加多元化，社会资本可以采取独资、合资、股份合作等多种形式。政府通过政策宣讲等方式，调动群众积极性，更广泛地开展以房屋或土地入股的形式，参与到旅游扶贫项目中，吸引各种资源投入。

（四）融合互联网技术，打造特色品牌

乡村旅游要契合地域特点，打造自己的品牌，形成独特的吸引力。大陇村要根据自身特色，深挖红色旅游资源，建设红色资源型美丽乡村。因地制宜，开发制作具有乡土文化的差异性旅游产品。利用新型媒体扩大宣传营销力度，积极搭建乡村旅游营销平台，营造品牌效应。探索“互联网 + 旅游 + 扶贫”三者结合的模式，延伸乡村旅游扶贫产业链，加大乡村旅游业与服务业、电商产业等多种产业融合，促进农村产业结构调整，提升农产品附加值。完善全省精准脱贫大数据管理平台产业扶贫调度机制，及时调度掌握产业扶贫进展情况。旅游扶贫在发展商业形态时，要注意当地人文氛围，避免浓厚的商业气息影响到消费者体验当地文化特色的感受。

（五）运用多种宣传方式，提高乡村知名度

互联网时代，各种新媒体与社交平台方兴未艾，受众广泛，跨越多个年龄段。目前大陇村旅游的宣传方式较为单一且主要通过传统媒体进行，应充分结合“线上”与“线下”、传统媒体与新媒体进行宣传，如投放网络广告、公众号运营、旅游博主宣传、召开发布会等，提高大陇村的知名度。

（六）坚持可持续发展，重视环境保护

农村具有得天独厚的自然环境和城市缺乏的规模种植资源。这些资源可以开发为独特的旅游项目，既可以扩大项目数量，增加村庄的可游玩性，又可以鼓励村民积极参与项目建设，促进收入增加。

坚持“绿水青山就是金山银山”的发展理念，贯彻落实可持续发展战略，在发展过程中注意保护环境和自然资源。贯彻生态扶贫政策，坚守生态底线是基础和前提。在大陇村环境治理、饮用水安全、环境基础设施建设等方面实现配套发展，不能以牺牲本身已经比较薄弱的生态环境为代价，换取片面脱贫的效果。

五、结语

乡村旅游扶贫模式是精准扶贫战略的新体系，这一模式依靠党和政府、企业投资主体、村集体、农户等多元力量的参与得以发挥其效益，精准惠及贫困百姓，实现可持续脱贫。

优化乡村旅游的扶贫多元力量参与模式，需要政府和企业的双向互动，政府为企业提供投资的平台，同时作为协调力量，解决土地、居民等问题。除此之外，还需要了解和掌握企业、村集体、农户的要求和意见，协调各方冲突，实现有机互动。基于这些需求，本研究对乡村旅游扶贫的多元参与模式提出了以下优化意见：①扶贫从扶志开始，提高村民积极性；

②坚持可持续发展，加大环境保护力度；③促进投资主体多元化，发展新业态；④开发特色项目，加大开发力度；⑤加大宣传力度，扩大知名度；⑥ 融合互联网技术，建立新式旅游扶贫机制。

乡村旅游扶贫的多元参与模式虽然在精准扶贫攻坚事业中取得了显著成果，但仍处于探索阶段，存在不少实施困难，参与力量之间也需要更多的互动与磨合。本文通过研究井冈山大陇村的案例，了解其“企业投资主体＋村集体＋农户”的多元参与模式，指出其存在的问题，尝试性地提出了优化意见。但限于本研究团队的见闻和学识，且因团队人数和时间限制，仅对大陇村进行了个例研究，对大陇村的多元参与模式提出的优化意见比较稚嫩。希望本文能对研究乡村旅游扶贫的学者，以及参与乡村旅游扶贫的多元力量提供借鉴，共同推动精准扶贫、乡村旅游扶贫事业的发展。

参考文献

[1] 肖广州. 基于产业链视角下乡村旅游扶贫机制研究——以井冈山为例［D］. 南昌：南昌大学公共管理系，2018.

[2] 邬文静. 江西农村精准扶贫实施机制优化研究——以N县为例［D］. 南昌：南昌大学公共管理系，2018.

[3] 左明章，向磊，等. 扶志、扶智、扶学：信息化促进教育精准扶贫“三位一体”模式［J］. 电化教育研究，2019（3）.

[4] 陈思定，唐慧. 景区带村扶贫运营机制研究［J］. 合作经济与科技，2019（6）.

[5] 杨妮娜. 农村地区乡村旅游扶贫的实施策略［J］. 中国集体经济，2019（7）.

[6] 张蕾，赵志强. 政府引导型旅游扶贫模式的问题和对策——以张家口为例［J］. 中国经贸导刊，2019（5）.

[7] 刘於清，李铁军. 乡村旅游扶贫与美丽乡村建设的耦合关系及其协同发展探析——以湖南武陵山片区为例［J］. 民族论坛，2018（4）.

[8] 郝云青. 共享发展理念下农村精准扶贫问题研究［D］. 沈阳：沈阳师范大学马克思主义中国化研究系，2018.

[9] 郑颖. 不止步 不懈怠——井冈山脱贫攻坚巩固提升纪实［N/OL］. http://jiangxi.jxnews.com.cn/system/2018/02/27/016774397.shtml.

[10] 郑颖. 井冈山巩固提升脱贫攻坚成效实现稳定脱贫［N/OL］. http://www.jxcn.cn/system/2018/02/26/016773151.shtml.

广东省梅州市红色文化保护与资源开发状况调研

吴庆宏　崔乐辉　徐凌锋　邓颖微　江浪鹏　黄浩宇①

一、导言

（一）研究背景

梅州是开国元帅叶剑英的故乡，是具有光荣传统的革命老区。在漫长的革命历程中，梅州人民在中国共产党的领导下，前仆后继，英勇奋战，走过了一条光荣而又艰难曲折的革命斗争道路。在这块土地上，周恩来、朱德、陈毅、罗荣桓、聂荣臻、叶剑英等老一辈无产阶级革命家留下了革命活动的足迹，“八一”南昌起义军、朱毛红四军等革命军队都曾在这里战斗过并建立了不可磨灭的历史功绩。梅州革命遗址众多，红色资源十分丰富。梅州人民也利用这一点开发了乡村红色文化旅游产业，一方面发展了革命老区的经济，另一方面也极大地改善了自己的生活水平，同时也响应了国家“脱贫攻坚“的政策。当地政府在梅州地区兴建、保护了一批红色资源，如：叶剑英纪念园、“八一”起义军三河坝战役纪念园、长沙革命烈士纪念碑、西门桥驿道遗址等。有关部门不定期地组织青少年学生参观学习，参观活动在弘扬革命精神、培养青少年的爱国精神、推动爱国主义教育、促进公民道德建设等方面发挥了重要作用。概言之，梅州地区的红色文化无论是在文化传承、政治教育还是在经济开发等方面都有着重要而又深远的社会意义。

然而，随着社会主义市场经济的发展，市场竞争日益激烈，梅州地区的乡村红色文化旅游产业的发展呈现出疲软的态势。同时，在全球一体化的进程下，各种意识形态相互交流、相互碰撞，利己主义、拜金主义等思想影响着我国青少年学生的心灵健康，导致他们对红色文化的认同感愈来愈低，进而危及我国对青少年学生的爱国主义教育事业。故此，如何改变这一现状，找到应对之策，是一个亟待解决的问题。本报告以广东省梅州市的5所学校在校大学生为调查对象，通过调查问卷与访谈，找出梅州市在弘扬红色文化过程中的成效及不足，并深入探讨和分析产生问题的原因，从而制定有效的对策和措施，进而更好地促进和完善梅州地区红色文化旅游产业的发展。

（二）相关概念

1. 红色文化

红色文化是中华民族先进文化的重要组成部分，是中国共产党领导全国各族人民在革命、建设和改革的历史进程中创造的以马克思主义为核心的先进新文化，融合了中国共产党的优良精神品质和中华民族的优秀传统文化。它有物质形态和精神形态两种表现形式，物质

①作者为华南师范大学教育学院2016级本科生，指导老师龙观华。

形态表现为革命遗址、革命英雄人物纪念馆等；精神形态表现为井冈山精神、长征精神、延安精神等，其中蕴含着丰富的革命精神和厚重的历史文化内涵，是一种十分重要的文化资源。

2. 乡村旅游

乡村旅游是以旅游度假为宗旨，以村庄野外为空间，以人文无干扰、生态无破坏、以游居和野行为特色的村野旅游形式。在我国，乡村旅游发展的主要形式，是农民或投资商以农村、农业、农事资源为基础，以农村独特的乡村风光、民俗为对象，为游客提供观赏乡村田园风光、感受农业文化、体验农家生活、回归自然、放松身心的休闲旅游形式。简单言之，即“住农家房、吃农家饭、干农家活、享农家乐、购农家物”，让旅客充分享受到自然风光，体验不一样的农家生活。

（三）相关理论基础

马克思主义认为，文化是伴随着人类的诞生才出现的，是人类社会所独有的，是人类社会发展过程中所包含的全部精神活动及其产品。从广义上看，马克思主义认为文化是自人类诞生之日起在生产和生活过程中一切物质产品和精神产品的总和，这种人类社会活动包含了人在处理与其自身和周围所有人和物的关系中所产生的一系列活动；狭义的文化则是除具体物质以外的思想、精神和意识，包含社会意识形态和非社会意识形态。准确把握马克思主义对于文化定义的解释，有利于在快速变化发展的世界中全面而及时地推广中国特色社会主义文化的时代含义和现实含义，进而有助于红色文化为广大人民群众所熟知。

作为马克思主义学说重要组成部分的马克思主义文化观，站在唯物主义的立场上科学地揭示与概括了文化的含义和作用及其发展规律。不断深入学习、准确领会并有效运用马克思主义文化观，有利于我们理性分析和正确处理我国在社会主义文化建设过程中遇到的各种问题，有利于我们在新时代弘扬具有我们国家特色的红色文化。而红色文化是我国的先进新文化，我们必须大力弘扬、积极宣传，使红色文化为广大人民群众接受和认可，这样不仅可以继承中华民族光荣的历史传统，而且可以为新时代伟大中国梦的复兴进程提供力量源泉。马克思主义的文化理论认为，文化具有相对独立性，能够超前或者落后于生产力的发展，掌握了文化这一发展规律，为我们研究具有中国特色的红色文化打下了坚实的思想基础，提供了宝贵的理论财富。

（四）调研情况

调研小组主要通过文献分析、问卷调查、定性和定量研究相结合等方式开展调研。考虑到调研工作的便利和有效程度，选取了广东省梅州市的5所大学的在校学生进行了问卷调查。调研组共发放问卷321份，收回有效问卷321份。调研的学校分别为广东嘉应学院、嘉应学院梅州师范分院、嘉应学院医学院、梅州市技师学院、兴宁技师学院。所选取的5所学校，层次涵盖了普通一本、二本、三本以及高职高专院校。调研对象中，男女比例分别为30.08%和69.92%。调查问卷分为六个部分，分别为梅州大学生的基本情况、对当地红色文化的认知现状、信仰状态、践行情况、认同现状，以及可能造成梅州当地大学生出现红色文化认同危机的原因。此份调查问卷的问题设置层次比较丰富，问题涵盖比较全面。调研小组通过问卷分析归纳了梅州当地大学生在红色文化认同中存在的主要问题，并提出了行之有效的具体建议和措施。

二、调研发现

（一）梅州市红色文化资源分布现状

中华人民共和国成立后，广东省根据国家政策并结合本省的实际情况，以自然村为单位，在全省范围内开展评划革命老区的工作。全省共评定土地革命战争、抗日战争和解放战争时期老区村庄50769个。按1995年末统计数字，老区总人口2143.1万人，占全省总人口的31.7%，老区耕地面积占全省耕地面积的39.3%，老区山地面积占全省山地总面积的41.2%。

梅州地区留下了众多的革命遗址，同时，为了纪念梅州人民的革命斗争历史，纪念为中华民族的解放事业而光荣牺牲的先烈，中共梅州市委、梅州市人民政府兴建了大量的革命历史纪念馆，以供后人参观学习。梅州市红色文化资源分布情况大体如下。

1. 梅州市革命历史纪念馆

梅州市革命历史纪念馆占地面积4560平方米，总建筑面积1560平方米，为琉璃瓦面平房，现代园林式建筑。馆内共设5个展室，展线总长252米，共分为“党的创建与大革命时期”“土地革命战争时期”“抗日战争时期”和“解放战争时期”四个部分，以中国共产党梅州地方组织活动为主线，突出反映梅州人民的革命斗争历史，重点介绍从辛亥革命至全国解放时期梅州革命斗争历史中的重要人物、重要事件和重要革命旧址。共展出各类历史照片、图表等680多张和革命文物290件。馆内还辟有梅州革命烈士纪念室，刻写了熊锐、朱云卿、张民达等4563位烈士的英名（其中辛亥革命至五四运动时期13名，大革命和土地革命战争时期3705名，抗日战争时期126名，解放战争时期670名）。梅州市革命历史纪念馆是梅州市爱国主义教育和革命光荣传统教育的重要基地。

2. 三河中山纪念堂

三河中山纪念堂位于梅江、汀江、梅潭河汇合处之西岸古城内，城外有虎形山，山麓之阳为明代兵部尚书翁万达墓。1911年辛亥革命胜利后，国内军阀割据，内战频繁，列强入侵。1918年5月，孙中山先生为挽救国家危亡，亲临三河汇城，与驻扎在大埔茶阳、三河等地的粤军总司令陈炯明商议援闽护法事宜并敦促其北伐。孙中山先生在三河停留时间长达六天。1928年，有关人士倡议并集资，在翁万达石坊内，兴建“中山纪念堂”以作纪念。中山纪念堂为两层水泥框架结构，建筑面积近500平方米，为全国兴建最早、保留最好、设计精巧的一座中西合璧纪念堂。

3. “八一”起义军三河坝战役纪念园

“八一”起义军三河坝战役纪念园兴建于1963年，先后被广东省批准为重点文物保护单位和省、市级爱国主义教育基地。2001年，经国务院批准为全国重点烈士纪念建筑物保护单位。该纪念园占地面积18万平方米，由纪念碑、纪念馆、瞻仰平台、石雕门坊、朱德铜像、观景长廊、纪念浮雕、大型停车坪、会议室等九个部分组成。现为全国红色旅游经典景区和省、市级重要的爱国主义教育基地。纪念园位于革命老区大埔县中国历史文化名镇——三河镇汇东村笔枝尾山顶，于1963年12月经省政府批准动工兴建。纪念园包括烈士纪念碑、战役纪念馆、瞻仰平台、石雕门牌坊、朱德铜像、军魂主题雕塑、纪念浮雕文化墙、购物场所、医务室、瞭望塔、将军书画碑林、三河坝战役多媒体展馆布展、八一广场将帅雕塑布展、体验式战壕、游客服务中心等。纪念园是全国重点烈士纪念建筑物、梅州市和大埔县爱国主义教育基地、广东省红色旅游示范基地、全国民政系统行风建设示范单位，也是全国红色旅游经典景区，最近又成为广东省干部党性教育教学基地。

现在，三河坝战役纪念园已发展成为闽粤赣周边地区干部群众和师生缅怀革命先烈、传承革命精神的重要场所，先后在这里举行了“薪火相传，再创辉煌”红色旅游火炬传递·大埔站活动、“重走中央红色交通线”大型军民徒步活动、纪念朱德诞辰130周年暨三河坝红色徒步行活动、“感受红色文化，传承苏区精神”主题实践教学等大型主题活动，声名远播，吸引了一批又一批的远方来客。

4. 中共南方工作委员会旧址

中共南方工作委员会旧址位于大埔县枫朗镇大埔角新村仓下。“皖南事变”后，全国革命斗争形势急剧变化。1941年9月，南方局党委书记方方（化名王子华）与黄维礼同志接上关系。南委机关由恭州转移到大埔角仓下，设在一间小屋子里。在离机关不到500米远的大埔角圩开办“天成”商号，作为南方分局党委地下组织联系指挥部。南方工委旧址现为大埔县文物保护单位、大埔县爱国主义教育基地。

5. 红色交通线青溪交通站

青溪交通站位于大埔县青溪镇汀江河畔。1930年下半年，在上海的党中央成立了交通局，建立了由上海到中央苏区的几条秘密交通线，青溪交通站成为上海经香港、汕头到大埔青溪进入闽西苏区的唯一交通线。这条交通线沟通党中央和苏区的内外联系，护送了大批中央负责同志到江西苏区，其中有刘少奇、周恩来、邓颖超、邓小平、刘伯承、董必武、胡耀邦、德籍军事顾问李德等。交通站还为苏区运送了大批军用器材、物资、药品和给养。1991年4月，青溪交通站成为县级文物保护单位。

5. 闽粤赣边区党委旧址

闽粤赣边区党委旧址——启明寺位于大埔县光德镇上漳村。始建于明代中叶，距今有400多年的历史。1948年，中共闽粤赣边区工委曾在此从事革命活动，同年8月，边区工委在该处召开党代会，成立中共闽粤赣边区委员会。1991年列为县级文物保护单位。

6. 叶剑英纪念园

叶剑英纪念园是全国红色旅游经典景区、全国爱国主义教育示范基地，是集展现伟人风范、弘扬客家文化、推进生态旅游于一体的国家4A级旅游景区。叶剑英纪念园筹建于2004年，于2007年5月13日正式开园，分为纪念景区、人文秀区、生态林区和旅游休闲服务区。其中纪念景区，以“少怀壮志”“泉井情深”“力挽狂澜”“翰墨飘香”“百战归来”五大主题组织序列，人文秀区以叶剑英故居、叶家宗祠为核心，展示叶剑英出生和成长的环境。

叶剑英生平事迹陈列展览则分为四个展厅，展厅面积为2400多平方米，展线长320米，厅内共用照片600多幅，珍贵文献144份，实物近百件、艺术创作品13件，场景五处，视屏八处。分九个章节，以编年体与小专题相结合的形式，运用雕塑、绘画、音像等与声、光、电科技手法相结合，陈列表现方式丰富多样，在对叶剑英的生平进行客观、真实介绍的同时，着重表现叶剑英在几个革命危难时刻的伟大贡献，向世人充分展现叶剑英伟大光辉的一生。

叶剑英纪念园建成开放以来，发挥旅游龙头带动作用，服务于地方经济发展、文化建设，取得了良好的政治效益与社会效益，游客量逐年增加，被评为全国爱国主义教育示范基地、全国文物保护单位、全国红色旅游经典景区、国家4A级旅游景区、全国国防教育示范基地。2010年获得“广东省青年文明岗”“广东省巾帼文明岗”“广东省红色旅游示范基地”等荣誉称号，在国内的红色旅游与文博界都享有一定声誉。

以上介绍就是广东省梅州市红色文化资源分布的大致情况。总的来说，广东省梅州市红色文化资源十分丰富，具有分布广泛、种类繁多、样式齐全等特征，可以说红色文化资源已经成为梅州市对外宣传的名片，它有望成为梅州市在未来发展进程中的支柱性产业，有关部门必须重视起来，尽全力做好梅州当地红色文化旅游资源的建设和保护工作。

（二）梅州当地大学生在红色文化认同中存在的问题

1. 红色文化认知模糊

本次的问卷数据显示，梅州当地大学生对红色文化的了解情况不尽如人意。对红色文化非常了解的大学生只有1.7%，而对红色文化完全不了解的学生却有8.65%，了解一点和比较了解的学生分别占52.03%和37.61%，这些数据在一定程度上说明当代大学生对红色文化的了解存在认知模糊的问题（表1）。这种现象出现的原因，首先是由于高校对红色文化教育的不重视，在这方面开展的课程较少。其次，与社会主流意识的转变有关，中国特色社会主义发展进入新时代，人民的物质文化生活在很大程度上得到了改善，从而导致人们的文化选择更加多样化，不再仅仅只有红色文化这一种选择。最后，大学生对红色文化的不了解，与西方文化的冲击有关。在世界全球化的背景下，西方的利己主义、拜金主义观念也在逐渐渗透，很大程度上影响了我国青少年的身心健康，对大学生的思想认知产生了非常大的负面影响。因此，重视对红色文化的宣传教育，是高校和社会应该关注的现实问题。

表1　梅州大学生对红色文化的了解情况

选项	人数	占比（%）
非常了解	13	1.7
比较了解	287	37.61
了解一点	397	52.03
不了解	66	8.65
本题有效填写人次	763	

2. 红色文化信仰淡化

表2显示的是梅州大学生对红色文化的兴趣度的调查情况，从中我们可以看出，对梅州当地红色文化很感兴趣的大学生比例只有1.92%，比较感兴趣的比例也只有31.85%；对红色文化感觉一般和不感兴趣的大学生比例之和竟占66.19%之多，这样的数据很明显地说明了一个现实问题，即梅州当地大学生对红色文化的信仰程度较低。究其原因，这与当代大学生的生活方式有关，随着人民生活水平的不断提高，电脑、手机等电子产品成了每个家庭的必需品，它们在给人类带来便利的同时，也带来了一些消极影响，尤其是在对青少年的教育方面。青少年学生很难经受住用手机或者电脑打游戏、看电影的诸多诱惑，往往沉迷其中不

可自拔。故此，他们对红色文化的兴趣严重不足，更不可能去主动了解抑或是去宣传红色文化。

表2　梅州大学生对红色文化的兴趣度的调查情况

选项	人数	占比（%）
很感兴趣	15	1.97
比较感兴趣	243	31.85
一般	392	51.38
不感兴趣	113	14.81
本题有效填写人次	763	

3. 红色文化践行困难

调查问卷数据显示，梅州当地大学生经常参加缅怀先烈活动的比例只有2.49%左右，从不参加缅怀先烈活动的学生比例却有18.35%，更让人惊讶的是，偶尔参加此类活动的学生比例比前两者之和还多，达到79.16%。由此可见，平常参加缅怀先烈活动的大学生少之又少。而他们面对红色文化消失的态度更是说明了这一点，图2的条形图显示，在面对红色文化消失的情况下，只有19.53%的学生会极力挽救；46.4%的学生抱着遗憾惋惜的态度；31.45%的学生顺其自然，听之任之；2.62%的学生甚至认为"与我无关"。不参加缅怀先烈活动以及面对红色文化的消失不作为，都说明了梅州当地大学生在红色文化的践行方面存在严重问题。课题组认为，高校教育和社会环境的不重视是造成这一现象的重要原因，高校应该大力宣传红色文化的时代价值和精神内涵，社会中的每个人都应该参与到保护红色文化的活动中来，这是保护和发展红色文化的应有之义。

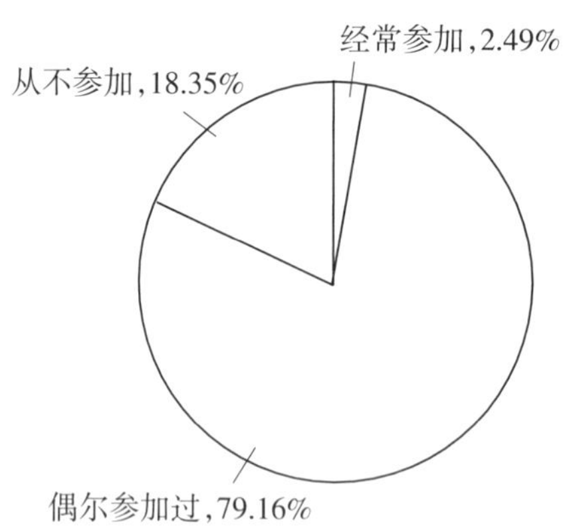

图1　梅州大学生参与缅怀先烈活动的情况调查

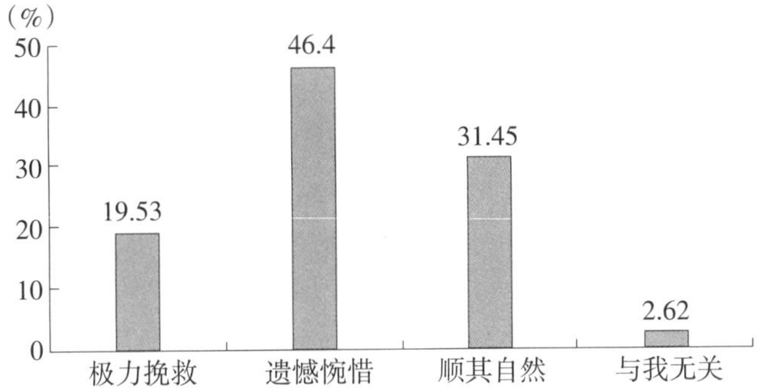

图2　梅州大学生面对红色文化消失时的态度

（三）梅州市在红色文化资源开发中存在的不足

1. 过度商业化导致爱国主义教育情感欠缺

由于梅州红色革命资源多位于农村地区，如果资源开发不利于当地的经济发展，必然会遭到当地群众的反对。而一旦将红色革命产业化，并且将引领权交到当地民众手中，往往会难以避免地由于过度商业化而造成红色革命资源的过度消耗与革命教育的变质，这是全国各地普遍存在的旅游资源开发问题现状。革命教育是一种爱国主义教育，它需要具有一种纯质性，亦即保持一种原有的淳朴，这与商业开发存在不可弥合的裂痕。而现实中，梅州在革命资源开发中过度增加商业元素，甚至已有喧宾夺主之势，在爱国主义教育中，人们往往感受更多的是其中的商业气息，因此很难从中体会到革命斗争的历史艰辛以及纯粹的爱国主义情感。爱国主义教育商品化或被过度套取商业价值以及接受革命教育的成本问题（高投入如果不设置高门票，国家资源的投入难以收回成本；如果高投入要求受众高消费，那么群众接受革命教育的主动性就会降低）等都会对爱国主义情感教育造成困扰。

2. 对同一性问题认识不够清晰

景区角色多样（娱乐健身）难以准确传达革命教育意义，梅州对革命老区进行资源开发的同时，为满足人民的日常休闲娱乐健身的需要而进行了一些娱乐项目的开发，此种做法难免会导致侧重点的偏离。爱国主义教育是一种情感性教育，与娱乐目的的激奋性相抵触，革命旅游区的多角色扮演会在很大程度上降低爱国主义教育的有效性。毕竟对于大多数青少年来说，他们难以理性区分娱乐与学习，对接受学习教育的兴趣远不如娱乐的吸引力。革命教育的角色被忽略的可能性因此大大增强，甚至有完全沦为娱乐的附庸的可能。这种结果显然不是我们想要的。

3. 以数取质，资源缺乏有效凝合

梅州在革命资源开发的过程中，从无到有，用了短短十几年的时间，就成为一个红色旅游资源强市，其中存在一个问题，就是开发过程中难以形成有机结合的统一体。区与区之间不能形成有效的联合，衍生出更多的问题，包括基本革命元素的飞速增加，说明其存在追求简单的数量的问题，不能有效阐明其具体的内涵，造成革命意识概念传授模糊的问题。同时，因为各区存在独立发展局面，会导致一些问题，如重复性建设、矛盾激化（各区争夺资源）等。有些革命元素不能明确其地域归属，各区不能进行有效的合作与交流，各自发展，同一革命因子进行重复性阐述，或者出现多种版本，这些都会导致受众对革命历史产生审美

疲劳，甚至会造成受众怀疑革命历史的真实性等诸多问题。

4. 过度依赖旅游市场，经济安全无法得到有效保障

梅州地区作为革命老区在全国享有盛名，本地产业也由此迅速转变为倚重第一、第三产业的畸形模式。一个地区过度依赖一个产业，就会导致产业比例不协调，那么发展潜力就得不到有效开发。况且第一、第三产业对土地资源、社会资金的占用比例非常大，会导致第二产业的后劲不足，本地的经济发展增速也会在一段时间后发生阻滞。例如第一、第三产业过度依赖市场，一旦经济动荡，那么本地的发展必然受到严重冲击。由于旅游资源非常依赖外来市场，而社会旅游市场并不是长期不变的，存在年周期与更长的周期变化。这种周期变化必然会对梅州的地方经济发展产生巨大的影响，一旦处于更长周期的低点或者下落期，那么本地的失业人口就会迅速增加，人民生活水平也会陷入一个长时期的低迷阶段。

5. 时代因素吸取不足，缺乏创新性（数字化）

梅州的革命资源开发计划过于封闭，如今社会新媒体技术日益丰富，例如 AR、VR 技术的出现，使得人们可以通过这些新技术“实地”感受到过去难以感知的事物。而在革命或者爱国主义教育过程中，可以采用新技术，帮助人们获得更加直观的视觉感受，为爱国主义教育增添时代感。而在此前的计划性建设中，许多已定因素难以改变，造成已有建设成果占据了有限的空间，为将来的建设造成阻滞。而另一方面，规划者也不够果断，由于担心会造成资源的巨大浪费而不忍抛弃既定模式。不过，既然存在更有效的革命资源开发方式，却依然因循守旧，那就是极其的不明智。

三、对策建议

（一）大力发展生态博物馆

经过本小组的研究，综合梅州市现有的红色文化资源及其开发状况，梅州市有极大的发展生态博物馆的潜力。主要原因有：

1. 梅州市的郊区有大量的红色文化资源，例如叶剑英元帅故居、三河坝战役旧址、红四军纪念公园等，考虑到诸多红色旅游景点距离较近，可效仿外国以及国内已经存在的生态博物馆的先例，将诸多零散的景点作为一个整体来进行规划，让景区联动起来，举办红色主题的游览活动，利用郊区丰富的土地资源、政府资金以及新建的小型社区活动中心来举办诸如“红军日常生活体验”之类的项目，让游客亲身体会红色文化，提高景区的服务质量。

2. 梅州市的经济实力在广东省并不突出，将全部景点系统化、大型化是不符合实际的，而生态博物馆是一个经济的、实惠的选择，新的设施应注重小型化、简单化乃至可移动化。我国现有的生态博物馆，在交通方面大多不够便捷，但是梅州不存在这个问题，梅州拥有较为完备的公路网，龙梅高铁也即将开通，开通后可并入广东乃至华南的高铁系统，这对于梅州的旅游发展来说既是机遇又是挑战。

（1）交通系统的完备意味着更多的游客资源，这对于振兴梅州的旅游经济自然是个好消息。现在前往梅州的旅游者仍然以广东省内游客为主，梅州并入高铁网意味着更多省内游客会选择梅州作为旅行的目的地。而梅州本身并不是一个在旅游方面非常突出的城市，以 2018 年国庆黄金周期间的数据为例，梅州接待游客量在广东仅排在第十四位，其中交通不便是一个影响较大的因素。

(2) 更多的游客意味着更大的人流量以及工作压力，这对于景点的人员和设施来说是一个巨大的挑战。不要说梅州，中国的大多数二线以下城市的旅游从业者的素质都不高，景区设施因为资金不足导致老化，进一步导致客源流失，进入了一个死循环，在这样的条件下迎来一轮游客潮自然是一个巨大的挑战。

概言之，在此情况下，若要以有限的资金最大限度地提高梅州市旅游资源的吸引力，规划发展生态博物馆是一个“性价比”较高的选择。

（二）开展交互式体验项目，整合旅游资源，创新宣传方式

若要大力发展梅州的红色旅游产业，梅州市的旅游部门以及旅游公司必须面对梅州市旅游业当前存在的问题并加以解决。梅州市红色旅游产业存在的明显问题主要有开发程度低、客源单一、设施落后等。调研小组提出的解决方法主要如下：

1. 以发达旅游区的先进经验为榜样，改善本地旅游基础设施，增加可选择的旅游活动。梅州市的红色旅游资源种类非常单一，游客只能在纪念馆、名人故居、历史事件旧址进行单调的参观活动，缺乏趣味性的交互式体验，这就进一步导致客源单一，红色文化景区只能吸引到学生以及党政干部等群体，无法吸引到年轻人以及家庭游客。要吸引年轻游客就要增加游乐性强的体验项目，例如仿照日本以及泰国，以车辆为平台展开具有特色的平价餐饮服务；面对家庭游客中的老年人，则要完善景区的无障碍设施，采购轮椅等；培训景区工作人员的接待能力，尤其是挑选出有耐心的工作人员来面对青年游客和老年游客快慢两种节奏的旅游方式。

2. 将红色旅游资源和其他旅游资源整合起来，单一以红色为主题吸引到的游客数量终究是有限的，应该与梅州地区其他的旅游资源整合，将红色文化游并入爱国主义文化游、历史文化游等主题中。同时，可以和周边其他红色旅游区例如潮汕、赣南等地进行合作，在高铁运输的快节奏旅行中，单一城市的旅游资源毕竟是有限的，与周边地区联动，开展更大范围的红色主题旅游是符合实际情况的，可以实现经济利益的“共赢”。

3. 在宣传上避免老生常谈，在网络平台上开展的宣传推广活动要有所创新，“与时俱进”，尽量避免使用令年轻人感到乏味的字眼。应该由专人负责高频度的网络宣传，当今年轻人非常欢迎“官博”的年轻化发言，一个活跃的宣传账号能吸引到很多年轻游客的“打卡式”旅游。

参考文献

[1] 惠勒. 可持续发展规划：创建宜居、平等和生态的城镇社区［M］. 上海：上海科学技术出版社，2016.

[2] 中共中央党史研究室. 中国共产党的九十年［M］. 北京：中共党史出版社，2016.

[3] 李玉新. 农村生态文明建设与乡村旅游发展的协同研究［M］. 北京：中国旅游出版社，2016.

[4] 韩延明. 红色文化与社会主义核心价值体系建设研究［M］. 北京：人民出版社，2013.

[5] 中共中央马克思恩格斯列宁斯大林著作编译局. 马克思恩格斯文集（第1卷）［M］. 北京：人民出版社，2009.

[6] 吴佳丽. 当代大学生红色文化认同研究［D］. 武汉：湖北工业大学，2017.

[7] 汤红兵. 论红色文化在历史教学中的德育功能［J］. 学校党建与思想教育，2005 (9).

[8] 刘寿礼. 苏区红色文化对中华民族精神的丰富和发展研究［J］. 求实，2006 (2).

城市化背景下大学城城中村生态问题调研
——以广州市大学城南亭村为例

姚乐然　陈嘉文　林沁苗　韩忆　黄晓琪[①]

一、导言

（一）研究意义

广东省广州市番禺区小谷围街道南亭村地处广州大学城，与广东工业大学、广州美术学院相邻。相传南汉王刘隐墓（襄帝陵）、刘龚墓（康陵）都在岛上，并设南北两亭，地处南面的称南亭，后人建村即以其为村名。该村面积约 2.16 平方千米，户籍人口 3100 多人，流动人口近 1000 人。集体经济收入主要来自村属土地发包，旧村闲置土地、村属商铺和渡船等出租收入。目前南亭村已经成为大学城内最繁华的一个村子，村内店铺林立，不少外来人和大学生进出消费，一定程度上增加了村民的收入。

南亭村作为一个逐渐被城市包围的城中村，与周边大学生生活关系较为密切，也是广州大学城三个城中村中较为典型的一个。了解并研究一个普通村子在向城中村转变的过程中所发生的生态环境变化及出现的问题，可为改善广州大学城的生态环境提供参考。

（二）研究方法与步骤

本次南亭村生态问题调查研究主要采用问卷调查法和实地调研法。本次调查研究分为五个步骤：

1. 查找资料：通过查找阅读相关文献，了解城中村生态问题及南亭村概况（2014 年 8 月 10—31 日）。
2. 调查准备：编写调查问卷与访问提纲并进行修改（2014 年 9 月 1—10 日）。
3. 调查研究：到南亭村进行问卷调查、访谈及实地调研（2014 年 9 月 15—30 日）。
4. 结果分析：对问卷数据结构进行分析，整理访谈笔录及实地调研记录（2014 年 10 月 8—25 日）。
5. 撰写报告：根据分析结果撰写调研报告（2014 年 11 月 1—20 日）。

（三）调查问卷的设计

大学城南亭村的生态问题调查主要采取层次分析的方法。在对南亭村进行实地调查后，课题组选取了与南亭村居民最为密切相关的四个生态问题：村内河涌状况、垃圾、村内布局以及村内外绿化。与此同时，课题组也设置了被调查者对南亭村总体环境质量的满意度评价。

---

①作者为华南师范大学地理科学学院 2012 级本科生，指导老师刘梅。

（四）样本说明

调查利用问卷调查和访谈相结合的方式，本次问卷调查共派发200份问卷，回收问卷198份，其中有效问卷172份。被调查者人员组成情况如下：

1. 人群组成：本村农民1%，本村经商者6%，本村打工者8%，外来经商者42%，外来打工者13%，租客5%，周边大学学生（非租客）23%，其他人员2%。

2. 性别组成：男54%，女46%。

3. 年龄组成：20岁以下11%，20～39岁65%，30～39岁9.8%，40～49岁6.9%，50岁以上6.9%。

二、大学城南亭村生态问题的调查结果及原因分析

本次调查，课题组主要对南亭村的村内布局、村内外绿化、河涌、垃圾处理等环境方面的问题进行了问卷调查和实地考察与访问。调查结果显示，受访者对河涌的环境评价最低，认为“差”和“非常差”的达到48%，认为“好”的只有8%，认为“非常好”的为0；村内布局排在倒数第二；最为人称道的是村外的绿化，超过四成人认为“非常好”（表1）。

表1　南亭村环境情况调查表

调查内容	非常好（%）	良好（%）	一般（%）	差（%）	非常差（%）
村内布局	1	15	35	40	9
村内绿化	5	25	39	25	6
村外绿化	41	38	13	8	0
河涌问题	0	8	44	25	23
垃圾处理	5	20	44	28	3

1. 河涌问题的调查结果与分析

据问卷反馈，被调查者对南亭村的河涌生态问题不满意主要表现在河涌的异味对日常生活造成了极大影响。三成以上的人认为河涌“经常”甚至“一直”有异味。

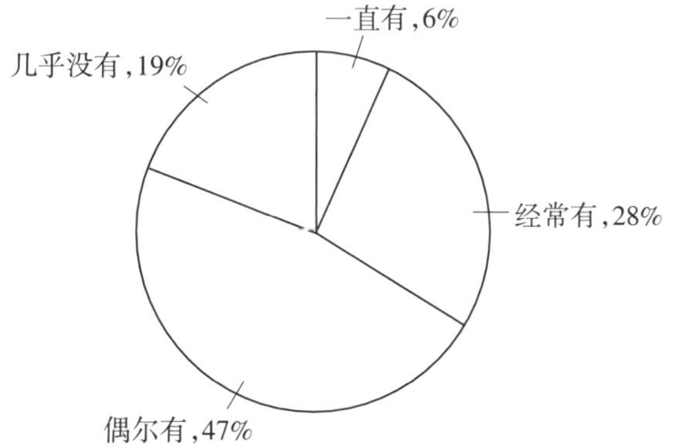

图1　受异味困扰的人数分布图

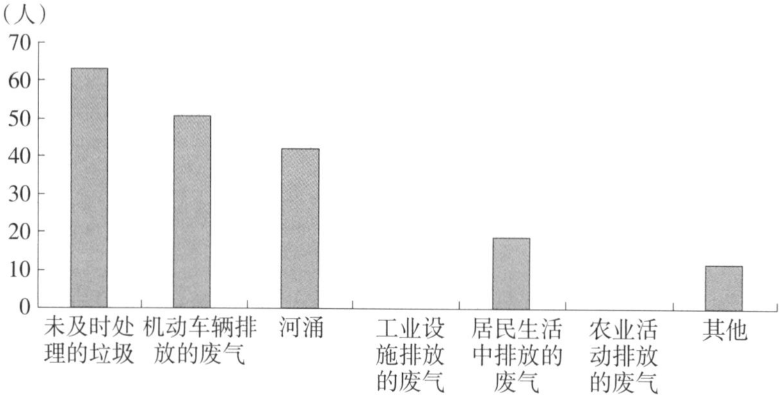

图 2　南亭村异味来源分布情况图

据图表可以看出，大部分人认为南亭村的异味情况比较严重。而来自河涌的异味作为南亭村排在第三位的异味源头（图 2），也同样反映出河涌异味对居民的日常生活影响比较大。

河涌的生态环境较差，主要原因是：南亭村的河涌主要是内河涌，不与其他河涌相连。正所谓“流水不腐”，南亭村的河涌是一潭死水，水体得不到及时更新，或更新周期长，大量有机物在水中堆积，很容易发臭。课题组去调研的当天发现，河涌水面上布满了水浮莲。环卫工人告诉课题组成员，这些水浮莲已经存在一段时间了，也没有安排清理。据了解，水浮莲中的一部分来自珠江大学城环岛南段，这是为了保持珠江的河道畅通，将南亭村的小河涌作为水浮莲的“堆填区”。同时，环卫工人表示，这条河涌水质最好的时候是在 2010 年广州亚运会期间，当时有关部门曾多次组织河道清淤。亚运会过后，就没有进行过清理了，水质日益变差。

对于河道污水的来源，课题组调查发现，南亭村及其周边是没有工业的，所以并不存在工业污水偷排乱排的问题。因此，可以推测，造成河道的生态环境较差的原因除了水体不通、缺乏管理外，主要是生活污水的排放。从问卷的人群组成中可以看出，南亭村的人口主要是由外来人口和流动人口组成的。随着外来人口和流动人口的不断增加，用水量不断增长，而治污工程建设相对滞后，造成大量农村生活污水的排放，河道自净速度远远低于污染的速度，溶解氧浓度降低，原水体的生态平衡遭到严重的破坏，使其成为南亭村异味的第三大源头。

2. 垃圾问题的调查结果与分析

清洁的河道、绿色的街道、新鲜的空气，是一座城市民生幸福感的重要指数。随着我国经济的快速发展和城市化进程的加快，城市垃圾的数量也急剧增加。当前，我国城市垃圾年产生量已经接近 2 亿吨，平均每人每年产生垃圾 500 公斤，而且增长势头有增无减，近几年来每年基本上以 10% 的速度在增长，这实在是一个惊人的数字。而城中村的垃圾问题尤为严重，这不仅影响了城市的整体形象，还对村内及周边居民的生活造成直接影响。经过对南亭村随机派发调查问卷，课题组调查了大家对南亭村的垃圾处理的看法。由图 3 可以看出，大家对南亭村的垃圾处理满意度普遍较低。认为“一般”“差”和“非常差”的占绝大多数。鉴于此，对相关问题分析及探讨就十分有必要。

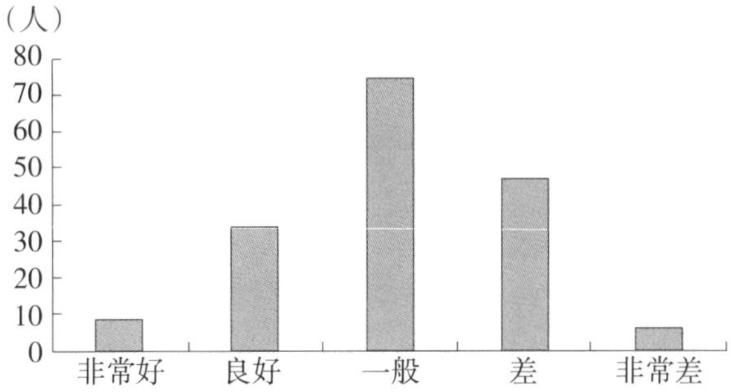

图 3　南亭村垃圾处理的满意度分布图

根据课题组实地调研，南亭村垃圾基本状况如下：村内路面垃圾较多，路旁有大量垃圾堆积，有个别地方有积水，下水道有垃圾堵塞，垃圾桶周围垃圾很多。垃圾主要有 4 种：①常见生活垃圾，如烟头、饭盒、果蔬、饮料瓶等；②建筑垃圾，如废弃砖头、铁皮等；③商业广告垃圾，如传单、广告等；④绿化垃圾，包括枯枝烂叶等。

根据课题组对南亭村的实地调研情况再结合问卷分析，可以看出：村中的垃圾构成主要是家庭垃圾和商业垃圾，这种垃圾构成源于南亭村人的生活习惯和商业结构。课题组从调查问卷中得知，除了村民自住房，南亭村作为在特殊背景（大学城的兴建）下发展起来的城中村，村内还有大量的餐饮店以及出租屋，加上大学城的人流量，使得南亭村的垃圾产量很大。而污水主要是降雨积水以及商家直接泼水。由于垃圾的清运不及时，既污染了周围环境和水质，又常常形成异味，污染空气。调查时课题组成员看到，街道上垃圾遍布，垃圾桶周围也零星堆着垃圾。

不得不说垃圾问题是城中村普遍存在的问题，但是与其他城中村相比较而言，南亭村有其特殊的因素。首先，从村内活动主体来看，南亭村周边都是大学，村中有大量出租屋，所以其活动主体是村民和租客，而长期的租客以外来务工经商人员为主。这些人多半文化水平不高，环境保护意识比较薄弱。其次便是村内的环卫主体，主要是环卫工人。他们大多数人年纪较大，文化素质不高，未经过专业培训，只是每天负责清扫街道路面，而对路边的垃圾、落叶等则不予理会。最后是村内的硬件设施，主要是垃圾桶的数量及分布。村内的垃圾桶不多，一条街巷最多 2 个；垃圾桶的分布也存在不合理的现象，比如，一些商铺聚集、人流量大的地方设置的垃圾桶数量与人烟稀疏的地方几乎一样。

3. 布局问题的调查结果与分析

调查结果显示，对南亭村房屋布局的满意程度评价为“差”与“非常差”的人数有 84 人，接近总调查人数的一半；而对其评价认为“一般”的人有 61 人，也超过调查人数的三分之一，只有很少一部分人认为南亭村房屋布局“良好”（图 4）。

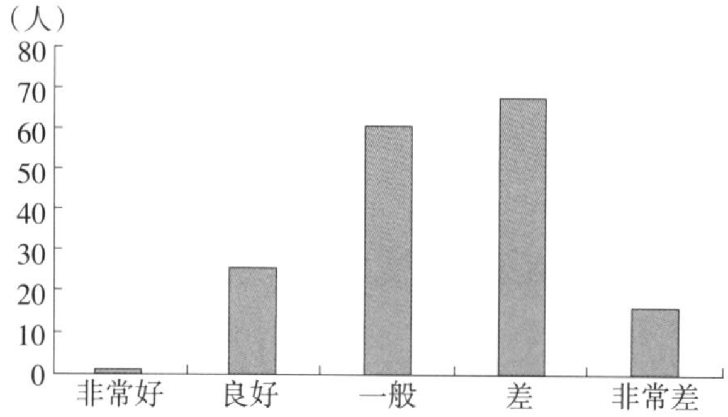

图4　南亭村房屋布局满意度分布图

被调查者对于道路的意见分布也反映出村内道路的问题，认为南亭村内道路狭窄的人数高达76%，甚至有14%的人认为村内的道路“崎岖”，非常不好走，满意现有道路状况的人仅有10%（图5）。由此可见，总体上人们对南亭村内的房屋布局及其带来的道路问题的满意度是比较低的，房屋布局状况不佳，不合理性比较突出，这与课题组实地考察的结果几乎是吻合的。

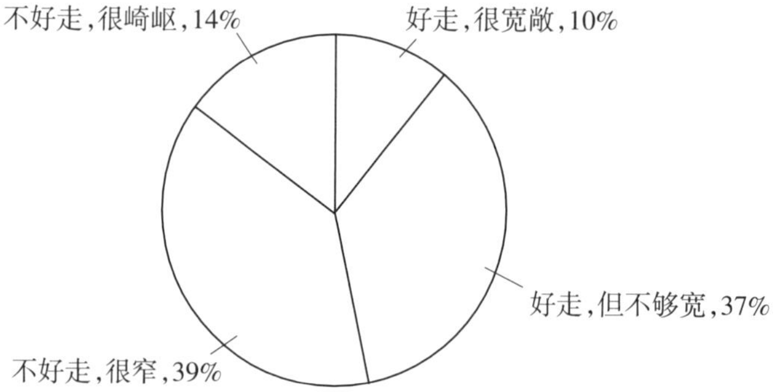

图5　南亭村对于村内道路的意见分布图

为了更加直观地看出南亭村的整体布局，课题组从Google Earth上截取了南亭村的卫星影像图（图6），区域内即为南亭村所在的范围，包括北部的大部分以及南部的一小块区域。其中，北部的大部分区域为南亭村主要的商业用地和住宅用地区域。由于大学城的建立，南亭村的农业用地已经相当少了，基本上都被改造为住宅与商业用地；而南部的小块区域为南亭村本村的祠堂和一个码头，不是人们活动的主要区域。房屋的布局集中在北部区域，下文课题组也以北部区域来分析南亭村的房屋布局状况。

图 6　南亭村卫星影像图

图 7 是南亭村北部区域的卫星影像图。根据实地的调查后，课题组将该区域大致分为三部分，用不同颜色的分界线划出不同的区域。其中，右上方（东北角）部分主要为商业区，其中部分地方为铁皮顶棚；左上方（西北角）部分主要为出租屋，下方（南部）主要是南亭村本地村民的房屋。

图 7　南亭村北部区域卫星影像图

从图 7 可以看出，南亭村的房屋布局非常混乱。

第一，商业区与住宅区的分界不分明，部分商业用地延伸到南亭村的中部，整体用地布局呈现不规则分布。这样布局的结果使商业区附近的居民经常受到商铺营业时产生的噪音的影响，夜市经营的商铺影响尤为严重。

第二，不同颜色区域的内部分布混乱。从图中看，只有西北角出租屋区域内的房屋布局略显整齐，相对可以比较清晰地看出西北 - 东南走向与东北 - 西南走向的街道；而其余两个区域，从卫星图像上看就像一盘东拼西凑的“堆积物”，尤其是东北角的商业区域，分岔的道路狭窄。在实地考察中课题组发现，最窄的地方只能允许一个人经过；南部村民居住区域的住宅用地，从卫星图像上也可以看出排列不够整齐，但这与南亭村的早期建设有关，无可厚非。这样的布局存在一个很大的安全隐患，即消防安全问题。

总体来说，南亭村村内房屋布局不合理，缺乏规划，住宅区与商业区界限不分明，存在很大的安全隐患，给当地居民及来往人群造成较大的不便。

4. 绿化问题的调查结果与分析

本次问卷调查中（图8），29.8%的人认为村内绿化达到优良级别，但只有不到5%的人认为村内绿化非常好。39.2%的人认为村内的绿化程度一般，而25.1%的人认为村内绿化差。在调查中还有10人，即5.8%的人认为村内绿化水平非常差。从以上数据可以看出居民对村内绿化的满意度偏低。

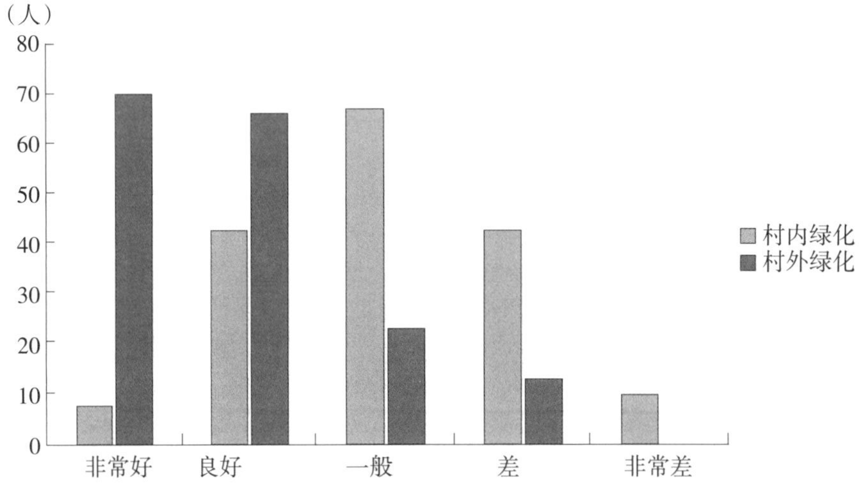

图8　南亭村村内及村外绿化满意度分布图

另一方面，被调查者中认为村外绿化非常好的人占了40.7%，认为村外绿化良好的人也占了38.4%，总体相加接近八成。但在本次调查中认为村外绿化水平一般的人占了13.4%，还有7.6%的居民认为村外绿化差，没有人认为村外绿化非常差。总体来说，调查表明居民对村外绿化的总体满意度较高。

由以上数据可以看出，南亭村居民对于村内绿化的满意度远远不及对村外绿化的满意度，这其中的原因与大学城的建设有关。

2003年，广州大学城开始兴建，商业大潮开始席卷岛上各原住村落，其中就包括南亭村。在大学城兴建以前，南亭村居民主要从事农业生产。由于南亭村濒临沥滘水道，良田广布，曾是典型的鱼米之乡。大学城兴建以后，政府出于建设需要，征收农田用作建设用地及商业用地，绿化用地被大量挤占。同时，南亭村南北两面分别坐落着广州美术学院以及广东工业大学，由此不仅吸引了许多外来商人来村中投资建设，还使得不少居民弃农转商，村中绿地基本被用作商业用途，绿地面积大大减少。由此可见，兴建大学城导致的村内绿地的变化落差是居民对村内绿化满意度较低的主要原因。

而对于村外绿化，由于大学城所在地为小谷围岛，岛上树木繁多，开发程度不高，因此绿地面积广大。在大学城兴建之时，政府制定了统一的建设规划，这其中就包括了对绿化用地的规划。因此，村外的绿化程度比村内好很多，居民对于村外绿化的满意度也较高。

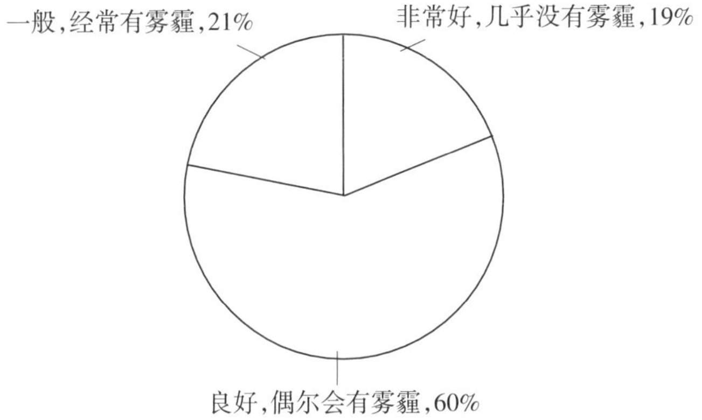

图 9　南亭村空气质量满意度分布图

对于空气质量满意度方面，在本次调查中 79% 的人认为南亭村空气质量优良，对空气质量基本满意，而 21% 的人认为南亭村空气质量一般，没有人认为南亭村空气质量很差。从以上数据可以得出，居民对于南亭村的空气质量满意度是比较高的。

究其原因，这与南亭村乃至整个大学城的绿化环境有关。绿化环境对提高空气质量具有非常重要的作用。课题组通过对南亭村空气质量的满意度的调查发现，来往与居住在南亭村的人们对该村空气质量的总体评价还是比较高的，由此可以反推出南亭村及其周边的绿化程度总体来说还是比较好的。但是也必须清楚地认识到，绿化条件在村内、村外存在一定的差异，村外绿化程度远远优于村内。

5. *南亭村环境的总体满意程度的调查分析*

关于环境总体质量满意度，课题组对流动人员和本村居民这两个人群进行了分析。如图 10 所示，流动人口对南亭村的环境的满意度为一般，而本村居民基本上对本村的总体环境都比较满意。这与本村居民对村子的认同感比流动人口强有关。而课题组对一位在南亭村土生土长的老爷爷进行访谈时，他也表示，自己肯定爱自己的村子，也印证了本次调查问卷的结果。

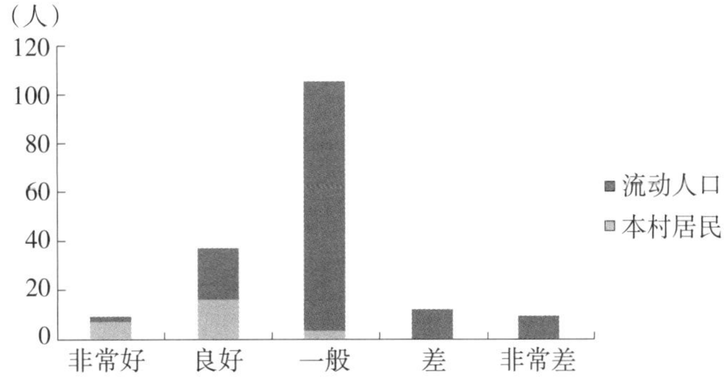

图 10　南亭村环境总体质量满意度分布图

三、大学城南亭村生态问题的对策建议

1. 河涌问题的对策建议

（1）改变水系结构。南亭村是内河涌，是一个半封闭的水体环境，课题组建议，改变原有的水系结构，连通其他河道通道，使河道的两头水体都能与外界交换。调研小组通过走访大学城周边的湖泊，除了中心湖的水质较好外，其他的湖泊水质都较差。因此，小组建议将大学城周边的湖泊和河流以及南亭村的河涌相连通，加快水体的更新速度。

（2）处理水体富营养化。南亭村的河涌成为珠江水系水浮莲的“堆填区”，这是水体富营养化的一个体现。对于这个问题的处理，不能仅局限于南亭村的河涌，珠江的相关河道也需要同步治理。水浮莲数量过多，首先要采取打捞措施，组织环卫工人把现存的水浮莲打捞到岸上。其次，采取生物操纵技术。生物操纵技术是指运用水体生态系统内营养级之间的关系，通过对生物群落及其生活环境的一系列操纵，达到对使用者有益的藻类生物量下降等水质改善效果的水生生物群落管理措施。主要通过投放鲢鱼、鳙鱼，虾，螺等淡水滤食性动物，降低水中藻类植物的含量，促进河涌的生态系统的循环。

（3）底泥生态疏浚。这是解决内源性磷污染释放的重要措施，能让污染物更多地集中在河床的表层，加速污染物的清除速度，改善水质。2010 年，广州市为了迎接亚运，各区的河道均采取了大量的底泥疏浚措施，均取得良好的效果。因此，底泥疏浚是治理南亭村村内河道的一个有效方法。通过采用先进的疏挖方式和机械设备，河流清淤，降低河床的深度。疏浚区一般平均水深增加 1 米，水质即可得到明显改善。

（4）生活污水的就地处理。在几户家庭之间建立污水处理和排放系统，减少管网建设，从而减少污水直接排放到河涌的污水量。农村厕所设立三级粪池，增加污水停留时间。多极化粪池具有高 COD 去除率和高氮去除率。有机物能彻底分解，降低有机物进河涌的排放量。同时，对于农作物的施肥，需要向农民说明，减少粪便的广泛使用以及化肥的大量使用。提倡定量定额使用，避免滥用现象，降低分解不完全的有机物进水体的数量。

2. 垃圾问题的对策建议

（1）加强环境卫生保护的宣传教育。城中村内活动主体的素质和环境保护意识影响到其行为习惯，有关部门需加大宣传教育的力度，加强对城中村的环境卫生保护是很有必要的。一方面，可以在村内设置宣传工作栏，通过各种图片文字进行环境卫生保护与治理的宣传。另一方面，每天定时对村内的环境卫生保护进行宣传，以此强化城中村活动主体的环保意识。同时，宣传工作需进一步深入到外来务工人员中，批评指正其不合理的行为。

（2）完善基础设施建设。城中村垃圾桶的设置对其活动主体的环境卫生行为有一定的影响，从而影响城中村的整体环境状况。因此，在加强城中村基础设施建设时要注重垃圾桶的设置。首先，要根据实际居住的人口和面积来确定所要配置的垃圾桶数量，尽可能满足居民的需求；其次，要对村内不合理的露天垃圾堆场地进行拆除，减少废弃物的不合理来源。

南亭村的垃圾处理问题，主要集中在垃圾的分类回收及有效清运。首先是垃圾的分类回收，这不仅是南亭村的问题，也是我国垃圾回收的通病。我们需要很长一段时间去提高居民的垃圾分类意识，引导居民更好地做好垃圾分类，在这个过程中，需要地方自治组织

和政府有关部门进行积极的宣传以及完善配套措施。其中最重要的就是普及垃圾分类知识，加强垃圾回收管理，可以采取适当的奖惩制度，例如：没有进行垃圾分类的家庭，在上门回收垃圾时需上交一定金额的垃圾回收费用。其次，有效的清运，需要大量的人力投入。最根本的还是要从源头上减少垃圾的产生。每个公民，每天少制造一点垃圾，对一个城市垃圾总量的减少是有积极意义的。

3. 房屋布局与绿化问题的对策建议

考虑到南亭村自身前期的发展问题，以及当地人口较多，拆迁工作难度较大的现实情况，针对其现有的房屋布局状况，课题组主要从合理划分住宅区与商业区的范围，以及商业区内部楼房的规划提出解决的措施。

（1）重新规划商业区内部布局。第一，拆除违规搭建的铁棚，清理堵塞道路的路边摊，划定专门的区域供移动商贩摆摊。第二，规定特定的消防通道，严禁在消防通道内囤放物品或摆摊。第三，餐饮、娱乐等商铺规划布局在南亭村的外围，可以安排在原有商业区的北面临街以及东部的区域，尽可能远离住宅区，因为这些性质的商铺会带来较大的噪音。

（2）在现有的商业区外围增设绿化带。增设绿化带是一个可以将住宅区与商业区分开的可行的办法。绿化带不需要占用很大的面积，树种可以选用低矮的红叶小檗或者小叶黄杨，既可以起到隔离商业区、降低商业区对居民住宅的噪音等影响的作用，又能够方便管理。而这也为改善村内绿化问题提供了可行之道，既改善了村内缺失绿化的问题，又不会影响村内居民的日常生活，可谓一举两得。

参考文献

[1] 王丹，路曰亮. 中国城镇化进程中的生态问题探析 [J]. 求实，2014 (5).
[2] 区凤荘. 城镇污染河流修复技术研究进展 [J]. 广东化工，2013，40 (10).
[3] 徐炬流. 城镇河涌污染治理相关技术研究 [J]. 科技论文与案例交流，2012，20 (5).
[4] 蔡建楠. 珠三角城市河涌污染及生态护岸的设计对策 [J]. 广东化工，2014，41 (13).
[5] 郑国辉. 珠三角某区农村水环境污染防治对策 [J]. 安徽农业科学，2013，41 (1).
[6] 高海清. 农村生态环境治理的社区促动机制分析 [J]. 经济问题探索，2010 (4).
[7] 乐小芳，张颖. 农村环境社区治理模式初探 [J]. 开放导报，2013 (1).

高校体育基础设施状况及学生满意度调查
——以华南师范大学石牌校区为例

陈依冰　赵华菲　朱慕媚　胡杜钊　许依桐①

一、导言

（一）研究背景

高校作为社会服务体系的重要组成部分，其社会使命就是人才培养、科学研究、服务社会，而在"全面健身、终身体育"概念引领下，高校越来越重视校园体育文化的建设。没有一项体育活动的开展能够完全离开体育器材和场地，如果没有这些基本的东西，高校体育文化的建设就是纸上谈兵。所有高校应根据自身条件，加大体育基础设施的建设力度，投入更多的建设资金，建立更加严格的管理场馆和设备的制度，才能为师生创造更舒适的空间，进行体育锻炼。

（二）研究目的

健康的生活离不开体育锻炼，学校体育运动场所是大学生进行体育锻炼的重要场所。通过调查华南师范大学石牌校区体育基础设施的现状和该校学生对体育设施的满意程度，课题组努力寻找学校体育设施与学生进行体育锻炼之间的关系，向学校及相关部门提出改进建议，从而增加大学生进行体育锻炼的频率，提高当代大学生的身体素质。

（三）概念界定

1. 高校体育基础设施

体育设施是指用于体育比赛、训练、教学以及群众健身活动的各种场地、场馆、建筑物、固定设施等。本报告的基础设施具体限定在校园内，基于课题组的调研范围"华南师范大学石牌校区"，着重选取了其中的西区田径场、南区田径场、南区体育馆、手球馆/羽毛球场、公体楼健身房、篮球场、游泳馆、网球场进行研究分析。

2. 设施状况

设施状况分为设施的本质状况、管理状况以及空间分布状况：

（1）设施的本质状况是指设施的数量、规模、种类、损坏情况等；

（2）设施的管理状况是指设施的收费情况、开放时间、是否有储物设备、是否设管理人员等；

（3）设施的空间分布状况主要是指设施与宿舍区的远近距离。

---

①作者为华南师范大学数学科学学院 2016 级本科生，指导老师刘梅。

3. 满意度

满意是一种心理状态，是指一个人对一段关系质量的主观评价。如果用数据来衡量这种心理状态，这个数据就是满意度。本报告中的满意度指的是在校学生根据校内体育基础设施对其课外运动需求的满足情况进行评判的结果。

（四）研究方法

（1）问卷调查法。课题组在华南师范大学石牌校区发放问卷 280 份，收回有效问卷 249 份，问卷回收率为 88.93%。基于调查目的以及对调研地的实地调查，课题组按“自身使用体育设施的情况”“对体育设施的评价”“课余体育锻炼对自身的影响”“校内体育设施存在的不足”四个方向进行问卷设计，同时也收集了对校内运动设施改进方向的意见。

（2）实地观察法。对于本报告重点研究的几个运动场所，本小组进行了实地的观察记录，对各场地的设备条件进行记录，并向各场地管理员咨询管理方面的问题，并将所得数据记录整理成表格。

（3）文献法。通过图书馆和互联网查阅相关资料。

（4）量化统计分析法。运用 SPSS 对数据进行描述、频率的统计，并进行相应分析。

（五）样本情况

本次调研采用非概率抽样方法，在华南师范大学石牌校区的研究生以及 2015、2016、2017 级的学生中进行样本抽取。由于 2018 级学生在课题组进行问卷调研时，处于刚入学阶段，对校内体育设施了解极少，因此不列入调研对象中。

样本质量评估：本次调研共有 249 个有效抽样，其中男生有 50 人，女生有 199 人。样本容量较小，样本的代表性受到一定限制。

二、调研发现

（一）学生使用校内体育运动设施情况

1. 学生使用校内体育运动设施的频率

表 1　学生使用校内体育设施频率

项目	频数	占比（%）
每周 3～7 次	28	11.24
每周 1～2 次	64	25.70
每月 1～3 次	59	23.69
每学期 2～4 次	57	22.89
每学期至多 1 次	41	16.47

根据表 1 的数据，11.24% 的学生每周 3～7 次到校内体育设施进行运动，25.70% 的学生为每周 1～2 次，23.69% 的学生为每月 1～3 次，22.89% 的学生为每学期 2～4 次，16.47% 的学生每学期至多使用 1 次。总体而言，该校区学生每周保持在校内体育设施运

动的占36.94%，保证每月能在校内体育设施运动的占60.63%，保证每学期能在校内体育设施运动的占83.52%。从数据反映的情况来看，保证每周都在校内进行体育运动的学生占比较低，更有不少学生最多仅保证每月数次。导致这种情况既有学生的主观因素，也有学校条件的客观因素。

（2）男女学生使用校内体育设施的频率对比。

根据表2的数据，每周3～7次在校内体育设施运动的占比分别为男生34.00%、女生5.53%，每学期最多在校内运动1次的占比分别为男生4.00%、女生19.60%。男女生数据的差距明显反映出学生主观的运动喜好、选择倾向对学生选择是否在校内进行体育锻炼具有一定影响。

表2　男女生运动频率对比

性别	运动频率				
	每周3次	每周1～2次	每月1～3次	每学期2～4次	每学期至多1次
男	34.00%	24.00%	14.00%	24.00%	4.00%
女	5.53%	26.13%	26.1%	22.61%	19.00%

（3）不同宿舍区学生使用校内体育设施的频率对比。

根据表3的数据，住在东西区的学生自发到学校运动场运动的每一级频率的差距总是在5%之内；但总体上看，住在西区的学生自发到学校运动场运动的频率会更高。从两个宿舍区的数据来看，宿舍区的方位对其到体育设施运动的频率影响不大，从中可大致反映出校内体育运动设施的空间分布较为合理。

表3　不同宿舍区学生运动频率对比

宿舍区	运动频率				
	每周3次	每周1～2次	每月1～3次	每学期2～4次	每学期至多1次
东区宿舍	10.56%	24.65%	21.83%	24.65%	18.31%
西区宿舍	12.50%	26.92%	25.96%	21.15%	13.46%
其他	0	33.33%	33.33%	0	33.33%

2. 学生较少去学校体育场所运动的原因

（1）学生去学校运动场运动频率低的主要原因。

根据表4的数据，有79.62%的较少到学校运动场运动的学生是因为个人原因；认为运动设施与宿舍区距离远而较少去校内运动场所进行运动的学生占38.22%；有30.57%的学生认为开放时间不合理，导致他们较少去学校运动场地进行运动；认为学校运动场收费不合理、设施质量太差和设施种类不足的原因分别占15.29%、13.38%和13.38%；有8.28%的学生认为自己不去学校运动场进行运动的原因是设施规模不足；其他原因占3.82%。

从数据中可以看到，学生较少去校内体育场所运动很大程度上是学生的主观原因。主观原因包括学生的个人运动喜好、身体原因以及锻炼需求，主观原因是影响学生进行课外锻炼积极性的首要原因；而锻炼需求则对校内体育设施的配备情况提出了要求。

运动设施与宿舍区距离远是学生较少到学校体育场进行运动的第二大原因。学生所认为的距离与其常使用、偏好的运动场地的距离挂钩；在各体育场地的空间分布上，学校会受到场地限制以及场馆安排限制。

表 4　学生较少去校内体育场所运动的主要原因

原因	频数	占比（%）
个人原因（喜好、身体原因、锻炼需求等）	125	79. 62
开放时间不合理	48	30. 57
收费不合理	24	15. 29
设施太差	21	13. 38
设施种类不足	21	13. 38
设施规模不足（数量/面积）	13	8. 28
运动设施与宿舍区距离远	60	38. 23
其他	6	3. 82

（2）宿舍区与体育场地距离对学生进行校内体育锻炼频率的影响

由调查数据可以看出，认为运动设施与宿舍区距离远的，住在东区宿舍的学生的人数远大于住在西区的人数。绝大多数学生常去的运动场是西区田径场。

根据数据反映，该校学生偏向于到西区田径场跑步，而西区田径场位于学校西区，靠近西区宿舍区，这也解释了住在东区的学生认为运动设施与宿舍区距离远的比例远大于住在西区的学生的现象。

3. 学生常去的体育运动场所

根据表 5 数据，在课余时间，有 84. 34% 的学生常去西区体育场，20. 48% 的学生常去南区体育馆，12. 05% 的学生常去南区田径场，其余场地常去的学生则占比较低。

表 5　学生常去的校内体育设施

校内运动区	频数	占比（%）
西区田径场	210	84. 34
南区田径场	30	12. 05
南区体育馆	51	20. 48
手球馆/羽毛球场	20	8. 03
公体楼健身房	13	5. 22
篮球场	23	9. 24
游泳馆	31	12. 45
网球场	7	2. 81

（二）学校体育运动设施的状况分析

1. 设施状态

设施的状态直接影响到学生使用时的感受。根据表6数据，在调查对象当中，51.41%的人认为校内体育设施质量差，49.4%的人认为设施场地的规模小；经过实地调研归纳，校内可供学生运动的项目较为全面，然而依据调查对象的信息反馈，对于部分场馆中的细节配备，却存在着器材不齐全以及破损严重的问题。

本次调研的对象“华南师范大学”是一所有一定历史的大学，且所选校区为最早建立的校本部，不可避免地存在较为陈旧的建筑、配备等。课题组也观察到，近年来学校着力于翻新老旧建筑、破旧装潢，但在体育设施方面的重视力度似乎较低，因而部分陈旧的体育设施仍存在质量差、配备不足的问题。

表6　校内体育设施存在的问题统计表

问题	频数	占比（%）
设施质量差	128	51.41
场地规模小	123	49.4
场地的空间分布不合理	80	32.13
场地的开放时间不合理	140	56.22
个别场地收费不合理	108	43.37
室外场地存放物品不便	140	56.22
卫生问题	72	28.92
学校运动场地管理制度不完善	75	30.12
其他	11	4.42

表7　具体问题描述（开放题）

编号	场地	问题描述
1	西区田径场	物品存放管理问题
2	游泳馆	开放时间太短
3	公体楼健身房	器材太不齐全，而且器材破旧
4	南区体育馆五楼	夏天太热不通风
5	篮球场/西区田径场	篮球场水泥地危险，西区田径场经常不开门
6	西区田径场	开放时间不合理
7	南区体育馆	开放时间不合理
8	羽毛球馆/游泳馆	羽毛球馆收费不合理，游泳馆开放时间不合理

2. 设施的管理状况（开放时间、收费情况等）

根据表6的数据，在调查对象当中，56.22%认为校内体育场馆的开放时间不合理，56.22%认为室外场地存放物品不方便，43.37%认为个别场地收费不合理。

开放时间问题与储存物品不便的问题较为突出。由场地数据表可以看出，为了学校的体育教学需要，该校校内体育运动场地的开放时间一般是在工作日上午上课前、下午下课后以及周末全天。对于学生而言，可能会在主观上感觉学校体育场地的开放时间不够合理；但高校的体育设施是以保证体育课程正常进行为基础的，继而才是考虑满足师生课后体育锻炼。对于学校而言，体育场地的开放时间已经是较好地预留给课外锻炼的师生，然而在开放时间中却有一大部分时间是整体的商业型开放。

其次是储存物品不便的问题。体育场地的储物条件跟锻炼者的财产安全直接挂钩，也影响着学生的运动选择。校内仅少数体育设施设置了储物空间，对于设有储物柜的场地，如西区田径场，在实地调研中，课题组发现存在“占位挂锁”的不文明行为，导致储物柜无法为广大锻炼者服务；对于没有设置储物柜的场地，如西区篮球场，屡屡发生盗窃事件，威胁着锻炼者的财产安全。

3. 设施的空间分布状况评价

32.13%的学生认为场地的空间分布不合理，抱有这种看法的学生以东区学生居多。根据校内体育场地的空间分布图，显然在空间限制的情况下，该校体育设施的分布总体较为合理，但显然规模最大的田径场是靠近西区宿舍的；再根据学生常去的运动场所的统计情况，显然有更多学生倾向于去西区田径场进行体育锻炼。虽然东区宿舍附近有南区田径场，但东西区的田径场条件差别较大。综上所述，这里所反映出的空间分布问题更多地指向“适合休闲体育运动且体验良好”的运动设施的分布。

4. 学校体育设施的其他不足之处

除了前面分析的不足之外，还有28.92%的学生认为体育场地中存在卫生问题，30.12%的学生认为学校运动场地的管理制度不够完善。

对于卫生问题，该校有负责打扫卫生的清洁工人，但除此之外，更重要的是其他使用设施的锻炼者的自觉维护，尤其是在校大学生。对于管理问题，在实地调研时，我们发现有些场地的管理人员办公的地点远离对应的体育场地，导致该场地出现管理混乱的情况。

（三）课余体育锻炼对学生的影响情况分析

1. 课余体育锻炼对华南师范大学石牌校区大学生的影响

根据表8的数据，对于体质方面的影响，75.5%的学生认为体育锻炼能增强体质，54.62%的学生认为能保持理想的身材；对于精神方面的影响，68.27%的学生认为能释放心理压力，28.92%的学生认为能获得满足感，24.5%的学生认为能增加自身毅力。

由上述数据可以反映出，体育锻炼对学生具有较广泛的积极影响，对学生的身体和心理都有促进作用，这表明目前高校的体育设施等环境在影响大学生运动方面起到了很好的引导作用。

除此之外，有14.06%的学生将课后的体育锻炼视为是“占用其他活动时间”的行为，也有10.44%的学生认为课外体育锻炼对其几乎没什么影响。这一部分数据也反映出部分学生对体质锻炼的忽视，这对于其健康发展有不利的影响。

表8　课余体育运动对学生的影响统计表

选项	人数	占比（%）
增强体质	188	75.5
保持理想的身材	136	54.62
释放心理压力	170	68.27
获得满足感	72	28.92
增强毅力	61	24.5
占用其他活动的时间	35	14.06
几乎没什么影响	26	10.44
其他	3	1.2

2. 体育锻炼对学生的意义以及校园精神风貌的意义

（1）学生方面。

①对大学生心理素质的影响。大学生当前的学习压力和生活的压力是比较重的，而且现在又处于和网络环境接触更加频繁的时候，独自学习的情况越来越普遍。团队活动的大大减少了，和同学朋友在思想上感情上的交流沟通也比较欠缺。课余体育锻炼可以减少与他人的隔阂，增进人与人之间的感情，收获更多的人际交往关系，释放心理压力，在心理方面有很大的影响。

②对大学生身体素质的影响。课余体育锻炼可以促进生长发育，而在大学期间正是大学生长身体的最后阶段，学生们应该更加珍惜这段时光，锻炼自身。不仅如此，体育锻炼对人体疾病的预防、治疗、康复都起着重要的作用，可以提高人体适应自然环境的能力，增强体质，增强肌肉力量，提高免疫力，提高身体协调能力、反应力，塑造体形等。

（2）校园方面。

校园课余体育文化作为一种社会文化，是学校在长期的教学实践过程中逐步形成的，更是在广大师生直接参与和精心培养下发展起来的。它对改善学生的生活习惯，提高学生的积极性、主动性，加强学生与社会的交往联系具有特殊的地位和作用。校园课余体育文化生活可谓是精神文化的大舞台。校园体育文化有助于营造教育的氛围，增添学校的活力，使校园生活变得多姿多彩，有效地提高了人们生活的质量。

（四）学生对校内体育设施的满意度分析

1. 学生对校内体育设施各项情况的综合满意度评价

（1）学生对校内体育设施的质量、场地规模、设备种类的满意度。

根据表9的数据，共有55.42%的学生认为学校目前的体育设施质量条件一般。学生对于场地规模的满意度评价总体来说不高，处于基本满意的程度（表10）。

根据表11的数据，学生对于场所及设备种类的满意度不高，分别有53.01%和14.86%的学生认为学校目前的体育场所及设备种类一般和不满意。

学校的体育设施质量一般，存在设施稍微破旧的现象。场地规模不够充足，有的场地的学生较多，导致无法认真锻炼。体育设备的种类不够丰富。因此，学校应注重改善体育设施的质量，适当地扩大场地规模，增加场所以及设备的种类。

（2）学生对校内体育场所开放情况的满意度。

根据表 12 的数据，有 23. 69% 的学生对学校目前体育场所的开放时间不满意，开放时间不够合理。而对于体育场所的收费情况，分别有 40. 16% 和 20. 48% 的学生认为一般和不满意。对于学生而言，有的场馆开放时间会与上课时间有冲突，或者开放时间过短。虽然各场地均设置了师生免费时段，但时段短且非免费时段价格高（见表 13）。

表 9　学生对体育设备质量的满意度评价

选项	频数	占比（%）
很满意	7	2. 81
满意	66	26. 51
一般	138	55. 42
不满意	29	11. 65
很不满意	9	3. 61%

表 10　学生对体育场地规模的满意度评价

选项	频数	占比（%）
很满意	10	4. 02
满意	94	37. 75
一般	112	44. 98
不满意	24	9. 64
很不满意	9	3. 61%

表 11　学生对校内体育场所及设备种类的满意度评价

选项	频数	占比（%）
很满意	7	2. 81
满意	63	25. 30
一般	132	53. 01
不满意	37	14. 86
很不满意	10	4. 02%

表 12　学生对体育场地开放时间的满意度评价

选项	频数	占比（%）
很满意	4	1. 61
满意	57	22. 89
一般	107	42. 97
不满意	59	23. 69
很不满意	22	8. 84%

表 13　学生对体育场地收费标准的满意度评价

选项	频数	占比（%）
很满意	18	7. 23
满意	58	23. 29
一般	100	40. 16
不满意	51	20. 48
很不满意	22	8. 84

（3）校内体育设施对学生运动需要的满足情况。

根据表 14 中的数据，有 32. 13% 的学生对于学校目前的体育设施满足运动需要的程度表示满意，也有 52. 61% 的学生表示一般。

综上，学校目前的体育设施基本满足学生体育锻炼的需求，但在运动设施的质量、种类、数量等方面，仍然有较大的改善空间。

表 14　学生对体育场地满足运动需要的满意度评价

选项	频数	占比（%）
很满意	13	5. 22
满意	80	32. 1
一般	131	52. 61
不满意	20	8. 03
很不满意	5	2. 01

2. 学生对校内各体育场地综合满意度的分析

（1）整体评价情况。

根据调查数据测算，学生对学校的运动场地的满意度平均分为 2. 96 分，除了个别运动场所满意度得分悬殊，总的都在 3. 0 分左右。整体而言学生对校内运动场所的满意度不高。

（2）影响满意程度评分的可能因素分析。

从回收到的 249 份有效问卷中，没去过游泳馆、网球场、公体楼健身房、手球馆/羽毛球场、篮球场的人数居多。其中，有接近一半的人没有去过游泳馆、网球场和公体楼健身房。这可能造成课题组所统计的能够对八个运动场地都做出综合评分的样本量不足，从而对最终结果造成影响。分析出现这种情况的原因，除去相关运动项目的技能需求，还有相应体育运动场地的配备情况以及使用体验等。

四、结论与建议

（一）结论

1. 华南师范大学校内体育设施基础概况

（1）华南师范大学石牌校区的体育运动设施总体比较陈旧，部分场馆中存在器材配备不齐全甚至破损严重的情况，导致学生对这些设备的安全性存在疑问，同时体育场馆还存在储存物品不便的情况，威胁着锻炼者的财产安全。但近年来学校在关注并逐步改善该问题。

（2）学校部分运动场地的管理制度存在缺陷，体育设施的日常管理、维护不到位。

（3）体育设施分布有待完善。比如学生最常去的体育场地是田径场，但东区宿舍的南区田径场条件远远不如西区宿舍附近的西区田径场；而室内体育场馆如公体楼和南区体育馆主要分布在东区。

（4）校内体育设施趋于商业化的现象，影响了师生免费使用体育设施的时间。

2. 学生满意度

（1）学生对学校体育设施的各方面的满意度都不高，但仍能基本满足学生的锻炼需要。在开放时间和收费制度上，学校还需多加改进。由于个人喜好、所住宿舍区离运动设施远以及学校运动场开放时间不合理成为制约学生到校内运动场进行体育锻炼的主要因素。

（2）体育锻炼对学生的身心发展起着重要的影响，该校学生课外体育锻炼的积极性处于中等偏下，这也可以折射出当代大学生对待体育锻炼的大致情况。

（二）建议

结合本次调研所得的结果，课题组对高校校内体育设施建设提出了以下建议：

第一，各大高校应根据学生体育锻炼的需求，改善运动场所的环境，适当地扩大场地规模，增加体育设备的种类。例如：华南师范大学的南区田径场，管理部门应对它进行维护，增设跑道并管理足球场；公体楼健身房可以增加健身器材，满足学生锻炼的需求。其他学校也应注意此类问题并采取解决措施。

第二，完善体育设施的相关配套设施。大部分运动场所都没有配备储物柜，物品不能安全存放是一个较大的问题。学生在锻炼时不能时刻盯着自己的物品，需要储物柜来避免东西被偷。虽然华南师范大学的西区田径场配了储物柜，但是数量过少且有一部分已损坏，这也需要增加储物柜以及注意维护。

第三，建立破损设备保修机制，组织工作人员及时对有故障、有破损的设备进行维修或者更换，使得良好的体育基础设备成为常态，保证学生在使用过程中的安全。坚持“以人为本”来把握校内的体育建设。

第四，在保障体育教学的前提下，适当调整体育场所的开放时间，如果有条件可以加大对本校学生使用体育设施的免费力度。例如，华南师范大学的游泳馆应调整开放时间，让学生在课后有足够的时间去进行锻炼；南区体育馆的羽毛球馆可以适当降低对本校学生的收费。其他高校需要注意开放时间是否与学生上课时间有冲突并进行适当调整。

第五，各大学校要加强宣传，多组织体育锻炼活动，提高大家的体育锻炼意识，营造良好的运动氛围。

守护留守心，筑造谷前梦

——关于谷前中学留守儿童心理状况的调查报告

陈焕娜　何婉菁　李锦权　陈捷琳　吴诗颖　麦土强[①]

儿童是国家发展的希望和力量，但是由于经济发展的不平衡，部分农村地区的年轻人选择外出打工，留下老人和孩子在农村，这就使得社会上出现了一批留守儿童。留守儿童中大部分是乐观坚强、勤奋向上的，但也有小部分儿童因为亲情缺失表现出内心封闭、情感冷漠、自卑懦弱、行为孤僻、性格内向、缺乏爱心和交流的主动性等行为特征，甚至有的脾气暴躁、冲动易怒，常常将无端小事升级为打架斗殴。

本报告通过对龙川县铁场镇谷前中学的学生进行调研，重点关注心理需要疏导的孩子们的状况，从孩子的眼光和需求出发，从家庭、学校、政府等方面提出建议，探索促进留守儿童心理健康发展的有效路径，帮助他们健康成长。

一、研究方法与步骤

（一）研究方法

1. 问卷调查

课题组在暑期社会实践过程中深入留守儿童人群，与当地留守儿童结识，以观察法、聊天等形式对其学习、生活等情况进行了初步了解；向留守儿童发放调查问卷，共发放问卷60份，收回有效问卷58份，回收有效率达96.7%，满足回收有效率大于70%的统计要求；数据处理严谨细心，结果真实可靠。

2. 访谈调查

为了对学生心理状况进行深入的观察了解，课题组从60名学生中随机取样，抽取5名留守儿童作为对象以较为轻松的聊天形式进行访谈；另外，还对1名学生家长进行探访，了解家长眼中的留守儿童的情况；采访1名学校领导和1名学校工作人员，了解有关留守儿童在校的表现，以及他们对留守儿童心理状况的看法，研究留守儿童心理状况问题存在及未能解决的原因。

3. 文献调查

通过查阅心理辅导、心理教育的有关文献资料，探索适合当地情况的解决留守儿童心理问题的长效机制，切实改善留守儿童的心理状况。研究学校和社区协助留守学生解决心理问题需要具备的条件；分析调查结果，为学校建立培养照顾留守儿童的长效机制提出建议。

---

①作者为华南师范大学物理与电信工程学院2012级本科生，指导老师阮春林。

（二）研究步骤

1. 资料收集

在暑期社会实践中深入留守儿童人群，对其学习、生活等情况进行初步了解，进一步展开调查研究，包括问卷调查、访谈（以聊天形式）等等；对当地村民（包括学生家长）进行探访，了解他们眼中留守儿童的情况；采访学校领导、教师，当地政府相关人员有关留守儿童在校的表现及他们对留守儿童心理状况的看法，研究留守儿童心理状况问题存在及未能解决的原因。

2. 资料整理及分析

对调查得到的资料进行整理，包括数据图表的处理及数据、访谈稿等的分析小结，从中找出存在的问题并加以分析。

3. 提出改进方案

查阅心理辅导、教育研究类型的有关资料文献，思考探讨适合当地情况的解决留守儿童心理问题的长效机制，提出行之有效的办法。

4. 总结提议，反馈跟踪

总结学校和社区协助留守学生解决心理问题需要具备的条件，分析调查结果，针对学校提出培养照顾留守儿童的建议；在接下来的两到三年内，跟进学校留守儿童的心理状况，并对学校解决留守儿童问题举措的有效性进行评估。

二、谷前中学留守儿童基本情况

（一）留守儿童的基本生活情况

本次调研主要是考察农村儿童与父母的相处和沟通状况，以及了解其成长过程中出现的问题。具体情况如下：

1. 农村儿童大多数没有和父母双方共同生活

现阶段的农村家庭中，年轻人在家务农的比较少，多数人为了生计外出打工。在对样本的调查中，和父母双方一起生活的儿童所占比例仅为 30.23%，仅和父母其中的一方或与其他亲戚一起生活的比例高达 69.77%（图 1）。由此可见，农村儿童是比较缺乏父母陪伴的。留守的少年儿童正处于成长发育的关键时期，他们无法享受到父母在思想认知及价值观念上的引导和帮助，成长中缺少了父母情感上的关心和呵护，极易产生社会认知、观念价值上的偏离以及个性、心理发展的异常，一些人甚至会因此而走上犯罪的道路。

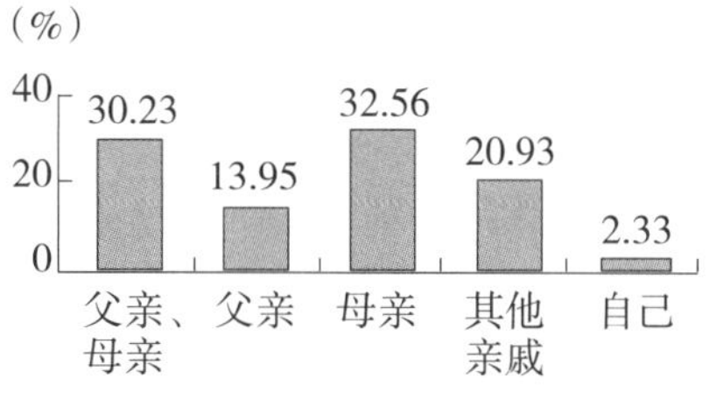

图 1　留守儿童主要与谁一起生活

2. 多数外出父母一到三个月回来看儿女一次

农村外出父母大多都在大城市创业或者打工，工作比较忙，没有时间照顾孩子，一年只有几次可以与孩子团聚，陪伴孩子的机会较少。在外打工的父母会隔多久回家看望子女？调查结果显示，在没有与父母一起生活的儿童中，有50%的人表示父母会在三个月内回来看自己一次，每隔半年以上看望一次孩子的比例也高达23.33%（图2）。由此可见，农村还是存在较大数量的儿童平时缺乏父母的陪伴与关心。

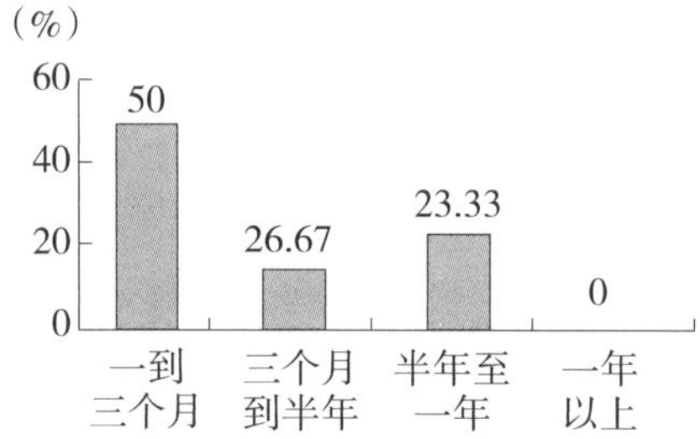

图2　父母看望留守儿童的频率

3. 父母外出务工时间比较长

图3数据显示，外出务工的父母中外出5年以下的占53.33%，而五年以上的高达46.67%。父母长时间在外务工，极少回家，对子女的健康成长尤其是心理方面肯定会产生一定的不良影响。五年的时间足以让一个人形成其性格或者“三观”，要保证儿童的身心健康，在其成长过程中，父母的关心和引导是极其重要和关键的。农村儿童在成长过程缺乏父母的陪伴，缺少和父母的交流，也容易养成叛逆性格，出现亲子之间难以沟通和理解的问题。

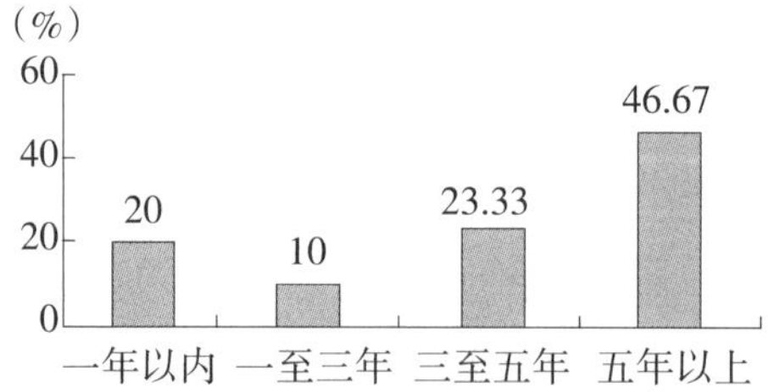

图3　留守儿童的父母外出务工时长

4. 留守儿童与父母的电话联系比较频繁

没有与父母居住在一起的儿童中，他们与父母的交流主要是通过电话联系，每天都联系的有46.67%，一周一次的有30%。可见外出务工的父母还是关心孩子的成长的，即使不能与孩子共同生活，也想要了解孩子的成长过程。但一个月及一个月以上才电话联系的也占有总数的23.33%，说明有些儿童极度缺乏与父母的沟通和交流，他们的成长问题也令人担忧（图4）。

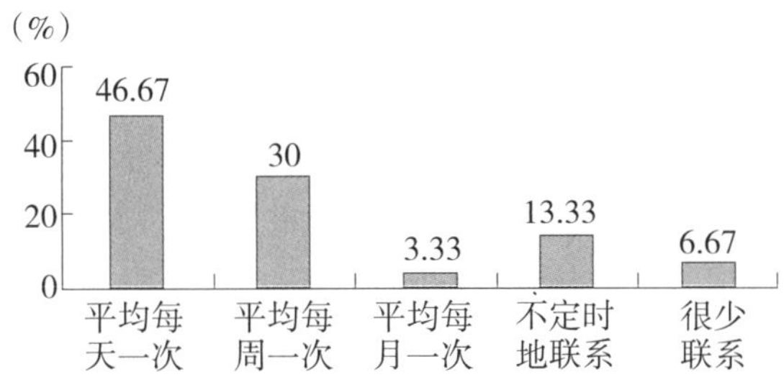

图4　留守儿童与父母电话联系频率

5. 父母主要关心孩子的学习和生活方面，而忽视了孩子的心理健康

图5数据显示，父母关心孩子的学习状况和生活状的约占总数的67.44%，关心孩子的心理状况的则为0。根据最新数据显示，留守儿童心理问题检出率高达57.14%。而农村父母不理解或是忽视了孩子们成长中的心理需要，是造成孩子心灵伤害的重要原因。留守儿童问题是我国现代化进程中的一个独特的社会问题，是社会主义新农村建设的又一障碍，严重影响了留守儿童的健康成长，已引起全社会的关注。

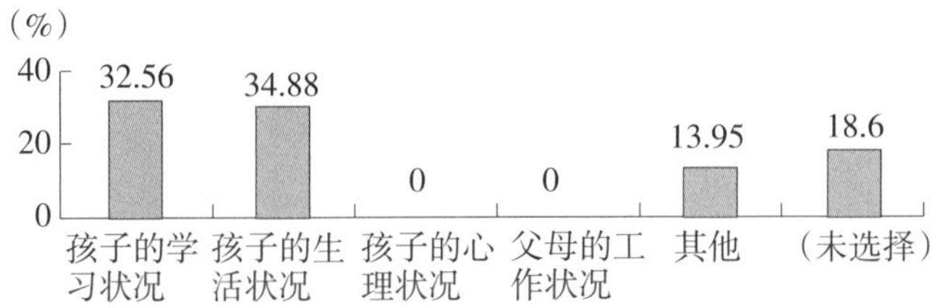

图5　父母主要关心留守儿童哪些方面的情况

6. 留守儿童中理解并愿意父母出去工作的占大多数

孩子们本身是否愿意父母出去工作呢？图6数据显示，在被调查的孩子中，没有哪个孩子是非常愿意父母出去工作的；愿意父母出去工作但是希望父母常回家看看的占到79.07%；而不愿意的有20.93%。这些数据表明，孩子们是非常希望和父母在一起生活的。

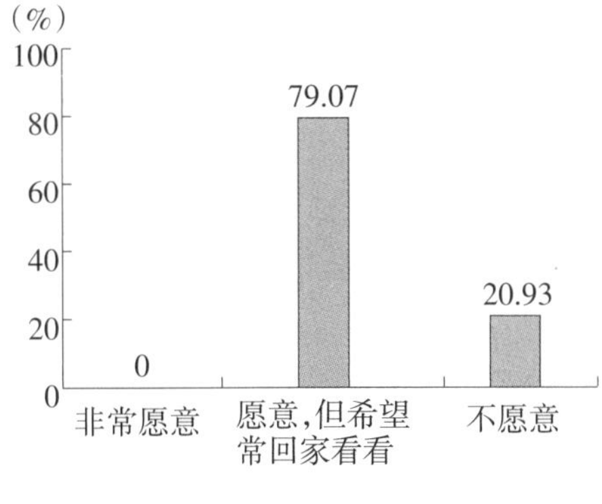

图6　留守儿童是否愿意父母出去工作

（二）留守儿童日常生活分析

1. 遇到困难，孩子首先还是想到父母

由以上数据可知，留守儿童的父母在外出打工期间还是会坚持隔一段时间回家看孩子。因此，父母跟孩子的关系还是不错的，孩子在遇到困难时是否会选择求助其父母？“在学习、生活上遇到困难，你会选择什么方式解决？”这一问题的回答中，30.23%的孩子选择“求助父母”，占比最大。其次，选择“求助同学”和“自己解决”的比例相当，分别占25.58%和23.26%。而选择“求助老师”和“求助身边的亲戚”的比例比较少，表明老师和亲戚对孩子的关注和关心还是不够，孩子在困难时基本不会选择求助他们（图7）。

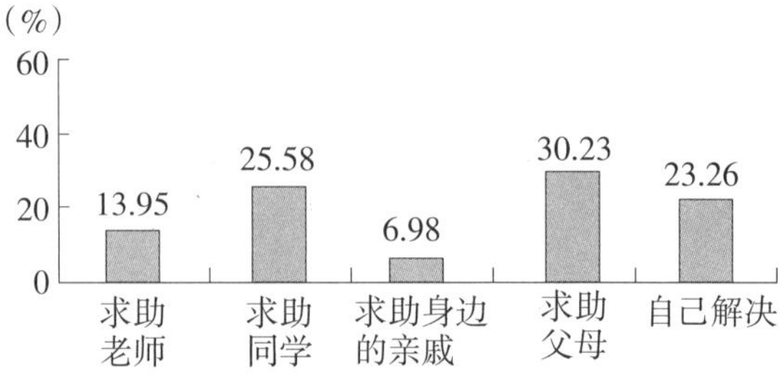

图7　遇到困难留守儿童会选择什么方式解决

2. 留守儿童生活较节俭且较自律

留守儿童的父母在繁华都市做的多是体力活，收入较低。因此，留守儿童生活大多较清贫节俭。“你每个月的生活费是多少？”这一问题的答案中，41.86%的受访者选择了“50～200元”，39.53%的人选择了“50元以下”这一选项，即每月生活费在200元以下的留守儿童占了约80%。可见，留守儿童的“温饱问题”仍有待关注（图8）。

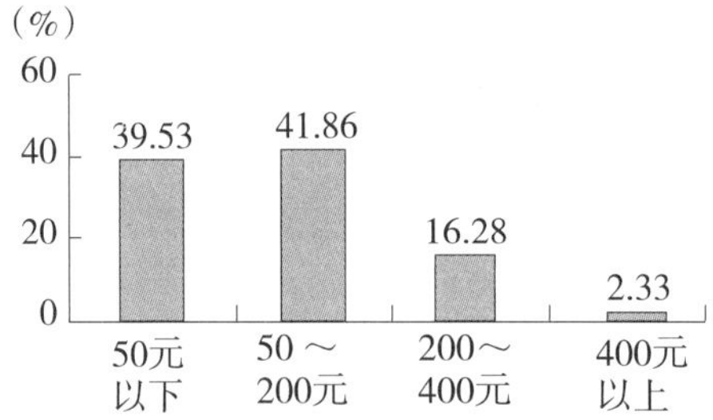

图8　留守儿童的生活费每月是多少

虽然没有父母督促，多数留守儿童还是能够按时吃饭。“你是否每天都按时吃饭？”这一问题的回答中，53.49%受访者选择了“每天都按时”这一选项。37.21%选择了“偶尔不按时”。只有9.3%受访者选择了“不按时”，没人选择“看心情吃或不吃”。这一结果表明，留守儿童自理能力很强，生活比较规律。

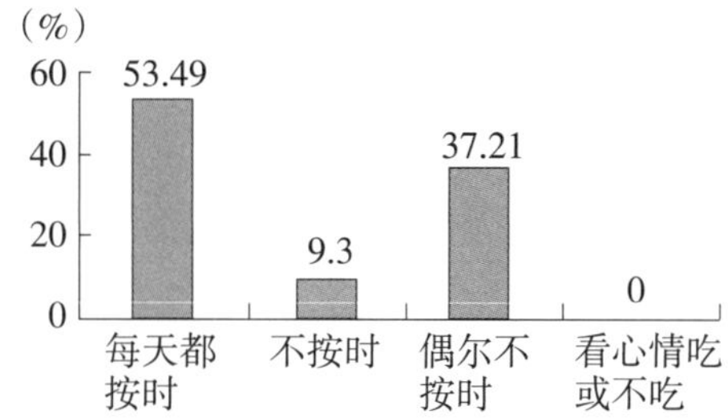

图9　留守儿童是否按时吃饭

在“你是否每天都按时上学，放学回家?”这一问题的调查中（图10），88.37%的孩子选择了“每天都按时”，9.3%的孩子选择了“偶尔不按时”，没有人选择“看心情上学或者不上”。可见，在没人督促的情况下，留守儿童很有自律意识，且爱学习，大多都按时上学和回家。

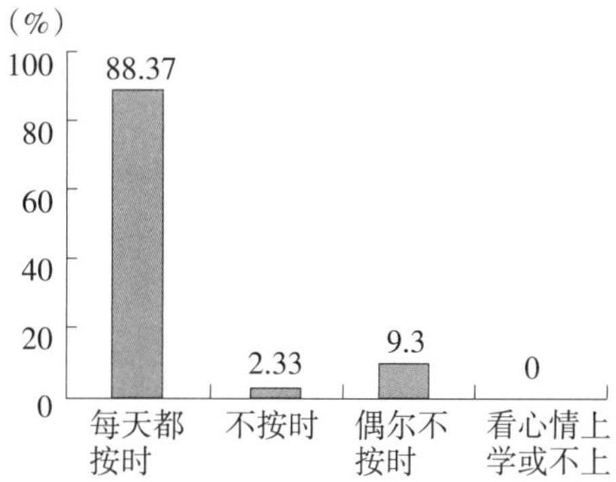

图10　留守儿童是否按时上学、放学

3. 学习并非留守儿童第一要务

对于“放学后你一般做什么?”这一问题的回答（图11），“和同学一起玩”和“回家做家务”的比例相等，均为34.88%；而选择“呆在学校学习”的只占2.33%。可见，对于农村的孩子们，学习并不是他们眼中最为重要的事情。他们需要做家务，忙农活，又或者做孩子们都喜欢做的事情——玩耍。

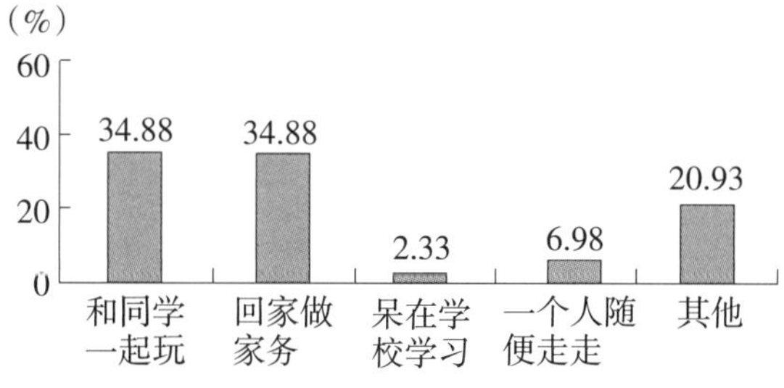

图11　留守儿童放学后的活动

没有城市中的孩子那么重的学习负担，没有明确的读书目标，没有参加课外的补习班，没有良好的教育资源，农村留守儿童普遍成绩一般（图12）。在“你觉得你是哪一类学生？”这项调查中，认为自己成绩一般的共占60.47%。而在学习兴趣方面，大多数儿童认为自己对学习有兴趣。学习兴趣浓厚的共占27.91%，学习兴趣一般的占了65.12%，只有少部分同学没有学习兴趣。可知，虽然没有父母给的压力和监管，没有很好的学习环境与条件，大部分同学还是对学习有兴趣并保持着成绩在中等以上的水平。

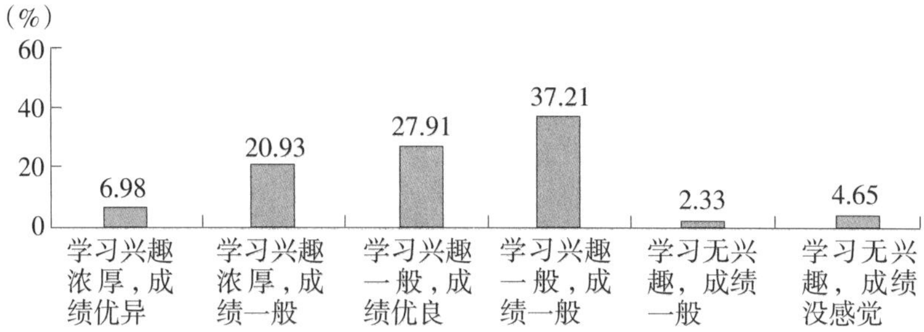

图12　留守儿童的学习兴趣与学习成绩

（三）留守儿童心理状况及形成原因分析

1. 留守儿童对自身评价较为普通

从图13可以看出，79.07%的儿童认为自己在生活学习中表现一般，并没有什么事让他们觉得做得很好或者很差。受学习生活环境的影响，留守儿童将大多数时间用于课本知识的学习，少有机会发掘出自己的其他潜能，怎么学好知识仍是他们普遍关心的问题。没有太多的课外知识及兴趣的培养，大多数留守儿童在一个相同的环境里学习生活，没有什么特别的事让他们感到自己做得特别好。值得注意的是，有6.98%的儿童认为自己什么都做不好，做什么都很差。这些儿童对自己缺乏自信，生活学习上比较消极，这种心理可能主要受到家庭环境的影响。有些儿童的父母长期在外工作，孩子在生活、情感上一直缺乏正确的指引，而儿童时期正是需要父母的关爱和指引的时期，长期缺乏父母的关爱与引导可能给孩子造成一些负面的情感、情绪。

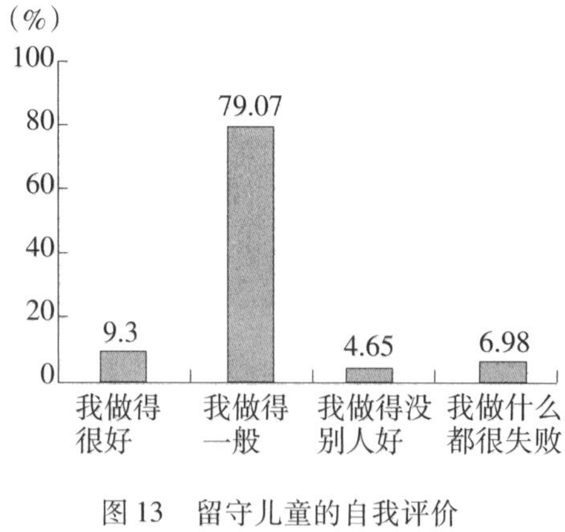

图13　留守儿童的自我评价

2. 留守儿童普遍能感受到来自他人的关心

从图14的数据中可知，72.10%的留守儿童都可以感觉到同伴对自己的关心。极个别的儿童感觉不到关心。留守儿童绝大多数时间都是和自己学习的小伙伴相处，因此，同伴之间的相互关心十分重要。同学的关心可以使其内心减少孤独感，感受到和家里不一样的温馨，这对儿童的心理成长具有重大意义。

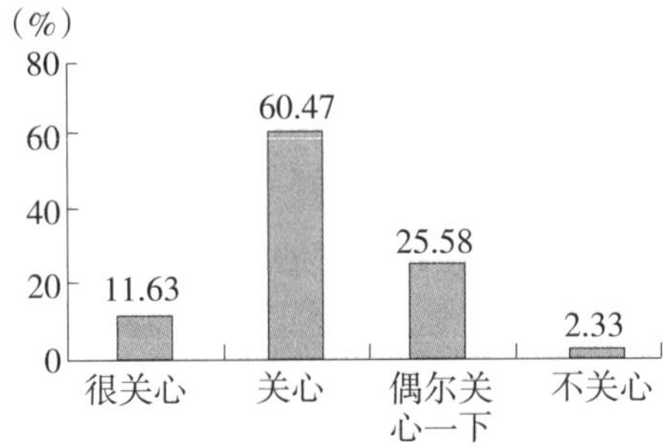

图 14　是否能感受到同伴的关心

图 15 数据显示，79.07% 的儿童经常得到老师的关心，而少数儿童觉得只是偶尔被关心一下。老师既是学生学习的促进者和指导者，也是他们生活的促进者和指导者。因此，老师的言行对学生具有极为重要的作用。老师对学生的关心程度影响着学生的心理和生理的成长。

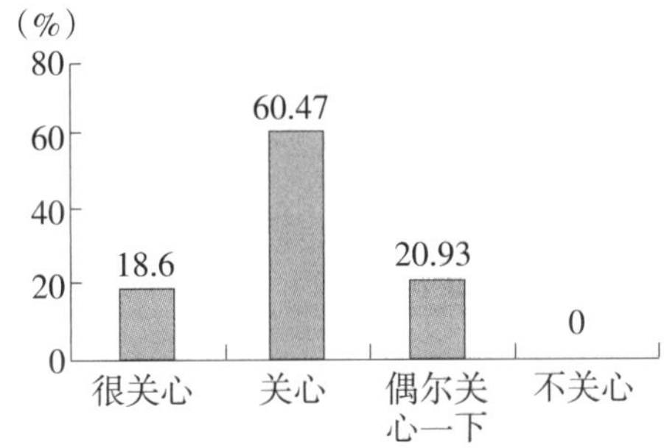

图 15　是否能感受到老师的关心

3. 老师对留守儿童的关心途径主要以交流谈心为主

从图 16 可以看出，老师对学生的关心途径多种多样，其中，83.72% 的留守儿童反映以交流谈心为主，一起玩耍占 32.56%，课外辅导占 20.93%。交流谈心有利于老师了解学生，根据学生的心理状态改变教育方式，使其更愿意学习；而且，老师通过交流可以了解学生的心声，掌握一些学生的生活学习状况，帮助学生进步。而学生方面，这种方法更能让学生与老师近距离接触，可以畅所欲言地表达自己的情感，说出自己的问题，得到老师的解答。

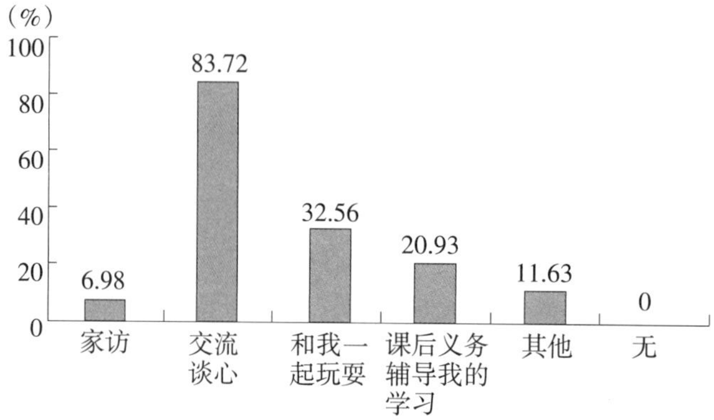

图 16　教师关心学生的途径

4. 留守儿童认为教师和自己沟通相处的时间较少

图 17 数据显示，39. 53% 的孩子反映，老师与学生的沟通交流太少；37. 21% 的孩子反映，老师与学生相处的时间太少。儿童时期，孩子更希望和老师交流沟通，表达自己的情感与想法，有较强的引起他人注意的意愿，有较强的自我表现欲等。因此，学生希望老师能有更多的时间和他们沟通与交流。

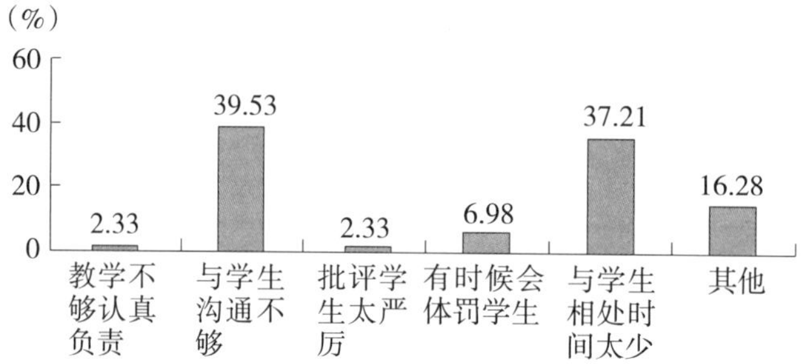

图 17　教师与学生的沟通情况

5. 留守儿童认为学校存在课程单一，设施不完善，学习渠道少等问题

图 18 数据显示，81. 4% 的学生认为学校缺少丰富的课外活动，62. 79% 的学生认为公共设施不够完善；79. 07% 的学生认为学校需要引进更多学习设备，为学生提供更多的学习渠道等；学生希望学校举行一些趣味运动会增加课外活动，完善学校的体育器材，增加运动场地；在学习方面，开展一些学习讲座来增加自己的课外知识。学校应该根据学生反应的情况不断改进工作，健全各种设施。

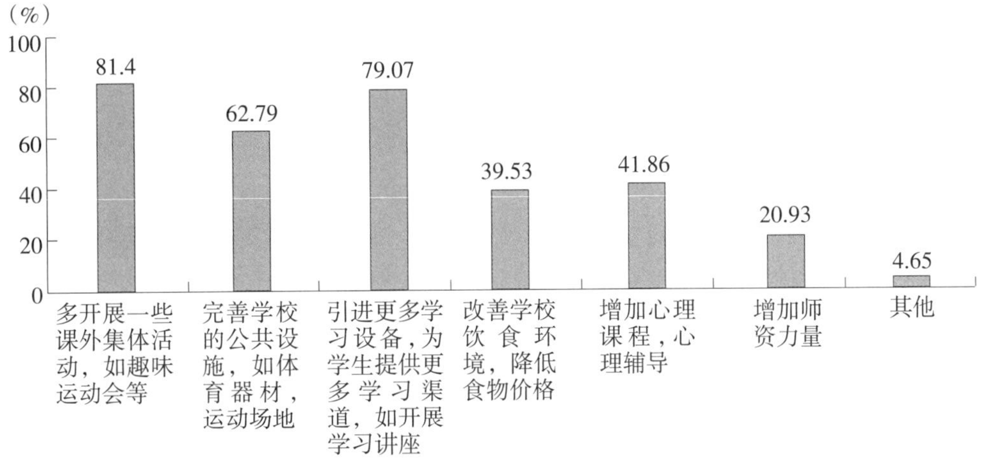

图 18　学校需改进的地方

纵观调查结果，可以看出，现阶段的农村家庭中，有些父母为了生计外出打工。调查统计显示，谷前中学初二年级的留守儿童的存在数量还是比较可观的，大约占总人数的三分之一，可以看出农村儿童是比较缺乏父母陪伴的。父母长期在外务工，平时只能通过电话沟通，父母与子女之间的话题单一，往往限于生活与学习方面，心理方面的几乎没有。而少年儿童正处于生理和心理成长发育的关键时期，如果在这段时期他们无法享受到父母在思想认识及价值观念上的引导和帮助，成长中缺少父母情感上的关心和呵护，极易产生社会认知、价值观念上的偏差，导致个性、心理发展异常，一些人甚至会因此而走上犯罪道路。

虽然留守儿童父母大多在外工作，但是平常均有电话联系，有不少家长定期回家探望孩子，因此当孩子有困难时还是会寻求父母的帮助。而且由于在其年龄较小时，父母就已出外工作，留守儿童大多比较独立，生活自理能力、自律意识强。但是由于没有父母督促，没有好的学校环境与条件，他们的学习成绩大多一般。

现阶段的农村儿童，对自身的评价大多不高。他们肯定了自己周边的伙伴和老师给予自己的关心。有些父母在外工作的儿童，自己遇到困难也通过和老师交流得到了相应的解决。不过，老师和学生的交流相处的时间总体较少。而学校方面，需要改进设施，为培养儿童全面发展提供更好的学习环境。

三、政策建议

（一）学校方面

1. 不定期举办心理讲座

留守儿童的心理尚未成熟，再加上父母长期不在身边，他们的健康成长受到影响。课题组希望学校本着“教书育人，以人为本”的理念，重视这个问题，多举办心理讲座，教育开导学生，尤其是留守学生，让他们理解父母，理解社会。

2. 正确看待教师对学生的影响，聘用更多优秀的教师或对教师进行相关培训

作为与留守学生接触较多的群体，教师对学生的影响力是不容小觑的。由于父母不在身

边，留守儿童有了心事、问题也会选择向老师倾诉。希望学校能够加强对教师的品德要求，鼓励教师注重关爱学生，与学生沟通交流，让孩子们的心灵有所寄托，帮助其更好地成长。

3. 多举办集体实践活动，在合适的时间里举办亲子活动

留守儿童在亲情上难免会有所缺失，而集体实践活动可以从友情方面在一定程度上弥补留守儿童的情感缺失。在实践活动过程中，留守儿童与同学们合作，形成并加固他们之间的友谊，这也有利于他们形成乐观开朗的性格。在合适的时间里，比如逢年过节这种大多数父母会回家的时间，举办亲子活动，增进留守儿童和父母之间的感情，有利于他们身心健全发展。

（二）政府方面

1. 改善学术氛围，加大教育投资

学校举办关爱留守儿童的心理讲座，并不是一件容易的事情。首先要解决的是师资的问题，优秀的讲师可以大大提高讲座对留守儿童的影响效果。但是优秀讲师的出场费并不便宜，政府部门可以在经费上提供一定的支持。多举办此类活动还可以改善当地的学术风气，鼓励众多学者和讲师重大爱、轻私利，热衷公益。

2. 加大宣传“关注留守儿童”

“只要人人都献出一点爱，世界将变成美好的明天。”政府的能力毕竟有限，如果可以集众人之力，就可以比较好地解决留守儿童的问题。比如，通过宣传可以鼓励有能力的人捐款，建立留守儿童基金，用于支持学校对留守儿童的帮助。

（三）父母方面

1. 支持配合学校的举措

学校有时会举办一些有利于学生成长的活动，却因为无法得到学生父母的支持而难以取得良好的效果。希望家长们能重视这些活动给孩子带来的正面影响，支持学校的做法，必要时尽量抽出时间参加活动。

2. 鼓励孩子接受学校教育

大多数留守儿童可能会受父母外出打工或经商赚钱的影响，产生放弃学业、出去赚钱的想法。如果出现了这样的情况，父母要认识到教育的重要性，在当今社会，知识技能相当重要，鼓励孩子继续接受学校教育。

3. 经常主动与学校领导、教师沟通

学生的力量是薄弱的，只有家长们关注学生的在校情况，多与学校领导、教师进行沟通，才能发现更多的问题，帮助孩子更好地成长。

参考文献

［1］张慧，王怀青. 留守儿童易存在的问题及教育对策［J］. 甘肃教育，2012（13）.

［2］陈惠惠，刘巧兰，胡冰霜. 农村留守初中生社会支持、同伴关系与心理弹性的关系研究［J］. 现代预防医学，2011，38（16）.

［3］李盛林. 初中留守儿童自我概念与学校适应的关系研究［D］. 南昌：江西师范大学，2009.

［4］陈旭，谢玉兰. 农村留守儿童的问题行为调查及家庭影响因素［J］. 内蒙古师范大学学报（哲学社会科学版），2007（1）.

佛山市高明区空巢老人身心健康状况调研

郭子璇　王楠　黄悦莹　谭丽庄　李瑜　曾嘉怡①

在我国，人口老龄化一直是较为严峻的社会问题，人口老龄化进程也在不断加快，而老年人的生活质量问题日益凸显。相关研究发现，随着我国城市化进程的不断加快，越来越多的家庭趋于小型化，年轻子女也因为工作繁忙，陪伴父母的时间少之又少，独居老人和空巢老人的数量不断增加，预计在不久的将来，独居老人和空巢老人将成为老年人中的主力军。当子女由于工作、学习、结婚等原因而离家，空巢老人的身心健康会受到巨大影响：一方面随着年龄的增长，老人的身体机能会有所下降，容易生病；另一方面由于缺少子女的陪伴，他们容易产生悲观、抑郁、孤独、焦虑等不良心理情绪，影响其精神状态。此次本课题组以广东省佛山市高明区更合镇水井村的独居、空巢老人为例，通过走访以及发放调查问卷对老人的身体和心理情况进行调查，并对结果进行分析讨论，了解该村空巢老人的身心情况的现状，深入了解老人的内心世界，归纳得出空巢老人的身心需求特点。本小组通过讨论、分析空巢老人的身心需求特点形成的原因，提出相关建议，以便更好地满足老人的身心需求，改善他们的生活质量。

一、问卷情况

（一）问卷设计

为了能更准确地调研广东省佛山市高明区更合镇水井村空巢老人的身心需求特点，本小组本着问卷设计的目的性原则、可接受性原则、顺序性原则、简明性原则和客观性原则，经过缜密的问卷设计步骤——确定调查目的、来源和局限，确定数据收集方法，再确定问题的内容、问题的措辞，接着确定问卷的流程和编排，然后进行综合评价和预测试、修订，最后定稿，设计出本次的调查问卷。

问卷的第一部分是对空巢老人的甄别与背景调查。首先通过“您子女是否在外打工”等问题甄别空巢老人与非空巢老人，接着通过“年龄、婚姻状况、子女人数”等问题，对空巢老人的生活基础和现状有一个初步的了解，为接下来的深入调研做准备。

问卷的第二部分是调查空巢老人的身体状态。通过直接询问法和观察法相结合，得出调查对象的身体状态是否健康等初印象，向当地人了解当地的医疗条件和设施是否健全等，了解空巢老人的身体状况和维持健康的条件。

问卷的第三部分是调查空巢老人的心理需求。通过“您的邻里关系”等问题间接了解空巢老人的交际情况，探究其身心压力释放的途径；通过“您目前最大的需求”等问题直接了解其内心的最大需要。

---

①作者为华南师范大学生命科学学院2016级本科生，指导老师阮春林。

（二）样本及背景

本次调查的对象为广东省佛山市高明区更合镇水井村近100位空巢老人，老人们的年龄段主要集中在70岁以上。

水井村全村总面积约7.3平方千米，下辖11个村民小组，分别是水井村、松坪村、边坑村、松塘村、拐塘村、杙坑村、官园村、大洞上村、大洞下村、土岗村、坳背村，常住家庭674户，总人口2128人，外来暂住人口约30人。村民主要经济收入为水稻种植和水产养殖，至今全村已实现地方公路达标以及村村通水泥路、村村饮用自来水。

近几年来，水井村委会大力建设宜居村居，在加强治安管理和丰富文化生活方面做了大量工作。治安队伍的建立，大大加强了区内的居住生活安全；文化生活方面，基建设施较为完善，建设了一个老人活动中心，图书馆、健身室各一间，5个篮球场等，村民的生活质量得到了较大的改善。

（三）问卷发放

为了获取有效的问卷和典型的数据，本小组采取随机发放和按比例发放相结合的方式，将水井村按地区划分，不同地区分配一定的问卷量并随机发放。在一定程度上保证了问卷的客观性、科学性、代表性和有效性。

在回收问卷以后，本小组进行了核对和整理，处理漏填、错填等无效问卷。本次调研共发放84份问卷，回收有效问卷77份，问卷有效率达92%。

二、调研发现

（一）空巢老人身体健康状态及物质生活情况

由调查数据可知，佛山高明水井村空巢老人身体状况良好的占67.53%，身体状况一般的占少数，身体状况不良的则为极少数。接受调查的对象中，有93.51%的老人会定期进行身体检查。可见该村老人比较注重个人的身体健康状况，这也是大多数老人能保持健康状态良好的主要原因（图1、图2）。

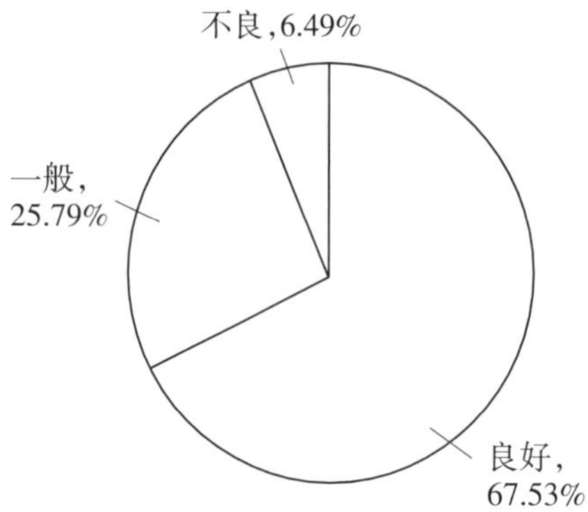

图1　受访老人身体状况

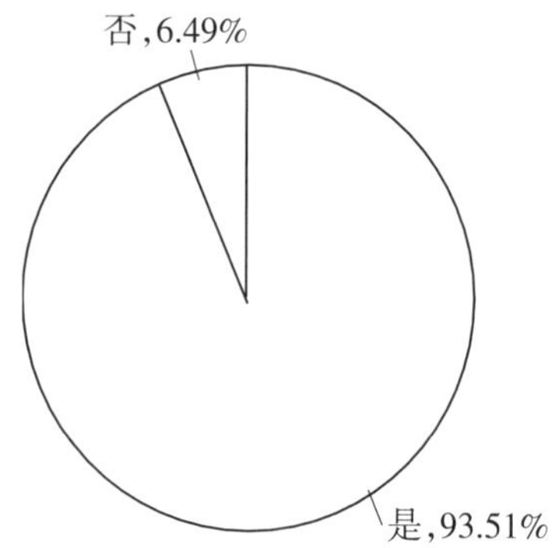

图2　受访老人定期检查身体情况

从经济状况来看，55.84%的老人的经济来源是子女资助，18.18%的老人经济来源于亲友资助，可见大多数老人经济来源于他人；仅有10.39%的老人是自给自足；享有退休金、政府补贴的老人占的比例则更少（见图3）。接受调查的老人中，子女外出打工的占总数的85.71%，表明佛山高明水井村的大量中青年劳动力需要前往经济更发达的地区发展，导致家庭养老功能弱化，这也在一定程度上加剧了城乡发展不均衡，养老问题遇到瓶颈（图4）。

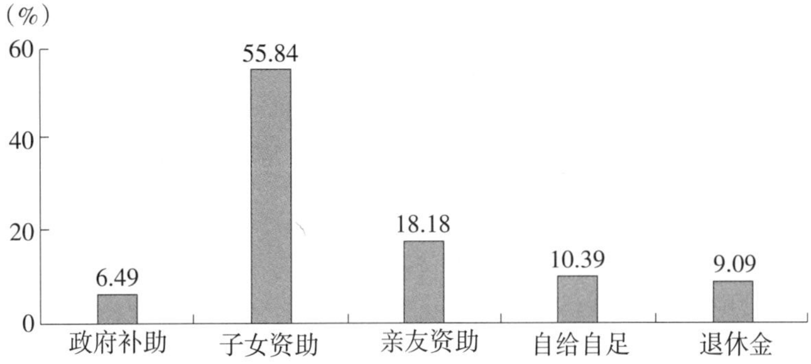

图3　受访老人的经济来源

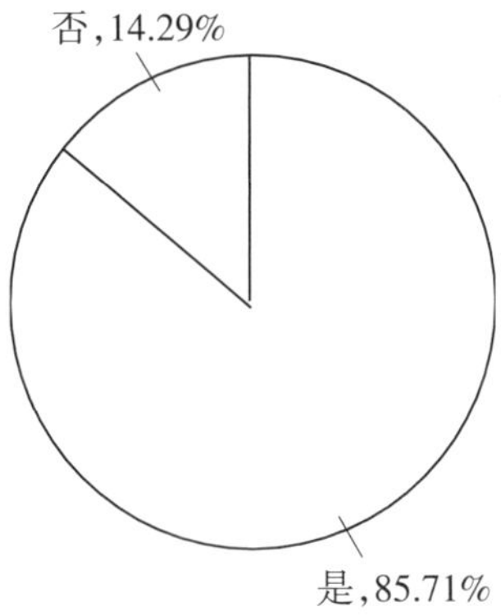

图4　受访老人子女是否外出打工

从生活环境和是否享有政府的医疗保障制度或优惠政策来看，居住环境一般的占总数的61.04%，宽敞明亮的占38.96%，可见佛山高明水井村老人的居住环境整体较好。村中空巢老人享有政府的医疗保障制度或优惠政策的占62.34%，表明了该村对老年人的健康问题较为重视，这也是该村老人保持身体健康的一个原因（图5、图6）。

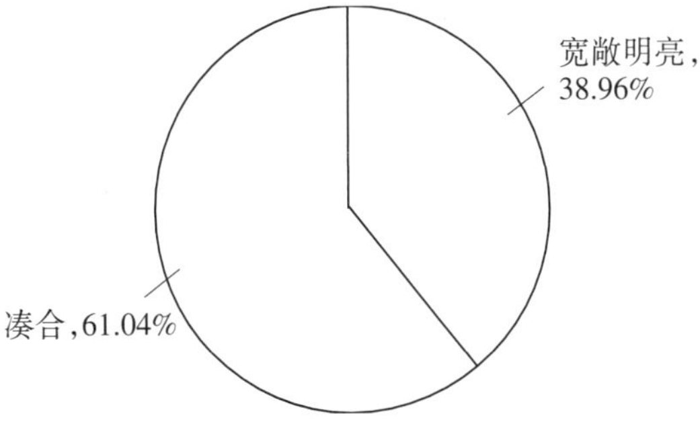

图5　空巢老人居住环境情况

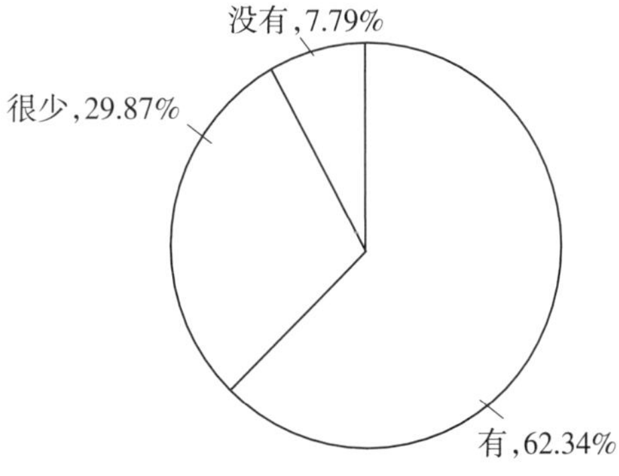

图6　空巢老人享受医疗保障或优惠政策情况

综上分析，水井村空巢老人身体状况及物质生活条件主要如下：

（1）身体健康状况：佛山高明水井村老人身体状况整体较良好，大多数老人会定期进行身体检查，可见佛山高明水井村老人较注重身体健康问题，这也是大多数老人能保持健康状态良好的主要原因。

（2）经济状况方面：佛山高明水井村老人的子女外出打工的占大多数，表明村中大量中青年劳动力前往经济更发达的地区发展，这也在一定程度上加剧了城乡发展不均衡。

（3）生活环境和政府的医疗保障制度或优惠政策方面：佛山高明水井村老人居住环境整体良好，且政府对该村老龄人的健康问题较为重视，大多数老人享有医疗保障制度或优惠政策，这也是该村老人保持良好身体健康的一个原因。

（二）空巢老人心理状况及需求

问卷显示，水井村老人的全部子女中一年内仅回家 0 ～ 1 次的占 68. 83%，重要节假日回家的子女占 12. 99%。仅仅有 18. 18% 家庭的子女能做到经常回家探望老人。探望老人是子女与父母进行心理沟通的基础，从调查结果可知，水井村的绝大多数老人极度缺乏与子女面对面沟通的机会。由调查数据可知，当老人独自在家遇到问题需要帮助时，45. 45% 的老人会先想到自己的子侄亲友，即使他们并不在身边。也有部分老人（35. 06%）会向邻里寻求帮助。其中出现问题选择自己解决的老人占 12. 99%，然而选择向社区村委干部寻求帮助的老人仅仅占了 6. 49%。据此数据可知，在面对问题困难时，空巢老人更多的是需要不在身边的子女帮助，而在身边的社区村委却并没有发挥太大的作用（见图 7、图 8）。

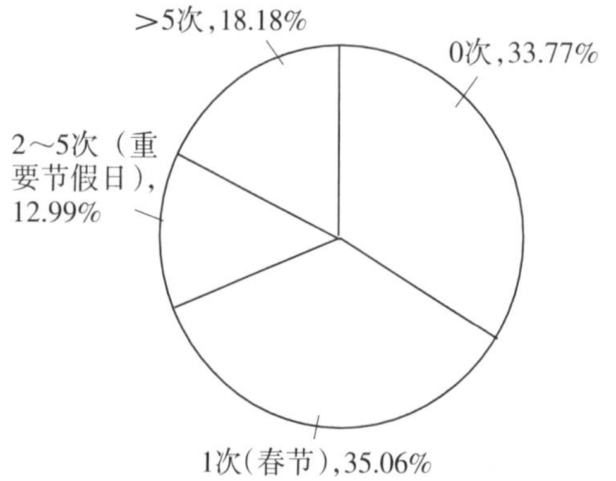

图 7　受访老人子女一年内回家探望频率

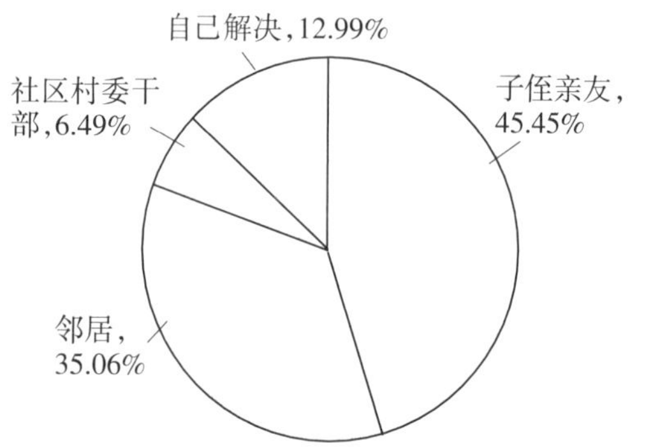

图 8　受访老人有问题向谁求助

问卷显示，在一年内子女几乎不怎么回家看望自己的空巢老人中，绝大多数老人反而更愿意在遇到困难时向子女寻求帮助。在子女经常回家探望自己的空巢老人中，老人们在遇到困难时非但不选择向子女寻求帮助，反而有 21. 43% 的老人愿意向邻里以及社区居委会寻求帮助，同时有 57. 14% 的老人选择自己解决问题。综上可知，子女的回家次数越少，遇到困难时老人越需要子女的帮助。此数据极大程度上反映了空巢老人的心理需求，即需要子女在心理上的陪伴与关怀。

问卷显示，保持和子女每星期联系一次的老人在遇到困难需要帮助时，更倾向于向子女亲友寻求帮助。这体现出这些老人一般只有在与子女电话联系时才会向子女寻求帮助。与子女保持一个月联系一次的空巢老人中有57.14%的老人愿意自己解决，这反映出在能与子女保持较常联系的客观条件下，老人并不希望打扰子女生活的心理。在子女半年以上不与自己联系的老人中，有60%愿意向村委会寻求帮助，这体现出此时的老人心理承受能力差，自己不能解决所有事情，需要村委会的帮助。综上，我们可知子女常与父母联系是非常重要的，也从侧面反映出村委会的重要性。

由图9可见，水井村空巢老人的邻里关系很和谐的占88.31%，邻里关系一般的占6.49%，邻里关系不好的仅占5.19%。说明该村大多数空巢老人的邻里关系很和谐。

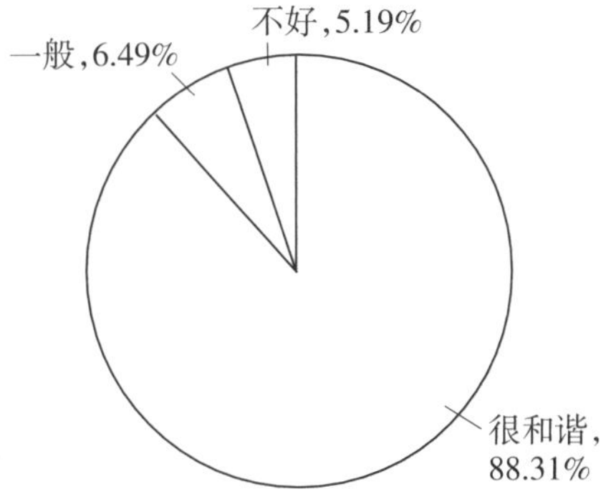

图9　受访老人的邻里关系情况

问卷显示，空巢老人在有问题需要求助时，在邻里关系很和谐的情况下，有51.47%的空巢老人选择向子侄亲友求助，39.71%的老人选择向邻居求助。在邻里关系一般的情况下，有60%的空巢老人选择向社区村委干部求助，40%的空巢老人选择自己解决，而不是向子侄亲友及邻居求助。在邻里关系不好的情况下，空巢老人都选择自己解决，不选择向他人求助。

可见邻里关系一般甚至不好的空巢老人解决问题的主要方式是靠自己，而不是向他人求助。说明这部分空巢老人性格上可能相对孤僻，不愿求助他人。

问卷显示，在子女一年内回家频率0～1次的老人中，其子女都能保证与父母的联系保持在每星期一次，由此可见子女们比较理解父母心理方面的需求，明白与父母联系沟通的重要性。同时也可看出，随着回家频率的增加，子女在日常生活中与父母的联系频率在逐渐减少。由此可见子女们更在意与父母沟通联系的“量”而不重视“质”，缺乏对有效沟通关怀重要性的认识。

问卷显示，即使保证了与子女的联系达到一星期一次，仍有大部分老人希望子女能与自己多联系，多进行心灵沟通。这体现出在这种情况下子女同父母之间的沟通是低效的，更注重形式，并不能真正改善父母的心理需求。关于老人的最大需求，有51.72%的老人希望保证自己和子女的经济来源。说明无论条件如何，老人们的心中最大、最主要的心愿还是寄托在子女身上。

问卷显示，在子女一年内回家频率较低（0～1）的空巢老人中，几乎所有老人的最大需求是子女关心和陪伴。子女一年内回家频率相对较高（2～5）的空巢老人中，50%的空巢老人的最大需求是获得经济资助，40%的空巢老人的最大需求是得到医疗保障，

10%的空巢老人的最大需求是向子女求助。子女一年内回家频率很高（>5）的空巢老人中，57.14%的空巢老人的最大需求是获得经济资助，42.86%的空巢老人最大需求是获得医疗保障。可见在子女回家频率低的情况下，老人很需要子女的关心与陪伴；在子女经常回家的情况下，空巢老人对子女关心和陪伴的需求就会降低，对经济医疗等其他方面的物质需求会相应提高。

由图10可知，空巢老人娱乐生活多种多样（>3）的占46.75%。娱乐生活比较单一（1～3）的占53.25%。娱乐生活几乎没有（0）的为0。说明该村的空巢老人都有一定的娱乐消遣，生活相对比较丰富。

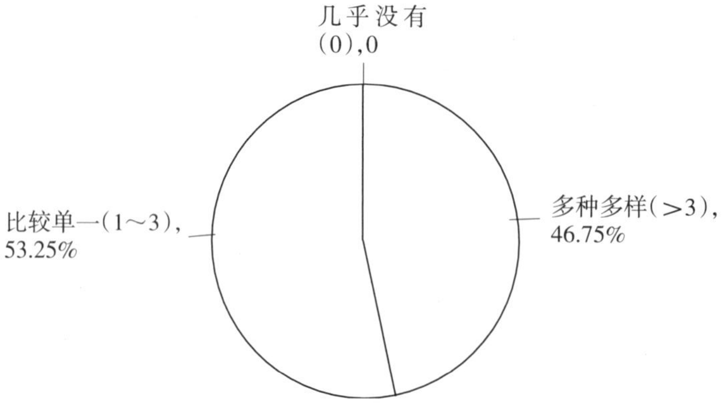

图10　空巢老人娱乐生活调查图

在娱乐活动多种多样的情况下，有58.33%的空巢老人的最大需求是子女的关心和陪伴，有25%的空巢老人的最大需求是获得经济资助，有16.67%的空巢老人的最大需求是得到医疗保障。在娱乐活动单一的情况下，有78.05%的空巢老人的最大需求是子女的关心和陪伴，有12.2%的空巢老人的最大需求是获得经济资助，有9.75%的空巢老人的最大需求是得到医疗保障。此外，在有娱乐生活的情况下，空巢老人最需要的是子女的关心和陪伴。空巢老人在娱乐生活比较单一时对子女的关心和陪伴的需求比例相对娱乐生活多种多样时更高。

综上分析可知，水井村空巢老人心理状况及需求特点如下：

（1）在遇到困难时，空巢老人更多的是需要不在身边的子女的帮助。且水井村的绝大多数老人极度缺乏与子女面对面沟通的机会。

（2）子女的回家次数越少，遇到困难时老人越需要子女。

（3）空巢老人的最大心理需求是子女的陪伴与关怀。

（4）空巢老人缺乏与子女的有效沟通。

（5）多数空巢老人的邻里关系很和谐。而邻里关系一般或不好的空巢老人解决问题的主要方式是靠自己，而不是向他人求助。

（6）在子女回家频率低的情况下，老人很需要子女的关心与陪伴；在子女经常回家的情况下，空巢老人对子的女关心和陪伴的需求就会降低，对经济、医疗等其他方面的物质需求就会增加。

（7）空巢老人都有一定的娱乐生活，娱乐方式相对丰富。在有娱乐生活的情况下，空巢老人最需要的都是子女的关心和陪伴。在娱乐生活比较单一时，老人对子女关心和陪伴的需求相对在娱乐生活多种多样时更高。

（三）身心健康特征及需求

由图 11 可知，空巢老人目前的最大需求是子女的关心和陪伴的占 68.83%，最大需求是经济资助的占 18.18%，最大需求是医疗保障的占 12.99%，在志愿服务及其他方面的需求为 0。说明大多数空巢老人目前最大的需求为子女的关心和陪伴。

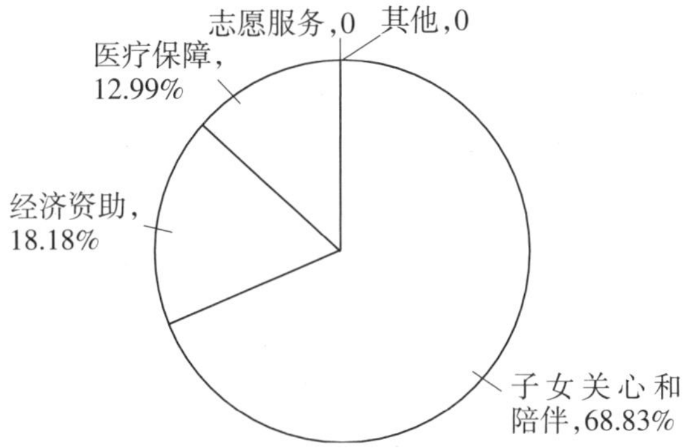

图 11　空巢老人目前最大需求

由图 12 可知，空巢老人对子女的最大心愿是保证父母和小孩的经济来源的占 40.26%，最大心愿是与父母多联系和进行心理沟通的占 33.77%，其他方面的心愿的占 25.97%。说明此地大多数空巢老人对子女的最大心愿是保证父母和小孩的经济来源。

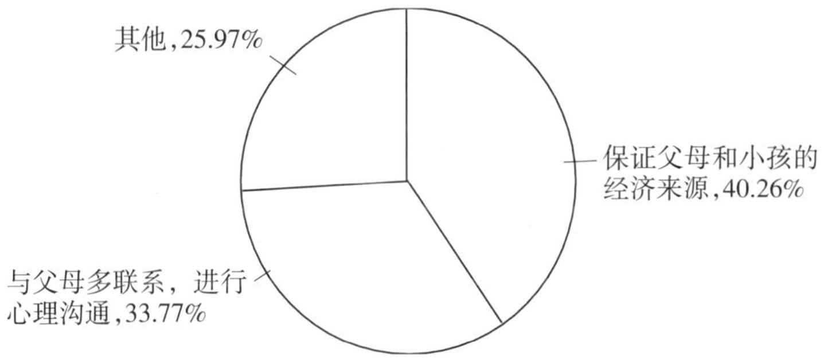

图 12　空巢老人对儿女的最大心愿

由图 11 和图 12 可知，即使此地大多数空巢老人的最大需求为子女的关心和陪伴，但从整体上看，大多数空巢老人对子女的最大心愿是保证父母和小孩的经济来源。说明老人在自己的需求未得到满足的情况下，更愿意为子女考虑。

在身体状况良好的情况下，有 67.31% 的空巢老人有问题时愿意向子侄亲友求助，有 32.31% 的老人愿意向邻居求助。在身体状况一般的情况下，有 50% 的空巢老人有问题时愿意向邻居求助，有 40% 的空巢老人愿意自己解决，有 10% 的空巢老人愿意向社区干部求助。

在空巢老人身体状况不好的情况下，有 60% 的空巢老人有问题时愿意向社区干部求助，有 40% 的空巢老人愿意自己解决。说明身体状况相对良好的空巢老人在遇到困难时偏向于向子侄亲友或者邻居求助，说明这部分老人与子侄亲友和邻居的联系更紧密，心理状况也相对良好；而身体状况相对不良的空巢老人在遇到困难时偏向于自己解决或者向社区村委干部求助，说明这部分老人与子侄亲友等联系较少，性格可能相对孤僻，心理状况也相对不佳。

图 13 显示，与子女的联系频率保持一个星期一次（较高）的情况下，大多数的空巢老人身体状况良好，极少数的老人身体状况一般。与子女的联系频率一个月一次的情况下，空巢老人的身体状况一般。与子女的联系频率半年以上（较低）的情况下，空巢老人身体状况不良。说明和子女之间的日常沟通在某种程度上满足了空巢老人的精神和心理需求，间接影响了老人的身体健康。子女应该加强和老人的日常交流。

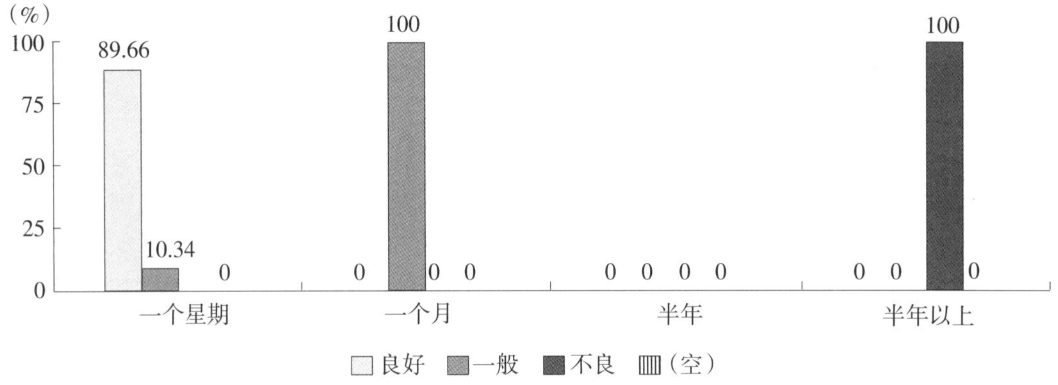

图 13　空巢老人身体状况与子女的联系频率

由图 14 可知，在与邻里关系很和谐的情况下，76. 47% 的空巢老人身体状况良好，25. 53% 的空巢老人身体状况一般。在与邻里关系一般的情况下，40% 的空巢老人身体状况一般，60% 的空巢老人身体状况不良。在与邻里关系不好的情况下，一半的空巢老人身体状况一般，一半的空巢老人身体状况不良。说明和邻里的日常交往对空巢老人的身体健康影响极大。远亲不如近邻，对空巢老人来说，子女不在身边，生活中难免遇到各种问题，良好的邻里关系无疑可以及时给老人提供心理及物质上的帮助；日常生活中，邻里之间聊聊天、打打牌，也可以给老人提供愉悦的心理感受。由此可见，邻里关系是否良好会间接影响老人的身心健康。

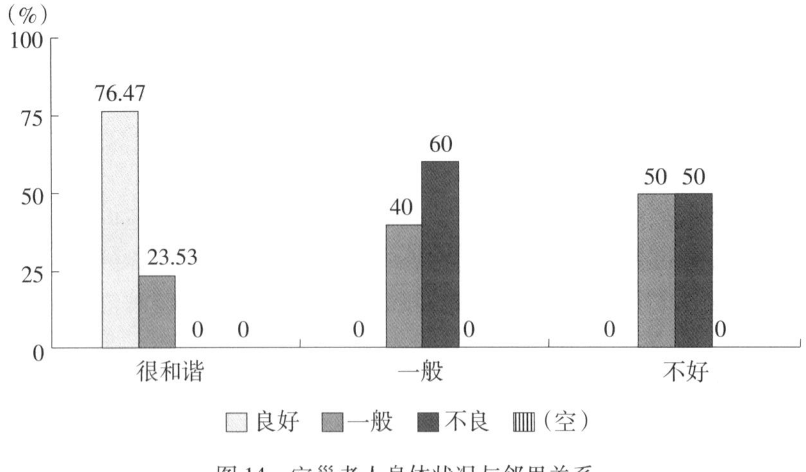

图 14　空巢老人身体状况与邻里关系

水井村空巢老人身心健康特征及需求分析总体如下：

（1）空巢老人在自己的需求未得到满足的情况下，更愿意去为子女考虑。

（2）身体状况相对良好的空巢老人与子侄亲友和邻居联系紧密，心理状况相对良好；而身体状况相对不良的空巢老人与子侄亲友等联系较少，性格可能相对孤僻，心理状况相对不良。

（3）与子女联系相对频繁的空巢老人身体状况相对较好，与子女联系相对较少的老人身体状况相对不良。

（4）空巢老人在与邻居关系良好时身体状况相对较好，与邻居交流较多，走动较多，身心状态相对较好；而与邻居关系不好时身体状况为一般或不好，与邻居交流较少，走动较少，身心状态相对较差。

三、结论与建议

通过本次社会实践调查，本小组对所调查区域内的老人的生活、身体、心理等状况有了比较全面的了解。分析讨论后可以得出以下结论：在身体方面，由于自身比较身体健康以及政府提供的医疗保障制度和优惠政策相对完善，广东省佛山市高明区更合镇水井村的空巢老人身体状态良好。在物质经济方面，大部分空巢老人已经没有了劳动能力，子女外出打工，因此在经济上普遍靠子女的资助。在心理方面，由于子女常年在外打工，很少回家看望，同时他们所生活的区域娱乐设施较为单一，因此更易产生孤独感，老人非常需要子女的陪伴；但是相对自己的满足，他们更愿意为子女考虑，不愿意给子女带来负担；空巢老人的邻里关系普遍较好，遇到问题时多会自己解决或者寻求子女的帮助，而非寻求政府或者邻居的帮助。

有效改善空巢老人面临的诸多身心需求问题，提高其生活质量，营造一个舒适、零压力、幸福的生活环境，是当下面临的首发任务，同时也是构建中国特色社会主义社会的重要一步。解决此类“银色浪潮”和“空巢老人”问题，不仅需要调研人员的深入调查，更需要政府、社会和个人全方位的具体举措，下面是本小组针对本次调查中，空巢老人身心需求特点形成和存在的原因，提出的若干意见，旨在能为“空巢现象”的解决贡献小我。

（一）给政府的建议

（1）加快推进社会养老保险，逐步健全社会养老体系。本次调查中，有一定数目的老人由于此前在家务农或打工为生，因此没有政府的退休金，另外还有一部分老人没有购买养老保险，所以不能享受任何社会资助。政府部门应当以农民工、非公有制经济组织从业人员和灵活就业人员为重点，扩大职工基本养老保险覆盖面，将未参保的集体企业退休人员全部纳入基本养老保险保障范围。推动机关事业单位养老保险制度改革。实现新型农村社会养老保险和城镇居民社会养老保险制度全覆盖。

（2）通过“两微一端”加大宣传中国传统孝道文化，弘扬尊老爱幼的优良传统，倡导良好的社会风尚。由于工作繁忙或路途遥远，大部分子女无法经常回家陪伴老人，但不可否认的是，还有少数子女“孝道”思想薄弱，把孝顺父母放在一个不重要的位置，需要社会加大中国传统孝道文化的宣传力度，弘扬尊老爱幼的优良传统。在“两微一端”（是指微博、微信及新闻客户端)，即现代年轻人使用量较多的这三种传媒方式传播孝道文化，能实现传播效率的最优化。

(3) 政府加大财政投入，制定扶持规划。全国各地区的空巢老人很多，有关部门可以对情况严重的地区进行定点扶持、区域扶持，解决老人们的生活困难。政府还应加大财政投入，组建社会学研究团队，研究出最适宜的帮扶政策。

(二) 给社区的建议

(1) 加强社区的引导作用，充分发挥社区为空巢老人提供生活照料和精神慰藉的作用。建立各类社区民间组织，为空巢老人营造温暖的家庭氛围。村委会内委员要经常走访慰问空巢老人，将各户老人的身体状况和生活状态记录在册，实施定时定点的帮助。

(2) 增设适合老人的活动场所和设施，还可以定期组织青年人群体和低龄老人群体为高龄老人群体服务，以实现互动。空巢老人大部分都是孤独的，他们需要更加广阔多样的情绪宣泄平台和方式。这就需要社区增设适合老人的活动场所和设施，让老人走出家门锻炼身体，经常参加社区活动，这样既能排解他们心里的烦闷孤独，又能帮助他们强身健体。

(3) 建立与空巢老人子女的交流平台，及时了解空巢老人家庭的情况，“对症下药”。调查中本小组发现，部分老人不愿意向外人倾诉家事，当地村委会对这几户空巢老人的情况也不甚了解。社区可以建立专门的与其子女交流的平台，既可以随时联系对方，又能及时了解空巢老人的现状，从而更能针对他们的实际情况为其提供帮助。

(三) 给子女的建议

(1) 增加与父母沟通的频率，注重与父母的心灵建设。子女不仅要增加与父母的沟通频率，更要注重有效沟通，在极少的沟通机会里关心父母，也可描述自己的现状，让父母放心。许多空巢老人之所以患上心理问题，主要原因都与子女有关，故子女应当给予父母真心的关怀，距离的遥远不要导致心灵的遥远。

(2) 了解父母生活现状，尽量满足父母的心理需求和物质需求。交流是双向的，子女在与父母的沟通中不仅需要谈及自己当下的生活，更需要了解父母的现状，许多父母往往不愿意向子女倾诉自己的难处，此时就需要子女主动地向邻里或者社区了解父母最近的生活状态，及时解决他们的生活问题，不让等待成为遗憾。

(3) 投资社区建设，间接的为父母营造一个优良的生活环境。许多健全的社区不仅需要政府的投资，更鼓励子女们进行投资。让社区的建设更加完善，为父母营造一个优良的生活环境，让父母在平时也能享受到多样的娱乐方式，能在一定程度上满足他们的心理需求。

参考文献

[1] 马翠芝，李芸. 社区孤寡老人的健康现状及关怀体系建构 [J]. 大家健康(学术版)，2013，7 (4).

[2] 步一. 城市空巢老人身心健康状况及对策研究 [D]. 信阳：信阳师范学院，2013.

[3] 刘腊梅，路丽娜. 城市老年空巢家庭现状及对策分析 [J]. 护士进修杂志，2011，26 (18).

[4] 张秀芬，曹顺仙. 我国“空巢”老人养老问题与对策研究综述 [J]. 社会工作((理论)，2009 (12).

［5］彭代超，黄元全. 新时代我国农村空巢老人养老困境及对策研究［J］. 湖北经济学院学报（人文社会科学版），2018，15（6）.
［6］周森森. 农村空巢老人养老问题与对策建议［J］. 新西部，2018（14）.
［7］张持晨，赵慧宁，郑晓，等. 中国空巢老人领域研究现状及热点［J］. 中国老年学杂志，2018，38（2）.
［8］苏珂，李付星，李月恩. 农村空巢老人的情感诉求及抚慰策略［J］. 西北农林科技大学学报（社会科学版），2018，18（5）.
［9］杨平，黄照权，石武祥，等. 农村空巢老人心理健康影响因素的研究进展［J］. 中国老年学杂志，2018，38（14）.
［4］孙晓艳，余灿清，李立明. 空巢老人抑郁症及其影响因素研究进展［J］. 中国公共卫生，2018，34（1）.

大学生参与社区服务情况调研

——以广州市天河区为例

赵歆　钟毓灵　刘婉仪　杨南娇[①]

一、导言

（一）调研目的

社区服务是一种充分满足社会实践需求的公益活动，大学生们可以借此将自己所拥有的知识和技能带进身边的社区。这一方面体现了大学生积极承担社会责任、参与社会事务，另一方面也获得了一次自我锻炼的机会。但是，所有社区都愿意接受这类服务吗？大学生参与社区服务的背后是否还存在着什么问题？对于参与服务的大学生们来说，他们是否愿意牺牲自己的休息时间去服务社区？这一系列问题都值得我们深思与探讨。

本报告将以广州市天河区的大学生社区服务情况为例，通过实地走访调查，展示大学生参与社区服务的表现，了解当地社区服务的内容、成效和不足，并进一步分析背后的问题及其成因，针对大学生参与社区服务衍生出的问题提出相应的看法和建议，从而深化对社会实践的认识。

（二）调研方法

本次调研的研究方法有三种：第一，问卷法。通过抽样方式确定被调查的大学生和社区群体，通过下发问卷获取数据。第二，文献法。通过图书馆和互联网查阅相关资料。第三，访谈法。与一些大学生或社区群众进行面对面的交谈获取信息。通过线上问卷的发放，随机选取200名广州天河区各高校（华南师范大学、华南理工大学等）的大学生进行问卷调研，总体反馈效果较为不错，问卷的有效回收率达到60%以上。

（三）调研过程

调研从2017年7月中旬开始，直到2017年11月下旬，调研历时3个月，最后完成调研报告的撰写。具体流程如下：

2017年7月，通过老师指导确定调查方向并制定调研方案，收集文献资料；

2017年8—9月，在广州石牌的周边社区做调查，方式为发放调查问卷、面谈交流；

2017年10月上中旬，资料整理和数据统计；

2017年10月下旬—11月上旬，撰写和修改调研报告（论文）；

2017年11月下旬，提交调研报告（论文）。

---

①作者为华南师范大学经济与管理学院2016级本科生，指导老师阮春林。

（四）调研情况

为了更好地了解当前大学生参与社区志愿服务的情况，以广州市天河区为例，本小组在暨南大学、华南师范大学、华南理工大学、华南农业大学、广东工业大学、广东技术师范学院等高校的大学生中进行了一次问卷调查。此次调查采用线上问卷方式，问卷实时访问量315份，回收有效问卷200份，有效回收率为63%。其中，男生占19.0%，女生占81.0%；大二学生占28.5%，大三学生占58.0%，其他年级占13.5%。

二、调研发现

（一）广州市天河区大学生参与社区服务的有关内容及其表现

1. 大学生对社区志愿服务的认知情况

广州市是我国青年志愿服务起步较早的城市，也是各类青年志愿者活动开展最为广泛的地区之一。随着时代的发展和社会的进步，大学生们对社区志愿服务的认知和接受程度越来越高。从本次调查来看，在200名被调查者中，有178名大学生表示知道社区志愿服务，占89.0%；仅有22名大学生表示没有听说过，占11.0%。大学生了解社区志愿服务的主要途径分别有组织招募（65.5%）、朋友同学（59.0%）、互联网（31.0%）、课堂讲座（16.0%）、电视广播（15.0%）、书刊杂志（14.5%）等。

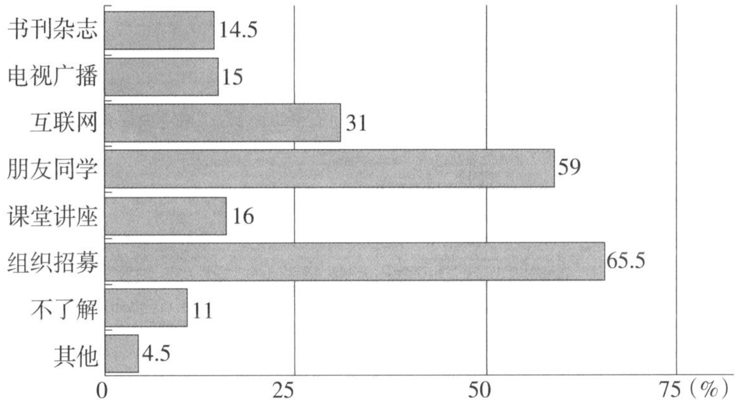

图1　大学生了解社区志愿服务的主要途径

当被问及“您认为学校或当地政府有必要组织大学生参与社区服务吗”时，65%的大学生回答“有必要”，22.5%回答“无所谓”，12.5%回答“没必要”。在回答“您觉得大学生参与社区服务对社区居民的帮助有多大”这一问题时，21.5%的大学生认为“很大”，67%的大学生认为“一般”，而认为“很少”“没有”的分别占被调查者的8.5%和3.0%。22.0%的大学生表示大学生参与社区服务“具有很宽广的前景，会不断提高”，48.5%表示“前景较好，会一直持续下去”，24%表示“前景不明，发展较为曲折”，而选择“前景不理想，没有实际意义”的仅占被调查者的5.5%。从调查结果可以看出，大多数大学生对社区志愿服务的必要性有着明确的认识，对社区志愿服务活动对社会的作用给予了高度评价，对社区志愿服务的期望程度较高。

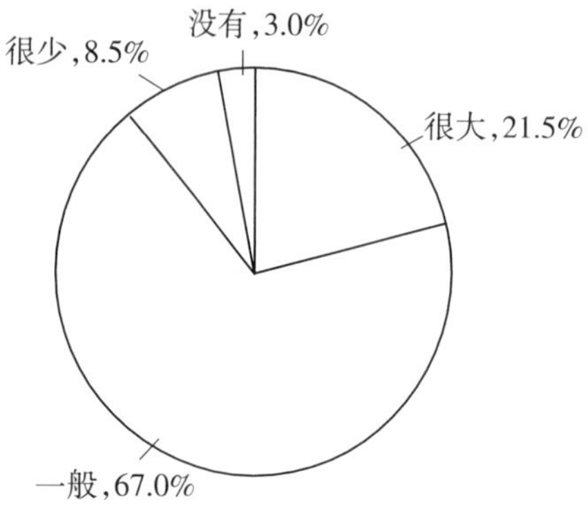

图2　大学生对于参与社区志愿服务有效性的认知

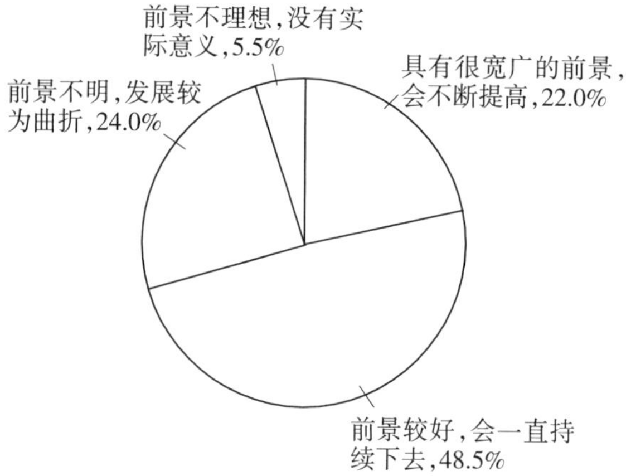

图3　大学生对于参与社区服务前景的认知

2. 大学生对社区志愿服务的参与情况

在200名被调查者中，有58.5%的大学生表示参加过社区志愿服务活动，42.5%的大学生表示没有参加过。这表明，虽然社区志愿服务的意义和作用得到了大学生的广泛认同，但从目前的实际情况来看，大学生参与社区志愿服务的总体比例并不高。

大学生在社区中开展的志愿服务内容十分丰富，一些人还参加了多种类型的服务活动。调查显示，在已经参与过社区志愿服务的大学生中，有33%的大学生参加了“照顾老人、孤儿、残障人士类”服务，24%的大学生参加了“儿童教育类”服务，16%参加了“科普宣传类”服务，15.5%参加了“绿色环保类”服务。此外，还有一部分大学生参加了家政维修、卫生保洁、医疗保健、法律咨询、文体娱乐、心理健康、问题调解等类型的

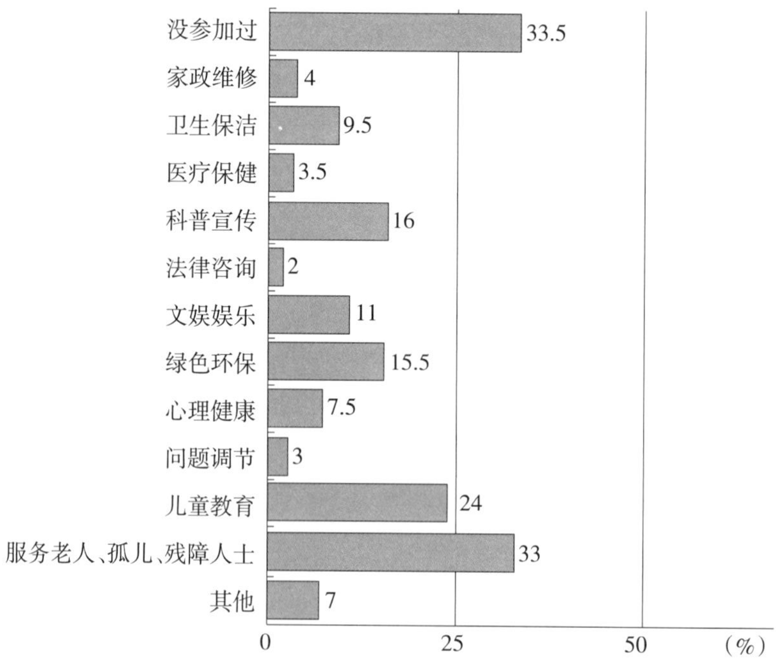

图4　大学生参与社区志愿服务的内容

社区志愿服务。

从本次调查的情况来看，大学生们参与社区志愿服务的时间和频率各不相同，呈现多元化的特征。在已经参与过社区志愿服务的大学生中，7%的大学生参加活动的频率是“每星期一次”，14.5%的大学生是“每月一次”，5%的大学生是“每三个月一次”，9%的大学生是“每半年一次”，12%的大学生是“每年一次”参加活动。大多数学生在双休日（19.5%）、工作日课余时间（16%）及不固定时间（17.5%）参加实践活动。

在调查中，当被问及“促使您参加社区服务的因素有哪些”时，55.5%的大学生表示是为了“增加社会见闻、拓宽自己的视野”，50%的大学生是因为“感兴趣，希望锻炼自己的能力”。因帮助他人而产生的“快乐、满足感”是43.5%的大学生参加社区志愿服务活动的主要原因，“结识朋友、扩大自己的朋友圈”是吸引35%的大学生参加的重要原因。28.5%的大学生希望“得到工作经验及以后就业的机会”，22.5%是为了“社会及别人的认同”，22.0%的大学生是因为“学校要求”，另有4%的大学生选择了“金钱”，10.5%选择了“其他”。

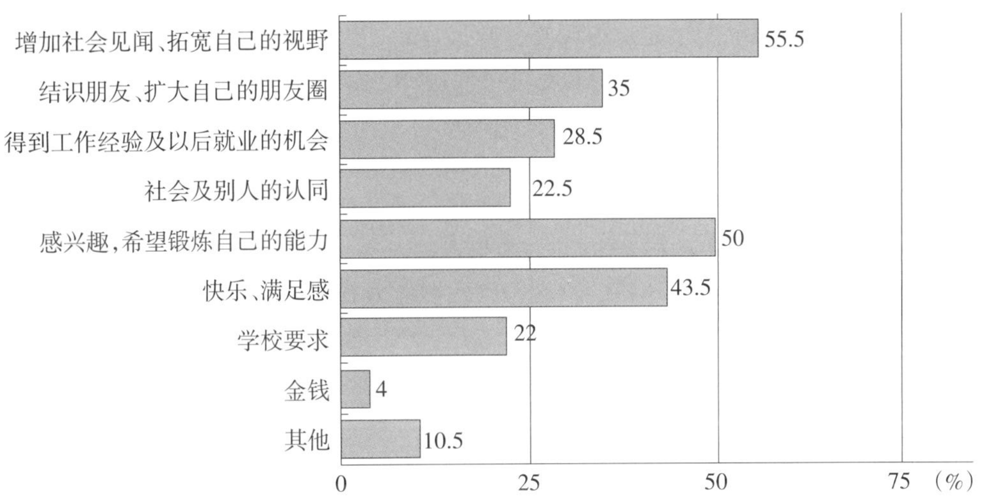

图5　大学生参与社区志愿服务的影响因素

影响大学生参与社区志愿服务的原因是多方面的。绝大部分同学受限于没时间（67.5%），没有参与途径或没有及时了解相关信息（32.0%），及自身条件不允许或不知道自己是否胜任（21%）。另外，26%的人认为志愿服务过于形式化，没有意义，20%的人担心影响学习，19.5%的人担心没有经济回报还可能花费一定的金钱，9%的人表示参加后只是默默付出不被其他人了解，8.5%的人担心权益得不到保障。

3. 大学生对社区志愿服务的看法意见

调查样本中超过半数的大学生认为当前社会能够对大学生参与社区服务产生积极影响。67%的学生认为当前社会“更广泛的动员大学生资源，锻炼大学生能力”，“为大学生社区志愿服务制定了目标，提供前进动力”及“为大学生志愿服务创造了良好的氛围”分别占样本的47%及58.5%；而“促进其志愿服务活动内容的创新”也占44%的较高比值。但是，16%的同学认为“增加社会压力，削弱其积极性”，20%认为“活动频率增加，增加大学生的压力”，也有6.5%的同学认为“没有任何影响”。

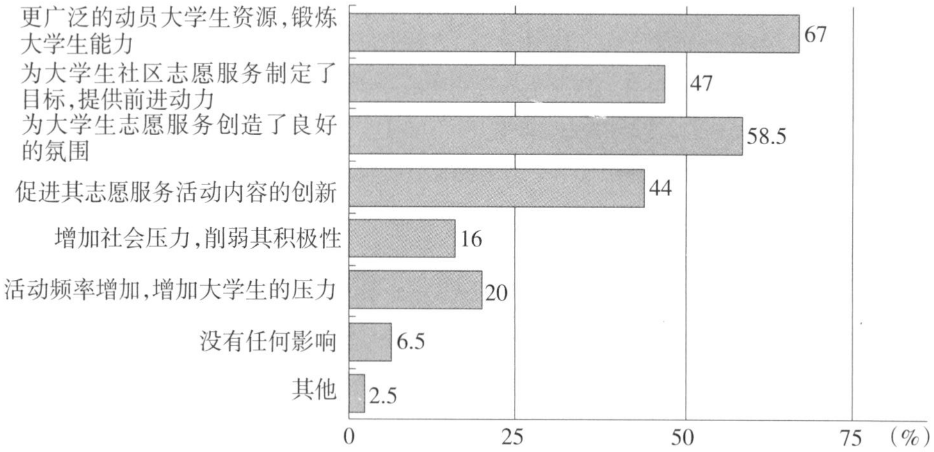

图6　大学生对社区服务的看法意见

针对大学生社区服务的不足进行调查，数据显示，“参与者缺乏培训，专业技能不扎实，不够专业”（70.5%）及“参与者对社区状况不了解，服务效率低”（69%）占最大比率。跟随其后的依次有“缺乏完善的服务机制，组织性不强”“参与人数不够多，缺乏数量的保障”“社区志愿服务的参与形式、途径单一”“宣传力度不够大，被服务群众少”等。至于大学生参与社区服务面临的困难，则有“社区服务组织力度不够”，“社会对社区服务认识不够，能够提供的机会少”，“参与者缺乏人身保障”，“社区服务发展相对落后，不全面”，“政府重视程度不高，社区服务发展能力有限”等。

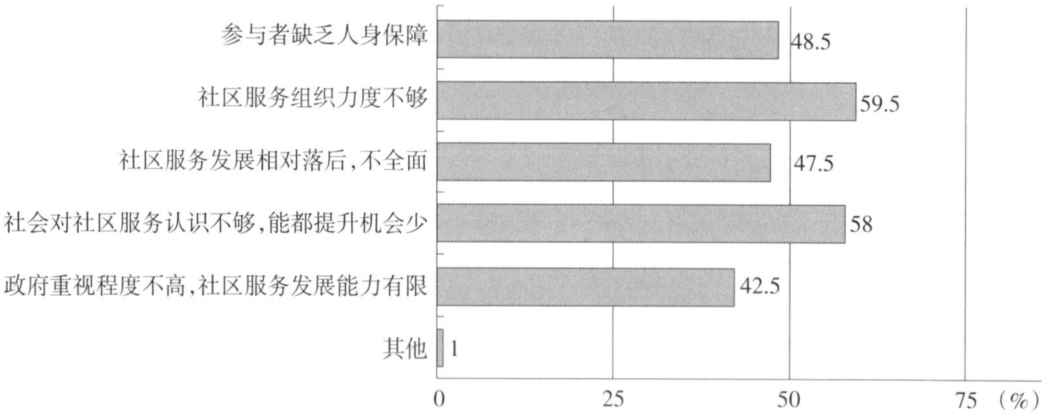

图7　大学生参与社区服务面临的困难

（二）广州市天河区大学生提供的社区服务存在的优点和不足

1. 优点

大学生参与社区服务有很多优点，主要体现在：

第一，对大学生自身而言，有利于培养大学生的奉献精神和责任感。大学生在社区服务过程中，为服务对象提供帮助，不仅贡献了自己的力量，而且还能从服务过程中收获新技能和感动。此外，大学生在服务过程中，通过与服务对象的沟通和接触，将所学知识与社区服务内容结合，可以更早、更好、更充分地接触和认识社会和不同的群体，进一步激发自身的社会责任感和公民意识。

第二，对服务对象而言，大学生社区服务为弱势群体提供了服务和帮助，不仅有利于维护弱势群体的权益，从而维护社区乃至社会的和谐稳定，也有利于改善社区环境，丰富社区文化。

第三，对整个社会而言，大学生社区服务利用社区自身的组织人才优势，逐步建立和倡导了以助人为乐、文明礼貌、爱护公物、保护环境、遵纪守法为主要内容的社会公德和以尊老爱幼、邻里和谐、勤俭持家、团结友爱、夫妻和睦为主要内容的家庭美德。提高了大学生的广泛参与程度，促进了社会和谐，维护了社会稳定，改善了民生。

2. 不足

第一，大学生社区服务相关制度不健全。完善的制度是社区服务质量的保障，它不仅关系到社区服务质量和水平的高低，而且对其能否持之以恒深入发展有重要影响。相关制度不健全，导致开展工作难度大，服务质量受到影响。

第二，社区志愿服务参与形式、途径单一。

第三，参与者对于社区状况、服务对象不了解，服务效率低，影响服务质量。

第四，参与者缺乏培训，专业技能不扎实，不够专业。

第五，宣传力度不足，参与人数不多，被服务群众少。

（三）大学生社区服务活动出现问题的原因

1. 大学生志愿者方面

（1）服务能力较低。

大学生志愿者进社区活动开展得成功与否很大程度上都取决于人员的志愿服务能力的高低。目前，我国大学生志愿者的能力普遍偏低，许多志愿社区活动都处于应付状态，能力的不足在某种程度上甚至限制了志愿社区服务的发展。而且，由于大学生绝大部分时间都待在学校里，对社情民情了解有限，认识不足，一旦涉及真正需要提供技术服务的项目，能力上存在的缺陷就会暴露出来。另外，一些高校志愿者组织在招募志愿者后，只进行简单的介绍后就安排志愿服务工作，而对于培训的具体内容，如相关服务技能、服务程序、服务经验、服务标准，服务的艺术等，则囿于时间限制等因素未能进行全面而详细的指导。由于大学生志愿者进社区活动缺乏相应技能培训，对可能遇到的困难往往准备不足，弱化了志愿服务的成效，这种挫败感可能使大学生志愿者的自信心受到打击，影响其能力的发挥和服务的热情，导致志愿者再次参加服务的意愿降低。

（2）大学生社区志愿服务的内容缺少针对性。

在志愿服务开展前，由于没有进行社会需求与服务要求相关的社区调研，志愿服务的内容容易存在准备不足，针对性不强等问题，从而不能很好地满足社会成员实际需求。服务领域也还停留在扶弱、助残、支教等传统项目上，没有结合新时代的要求开展全方位、多角度的志愿服务。

（3）队伍建设不够稳定。

人员流动性大，缺乏长期的稳定队伍，是当下大学生志愿者进社区活动的突出问题。

大学生群体自身的不稳定性，导致了社区服务时间的不确定性。受学习时间与经验等影响，绝大多数大学生志愿者都是利用周末或寒暑假的时间来开展社区服务，志愿活动的短期、季节性行为削弱了其服务价值，这是所有类型的学校参与社区服务共同存在的问题。由于志愿服务秉承“服务他人、奉献社会”的理念，满足了大学生主体意识的需要，受到了大学生的欢迎与支持。每当高校志愿者组织招新的时候，总是报名者众多，积极性很高，但随着时间的推移，大学生志愿者的积极性锐减，一些学生刚刚进入角色不久，就选择退出或隐性退出，而之后新招的一批学生又不熟悉情况，导致出现工作衔接不好，连续性差的现象，这对于志愿社区活动的发展是十分不利的。

2. 高校方面

（1）宣传不够到位。

大学生志愿者进社区活动的宣传工作不到位也是制约志愿社区活动更好发展的重要因素之一。目前，在高校校园内，大学生志愿者进社区活动的宣传途径主要通过共青团干部、学生会干部和班级干部等向学生传达，信息传递途径较欠缺，这种方式很大程度上使得宣传范围和效果非常有限。另外，宣传的方式也主要集中在散发宣传单、校园广播、贴海报等方面，未能充分利用网络技术等来传递信息，信息传达的效果不理想，同学们知晓志愿信息的渠道很少。据问卷调查显示，许多大学生对志愿社区活动的内涵不明确，部分大学生表示不能坚持经常性参与志愿服务，主要原因是相关的宣传太少，造成了许多大学生对志愿服务理解不正确，没有及时获取志愿社区活动的相关信息。在社区里，人们对于大学生志愿者的了解主要通过电台和电视、宣传海报和报纸杂志，这说明目前广大社区居民对于大学生志愿者和志愿社区活动的了解还不充分，大多数只是知晓或者听说。

（2）服务机制不健全。

大学生参与社区志愿服务主要由志愿者协会组织实施，如校青协，自强社等。当前，高校大学生志愿者协会科学、规范、稳定的运行机制还不太健全。大学生志愿者协会现有的章程、招募制度、考核制度、服务时间认证制度、激励制度等都不够完善，尤其是与高校的社会实践管理办法、综合测评管理办法和升学就业政策结合得不够紧密，致使大学生的志愿服务行为没有深入地得到同学，学校和社会的认可与尊重，志愿者归属感不强，流失问题较为严重。

（3）缺乏相应的激励措施。

大学生社区志愿服务活动的开展主要集中在前期宣传和具体执行中，而对于后期的监督和管理等则缺乏有力的措施，激励环节薄弱，激励措施有待改进。志愿活动结束后，社区组织和志愿者组织更多地关注下次活动的联系工作，却忽视了对这次活动中志愿者的表现进行奖励和评价。由于激励环节的薄弱或缺失，往往使得志愿者内心的社会认同感和个人积极性被削弱，从而影响到后续活动的组织和开展，不利于保持志愿服务活动的持续性。大部分高校志愿者尚缺乏一套专门的志愿者评定机制，还没有一个较统一的评定标准。在激励政策方面，有的高校开展年度志愿者“评优评先”活动，但学生对“优秀志愿者”这样的称号并不是特别珍惜，学校也没有召开专门会议进行表彰，在学生手册和学校相关的规定中未对志愿者的地位做出明确陈述，学校对志愿者行为的鼓励和志愿者文化的培育措施还不到位。

3. 社会方面

（1）社会认同度有待提高。

大学生志愿者进社区活动大多数是从高校自身、共青团工作和大学生社会实践的角度来组织开展的，地方政府、社区管理单位或其他社会单位的支持还不够，活动缺乏社会的充分认可。由于我国志愿者行动开展较晚和人们对志愿者服务活动的不理解，使得大学生志愿者进社区活动难以深入人心，难以唤醒民众的互助意识。一些社区的居民对大学生进社区参与志愿服务的活动还存在着理解上的偏差，认为志愿者就是不计个人得失来提供免费义务服务的，把大学生志愿者当成免费的劳动力。从舆论角度来看，目前在社区尚未形成良好的有利于开展高校社区志愿服务的舆论环境。新闻媒体没有对高校大学生志愿者进社区活动做深入报道，有些社区居民对大学生开展的志愿服务活动持怀疑态度，信任度不高，这些因素客观上也对大学生志愿者本人产生了一定的负面影响。因此，大学生志愿者进社区活动要想获得较高的社会公益效益，需要有政府、企业和社会大众的广泛支持和参与。

（2）缺乏法律保障。

志愿者服务在很多情况下是存在风险的，大学生志愿者进社区志愿服务面临着同样的问题。从几大高校的情况来看，大学生志愿者进社区活动的权利和义务不明确，组织者对大学生志愿者活动的服务、培训和项目评估不足，缺乏预防处理风险和事故的能力，社会和高校很少为大学生志愿者提供人身、医疗保险。此外，大学生志愿者进社区活动缺乏法律保护，缺乏必要的政策法规支持。除此之外，志愿服务涉及志愿者、被服务对象、志愿者组织三方，在服务与被服务过程中，难免会出现一方侵犯某一方权益的事情，这些都需要完善的机制来解决。

三、对策建议

从本次调查所了解的情况来看，广州市的社区志愿服务经过近些年的发展，已经蓬勃开展起来，在大学生中也获得了广泛的认同和较高的评价，但还存在参与面不广、积极性有待提高的问题。为此，本小组提出以下对策和建议：

（一）充分利用各种宣传手段，加大对社区志愿服务的宣传力度

社会学认为，外界社会环境条件会作用于个体的思想观念、心理特征和行为方式，对个体的社会化具有很大影响。大学阶段是大学生社会化的重要时期，对于处于青年期的大学生来说，学校、大众传播媒介和同辈群体是他们社会化过程中最主要的几个外界影响因素，对大学生了解和认识社区志愿服务产生了极为重要的影响。为了让更多的学生参与社区志愿服务，扩大社区志愿服务在学生中的影响，使更多的学生对其加深了解，这就需要不断加强加大宣传力度，采取多种宣传方式和宣传手段，广泛发动媒体进行宣传报道，同时也要加强校外宣传，扩大社会影响，充分展示当代大学生良好的精神风貌。

（二）充分调动大学生参与的积极性，进一步发展壮大社区志愿者队伍

如前所述，有相当数量的大学生尚未参与社区志愿服务，其中蕴藏着极大的发展潜力有待进一步挖掘。如何调动他们的积极性，使他们将内在的参与意愿转化为实际的参与行

动，应该成为今后的一个工作重点。目前我国正在推广实施志愿者注册制度，应该以此为契机动员和组织大学生进行社区志愿者注册登记，并建立起相应的规章制度和评估奖励机制，定期对表现优秀的社区志愿者进行精神或物质奖励，提高社区志愿者队伍内部的积极性和凝聚力，鼓励大学生积极参与，从而能使更多的学生受到教育。

（三）结合专业技能，注重服务质量，提高服务层次，增强服务效率

在开展社区志愿服务时，要注意将社区的需要与学生志愿者的需要有机结合起来，让大学生通过参加社区志愿服务活动，增加接触社会、了解社会的机会，拓宽视野，为大学生施展才能提供广阔的舞台，提高自身的综合素质和能力。建立健全大学生志愿者队伍建设的培训制度，加强对志愿者的服务技能、专业知识、社区常识等方面的培训，特别是强化志愿者的社会交往能力和实际解决问题的能力，从而提升志愿者的素质和技能，全方位地提高志愿服务水平，为社区的建设贡献一份力量。

（四）建立大学生社区志愿服务的社会支持机制

社区志愿服务不仅依靠志愿者本身的爱心和行动来实现，而且也需要政府和社会各方面的支持。高校需要与社区建立紧密的合作关系，提供开展活动的平台和条件，保障志愿服务活动顺利进行。政府要努力为大学生志愿服务创造基本条件，给予政策方面、经济方面和社会性的支持。建立市场、政府和志愿服务之间的协作机制，为大学生志愿服务的发展提供良好的发展条件。另外，社会各界也应该为大学生社区志愿服务提供组织资金、技术指导、政策支持等相关资源，为志愿服务提供良好的发展条件。此外，还要建立维护志愿者权利的组织机构和制度，更好地保障志愿者权利。

四、结语

大学生参与社区服务具有十分重要的意义，服务过程中锻炼了自身的社交能力，培养了奉献精神和社会责任感等。对社区而言，有利于社区的和谐发展，在社会上形成一种互助互爱的氛围。在开展社区志愿服务时，要注意将社区的需要与学生志愿者的需要有机结合起来，在更加有效地服务社区的同时也要满足志愿者的愿望。相信随着高校对志愿者活动的重视以及大学生自身服务意愿的提高，社会保障的健全，社区志愿者活动的发展前景将会更加光明。

参考文献

[1] 陈雅丽. 当代学生的社区参与——广州市学生参与社区志愿服务情况的调查与分析［J］. 现代教育论丛，2006（5）.

[2] 李倩思. 高校志愿者提供社区服务的现状与对策研究——以广州市黄埔区长洲街为例［D］. 广州：华南师范大学，2011.

[3] 李燕. 大学生社区服务素质之培养途径及模式探究［J］. 广州城市职业学院学报，2013（2）.

[4] 田丽娜. 大学生社区志愿服务长效机制初探［J］. 思想教育研究，2009（12）.

[5] 潘子松. 大学生志愿者进社区活动的研究［D］. 南京：南京师范大学，2011.

农村留守儿童心理健康现状分析及对策

——以肇庆市广宁县石涧村为例

揭海慧　周嘉茵　梁启发　李海源　赵卓炜①

一、导言

（一）研究背景与选题介绍

随着我国社会经济的高速发展，留守儿童群体所存在、遭受、引发的问题已经成为不容小觑的社会问题。党和政府高度重视这一弱势群体，出台了不少的政策措施。在学界，不少学者将目光锁定留守儿童的心理健康问题，对相关影响因素进行了调查分析，具体因素主要包括社会、学校、家庭和自身等多个方面，其中家庭因素被认为是影响留守儿童心理健康状况的主要因素。除此之外，学界也提供了不少改善留守儿童心理健康状况的建议及对策。然而，通过查阅相关文献，笔者发现此类调查存在着不尽如人意之处：虽然对留守儿童的现状进行了调查研究，但调查存在不够全面的问题，主要表现为缺乏与非留守儿童的比较研究；另外调查提供的建议缺乏针对性。笔者认为，如何全面认识和解决留守儿童的心理健康问题是一个有待深化、亟待解决的难题。

本文选取的调查研究地点是肇庆市广宁县石涧村，位于广东省西北部。该村以农业生产模式为主，经济相对广东省其他地区而言较为落后。村里外出打工谋生的中青年村民占总人数的绝大部分，造成了当地留守儿童问题较为严重，村中过半儿童不和父母生活在一起，部分父母外出打工时会把孩子寄养在亲戚家，或让其独立生活等，一定程度上影响了留守儿童的心理健康。本文通过实地调查，将留守儿童与非留守儿童进行比较研究，深入了解当地留守儿童的心理健康现状、存在的问题及原因；主要从留守儿童的“户外之家”——学校这一重要影响因素着手，提供较有针对性的解决对策。

（二）相关概念

留守儿童是指父母双方或一方外出到城市打工，而自己留在农村生活的14岁及以下的儿童。他们一般与自己的父亲或母亲中的一人，或者与上辈亲人、父母亲的其他亲戚、朋友一起生活甚至是独立生活。监护人本应履行的职责包括照顾孩子的日常生活，督促辅导孩子学习和负责其人身安全，但往往由于各种原因导致职责不同程度的缺失，他们与留守儿童的交流较少。

（三）研究方法与调查说明

为了保证调研结果的客观性，本小组采用了个案研究与抽样调查两种方式。个案研究

---

①作者为华南师范大学物理与电信工程学院2009级本科生，指导老师陈小文。

主要采用访谈法、观察法两种研究方法。在抽样调查中本小组采取了随机抽样的方式。首先，选取石涧村作为样本地域，共发放问卷190份，回收190份，其中189份有效，有效回收率达到99%。其次，本次问卷调查采取无记名形式，在问卷设计上包括留守儿童和非留守儿童两个部分。出于调查的需要，无须每位被调查者都完成两个部分。其中仅完成第一部分的被调查者人数为57人，两个部分都完成的有132人。

本次问卷设置了家庭基本情况、心理情况调查、行为情况三方面内容，此外专门为留守儿童设置了“我的希望与看法”板块作为研究补充。考虑到留守儿童的心理状况，本小组没有直接向留守儿童发放问卷，而是向小组成员见到的学生全部发放了问卷，学生们在这种无区别对待下给出的答案更加客观真实。事后通过“家庭基本情况”模块的相关选项来辨别留守儿童与非留守儿童，两份资料分开统计，将留守儿童与非留守儿童的问卷反馈做定性、定量的对比，能更加直接地反映出两者的差异，便于数据分析，这样得出的结论也会更有可比性，结论更有说服力。

二、调研发现

（一）留守儿童基本状况调查与分析

众所周知，儿童时期是培养个人认知水平与社会认知水平的关键时期，是心理从不成熟走向成熟的重要时期，也是心理异常问题出现的高峰时期。通过对当地儿童家庭基本情况开展调查，本小组发现，该村有过半数的儿童不与父母生活在一块。尽管该地留守儿童父母的工作地点普遍邻近珠三角，可以利用多种方式与孩子沟通联系，但仍有41%的留守儿童表示已经超过半年没有和父母联系了，这一数据明显反映出当地部分留守儿童严重缺乏亲情关怀。

（二）留守儿童心理状况调查与分析

本节主要从学习态度、最感谢的人、自我感觉和自信、目前学习与生活满意程度、孤独感、烦恼来源、自己最不满意的地方及知心朋友情况八个方面来反映农村留守儿童的心理健康状况。

1. 学习态度

针对“学习态度”开展考察的结果显示，留守儿童与非留守儿童皆集中选择“比较刻苦”与“十分刻苦”两项。其中留守儿童选择“比较刻苦”的人数占总数的72.73%；而非留守儿童则在“十分刻苦”这一选项占的比重最大，占42.11%。由此可以看出，相较于留守儿童，有父母在身边的儿童对自我学习态度的认可程度更大。这在一定程度上是由于父母对子女的学习具有及时督促、鼓励、反馈等积极影响。

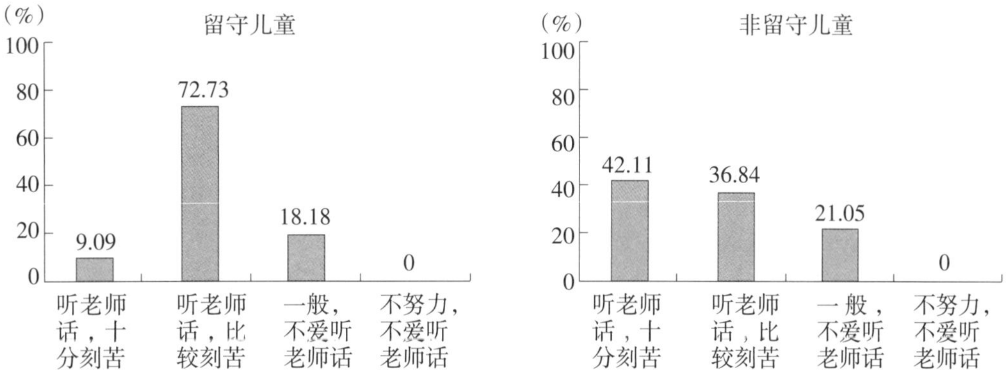

图1　学习态度对比图

2. 最感谢的人

在“最感谢的人”一项中，留守儿童与非留守儿童皆主要选择“父母”为最感谢的人。可见，尽管父母不常伴身边，但绝大部分留守儿童都能体恤父母的难处，与父母保持着良性关系。值得注意的是，留守儿童选择最感谢的人是“父母”的人数占总数的81.82%，高于非留守儿童在父母一项选择比重（63.16%）近20个百分点。除了“父母”这一选项，留守儿童与非留守儿童也对“老师”这一选项较为重视，这在一定程度上反映出学校教育在留守儿童及非留守儿童心理健康方面占有重要地位。

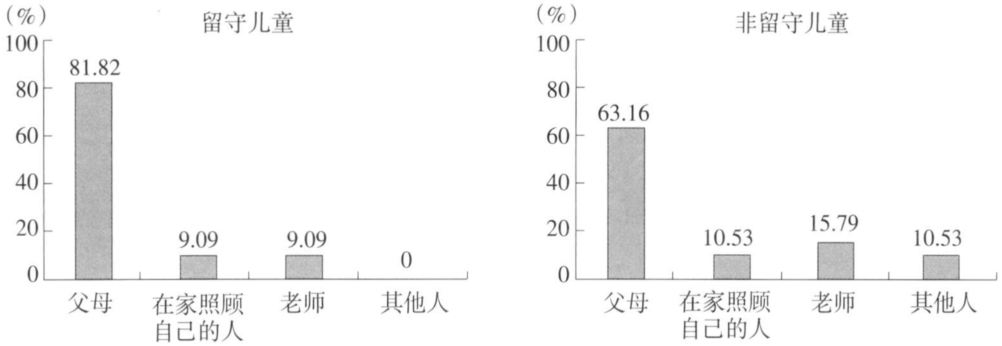

图2　最感谢的人调查对比图

3. 自我感觉和自信

结果显示该地不论是留守儿童抑或非留守儿童，占最大比重的选项皆为“我做得很一般”，非留守儿童的自我认可度及自信感总体而言略高于留守儿童。如图3所示，针对“我做什么都不成功”这一选项，非留守儿童选择人数为零，但有9.9%的留守儿童选择该项。多种因素可能导致这一结果：父母是儿童心理及精神上的强有力支柱。当他们遇到困难时，有父母在身边的儿童可能会呈现出更为自信的一面，意识到可以和父母及时反映并获得解决方法；而留守儿童则可能会由于缺乏与父母当面沟通的机会导致不确定感增加，自我认同感不高。

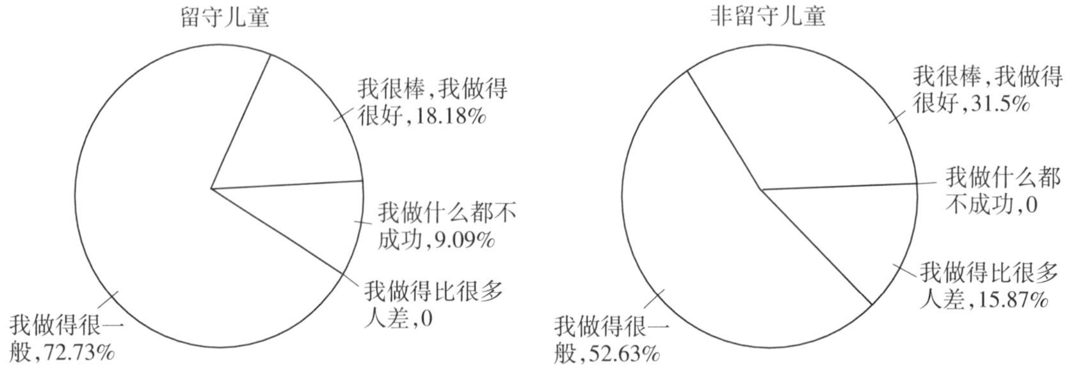

图3　自我感觉和自信方面调查图

4. 目前学习与生活满意程度

如图4所示，留守儿童和非留守儿童在对现在的学习和生活状况很满意的情况相差无几，但后者更愿意寻求改变，而前者则倾向于抱着“不满意，但无可奈何”的逆来顺受态度。非留守儿童的父母平时肯定多多少少都会督促孩子的生活及学习，孩子也能得到更多关爱，其生活质量总体上更有保障，孩子也更有上进心，更愿意追求好的生活。

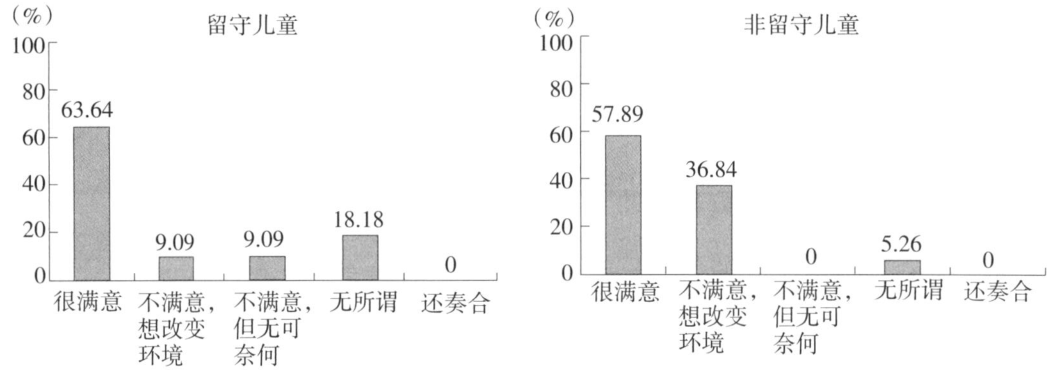

图4　目前学习与生活满意程度对比图

5. 孤独感

调查结果显示，36.36%的留守儿童经常感到孤独，54.55%有时感到孤独，总的来说，接受调查的留守儿童没有不感到孤独的，这与31.58%的非留守儿童选择“没有”孤独感形成明显的对比。令人惊讶的是，非留守儿童选择“经常”感到孤独的人数竟然也占总人数的15.79%，“有时”感到孤独则占到47.37%。这可能是部分父母忽略了对孩子的照顾、缺少沟通的结果。

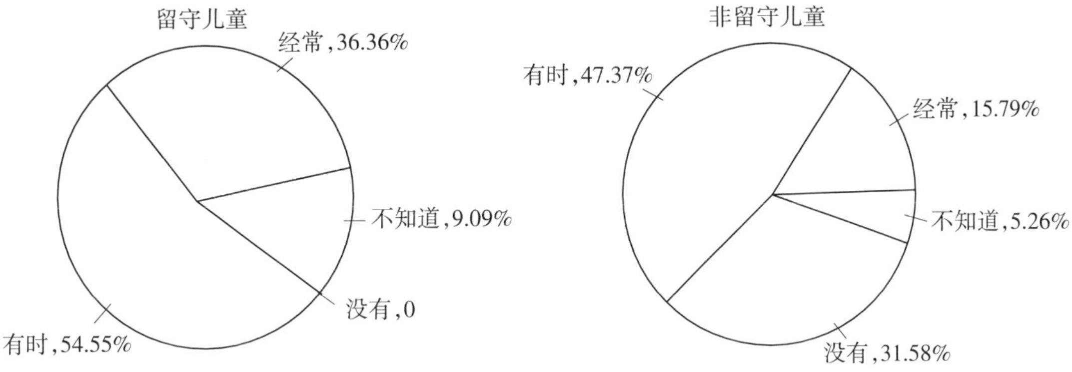

图5　孤独感对比图

6. 烦恼来源

接受调查的儿童的烦恼来源主要来自学习和家庭，这一点在留守与非留守群体中差别不大，尤其是有将近一半的学生选择“学习”这一项。可以看出，学校教育对孩子的心理有着很大的影响。

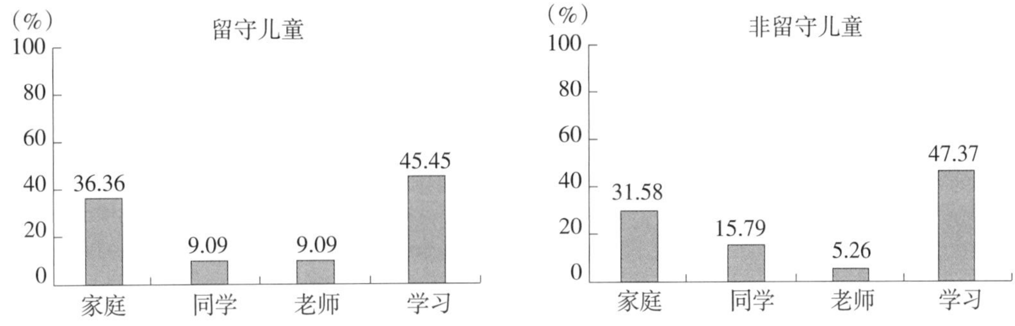

图6　烦恼来源对比图

7. 自己最不满意的地方

如图7所示，接受调查的留守儿童与非留守儿童皆普遍表示最不满意自己的“学习成绩”。区别于非留守儿童更在意自己的“性格”这一关注“内在”的选项，留守儿童选择更在意自己的“相貌体形”的人数占总数的27.27%。这在一定程度上反映出留守儿童较为在意他人的目光，在待人处事上更为敏感。

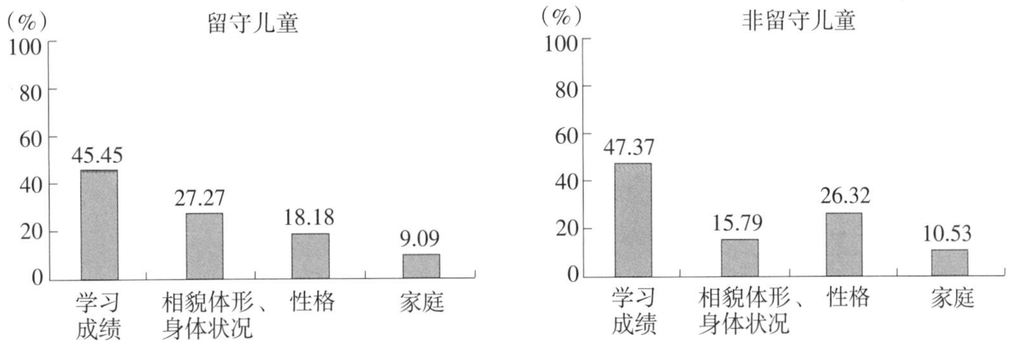

图7　自己最不满意的地方调查对比图

8. 知心朋友

由图 8 可知，受访的留守儿童与非留守儿童普遍都有自己的知心朋友。相比较而言，非留守儿童选择有“很多”朋友的比重高于留守儿童，其中选择“无所谓”选项的留守儿童比重高于非留守儿童。由此看来，留守儿童性格更趋于内向，交友数量相对较少，不易向人敞开心扉。在调研小组成员观察、访问留守儿童的过程中，也发现个别留守儿童较为内向，不愿与人交流，封闭的自我环境不利于留守儿童的身心健康。

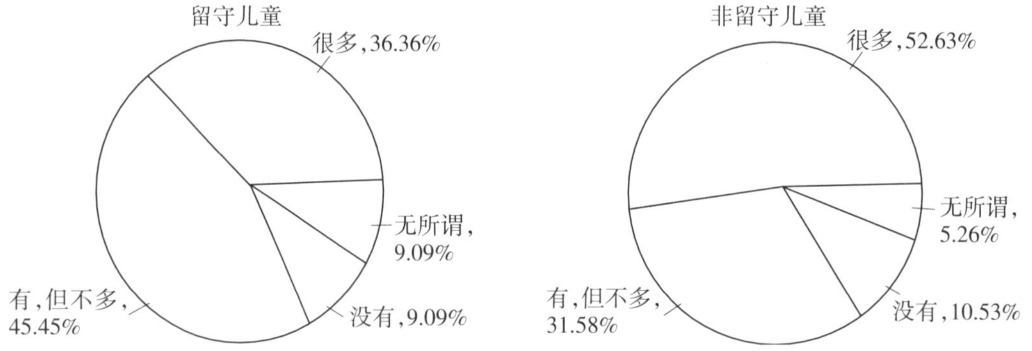

图 8　知心朋友情况对比图

（三）留守儿童行为调查与分析

人的行为往往能反映其心理与想法，这种间接探寻心理的办法往往可以更容易得到真实的数据，本模块的目的是调查孩子们的行为情况，通过留守儿童与非留守儿童的行为对比来分析留守儿童的行为及心理现状，了解他们的内心世界。

1. 遇到困难最先向谁求助

从图 9 中可以看出，在遇到困难时，受访的儿童都没有选择向亲戚求助。33% 的受访留守儿童会选择打电话给父母，11% 的人选择找老师，剩下 56% 的留守儿童则倾向于自己解决；21. 2% 的非留守儿童选择打电话给父母，28. 8% 的人找老师，剩下的 50% 选择自己解决。由此可见，不管是否留守，近半受访儿童皆显示出独立解决问题的意识；留守儿童向父母寻求帮助的概率要大于非留守儿童，即便日常缺乏父母的陪伴，但遇到问题仍有过半数的留守儿童第一时间想到向父母求助，渴望得到关怀。另一方面，他们不愿向自己的亲戚求助，一定程度上反映出隔代抚养容易出现的代沟问题。长此以往，留守儿童在遇事找父母与父母陪伴缺失的矛盾中，容易形成孤僻、缺乏安全感等心理问题。

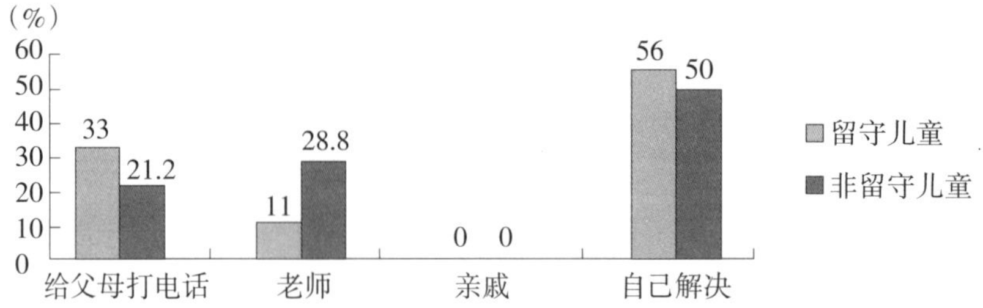

图 9　困难求助对比图

2. 对待批评的态度

在受访的留守儿童中，44.5%的人在面对批评时选择“承认错误，下次不再犯”，比例略低于非留守儿童；15%则选择“很伤心，但只是在心里想”；11.5%的学生会“有点气愤，但不会发泄”。值得注意的是，14.5%的受访留守儿童表示会“不满顶撞，然后大发脾气”，比例远高于非留守儿童的3.2%，剩下14.5%的留守儿童觉得“无所谓，听完就算了”，不操那份心。总的来说，受访的留守儿童与非留守儿童大都能主动承认错误，少部分儿童会表现出强烈的负面情绪，其中留守儿童占的比例稍大。可见留守儿童和非留守儿童在面对自身错误的时候普遍能主动地自我检讨。然而在情绪控制方面，留守儿童相比非留守儿童而言，内心更为敏感，情绪更易失控。

3. 对角落的看法、对陌生人的态度

留守儿童并不是像我们想象的那样，喜欢一个人安静呆在角落独处。通过调查不难发现，有些留守儿童特别活泼，喜欢扎在人群里，喜欢热闹的感觉，不愿一个人独处。与父母分居两地磨练了他们的独立性格，但并不会磨灭他们对融入集体的渴望与热情。

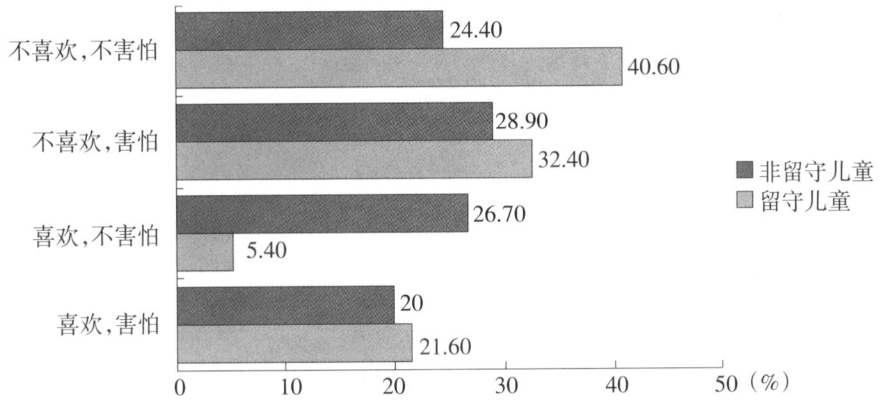

图10　是否喜欢角落、害怕陌生人的对比图

4. 上网的主要目的

留守儿童中，41.3%的受访儿童的上网目的为“聊天”，14.4%则是为了“查阅资料”，23.8%是为了“打游戏”，剩下20%的人“随便看看”，后两项比重都略高于非留守儿童。而在非留守儿童中，出人意料，有高达78.2%的学生选择“聊天”，仅4.3%的学生选择“查阅资料”。通过这一项的调查，可以看出绝大多数非留守儿童与留守儿童上网的主要目的都是为了“聊天”。这种现象也反映出不论是留守儿童抑或非留守儿童，内心都有与他人交流的渴望，希望能有倾诉的对象，哪怕是通过网络虚拟空间。其次，通过对“随便看看”选项所做的定性对比可以看出，较之非留守儿童，更大比重的留守儿童上网没有明确的目标，只是“随便看看”，从一定层面反映出留守儿童的内心较为空虚，上网只是纯粹的消遣娱乐、打发时间而已。

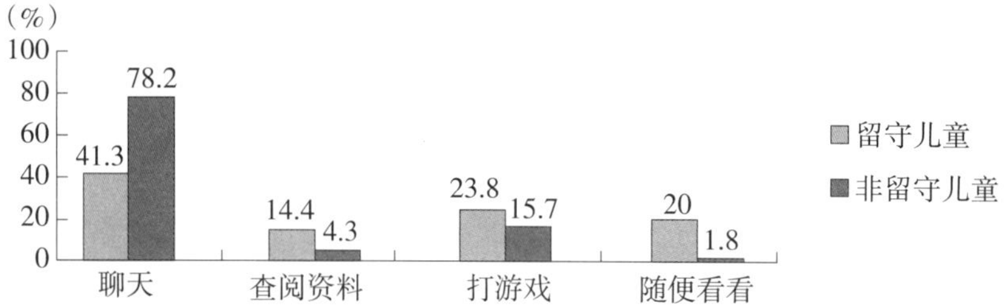

图 11　上网的主要目的对比图

5. 与父母争执的频率

据调查结果显示，针对与父母争执情况这一问题，受访的留守儿童及非留守儿童各项指标较为接近。但在“经常争执”一项中，留守儿童所占的 10% 比重明显高于非留守儿童的 3.3%，这在一定程度上是由于留守儿童与父母面对面交流的机会较少，未能更为主动地表达，缺乏沟通所致。通过个案分析我们了解到，个别留守儿童明确表示与父母沟通的时间、机会少，他们时常觉得父母不清楚自己的真实情况，不了解他们。所以在看法出现分歧时，留守儿童更容易产生冲动、不满情绪，与父母发生争执。

6. 对陌生人的求助的态度

如图 12 所示，在留守儿童中，35.9% 的人会选择“帮助”陌生人，比例基本与非留守儿童持平；22.2% 会“拒绝提供帮助”，比例远高于留守儿童所占的 1.7%；35.9% 的受访留守儿童表示“想帮助，又害怕上当”，仅 6% 的儿童觉得“事不关己，不操那份心”。非留守儿童中表示“想帮助，又害怕上当”的人数过半，仅 1.7% 的儿童觉得“事不关己，不操那份心”。从以上数据不难看出，留守儿童对陌生人的戒备心理更重，对待陌生人相较非留守儿童而言更为冷漠，这在一定程度上受到他们长期不与父母呆在一起、本身也缺乏父母对自己的关爱的影响，此外也和他们在家庭、学校接受的教育有关。另一方面，这也突显出留守儿童具备更强的自我保护意识，能够出于对人身安全的考量，做出慎重的判断。

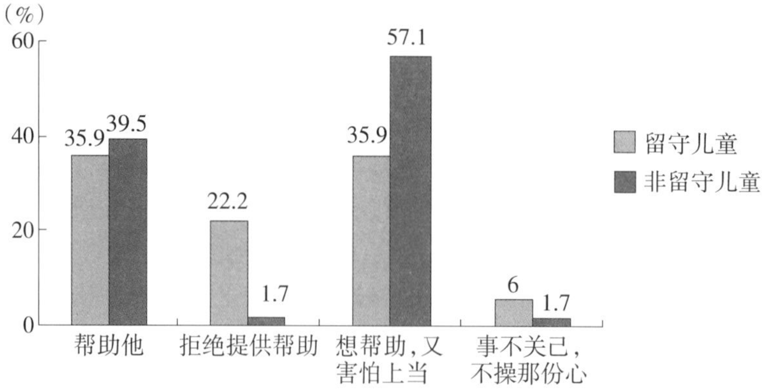

图 12　对陌生人求助的态度对比图

7. 最在意自己哪一方面

无论是留守儿童还是非留守儿童，超过半数的人都最在意自己的学习问题，这是一个好现象，可以反映出他们对学习的重视程度，有助于培养他们的良性竞争心理。除此之外，他们对穿着打扮和消费水平的整体关注程度相差也不大，皆保持着较高的关注程度。很大一部分原因是孩子们正值发育期，关注流行文化，受访者普遍承认会注意修饰自己的外貌。值得注意的是，更大比重的留守儿童表示出对自己“家庭情况”的在意。分析个中原因，可能与父母出于提高家庭生活待遇而外出打拼，留守儿童内心则形成“家庭条件不好所以父母外出打工”的想法有关。这是留守儿童与非留守儿童在该题选项中的明显区别，留守儿童可能会因此萌生出自卑感，影响与同龄人之间的平等交流。

8. 休闲活动

在休闲活动中，21.1%的留守儿童选择“上网”，5.2%的留守儿童选择“看报纸杂志”，这两项比例基本与留守儿童持平；另外21.1%的留守儿童会“参加体育活动”，稍高于非留守儿童9.1%的比例；26.3%的留守儿童喜欢“看电视”，剩下26.3%的人选择“其他”。由此可知，留守儿童较之室内活动，更倾向于进行户外活动。

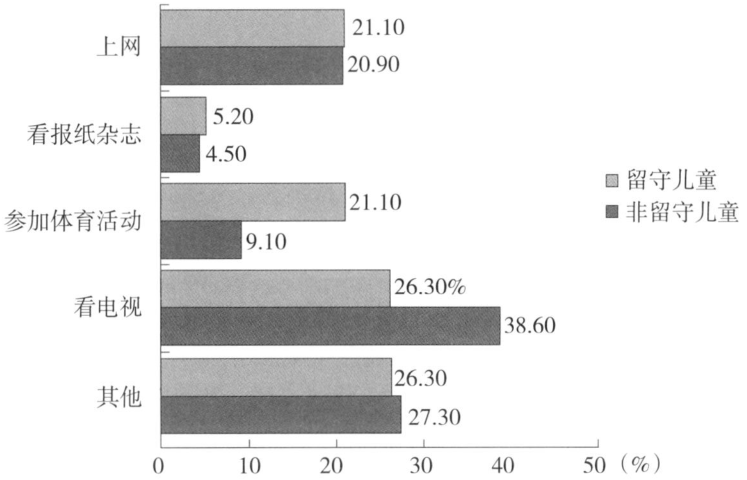

图13 休闲活动对比图

（四）留守儿童的希望

心理学研究表明，希望在影响社会满意度的同时，也在一定程度上影响个体的生活方式。高希望水平的沟通体验会产生比较多的幸福感，更不容易感受抑郁和焦虑。因此，调查留守儿童怀揣哪些希望、希望能否得到满足、希望水平能否提高是研究分析其心理状况的一个重要维度。

1. 生活上的希望

问卷数据显示，超过28%的留守儿童选择“希望得到学校和父母的关怀”，在总受访留守儿童人数中占比最多。显然，由于平时缺乏父母的陪伴与及时的关怀，他们希望能获得家长或老师的关爱挂念。25%的留守儿童希望“有很多的朋友一起分享快乐”，由于父母在其生活中出现一定程度的缺位，朋友在他们的心中占据了重要地位。19%的留守儿童希望“父母在外可以平安健康”，17%的留守儿童希望“照顾自己的能力能越来越强”，这一部分孩子具有较为积极的生活态度，对父母怀有感恩心理。8%和3%的留守儿童的选择与生活条件方面的改善有关，说明这一小部分受访留守儿童对生活现状不满意，想要更好的生活。在受访的留守儿童中，没有人选择希望“不被学校束缚”，可以看出孩子们对学校的认同感较高，认同学校教育是他们生活中的重要部分，可以让他们更加珍惜在校学习的机会。

2. 学习上的希望

25%的留守儿童表示希望“能得到更多的指点和辅导”，这反映出他们在学习上遇到了困难但无从解决的情况。一方面这可能是由于教师在课下进行辅导的时间较少，而留守儿童又缺乏自觉寻找老师解决学习问题的决心和勇气，另一方面与监管人在辅导、监督学习方面所能发挥的作用有限有关。总体而言，学习问题不能得到及时解决对于孩子的长期学习状态及情绪是十分不利的。留守儿童普遍希望“能和同学一起交流学习”，这也为他们解决学习问题提供了一条途径。13%的留守儿童选择“学习好，希望给父母争光”这个选项，表明他们十分重视父母的看法，具有很强的个人荣誉观念和自尊心。另外有10%的留守儿童选择了希望“得到老师更多的关注”，这对老师和学校提出了更高的要求。

3. 对社会的看法

25%的受访留守儿童表示感受到了社会对他们的关心，愿意“回报社会”，这体现出留守儿童的自我价值感与社会认同感较高，没有因为自己处于较为弱势的群体而产生对社会不满的心理；24%的留守儿童认为“自己富有同情心，爱护小动物”；21%的留守儿童选择“通过努力学习来改善经济状况”，表示出较为积极乐观的生活态度。学校方面也应进一步加以引导，使他们得到更加全面的发展。18%的留守儿童感受到了家庭的困难，希望政府更多地帮助他们改善生活。同时需要注意的是，有3%的留守儿童觉得“社会不关心我”，生活是没有希望的，这部分留守儿童的身心健康问题应得到密切关注，学校、家庭、社会也要对其进行“多管齐下”的引导。

三、问题成因与对策

留守儿童的心理问题是一个既关系到农村人口素质又关系到农村下一代成长的亟待解决的大问题，需要政府及各相关部门的密切配合，协同发力。其中学校作为儿童的“户外之家”，在解决留守儿童心理问题上发挥着尤为关键的作用。

（一）问题成因

通过本次调查分析，本调研小组发现石涧村留守儿童主要存在以下心理问题：孤僻、较为冷漠、情绪控制能力较差、缺乏安全感与归属感、不善于与人沟通等。产生这些心理问题的成因是多方面的，其中亲情的缺失、学校教育的不完善和社会介入的力度不够是留守儿童产生心理问题的主要成因。

1. 家庭方面

父母长时间不在身边，会导致留守儿童缺乏安全感。对待陌生人更容易产生抵触心理，反映在调查问卷中，留守儿童对陌生人的求助呈现出较为冷漠的态度可能是由于他们长期不与父母共同生活，本身便缺乏他人对自己的关爱、呵护与引导，加之监护人与留守儿童之间普遍缺乏心灵交流所致。长此以往，不利于留守儿童的身心健康发展，易于导致个性孤僻、缺乏安全感等问题。

2. 学校方面

受应试教育影响，学校有时难免以成绩的优异程度来评价教师和学生，因此教师更倾向于将精力倾注在那些学习成绩好、听话的学生身上。学习成绩在中游水平、不善于主动倾诉的孩子获得老师的关注度则往往不高。而这部分看似“后进”的学生中，留守孩子占了很大比重。这导致他们在学校生活中缺乏教师的引导、关爱，心理健康状况不为教师所知。

3. 社会方面

社会上的不良风气与价值取向也会影响留守儿童的心理。结合上述的调查研究不难看出，不论是留守儿童抑或非留守儿童，“网络”都在他们的日常生活中扮演着重要角色，而如今网络环境趋于庸俗化、成年化，一定程度上影响着留守儿童的身心发展。随着经济的高速发展，人们的物质生活水平、消费水平也在不断提高，不仅是成年人，连小孩子也越来越关注穿着打扮、品牌消费，这难免会让孩子们产生攀比心理。而留守儿童的父母多半是由于家庭经济条件较差才外出打工的，他们对自己家里的物质条件则更为敏感，可能会在与同学比较中产生自卑感。

（二）解决对策

留守儿童的心理健康问题的解决涉及政府、学校、家庭、社会等几个方面，需要多方群策群力。例如，政府可以积极改革户籍制度，增加对留守儿童家庭的务工帮助，加大对农村教育的资金投入。父母应注意尽量不要到太远的地方务工，并尽量同孩子保持定期的密切的联系。本次调查为了避免“面面俱到”但“面面不精”的情况，主要分析研究“学校”对解决留守儿童心理健康问题的重要作用，强调其在增强学生社会交往、生活自信和人格健康方面的不可替代的影响力。总的来说，学校可以从以下几个方面促进留守儿童的心理健康良性发展。

1. 建立健全相关制度，落实教师主体责任

（1）建立留守学生个人档案与成长记录袋制度。学校应积极开展调查研究，摸清留守学生的具体人数和基本家庭情况，为留守学生建立个人档案和联系卡，对留守学生个人档案和联系卡实行动态管理，及时补充、变更相关内容，每学年做好留守学生管理的交接工作。成长记录袋则用于收集学生学习、活动、日常行为表现、情感表现等材料，记录学生发展过程中的有关评价，班主任及时将有关情况报告给家长，有异常情况及时与学生交流、向家长反馈。

（2）建立“代管家长”队伍，推行“代管家长”制度。建立起由班主任、科任教师和生活指导教师组成的代管家长队伍，负责对留守学生的学习、生活包括生理、心理教育的管理和引导。学校还可以通过工会，发动全体教师积极参加到代管家长的队伍中去，承担留守学生的监护职责，争取做留守学生生活的知情人，学习的引路人，成长的保护人。

（3）建立家校定期联系制度。为了及时了解掌握各方面情况，有针对性地对留守学生进行教育和管理，建立家校定期联系制度，代管家长每月定期开展一次家访，每月与留守儿童家长至少通一次电话，每学期给家长写一封信。同时设置奖励与评选机制，鼓励教师多走访留守儿童家庭，深入了解学生的情况，有针对性地开展学习辅导，并指导家长或亲属如何关爱孩子。

2. 积极开展各项活动，促进学生全面发展

（1）开展结对帮扶活动，形成榜样示范作用。采取“一帮一”或“多帮一”的形式，为留守学生选配在职教师与他们结成对子，在生活上给予帮助，进行心理辅导，让留守学生倾诉心中的苦闷，帮助他们排解烦恼，恢复自信，保持良好的心态，实行全程跟踪教育。同时选配优秀学生和班队干部与留守学生开展生活学习互帮互助活动，让他们成为知心朋友，在学习生活上互相帮助，在品德行为上互相促进，在心灵思想上互相交流，使留守儿童“见贤思齐”。

（2）开展丰富多彩的主题活动，完善学校基础设施建设。学校可以与时俱进结合各种主题，有针对性地开展一些切实有效的活动：如在“两会”期间，举行“我是小主人”演讲比赛，激发学生的主人翁意识，提升社会认同感等。也可利用节假日，有计划性地组织学生开展集体活动，如登高、运动会，等等。另外可以丰富学校基础设施，在校内设置亲情电话，定期让留守学生与家长通话，交流感情；如条件允许亦可设立心理健康咨询室，对留守学生进行心理健康辅导，让留守学生健康成长。

总而言之，促进留守儿童群体心理健康良性发展绝不仅是家庭抑或学校的工作，它需要全社会的关心支持，协调配合。为了优化教育环境，学校首先应做好家长的教育工作，经常利用家长会、集中家访日、学校开放日等活动形式，帮助家长转变教育观念，掌握家庭教育的科学知识和技巧，真正有效地履行家长的监护义务。其次，社会相关部门应充分调动可利用的资源，聚焦留守儿童这一弱势群体。如建设“儿童之家”，配备电脑、亲情电话、活动器材、图书等设施设备，为留守儿童提供社会化的活动场所，加强留守儿童与父母、留守儿童和非留守儿童以及留守儿童之间的交流，使他们切实感受到社会的关注与温暖。除此之外，学校、村委会、义工组织之间亦可针对留守儿童群体开展长期合作，帮助留守儿童跳出封闭的环境，拓展其与外界的交往。

慕课对高校师生的影响及策略分析

卢秋婵　张清云　黄玉如　吴恩慈　陈旭燕①

一、引言

（一）调研背景

随着互联网对教育领域的影响日益增大，在线教育系统也随之出现了慕课这样的新兴事物。慕课（MOOC）是指“大规模开放在线课程”（Massive Open Online Course）。这一术语由加拿大学者 *Dave Cormier* 和 *Bryan Alexander* 于2008年首次提出，2012年引起了全世界的广泛关注，世界范围内的通过类似在线教育形式的竞争愈来愈激烈。部分科研水平高、在学界具有较高话语权、师资力量强大的传统高校均迅速加入慕课的建设阵营。慕课的“三驾马车”分别为Coursera、ed X与udacity。单单就Coutsera来说，现在全球已有81所教育机构或高校加入其中，有386门课程可以共享，其全球学生注册数量已经超过了400万。MOOC课程在中国同样受到了很大关注，众多高校也纷纷跟进，北京大学、复旦大学、上海交通大学、台湾大学、香港中文大学、香港科技大学均已加盟Coursera。在加盟现有的三大慕课平台的同时，中国部分顶尖大学也开始打造自己的MOOC平台。2013年10月10日，由清华大学打造的全球首个中文版“慕课”平台——“学堂在线”正式推出，清华大学的《中国建筑史》《电路原理》等5门课程，麻省理工学院的《电路原理》以及北京大学的《计算机辅助翻译原理与实践》作为第一批上线课程对外开放选课。慕课作为一种全新的开放式网络课程，是一种“教学并重”的新型教学模式，实现了教学资源共享，学生可以借助网络平台进行讨论与分享，有效地提升了授课效率和学习效率，它的出现对传统教育教学模式是极大的挑战，慕课时代将极大推进我国高等教育教学模式改革。但是慕课也存在着一定的问题，它对学生、高校和教育的影响到底是如何的，我们将带着这个问题进行调查与分析并提出相应对策。

（二）调研说明

慕课作为一种全新的开放式网络课程，是一种“教学并重”的新型教学模式，是当代大学生的可行选择。了解学生对慕课课程的满意状况以及慕课存在的问题对慕课的发展有着密切关系，本次调研有现实的意义。依照课题切入点，调研小组主要采用以下研究方法分析问题。

1. 文献研究法

从图书馆以及中国知网、维普网等数据库中收集众多有关慕课主题的相关研究资料，

①作者为华南师范大学物理与电信工程学院2015级本科生，指导老师陈小文。

为论证研究课题提供更多的理论依据和发展情况。另外，通过互联网及社交软件搜集慕课发展的最新信息作为参考对照。在理论积累和了解现实的基础上确定内容，设计问卷，拟定访谈内容，为论文的撰写提供充分的资料。

2. 问卷调查法

问卷由研究者按照一定的目的编制。对于被调查者的回答，研究者可以不提供任何答案，也可以提供备选的答案，还可以对答案的选择规定某种要求。调研小组通过制作网上问卷进行线上调查，获悉不同学院、不同专业以及不同性别的大学生对慕课了解的情况及参与慕课的程度。问卷调查有利于收集数据，为后期分析提供更加充分的依据。本次调研通过线上问卷，共收到有效问卷 176 份，主要调查对象为华南师范大学的本科生，其中男生占 31.25%，女生占 68.75%，男女比例约为 3∶7。

3. 深度访谈法

深度访谈法是指通过访员和受访人面对面地交谈来了解受访人的心理和行为的基本研究方法。因研究问题的性质、目的或对象的不同，访谈法具有不同的形式。访谈法运用面广，能够简单而迅速地收集多方面的工作分析资料，为主题提供充分的感性认识和依据。调研小组共采访了六个人，其中两人为开设了不同类型慕课的老师，一人为没有开设过慕课课程的老师，另外三人是学生（他们加入的慕课类型与课程受益程度各不相同）。他们分别从不同角度表达了对本课题的看法。

二、调研发现

（一）问卷分析

1. 慕课参与度的情况

本次调查的对象主要是华南师范大学的本科生。调查数据显示，只有 55.11% 的大学生参加过慕课课程的学习。其中使用过慕课的大学生参与的情况大多为不太活跃，主要以观看课堂视频、浏览信息为主，占 80.41%；少部分大学生参与慕课课程的情况为有点活跃，表现为经常发帖子、参与讨论、上传笔记等，占 18.56%；极少部分大学生参与慕课课程的情况为非常活跃，表现为经常积极地表达个人观点，占 1.03%；而参与慕课课程却完全没有参与慕课学习的情况为零。

由此可知，由于慕课参与的“自主性”，很多大学生受其他事物的干扰而将其束之高阁，主办方并没有采用强有力的手段使得大学生有始有终，也即这种模式严重缺乏约束性。主要以观看视频为主的慕课教学降低了大学生的学习参与度，在缺乏人员监管的情况下，大学生很难自觉并认真地完成发帖子、讨论等学习任务，但也由于存在学习进度的记录和发帖子有附加分等项目，所以不存在参与慕课的大学生没有参与过慕课学习的情况。

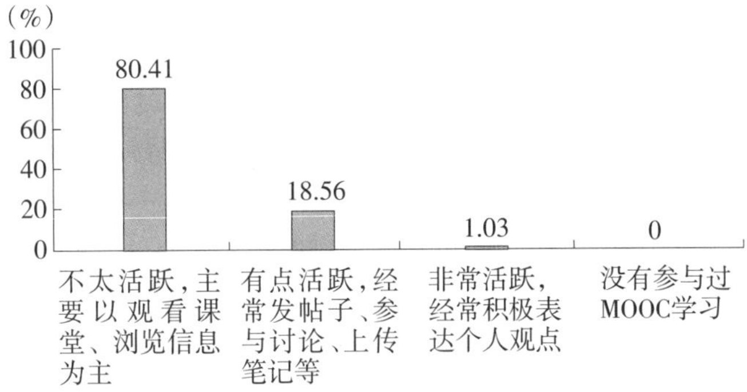

图1　受访学生对慕课的参与度

2. 慕课接触类型的情况

华南师范大学慕课的课程主要有：人文艺术类有艺术与审美、旅游地理学、珠宝玉石鉴赏与鉴别等，社会实践类有应急生存教育、大学生创业教育、形象与形体重塑等，教育心理类有教育电影与教育小说、简笔画、教师语言艺术等，自然科技类有数字化学习、营养与健康等。

本次调查的176个样本中，有超过一半的人接触过的慕课类型是人文艺术类，占61.86%；38.14%的同学接触过自然科技类；35.05%的同学接触过教育心理类的慕课；接触过社会实践类和其他类型的占比分别为13.4%和8.25%。

从以上接触过慕课同学的数据中可以看出，大多数同学会选择人文艺术类作为慕课的首选课程；由于调查对象有55.13%是该校物理与电子学院的学生，自然科技类也符合理工科的专业特点，因此参加的学生排第二位；受到该校师范专业较多的影响，教育心理类成为大家的第三选择。社会实践类由于科目的实践性强，参加的同学比较少。

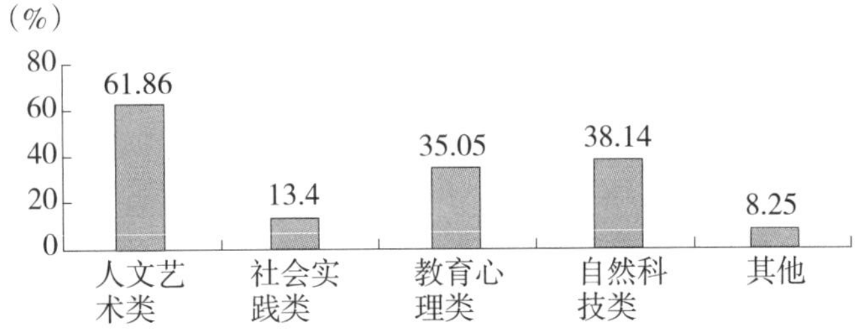

图2　参加过的慕课类型情况

3. 对慕课课程质量的评价

用数字对视频质量、学习资源、教学效果和考核形式进行评分，5分为满分。调研小组把3分定义为一般，3～4分定义为基本满意，5分定义为非常满意。大学生对慕课的满意度为3.61分。在每个要素中，视频质量得分3.83分，学习资源3.88分，教学效果3.43分，考核形式3.32分。

分析以上数据可以看出，大学生对慕课基本满意。视频质量是课程能否吸引学生驻足观看的关键，由此可见，如果视频质量的满意度低会影响到教学效果和考核形式的评价相对较低，说明慕课没有达到令人满意的教学效果，即使有较好的教学资源，学生的接收效果也不够理想。

4. 对慕课课程意义的分析

调查结果显示，对于慕课课程意义的看法（可多选），参与过的大学生主要持以下态度：86.36%的大学生认为可以为更多人提供学习机会，84.09%的大学生认为能够促进教育资源共享，有68.75%的大学生认为可以开阔视野、顺应形势，57.95%的大学生认为能培养兴趣爱好，有40.34%的大学生认为可以提高教学质量。

慕课的优点非常突出。首先，慕课课程资源丰富，世界各地的名校课程都可以汇集到互联网平台进行共享；其次，慕课的教学质量高且制作精益求精，其提供的课程都是来自最好的学校和最好的老师；再次，慕课的学习成本低，不需缴纳任何费用。此外，慕课运营平台取消校际、国别的限制，甚至取消了受众层面的限制，只要能够使用网络，有求知渴望的大学生都可以加入到顶尖学府开设的慕课学习中来，这种极低的受教育门槛可以让更多人获得接受优质教育、高等教育的机会。

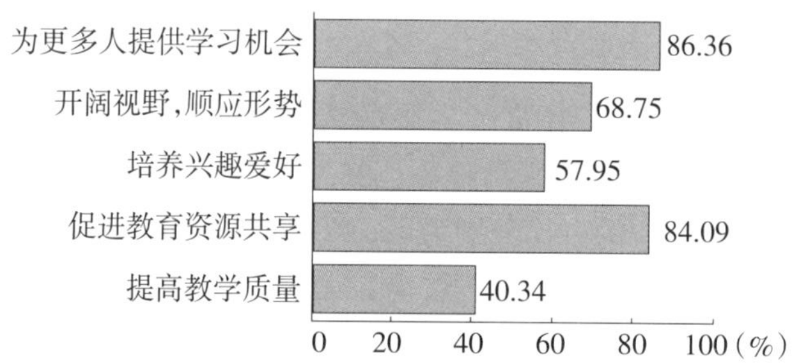

图3 对慕课课程意义的分析

5. 线上教学与线下教学的课程比重

调查显示，在使用过慕课课程学习的大学生中有一半人认为，大学教育期间应以线下课程为主，超过20%的人认为线上课程与线下课程应该各占一半，5%的人认为应该全部采用线上教学。

由此可知，慕课是在线学习或者网络学习发展到新的阶段所产生的一种新的学习形式，它反映了在线教育的一种趋势，但并不代表线上教学是学习的唯一形式，以线下课程为主的传统教学模式仍然在大学教育中占主导地位，但是一些新颖的线上教学模式正逐渐影响着大学教育。

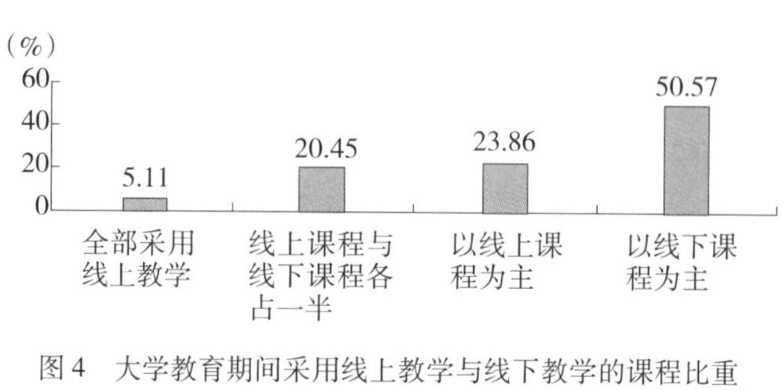

图4 大学教育期间采用线上教学与线下教学的课程比重

6．对慕课缺点的分析

关于慕课课程教学的缺点（可多选），调查显示，77.84%的大学生认为慕课缺少约束；60.23%的大学生认为慕课的监督系统不完善；有52.84%的大学生认为其教学模式形式单一，互动少；38.64%的大学生认为慕课种类少，途径少。

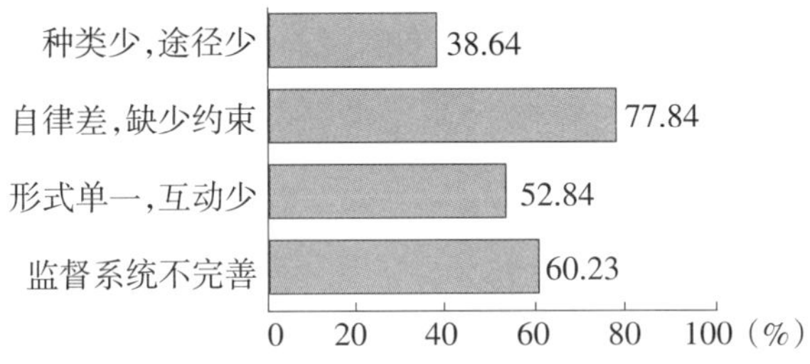

图5　对慕课缺点的分析

由此可知，尽管慕课日益深入大学教育，具有很大的优势，但与传统课堂的集中授课模式相比，它也存在着一些目前尚未解决的问题：

（1）教学形式单一。从教学论的视角，慕课是基于行为主义理论即“刺激－反应”理论的教学，程式化的教学模板，教学模式单一，教学设计简单，既没有分类分层的教学目标分析，也没有针对大学生对象的各种需求区别，难以适应高等教育众多学科和不同类别课程的具体要求。

（2）教学途径少。慕课学习中，学生缺乏身临其境的感受，没有现场感知的冲击力。从本质上看，慕课的学习仍然是一种学习者面向计算机屏幕的网络学习过程。在这个过程中，学习者主要通过观看学习资源、参与人机交互活动实现学习目的。与在课堂中的学习相比，由于缺乏身临其境的感受，学生容易产生学习倦怠。

（3）监督体系不完善。多数情况下，基于慕课的学习是学习者个体独立面对计算机屏幕的学习过程，在这个过程中，要求学习者具有很强的时间管理能力，具有强烈的学习动机，能够自主安排学习进度；否则，就容易受其他因素的干扰而严重影响学习效果。由于目前慕课的监督系统不够完善，在学生自律性不足的情况下，部分学习者不愿意按部就班地学习，影响了他们对知识体系的完整掌握。

（4）教学互动薄弱。在传统课堂中，教师的一个眼神，学生的一个特殊神态，师生间会意的一笑，都会对教学效果产生重要影响。在取得阶段性学习成果时，学生之间、师生之间一个相互鼓励、共同进步的握拳动作，就是学生进入下一个学习阶段的动力。而在慕课学习过程中，缺乏这种至关重要的师生交互、学生交互，部分学习者在学习过程中感到很孤独，这也容易引起倦怠。

（6）教师个人魅力被削弱。在传统的课堂教学中，教师的个人魅力、言传身教都会对教学效果、学生的个人成长产生重要影响，而在慕课学习活动中，这些优势也很难得到全面的体现。

7．高校丰富慕课的渠道

对于如何丰富高校的慕课（可多选），63.07%的学生认为主要靠本校制作，选择本校的名师或者最优秀的课程；73.86%的学生认为应该引进一些港澳地区或国外的慕课课程；

72.73%的学生认为可以通过引进全国联盟的优秀课程来丰富高校的慕课。

由此可见，大学生希望高校能够引进全国联盟、港澳地区以及国外的优秀课程，同时希望本校能够中西结合，取长补短，搭建一个适合本土化学习的慕课共享平台。通过慕课的互相融合，高校不仅能在开放课程方面积累经验，而且也能开发很多的教学资料，将众多高校课程积极打造成为国家精品课堂，为慕课建设打下良好的基础。

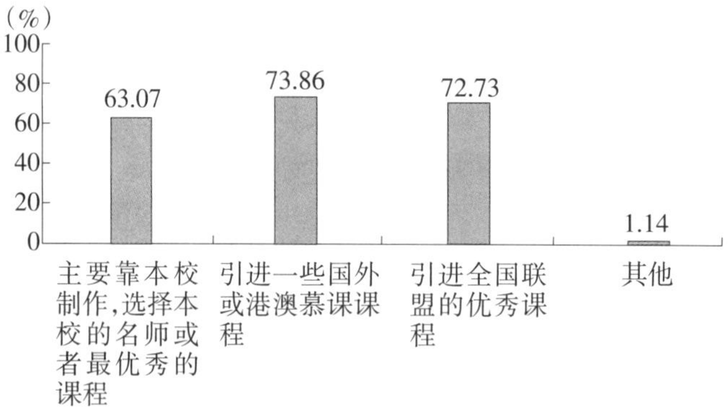

图6　高校丰富慕课的渠道分布

8. 对慕课在大学教育中的期望

调查显示，对于慕课未来的期望，73.3%的大学生认为慕课应该是大学教育的一部分，但也只是选修课；14.2%的大学生认为慕课只是大学生的学习辅助工具，大学不承认慕课；有12.5%的大学生认为未来慕课应该成为大学教育的主体，并且代替传统课堂。

慕课是一种新型的、基于互联网的学习模式，为"以学为主"的学习模式提供了很好的支持。尽管它有很多优势，但在相当长的一段时间内，慕课仍不能取代传统的课堂教学模式，更不能完全取代学校教育。从应用效果看，慕课针对短期培训或者面向具体知识点的培训具有较大优势，而对于面向学科的、系统化的教育教学活动以及学生良好人格素养的养成，则传统的学校教育方式更有利。

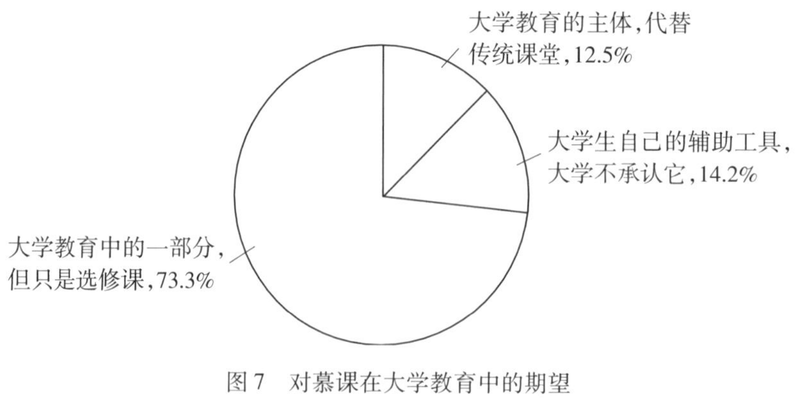

图7　对慕课在大学教育中的期望

（二）访谈分析

本次访谈主要通过学生、老师对慕课进行不同角度的剖析，了解目前慕课对高等学校教育的影响，对其发展给予适当的建议。

1. 参与慕课教学的学生

参与过慕课教学的学生一般能够通过自身的经历了解到大学慕课的优点及其存在的弊端。慕课的优越性面向对象是能够自主学习、自律性很强的学生，课程方便他们获得更多的知识。而自律性不够的学生则会采取捷径完成学习任务从而获得学分，并不能真正从慕课学到知识，这说明慕课的考核形式存在一定的漏洞。针对慕课本身的内容，学生希望能够听到实用、新鲜、符合时代潮流的课程，或与自身专业知识相关的课程。他们对慕课的老师也提出了更多的要求，希望老师能够多点趣味，这样能够吸引更多学生参与。学生表示，慕课的学习模式很方便并且灵活，能够重温知识点，解决遗忘知识的问题。如果慕课内容是学生很喜欢的课程，那么学生就会很认真地去学习，但现如今慕课并没有一个完整的内容分类系统，没有做到真正惠及学生所需，这对慕课的管理提出了很大的挑战。因此，在设计慕课课程的时候，应该更规范、更系统化。

2. 慕课教学老师

开设过慕课的教师，对慕课的教育现状有着切身的认识。他们认为慕课是教育的一种补充形式，因为慕课的便利与优质性以及网络的发展，使得慕课传播很广泛，发展也很快。慕课的形式是多样化的，学生可以自由选课，可以聆听大师在学术上的教诲，分享一流的教育资源，为社会培养出更多符合时代要求、德才兼备的优秀人才。但同时慕课也存在不少问题，一些高校的教师并不愿意参与慕课建设，有些学生的积极性和自觉性也不是很高，慕课的考核形式不规范，等等，由于这些问题的存在，尽管它有很大的发展空间，慕课仍面临巨大的挑战。它的成熟仍需要技术和理论的持续发展，需要对它进行不断地研究及改善。例如，通过提升高校教师对慕课教学的行为意向引导，进而改善其慕课教学行为，又或者随着科技（如 AR、VR）的发展，推出新的教学形式等等。开设过慕课的教师对其未来的发展趋势还是比较乐观的。

3. 非慕课教学老师

尽管没有录制过慕课，但相当一部分大学教师对慕课都有基本的了解，认为慕课跨越了时空限制，面向的对象会更广泛。但他们对以后录制慕课的欲望却没有提升，而是想将慕课转化为另外一种教学模式——充分利用“视频”的优越性来录制自己上过的课，通过让学生观看视频重温上课的知识点，进而更好地进行自己的教学。没有录制过慕课的老师认为，慕课最重要的作用是观摩，通过慕课，老师能够得到一些启发，进一步加强教师间的交流，促进教师的成长，更重要的是，学生知识的来源会更广阔，能够拓展学生的知识面。由于传统课堂有互动和交流，这是慕课无法实现的，决定了慕课只能作为教学的辅助手段。

三、结论与建议

慕课的开放性、透明性及其优质教育资源的易获得性，为学生提供了一个崭新的学习通道和一种新型的学习模式。慕课打破了国与国之间的大学教育藩篱和国内高校之间无形的教育阻隔，优质教育资源的共享已经成为时代的必然。但总的看来，慕课为学生提供更多选择的同时，也带来了选择的烦恼；它为学习提供了新的拓展渠道，但也提出了传统与现代的平衡问题；它为国家提供了教育发展又一种方式，但也带来了监管和规范的问题。

（一）对慕课的不足应有正确和全面的认知

慕课的重要性毋庸置疑，但不应过分夸大慕课的作用，要清楚地认识到慕课本身存在的“短板”。正如比尔·盖茨所言，慕课提供了改善全球教育的学习平台，但这种教育方式并不适用于所有学生。首先，慕课教育不能完全替代课堂教学。调查显示，对于慕课未来的期望，绝大多数的大学生认为慕课只是大学教育的选修部分，是学习的辅助工具。从慕课的应用效果看，它只在针对短期培训或者面向具体知识点的培训方面具有优势，而对于面向学科的、系统化的教育教学活动以及学生良好人格素养的养成，还是传统的学校教育方式更有利。悉尼大学校长迈克尔·斯宾塞认为，美国一流大学的教育资源流入中国后，会对一些学校造成影响，但中国的大学有自己的生命力，这一冲击将会有多大的影响仍未可知。其次，慕课适应的课程有一定的限制。慕课比较适合大学的知识传承类公共基础课的学习，而某些专业课特别是试验实践性的课程则不宜采用慕课的学习模式。再次，慕课比较适合高等教育，对中小学生来说，不太适用全课程学习。因为中小学不仅是知识的传授过程，更是人格与道德的养成过程，故不适宜采取慕课的形式进行教学。最后，慕课学习的考核形式与规范存在一定的不足。在诚信体系尚未确立、学生的自律性尚待进一步提高的情况下，如果慕课课程的学分和大学课程的学分等同，如何保证学习者和考试者为同一个人成了一个不容回避的现实问题。在慕课的分数构成上，视频观看超过三成的分数，说明大学生会选择一种相对轻松的方式来获得学分，这存在造假的弊端；另一方面，也很难设定学生学习效果的标准。

（二）学生对慕课应理性选择并充分利用

学生应根据自己的学习目的，积极合理地利用慕课资源。学生可以把慕课作为选修课程，自学修读获得学分。大多数同学认为慕课是大学教育的一部分，但只是选修课。调查中，96.59%的同学在接触过的慕课中主要采用视频教学的学习模式；81.25%的同学参与的是碎片化的课堂，这与日常的40分钟一节课的学习模式有很大的不同之处。慕课一般采用“小视频+小测验”的授课模式，课程视频时间短，每次讲解一个知识点，视频学习之后即有随堂测试，学习者只有答对才能进入下一环节学习。学习者可利用碎片化时间进行学习，满足了学生随时随地学习的需要，解决了学生按主题学习的要求，并且可以集中学习者注意力取得较高的学习效率，使学生有更好的学习“沉浸感”。要提高这部分慕课的质量，需要配备辅导教师，并加强过程考核评价，同时要求学生有自主学习能力和自主管理意识。事实上，大部分学生也是这样做的。在学习流程管理（采用闯关式学习模式）上，66.48%的学生参与的慕课采用闯关模式，而只有33.52%的学生的学习流程是没有闯关模式的；有学习课件、讨论、作业、互相评价和考试等环节的课程占81.82%；高校之间互相承认学分的占72.16%。有些学生是出于兴趣选择慕课，相对而言，这部分学习者不一定追求学分，反而有更多的动力去完成课程的学习。

（三）大学应加强国内外的交流与合作，搭建自己的慕课共享平台

华南师范大学焦建利教授使用技术成熟度曲线（Hype Cycle）模型对慕课的发展进行分析，可以看出，当前慕课依然处于应用模式的探索阶段，慕课从当初的极度兴奋状态过渡到了冷静、理性发展阶段。2015年7月份，宁波高校慕课联盟成立，大会指出，高校慕

课联盟的建设运营和慕课课程的共建共享，可实现信息化建设的机制创新都是完善智慧教育体系的重要举措。引进全国联盟优秀课程可实现组织建设一批新的、以慕课形态的在线开放课程在全国高校之间共享，形成海量、多样的线上加血资源，构建了广泛、虚拟的学习空间环境，因此，引进全国联盟优秀课程可以很好地丰富我国当前慕课课程现状。慕课已经趋于世界化，中西慕课交汇和碰撞在所难免。我们应该取长补短、借力使力，孕育出适合本土化学习的在线教育慕课“升级版”或“创新版”。国内一流高校已经开始探索同三大慕课教育机构合作的新模式。北京大学和清华大学加入 edX 平台，成为亚洲首批成员。复旦大学与上海交通大学也正式签约加入 Coursera 阵营，开始向平台提供中文或英文的精品课程。合作的目的是为了学习他人经验提升自己。其实，我们在开放课程方面已经积累了相当的经验，也开发了很多教学资料，可以充分利用。在调查中，超过 70% 的学生认同引进一些港澳地区或国外的资源来丰富慕课课程。广州邻近港澳，华南师范大学应该积极谋求和港澳地区高校展开合作，建设共享平台，促进教育资源的交互利用。同时，港澳地区或国外的慕课课程相对中国内地来说，具有更加多样化的创新课程，如果将两者相互融合，取长补短，可极大地丰富慕课课程的形式。

（四）政府应提供有效的政策制度支持和规范慕课

慕课为我国高等教育管理制度和教学方式的改革提供了千载难逢的机遇。慕课平台旺盛的生命力，正在悄然触动高校管理行政体制，学术与行政的关系也会形成新的关系。慕课“翻转课堂”的教学方法是均衡城乡和东西部教育资源的差距的一个方法。在慕课建设上，国外主要依托机构为大学财团或大学附属机构，多为非营利性质，但已开始与投资公司合作展开商业化的探索。我国的大学大都是依赖于政府投资的事业单位，大学是慕课发展的主要承担者，但同样离不开政府的政策和财政支持。慕课尚在起步阶段，在未来的发展过程中一定会遇到很多困难与阻碍。这就需要政府来提供必要的制度规范，使之趋向良性发展，避免“一哄而上，一哄而散”的情况出现。在国外，慕课“三驾马车”各具特点成功运行的模式得益于较为宽松的制度环境。但慕课建设的基本方面仍需政府做出规范，如：慕课的提供者的资质问题，国内大学同国外慕课机构有效的国际合作问题，慕课学分和大学学分的有效对接，慕课建设的政府投资和民间融资问题，确保慕课的学习者和参加考试者为注册者本人，等等。

参考文献

[1] 巩学梅，陈振，张新光. 慕课（MOOCs）在高等教育中的应用现状及发展前景探讨［J］. 宁波工程学院学报，2014，26（3）：100－105.

[2] 张鹙远.“慕课”（MOOCs）发展对我国高等教育的影响及其对策［J］. 河北师范大学学报（教育科学版），2014，16（2）：116－121.

[3] 郑建辉.“慕课”发展对我国高等教育的影响及其对策［J］. 福建广播电视大学学报，2016，（3）：1－4.

[4] 张子伊，宋淑鸿. 慕课在中国大学的发展现状及其改进趋向［J］. 现代教育科学，2016，（8）：73－76＋97.

[5] 胡晓娜. MOOC 在我国高等教育中发展面临的问题及对策［J］. 西部素质教育，2017，3（6）：169＋179.

［6］李青，刘娜. MOOC 质量保证体系研究［J］. 开放教育研究，2015，（10）：66.
［7］夏生，程老湿. MOOC 更好和更时髦的教育系统［J］. 人物，2013，（5）：55－57.
［8］姜泓冰. “慕课”搅动大学课堂［N］. 人民日报，2013－07－15.
［9］李婧怡. “慕课”对我国高等教育的影响与对策研究［D］. 山东财经大学，2015.
［10］荣宪举. 我国高校慕课发展策略研究［D］. 信阳师范学院，2016.
［11］焦建利，王萍. 慕课 互联网＋教师时代的学习革命［M］. 北京：机械工业出版社，2015.

深圳西湾红树林湿地公园环保建设调研

李娅莉　郑凯华　黄婷　李静云　钟承涛①

绿水青山就是金山银山。党的十八大以来，以习近平同志为核心的党中央高度重视社会主义生态文明建设，而环境保护是建设生态文明的重要环节。深圳西湾红树林湿地公园以保护红树林、木麻黄、榕树等原有植物为前提，以走近红树林为特色，集生态、休闲、科普于一体，是深圳重要的红树林湿地保护区域。公园地处广东省深圳市境内，位于深圳市宝安区金湾大道与西海堤交会处，南接大铲湾码头，北临宝安国际机场，是滨海宝安活力海岸带关键节点，有 7.5 千米绿道主环线，32 公顷湿地公园，20 公顷滨海红树林带，在 2017 年结束二期建设。

目前，公园正在落实完善规划建设中，本文将对深圳西湾红树林湿地公园的生态环境现状、环保现状和公众环保意识与行为进行调查研究，分析其原因与影响因素，探讨如何有效地修复生态环境、增强环境保护、提高公众环保意识并落实公众环保行为。同时，通过参与志愿净滩活动，向公众进行相关的环保科普教育，为环境保护及提高公众环保意识作出力所能及的贡献。

根据粤港澳"协同共治"中湿地保护的要求，红树林湿地在粤港澳海岸线上具有重要的生态地位和生态作用，基于深圳西湾红树林湿地公园优越的地理位置与其在粤港澳大湾区未来发展中的重要地位，本研究选取该公园作为研究对象。

图 1　深圳西湾红树林湿地公园区位

一、西湾红树林湿地公园生态环境现状

汞（Hg）是一种具有生物毒性的重金属污染物，同时由于其特殊的理化性质，汞已

①作者为华南师范大学地理科学学院 2016 级本科生，指导老师伍春明。

成为一种全球性污染物。红树林能够接受来自潮汐、河水以及暴雨产生的径流等所携带的重金属污染物，成为人类产生的许多污染物（如高营养盐、重金属和持久性的有机污染物质）理想的吸收和储存场所，具有净化海水、景观提升、保护海堤等作用，对海岸线生态修复成功有着至关重要的作用。而湿地是一种独特的生态系统，其所含丰富的可溶性碳和腐殖酸能与汞生成稳定的络合物，因而湿地能够吸收大气沉降和径流输入的汞，是汞的活性库。

（一）汞污染现状

采样于2018年7月29日进行，调研小组采集了光滩和红树植被覆盖的两个点。样品编号为A1（113°49′37.60″E，22°35′51.57″N）、A2（113°49′29.84″E，22°36′9.27″N）。每样点由样点周围、2米半径范围内任意等边三角形三点等量采样组成，去除杂质后自然风干，带回实验室过筛，混合均匀后再从中随机选取土壤待测。采集表层土壤（0～5cm），聚乙烯袋封存，油性笔标号并记录样点环境，GPS精确定位。

样品采集工具包括：卷尺、一次性杯子、塑料勺、竹签、聚乙烯袋、油性笔。

土壤汞含量采用DMA－80测汞仪直接测定获得，测定时间为2018年9月3日，测定地点为地理科学学院实验室。

为确保结果的准确性和可靠性，研究主要依据国家《土壤环境质量标准》GB15618—1995、GB15618—2008中的相关章节；为了保证分析数据的可靠性，样品采用国家标准物质进行质量监控（土壤GBW07405）。

图2　采样点A1

图3　采样点A2

样品分析器材包括：DMA－80 测汞仪、PL203 天平、镊子、称量纸。

样品分析步骤：

做空白样：样品盘放干净样品舟（提前60℃马弗炉煅烧30min～1h）空烧。待 Height <0.0030ng，进行下一步操作

测定：空舟→天平归零→加入土样（0.05g～0.10g）→放入样品盘待测（录入位置、名称、重量数据，等待结果）

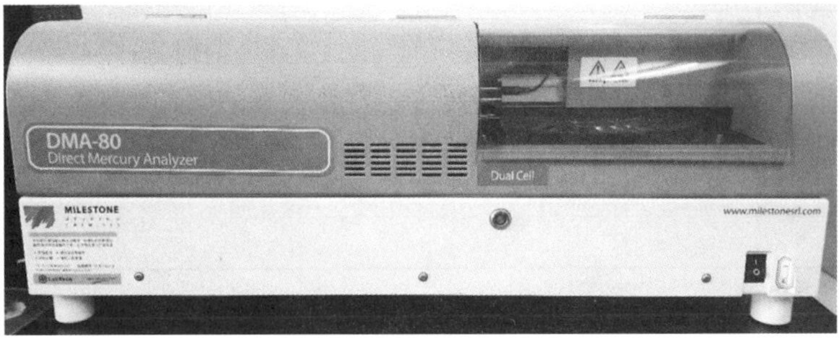

图4　DMA－80 测汞仪

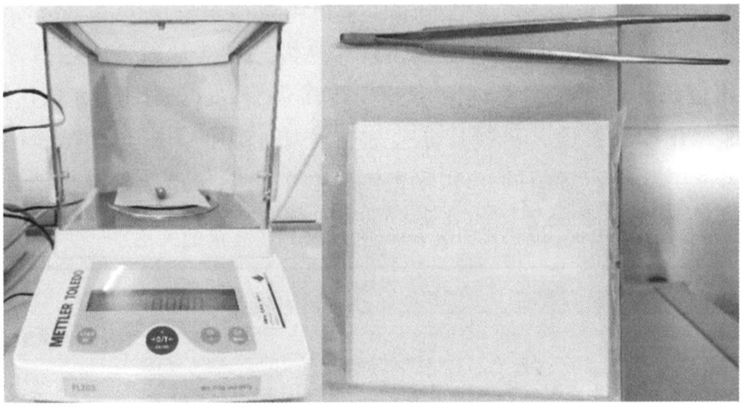

图5　实验仪器

深圳西湾红树林湿地公园土壤 THgs 汞含量 A1 红树植被密集点为 56060.5278 ng/kg，A2 红树植被稀疏点为 305862.854ng/kg。

参考广东省土壤环境背景值，即广东省表层土壤平均值 Hg＝78,000ng · kg^{-1}，采样点 A1 汞含量未超出土壤环境背景值，采样点 A2 汞含量超出土壤环境背景值。

表1　各样点实测值

样本类型	样品名称	实测值（Ci）ng · kg^{-1}
红树植被密集	A1	56060.5278
红树植被稀疏	A2	305862.854

（二）生态风险评价

1. 评价方法

单因子指数法：Pi = Ci/Si

Pi 为元素 i 的污染指数；Ci 为元素 i 的实测 4；Si 为元素 i 的评价标准值。以广东省土壤环境背景值（0.078 mg·kg^{-1}）作为评价标准。

表 2　单项指标污染指数 Pi 与污染程度的关系

单项指标污染指数 Pi	分级	污染程度
Pi < 1	0	未污染
1≤Pi < 2	1	轻度污染
2≤Pi < 3	2	中度污染
Pi > 3	3	重度污染

地积累指数法：

地积累指数又被称之为 Muller 指数，是 20 世纪 60 年代晚期由德国科学家 Muller 提出并在欧洲发展起来用于研究沉积物及其他物质中重金属污染程度的定量指标。

$$I_{geo} = \log_2 \left[C_i / kB_i \right]$$

I_{geo} 表示某重金属的地积累指数；C_i 表示该重金属在沉积物中的含量；B_i 表示沉积物中该重金属的地球化学背景值（选择广东省表层土壤平均值 Hg = 0.078m·kg^{-1}）；k 为考虑到成岩作用可能引起的背景值的变动而设定的常数，一般 $k = 1.5$。

表 3　地积累指数 I_{ge} 与重金属污染程度的关系

地积累指数	分级	污染程度
<0	0	无污染
0～1	1	轻度至中等污染
1～2	2	中等污染
2～3	3	中等至强污染
3～4	4	强污染
4～5	5	强至极严重污染
5～10	6	极严重污染

潜在生态风险指数法：

潜在生态风险指数法是瑞典学者 Hakanson 于 1980 年建立的一套应用沉积学原理评价重金属污染及生态危害的方法。本研究选用其来评价汞污染的潜在生态风险。

$$C_r^i = \frac{C_i}{C_n^i}$$

$$E_r^i = T_r^i \times C_r^i$$

C_r^i 为某一重金属的污染参数（单因子污染参数）；C_i 为样品中污染物的实测值；C_n^i

为污染物环境背景值（广东省表层土壤平均值 $Hg=0.078mg\cdot kg^{-1}$）；E_r^i 为潜在生态风险指数；T_r^i 为单个污染物的毒性响应参数（Hg 的毒性响应参数为 40）。

表 4　潜在生态风险指数（E_r^i）与污染程度的关系

潜在生态风险（E_r^i）	分级	污染程度
$E_r^i<40$	1	轻微
$40\leqslant E_r^i<80$	2	中等
$80\leqslant E_r^i<160$	3	强
$160\leqslant E_r^i<320$	4	很强
$E_r^i\geqslant 320$	5	危险级

2. 评价结果

应用单因子指数法、地积累指数法、潜在生态风险指数法，均表明西湾红树林湿地公园土壤汞污染程度在红树植被较密集的地方污染较轻甚至无污染，在红树植被较稀疏的地方（或光滩）污染较严重。

表 5　单因子指数及污染级数与污染程度

样本名称	Hg 实测值（Ci）$ng\cdot kg^{-1}$	单项指标污染指数	污染级数	污染程度
A1	56060. 5278	0. 718724715	0	未污染
A2	305862. 854	3. 921318641	3	重度污染

表 6　地积累指数及污染级数与污染程度

样品名称	Ig eo指数	污染级数	污染程度
A1	-1. 0614513	0	无污染
A2	1. 386376377	2	中度污染

表 7　潜在生态风险指数及污染程度

样品名称	Ig eo指数	污染级数	污染程度
A1	28. 74898862	1	轻微
A2	156. 8527456	3	强

二、西湾红树林湿地公园公众环保意识与环保行为调研

红树林湿地在沿海地区有重要地位，其生态和经济效益受到重视；红树林湿地公园是保护红树林与宣传红树林生态意义行之有效的方法。随着物质生活水平的不断提高，公众对环境的要求越来越高，生态环境问题日益成为群众最关心的民生问题之一。环境保护与人民群众的生产生活息息相关，人民群众既是环境保护的建设者，也是受益者。因此，深入了解公园的生态环境、公众的环保意识与环保行为，对更好地调动公众环保的积极性和主动性，落实完善公园的规划建设至关重要。调研小组实地走访了深圳西湾红树林湿地公

园，采用随机抽样与结构式访谈的方法，在公园开展专题调查。本次调查，共获得 29 份访谈数据。

（一）基本信息

从 29 份有效样本的基本情况来看（见表 8），受访群体特征如下：

性别比例均衡，男性略多于女性；年龄分布呈“两头小中间大”的格局，受访群体偏向中青年，少年和老年群体样本不足；高中及以上文化程度占有较大比例；职业分布涵盖各类从业人员，其中，学生和企事业职员占据大部分。出游形式以家庭出游和朋友出游为主；出游频率 1～2 次/年占 62.07%，1～2 次/月占 34.48%，1～2 次/周占 3.45%，样本涵盖了高中低出游频率的访谈对象。交通途径涵盖各种出行方式，公共交通已逐渐成为人们去公园的首选途径；公园公共交通的通达度较高；超过 30% 的受访者认为去往西湾红树林公园的交通便捷，48.28% 的受访者认为交通便捷度一般，小部分的受访者认为交通不够便捷，公园的交通规划较为合理。

表 8　样本基本信息

类别		样本数（人）	占比（%）	类别		样本数（人）	占比（%）
性别	男	17	58.26	年龄	少年（7～17）	1	3.45
	女	12	41.38		青年（18～44）	27	93.1
职业	学生	12	41.38		中年（45～59）	1	3.45
	教师	0	0		老年（>60）	0	0
	公务员	0	0	受教育水平	小学	0	0
	企事业职员	12	41.38		初中	2	6.9
	农民	1	3.45		高中	5	17.24
	工人	3	10.34		大学及以上	22	75.86
	其他（待业、退休）	1	3.45	出游形式	个人出游	2	6.9
频率	1～2 次/年	18	62.07		家庭出游	16	55.17
	1～2 次/月	10	34.48		朋友出游	10	34.48
	1～2 次/周	1	3.45		公司出游	0	0
	>2 次/周	0	0		其他	1	3.45
交通途径	公共交通	18	62.07	交通便捷度	非常便捷	5	17.24
	驾车	8	27.59		便捷	8	27.59
	自行车	1	3.45		一般	14	48.28
	步行	1	3.45		不便捷	2	6.9
	其他	1	3.45		非常不便捷	0	0

（二）环保意识

关于自我环保意识评价，调查表明，受访者的环保意识普遍较高。

关于环境知识问答，调查表明，68.97% 的受访者知道“世界环境日”的具体日期，

31.03%的受访者回答错误。公众在“对关于红树林的了解程度”进行自我评价时，有20.69%的受访者认为自己了解红树林，65.52%的受访者认为了解一般，仅13.79%受访者表示自己对红树林不了解。

关于环保志愿活动的参加意愿（见图6），调查表明，超过90%公众愿意参加环保志愿活动（如净滩活动）；其中，42.86%的受访者愿意参加并且态度积极主动，仅有3.45%的受访者不愿意参加。公众的环保活动参与意愿较高，且愿意参加各种形式的环保志愿活动（见图7）。

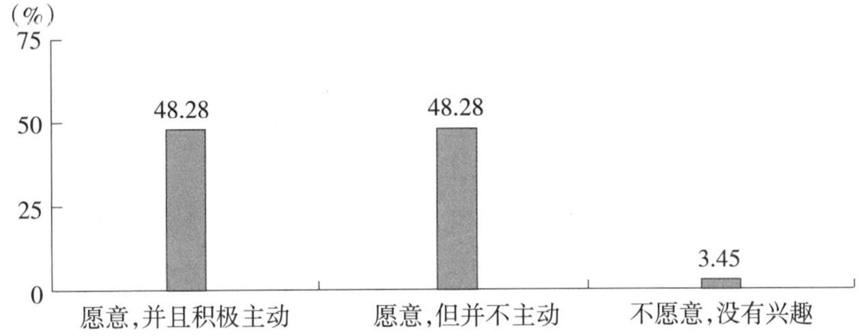

图6　环保志愿活动的参加意愿

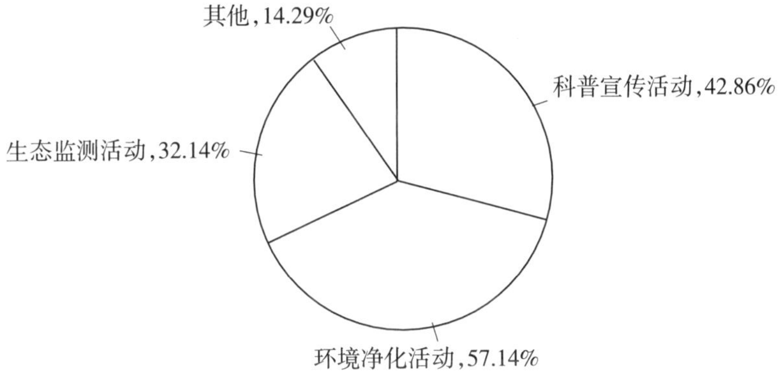

图7　环保志愿活动的参加意愿

关于民众对红树林环保的志愿活动的支持程度（见图8），超过90%的受访者支持环保，其中，非常支持的比例达到51.72%。调查表明，公众对红树林环保志愿活动持支持态度。

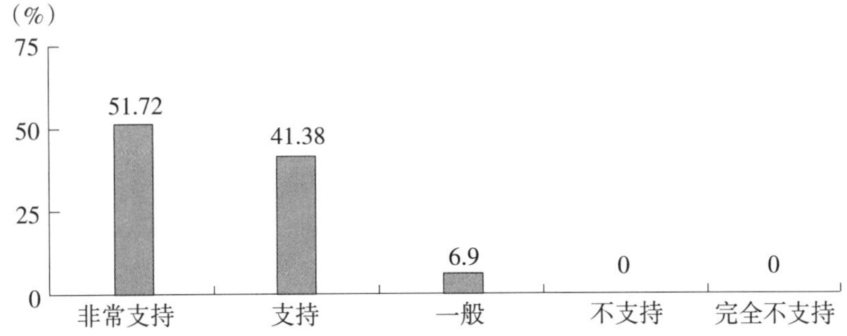

图8　环保志愿活动的参加意愿

关于民众对环保行动的支付意愿（见图 9、图 10），48.28% 的受访者表示愿意支付一定的金钱来支持环保行动的开展；其中 20.69% 的受访者表示非常愿意，只有 3.45% 的受访者表示不愿意，48.28% 的受访者表示一般。这表明公众大都愿意为环保事业贡献一定的金钱。

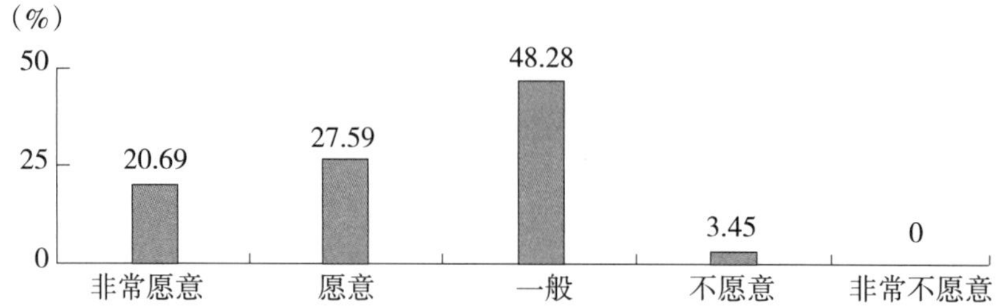

图 9　环保行动的支付意愿

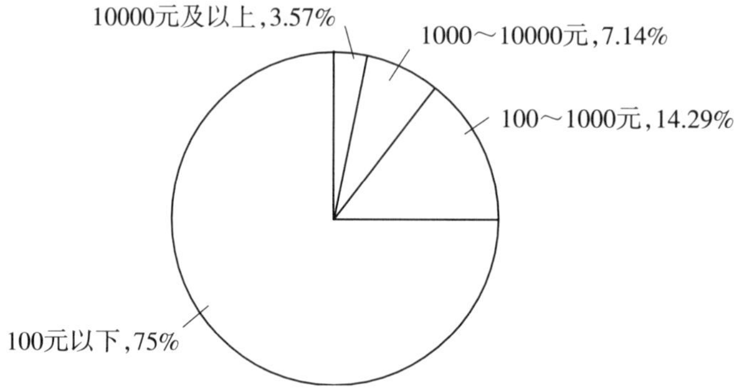

图 10　环保行动的支付意愿

关于获取相关红树林科普环保知识的途径分析（见图 11），调查表明，受访者获取红树林科普环保知识的途径比较广；其中超过一半的受访者从志愿活动中获取，27.59% 的受访者从实地科普教育中获取，表明志愿活动对民众的红树林知识环保宣传有较好的效果。

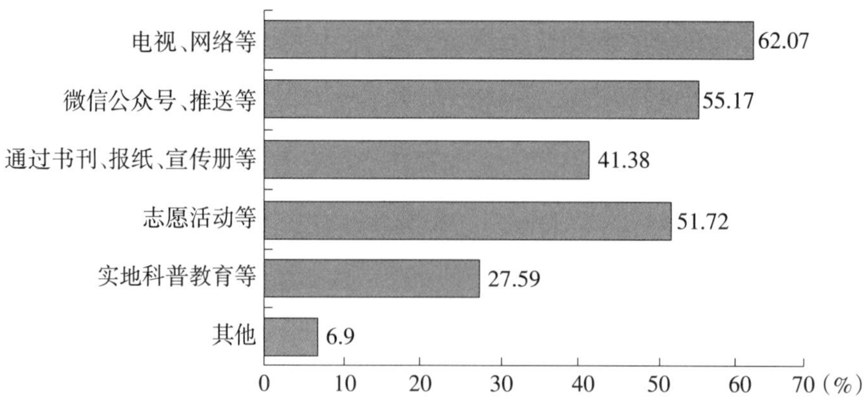

图 11　获取相关红树林科普环保知识的途径

本次访谈，可知深圳西湾红树林湿地公园的公众具有较强的环保意识，对身边生活环境的关注程度较高，具备基本的环境知识。环保意识与公众的受教育水平、收入水平、环境知识、环境现状具有很强的相关性，但是相关科普环境知识欠缺。我们不能因为公民自我环境意识评价高，主观上表示愿意参与环保行为，就可以直接推论公众能自觉参与环境保护活动。我们要做的，是肯定公众的环境意识较高的现状并积极加以引导，让公众的环保意识落地。

（三）环保行为

本次调查中，公众对环保方面的活动或信息关注度，关注及非常关注的占比为41.37%；一般的占比为48.28%，另有10.34%的受访者在生活中不关注环保方面的活动或信息。由此可见，公众对环保方面的活动或信息的关注差强人意，相关部门或组织应加强环保宣传教育，提高公众对环保的重视和关注度。

表9　公众对环保方面的活动或者信息关注

选项	占比（%）
非常关注	10.34
关注	31.03
一般	48.28
不关注	10.34

调研小组在对公众日常环保行为的调查中发现，超过60%的受访者在日常生活中会践行的环保行为主要有以下六种：垃圾分类、循环利用水资源、节约用电、循环使用塑料袋、尽量少或不使用一次性餐具、使用环保袋、低碳出行，与上述的受访者的环保意识普遍较高相符合，说明受访者能在生活中把环保内化于心，外化于行。

表10　公众日常环保行为

选项	占比（%）
垃圾分类	72.41
循环利用水资源	62.07
节约用电	68.97
循环使用塑料袋	58.62
尽量少用或不使用一次性餐具，使用环保袋	62.07
低碳出行	62.07
其他	6.9

数据表明，38.48%的受访者会积极主动地捡起红树林公园里的垃圾，58.62%的受访者会但并不十分主动，6.9%的受访者不愿意；10.34%的受访者会积极主动地提醒他人不随便丢垃圾，超过44%的受访者不会提醒；但受访者表示不会乱丢在公园游玩时产生的垃圾。

由此可见，受访者能够严于律己，身体力行维护公共卫生，但是在对待公园公共卫生的态度比较被动。

表 11 公众对红树林公园垃圾的态度

项目	态度	占比（%）
是否会主动捡起红树林公园的垃圾	会，并且积极主动	38.48
	会，但并不十分主动	58.62
	不愿意	6.9
是否会主动提醒他人不能随便丢垃圾	会，非常积极	10.34
	会，看情况	44.83
	一般不会	41.38
	根本不会	3.45
如何处理在红树林公园游玩时产生的垃圾	随身携带垃圾袋	24.14
	丢进公园的垃圾桶	75.86
	随便乱丢	0

（四）环保现状

调查发现，超过 65% 的受访者认为公园的整体环境较好，6.9% 的受访者认为比较差。由此可见，深圳西湾红树林生态公园在环境建设维护方面的工作很大程度上得到了公众的肯定，但仍存在少部分的不足，这也可能与个人的整体环境感知标准有关。

表 12 公众对红树林公园的整体环境感知情况

选项	占比（%）
非常好	13.79
好	51.72
一般	27.59
差	6.9

调查发现，超过 58% 的受访者认为公园的卫生条件好，6.9% 的受访者对公园环境卫生条件感知的评价为“差”及“非常差”，与上述的整体环境感知结果相符合。由此可知，深圳西湾红树林生态公园在环境卫生维护方面公众是比较满意的，但仍有需要改进的地方。

表 13 公众对红树林公园的环境卫生条件感知

选项	占比（%）
非常好	10.34
好	48.28
一般	34.48
差	3.45
非常差	3.45

调查发现，超过58%的受访者认为公园的配套设施条件好，没有受访者对公园配套设施条件感知出现差评，但有41.38%的受访者认为公园设施一般。由此可见，公园的配套设施较大程度上是受公众肯定的，但仍需继续改进，以便更好地为公众服务。

表14　公众对红树林公园建设不足感知

选项	占比（%）
垃圾桶、洗手间等配套设施的空间分布不合理	41.38
内部方向路标不够	20.69
绿化不够	10.34
交通不便捷	34.48
治安管理不足	6.9
海岸垃圾堆积	51.72
污水排放管理不足	27.59
垃圾倾倒	17.24
其他	10.34
公园目前建设得很好，没有不足	3.45

调查发现，目前公园在建设方面存在的不足有以下几种情况：垃圾桶、洗手间等配套设施的空间分布不合理，内部方向路标不够，绿化不够，交通不便捷，治安管理不足，海岸垃圾堆积，污水排放管理不足，垃圾倾倒，等等。其中，海岸垃圾堆积问题占比最高，达到52.17%；4.35%的受访者认为公园目前建设得很好，没有不足。

由此可见，目前公园存在的较大问题是环境污染严重，相关部门应当采取措施，严格排污标准，严厉打击违法排污行为，弥补当前的不足，以便公园更好地为公众生活服务。

调查发现，公园受到污染主要有两大原因：周边居民与游客环保意识差、附近工业污染源多。因此，为了保护公园生态环境，相关部门需加强环保宣传教育，提高周边居民及游客的环保意识，将之贯彻到日常生活的点点滴滴；防治工业污染，对违反污染排放条例的工业企业进行严厉的处罚。

表15　红树林公园污染原因调查

选项	占比（%）
周边居民与游客环保意识差	76.92
附近工业污染源多	69.23
政府不重视	30.77
治理不足	46.15
公园自身环境脆弱	46.15

在改善红树林公园情况的方面，公众都同意以下建议：提高民众环保意识、加强环保组织发展、提高科学技术、加大政策支持、完善法制、增大污染惩处力度、公众监督，等等。

其中，超过一半以上的受访者认为，改善红树林公园的生态环境，需要提高民众的环保意识、加大政策支持、加强环保组织发展、增大惩处力度。

表16　公众就改善红树林公园情况建议

选项	占比（%）
提高民众环保意识	82.76
加强环保组织发展	58.62
提高科学技术	37.93
加大政策支持	55.17
完善法制	34.48
增大污染惩处力度	51.72
公众监督	37.93
其他	6.9

三、结论和建议

（一）关于生态环境

关于生态环境，与广东省表层土壤平均值相比较，西湾红树林湿地公园红树植被稀疏处汞含量均较高，生态风险及污染程度较高，说明虽然该公园采取了修复红树林、截涌治理等措施，但可能由于人类活动、建筑垃圾等原因，导致该公园汞污染程度升高；另一方面，与广东省表层土壤平均值相比较，公园红树植被密集处汞含量均较低，生态风险及污染程度较低，说明该公园进行的修复红树林、截涌治理等措施有所效用，但影响范围不大。鉴于其建成时间不久，对其生态修复价值有待进一步观察。

建议公园继续推进修复红树林、截涌治理等治理行动，以改善公园生态本底，修复公园生态环境；同时，定期进行环境污染及污染源的监测，严格控制污染。

（二）关于公众环保意识与行为

关于公众环保意识与行为，调查表明，公众具有较强的环保意识，对公园满意度较高；同时公园普遍存在环境污染、海岸垃圾堆积的问题。

建议公园加强制度建设，完善公众参与法规，加强公众参与环境管理；加大环保宣教力度，提高公众的环保意识；加大环境信息公开力度，保障公众知情权，为公众监督提供方便；畅通公众参与渠道，保护公众的环境权益；同时，加强民间组织建设，提高公众参与的积极性，让更多的群众借助民间环保组织参与到环境保护事业中来。

参考文献

［1］谭媛媛. 深圳宝安西湾红树林公园开园　开启宝安亲海新时代［J］. 风景园林，2015（9）：12.

［2］谢庆裕. 粤港澳大湾区应打造优质环境共同体［EB/OL］. http://epaper.southcn.com/nfdaily/html/2017-08/17/content_7660939.htm.

［3］王乃姗，张曼胤，崔丽娟，等. 河北衡水湖湿地汞污染现状及生态风险评价［J］. 环境科学，2016，37（5）：1754-1762.

[4] 谢贤健. 基于 GIS 和地积累指数法的内江市城市土壤镉含量及污染评价［J］. 地球与环境，2016（1）.
[5] 徐争启，倪师军，庹先国，等. 潜在生态危害指数法评价中重金属毒性系数计算［J］. 环境科学与技术，2008，31（2）：112－115.
[6] 邓莉莉，邓府，温志力. 广西公众环保意识行为及满意度调查分析［J］. 沿海企业与科技，2017（4）：25－28.

广州市街头音乐从业者现状调查

陈小莹　谢璞珍　刘羊　余炜昂　黄郭亮[①]

一、前　言

（一）调研缘起

街头音乐，是指音乐的唱奏表演者在非舞台性、非媒体性的表演场合从事的音乐表演活动。街头音乐表演一般会在人口相对集中的地段，街头艺人以个体或小群体组合的形式零散随意地在人流量较大的地方进行表演，例如地铁口、广场、公园等。他们通过为路人演奏音乐，获得路人自由性地给予报酬。

街头音乐是一种具有悠久历史的社会现象。在中世纪的西方，游吟诗人们所进行的街头音乐活动，不仅丰富和促进了人类音乐文化的发展，更深入地参与到欧洲的社会政治、经济、文化等各个领域。而我国，早在春秋战国时期就有了韩娥“鬻歌假食”“余音绕梁，三日不绝”以及伍子胥“鼓腹吹篪，乞食于吴市”的记载。街头音乐活动具有独特个性和丰富内涵，其不仅仅是一种历史和文化传统的延续方式，它的草根性和平民性特征，更使得这种音乐现象成为一个社会、一种文化在某一特定时期民众精神风貌的生动体现。

街头音乐属于街头艺术的一种。可能有人认为，街头艺术是从国外引进来的，中国本身并没有街头艺术；实际上早在汉朝（有历史记载），我们就有了街头艺术——灯会。而且中国的街头音乐的历史并不比西方短，早在春秋战国时期，我国的街头音乐活动就已经非常普遍了。据《史记·范雎蔡泽列传》记载：伍子胥至于陵水，无以糊口，只好“鼓腹吹篪，乞食于吴市”。在非舞台性、非媒体性的公共空间（吴市），伍子胥通过自己的音乐表演（吹篪），来赢得一定的经济报酬（以糊其口），这完全符合街头音乐的存在特征。另据《列子·汤问》记载：“昔韩娥东之齐，匮粮，过雍门，鬻歌假食。既去而余音绕梁，三日不绝……”这段春秋战国时期的街头音乐表演，因为韩娥高超的艺术表现力而流芳千古，留下了“余音绕梁，三日不绝”的成语典故。虽然伍子胥和韩娥都不是职业化的流浪艺人，但是他们的行为却毫无疑问就是街头音乐活动。

在西方音乐史上，街头音乐是与流浪艺人紧密联系在一起的。由《伊里亚特》和《奥德赛》组成的荷马史诗，是古希腊“广为流传的、音乐与诗歌相结合的、人民口头创作的大型作品”。虽然相传这部史诗是民间盲人歌手荷马写成，但是实际上它是许多民间的行吟歌手集体口头创作的结晶。到了中世纪，法国出现了游吟诗人（或称吟游歌手、吟唱诗人）。而在游吟诗人这个统称之下，又有好多分支，因其身份地位的不同，所从事的

---

①作者为华南师范大学2010级心理学院本科生，指导老师童恒萍。

音乐活动、发挥的社会功能也不尽相同。比如其中的一种“Jongleur”，或译作“戎格勒”，是中世纪罗马文化国家的流浪艺人兼歌手。“他们在节日和集市上唱歌，演奏维奥尔琴，表演舞蹈、杂要、武术，训练动物，兼创作诗歌”。当然，欧洲各国也不乏优秀的街头音乐人，有的街头艺人还取得了辉煌的成就。法国20世纪就诞生了一位享誉世界的女歌手——艾迪特·皮雅芙。这位法国香颂的代表性歌手，就是从一名街头歌女一步步走上国际舞台的。从一名街头音乐人到公认的香颂女王，皮雅芙以其传奇般的人生经历向世人表明了街头音乐人所能达到的高度，而这种传奇般的跨越，也是当今无数追求音乐理想的街头音乐人所梦寐以求、执着坚持的目标和动力所在。

在街头音乐的定义中，可以发现街头音乐现象的一些很重要的特点：街头音乐的表演者和观众的行为都是个体的、自发的、无契约的，街头音乐具有随意性、流动性和无约定性等特点。除此之外，通过对街头音乐历史的回顾，可以发现街头音乐还具有开放性、透明性以及草根性这三大特征。也正是因为街头音乐的这些特征，使得街头音乐与其他形式的音乐表演有着不同的功能和意义。作为一种历史悠久的音乐现象，街头音乐并不单单是街头艺人的谋生手段，也不单单是一种音乐表演形式，更是一个社会、一个民族的文化传统的传承方式之一。另外，作为基层大众喜闻乐见的一种表演形式，街头音乐可以丰富人民群众的精神文化生活、传播精神文明、促进音乐文化发展。再者，由于街头音乐人具有很强的流动性，所以历史上的街头音乐人在传播信息方面具有明显的优势。作为一种自发的、具有强烈草根色彩的音乐活动，街头音乐在某种程度上还具有很强烈的社会舆论监督色彩。

街头音乐作为历史的产物，反映着一个城市的发展状况。广州作为一个国际化的大都市，街头音乐活动已经慢慢发展并且活跃起来。广州市汇集了各个地方的人和物，具有超强的包容性，加上经济高速发展，给街头音乐的发展提供了良好的土壤。街头音乐表演活动必然要在非媒体性、非舞台性的公共空间展开，而这个公共空间必须还要有足够多的流动人员作为观众，才能达到街头音乐人或进行音乐交流或挣钱糊口的目的。而广州具有很多的适合进行街头音乐表演的空间。首先是公共交通设施所形成的公共空间，如过街天桥、地下通道、公交车站、地铁出入口、地铁车厢等处，都是街头音乐人的重要活动场所。另外，广州还有许多大型的商业活动中心，集聚了大量人潮。这些商业中心的开阔处，也是街头音乐人出没的重要地点。那些购买力旺盛的商场顾客，既是街头音乐的潜在观众，也是街头音乐人生计的重要来源。

超强的包容性使得广州街头音乐发展越来越活跃，另一方面也使得街头音乐的性质和类型混杂多样。另外，草根文化的兴起，也让街头艺术文化越来越成为大众文化关注的重心。总的来说，广州街头音乐的性质可以分为两大类，梦想型和生计型。梦想型的街头艺人更多的是为了追求梦想，而生计型的艺人更多的是以赚钱为目的。在大众市民看来，这两者没有特别明显的区别，加上中国传统思想的影响，大多数人都会把街头音乐视为下等的活动。但实际上，现今还没有人对广州的街头艺人进行系统的调查研究。广州街头音乐活动产生的背景也没有理清，是什么原因促使他们弹唱于街头；他们有着怎样的生活状况；对于社会文化、城市市容而言，他们又有着怎样独特的影响等一系列现实的社会问题也还没有相关的答案。基于这些现状，本研究希望通过对广州某地区的街头艺人进行调查研究，深入了解广州市某地区街头艺人的现状及生活状况。同时，让更多社会人士关注到街头艺人这一特殊的群体，更客观地看待他们，以及给予他们一定的帮助。

（二）研究对象与方法

调研小组选取广州某地区的八位街头艺人作为采访对象，采用个案访谈法（访谈问题见附件）以及观察法进行调查研究，收集所需资料。采访了部分路人，收集其对街头音乐活动的看法。此外，以对城管部门的采访记录作为辅助资料，深入探讨广州街头音乐的现状。

二、研究结果与分析

（一）梦想型

1. 为梦想，吉他手执着歌唱

出来弹唱两年，来自“山水甲天下”的桂林的林仔（即下文提到的B）已经去过好几个城市唱歌，目前住在唱歌时认识的朋友家里，说不定哪天想去别的城市就会离开，家里人对他的生活不支持也不反对。林仔表示自己喜欢的事情就会去做，“很多事要做了才知道，不想让自己留下遗憾，没有想过太长远的事情”。本人也曾报（培训）班来提升自己的（演唱）水平。

林仔自诉，日子过得很辛酸，但也有开心的时候。在访谈中，他的眼睛散发着向往自由歌唱的神色，拳头紧握，笔者也被打动了。当问及街头艺人抢地盘的现象时，他只表示“先到先得”。对于驱赶他们的城管们，林仔抱着理解的态度：“其实站在他们的角度是很能理解的，毕竟造成交通堵塞就不好了。”

2. 详细结果

我们一共采访了8位流浪艺人，以下列举其中6位的信息（另外两位信息不足）。为了尊重艺人的隐私，接下来的叙述中，笔者采用代号A、B、C、D、E、F来代替他们的姓名（E和F在后文提及）。对流浪艺人的调查调研小组是从以下几方面来进行的：

2.1　工作经历

工作经历，包括工作时间、地点等。

A是一对情侣，他们出来两三年了。平时在白云区弹唱，最近转移到天河区某繁华地段。

B工作两年多了，去过的地方很多。每到一个城市都会马上安定下来，再找一个相对固定的地点弹唱。

C工作半年多了，加入别人的组合。一般晚上才出来，11点左右结束；地点不确定。

D是一名大一学生，男，音乐专业，唱歌为主；在街头唱歌半个月了，一般有空就会出来，他表示下午5点多出来比较容易找到好的位置。

2.2　压力

这里所说的压力包括来自家庭、经济、城管的压力及同行竞争等。

2.2.1　关于经济压力

我们采访的所有街头艺人在经济压力方面的回答都差不多，觉得生活还算过得去，在街头表演是自己的主业。一天赚钱数大概在几十到两百块钱左右。

2.2.2　关于家庭压力

A 的家人并不同意，但自己并不在乎，觉得干自己喜欢的事情挺好的，认为家人早晚会理解自己的。

B 的家人不支持也不反对，很感谢家人的理解。

C 的家人不反对，觉得挺好。

D 的家人很支持，身边的朋友很少出来唱歌，但也挺支持的。有同学很感兴趣，很好奇，甚至要求加入。

2.2.3　关于城管压力

被采访到的所有的街头艺人都觉得存在来自城管方面的压力，有的城管会毫不留情地将他们赶走；有的城管还是比较好的，只要不阻碍交通，城管就不会说他们什么。街头艺人们对于城管干涉的行为还是比较理解的，觉得“那是他们的工作”，所以当城管来干涉他们的时候，他们大多数时候都会停止表演，然后搬到其他地方或者结束当天的表演，不会跟城管起争执。

2.2.4　关于同行的压力

A、C、D 认为在同行竞争方面的压力比较大，尤其是在地盘竞争方面。有时候会因为争抢地盘打闹起来，因为比较好的地方还是非常有限的。D 还说，虽然他们一般是晚上 7 点之后才开始工作，但是下午 5 点左右就得出来抢地盘。B 觉得在这方面的压力比较小，他觉得“谁先出来，谁先到就在那个地方表演”就好了，自己如果晚了的话就到别的地方去，不会因为这方面的原因跟其他人起争执，从而让自己不开心。

2.3　工作过程中有趣的事情

说到工作过程中有趣的事情，所有被采访的街头艺人都露出了非常灿烂的笑容，他们觉得自己非常享受在街头表演的过程，有很多有趣的事情发生。

A 觉得最有趣的就是有很多观众的时候，“就像开个人演唱会一样”，观众会欢呼，对音乐有兴趣的朋友还会一起交流心得。觉得“实现了自己的价值，非常开心与满足”。

B 觉得最有趣的事情是被一个喜欢听他唱歌的女生亲了一下，还有女生会很陶醉地听完自己唱歌之后送上玫瑰花，觉得自己有了当明星的感觉，非常的幸福与开心。

C 和 D 都没有明确地谈一件非常有趣的事情，但是他们都觉得来街头表演就已经是一件非常有趣的事情了。非常开心，觉得锻炼了自己各方面的能力。

2.4　比较尴尬的事情

A 觉得自己工作得挺开心的，不会觉得有什么尴尬，也没有什么梦想，没想过参加选秀节目，只想单单纯纯地唱歌，追逐自己的音乐梦。如果一定要说比较尴尬的事情，就是忘记歌词。有时候也会有人嫌他们吵，把他们当作讨饭的乞丐来看待，但自己不在乎。

B 觉得很尴尬的事情，就是被问到“为什么要在这里卖唱”。他说自己也在思考这个“卖”字的含义，所以有时候觉得挺辛酸的，但是大部分时间都是开心和自由的，自己很享受这个过程，不会在乎别人的这些评价。

C 觉得比较尴尬的时候是在刚开始工作时，那时候觉得在街头表演比较不好意思，但是到后来认识了很多朋友，练就强大的内心，脸皮厚，不怕丢脸。自己也是非常享受这个过程的。

D认为很尴尬的事情是忘了词，有时候也会遇到市民投诉其扰民。但是总体来说还是很开心的。

2.5　自己怎样评价街头表演

A说自己的生命不可以没有音乐，年轻的时候再不疯狂，很容易就老了。不会羡慕身边那些很富有的人，觉得自己这种街头表演的形式很好，让自己很快乐，同时也让路人可以享受到音乐。

B说自己很喜欢音乐，喜欢唱歌给别人听，最大的一个收获就是能认识很多朋友。比如笔者，如果他不是来街头表演的话，那我们就不可能认识。

C说自己非常喜欢打鼓，而且不想受束缚，追求自由，享受生活。更重要的是认识了很多朋友，练就强大的内心，面对很多事情时自己都能很坦然地去接受，这是做其他行业不可能得到的。

D觉得这样锻炼了胆子，获得了唱歌的经验，也能赚到钱。是一个很不错的体验，还想叫其他同学一起出来在街头进行表演。

2.6 对未来的看法

A、B、C都表示走一步看一步。应该会演奏到自己唱不动的那天。

D不排除自己日后会从事这一行业。

（二）生计型

1. 为学费，美术生街头卖唱

我们采访的第一站，就遇到了来自四川的高三学生E，E的脸上明显地带着陌生人勿近的神情，却又很尽力地拿着麦克风在唱歌，尽管喉咙已经沙哑，嘴唇干裂，却没有停下的意思。每当有人放下钱，他总是及时地表达他的谢意——谢谢你们。从他面前地板上的文字中得知，他父亲不幸早逝，母亲患有精神分裂症，经济困难，而自己又要筹学费学美术，为了能够支付对他来说高昂的学习费用，街头卖唱成了他的经济来源。

访谈一开始，他拘谨而防备地回答问题，语句简短，期待着笔者快点问完，他还能继续唱歌，多赚点钱。他在这条路附近已经唱了一个学期了。有时会被城管驱赶，但是自己并不在意这件事；而这种方式能够锻炼自己，又能自食其力；当被问及有没有考虑借助助学贷款的方式来减轻学费的压力时，他沉默了一会，抬头说了句“有……”。采访结束后，我们留下听他唱歌，看着年幼的他，真的不舍，看着地上好几张生动的明星素描，觉得心痛。

2. 为生活，残疾青年自食其力

有着一级残障的22岁青年F，母亲过世后，出来唱歌3年多了。他在炎热的天气下唱歌，衣服早已被汗水浸湿了。

问及唱歌的原因，他说：“（家里）一年（的收入）只有1000元的时候，连喝水都不够啊，一饭一菜都要10元啊……赚钱是希望存钱回家用，希望存七八万元。在家穷怕了，没尊严，借钱又会被人耻笑……这也是一种对自己的锻炼，现在还能养活自己。”由于F是残疾人，老乡们也都会让着他，不会跟他抢地盘，但其他人就不一定了。

由于能够自食其力，家人并不反对他的做法。有时会被城管抓进去关一段时间，F还是挺排斥的。

3. 详细结果

3.1 工作经历

工作经历包括工作时间、地点等。

E 是一个高中生，他出来一个学期了。在天河某繁华地段唱歌。

F 工作 3 年多了，在广东另一个城市唱过歌；上班时间固定，有“老乡接送”，谈及老乡时，还是有一些回避。

3.2 压力

这里所说的压力包括来自家庭、经济、城管的压力及同行竞争等。

3.2.1 关于经济压力

我们采访的所有街头艺人在经济压力方面的回答都差不多，觉得生活还算过得去，在街头表演是自己的主业。一天赚钱数大概在几十到两百块钱左右。下雨天时，无法工作，只能待在家里。

3.2.2 关于家庭压力

E 在经济方面，妈妈看病要花钱，自己读书要花钱，身上的担子很重。

F 的家里人支持其自食其力。

3.2.3 关于城管压力

比起梦想型的艺人，生计型的艺人更在乎能不能开工，因为这个关系着自己能否养活自己。这一类型的演唱者由于身体大多有残疾，对广州街头市容有一定的负面影响，更容易受到来自城管的压力。一般来说，城管对残疾、年老、衣衫不整的演唱者的打压力度大很多。

3.2.4 关于同行的压力

E、F 均认为在同行竞争方面的压力比较大，尤其是在地盘竞争方面，有时候会因为争抢地盘打闹起来，因为好的地盘还是非常有限的。

3.3 工作过程中有趣的事情

说到工作过程中有趣的事情，生计型艺人思考很久却未能给出答案，或许经济压力对他们来说实在是太重了。

3.4 对未来的看法

E、F 都表示希望尽快存一笔钱，能够尽快去学习或者回家做个小生意。

三、分析与讨论

（一）两类街头艺人的比较

1. 两类艺人的个性对比

结合访谈结果与前人的研究，笔者发现，梦想型艺人以追求梦想为目标，向往自由，却对自己的未来缺乏一个完善的规划，他们的谈吐较为随意，服饰追随时尚潮流。就个性而言，他们接近反叛期的青少年，向往自由和随意，言谈较为抽象化，很少人愿意谈及平日的生活。而生计型艺人他们出售的不是单纯的音乐，而是自己某一方面的残缺，如肢体上的残疾、艰苦的生活条件等，他们不过是借助音乐的工具，为自己的生活提供保障。他们时常眉头紧锁，或者较为沉默或者迫于生活的压力。前者以音乐为终点，寻求认同等精神上的满足感；而后者以音乐为工具，以寻求物质生活的保障为主。

2. 两类艺人的定位

梦想型艺人以弹唱为主，几乎都是主动选择这条就业路线，愿意以此为他们的终身事业或者为音乐路上一个锻炼的机会，他们视听音乐并给一定小费的人为同道，更多追求的是表演过程中与听众的共鸣和狂欢，他们对自我的认同感比较高；而后者则是迫于就业难、薪酬低的生活现实而选择的一条相对轻松的路径，身体残疾、未接受高等教育、艰难的家境都成为增加收入的筹码，音乐对于他们来说不过是工具，他们也以唱歌为主，较少弹奏乐器，他们属于低等收入群体，具有较低的审美标准，以低姿态面对路人，更多依靠听众的同情心来获得报酬。同时，这个方式对他们而言，比起乞丐的乞讨姿态，也算是一种自食其力的方法。

3. 家人的看法

调查数据显示，家人对于生计型艺人的自食其力、减轻家庭负担是较为赞同的；而对于梦想型艺人而言，家人的态度则是放任，不对他们的人生做太多干预。尽管这项调查只是针对已经成为街头艺人的家长意见的反馈，但这也在一定程度上反映了家长思想的开明，愿意让孩子自己决定人生的走向。

4. 艺人对未来的看法

对于未来，梦想型艺人说不清道不明，只想走一步看一步，不想太过长远的事，这也反映了他们对自己的人生并没有详细的规划，只是一味地寻求寻梦的人生，他们还处在青春期的末期，希望走自由主义路线，在很多方面忽视了对社会的一份责任感。而生计型则是为了能够赚一笔钱，维持生活或者继续学业，目的性较强。

（二）与西方街头艺术的对比

1. 同在路上道不同

同为街头艺术，我国与外国的表演形式大有不同。就表演类型而言，国外的街头艺术表演类型可谓各有千秋。例如街头行为艺术，有一些艺术爱好者会把自己装扮成雕像，摆出各种姿势，静静地站立着，不仔细看，真的会以为是雕像。街头作画也是国外很常见的表演形式。街头艺人把大地当作画板，当众作画。或描人像，或画花草风光，或拟抽象，任由旁观者评弹。画作充满了立体感，给人们一种视觉上的震撼。而街头演唱则是最常见的表演形式。西方历来把看演出、听音乐看作贵族式的享受。然而，现今在西方任何一座城市的街头，高雅庄严的演艺活动已经与市民们的逛街消遣融为一体。在这些演艺活动中，有类似吉卜赛流浪者的乐队，有歌唱家独在街头“唱大风”，也有全身挂满乐器、使出浑身解数吹拉弹唱的乐匠。你可以随意听、随意看，甚至还可以混在他们中间同歌共舞，或者随意扔几枚硬币。

相对而言，在广州这个繁华闹市中，街头艺术的表演形式相对单一。采访到的街头艺人均选择了与音乐有关的表演形式，并且大部分都是以演唱为主。表演形式有独唱及组合对唱。有自弹自唱的吉他手，还有边吹口琴边弹吉他边唱歌的。调查中，笔者没有遇到把自己装扮成雕像来赚钱的艺人。在这个生活节奏非常快的城市，也许只有歌声能让人暂时停下脚步，去关注这路边的故事。

2. *社会身份、地位*

美国人的价值观认为，人要劳动，要自食其力。个人的生活是幸福富足还是潦倒贫困全在于自身。正是因为美国人持有这种尊重劳动、认为工作无贵贱之分的观念，给街头音乐提供了一个比较宽松的社会环境。国外的街头艺人不会因为自己弹唱于街头而觉得低人一等，反而会因为靠自己的双手来赚钱而十分自豪。

在国内，情况就很不一样了。中国的文化传统和主流价值观念则与西方不同，甚至截然相反。中国在漫长的封建时代，逐渐形成了“士农工商”等社会等级思想，进而发展出职业的“高低贵贱”的观念。而不管哪朝哪代，艺人的地位总是最低的。人们往往会主观地把街头音乐活动视为一种乞讨行为，弹唱于街头是一件很不光彩的事情。街头艺人因此也往往没有如国外街头艺人那样得到来自观众的尊重和认同。

但是对于街头艺人而言，他们对自我的认同感是十分明确的。被采访的街头艺人均表示，他们并不认为自己的行为是不光彩的，反而认为弹唱于街头是锻炼自己、证明自己的一个很好的方式。另一方面，在对观众的采访中笔者发现，随着国内对街头音乐的逐步了解，不少人已经开始认识到为了梦想而开展的街头音乐活动在加强城市精神文明建设方面的重要作用，也有学者将街头音乐形象地称为“城市的活雕塑”，对街头音乐寄予了美好的期待，呼吁更多专业人士走上街头，为街头音乐的发展做出切实的努力。

3. *政府的管理措施*

欧美国家的街头音乐之所以能保持较高的水平，跟相应的管理制度也是分不开的。据有关学者考证，早在1834年，法国就颁布了相关法律，政府允许街头流浪音乐艺人组织自己的行会，还规定街头流行音乐的出版计划。街头歌手必须持有标志才能进行演唱活动，以便于管理。

近年来，我国也开始着手对街头艺人的管理。2008年，广州市人大代表、剧作家罗怀臻提出，“应该把单纯乞讨与街头艺术区分开来，让以展示疾病、贫穷、残障的城市流浪群体进入公益救助系统，而把属于街头艺术表演和创造等审美范畴的街头艺术激发出来。”而2012年7月，上海市文化广播影视管理局在答复市台联《加强街头艺术管理　激发城市文化活力》提案时表示：在立法“瓶颈”暂时无法突破的情况下，可对本市街头艺人管理进行试点，即在市区选取部分固定区域供街头艺人进行表演，由文化主管部门按照相关规定，对街头表演人员、表演内容、表演区域、表演时间等要素进行核准并送城管等部门备案。通过试点，将逐步推动相关立法工作，为加强街头艺术管理提供法律依据。而有关对街头艺人的有效管理规定在广州暂时还没有被提出。街头音乐活动的开展在一定程度上反映了一个城市精神文明发展的程度，广州正处于建设全国精神文明城市的重要时期，关注街头艺人，是创建社会精神文明的必经之路，政府必须加大管理力度，制定出健全有效的管理机制。

四、结论与建议

通过这次社会实践，笔者深入了解了广州市某地区街头艺人的现状及生活状况。调查结果显示，广州街头艺人主要分为两种类型：梦想型和生计型。其中，梦想型的艺人生活状况处于社会中低阶层，他们的收入不稳定，不重视前途，较为重视当下生活。而生计型的艺人则更希望有所积蓄，以改善生活状况。

在这种情形下，笔者认为政府部门应该加大对街头音乐活动的管理力度，制定更加健全的政策，人性化地实施管理政策，并借鉴港台地区以及国外成熟的管理措施，使街头音乐成为广州一道亮丽的风景线。另外，政府部门应当增加生活贫困人员的保障制度和实施力度，不要让他们沦落街头，而是有一份相对稳定的工作，这样他们的生活才有保障。

参考文献

[1] 曾遂今. 街头音乐与现代城市文明 [J]. 福建艺术 2002 (3).

[2] 张鹏飞. 北京街头音乐现象研究 [D]. 北京：中国传媒大学，2009.

[3] 张洪岛. 欧洲音乐史 [M]. 北京：人民音乐出版社，1983.

[4] 缪天瑞. 音乐百科词典 [M]. 北京：人民音乐出版社，1998.

[5] 刘晓琴. 反叛的时尚——街头时尚的初步研究 [D]. 北京：北京服装学院，2009.

[6] 傅盛裕，俞丽虹. 街头艺人能否成为“城市景观”? 可能得双向提高 [N]. 新华每日电讯，2008-5-08 (003).

[7] 洛秦. 街头音乐：美国社会和文化的一个缩影 [M]. 北京：人民音乐出版社，2001.

偶像崇拜对大学生人生观与道德观的影响

徐晓虹　廖映燕　何燕　黄雪薇　钟海婉①

一、前言

大学生崇拜各类偶像是一个越发普遍而典型的文化现象。大学生的偶像所属领域跨度大、多元化，包括政治名人、商界成功人士、文化名人、影视明星及体坛明星等，他们对大学生的人生观和道德观的形成和塑造起着不可忽视的作用。

本小组成员希望通过此次调研，较全面地了解和解读大学生崇拜的偶像类型、大学生在偶像崇拜方面的投入、偶像在大学生人生观与道德观形成过程中的影响作用等，在此基础上，有针对性地引导大学生以独立的姿态和理性的态度对待自己所崇拜的偶像，使崇拜偶像这个行为成为大学生生活中精彩而有益的一部分，对自己的生活、学习以及将来的工作产生积极的影响。

在调查之前，小组成员通过查阅文献，采访和观察周边同学崇拜偶像方面的现象，获取相关的信息进行整理与分析，共同设计出一份网络调查问卷发布在问卷星网站上。调查时间：2012 年 9 月 13 日至 9 月 30 日，调查对象：广州地区各大高校的大学生；调查有效问卷回收数量总共 185 份。

二、调查结果及分析

1. 大学生的偶像类型

（1）大学生的偶像。

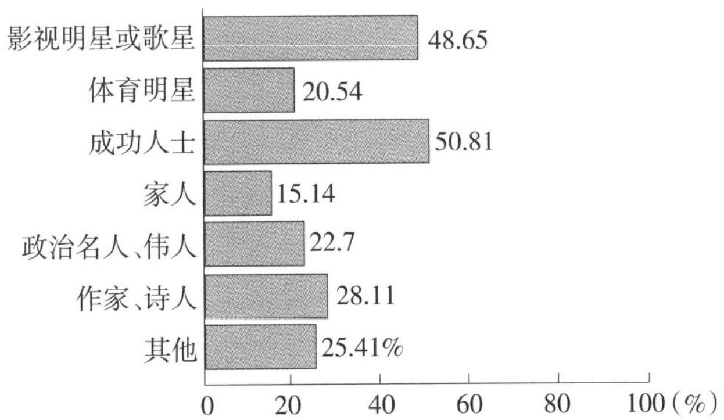

图 1　大学生偶像类型

①作为是华南师范大学教育信息技术学院 2010 级本科生，指导老师谢玉萍。

从图 1 可以看出，大学生心目中的偶像排在第一位的是成功人士，占 50.81%；其次是影视明星或歌星，占 48.65%；作家、诗人，政治名人、伟人，体育明星也占有一定比例，均超过 20%。说明事业成功、娱乐性对大学生偶像的选择还是有比较大的影响。家人所占比例最少（15.14%），但还是有部分同学选择其为偶像，说明家人在某些方面也对大学生产生一定影响。

（2）性别与偶像类型交叉分析。

通过性别与偶像类型交叉分析可以看出（可多选），大部分男生选择成功人士作为偶像，占 43.64%；其次是影视明星或歌星以及体育明星，均超过了 36%。大部分女生则选择成功人士以及影视明星或歌星，均达到 53.85%；选择体育明星的最少，只有 13.85%。

（3）文科生、理科生、艺术生与偶像类型的交叉分析。

通过文科生、理科生、艺术生与偶像类型的交叉分析可以看出（可多选），文科生主要选择影视明星或歌星作为偶像，占 56.1%；其次是成功人士，占 51.22%；也有不少文科生选择作家、诗人，占 28.05%。理科生选择的偶像类型最多的是成功人士，占 51.06%；其次是影视明星或歌星，占 41.49%。艺术生选择最多的是影视明星或歌星以及作家、诗人，均占 55.56%；体育明星与成功人士所占比例次之，分别为 44.44%、44%。

（4）大学生把他/她作为偶像的原因。

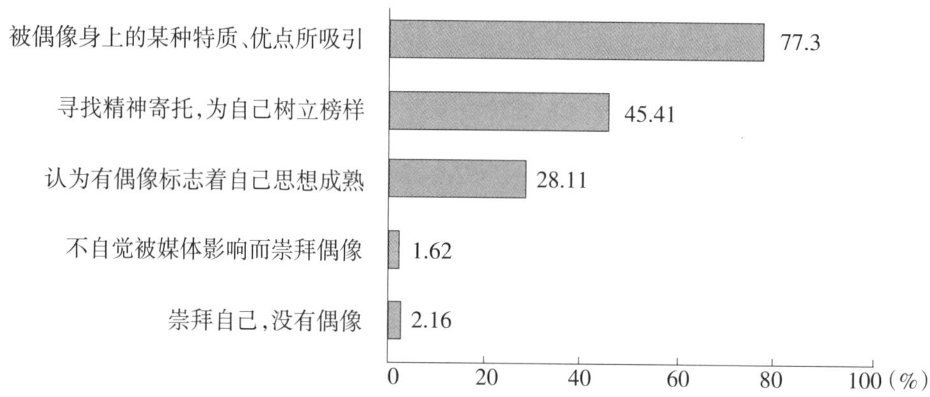

图 2　把他/她作为自己的偶像的原因

从图 2 可以看出，大学生把他/她作为偶像的原因大部分是因为被偶像身上的某种特质、优点所吸引，占 77.3%；为了寻找精神寄托，为自己树立榜样也占了较大部分，占 45.41%；而不自觉被媒体影响而崇拜偶像的最少，占 1.62%；还有极少部分大学生崇拜自己，没有偶像。

（5）是否经常更换偶像。

调查可知，只有 17.84% 的大学生会经常更换自己的偶像，可见大部分大学生崇拜的偶像对象比较稳定，对偶像的追求的盲目跟从性比较低，对偶像的选择有自己的理性思考。

（6）大学生认为值得崇拜的偶像需要具备的条件。

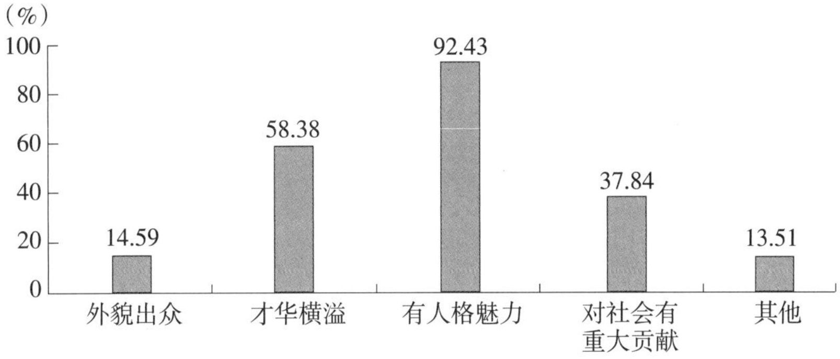

图 3　偶像需要具备的条件

从图 3 可以看出，大学生对偶像的要求主要集中在有人格魅力、才华横溢、对社会有重大贡献这三项，占比分别为 92.43%、58.38%、37.84%；外貌和其他条件占的比例比较少，分别只占 14.59%、13.51%。可见大学生选择偶像时主要从他/她的人格品质考虑，对偶像的内在品质要求较高。

（7）大学生崇拜偶像的目的。

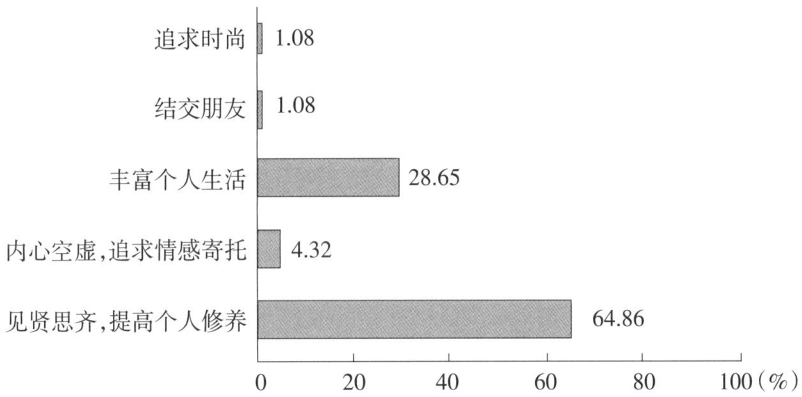

图 4　崇拜偶像的目的

从图 4 看出，大学生崇拜偶像的目的最主要是见贤思齐，提高个人修养，占 64.86%；其次是想丰富个人生活，占 28.65%；而内心空虚，寻求感情寄托的很少，只占 4.32%；为了追求时尚及结交朋友所占比例最少，均为 1.08%。可见大学生崇拜偶像的目的还是比较正面，值得肯定。

（8）大学生如何看待大学生崇拜偶像的现象。

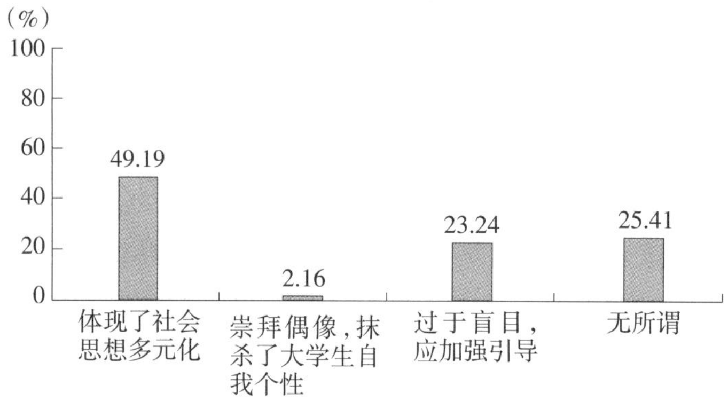

图5　如何看待大学生崇拜偶像现象

从图5可以看出，接近一半（49.19%）的大学生认为崇拜偶像体现了社会思想的多元化，25.4%的大学生认为崇拜偶像抹杀了大学生的个性，过于盲目，应加强引导；另有25.41%的大学生觉得无所谓。由此分析得出，在大学生当中肯定崇拜偶像这种行为的还是占了主流。

（9）大学生崇拜偶像的行为。

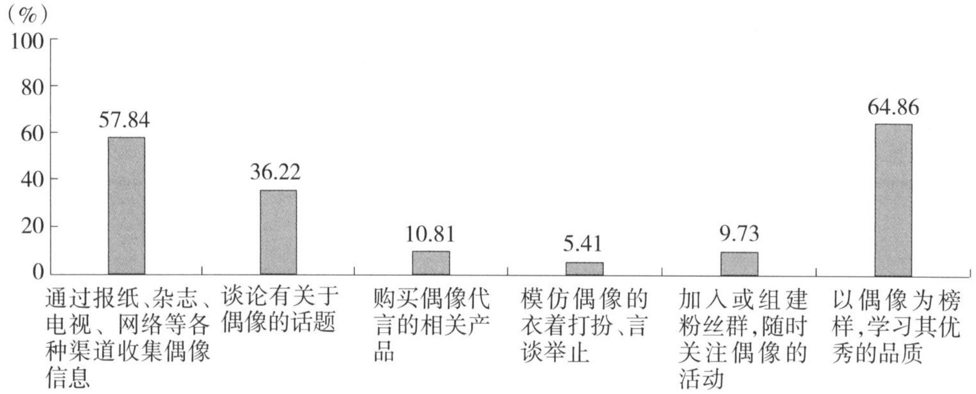

图6　崇拜偶像的行为

从上图可以看出，大学生崇拜偶像的行为主要是通过报纸、杂志等各种渠道搜集偶像的信息和以偶像为榜样，学习其优秀的品质，占比分别为57.84%、64.86%；36.2%的大学生会谈论和偶像有关的话题；10.8%的大学生会购买偶像代言的相关产品；5.4%的大学生会模仿偶像的衣着打扮、言谈举止。由此分析得出，大部分大学生崇拜偶像的行为是比较理性的，在金钱上的投入相对较少，主要是在精神层面上去关注偶像。

（10）大学生认为崇拜偶像有帮助的方面。

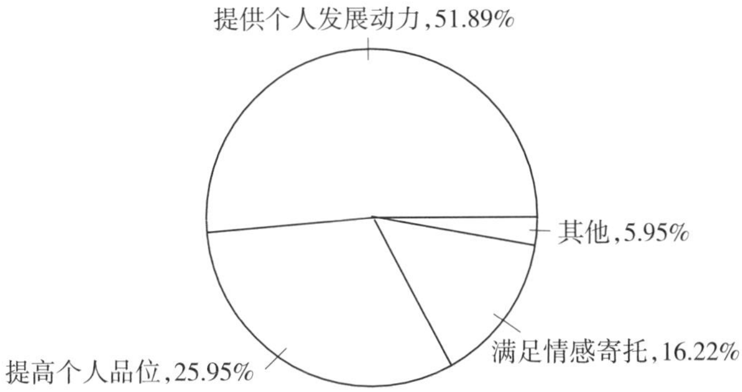

图7　崇拜偶像的帮助

从上图可以看出，51.89%的大学生认为偶像能为自身提供个人发展动力，25.95%的大学生认为树立偶像能提高个人品位，其余的认为有满足情感寄托等其他作用。由此可见，树立正面偶像对大学生的主要帮助是提供发展动力和提高个人品味。

（11）崇拜偶像对大学生的影响。

表1　偶像文化在大学校园流行对大学生正常的学习和生活的影响程度

题目	影响程度		
	影响很大（%）	影响不大（%）	没有影响（%）
对学习生活有冲击，导致学习成绩下降	4.32	68.11	27.57
影响自身的消费选择趋向，出现盲目消费	16.76	54.59	28.65
影响自身的审美观、价值观的形成	45.41	44.32	10.27
影响自身的信仰和生活态度	40	49.19	11.35
影响自身对一些事物和他人的评判	37.3	52.97	9.73
影响校园文化结构，丰富了课余生活	43.24	49.73	7.57
有了学习榜样，有了新的生活动力	43.24	49.19	8.11
可以缓解学习压力，释放紧张情绪	55.14	36.76	8.11
能够结交更多志趣相投的朋友提高交往能力	37.84	52.97	9.19
影响自身的职业选择	18.92	57.84	24.86

从表1可以看出，绝大多数人都对偶像文化的影响抱有肯定的态度，都认为崇拜偶像在学习生活，缓解压力、社交等各方面对自身都有积极的影响；九成以上的大学生都认为崇拜偶像不会对成绩造成太大的影响；但有小部分会因为崇拜偶像而出现盲目消费的现象；只有10%左右的大学生认为偶像文化对自身的价值观和生活态度没有影响，40%左右的学生认为影响很大。

（12）支持偶像时影响了学习及其他工作怎么做。

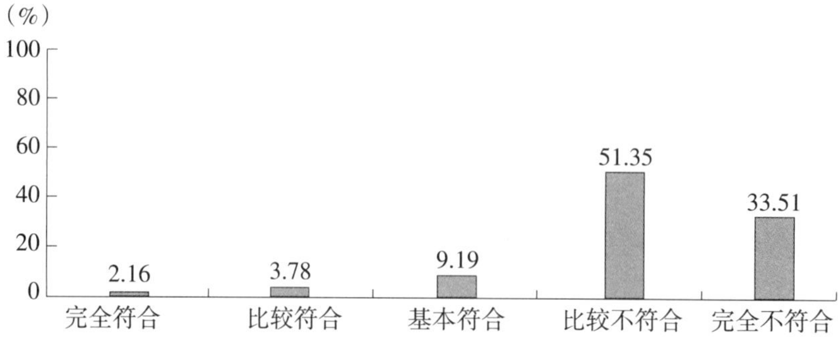

图8　耽误学习及其他工作，仍然以各种行为支持偶像

从图8可以看出，85%左右的大学生在学习及其他工作被耽误时不会继续以各种行为去支持偶像；只有15%左右的大学生出现比较盲目的现象，其中只有2.16%的大学生会在学习及其他工作被耽误时依然不管不顾地以各种行为去支持偶像。可见大部分大学生在支持偶像方面还是会理智地衡量自身的实际情况。

三、小结与讨论

通过对调查结果的分析对比，我们分别从受大学生欢迎的偶像类型、大学生在偶像身上的投入、偶像在大学生人生观与道德观形成过程中的双重作用这三方面进行总结：

（一）受大学生欢迎的偶像类型

在大学生中最受欢迎的偶像类型是成功人士，其次是影视明星或歌星。大部分大学生是被偶像身上的某种特质、优点所吸引，为了寻找精神寄托，为自己树立榜样。对偶像的要求主要集中在有人格魅力，才华横溢，对社会有重大贡献这三项。说明大学生在选择偶像类型方面比较注重内在而非盲目选择，方向是比较正确的。

不同性别在选择偶像类型方面还是存在差异的。在选择影视明星或歌星作为偶像方面，在女生中所占的比例明显多于男生。女生在偶像崇拜方面比较理想化、浪漫化，男生比较实际、理性化。相对来说，男生对体育比较感兴趣，因此选择体育明星作为偶像的比例明显比女生多。除了性别影响外，文科生、理科生、艺术生对偶像的选择也存在明显差异。这跟不同专业的学生性格、思维方式不同有关。文科生、艺术生比较感性，而理科生比较理性，体现在文科生与艺术生在选择影视明星或歌星作为偶像的比例更大；理科生主要是选择成功人士，选择作家、诗人的更多的是艺术生与文科生；理科生选择政治名人、伟人作为偶像明星比文科生与艺术生多，这也可以看出理科生相对来说更关注时政。

（二）大学生在偶像身上的投入

大学生崇拜偶像的行为主要是收集偶像的信息，以偶像为榜样，学习其优秀品质；谈论和偶像有关的话题的也不在少数，而购买偶像代言的相关产品只占10.81%。如果学习及其他工作被耽误，85%左右的大学生不会继续以各种行为去支持偶像。

追求偶像是一件需要花费精力和金钱的事，但在调查中笔者发现，大部分大学生追求偶像时比较注重偶像的优秀品质，从偶像身上汲取正向能量，通过偶像的榜样作用使自己不断进步。这种追求方式有积极意义，能有效发挥偶像的激励作用。如果支持偶像会耽误自身的学习及工作，这时不应继续坚持，这是大部分大学生所认同的。在大学生之中，追求偶像的盲目性和狂热性并不明显，盲目消费和疯狂追星的现象比较少，主流还是带着理性的思考和理智的衡量的。

（三）偶像在大学生人生观与道德观的形成过程中的双重作用

1. 积极影响

首先，偶像崇拜可为大学生提供个人发展的动力，提高自身素质。台上一分钟，台下十年功。影视歌艺红星那完美的表演，体育健儿的叱咤风云，政商界人物运筹帷幄的霸气，都不是一蹴而就的；而是他们通过自身努力，坚持不懈，靠汗水和努力换来的。这种顽强拼搏、不畏艰难的精神都可以鼓舞当代大学生为了实现自己的目标而努力奋斗，让他们懂得一分耕耘一分收获，要想获得成功必须要有艰辛的付出，十分有利于当代大学生塑造正确的人生观。

其次，偶像崇拜对大学生的信仰和生活态度以及价值观的形成有一定的影响。偶像明星由于其身份的特殊性，他们具有积极意义的行为更能带动当代大学生。各界明星在赈灾过程中表现积极，踊跃地捐款捐物，能带动更多的人奉献爱心；运动健儿在赛场上拼搏，为国争光，能激发大学生们强烈的民族自豪感……关注偶像，能使大学生们也学会关注国家，关注社会，增强其自身的社会责任感和爱国主义精神，形成积极向上的价值观念和生活态度。

2. 消极影响

首先，不恰当的偶像崇拜会影响大学生的正常学习和生活。大学生活要求学生要学会合理安排时间，学会自觉主动地学习，但是熬夜看球赛、逃课看明星演唱会等行为都会耗费大学生们很多的时间和精力，对学习生活造成冲击，导致学习成绩下降。

其次，会影响大学生的消费选择，出现盲目消费，导致拜金主义思想的产生。偶像明星都属于高收入、高消费人群，他们通常穿名牌，开名车，住豪宅，往往出手阔绰，一掷千金。这些都难免会误导思想观念还不甚成熟的大学生，使得他们崇尚名牌，盲目消费，甚至产生“学得好不如嫁得好”“找个有钱人嫁了”等拜金主义思想，形成错误的价值观念，不利于其健康成长。

偶像的一些消极行为也容易对大学生人生观和价值观的形成和塑造造成影响。偶像明星不能承受压力而自杀的消息屡见不鲜，有的明星有恋童、吸毒贩毒等不法行为，甚至爆出“艳照门”“诈捐门”等一系列负面新闻。这些都会影响大学生对道德，对生与死的态度和看法，不利于他们形成正确的人生观。

四、几点建议

崇拜偶像在大学生人生观与道德观的形成过程中有积极影响和消极影响，在调查之中我们发现积极影响所占的比例大于消极影响，但消极影响还是存在的。为了引导大学生正确对待偶像文化，更加独立和理智地崇拜偶像，从偶像身上获得最大的正向能量，更好地促进自身的发展，从而形成正确的人生观和道德观，笔者从社会、学校、家庭、个人四方面提出以下建议：

（一）社会

（1）在社会中加强是非观教育。首先，要明确是非善恶的判断标准，营造好的社会氛围，从而倡导学生守望良知、恪守正义；宣扬正确的道德标准和法律标准，对人、对事、对物，要有一个客观、全面、理性的评判标准。社会要引导大学生，正确的行为必须坚持；错误的行为必须摒弃。

（2）加强传统文化教育。面对中西方文化的剧烈交锋，优秀传统文化中的理想信念与伦理美德受到了西方功利主义的冲击。社会教育的核心就是要利用一切可利用的文化资源来增强民众对中华民族优秀传统文化和价值的认同感和吸引力，从而增强当代大学生的伦理意识，引导大学生树立正确的价值观。

（二）学校

教育者要积极寻求社会规范与学生个体需要之间的对话渠道。这就要求教育者首先要正视并尊重学生的心理世界和内在要求，触及学生思想和心灵深处；同时还要讲求教育的科学与艺术，构建一个互动、对话的和谐教育生态环境。

（1）加强理想信念教育。高校应有目的、有计划地开展针对性教育。一是要加强大学生理想信念教育，使大学生克服盲目的思维，抑制狂热的情绪，让学生明确偶像的价值选择是什么，什么样的偶像值得崇拜。二是加强大学生的人生观、道德价值观教育，使大学生真正消化理解正确的人生哲学，清楚个人价值和社会价值，用理性成熟的观点去看待自己的人生和他人。

（2）高校要通过各种科学文化课程的开展，校园文化的熏陶，校容、校风、校纪的合理引导与学生自控能力的社会锻炼来提高学生的自身素质，加强自身的理性思维，以正确的欣赏与品位来对待大众偶像。同时，高校要在课堂教育培训的基础上，通过学校社团、校园网络、心理诊室、文艺宣传、邀请明星教授座谈等形式，建立各种各样的沟通机制，及时地了解学生的心理动态，为学生创造交流的环境，倡导学生理智追星。

（3）加强典型示范教育。高校可以利用“偶像效应”，在实际生活中为大学生提供一些实在、可感、生动、贴近生活，既能引起共鸣又能够唤起人们“情感联动”的年轻榜样，使大学生深刻地体会这些典型模范的思想，领悟他们的人生观和价值观，帮助大学生找到认同的偶像和追求目标。

（三）家庭

（1）父母要营造利于沟通的家庭教育氛围。在教育引导的过程中，要把孩子放在平等的地位进行沟通，鼓励孩子关注现实世界与追求梦想，肯定其个人价值与独立人格。

（2）父母要责无旁贷地承担起偶像评判的角色，用多种声音，从多个角度、不同层面冷静地评价分析各种偶像，给孩子提供具有建设性的参考意见，提供理性思维的广大空间。加强对孩子的正面疏导，从而增强孩子明辨是非的能力。

（3）父母要言传身教，树立起好的榜样，向孩子展现良好的性格品质和人格魅力，使自己也成为孩子心目中的崇拜的偶像之一。

（四）个人

（1）大学生在认真学习科学文化知识的同时，还要加强思想道德修养，提高明辨是非的能力，树立起正确的世界观、人生观、价值观。对于偶像身上值得学习的特质、优点，大学生可以见贤思齐，提高个人素养；而对于偶像身上的不良作风，要坚决抵制。

（2）在崇拜偶像的过程中，大学生应努力协调好自己的学习生活和崇拜偶像在精力、时间上的投入两者之间的关系，使崇拜偶像成为自己生活中有益而精彩的一部分。

（3）学生要增强自我控制能力，以理性的态度对待偶像，不做出过激的行为，伤人害己，做一个对自己行为负责的人。

广州大学城小贝岗路边摊对环境的影响调查

房思雅　龙佳妮　吴玉群　唐天鹤　罗嘉健　陈英炜[①]

一、调研情况

（一）调研背景

广州大学城地处广州市番禺区小谷围岛，是广州高校的聚集地。小岛远离市区，环境优美，生态和谐。2012 年广州市政府常务会议审议通过的《实施广州大学城提升计划工作方案》计划将大学城打造成为国内一流、国际领先的“生态之城”。然而，日渐繁华的饮食摊正在成为大学城内环境、生态的主要污染源之一。大学城内有十所高校，每个高校的生活区内存在着各类饮食路边摊，除了各高校的食堂，它们是学生们午餐、零食、晚餐以及消夜的主要供应者。大学城里四个自然村——南亭村、贝岗村、北亭村、穗石村里也有流动小摊或小贩的小型集市。近年来，学生对路边摊饮食的消费需求越来越高，使得路边摊在大学城发展迅猛，有些高校内的路边摊已经从两三年前的十几个摊点发展到目前的几十个摊点（2014 年 11 月）。路边摊在日益繁华的同时，也给大学城某些地段的环境卫生、自然生态造成了越来越严重的消极影响，这不但威胁整个大学城的环境生态，也会在一定程度上危害生活在大学城内的学生、教师的健康。然而，路边摊造成的环境问题仍未引起足够的重视，放任下去，会让路边摊导致的环境危害越来越严重。

大学城华南师范大学的生活区与学习区交界处目前聚集了二十多家饮食摊。由于其经营规模、模式堪比贝岗村的摊贩小集市，大学生称其为“小贝岗”。小贝岗是大学城众多饮食摊贩聚集地带的一个典型缩影，本次调研我们以小贝岗为样本，对大学城内的路边摊的环境状况及影响进行调查研究。

（二）调研的目的、内容和方法

本次调研的目的主要是了解大学城内饮食路边摊集中地带的环境卫生现状，分析路边摊对环境造成的不良影响及危害；了解大学城内学生、教工对路边摊的支持程度、消费频率及其对环境危害的认识程度，收集他们对路边摊贩规范化和环境友好化方面的建议；在此基础上，促使大学城的教工、学生及其他大学城往来人员关注并重视大学城内的生态环境建设，自觉爱护校园内外环境，减少在路边摊消费的次数，让建设者和管理者认识到路边摊可能对大学城的生态环境造成的威胁，从而采取相应的整改措施。

调研内容主要有：路边摊的发展情况；路边摊对周围生态的影响；大学城师生对路边摊的态度，包括在路边摊的消费情况、对路边摊造成的环境影响的认知程度以及对路边摊

---

①作者为华南师范大学化学与环境学院 2012 级本科生。指导教师林妙珊。

的意见；环卫工人对路边摊的看法和管理建议。

本次调研运用了实地调查法、文献研究法、问卷调查法、访谈法等调研方法，其中实地调查法由实地观察与实地访谈相结合，保障数据和资料的真实性、可靠性、有效性以及来源的多样性。

（三）调研的时间、地点和对象

按照研究计划，调研时间为2014年9月至11月，调研地点为华南师范大学大学城校区，调研对象为华南师范大学大学城校区学生、校内路边摊贩及环卫工人。限于条件，具体的问卷和访谈对象采用偶遇抽样方式确定。

二、对路边摊造成的污染的实地观察和访谈

为了详细、具体化地让人们了解路边摊对环境的污染状况，调研组采用实地观察与对环卫工人进行采访相结合的调研方法，旨在对样本分析结果提供进一步的实例佐证，让调研结果更加具体化、实例化。

（一）实地观察获取的路边摊环境资料

通过实地观察，我们发现小贝岗路边摊的环境污染主要有噪声、固体废弃物、油烟和臭气等。

噪声污染比较严重。针对路边摊的环境污染程度我们进行了各类环境影响因素的评测，我们利用噪声仪对路边摊的噪声污染情况进行了数据测定，鉴于小贝岗路边摊的经营情况在大学生上学期间每天的经营情况相似，故选取一天来分析，结果见表1。

表1　小贝岗路边摊噪音情况

时间	实际情况的等效连续声级(dB)	地点	噪声等效连续声级限值(dB)
15:37	61.09	小贝岗(路边摊不营业)	55
22:06	65.31	小贝岗(路边摊营业高峰期)	45
22:27	55.97	学生公寓(离小贝岗约200米)	45

根据环境质量标准，1类声环境功能区（以居民住宅、医疗卫生、文化教育、科研设计、行政办公为主要功能，需要保持安静的区域）的环境噪声等效声级限值，昼间（6:00—22:00）为55dB，夜间（22:00—次日6:00）为45dB。

由数据可知，在夜间学生公寓处的等效连续声级严重超出了1类环境功能区的标准限值；昼间与夜间小贝岗处的等效连续声级相差不大，但在夜间小贝岗处比学生公寓处的等效连续声级高了约10dB。数据对比说明，在昼间小贝岗处的车流量大，道路交通产生的噪声是污染的主要因素，但是在夜间车流量减少，小贝岗的噪声等效连续声级不降反升，噪声主要由小贝岗流动摊位产生；另外，学生公寓并未处于交通要道，交通噪声并不是其主要污染源。由于学生公寓与小贝岗之间没有设置隔声、吸声等设备，小贝岗流动摊位对学生公寓造成了相当大的噪声污染，其影响是不容忽视的。

产生了大量的固体废弃物。路边摊在经营的过程中产生了食品残渣、食品包装袋等大量的固体废弃物，这些固体废弃物没有得到合理的处理。固体废弃物覆盖了路边的植被，

严重污染了该地的土壤，导致植被死亡，大量土地裸露，破坏了周围的生态系统；同时固体废弃物被随意扔在地上，对城市的容貌也有相当大的影响。从调研组拍摄的图片可以看出，路边摊产生的固体废弃物到处都是，满地狼藉（图1）。

图1　小贝岗路边摊产生的固体废弃物

排放大量的油烟和臭气。鉴于小贝岗路边摊的经营情况在大学生上学期间每天的经营情况相似，故选取一天来分析，结果见表2。

表2　大学城路边摊 PM2.5 排放情况

烹饪方法	摊位数量	PM2.5 排放
炒	3	在关闭门窗且不开抽油烟机的情况下炒丝瓜，爆香调料时 PM2.5 数值急增，参照空气质量指数的话，应该已达到“爆表”的级别
炸	4	在关闭门窗且不开抽油烟机的情况下炸薯片，厨房内的空气等级立马由“优”变成“严重污染”
蒸	3	在关闭门窗且不开抽油烟机的情况下蒸馒头，10 分钟仅升 21 个数值（由于蒸馒头用的锅比较大，燃气开的火也大，因而对 PM2.5 也有一定影响）
煮	4	在关闭门窗且不开抽油烟机的情况下煮玉米，对空气污染的影响很小，甚至可以忽略不计
烤	7	烧烤是 PM2.5 的典型污染源。据《新京报》报道，记者尝试用仪器对北京丰台镇国寺北街附近的烧烤摊进行持续监测，发现烧烤时 PM2.5 的数值几乎比开烤之前翻倍

油烟含有多种有毒化学成分，对机体具有遗传毒性、免疫毒性、肺脏毒性以及潜在致

癌性。餐饮油烟已成为城市大气环境中的主要污染源之一，对 PM2.5 的“贡献率”超过10%。

（二）对环卫工人的访谈

小贝岗路边摊每天产生大量的垃圾，同时随地丢弃的食物残渣产生大量恶臭，加重了环卫工人的工作量。由于路边摊现在的规模已经非常大，城市管理部门也不可能在短时间内清除流动摊贩。环卫工人们希望学生和摊贩都能意识到小贝岗对环境造成的危害，希望学生和摊贩能树立良好的环保意识。以下是调研组对环卫工人的访谈整理稿。

问：您每天会用多长时间打扫小贝岗？

答：每天工作 8 小时，工作时间 7:00—11:00，14:00—18:00，每天打扫小贝岗两到三次。小贝岗晚上摆摊时清洁工一般都已经下班了。

问：您觉得现在小贝岗的垃圾量和以前相比是多了还是少了？

答：多了很多。之前只是这块（靠近中环马路的空地），这两年来小贝岗的规模扩大，垃圾量也往两边移了。

问：现在小贝岗的卫生情况相比之前是有所改善还是恶化了？

答：略有改善，但每天还是产生大量垃圾。有时候路上的塑料袋铺得满满的，有些在华师工作的阿姨会来捡走那些能卖钱的垃圾，相对减少了垃圾量。

问：每天早上那么多垃圾，都是摊贩没有清理留下的吗？

答：大部分是摊贩留下的，还有一些是学生吃完后乱扔留下的，比如像路边那些比较零散的垃圾。

问：我们看到路边草地上也有很多垃圾，您平时会清理吗？

答：会处理，那些塑料袋我们就用钳子把它们夹出来，塑料袋一天清理一次，那些压在植物下面的我们就一段时间清理一次。

问：平时您处理垃圾时需不需要戴口罩？

答：需要，小贝岗这边的垃圾臭味很大，也有很多蚊虫。

问：觉得打扫卫生时，最难处理的是哪一类型的垃圾？

答：水果皮，粘在地上很难打扫，要用手捡或是用钳子夹起来；而且水果皮很重，打扫完难以拖走。

问：一年四季，小贝岗什么时候垃圾最少？

答：寒假和暑假。学生一放假，消费者少了，相对来说摊贩也少，制造的垃圾也相对较少。

问：平时每次打扫，垃圾大概有多少？

答：2～3 桶（桶的规格 240L）。

问：对小贝岗所造成的环境问题，您有什么建议？

答：其实我们（环保部门）是不赞成小贝岗（路边摊）的存在的，但既然难以阻止，希望小贝岗的商家能提高环境保护意识，注意公共卫生，处理好产生的垃圾，不要增加我们的负担，流动摊贩清理自己产生的垃圾对于他们来说只是举手之劳，但是对于环卫工人来说，一个人要打扫这么多摊贩产生的垃圾，难度可想而知，每天都要花费大量的时间精力来保持小贝岗的清洁。

三、大学生对路边摊环境影响的看法

调研组设计了专门的调查问卷，共发放问卷109份，有效回收109份。

（一）在路边摊消费的普遍性

问卷显示，路边摊是大学生重要的日常消费方式。74.31%的受访者在路边摊的消费次数为0～3次，20.18%的受访者在路边摊的消费次数为4～6次，5.5%的受访者在路边摊的消费次数超过7次。由此可见，大学生在路边摊的消费频率虽然不高，但是在路边摊消费的现象较为普遍。为什么大学生喜欢在路边摊消费？主要是因为路边摊可以弥补学校食堂的不足。调查数据显示，大学生在路边摊消费的最大原因是“品种多样”，占总数的46.79%；而“食物美味”“每日经营时间长”分别占总数的43.12%、34.86%。另外问卷中的“其他”选项收集到的原因占33.03%，其中“由于错过饭堂开放时间”和“由于饭堂饭菜味道不好”占大部分，而“路边摊价格便宜”以及“离路边摊近，消费方便”占一小部分。由此可见，路边摊相比饭堂有其优势，可以满足一大部分学生的需求。

（二）对路边摊环境影响的认识

调查数据显示，路边摊对环境造成的影响（可多选）主要是空气污染、固体废弃物污染、滋生病菌等方面。79.82%的受访者认为路边摊造成的主要环境问题是地面油污，77.98%的受访者认为是食物残渣引发的恶臭气味，77.06%的受访者认为是食物残渣滋生的病菌和引来的蚊虫，64.22%的受访者认为是大量固体废弃物，58.72%的受访者认为路边摊造成的主要环境影响是摊贩烹制食品时散发的雾气和蒸汽（表3）。

表3　受访者对路边摊造成的环境污染的认识

对环境的影响	受访者（人）	占比（%）
散发的雾气或蒸汽	64	58.72
大量固体废弃物	70	64.22
食物残渣滋生的病菌和引来的蚊虫	84	77.06
影响植被生长和污染裸露的土壤	39	35.87
地面油污	87	79.82
恶臭气味	85	77.98
噪音	35	32.11

既然认识到了路边摊造成的环境污染问题，那么大学生如何看待路边摊造成的环境污染的责任呢？调查数据显示，大约八成的受访者（87人，比例为79.8%）认为，自身在路边摊消费而带来环境污染，对此是应该负责任的；约两成的受访者（22人，比例为20.18%）认为不需要负责任。从中可以看出，希望改善路边摊环境问题的大学生占了绝大部分，改善或者解决路边摊问题是有足够的基础和动力的。

客观上来看，大学生在路边摊的一些消费行为也是造成环境污染的重要原因，最典型的是快餐盒和一次性筷子的使用。调查数据显示，在路边摊消费时，仅有5.5%的学生“自备筷子和饭盒”；“只带饭盒”以及“只带筷子”的人数分别占0.92%、2.75%；而绝大部分学生（占总数的90.83%）都不带筷子与饭盒。由此可见，大学生在路边摊的消费行为导致环境污染及资源浪费的程度是相当大的。

（三）对路边摊存留和扩张的态度

大学城的路边摊虽然屡遭整顿，但由于市场的存在，数量扩张的趋势仍然明显。对于路边摊数量的扩张，只有很小部分的受访者（5.5%）抱支持态度，约一半的受访者反对，另外有37.61%的受访者认为无所谓。针对路边摊与环境之间的冲突，41.28%的受访者认为路边摊应当保留，37.61%的受访者认为路边摊应当被取缔，抱无所谓态度的人数占21.1%。

综合以上两组数据可以发现，大部分学生并不希望路边摊继续扩张，这部分人的态度可以分为三种类型：第一种是“取”，认为路边摊的便利大于其对环境的危害，选择保留；第二种是“舍”，希望路边摊不断扩张这一现象得到有效治理，减少甚至取缔路边摊；第三种则是“得过且过”，说明路边摊引发的环境问题尚未引起一部分人的重视。数据表明，对于事关大学生日常生活的路边摊的看法和去留，在大学生中还存在比较大的分歧。

（四）对改善路边摊问题的看法和建议

关于对路边摊加强管理，促使其规范化经营，受访者中，持支持态度的人数占88.99%，不支持的仅占2.75%，说明大学生对加强路边摊管理有共识，都希望有关部门能够加强对路边摊的管理，缓解路边摊与环境之间的矛盾。

对于如何改善路边摊造成的环境污染问题，73.39%的受访者选择增设垃圾桶。这说明路边摊造成的垃圾处理量已经超出一般街道的范围，增设垃圾桶这一途径可减少固体废弃物造成的环境污染。

对于如何现实地化解路边摊与环境关系，问卷中回收的有效答案有44条。其中认为针对路边摊问题需要进行规范化管理的人数超过一半，约占68%。16%的人认为学生自身应当提高环保意识，尽量少在路边摊消费。一小部分学生认为应当通过法律法规，完善路边摊的管理制度，动用城管等执法队伍对路边摊进行严管。还有极少部分的学生认为学校需要采取措施，更进一步地满足学生的饮食需求，也能有效地治理小贝岗污染问题。

四、看法和建议

调研结果显示，随着在校大学生在路边摊的消费量变大，路边摊的规模也逐渐扩大；与此同时，路边摊对周围环境造成的负面影响也逐渐引起人们的关注。路边摊在经营过程中产生的固体废弃物、油烟等严重影响了周围的生态系统和市区容貌，路边摊产生的臭气和噪声也对学生的生活质量有一定的影响。调研也发现，虽然大学生意识到应对自身在路边摊消费而引起的环境污染担负一定的责任，但是他们还没有养成强烈的环保意识，故而抱着一种“得过且过”的心态继续在路边摊消费。管理者（城管、学校）方面，应加强对路边摊的管制，制定合理有效的管理方法，将污染程度降到最低，对污染的主要产生者（路边摊贩）进行强有力的环保教育。

（一）对城管等相关部门的建议

从调研样本和案例分析中，不难看出路边摊的主要受益人群为在校大学生。虽然大学生已经意识到路边摊对周围环境有很大的影响，但是不得不在路边摊消费来满足自身的饮食需求。对于这种情况，本小组提出“堵不如疏”的建议。由于路边摊具有很强的流动性且已形成较大规模，城管等管理部门很难对其进行彻底的惩治。根据学生对路边摊的意见偏向，本小组认为可以对小贝岗进行“规范化管理”，例如在路边摊聚集的地方为他们建立一个流动商贩导流区，同时配套完善的垃圾收集设施，将路边摊对周围环境以及市区容貌的影响降到最低。

（二）对路边摊周围学校的建议

在上述的数据中，本小组发现在校大学生有吃夜宵的习惯，同时部分学生由于打球、开会等原因，无法在饭堂营业时间吃晚餐；而学校内部的饮食商店较少，或者消费水平高，学生故而选择了物美价廉的小贝岗路边摊进行消费。对于上述现象，本小组给出的建议是“竞而争之”。发挥市场竞争的作用是取代小贝岗路边摊的最好方法。学校饭堂延长营业时间、增设消夜窗口，学校引进部分小贝岗中的摊贩，使其正规化经营等等都能给小贝岗路边摊的存在制造巨大的“威胁”。此外，校内的商家对食品安全、消费环境的保障更强，如果价格相差不大，相信会有更多的学生选择他们的商品。

高校思想政治理论课教与学的调查与思考

——以华南师范大学石牌校区为例

薛小琪　林榕　马颖幸　林燕婷　唐小芳[①]

一、导言

（一）研究背景

1. 社会背景

在当今经济全球化、文化迅速传播的时代背景下，外国文化大量传入中国，里面不免掺杂着一些低俗腐朽的内容。而在校大学生作为易于接受新事物的一大群体，时刻都处于文化渗透的大背景中。如何加强大学生在道德理念、生活作风等方面的建设，十分重要。高校教育，德育为先。高校思想政治理论课，是一门提高大学生理论水平及对其进行品德教育的重要学科，在培养大学生的思想政治素质方面具有举足轻重的地位。

国内的大学，无论是文科还是理科，均开设了思想政治理论课，如“毛泽东思想和中国特色社会主义理论体系概论”“马克思主义基本原理概论”等。然而，由于思想政治理论课自身的特点以及受教学手段等因素的影响，部分在校大学生对这一课程比较抵触，流露出厌恶情绪，甚至会出现不听课、逃课等现象。思想政治理论课难教和难学的问题始终存在。

2. 学术背景

近年来，学术界对于“大学生思想政治理论课的教与学现状”的关注度有不断增强的迹象，但是缺乏比较细致和系统的研究，也没有提出较为实际可行的措施。本课题的主要研究对象为华南师范大学石牌校区的大学生，贴近生活实际。据了解，本校学生对于大学生思想政治理论课的教与学现状现象研究比较少。

（二）研究意义

1. 社会意义

思想政治理论课（下文简称思政课）是目前大多数高校德育的主要渠道和重要阵地，是教育的基本内容和根本要求，是每个学生的必修课。大学生对思政课教学方式和考查方式等的意见，以及任课老师对思政德育等课程的意见对于分析现今思政课教与学的成效和不足非常重要。本报告通过调查分析，旨在深化师生对思政德育问题的认识，提出对高校思政课教与学的一些看法和建议，探求更加有效的教学模式，弥补现行课堂的不足，激发学生的学习兴趣和欲望，从而更好地实现思政课的教学目标。

---

①作者为华南师范大学生命科学学院2015级本科生，指导老师刘传广。

2. 学术意义

近年来，学术界对于“高校思政课教学”的关注度有不断增强的迹象，但对高校学生在主动学习思政课程方面的探究关注较少。

（三）研究目的

1. 了解教师和学生对高校思政课教与学的模式和效果的看法。
2. 了解思政课在大学教育的地位及其现状。
3. 分析高校思政课教与学的成效和不足，深入探究更加有效的思政教育模式。

（四）研究方法

1. 问卷调查法

问卷主要分为五大部分，一是调查学生的基本信息，可将不同年级、不同专业的学生调查结果做纵向对比；二是学生对思政课的态度；三是学生的课堂表现；四是学生对教师的教学方式和质量的评价；五是对提高思政课教学质量的建议。通过调查学生对思政课的态度、上课情况、对教师教学的评价，逐渐引导学生思考思政课不受欢迎的原因，最后提出相应的建议。

表1　问卷设计情况

板块	题目	内容
调查对象基本信息	Q1 ～ Q2	Q1. 调查对象就读的年级
		Q2. 调查对象的专业
对思政课的态度	Q3 ～ Q4	Q3. 调查对象对思政课的喜爱程度
		Q4. 调查对象认为上思政课的意义
调查对象上课情况	Q5 ～ Q7	Q5. 调查对象思政课旷课频率
		Q6. 调查对象上思政课的最大动力
		Q7. 调查对象上课做的事情
对教师教学的方式和质量的评价	Q8 ～ Q9	Q8. 认为老师的综合水平程度
		Q9. 认为教师的授课方式如何
思政课不受欢迎的原因	Q10	Q10. 调查对象认为思政课不受欢迎的原因
对提高思政课教学质量的建议	Q11 ～ Q12	Q11. 调查对象认为最影响教学质量的因素
		Q12. 对提高思政课影响力的建议

本次问卷主要针对华南师范大学石牌校区的学生，采取线上线下随机发放的方式，具有较强的代表性，共收回有效问卷 286 份。

2. 访谈法

访谈提纲主要分四个部分：一是初步了解华南师范大学思政课的上课情况；二是追溯目前思政课出现某种状况的缘由；三是从受访者对思政课的评价中剖析思政课对大学生的影响；四是提出能提高思政课教学质量的有效措施。访谈提纲是从“现象—原因—影响—建议”四个层面进行设计的。

二、调研发现

（一）调查对象基本信息

1. 调查对象的就读年级

2. 调查对象的专业类型

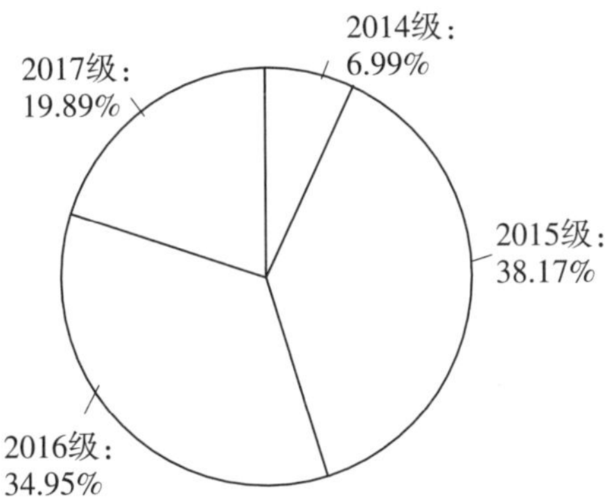

图 1　受访学生所在年级

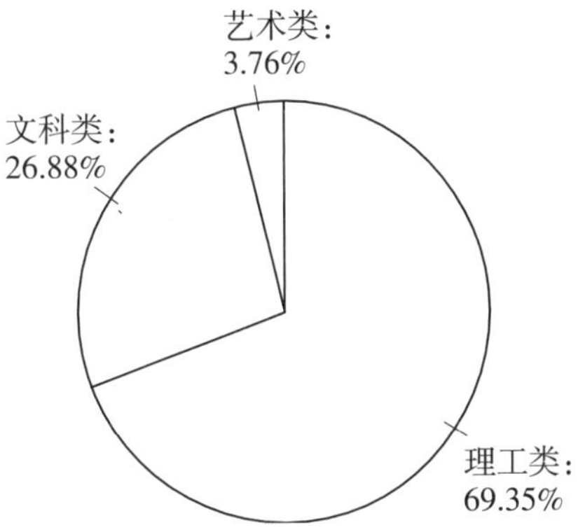

图 2　受访学生就读专业

（二）学生对思政课的总体看法

1. 对思政课的态度

问卷显示，绝大部分的受访对象（60.75%）对思政课的态度都是“一般”。认为思政课“一般”“无所谓”的分别占 11.83%、10.75%。而明确表示“不喜欢”的占 16.67%，比明确表示“很喜欢”思政课的（10.75%）多了近 6 个百分点。由此可见，华南师范大学的学生对思政课的认同度尚可。

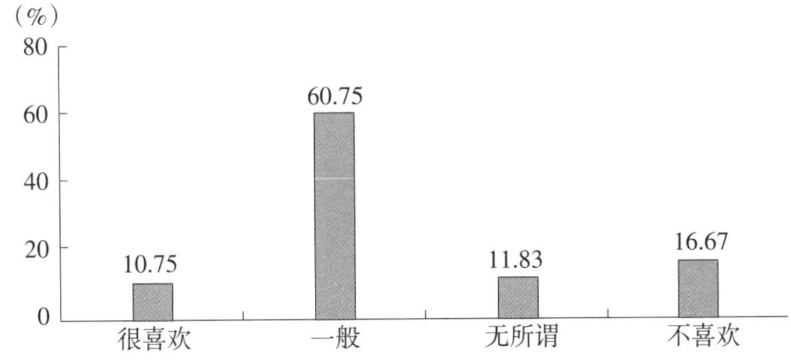

图 3　受访学生对思政课的认同度

2. 对思政课意义的认知

问卷显示，受访者中认为上思政课的意义是“增加自己的政治理论知识”“了解我国政治事业的发展”的比例分别为 60.22%、61.29%，这表明大学生对学习政治理论知识的觉悟较高，且能主动了解国家政治事业的发展。有 24.73% 的学生认为学习思政课是为考研做准备，有 39.78% 的学生认为上思政课只是为了拿学分，并无实际用处。另有 4.84%

的学生认为思政课还有其他意义。

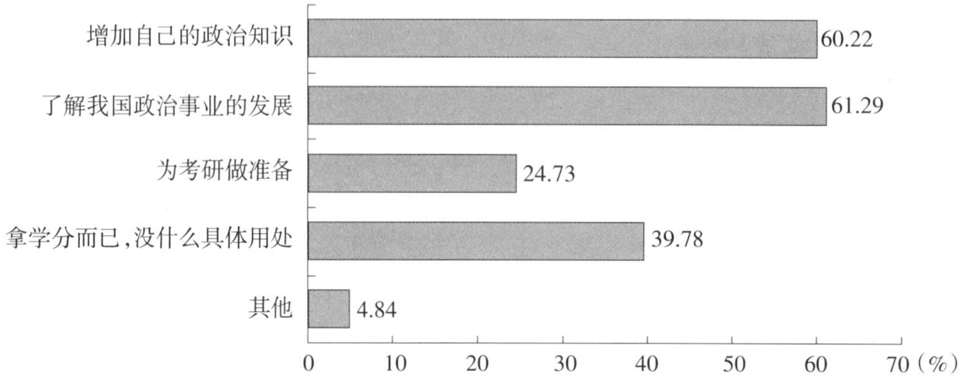

图4　受访学生对思政课意义的认知

3. 学生的到课情况

思政课的到课率总体情况较好，几乎从不缺课的学生占 72.04%，较少缺课的占 9.68%，偶尔缺课的占 14.52%，经常缺课的占到 3.76%。

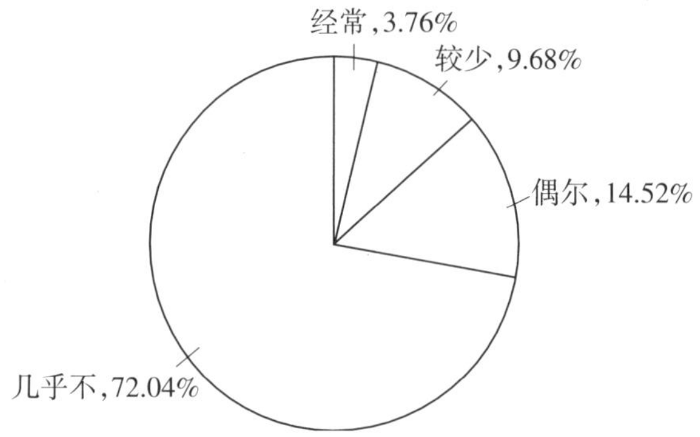

图5　受访学生思政课到课情况

4. 学生上课的最大动力

问卷显示，促使学生去上课的最大动力是“考勤严格，逃课有风险”，占比为 43.55%；其次是“老师声情并茂的讲解”“认真听课，可以考高分”，分别占 26.34% 和 20.43%；“可以随心所欲地玩手机”和其他原因所占比例很少，均为 4.84%。由此可见，华南师范大学思政课的考勤工作做得比较到位，对学生的出勤能起到一定的约束作用。“老师声情并茂的讲解”占有一定的比例，说明思政课老师的教学得到了部分学生的认可。

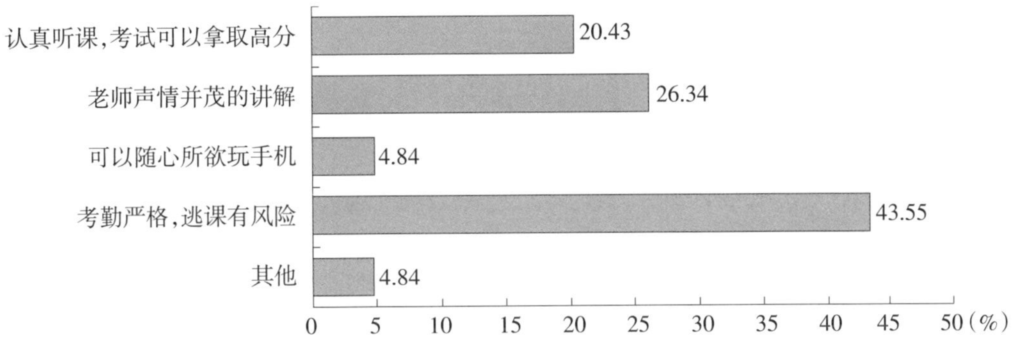

图6　上思政课的最大动力

5. 在思政课主要做的事情

通过问卷数据，可以了解到：受访对象在思政课上主要做的事情（可多选）占比最多的是“玩手机”，为70.43%；其次是“认真听讲”和“做作业”，分别是56.99%和53.23%；“睡觉”的比例较少，为12.37%。由此可见，在信息化时代，上课玩手机已成为一种普遍现象。而“认真听讲”和“做作业”超过半数，说明该校学生的上课态度还是较为认真的。只有少数人上课睡觉，体现了绝大多数学生对老师的尊重。

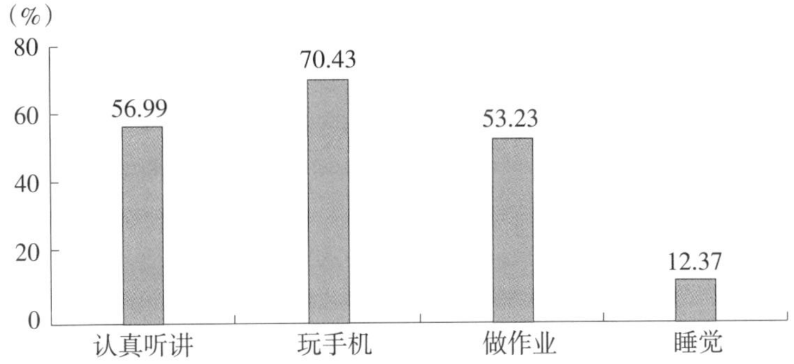

图7　在思政课主要做的事情

6. 对思政课教师授课方式的看法

问卷显示，大学生对老师授课方式的看法（可多选），“结合时政，在实例中分析其中的理论知识”占了最大比重，达到82.26%；其次是“很随性、随心情”和“提出问题与学生一同讨论”，分别占46.77%和39.78%；“按照课本念”占比最少，为17.74%。

由此可见，同学们对老师的授课方式的看法是较为一致的，“结合时政，在实例中分析其中的理论知识”。而“随心情”和“讨论”占有一定比例但不突出，说明思政课的课堂活跃度尚有一定的提升空间。认为老师“按照课本念”的授课方式占极少数，体现出该校思政课老师的政治思想素质及教学能力普遍较高。

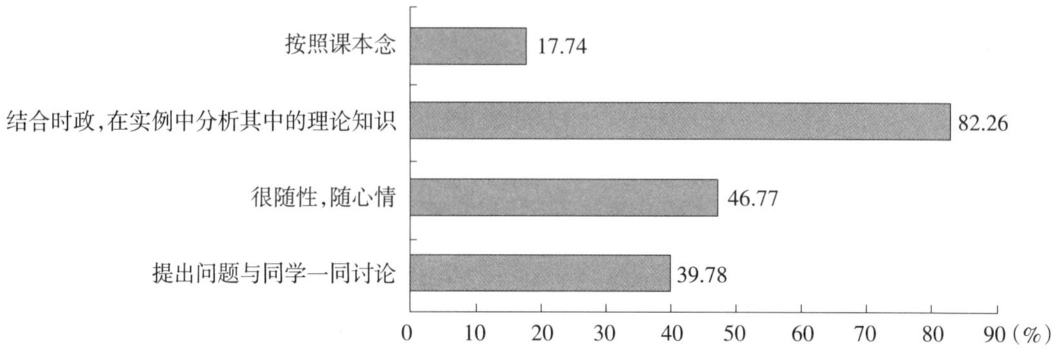

图 8　对思政课教师授课方式的看法

7. 思政课不受欢迎的原因

问卷显示，学生认为思政课不受欢迎的多个原因中，选择“课程本身无聊，学生不感兴趣”的占绝大多数，为 79.57%；其次是“老师授课方式不好，课堂魅力不够”和“认为思想政治课没什么用”，分别为 53.76% 和 55.91%。由此可见，思政课不受欢迎很大程度上是受其课程本身较为沉闷的性质所致，难以引起学生的兴趣；老师的授课方式也需要改变，教与学都还有很大的进步空间。思政课“难学”和“难教”的问题依旧明显。

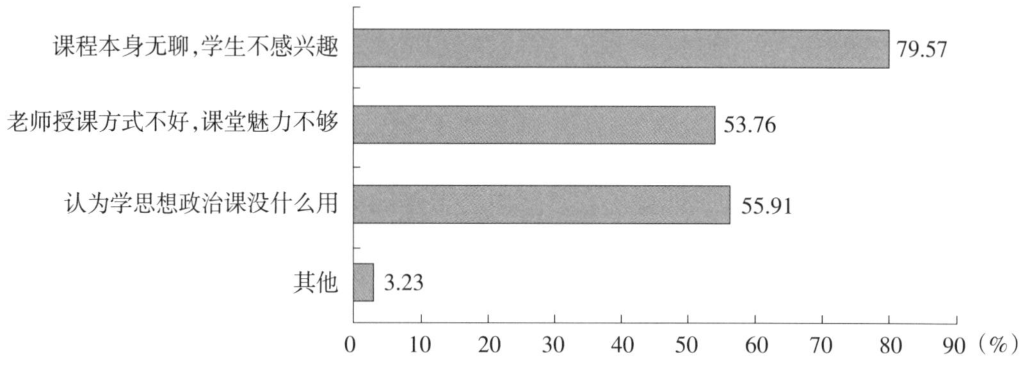

图 9　思想政治课不受欢迎的原因

8. 对提高思政课教师教学质量的建议

问卷显示，认为“老师的理论修养和人格魅力”是影响思政课教学效果最重要因素的占比最高，为 37.9%，而“老师的教学方法”“学生的态度”“课堂的性质”占比较为接近，分别是 34.6%、34.5%、32.5%；另外，部分学生认为学生的兴趣和课程内容的新颖程度也会影响思政课的教学效果。这表明，学生普遍认为思政课效果是由老师、学生以及课程本身三方面共同决定的。

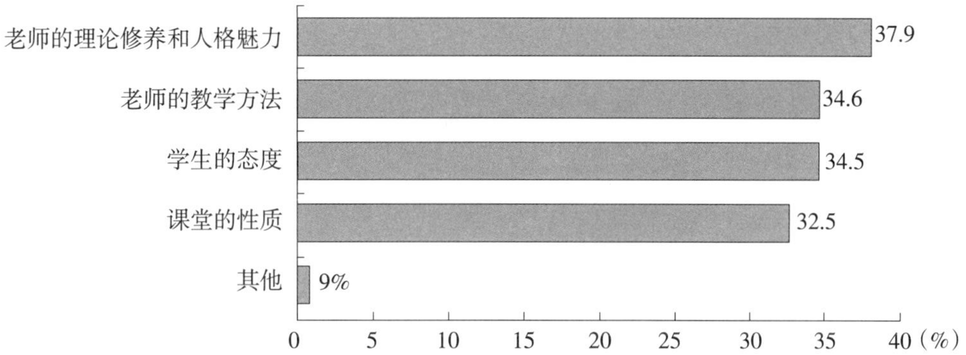

图 10　影响思想政治课教学效果最重要的因素

对于问卷列举出的提高思政课影响力的对策，“改善教学方式，增加实践类活动”“优化思政课教师的师资队伍，改善教学方法”占比较高，分别为 76.34% 和 68.28%，说明大部分学生认为改善教学模式和方法能够有效提高思政课的影响力；而“适当降低内容的难度，减少理解的困难性”“举办与思政课程相关的比赛，设置奖项”“增加思政课学分”占比相对较低，分别 53.76%、45.16% 和 31.72%，这说明大部分学生认为对思政课本身做一些调整和改动，对于思政课影响力的提高作用不是很显著。另外，有部分学生提出在课堂上可以适当增加讨论环节、进行小班制教学等建议，可以说明普遍学生认为，要提高思政课影响力，主要还是需要从改善教学模式和授课方法等方面入手。

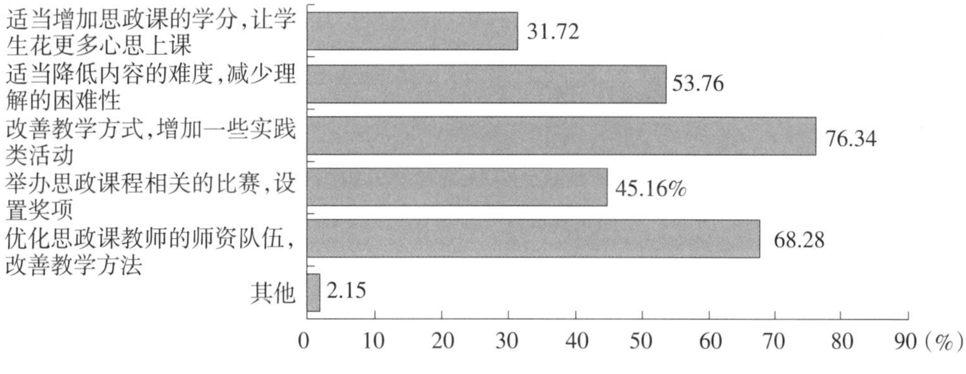

图 11　对思想政治课教学的建议

（三）问卷数据交叉分析

1. 学生对思政课意义的了解和出勤率、上课情况的关系

数据分析可知，认为上思政课只是为了拿学分，并没有什么具体用处的学生中，几乎不逃课的比例最低，占 59.46%，他们上课时认真听讲的比例也最低，仅为 35.14%。而认为上思政课的意义是“增加自己的政治理论知识”“了解我国政治事业的发展”“为考研做准备”和还有其他意义的学生中，几乎不逃课的比例都超过 75%，上课时认真听讲的比例都超过 65%，相差不大；其中认为上思政课的意义是“增加自己的政治理论知识”的学生中，几乎不逃课和上课时认真听讲的比例都是最大的，分别为 79.46% 和 68.75%。

由此可见，认为上思政课只是为了拿学分，并无实际用处的学生不仅逃课最多，能认真听课的人数也最少，因此仅仅是增加学分并不能提高学生的出勤率和改善上课的情况，只有学生真正认识到思政课的意义才愿意主动汲取知识，从而做到认真听课。

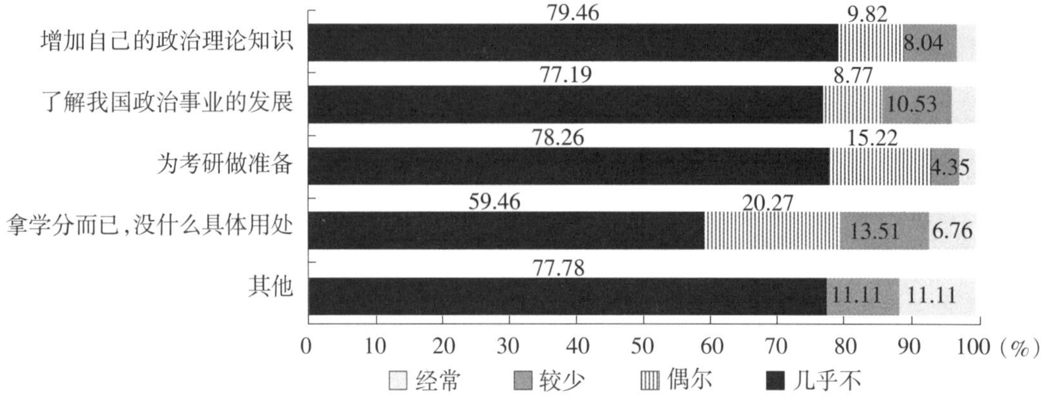

图12　不同出勤率学生上思想政治课的目的

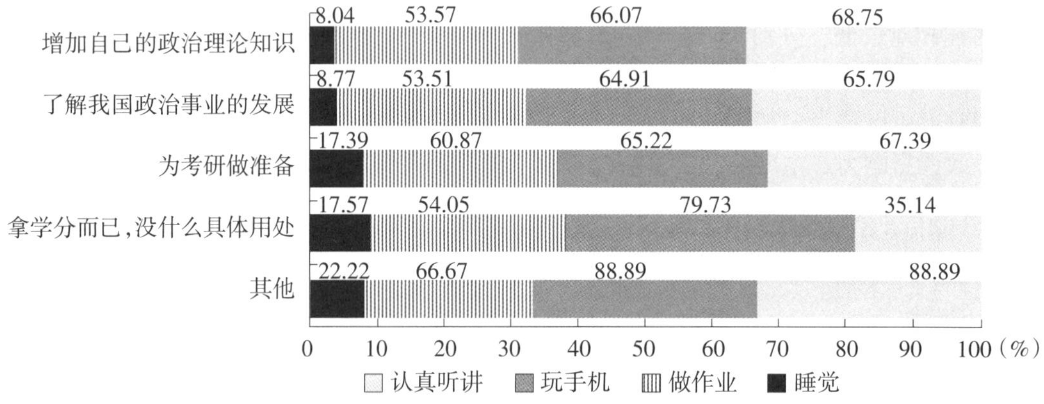

图13　不同认真程度学生上思想政治课的目的

2. 上课状况与专业、学生对老师的评价的关系

数据分析显示，评价老师“非常好”的学生中，认为上课的动力是“老师声情并茂的讲解”的比例最大，为51.52%；评价老师“差”的学生，其上课唯一的动力就是“考勤严格”。此外，上课动力是“老师声情并茂的讲解”的比例随着对老师评价的降低而减少，最后减至0，比例分别是51.52%、26.8%、11.11%和0。上课动力为“考勤严格”的比例随着对老师评价的降低而增大，最后增大至100%，比例分别为30.3%、41.24%、53.7%、100%。上课动力为“拿高分”和“随心所欲玩手机”的比例和学生对老师评价的关系不大。由此可见，学生认为老师非常好，那么吸引学生去上课的更多的是老师声情并茂的讲解；反之，如果学生认为老师差，那么上课唯一的动力就是“考勤严格”。由此可见，优秀的思政课老师对促进学生上课并认真听课有很大的作用。

三类专业的比较中，艺术类学生上课认真听讲的比例最大，为85.71%；文科类次之，为68%；理科类最低，为51.16%。艺术类学生上课睡觉的比例也最大，为28.57%。理工类学生上课玩手机和做作业的比例最大，分别为74.42%和60.47%；艺术类学生上课做作业的比例最低，为14.29%。由此可见，艺术类专业的学生在上思政课时更能做到认真听讲。

（三）访谈资料分析

1. 教师访谈分析

（1）不同专业的学生学习方式不同，课堂氛围也不尽相同。理工科的学生如物理专业，思维敏捷，但是比较不善于表达，所以课堂氛围较沉闷；文学院的学生在高中就较多接触思政类内容，一般女生的数量也较理工类多，上课互动积极性高。总体而言，华南师范大学的学生学习态度比较认真，即使理工科同学上课不太配合，课后还是会认真学习。

（2）不同年级的学生学习态度有所不同。大一的学生刚步入大学课堂，一般会延续高中时比较认真的学习态度，能准时上课，几乎不逃课。由于大学生活比高中时代轻松很多，随着年级升高，一部分学生会养成惰性，对于思政课这种跟专业关系不大的课程，有些同学就会迟到、逃课；课堂的积极性也相应降低，玩手机、看课外书的学生比例相对上升。

（3）班级规模影响教学质量。上课的课室学生人数过多（超过90人），场面比较松散，难以把控。同时老师与学生的互动也会减少，难以实时了解学生的接受情况，影响教学质量。华南师范大学思政课按年级来上，学生人数多，而教师的数量有限，目前尚无解决办法。

（4）教学资源需要与时俱进。时代在进步，理论也在不断创新，课堂的教学资源也需要与时俱进。但是很多最新的资源无法下载，只能在线播放，如果网络不好就很难操作。希望学校能够提供一些最新的教学资源，比如视频资源，学校购买原版的教学资源共享到网络上，让老师下载。毕竟教学资源也是教学的一部分。

（5）新老教师的力量互补。年轻教师学历高，接触网络也比较多，与学生的心理距离较小，他们会在教学中带来很多新鲜的东西，容易在学生群体中引起共鸣。而年长教师做事严谨、教学认真，也是年轻老师需要学习的。两者之间是一种互补关系。

2. 学生访谈分析

受访者普遍认为自己对思政课不感兴趣，只是看重考勤和考试。另外，学生会因教师的讲课方式或某些个人感兴趣的话题而更愿意听课。

学生认为思政课现状的不足之处包括以下四个方面：

（1）学生态度。部分学生没有真正意识到学习思政课的意义所在，不重视思政课，缺乏学习的兴趣和动力。

（2）教师方面。部分老师上思政课过于枯燥，与学生的互动少，不够幽默风趣。

（3）教学内容过于理论化，没有将理论知识与时事热点等案例结合起来。教学内容多为课本内容，但是课本知识大多是纯理论的，难懂又枯燥。另一方面，少部分课堂内容几乎脱离课本，只有课外的案例，这样学生难以学到理论知识。

（4）教学模式单一，传统又无趣。老师一般都是讲课件上或课本里的内容，偶尔会让学生回答一些理论性的问题，这样的模式比较枯燥，学生也提不起兴趣来学习。

三、思政课教与学存在问题和困难的原因

（一）外部原因

从总体上看，高校思政课教学的外部环境发生了深刻变化。

（1）随着社会主义市场经济的深化发展，人们的社会行为和价值观念发生了重大变化，社会多层面价值系统和规范系统也随之不断调整或解体，人们开始调整自己的目标追求和价值实现的方式，曾被长期过度压抑的个人利益得到应有的释放，这极大地调动了劳动者的积极性，大大地激发了社会的活力，各项改革措施由此获得了持续发展的动力源泉。但是，当前我国社会变革十分复杂，还具有很强的非规范性、不确定性和弱防护性，这在很大程度上抵消了改革开放的成果，形成许多不良的社会示范效应，对大学生形成正确的人生观、价值观产生了严重的消极作用，部分学生对学习思政课程产生怀疑甚至抵触情绪，大大削弱了高校思想政治教育的效果。

（2）全球化浪潮带来的社会主义信仰危机带来的挑战，给高校思政课教学增加了很多难题。在全球化的过程中，西方传来的价值文化与本土文化的冲突加剧，不断冲击社会主义的精神文化和价值文化，马克思主义在意识形态领域的指导地位受到了由社会经济生活多样化带来的思想文化及价值观念多样化的严峻挑战。思政课教材作为教学的基本依据，由于其内容具有滞后性、理论性和专门性的特点，并不能涵盖和解答学生所面临的不断变更的各种具体问题，因而使学生对某些问题感到迷惑，不得其解。

（3）随着科学技术的突飞猛进及网络的普及化，信息量激增，影响因素增多。一是互联网的应用，学生每天接收大量的各类信息，容易导致学生思想行为数字化，学生的世界观呈现多面性，增加了思想教育的难度。二是网络的发展和普及对政治教学的思想、内容和方式提出了更高的要求。三是网络的发展对政治教师的素质提出了更高的要求。在网络时代，部分教师对计算机等科学技术不太熟悉；在教育过程中，教师所说的内容学生可能早就知道，很容易陷入尴尬境地。

（二）内部原因

1. 教学内容上，思政课本身趣味性低，不易提起学生兴趣

调查分析显示，“很多思想政治课不受欢迎的原因”一题中，选择“课程本身无聊，学生不感兴趣”的受访者比例达到了79.57%。近年来，从理论到内容安排，思政课都在进行不断的自我完善和充实，但与高速发展的社会相比，其教材与社会现实在一定程度上仍存在滞后的状况。学生对某些社会现实产生的困惑，没法在思政课上得到具有说服力的解答。教学内容与社会现实衔接不够紧密，容易使教学内容显得空洞，趣味性低，难以提起学生的兴趣。

2. 教学方式上，仍以教师主导课堂为主，师生互动少

问卷分析显示，学生对老师的授课方式的看法是较为一致的——“结合时政，在实例中分析其中的理论知识”。而较为活跃的“随心情”和“讨论”虽然占有一定比例但不突出，思政课的课堂活跃度有一定的提升空间。当前，华南师范大学的思政课教学方式通常还是老师讲，学生在教室中听，然后考前死记硬背相关知识点，通过考试的形式来检验学

生的学习情况。这种传统的教学形式没法很好地加强师生之间互动与交流。其次，该校目前思政课多为三节连上，容易使学生产生疲惫感，更容易造成学生在课堂上开小差、玩手机、睡觉等。而调查数据也显示，学生在思政课上主要做的事情占比最多的是“玩手机”，达到 70.43% 。

3. 学生需求上，学生对思政课认同度不高，学习积极性低

调查数据显示，“觉得上思想政治课的意义”问卷调查中，有 39.78% 的学生认为上思政课只是为了拿学分，并无实际用处。一些学生认为思政课离现实太远，内容枯燥，与今后的工作生活没关系，在大学里应该把更多的时间和精力放在学习专业课上面，学好专业课对今后的发展更有用，而思政课只需在考前背背就行了。略带“功利性”的想法使学生学习思政课的积极性不高。

四、对提高思政课教学效果的思考和建议

（一）学校方面

（1）控制班级规模，尽量“小班”教学。上课时课室过大，学生人数过多（超过 90 人），老师难以实时了解学生的接受情况，控制课堂的纪律和氛围，同时与学生的交流互动会比较少，因而教学效果不佳。目前华南师范大学思政课都要分年级和学院来上课，学生人数多，而教师的数量有限，无法做到真正的小班教学，但是至少要把教学人数控制在 90 人左右。

（2）关注时政热点，提供最新教学资源。思政课需要将理论与实际相结合，所以教学资源也需要与时俱进。很多最新的资源教师无法下载，比如大多数最新的视频资源只能在线播放，但是教室的网络不佳，难以通过在线播放来进行教学活动。建议学校提供一些最新的教学资源，教师就能及时地把理论知识与时事热点结合起来，丰富教学课堂，激发学生的学习兴趣，引导学生关注并思考社会热点，从而达到教学目标。

（3）拓展实践教学资源，推进实践教学基地的建设。思政课教学要重视践履型实践教学，推进实践教学基地建设可从两个方面着手：一方面，充分挖掘校内资源，建立校内实践教学基地，如尝试联合学工部、团委、后勤处等校内各部门建立勤工助学实践教学基地、校园建设实践教学基地等，联合学校义工志愿者协会建立志愿服务实践教学基地等；另一方面，充分利用各种校外大学生社会实践基地，建立校外实践教学基地。通过思政课教师的介入和指导，各种大学生社会实践基地都可以为我所用，成为思政课的实践教学基地。

（二）教师方面

思政课教师应该具备以下五种教学能力：

（1）提高思想政治理论学科的学习研究能力。思想政治理论学科的学习研究能力包括对思政课教学内容和教学方法的研究能力。这种研究能力，一方面体现在教师要对教学内容进行深入的揣摩和研究；另一方面，要熟练掌握教学方法、教学技巧，为形成更好的思政教学方法提供实践依据。教师对思想政治理论学科的学习研究要做到实践与理论的统一结合，不能仅仅停留在理论知识的层面上，还要付诸实践教学中。教师在设计研究课题

时，应该使理论知识更加生动化、形象化、具体化，使学生能够全身心参与进来，从而提高学习的兴趣；教师讲授的内容要与时俱进，紧跟社会发展形势，始终保持思想的先进性，同时学会运用现代化的科技手段，将网络与课堂结合起来，声情并茂地展示教学内容，赋予教学生命力。

（2）整合时事政治的能力。思政课教师要把当前国内外的时事热点问题同教学内容、方法、模式等结合起来，将当前的时事政治合理巧妙地纳入课堂教学中。教师可以在课堂上引领学生进行时事讨论，将自己了解掌握的时事热点问题进行整理引用，既可以口头讲述也可以播放视频，让学生了解事件之后，运用思想政治理论来对事件进行讨论，表达自身看法；与此同时，要想更好地开展思政理论课程，实现教学目标，还要与时俱进，不断更新各种热点与焦点问题，定期举办各种专题讲座，全面深入地为学生剖析时政热点，用科学理论进行分析归纳，使学生了然于心。这不仅可以激发学生的理论热情，同时也能不断提高大学生运用思想政治理论知识解决实际问题的能力。

（3）高度敏感的政治洞察力。思政课教师要具备高度的政治敏感度，能将自身所掌握的马克思主义理论同社会实践结合起来，习惯性地对时事政治问题进行思考，分析总结出自己的观点和看法，随时了解和掌握学生的思想意识情况，使思政教育与时俱进。思政课教师作为社会主义思想理论的宣讲者、学生意识形态形成的重要引导者，高度敏感的政治洞察力是其理应具备的能力，这样才能给学生以正确的引导与教育。

（4）引导学生树立正确的世界观、人生观和价值观的能力。世界观、人生观、价值观，是学生对世界、人生及客观事物产生的基本观点，决定着他们的思想、价值取向与处事态度，是思想政治理论教育的重要内容之一，因此引导学生树立正确的“三观”就成了思政课教师的重要教学任务。思政课教师理应具备引导学生树立正确观念的能力，面对鱼龙混杂的社会思潮、复杂多变的社会态势，教师要帮助学生树立正确的政治立场观点，提升明辨是非的能力，即使面对外界极端思潮的影响，也能够用自身正确的价值取向来进行判断并加以抵制。

（5）启发学生进行自我思想教育的能力。思想政治教育的目的不仅仅是教师高效地传播了思想政治知识，学生通过思政课的学习也懂得了自我反省、自我约束和自我教育。如今，社会思潮泥沙俱下，历史虚无主义、享乐主义、拜金主义等不良思想严重影响了学生的身心发展，这就需要思政教师具有启发学生进行自我教育的能力，使学生在面对这些消极思想时能够自动屏蔽，自行用正确的三观来看待这些问题。

（三）学生方面

（1）调查显示，学生总体上对待思政课的态度相差无几，大部分学生对课程内容不太满意。而学生对待思政课的态度很大程度上影响了教学效果。作为学生，首先应该摆正心态，深入理解高校开设思政课的意义以及课程的学习价值。

（2）高校思政课的教学模式大部分以课堂教学为主，学生在课堂上要积极配合老师，在师生教学互动的过程中，更好地学习和实践理论知识，实现教学相长。

（3）马克思主义理论作为一门系统的哲学具有极强的理论性，它源于实践并在实践中不断得到发展，其强大的生命力就在于它的实践性，在实践中根据变化了的实际状况而对问题加以分析，为人们提供认识问题和解决问题的现实武器。由此可见，课程内容自身就有强烈的实践性要求。因此，学生在理论学习的过程中，要试着将所学的理论知识内化为自身的认知能力，在认清客观实际的基础上将理论与实际联系起来，实现理论性与实践性的结合与统一。

（四）制度方面

为了改善思政课教学现状，可从制度方面对思政教育进行改革：

（1）在指导思想上不应把思政教育特殊化，将其只作为政治任务或思想教育工作，应该按其本身特有的规律开展教学，换言之，思政课的政治功能和思想道德功能的实现需在规范的教育功能实现的前提之下。学校往往过度强调课程的思想性和政治性，课堂教学只是根据政治或形势的需要来展开，导致授课内容过于空洞，从而严重影响了大学生的学习积极性。所以，无论是理论授课，还是实践教学，都要努力激发学生参与的主动性和积极性，为学生展示才华、锻炼能力创造机会和条件，只有这样，思政课的建设才能不断焕发活力。

（2）不断加强理论授课的创新改革。首先，必须在教材的编纂上下大功夫，加强教材之间的联系性，一定程度上实现功能互补。在考虑思政课程的特殊情况的前提下，对教材的内容和体系做出更大胆的改变，以适应新时代大学生知识和能力层面的需要。其次，教学形式单一，缺乏针对性是理论授课中存在的另一个问题。现代大学生喜欢参与性、实用性强的教育方式，反感甚至讨厌僵化空洞的说教。所以，理论课的教学要加强师生之间的互动，发展立体式的教学模式（如仿真式教学），满足学生表现的欲望，使他们可以真正参与到整个课程中来。

（3）要加强实践教学的实用性，使实践真正落到实处。目前很多高校采取了将实践和理论相结合的教学模式，但实践教学也存在着一些问题，如形式化、模仿化严重，缺乏实用性甚至根本起不到实践的作用。要想改革这些弊端，就必须根据本地区、本学校以及学生的兴趣和接受能力来针对性地设置实践教学的内容。保留具有可行性且真正有益于学生能力的内容，减少或者去掉那些形式主义的部分。要严格培训、加强指导。在学生进行社会实践调查之前，对其进行细致的、具有针对性的培训，指导其如何展开实践活动，通过严格的指导和培训，增强学生的实践能力。此外要建立双向沟通的信息反馈机制，老师和学生都应该认真对待考核结果，在总结中不断改进教法和学法。

参考文献

[1] 阿迪力·努尔. 浅谈调查问卷设计中的有关技巧 [J]. 统计科学与实践，2016（6）：54－56.

[2] 陈艳梅. 高等学校思政课教学质量监控体系与保障机制研究 [J]. 教育教学论坛，2015，(51)：36－37.

[3] 陈薪燃. 高校思政课教师需具备的教学能力探究 [J]. 湖北经济学院学报（人文社会科学版），2017，14（3）：129－131.

[4] 郑晶晶. 问卷调查法研究综述 [J]. 理论观察，2014，(10)：102－103.

[5] 魏芳. 大思政视角下高校思政课教学改革方法及路径 [J]. 现代交际，2017（5）：22.

[6] 舒永久，颜怀坤. 社会变革背景下高校思想政治课教学的思考 [J]. 学理论，2010（9）：99－100.

[7] 刘小燕. 大学生对高校思想政治理论课教学的评价分析与对策建议 [J]. 文山学院学报，2015，28（4）.

红色文化对当代广州大学生思想影响的研究

——以广州起义烈士陵园为例

钟佩玲　钱家璐　邝欣彤　杨佳纯　杨怡镔　庄敏　梁佩如[①]

一、导言

（一）研究目的

改革开放以来，人们的物质生活得到了极大的改善，在拥有丰裕物质生活的同时，许多人的心灵深处出现了“荒漠”，人们开始重视培养精神内涵，因此红色文化越来越成为时代热点。本文以广州起义烈士陵园为例研究红色文化对当代广州大学生的思想影响，实现深度挖掘红色文化的目的，具体包括传播优良的革命传统文化；助力新时期改革攻坚，为人们提供坚实的思想基础；充分挖掘红色文化基地的价值，红色文化基地作为一种可以利用的文化资源，将其与旅游资源有机结合在一起，争取发挥其商业价值；提升广州大学生的思想道德修养，深化他们对红色文化的认识。

（二）研究意义

以广州大学生为调研对象，深度挖掘红色文化具有重大的研究意义。在国家层面上，一是有助于“凝聚中国力量，实现中国梦想”。通过宣扬红色文化，革命精神将在人们特别是大学生的心中进一步扎根。改革开放已进入攻坚阶段，充分发扬革命精神，创新革命教育方式，提高广大人民群众对革命传统的认识程度，激发中华儿女发展国家、振兴民族的热情；二是有助于提升大学生的思想道德素养。习近平总书记指出，“要把红色资源利用好、把红色传统发扬好、把红色基因传承好”。课题以广州起义烈士陵园为例，研究红色文化对当代大学生的思想影响；还有利于进一步丰富广州起义烈士陵园的相关研究。在社会层面上，能够充分利用红色文化资源。广州起义烈士陵园作为一种可以利用的文化资源，一方面可以与旅游资源有机地结合在一起，发挥其商业价值；另一方面，烈士陵园以一种实体可触、生动具体的形式再现了历史。广州起义烈士陵园是为纪念1927年12月11日中国共产党领导的广州起义牺牲的烈士于1954年修建的纪念性公园，是广州市首批爱国主义教育基地之一。随着时代的发展和中国特色社会主义事业的不断推进，革命烈士的斗争精神仍然可对当代大学生产生巨大影响。从个人层面上来讲，有利于提升团员青年对革命传统的认识。广州起义和南昌起义、秋收起义是中国共产党单独领导革命战争和创建人民军队的伟大开端，在中国革命史上谱写了光辉的篇章。通过本次实地调研，团员青年能够从实践和理论两方面深刻地感受革命精神，对自身发展有更明确的认识。在提升自身的思想境界、深刻

---

①作者为华南师范大学文学院2016级本科生，指导老师甘培聪。

贯彻落实习近平总书记“两学一做”讲话精神的同时，增强了自豪感和责任心。

（三）研究方法及过程

调研小组主要通过文献法、问卷法和访谈法等研究方法展开调研。派发问卷采用了系统随机抽样的方法，其中男女比例分别为48.97%和51.03%；在调查对象中大三学生占比略高，但是总体上各个年级的人数比例较为均衡。除此之外，调研小组随机选择若干名大学生，就红色文化对当代广州大学生的思想影响做了深入访谈，最终整理出三份有效访谈稿。三位受访者分别来自于华南农业大学、广东工业大学和华南师范大学。整个研究过程从确定调研主题、收集文献材料到开展调研，再到资料整理、统计数据以及撰写调研报告，共历时4个月左右。

二、调研结果分析

（一）广州起义烈士陵园红色文化发展状况

1. 广州起义烈士陵园的保护和利用现状

广州起义烈士陵园是为了纪念在广州起义中牺牲的烈士而修建的陵园，是全国重点烈士纪念建筑物保护单位，全国一百个红色经典旅游景区之一，也是广东省重点文物保护单位和广州市首批爱国主义教育基地之一。广州起义烈士陵园于1954年7月1日开工建设，1959年全园竣工。陵园占地18万平方米，由陵和园两大部分组成，是一个自然式和规则式结合的园林。现有景点和游乐场所16处，集纪念、游览、科普于一身。

广州起义烈士陵园是在广州起义的红花岗遗址上建立的红色文化基地，基于各种政策和资金支持，陵园的红色文化景观得到了相应的保护，1962年7月被广东省人民委员会公布为文物保护单位，1986年10月经国务院批准被评为全国重点烈士纪念建筑物保护单位，1996年被列为全国爱国主义教育基地，2010年被评为广东省红色旅游示范基地。陵园内设政工部、行政办公室、财务部、绿化部、保卫部，负责园内文物景点的文物保护、公园规划及建设、旅游参观业务和各项管理工作，对景观的维护作出了重要贡献。

在保护红色文化景观的同时，广州起义烈士陵园为适应社会的发展，还创立了建设集红色景观和生态景观于一体的公园的目标。陵园的空间布置符合红色文化景观的需求，在肃穆中又兼顾休闲，人们既可以纪念缅怀、参观学习又能够休憩娱乐。红色文化景观区建筑格调庄严肃穆，绿化以苍松翠柏和红花为基调，景点布局分明，气势磅礴，威严肃穆，供游人瞻仰革命先烈们的光辉事迹。而生态景观区则以园林风格为主，居住在附近的居民在园中既可以唱红歌、唱粤剧，也可以从事打太极等健身休闲活动。值得一提的是，园中部分地区设有声音分贝规定，禁止游客在红色文化观景区大声喧哗，而生态景观区则不做规定。这样的设置在满足游览需求、弘扬尊敬先烈精神的同时，也做到了以人为本，达到了教育性的目的。

2. 广州起义烈士陵园的红色文化特点

广州起义烈士陵园的主要红色纪念物有广州起义纪念碑、广州公社烈士墓、叶剑英元帅墓、英雄广场、血祭轩辕亭、中朝人民血谊亭、中苏人民血谊亭、辛亥革命红花岗四烈士墓等。由于独特的地理位置和与众不同的发展历史，广州起义烈士陵园在建设中独具鲜明的特色。

首先，广州起义烈士陵园的红色文化极具教育性。广州起义烈士陵园作为国家级教育基地，它包含着浓厚的革命历史内涵和珍贵的革命精神价值，肩负着弘扬中华民族伟大精神和革命精神的重要使命，是爱国主义教育的珍贵材料和场所。

其次是包容性。广州起义烈士陵园在建设上体现了岭南文化包容并蓄的特点，在景观类型和设计风格上，既有广州传统的园林风格也吸收容纳了西方的建筑风格。如陵园在广州起义纪念碑的四角摆放了四个铸有羊头的铁鼎，展现了羊城特色。而陵园中的烈士雕像，则是采用了西方雕塑的表现手法。除此之外，在功能上也体现出明显的包容性——随着时代的进步，烈士陵园逐渐具有了娱乐、健身等类似综合性公园的功能，与市民的生活融为一体。

再次是文化性。红色文化是伴随马克思列宁主义的科学理论的产生而产生的，是社会主义国家特有的革命文化；是对国内外先进文化的吸收和整合，是中国革命先辈前赴后继、用鲜血凝成的文化。广州起义烈士陵园作为红色文化的载体，自然具有文化性；况且广州是岭南文化的中心，广州市的红色文化景观不仅具有红色文化的先进性，也具有开放求实、吸收包容的岭南文化的特点。

3. 广州起义烈士陵园建设的不足

广州起义烈士陵园在保护和建设上已经趋于成熟，陵园中的大部分红色文化景观已经得到了充分的保护，在景观规划上也较为完善，但相对于周边的红色文化景观，在整体效应上仍有一些不足，具体体现在以下两个方面：一是知名度不高，资源优势不明显。广州起义烈士陵园是全国红色旅游经典景区，但由于广州市的红色文化知名度在全国范围内并不算特别突出，因此相较于黄埔军校旧址等红色文化景观，广州起义烈士陵园的知名度不高。二是内容与形式单一。广州起义烈士陵园作为面积较大、功能性比较齐全的园林，主要靠烈士陵园本身具有的纪念性或者纪念碑等大型的纪念物来吸引游客，而园林区的游船、儿童游乐场等项目主要吸引的是本市市民，对外难以形成具有号召力的参与性活动。而相较于生态景观区所能开展的娱乐活动，陵园内的红色文化景观区的活动形式就更为单一，多以展示为主，重点只放在让游客通过观看实物与文字介绍来学习这段红色历史。这样的形式不仅效果甚微，而且不能进一步吸引游客的兴趣，让其更深入地了解这段历史。

（二）问卷分析

1. 频数分析

（1）您觉得当代广州大学生对红色文化的了解程度是？

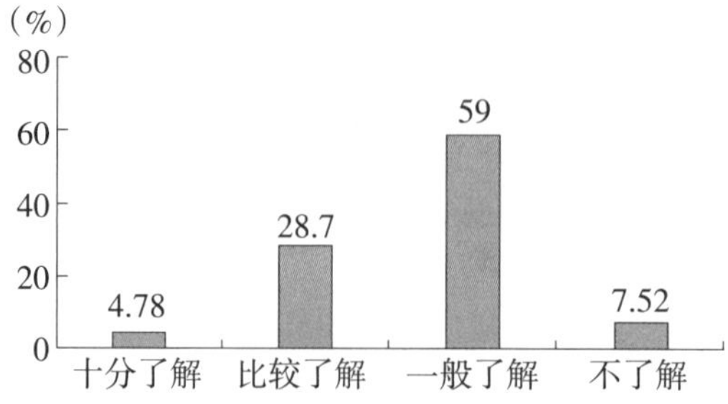

图1　广州大学生对红色文化的了解程度

数据显示，有92.48%的广州大学生对红色文化有一定的了解，其中比较了解和十分了解的占33.48%；仅有7.52%的学生不了解。这说明在红色文化资源丰富的广州，大学生对红色文化大都有所了解，不过这种了解主要仅停留在比较浅显的认知上，对其精髓缺乏深入的理解与探索，做到精通的更是少之又少，更谈不上对红色文化的继承和发扬。

（2）您认为红色文化的价值体现在哪些方面？（多选题）

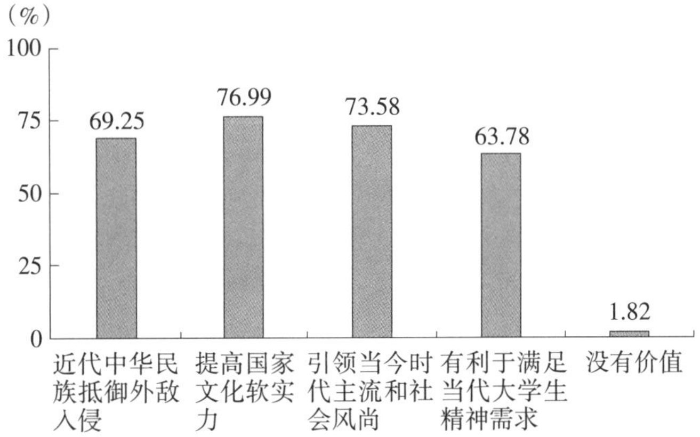

图2　大学生认为红色文化的价值体现

由数据可以看出，六成以上的大学生都能清晰认识红色文化的价值："近代中华民族抵御外敌入侵"（69.25%）、"提高国家文化软实力"（76.99%）、"引领当今时代主流和社会风尚"（73.58%）、"有利于满足当代大学生精神需求"（63.78%），这说明大部分广州大学生对红色文化价值的认可度较高，但仍有极少部分学生（1.82%）未能清楚认识红色文化的价值，这需要引起我们的重视，寻求提高他们对红色文化价值认识的方法。

（3）您觉得学习红色文化对您有什么帮助？（多选题）

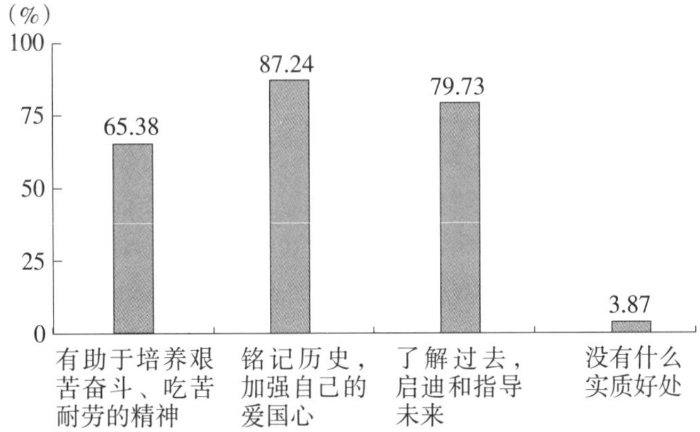

图3　学习红色文化的作用

数据显示，六成以上的学生都认为红色文化的作用影响体现在多方面："有助于培养艰苦奋斗、吃苦耐劳的精神"（65.38%）、"铭记历史，增强自己的爱国心"（87.24%）、"了解过去，启迪和指导未来"（79.73%）；只有极少数人（3.87%）认为"没什么实质好处"。这说明大学生认知上均能接受红色文化的正面影响，且普遍达到了教育效果。

（4）您对广州起义烈士陵园历史的了解程度是？

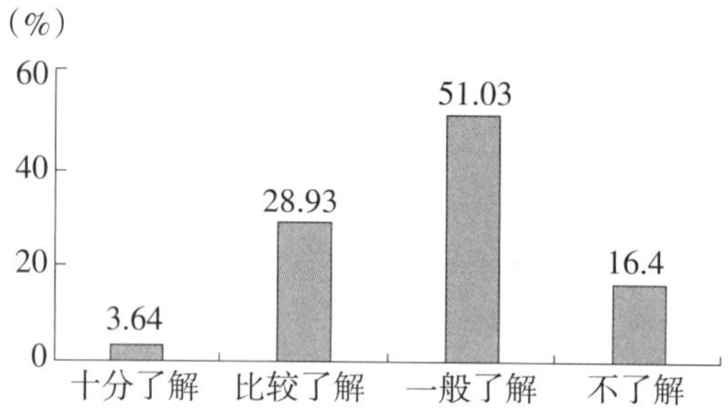

图4　大学生对广州起义烈士陵园历史的了解程度

数据显示，八成以上的大学生对广州起义烈士陵园有一定的认识了解，但十分了解的仅占3.64%，比较了解的占28.93%；这说明他们对广州本土红色文化的代表——广州起义烈士陵园的具体历史以及文化底蕴缺乏深入的了解与研究。此外，还有16.4%的大学生不了解。

（5）您对于参观广州起义烈士陵园的看法是？（多选题）

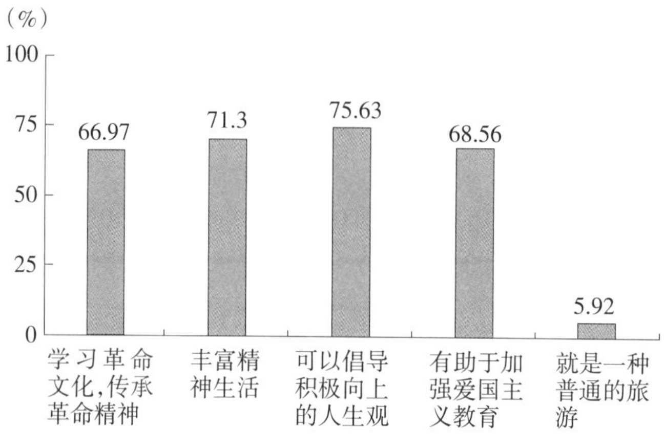

图5　大学生对于参观广州起义烈士陵园的看法

由调查数据可以看出，超过九成的大学生都认为广州起义烈士陵园的形象是正面积极的，有助于“学习革命文化，传承革命精神”（66.97%）、“丰富精神生活”（71.3%）、“可以倡导积极向上的人生观”（75.63%）、“有助于加强爱国主义教育”（68.56%），他们对广州起义烈士陵园表示出了肯定支持的态度，参观陵园对他们产生了积极向上的思想影响；但也有少数人（5.92%）认为烈士陵园仅仅是普通的旅游景点。有关方面还需要加大对广州起义烈士陵园红色价值的宣传力度。

（6）您是否去过广州起义烈士陵园？

调查数据显示，过半数的大学生（54.67%）没有去过广州起义烈士陵园。结合上组数据，表明虽然绝大多数大学生都对广州起义烈士陵园持正面肯定的态度，但相当多的大学生对深入了解本土红色文化往往停留在口头上，真正拿出实际行动进行红色文化学习的仍然不多；这也反映出当地对其红色文化资源的利用程度、宣传力度不足的情况。

（7）您参观完广州起义烈士陵园对红色文化的了解是否更深了？

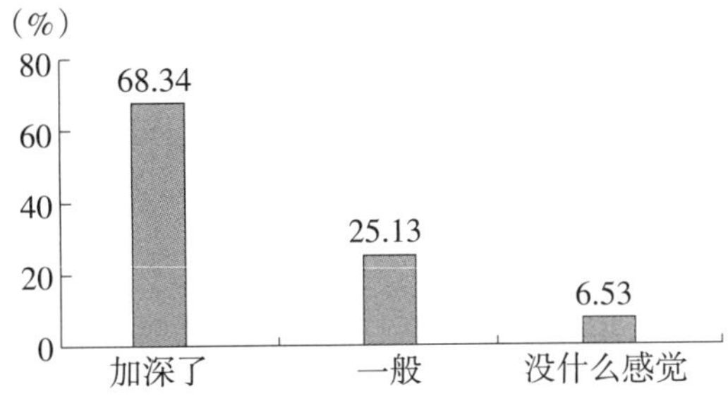

图6　参观完广州起义烈士陵园对红色文化的了解程度变化

由调查数据可知，近七成（68.37%）大学生在参观完广州起义烈士陵园后加深了对红色文化的认识。这说明红色文化旅游资源有助于大学生学习了解红色文化的深层内涵。红色文化旅游资源是传承和延续红色文化、提高大学生思想觉悟的有效途径。

（8）您主要通过什么途径了解红色文化？（排序题）

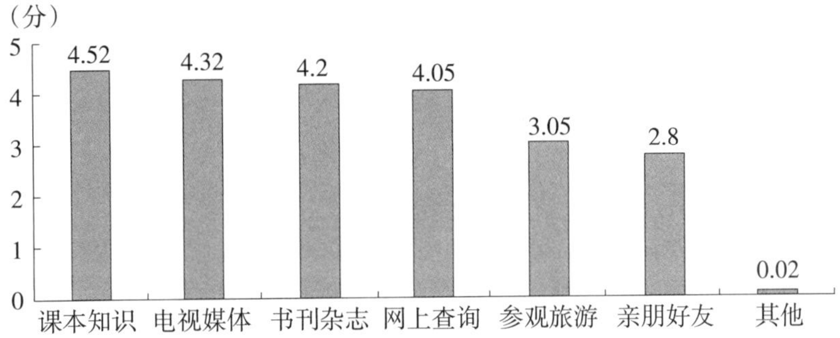

图7　了解红色文化的途径

由图7可知，大学生对红色文化的最初印象大多是来自课堂、课本，这说明大部分学生对红色文化的接触都是思想层面的，并没有实地了解过红色文化；其次是通过电视媒体（主要是电视剧）以及书刊杂志（小说、故事）来接触红色文化；再次是网上查询，这说明随着互联网的发展，新媒体的兴起繁荣，大大丰富了大学生获取信息的渠道；最后是参观旅游以及从亲朋好友那里了解，这说明红色文化旅游资源并没有得到很好的重视和利用，仍需要加大对旅游资源的利用开发。

（9）您希望通过何种形式学习红色文化？

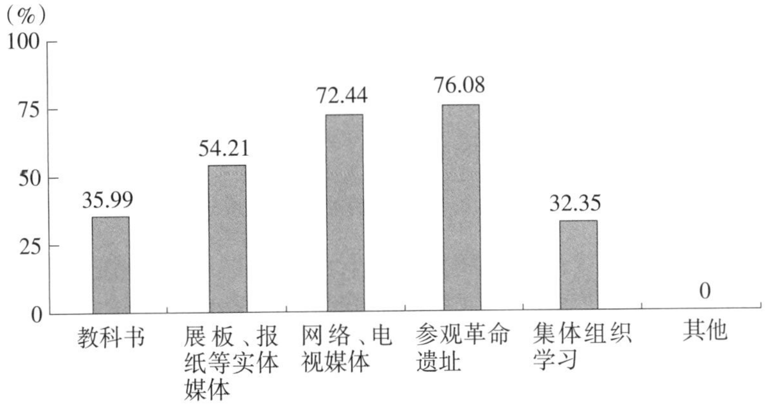

图8　学习红色文化的形式

由上图可知，选择“参观革命遗址”（76.08%）作为学习红色文化的途径的大学生人数最多，这反映了当代大学生对于红色文化旅游资源中所蕴含的历史文化知识较为感兴趣，因此亟须进一步开发利用红色文化旅游资源，这也应该是弘扬红色文化的方向。其次是网络、电视媒体（72.44%）以及展板、报纸等实体媒体（54.21%）；选择教科书（35.99%）和集体组织学习（32.35%）的比较少。这说明，新颖、有趣、开放、便捷、灵活的渠道和方式对大学生更具有吸引力。

通过上文对调查结果与数据的分析，可以得出以下结论：①大学生对红色文化有一定的了解，但缺乏深入的理解与研究；②大学生对红色文化的情感认同是积极正面的，红色文化对提高大学生思想觉悟有重要作用；③大学生对红色文化的学习大多仍停留在简单的理论学习，且参与学习的学生积极性和能动性不强；④当代大学生对红色文化传播途径的需求多样化，而其获取途径倾向于新颖、有趣、互动、开放、便捷、灵活的渠道和方式。

2. 交叉分析

（1）以“是否去过广州起义烈士陵园”为自变量的分析。

①不同群体与对红色文化了解程度的关系。

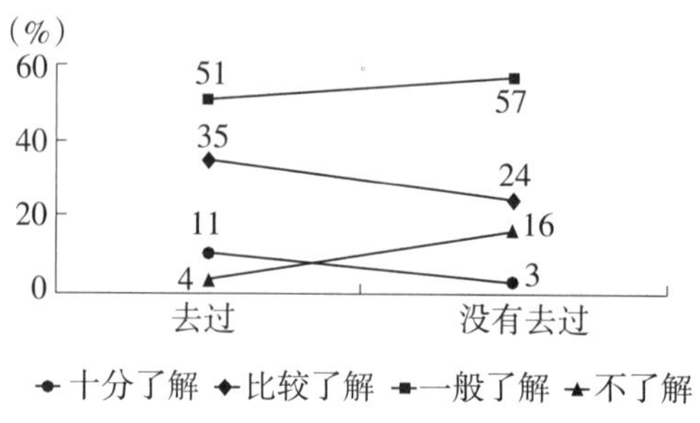

图9　不同群体与对红色文化了解程度的关系

综合来看可以发现，去过广州起义烈士陵园的大学生对红色文化的了解程度要普遍高于没有去过陵园的大学生，这说明广州起义烈士陵园在提升广州大学生对于红色文化的思想认识的重要作用。

②不同群体对红色文化的价值体现的看法。

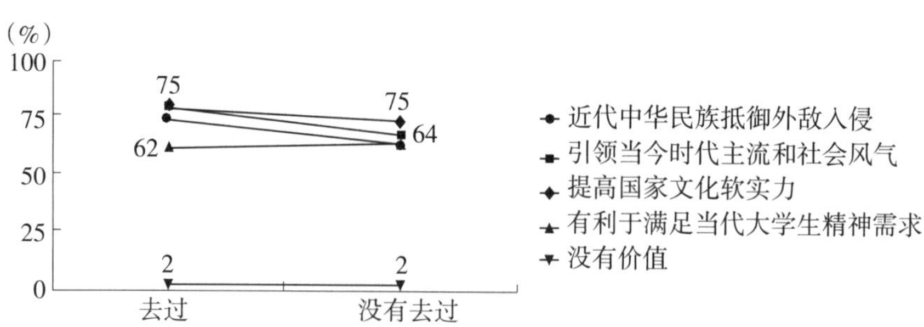

图10　不同群体对红色文化的价值体现的看法

综合来看，去过广州起义烈士陵园的大学生相较于没去过广州起义烈士陵园的大学生，对红色文化的价值表现形式有更加深刻的理解和更加全面的认识，在对红色文化价值表现形式的多样性上更具认同感。

③不同群体对学习红色文化意义的看法。

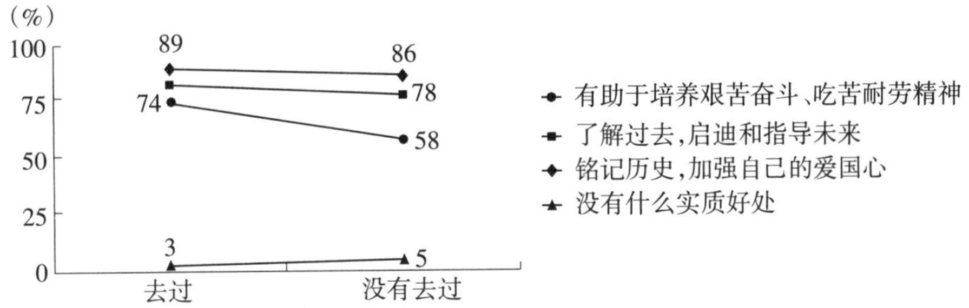

图 11　不同群体对学习红色文化意义的看法

综合来看，广州起义烈士陵园在提升大学生的思想认识、培养大学生的爱国情怀等方面具有重要作用。数据显示，没去过广州起义烈士陵园的大学生在对学习红色文化的作用的多样性上不及去过的大学生深刻，这启示我们要继续宣传和推广红色文化，使更多大学生能正确认识学习红色文化的意义。

④不同群体对参观广州起义烈士陵园的看法。

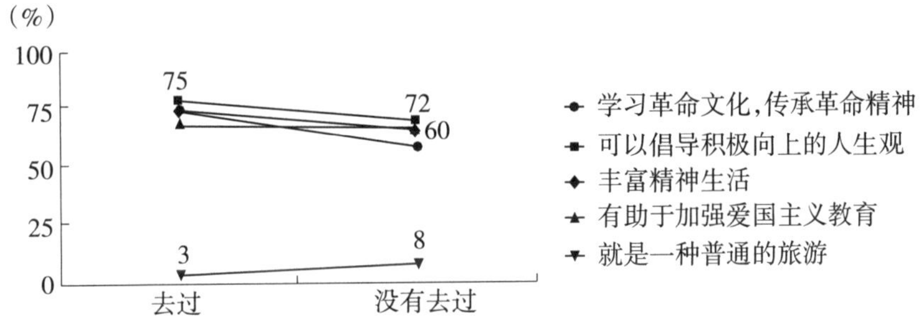

图 12　不同群体对参观广州起义烈士陵园的看法

综合来看，大学生对参观广州起义烈士陵园的看法基本呈积极状况，普遍认为参观广州起义烈士陵园在精神上对人有重大深远、丰富多样的作用，去过广州起义烈士陵园的大学生对参观广州起义烈士陵园的看法更为积极，并且更具认同感。

（2）以“对红色文化的不同了解程度”为自变量的分析。

①不同了解程度的群体对红色文化价值体现的看法。

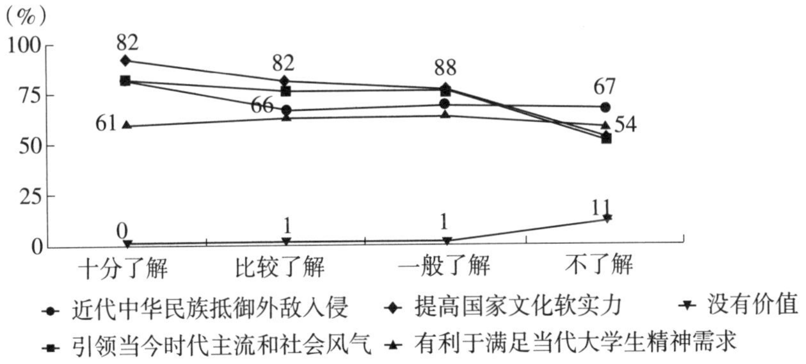

图 13　不同了解程度的群体对红色文化价值体现的看法

综合来看，对红色文化了解程度越深的群体对红色文化价值体现的多样性和价值所在的认识程度以及对红色文化的认同感越深，反之越浅。

②不同了解程度的群体对学习红色文化意义的看法。

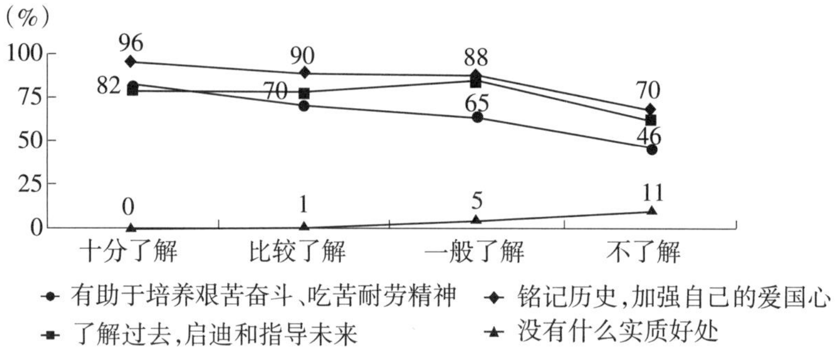

图14　不同了解程度的群体对学习红色文化意义的看法

综合来看，无论对红色文化的了解程度如何，“铭记历史，加强自己的爱国心”和“了解过去，启迪和指导未来”这两个作用的认同度均超过50%，受到各群体的普遍认同，同时也能看出，对红色文化了解程度越深的群体对学习红色文化的作用认识得越全面。

③不同了解程度的群体对广州起义烈士陵园历史的了解程度。

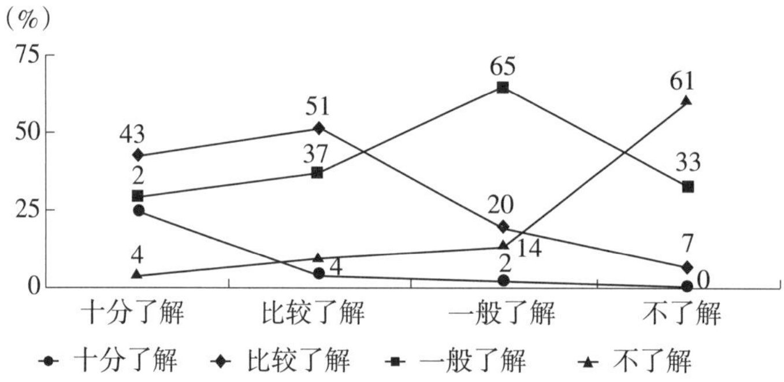

图15　不同了解程度的群体对广州起义烈士陵园历史的了解程度

综合来看，大部分人对广州起义烈士陵园的了解程度并不高，对广州起义烈士陵园十分了解的大学生仅占极少数。同时也能看出，对红色文化了解程度越深的群体对广州起义烈士陵园历史的了解程度越深，反之则越浅。

④不同了解程度的群体对参观广州起义烈士陵园意义的看法。

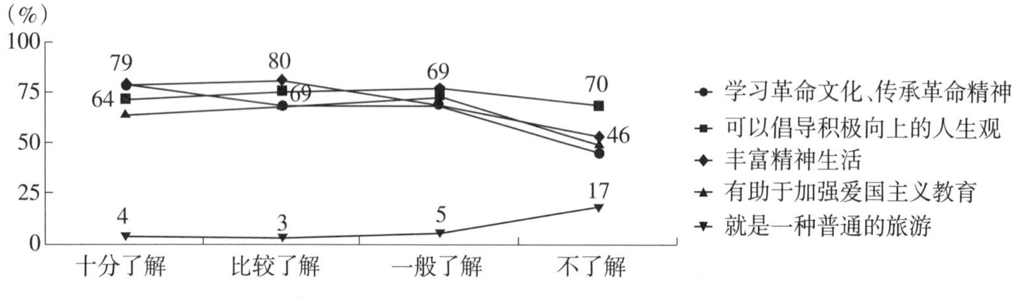

图16　不同了解程度的群体对参观广州起义烈士陵园意义的看法

根据调查数据显示，大部分人都认同参观烈士陵园的价值，这说明参观烈士陵园是一项积极举措，值得在大学生中推广。而持“参观烈士陵园没有什么实质意义”这一观点的，在对红色文化不了解的群体中所占比例高达17%，远高于其他群体中持有该观点的人数比例，这说明随着对红色文化了解程度的增加，对参观烈士陵园的作用的看法会更加全面，对参观烈士陵园具有的意义更加认同。

三、思考和建议

（一）广州起义烈士陵园对广州大学生的思想影响

1. 树立正确的世界观、人生观和价值观

重视对广州起义烈士陵园的宣传，有利于弘扬红色文化。广州起义烈士陵园蕴涵着丰富的革命精神和厚重的历史文化内涵，是社会主义核心价值体系教育的天然载体，是国家文化软实力的强力支撑。它承接着过去、启迪着现实、昭示着未来，具有特定的历史性和鲜明的现实性，它是时代精神不断发展创新的坚实文化基础，是当代大学生宝贵的精神食粮，红色文化建设涉及民族精神的坐标与社会发展的导向。重视广州起义烈士陵园的建设与宣传，有助于当代大学生坚定理想信念、培育民族精神和爱国情感、树立社会主义核心价值观。

2. 培养大学生责任担当意识

广州起义烈士陵园里一幅幅珍贵的照片、一个个逼真的场面，直观地再现了中国近代革命史中的一段珍贵历史，让每个参观者认识并记住了那些为光明而战的烈士们，同时也让我们深深地感受到和平时期的幸福生活来之不易。在艰苦战乱的环境中，烈士们为了革命能够献出宝贵的生命，这提醒我们在新时期更要珍惜今天所拥有的一切，以先辈们为榜样，勇挑重担，攻坚克难。加强大学生红色文化教育，正确引导他们认清国家和自己的前途和命运，树立崇高的理想信念。重视广州起义烈士陵园的文化教育作用，能够警示大学生时刻牢记责任和使命，将个人梦想与伟大的中国梦相结合，发扬模范带头作用，为构建社会主义和谐社会而努力。

3. 强化大学生英勇无畏、艰苦奋斗的意识

广州起义烈士陵园纪念碑四周雕刻着广州起义的战斗场面，浮雕栩栩如生地记录着枪林弹雨、血流成河的革命年代，刻画了无数革命先烈为人民抛头颅、洒热血的无畏精神。生活在和平年代的大学生们从未体会过那种艰苦的环境，大都缺乏艰苦奋斗的精神。因此，培养大学生艰苦奋斗的意识就显得格外重要，也具有重要的现实意义。大学校园肩负着人才培养、文化传承创新的重要使命，加强大学生红色文化教育是一项系统的长期工程。红色文化对高校大学生的思想政治教育具有积极的意义，我们应该充分重视和发挥红色文化教育这一载体的作用。充分利用红色文化厚重的历史内涵、丰富的人文价值和深刻的教育功能，让大学生从红色文化中汲取力量，端正做人做事的态度，从思想上进一步提升他们的政治觉悟。

（二）推动红色文化深入广州大学生思想教育的建议

1. 利用新媒体，创新红色文化教育的方式和内容

新媒体时代下的网络平台丰富了当代大学生思想政治教育的形式，以新媒体为载体来

宣扬红色文化，不仅能够扩大传播的覆盖面，还能增加大学生的学习乐趣，对大学生产生潜移默化的影响。利用新媒体的传播特点，尽可能让更多的大学生对红色文化产生共鸣，使大学生加深自身对红色文化的认识和理解。

现如今大学生红色文化教育主要针对的是90后学生，他们普遍有鲜明的个性，要想让当代大学生对红色文化感兴趣，高校在宣传和弘扬红色文化时，也要考虑其形式和内容是否符合当代大学生的兴趣和口味，各高校要积极应对新媒体时代下大学生红色文化教育的新要求，善于利用新媒体创新红色文化教育的方式。

红色文化教育不仅要在传播形式上创新，内容也要与时俱进。新时代红色文化教育的主旋律是人与人的关系和国家与国家的关系。所以高校在宣传上的侧重点应该放在人文素养、互相协作、合作互赢上，这些新时代的精神会增加红色文化的时尚感与先进感。

2. 利用广州红色文化资源，组织集体学习

各高校应结合自身地域特点和专业特色，利用广州丰富的红色文化资源，与各红色文化基地结合，共建大量红色文化资源教育基地。例如南开大学、南昌大学、井冈山大学、延安大学、湘潭大学与国家旅游局联合，共同创办“全国红色旅游创新发展研究基地”。广州红色文化资源丰富，广州起义烈士陵园、黄花岗七十二烈士陵园、农民运动讲习所旧址、中华全国总工会旧址、广州中山纪念堂，等等，均是广州大学生最好的红色文化学习资源。

广州高校可组织开展革命遗址实践活动，大学生可以身临其境，真切地感受红色文化中蕴含的历史底蕴与文化内涵。也可以组织全校学生围绕红色文化资源开展丰富多彩的活动，如“永远跟党走”歌咏比赛、书法绘画摄影比赛，等等，吸引广大学子亲身参与，让他们真切地感受红色文化的厚重历史底蕴和传承价值，充分发挥红色故事、红色景点、红色人物的隐形教育功能。

3. 红色文化融进高校课堂教学，融入校园文化建设

红色文化资源已经融入本科生和研究生的教材之中，丰富高校思想政治教育教学资源，使红色文化进教材、进课堂、进头脑的“三进入”工作取得了积极成效。高校思想政治教师可结合实际采用多种教学形式，在推进红色教育中取得积极效应。

在信息化时代，随着互联网的发展，许多高校建立了红色网站以弘扬和传播革命事迹与红色文化，推动红色文化资源的学术研究和文化建设，如：清华大学的“红色网站”、北京大学的“红旗在线”、上海交通大学的“焦点网”、南开大学的“觉悟网”，等等。这些红色网站上，红色文化资源十分丰富，成为推动红色经典文化大众化的重要渠道和平台，促进了红色文化在校园的传播和影响力，加深了大学生对党史和国情的认识，坚定了他们对中国特色社会主义事业的理想信念。广州各高校可学习借鉴这些优秀的宣传教育方式，打造属于自己的红色校园文化平台。

参考文献

[1] 廖列营，陈璇. 新媒体环境下潮州红色文化资源的教育服务模式创新［J］. 韩山师范学院学报，2016（4）：99-102.

[2] 徐艳萍. 利用红色资源加强青少年革命传统教育［J］. 当代青年研究，2008（5）：23-26.

[3] 张晓敏. 当代青少年革命传统教育创新性研究 [D]. 延安：延安大学，2012.
[4] 杨蕾. 红色旅游背景下广州红色文化景观的保护和利用研究 [D]. 广州：华南理工大学，2013.
[5] 张莎玮. 广州陵园研究 [D]. 广州：华南理工大学，2012.
[6] 陈秋敏，丁小球. 新形势下大学生红色文化教育的现状及对策分析——以中山大学为例 [J]. 高教论坛，2018 (10)：8 - 10.
[7] 杨光. 论新媒体时代下大学生红色文化宣传及对策 [J]. 世纪桥，2018 (10)：51 - 52.
[8] 胡建兰. 高校红色文化资源育人现状及提升路径 [J]. 文化软实力研究，2018，3 (5)：32 - 39.
[9] 林于良，刘广登. 以红色文化为青年人补足精神之钙 [J]. 人民论坛，2018 (5)：126 - 127.
[10] 石雨璐. 红色旅游在青少年思想政治教育中的价值研究 [D]. 大连：辽宁师范大学，2017.
[11] 蔡英谦. 红色文化资源在培育大学生社会主义核心价值观中的应用——以广东为例 [J]. 广东第二师范学院学报，2016，36 (6)：31 - 36.
[12] 王庆林. 论广东红色文化资源在高校思政教学中的运用 [J]. 广东青年职业学院学报，2016，30 (2)：47 - 50.
[13] 王春霞. 论红色文化资源在大学生思想政治教育中的功能定位及实现路径 [J]. 思想理论教育导刊，2018 (5)：132 - 135.
[14] 庄海龙. 新时期高校红色文化育人研究 [D]. 扬州：扬州大学，2018.
[15] 吕娜. 红色资源在大学生思想政治教育中的价值 [J]. 佳木斯职业学院学报，2016 (4)：118 - 119.
[16] 杜向武. 红色资源在培育中学生社会责任感中的价值研究 [J]. 新西部 (理论版)，2016 (11)：142 - 143 + 160.
[17] 韩同友，周亚军. 论红色资源对大学生社会主义核心价值观教育的现实价值 [J]. 国家教育行政学院学报，2016 (10)：67 - 71.
[18] 郭宪鹏，舒毅彪. 红色资源的真善美意蕴及其社会价值 [J]. 辽宁教育行政学院学报，2015，32 (2)：4 - 7.

后　记

编辑出版《行走·思考·记录——华南师范大学思想政治理论课社会实践优秀调研报告选》，是规划设计社会实践课程时就定下的，也是我们的一大愿望，今天这个愿望终于得以实现。俗话说，好饭不怕晚。今年是华南师范大学马克思主义学院开设独立的思想政治理论社会实践课程第十个年头，刚好可以作为十年的总结。

探索开展实践教学，是教育部思政课“05”方案的要求。原来的实践教学，是作为四门主干思政课（思想品德修养和法律基础、中国近现代史纲要、马克思主义基本原理、毛泽东思想和中国特色社会主义理论体系概论）中的一个教学环节，每门课程都要开展。设立实践教学的初衷是明确的，就是推动理论与实践相结合，让思想政治理论课更具现实性、针对性，同时丰富教学方法。不过，既然只是教学环节，实践课不具备独立的课程地位，老师和学生不重视、教学不规范、方法不达当，是普遍存在的现象。面对思政课实践教学的“窘境”，包括华南师范大学在内，不少学校都在思考，能不能探索可行的教学方式，取得预期的教学效果。

近年来，全国高校思政课实践教学模式探索成果丰硕，形成了多种实践教学模式，其中比较“高大上”的当属北京大学模式——参观体验、社会调查、实地操作等各种方式一应俱全。此外，具有代表性的还有北京理工大学等高校率先开展的课程化教学模式，以湖南大学、厦门大学为代表的社会调查模式，此外，也有高校创新性地探索了“网络实践”模式。华南师范大学思想政治理论社会实践课采用的是“课程化＋社会调查”模式，将实践教学独立出来作为一门单独的课程，学生组成社会实践（调查）小组，由老师指导学生开展社会调查。我们的初衷，是指导学生将马克思主义的立场、理论、方法用于纷繁复杂的现实问题的分析，提高学生运用马克思主义的理论和方法分析问题的能力，做到学以致用、用以促学。

十年前，在讨论开设这门课程时，华南师范大学的一些思政课教师对要不要将实践教学环节独立作为一门课程以及采用何种方式开展实践教学是有顾虑的。采取“课程化＋社会调查”模式，是综合考虑了各种因素后采取的可行方案。主导这一课程模式设计的，是当时学院主管教学的副院长魏则胜教授，他为此承受了不小的压力。实践教学获得了独立的课程地位，学院也随之成立了社会实践教研室，我作为社会实践教研室第一任主任，见证了从课程初创到发展成熟的全过程。因为课程特点的原因，马克思主义学院所有的老师都要参与社会实践指导，学院所有老师都为社会实践课教学作出了自己的贡献。思想政治理论社会实践教学改革获得了广东省教学改革成果（高教类）二等奖和华南师范大学教学改革成果一等奖，这是对学院所有老师的肯定和鼓励。

这里编选的调研报告，是学院老师们十年来指导学生开展社会调查成果的集中体现，饱含心血。翻看这些报告，能够真切地感受到指导老师的认真负责和学生实践小组的全情投入。跟成熟的调研报告相比，虽然经历过多次文字修改，本书中的调研报告仍显稚嫩，但这是作为本科生的他们行走、观察、思考的成果，充满年轻人的胆识和朝气，弥足珍贵。

需要说明的是，报告选编也有一些遗憾。比如，有老师没有提供自己指导的学生调研报告；也有老师发来的个别调研报告因为数据、格式等原因，最终没能收入。希望编选第二批优秀实践报告时，不会再有这个遗憾。

社会实践课的探索和开展，离不开学院的支持。院长陈金龙教授、学院党委书记周宪研究员一如既往地关心实践教学，对课程改革提出了设想和要求。2019 年 12 月，华南师范大学马克思主义学院作为主办方之一，举办了“新时代高校思想政治理论课实践教学创新发展论坛”。我在会上作了主题发言，简要介绍了“课程化 + 社会调查”模式，也分析了高校思政课实践教学面临的困难和挑战。对我们来说，当前，思政课实践教学面临的一大任务，是如何在已有模式和成果基础上有新的突破和提升。2019 年，我卸任社会实践教研室主任，由张永刚副教授接任。我院分管教学的胡国胜副院长对思政课教学有宽广的视野和深刻的认识，永刚初生牛犊、年富力强，相信在他们的带领下，华南师范大学思政课实践教学将不断取得新的成果。

周建伟

2019 年 12 月